Joachim Detjen

Die Werteordnung des Grundgesetzes

Joachim Detjen

Die Werteordnung des Grundgesetzes

VS VERLAG FÜR SOZIALWISSENSCHAFTEN

Bibliografische Information der Deutschen Nationalbibliothek
Die Deutsche Nationalbibliothek verzeichnet diese Publikation in der
Deutschen Nationalbibliografie; detaillierte bibliografische Daten sind im Internet über
<http://dnb.d-nb.de> abrufbar.

1. Auflage 2009

Lektorat: Frank Schindler

VS Verlag für Sozialwissenschaften ist Teil der Fachverlagsgruppe Springer Science+Business Media.
www.vs-verlag.de

Umschlaggestaltung: KünkelLopka Medienentwicklung, Heidelberg
Druck und buchbinderische Verarbeitung: Krips b.v., Meppel
Gedruckt auf säurefreiem und chlorfrei gebleichtem Papier
Printed in the Netherlands

ISBN 978-3-531-16733-6

Inhalt

Vorwort

Im Jahr 2009 besteht das Grundgesetz 60 Jahre. Keine andere deutsche Verfassung im modernen Sinne hat dieses Alter erreicht. Von Anbeginn erfreute sich das Grundgesetz großer Zustimmung in der Bevölkerung. Seine Normierungen genießen verbreitete Anerkennung. Dies unterscheidet das Grundgesetz tiefgreifend von der Weimarer Reichsverfassung.

Verfassungen bestehen aus Normen. Diese sind in Artikeln niedergeschrieben, die man jederzeit nachschlagen kann. Der Leser des Grundgesetzes erfährt so, dass den Menschen in Deutschland bedeutsame Grundrechte zustehen, dass Demokratie, Rechtsstaat, Sozialstaat und Bundesstaat das Gesicht der staatlichen Ordnung prägen, dass Bundestag, Bundesrat, Bundesregierung, Bundespräsident und Bundesverfassungsgericht die maßgeblichen Organe des Staates sind, dass Bund und Länder bestimmte Zuständigkeiten in Politik, Gesetzgebung, Verwaltung und Rechtsprechung haben und dass auch Vorsorge für verschiedene Notsituationen getroffen ist.

Während der Bürger sich also über die Normen des Grundgesetzes ohne große Mühe informieren kann, gilt dies so nicht für die hinter den Normen stehenden und ihnen erst Sinn verleihenden Werte. Verfassungen führen die sie prägenden Werte nämlich selten explizit auf. Die Werte erschließen sich daher erst bei genauerem Lesen einzelner Normen sowie aus der synthetischen oder vergleichenden Betrachtung mehrerer Normen.

Gerade die Werte des Grundgesetzes verdienen jedoch unsere Aufmerksamkeit, bilden sie doch das innere Band der Verfassung. Sie müssen deshalb den Erfolg des Grundgesetzes mitverursacht haben. Wer sie aufgespürt hat, versteht also nicht nur das Grundgesetz in seinen maßgeblichen Intentionen, sondern auch einen wesentlichen Grund seiner Attraktivität. Er verliert sich weiterhin nicht in einzelnen Normen, sondern begreift die diversen Zweckbestimmungen der Verfassung. Mit einem Satz: Er gelangt zu einem vertieften Verfassungsverständnis. Man kann ohne Übertreibung sagen, dass sich das Grundgesetz nur dann wirklich erfassen lässt, wenn es in seiner instrumentalen Funktion zur Realisierung zugrunde liegender Werte begriffen wird. Es handelt sich dabei um Werte von fundamentaler Bedeutung für das Leben des Einzelnen, für das gesellschaftliche Zusammenleben sowie für Legitimität und Qualität der staatlichen Ordnung. Hätten die Werte nicht dieses Gewicht, hätte der Verfassunggeber sie kaum im Grundgesetz, also im ranghöchsten Normengebäude, verankert.

Das vorliegende Buch unterscheidet sich deutlich von einem Grundgesetz-Kommentar. Ein Kommentar ist linear aufgebaut. Das heißt: Die Verfassungsartikel werden der Reihe nach ausgelegt. Auf Querbezüge wird weitgehend verzichtet. Das vorliegende Werk verfährt anders. Es orientiert sich am Gefüge der die Verfassung bestimmenden Werte, ordnet diesen Werten die einschlägigen Artikel zu und erläutert diese im Lichte des betreffenden Verfassungswertes. Wo immer möglich und sinnvoll werden die Werte zusätzlich in ihrer geistes- und realgeschichtlichen Herkunft dargestellt. Ebenso wird dargelegt, mit welchen Vorstellungen und Praktiken sich die Werte des Grundgesetzes nicht vertragen.

Der Gewinn für den Leser besteht somit darin, das Grundgesetz in seinen maßgeblichen Intentionen systematisch und historisch zu verstehen. Mittels der Lektüre eines Grundgesetz-Kommentars ist dies nicht möglich. Das soll aber nicht heißen, dass Verfassungskommentare keine Funktion besitzen. Wer sich über die Bedeutung einzelner Verfassungsbestimmungen informieren will, kommt nach wie vor nicht daran vorbei, einen Kommentar aufzuschlagen.

Der Verzicht auf die Würdigung sämtlicher grundgesetzlicher Normen wird aufgewogen durch die Konzentration auf das Wesentliche in Gestalt der den Normen ihren Sinn verleihenden Werte. Immerhin besteht das Grundgesetz bei genauer Zählung aus 194 Artikeln. Sie alle zu würdigen, ist unzweckmäßig. Denn viele Artikel gerade im hinteren Teil des Grundgesetzes enthalten Details über die Bundesverwaltung und das Finanzwesen sowie Übergangsbestimmungen, auf die man für das Verständnis der tragenden Elemente des Grundgesetzes weitgehend verzichten kann.

Die Hervorhebung der maßgeblichen Werte erleichtert im Vergleich mit einer umfassenden Darlegung des gesamten Verfassungswerkes aber nicht nur das Verstehen dessen, worauf es dem Verfassunggeber in erster Linie ankam. Die Konzentration auf fast dreißig Werte und damit auf eine repräsentative Breite vermittelt dem Leser ein Wissen über die Verfassung, das man als relevant bezeichnen kann. Ohne jeden einzelnen einschlägigen Artikel genau kennen zu müssen, kann der Leser auf der Basis dieses Wissens politische Geschehnisse und Herausforderungen sowie politisch-programmatische Ansätze problemlos auf die Intentionalität der Verfassung beziehen und so zu einer begründeten Einschätzung gelangen.

Das vorliegende Buch stellt 27 Verfassungswerte heraus. Mit guten Gründen lässt sich behaupten, dass es sich um die wichtigsten Werte des Grundgesetzes handelt. Mit dieser Bemerkung ist aber schon angedeutet, dass sich das Grundgesetz nicht in diesen Werten erschöpft. Es lassen sich weitere Werte feststellen: So aus Artikel 5 GG die Werte der Kunst und der Wissenschaft, aus Artikel 7 GG der Wert der Bildung, aus Artikel 72 GG der Wert gleichwertiger Lebensverhältnisse, aus Artikel 107 GG der Wert einer ausgeglichenen Finanzkraft der Länder und aus Artikel 109 GG der Wert des gesamtwirtschaftlichen Gleichgewichts. Im Grunde steht hinter fast jeder Verfassungsnorm ein zur Realisierung aufgetragener Wert.

Es ist jedoch wenig sinnvoll, die im Grundgesetz enthaltenen Werte in enzyklopädischer Manier auszubreiten. Dabei ginge nämlich die Übersicht verloren. Verloren ginge auch die Differenz zwischen den Werten, die den freiheitlichen Verfassungsstaat konstituieren, ihn also unverwechselbar machen, und anderen, nicht im engeren Sinne systemtypischen Werten.

Damit der Leser den Zusammenhang zwischen den jeweils erörterten Verfassungswerten und den dazugehörigen Verfassungsbestimmungen sofort erkennen kann, sind die entsprechenden Grundgesetzartikel an passenden Stellen in den Text eingefügt. Zur besseren Erkennbarkeit sind sie in Rahmen gesetzt. In Abweichung vom Verfassungstext sind die für den betreffenden Kontext bedeutungstragenden Wörter fett gedruckt.

Wie oben schon angedeutet, wird nur ein Ausschnitt des Grundgesetzes präsentiert. Gleichwohl handelt es sich dabei um die maßgeblichen Verfassungsartikel. Diese befinden sich vorzugsweise in Abschnitt I, II, VII und IX des Grundgesetzes, d.h. im Grundrechtsteil sowie in den Ausführungen über Bund und Länder, die Gesetzgebung des Bundes und die Rechtsprechung.

Naturgemäß stützen sich Ausführungen über das Grundgesetz auf Verfassungskommentare und andere verfassungsrechtliche Literatur. Eine wichtige Quelle bildet auch die Judikatur des Bundesverfassungsgerichts. Sie ist in der weit über hundert Bände umfassenden Entscheidungssammlung des Verfassungsgerichts (Abkürzung: BVerfGE) vollständig dokumentiert. Fundstellen hieraus werden nach dem folgenden Muster belegt. Beispielsweise lautet die Fundstelle BVerfGE 5, 85 (204). Dann bedeuten die einzelnen Angaben: Es handelt sich um Band 5 der Entscheidungssammlung. Die betreffende Entscheidung beginnt auf Seite 85. Die Fundstelle befindet sich auf Seite 204.

Ich danke Herrn Christoph Bergmann, M.A., für das Korrekturlesen sowie für die Anfertigung der Register. Ich hoffe, dass die Register eine sichere Orientierung ermöglichen. Ein nochmaliges Korrekturlesen übernahm dankenswerterweise meine Frau. Fehler gehen aber natürlich zu meinen Lasten.

Joachim Detjen

Einleitung

Im Sommer 2006 stellte Bundestagspräsident Norbert Lammert Persönlichkeiten aus Politik und Wirtschaft, Wissenschaft und Medien, Kunst und Kultur die Frage nach den tragenden kulturellen Grundlagen und Orientierungen in Deutschland. Auslöser dieser Frage war der in den politischen Diskurs der letzten Jahre eingeführte und kontrovers diskutierte Begriff der Leitkultur.

Die 42 Antworten unterschieden sich erwartungsgemäß hinsichtlich der Einschätzung des Wortes „Leitkultur". Das war insbesondere dort der Fall, wo sie sich auf eine spezifisch „deutsche Leitkultur" bezogen und die Befragten damit Elemente erzwungener Assimilation assoziierten. In solchen Fällen überwogen Skepsis und Ablehnung. Hingegen gab es bei einer Erweiterung des Leitkulturbegriffes auf Europa überwiegend Zustimmung. Offensichtlich gingen die Befragten von einer europäischen Identität hinsichtlich tragender kultureller Werte aus. Deutschland als Teil Europas – man kann ergänzen: als Teil des Abendlandes oder der westlichen Zivilisation – teilt zweifellos diese Werte. Darüber hinaus verfolgt es Werte, die aus der Verarbeitung spezifisch deutscher historischer Erfahrungen resultieren. Sofern sie sich in Rechtsnormen umformulieren ließen, fanden nicht wenige der teils europäisch-abendländischen, teils spezifisch deutschen Werte Eingang in die Verfassung.

Einige repräsentative Stimmen sollen zu Worte kommen, um anzudeuten, welche Überzeugungen und Traditionen nach Auffassung des befragten Personenkreises zum Wertehorizont und damit zur Kultur der Bundesrepublik Deutschland gehören.

Der Politiker Christoph Böhr erwähnt das europäische, letztlich im Christentum verankerte Menschenbild, das seinen verbindlichen Ausdruck in der Bestimmung des Menschen als Zweck an sich gefunden hatte. Weiterhin zählt Böhr zum Wertekanon den Respekt vor der Glaubensüberzeugung von Menschen (Böhr in Lammert (Hrsg.) 2006, 41 f.).

Der Verfassungsrechtler Paul Kirchhof gebraucht das Bild vom Verfassungsbaum, aus dem ein Geäst an Werten wachse und der im Humus des Christentums, der Aufklärung und des Humanismus wurzele. Zu den maßgeblichen Werten gehörten die rechtliche Gleichheit, speziell die Gleichheit von Mann und Frau, die religiöse Selbstbestimmung, die Begrenzung demokratisch vermittelter staatlicher Herrschaft und das eigennützig zu gebrauchende Privateigentum (Kirchhof in Lammert (Hrsg.) 2006, 103).

Norbert Lammert selbst betont, dass man von zwei großen Kulturen des Westens sprechen müsse, nämlich von der Kultur des christlichen Glaubens und der Kultur der säkularen Rationalität. Beide Kulturen seien faktisch nicht universell. Denn ihre Werte und Normen würden nicht von der ganzen Menschheit praktiziert. Andererseits formten beide Kulturen das Wertefundament der westlichen Verfassungsstaaten. Dieses

Wertefundament vertrage sich nun nicht mit jeder kulturellen Überzeugung und Orientierung. So widerspreche die Gleichberechtigung der Frau dem Dominanzanspruch des Mannes mancher Kulturen. Die im Westen akzeptierte Trennung von Politik und Religion vertrage sich nicht mit dem Anspruch auf unmittelbare Geltung religiöser Gebote für das politische Handeln. Zur Freiheit der Medien gehöre es, Kritik auch an Religionen zu äußern, was diese ertragen müssten. Da die gelebte Kultur die Voraussetzung der Verfassung sei, könne Letztere nur Bestand haben, wenn die kulturellen Grundlagen nicht erodierten (Lammert in Lammert (Hrsg.) 2006, 137 ff.).

Bundeskanzlerin Angela Merkel argumentiert ähnlich: Die Verfassungswerte speisten sich aus nicht auswechselbaren kulturellen und historischen Wurzeln. Damit meint sie das Christentum, die Aufklärung, die französischen Revolutionsideen, die im Zusammenhang mit der Industrialisierung entstandenen sozialen Sicherungssysteme und die Erfahrungen mit der nationalsozialistischen Diktatur. Die sich aus diesen Traditionen ergebenden Wertvorstellungen wie beispielsweise die freie Entfaltung der Persönlichkeit, die Freiheit der Meinungsäußerung und die Gleichberechtigung der Frau gäben für alle in Deutschland lebenden Menschen die Richtung an. Das entsprechende Wertebewusstsein sei mehr als die formale Akzeptanz der Rechtsnormen. Solange es Menschen mit einem unakzeptablen, den Rahmen eines freiheitlichen Gemeinwesens sprengenden Werteverständnis gebe, müsse daher für die Verfassungswerte geworben werden (Merkel in Lammert (Hrsg.) 2006, 173 f.).

Die zitierten Stimmen machen deutlich, dass Verfassungswerte für die Bestimmung der in Frage stehenden Leitkultur nicht die alleinige, aber doch eine tragende Rolle spielen. Sie sind gleichzeitig ein empfindliches Gut. Denn der Bestand der Verfassung hängt davon ab, dass sie im Bewusstsein der Menschen lebendig bleiben. Welches sind nun aber die maßgeblichen Werte des Grundgesetzes? Was sind überhaupt Werte im Kontext der Verfassung?

Diesen Fragen geht die vorliegende Schrift in insgesamt sieben Kapiteln nach.

Kapitel 1 führt in den Gegenstand ein. Es referiert zunächst die Merkmale und Aufgaben der Verfassung. Es zeigt sich dabei, dass einer Verfassung zwangsläufig normative Leitbilder zugrunde liegen. Damit ist der Bogen zu den Werten geschlagen. Werte sind nun aber eine durchaus nicht unumstrittene Kategorie. Es gibt sehr viele Definitionen des Wertbegriffes. Auch ist der erkenntnistheoretische Status von Werten nicht eindeutig geklärt. Es gibt einen Wertobjektivismus wie auch einen Wertsubjektivismus. Angesichts dessen versteht sich eine Begriffschöpfung wie „Werteordnung“ nicht von selbst.

Kapitel 2 beschäftigt sich mit der Wertegebundenheit des Grundgesetzes. Zu Beginn wird auf die kulturelle Gebundenheit jeden Rechts und damit auch jeder Verfassung hingewiesen. Daraus ergibt sich die Ablehnung der Auffassung, dass eine Verfassung eine werteneutrale Ordnung errichten kann. Es folgt eine Darlegung des Werteverständnisses des Bundesverfassungsgerichts, das die vielgescholtene Formel von der objektiven Werteordnung geprägt hat. Es schließen sich Ausführungen über die zwei zentralen Wertekomplexe des Grundgesetzes an. Der eine Wertekomplex kreist um die Würde des Menschen, der andere um die freiheitliche demokratische Grundordnung. Ausführlich wird im Anschluss auf die geistigen und ideengeschichtlichen Hintergründe der grundgesetzlichen Werte eingegangen. Das Christentum, der Humanismus und die Aufklärung sind deren maßgebliche Quellen. Es zeigt sich weiterhin, dass das Grundgesetz einen säkularen Staat begründet. Aus diesem Sachverhalt ergeben sich nicht geringe Spannungen zur islamischen Kultur. Schließlich wird aufgezeigt, in welchen Normtypen des Grundgesetzes sich die Werte vornehmlich verbergen.

Kapitel 3 legt die Werte der ersten und wichtigsten Wertegruppe dar. Es handelt sich um die verfassungslegitimierenden Werte, die der Ordnung des Gemeinwesens die Anerkennungswürdigkeit liefern. In dieser Wertegruppe ist das abendländische politische Denken aufgehoben. Der prominenteste Wert ist unzweifelhaft die Menschenwürde, da sie auf alle übrigen Normen und Werte des Grundgesetzes ausstrahlt. An zweiter Stelle folgt der Wert des Lebens, der ebenfalls fundamentale Bedeutung hat. Denn ohne das Leben wären sämtliche anderen Werte funktionslos. Häufig übersehen, weil nicht mit einem eigenen Verfassungsartikel versehen, wird dagegen die innere Sicherheit als dritter Wert. Demgegenüber können sich die nächsten beiden Werte, die individuelle Freiheit und die rechtliche Gleichheit, nicht über mangelnde Aufmerksamkeit beklagen. Der Freiheits- und der Gleichheitsgedanke sind fest im allgemeinen Bewusstsein verankert. Ähnliches gilt für den Wert der sozialen Gerechtigkeit, der den christlichen Tugendwert der Nächstenliebe bzw. den Wert der gesellschaftlichen Solidarität fortführt. Besonders starke legitimierende Wirkung entfalten schließlich die beiden staatlich-politischen Werte der Volkssouveränität und der Demokratie.

Kapitel 4 thematisiert Verfassungswerte, die auf die Lebenswelt, die Gesellschaft sowie auf den politischen Prozess ausstrahlen. In den hier versammelten Werten spiegelt sich zu einem erheblichen Teil der freiheitliche, aber auch der solidarische Charakter der Bundesrepublik. Ohne Zweifel lebensweltprägend ist der Wert der Privatsphäre, genauer: der Gewährleistung eines Raumes zur privaten Daseinsgestaltung. Zur Lebenswelt gehört auch der oft nicht recht beachtete Wert der Familie. Teils der Lebenswelt, teils der Gesellschaft sind die Werte der religiös-weltanschaulichen Selbstbestimmung, der wirtschaftlichen Handlungsfreiheit und der freien Kommunikation zuzuordnen. Die gesellschaftliche Relevanz dieser Werte zeigt sich darin, dass sie sich stark auf die religiöse Landschaft, die Wirtschaftsordnung sowie die Medienwelt auswirken. Der von der Verfassung gewollte Wert des Pluralismus prägt die Gesellschaft wie auch die Politik. Mit dem Pluralismus ist die Offenheit und Vielfalt der Ideen, Überzeugungen und Interessen in der Gesellschaft gemeint. Hiervon soll die Politik profitieren. Die Werte der politischen Partizipation und der Bürgerverantwortung schließlich sind hingegen eindeutig Bestandteile der politischen Sphäre. Sie drücken die zwei Seiten der Bindung des Bürgers an sein politisches Gemeinwesen aus.

Kapitel 5 behandelt die an Bedeutsamkeit kaum zu überschätzenden staatlichen Ordnungswerte. So sorgen die Werte der Herrschaftsmäßigung, der Herrschaftsbegrenzung und der verantwortlichen Herrschaftsausübung dafür, dass der Einzelne nicht einer übermächtigen und daher freiheitsbedrohenden Staatsgewalt gegenübersteht. Der Wert der weltanschaulichen Neutralität ergibt sich aus dem empirischen Sachverhalt der religiös-weltanschaulichen Pluralität in Verbindung mit der Trennung von Staat und Religion. Die Werte des Rechtsschutzes und der Rechtssicherheit hängen eng zusammen. Beide sind Ausdruck des Rechtsstaatsprinzips. Der Rechtsschutz beschirmt den Einzelnen vor nicht gerechtfertigten Eingriffen der öffentlichen Gewalt, indem dieser sein Recht bei unabhängigen Gerichten suchen kann. Die Rechtssicherheit manifestiert sich vor allem im Schutz vor staatlicher Willkür und in der Verlässlichkeit der Rechtsordnung. Auch die Werte der funktionsfähigen Herrschaft und der wehrhaften Ordnung weisen eine Gemeinsamkeit auf. Diese besteht in dem von der Verfassung implizit verfolgten obersten Ziel der Selbstbehauptung des Staates. So hat das Grundgesetz Vorsorge dafür getroffen, dass das staatliche Gemeinwesen in diversen Notfällen weiter funktionieren kann. Die Wehrhaftigkeit drückt den Willen der Verfassung aus, das freiheitliche Gemeinwesen entschlossen gegen alle Angriffe zu verteidigen.

Gegenstand von Kapitel 6 sind diejenigen Werte, die der Politik zur Gestaltung aufgegeben sind. Die betreffenden Werte sind mehr oder minder explizit im Grundgesetz aufgeführt. An erster Stelle ist hier das Gemeinwohl zu nennen. Als eine Art Generalklausel bildet es die Zielnorm für die gesamte Politik. Es verpflichtet in gewissem Maße aber auch die Bürger. Ein wichtiger anderer Wert, auf den das Grundgesetz die Politik verpflichtet, ist der Frieden in der Welt. Dieser Wert präjudiziert im Grundsatz das außenpolitische Verhalten Deutschlands. Mit dem Wert des Friedens hängt die europäische Integration eng zusammen. Ein weiterer politischer Gestaltungswert ist der Umweltschutz. Hier geht es um ein existentielles, langfristiges Interesse der Menschen.

Kapitel 7 schließlich geht zwei wichtigen Fragen nach. Zunächst wird das Problem der Geltung widerstreitender Werte abgehandelt. Die Verfassung bildet zwar eine Einheit, was jedoch nicht bedeutet, dass es zwischen den Rechtsnormen und den hinter ihnen stehenden Werten keine Spannungen gibt. Dann wird die Frage erörtert, was getan werden kann, um in der Gesellschaft das Bewusstsein von den Verfassungswerten zu wecken und aufrechtzuerhalten.

1 Verfassung und Werte

1.1 Die Verfassung als rechtliche Grundordnung des Staates

Das Grundgesetz ist die Verfassung der Bundesrepublik Deutschland. Um es in seiner politischen Bedeutung richtig verstehen zu können, muss man wissen, was eine Verfassung ist. Welche Merkmale konstituieren eine Verfassung? Welche Aufgaben hat sie zu erfüllen? Wodurch grenzt sie sich von anderen Rechtsnormen ab? Auf welche Weise kommt sie zustande?

Der Begriff der Verfassung

Die Verfassung ist die politische Grundentscheidung eines Volkes. In ihr sind Erfahrungen, aber auch Hoffnungen aufgehoben. Eine erste allgemeine Kennzeichnung der Aufgaben einer Verfassung stammt von Georg Jellinek. Sie wurde zu Beginn des 20. Jahrhunderts formuliert, trifft ihren Gegenstand aber bis heute.

> „Jeder dauernde Verband bedarf einer Ordnung, der gemäß sein Wille gebildet und vollzogen, sein Bereich abgegrenzt, die Stellung seiner Mitglieder in ihm und zu ihm geregelt wird. Eine derartige Ordnung heißt eine Verfassung.
>
> Notwendig hat daher jeder Staat eine Verfassung. Ein verfassungsloser Staat wäre Anarchie. Selbst den 'Willkürstaaten' im antiken Sinne ist sie zu eigen, der sogenannten Despotie nicht minder wie dem Regiment eines demokratischen Wohlfahrtsausschusses nach der Art des französischen von 1793. Es genügt das Dasein einer faktischen, die Staatseinheit erhaltenden Macht, um dem Minimum von Verfassung zu genügen, dessen der Staat zu seiner Existenz bedarf. Die Regel aber bildet bei Kulturvölkern eine rechtlich anerkannte, aus Rechtssätzen bestehende Ordnung.
>
> Die Verfassung des Staates umfasst demnach in der Regel die Rechtssätze, welche die obersten Organe des Staates bezeichnen, die Art ihrer Schöpfung, ihr gegenseitiges Verhältnis und ihren Wirkungskreis festsetzen, ferner die grundsätzliche Stellung des Einzelnen zur Staatsgewalt" (Jellinek 1928/1976, 505).

Dem Zitat lässt sich zweierlei entnehmen. Zunächst die Feststellung, dass die Verfassung ein *empirischer* Sachverhalt ist. In diesem Sinne bezeichnet das Wort nicht mehr als die Beschreibung dauerhaft existierender politischer Machtlagen in einem sozialen Verband. Jeder soziale Verband hat hiernach eine Verfassung. Denn irgendwo liegt die Macht. Und irgendwie ist die Stellung der Machtunterworfenen geregelt. Der empirische Verfassungsbegriff sagt über die normative Qualität einer Verfassung, d.h. ihre Anerkennungswürdigkeit, jedoch nichts aus.

Das Zitat deutet die normative Dimension aber durchaus an. Denn es heißt, dass Kulturvölker rechtlich anerkannte und aus Rechtssätzen bestehende Verfassungen besitzen. Hiernach besteht eine Verfassung nicht einfach aus der Feststellung einer faktischen Machtlage, sondern aus einer Verfassungsurkunde oder doch wenigstens aus schriftlich niedergelegten Rechtsnormen. Der Hinweis auf die rechtliche Anerkennung macht deutlich, dass man an die Verfassung auch Kriterien anlegen kann, die über die Legitimität des Verfassungsrechts zu entscheiden vermögen. Als legitimitätsverbürgend gelten gemeinhin die Gewährleistung von Grundrechten sowie die Bindung staatlicher Herrschaft an das Recht.

Man kann normative, nominalistische und semantische Verfassungen unterscheiden. Eine *normative* Verfassung beschränkt die Machtkonzentration, ermöglicht ein freies Spiel der gesellschaftlichen Kräfte und schützt die individuelle Freiheit der Bürger. Darüber hinaus ist sie tatsächlich wirksam. Sie bestimmt also das politische Leben und das gesellschaftliche Zusammenleben. Ihre Intention ist auch nicht die Festschreibung einer augenblicklichen Machtlage und damit die Begünstigung der gerade an der Macht befindlichen Kräfte, sondern die dauerhafte Regelung und Bändigung des politischen Machtprozesses. Das Grundgesetz ist diesem Verfassungstypus zuzuordnen.

Eine Verfassung, welche den politischen Prozess nicht zu steuern vermag, nennt man *nominalistisch*. Die Verfassung steht hier lediglich auf dem Papier, da der reale Machtprozess an den Verfassungsnormen vorbeiläuft. Der Verfassung fehlt somit die existentielle Wirklichkeit. Die Weimarer Reichsverfassung galt formell bis zum Ende des Dritten Reiches. Ihr faktischer Status während der nationalsozialistischen Diktatur war aber der einer nominalistischen Verfassung.

Schließlich gibt es Verfassungen, die voll angewendet werden, die aber ausschließlich zum Nutzen der faktischen Machtinhaber konstruiert wurden. Die Verfassung steuert den politischen Prozess so, dass alternative Vorstellungen keine Chance auf Artikulation und Übernahme der Macht haben. Die Verfassung ist damit ein Werkzeug zur Stabilisierung und Verewigung der Machtstellung einer begünstigten Gruppierung, mag es sich dabei um eine Partei, eine Junta, ein Komitee oder die Familie eines Einzelherrschers handeln. Solche Verfassungen nennt man *semantisch*: Sie sind nur der Wortbedeutung nach Verfassungen. Den Sinn einer Verfassung, ein freiheitliches politisches Leben zu gewährleisten, verfehlen sie jedoch. Semantische Verfassungen sind kennzeichnend für autoritäre oder totalitäre Diktaturen, aber auch für Entwicklungsdiktaturen (Loewenstein 1969, 152 ff.).

Formelle und materielle Verfassung

Man unterscheidet bei einer Verfassung eine formelle von einer materiellen Seite (Isensee 1987, 644 f.). Die formelle Betrachtung konzentriert sich auf vorgeschriebene Formen der Verfassungsentstehung und -änderung sowie auf die Formen des Verfassungsgesetzes selbst. Die materielle Betrachtung richtet sich auf die Inhalte der Verfassung.

Im *formellen* Sinne ist eine Verfassung das in einer Urkunde niedergelegte *Verfassungsgesetz* eines Staates. Dieses Gesetz unterscheidet sich in mehrfacher Hinsicht von den übrigen Rechtsnormen.

So muss das Verfassungsgesetz erstens von einer verfassunggebenden Gewalt erlassen worden sein. Diese ist entweder das Volk selbst oder eine ausschließlich zum Zweck der Verfassunggebung gebildete und mit erhöhter Legitimation ausgestattete Körperschaft. Das Verfassungsgesetz steht zweitens an der Spitze der staatlichen Normenhierarchie. Es nimmt also einen höheren Rang ein als das einfache Gesetz. Die Normenhierarchie kennt unterhalb der Gesetze noch Rechtsverordnungen, Satzungen und Verwaltungsakte. Das Verfassungsgesetz genießt drittens im Verhältnis zu den anderen Normen eine erhöhte Bestandsgarantie. So kann bestimmt sein, dass zentrale Prinzipien der Verfassung überhaupt nicht änderbar sind. Es kann weiterhin bestimmt sein, dass die modifizierbaren Teile nur mittels eines besonderen Verfahrens änderbar sind. Denkbar sind hier qualifizierte Mehrheiten im Parlament oder eine abschließende Bestätigung durch eine Volksabstimmung.

Im *materiellen* Sinne meint eine Verfassung die *rechtliche Grundordnung* eines Staates. Um die Grundordnung des Staates zu bestimmen, müssen sich die Materien der Verfassung durch ihre Bedeutung über die Gegenstände der einfachen Gesetze herausheben. Dies ist der Fall bei den folgenden sieben Regelungsmaterien, die deshalb auch häufig im Verfassungsgesetz Aufnahme finden.

An erster Stelle rangiert die Festlegung der Staatsform. Die Staaten definieren sich entweder als Republik oder als Monarchie.

Zweitens gehört die Angabe des Legitimationsursprungs der politischen Ordnung zur Verfassung. In der Gegenwart ist dies fast ausnahmslos das Volk. In monarchischen Zeiten war der durch Gottesgnadentum legitimierte Fürst der Ursprung der Staatsgewalt.

Drittens finden fast immer die Symbole der staatlichen Einheit, also die Staatsflagge und die Hauptstadt, Aufnahme in die Verfassung.

Viertens werden nicht selten oberste staatliche Ziele in der Verfassung thematisiert, so beispielsweise Gemeinwohl, Gerechtigkeit und Frieden. Diese Ziele sollen die Legitimation der Verfassung stärken.

Von zentraler Bedeutung für die Verfassung sind fünftens die Grundlagen der Staatsorganisation. Hierzu gehört zum einen die Entscheidung, ob sich der Staat als Einheits- oder Bundesstaat versteht. Bestandteile der Staatsorganisation sind weiterhin Regelungen zur Gewaltenteilung, zum Finanzwesen sowie zur Vorsorge für Notsituationen.

Noch bedeutsamer sind sechstens die Vorschriften für die Leitung des Staates. Sie enthalten Vorgaben für die Bildung, die Aufgaben und die Kompetenzen der Verfassungsorgane, für Wahlen und Abstimmungen, für das Gesetzgebungsverfahren, für die Entscheidungsfindung in den Verfassungsorganen sowie für Regeln zur Schlichtung von Konflikten zwischen den Verfassungsorganen.

Schließlich gehört siebentens die Stellung der Menschen im Staat zur Regelungsmaterie der Verfassung. Diese Stellung ist bestimmt durch persönliche Freiheitsrechte, politische Mitwirkungsrechte, soziale Anspruchsrechte und Grundpflichten.

Formelle und materielle Verfassung müssen nicht notwendigerweise zur Deckung kommen. Eine materielle Verfassung gibt es immer. Eine formelle Verfassung ist hingegen nicht zwingend erforderlich. Das bekannteste Beispiel hierfür bildet Großbritannien. Großbritannien kennt bis heute keine formelle, wohl aber eine materielle Verfassung. Diese besteht im Gewohnheitsrecht und in der Anwendung alter Gesetze, die Grundlegendes regeln. Beispielhaft erwähnt seien die Magna Charta Libertatis von 1215, die Bill of Rights von 1689, der Act of Settlement von 1701 und der Parliament Act von 1911.

Aber auch wenn eine Verfassungsurkunde, also eine formelle Verfassung, existiert, müssen nicht alle Elemente der materiellen Verfassung verfassungsgesetzlich kodifiziert sein. Wichtige Teile der materiellen Verfassung können in einfachen Gesetzen niedergeschrieben sein. In Deutschland gilt dies z.B. für das Wahlrecht, das Geschäftsordnungsrecht der Verfassungsorgane, das Parteienrecht und das Staatsangehörigenrecht. Zur ungeschriebenen Verfassung gehört auch die verfassungsgerichtliche Rechtsprechung.

Verfassungsurkunden beschränken sich in der Regel auf die großen Linien der politischen Ordnung. Sie sind daher auslegungs- und ausfüllungsbedürftig. Dies legt nahe, eine Verfassungsgerichtsbarkeit einzurichten, die die Konkretisierung der Verfassungsnormen vornimmt. Grundsätzlich erlaubt die Offenheit den Verfassungen, sich an den Wandel der tatsächlichen Umstände sowie an geänderte Wertvorstellungen in der Bevölkerung anzupassen. Verfassungen müssen sich aber auch formell weiterentwickeln können. Dies geschieht in Gestalt von Verfassungsänderungen.

In Deutschland ist seit den neunziger Jahren des letzten Jahrhunderts die Tendenz beobachtbar, Verfassungsänderungen überaus detailliert vorzunehmen. Als Beispiele können Artikel 13, Absatz 3-6, Artikel 16a, Artikel 23 neu, Artikel 87e und Artikel 87f GG angeführt werden. Offensichtlich will der verfassungsändernde Gesetzgeber durch detaillierte Regelungen Auslegungsstreitigkeiten verhindern. Er nimmt dabei aber eine mangelnde Flexibilität in Kauf. Und er schadet der Ästhetik des Verfassungstextes.

Die Integrations- und Ordnungsfunktion der Verfassung

Eine Verfassung hat insbesondere zwei Aufgaben zu erfüllen. Sie muss erstens zur politischen Einheitsbildung oder Integration der vorhandenen politischen Willensrichtungen beitragen. Und sie muss zweitens die Grundlagen der rechtlichen Gesamtordnung stiften und erhalten. Die erste Aufgabe kann man als Integrationsfunktion, die zweite als Ordnungsfunktion bezeichnen. Beide Funktionen hängen eng zusammen.

Die *Integrationsfunktion* der Verfassung kommt schon dadurch zum Ausdruck, dass sie das dokumentiert, worüber das Volk sich einig weiß. Damit erschöpft sich die

Integrationsfunktion jedoch nicht. Stärker als in früheren Jahrhunderten gilt nämlich, dass die politische Einheit des Staates nicht einfach als etwas Vorfindbares vorausgesetzt werden kann. Moderne Gesellschaften sind durch eine Vielheit der Weltanschauungen, politischen Überzeugungen, gesellschaftlichen und wirtschaftlichen Interessen, kulturell bedingten Verhaltensweisen und – daraus folgend – durch Konflikte gekennzeichnet. Es kommt darauf an, diese Vielfalt zu einheitlichem Handeln und Wirken zu verbinden. Diese Einheitsbildung ist ein nie endender und deshalb stets erneut aufgegebener Prozess. Ein Staat zerbricht als politische Handlungseinheit, wenn diese Integration nicht mehr gelingt.

Angesichts dieser Problematik besteht die Rolle der Verfassung darin, den Prozess der Einheitsbildung in rechtlich geordnete Bahnen zu lenken. Eine dauerhafte und stabile Integration gelingt aber nur, wenn einige Bedingungen erfüllt sind. Erstens müssen die von der Verfassung vorgeschriebenen Verfahrensweisen so beschaffen sein, dass alle Beteiligten sie als fair ansehen können. Zweitens müssen die Bürger über einen gesicherten Raum individueller Freiheitsentfaltung verfügen. Drittens muss ihnen das Recht zugebilligt sein, einen politischen Willen autonom zu bilden und diesen frei zu artikulieren. Sind diese Bedingungen erfüllt, kann eine authentische Integration zustande kommen und damit das Gemeinwesen Zustimmung und Unterstützung erhalten.

Das Grundgesetz kommt den Anforderungen der Integrationsfunktion in vielfältiger Weise nach. Es statuiert ein umfangreiches System von Grundrechten. Und es eröffnet vielfältige Möglichkeiten einer freien politischen Beteiligung.

Die Verfassung soll Chaos und Anarchie verhindern. Damit ist das Basisanliegen der *Ordnungsfunktion* benannt. Die Ordnungsfunktion besteht darüber hinaus in der Prägung der staatlichen und gesellschaftlichen Wirklichkeit.

Die Verfassung konstituiert deshalb die Verfassungsorgane, die den politischen Integrationsprozess lenken sowie die Erfüllung der öffentlichen Aufgaben gewährleisten. Hierzu versieht sie die Organe mit Kompetenzen und schafft ein System von Verfahrensregeln. Staatliche Machtausübung ist danach nur legitim, wenn sie sich auf verfassungsrechtliche Ermächtigungen stützen kann. Nicht das „government by men“, sondern das „government by constitution“ soll maßgeblich sein (Stern 1984a, 82).

Die Verfassung normiert zweitens die Grundlinien der rechtlichen Gesamtordnung. Damit ordnet sie die wesentlichen Lebensbereiche der Gesellschaft. Diese stehen damit in einem Sinnzusammenhang mit der politischen Ordnung des Staates.

Im Grundgesetz findet sich dieser Ordnungswille der Verfassung an vielen Stellen. So regelt es die Grundlagen der *bürgerlichen Rechtsordnung*. Denn es gewährleistet in Artikel 6 GG Ehe und Familie sowie in Artikel 14 GG Eigentum und Erbrecht. Es normiert auch die Grundsätze des *Strafrechts*. So findet sich in Artikel 101 GG das Recht auf den gesetzlichen Richter. In Artikel 102 GG wird kurz und bündig die Todesstrafe als abgeschafft erklärt. Artikel 103 GG gewährleistet den Anspruch auf rechtliches Gehör, verbietet rückwirkende Strafgesetze und die Doppelbestrafung. Artikel 104 GG enthält wichtige Rechtsgarantien bei Freiheitsentziehung. Weiterhin legt das

Grundgesetz Grundsätze für die Ordnung des *Bildungswesens* fest. In Artikel 5 GG wird die Freiheit der Wissenschaft verbürgt, in Artikel 7 GG wird das Schulwesen der staatlichen Aufsicht unterstellt, aber auch das Recht zur Gründung von Privatschulen statuiert. Schließlich normiert das Grundgesetz in Artikel 4 GG und Artikel 140 GG in Verbindung mit Artikel 136 und 137 der Weimarer Reichsverfassung (WRV) auch die Grundzüge des *religiösen* Lebens.

Arten von Verfassungsnormen

Den Normen einer Verfassung kommt unterschiedliches Gewicht zu, je nachdem ob sie Grundlegendes regeln oder nicht, ob sie überhaupt nicht oder nur schwer änderbar sind oder nicht und ob sie unmittelbare Rechtswirkung entfalten oder nicht. Auch die Normen des Grundgesetzes lassen sich entsprechend zuordnen.

So ergibt sich der *Rang* einer Verfassungsnorm daraus, ob sie eine grundlegende Entscheidung darstellt oder von eher nebensächlicher Bedeutung ist. Hiernach kann man vier Stufen unterscheiden.

Den höchsten Rang nehmen die Normen ein, die bestimmen, auf welche Weise und in welchem Ausmaß die Verfassung geändert werden kann. Man nennt diese Normen *Revisionsnormen*. Sie stehen der Kompetenz und dem materiellen Gehalt nach aus zwei Gründen am höchsten: Erstens ermächtigen sie das zur Verfassungsänderung berechtigte Organ, etwas zu tun, was alle anderen Organe nicht dürfen. Zweitens bestimmen sie üblicherweise, welche Verfassungsnormen auf keinen Fall geändert werden dürfen. Sie führen also auf, was der Verfassunggeber mit höchstem verfassungspolitischen Gewicht ausgestattet und deshalb mit einer Bestandsgarantie versehen hat.

Die Revisionsnormen des Grundgesetzes sind in Artikel 79 zusammengefasst. Dieser Artikel nimmt deswegen eine ganz zentrale Stellung im Gefüge des Grundgesetzes ein.

Artikel 79 GG:
(1) Das Grundgesetz kann nur durch ein Gesetz geändert werden, das den Wortlaut des Grundgesetzes ausdrücklich ändert oder ergänzt. [...]
(2) Ein solches Gesetz bedarf der Zustimmung von **zwei Dritteln** der Mitglieder des Bundestages und **zwei Dritteln** der Stimmen des Bundesrates.
(3) Eine **Änderung** dieses Grundgesetzes, durch welche die **Gliederung des Bundes in Länder**, die grundsätzliche **Mitwirkung der Länder** bei der Gesetzgebung oder die in den **Artikeln 1 und 20 niedergelegten Grundsätze** berührt werden, ist **unzulässig**.

Absatz 1 enthält das trivial klingende, gleichwohl wichtige Prinzip „Keine Verfassungsänderung ohne Verfassungstextänderung“. Diese Bestimmung ist eine Abkehr von der Praxis der Weimarer Republik. Damals gab es die sogenannte *Verfassungsdurchbrechung* in Form einzelner Gesetze, die mit verfassungsändernder Mehrheit beschlossen worden waren. Das führte zu einer großen Unübersichtlichkeit. Es gab Normen mit Verfassungsrang, die aber gar nicht in der Verfassung standen, sondern in irgendwelchen Gesetzen.

Absatz 2 normiert den verfassungsändernden Gesetzgeber. Er besteht aus dem Bundestag und dem Bundesrat. In beiden Organen muss eine Zweidrittelmehrheit gefunden werden. Dabei bezieht sich im Falle des Bundestages diese Mehrheit nicht auf die bei der Abstimmung im Plenum Anwesenden, sondern auf die Mitglieder des Parlaments. Verfassungsänderungen sind also erschwert, da bereits ein Drittel der Mitglieder einer der beiden Organe genügt, um es nicht zu einer Änderung kommen zu lassen. Der Grund für das vorgeschriebene anspruchsvolle Quorum ist offensichtlich: Es soll verhindert werden, dass folgenschwere Änderungen des Grundgesetzes durch schwache oder gar Zufallsmehrheiten zustande kommen.

Absatz 3 schließlich benennt die änderungsfesten Materien des Grundgesetzes, mithin die zentralen Grundsätze der Verfassung. Explizit genannt wird die Bundesstaatlichkeit mit der Garantie für die Länder, an der Gesetzgebung des Bundes mitzuwirken. Implizit genannt werden mit Artikel 1 die Menschenwürde und daraus abgeleitet die Grundrechte sowie mit Artikel 20 die sogenannten Staatsfundamentalnormen.

Die Menschenwürde sowie die *Staatsfundamentalnormen* nehmen aufgrund der Absicherung in Artikel 79 GG den zweiten Rang in der Normenhierarchie ein. Sie spiegeln die verfassungspolitischen Grundentscheidungen des Verfassunggebers wider. Sie sind gewissermaßen die „Verfassung der Verfassung". Das Grundgesetz kennt insgesamt fünf Staatsfundamentalnormen. Es sind das Republikprinzip, das Demokratieprinzip, das Rechtsstaatsprinzip, das Sozialstaatsprinzip und das Bundesstaatsprinzip. Als grundlegende Wertentscheidungen der Verfassung sind diese fünf Prinzipien Maßstab für die Schaffung, Ausführung und Auslegung von Recht. Sie strahlen somit auf die gesamte Verfassungs- und Rechtsordnung aus (Zippelius/Würtenberger 2008, 46 ff.).

Artikel 20 GG:
(1) Die Bundes**republik** Deutschland ist ein **demokratischer** und **sozialer Bundesstaat**.
(2) [...] (3) [...] (4) [...]

Artikel 28 GG:
(1) Die verfassungsmäßige Ordnung in den Ländern muss den Grundsätzen des **republikanischen**, **demokratischen** und **sozialen Rechtsstaates** im Sinne dieses Grundgesetzes entsprechen. [...]
(2) [...] (3) [...]

Den nächsten Rang teilen sich vier Arten von Verfassungsnormen. Als erstes zu erwähnen sind die *organisatorischen Grundnormen* des Staates. Hierzu gehören die Benennung der Verfassungsorgane, ihre Bestellung, ihre Aufgaben, ihre Verfahrensweisen und ihr Zusammenwirken.

Als zweites zu nennen sind die *Normen über die Staatstätigkeit*. Hierzu zählen die Zuständigkeiten des Gesamtstaates, also des Bundes, und der Gliedstaaten, d.h. der Länder, sowie Vorschriften über die Verwaltung, die Rechtsprechung und das Finanzwesen. Zu nennen sind noch die Regelungen für den Verteidigungsfall.

Als drittes gehören zu dieser Gruppe von Verfassungsbestimmungen Normen über die *Stellung des Bürgers* im Staat. Diese Normen haben entweder die Gestalt von Grundrechten oder aber die von Grundpflichten.

Schließlich sind viertens die *Staatszielbestimmungen* anzuführen. Das generelle Staatsziel ist das Gemeinwohl. Verfassungen können aber auch weitere Ziele vorgeben. Das Grundgesetz nennt den Frieden, die Gerechtigkeit, die Verwirklichung von mehr Gleichheit und den Umweltschutz.

Den untersten Rang bilden die Normen, die ohne weiteres auch in einfachen Gesetzen enthalten sein könnten. Sie sind lediglich deshalb in die Verfassung aufgenommen worden, um ihnen eine erhöhte Bestandssicherheit zu verleihen. Ein Beispiel aus dem Grundgesetz kann dies illustrieren: Gemäß Artikel 48 GG haben Kandidaten für ein Mandat im Deutschen Bundestag Anspruch auf Urlaub, um den Wahlkampf zu führen. Sind sie gewählte Abgeordnete, haben sie das Recht auf freie Benutzung aller staatlichen Verkehrsmittel.

Die Verfassungsnormen unterscheiden sich hinsichtlich ihrer *Standfestigkeit* gegenüber Änderungen oder gar Abschaffung. Auch hier lassen sich mehrere Abstufungen feststellen.

Die erste Gruppe setzt sich aus den Normen zusammen, die auf keinen Fall angetastet werden dürfen. Sie sind in Artikel 79 GG aufgeführt. Zu den bestandsfesten Verfassungsvorschriften gehören also die schon erwähnten Grundsätze der Artikel 1 und 20 GG sowie die Gliederung des Bundes in Länder in Verbindung mit der Garantie für die Länder, an der Gesetzgebung des Bundes mitzuwirken.

Bestandsfest sind aber auch die Revisionsnormen des Artikels 79 GG selbst. Sie können nicht abgeschafft werden. Das ist so, obwohl der Artikel hierüber schweigt. Der Grund für die Unantastbarkeit liegt in Folgendem: Der Artikel handelt darüber, was der *verfassungsändernde Gesetzgeber* darf. Dieser Gesetzgeber ist also ermächtigt, die Verfassung zu ändern. Als hierzu und nur hierzu ermächtigtes Organ kann er aber nicht selbst über die Grundlagen seiner Ermächtigung verfügen, also über den Artikel 79 GG. Er ist vielmehr hieran gebunden. Wäre es anders, dann könnte der verfassungsändernde Gesetzgeber die Revisionsnormen nach seinem Belieben ändern. Damit aber würde er die Intention dieser Normen zerstören. Das kann jedoch nicht die Absicht des *Verfassunggebers* gewesen sein. Der Verfassunggeber steht oberhalb des verfassungsändernden Gesetzgebers. Noch deutlicher formuliert: Der Verfassunggeber steht außer-

oder oberhalb der Verfassung. Der verfassungsändernde Gesetzgeber hingegen ist als Organ der Verfassung an diese gebunden.

Alle übrigen Verfassungsnormen dürfen abgeschafft, geändert oder konkretisiert werden. Es dürfen auch neue Verfassungsnormen hinzukommen. Das Grundgesetz führt allerdings bestimmte Differenzierungen ein.

Aufgrund des Zweidrittelquorums am schwersten abzuschaffen, zu ändern oder einzuführen sind diejenigen Vorschriften, für die der verfassungsändernde Gesetzgeber benötigt wird. Dies ist der gewollte *Regelfall.*

Leichter ist es, *Grundrechte* zu gestalten. Viele Grundrechte stehen unter dem Vorbehalt der näheren Regelung oder gesetzlichen Beschränkung. Hier kann also der normale Gesetzgeber tätig werden. Der Bundestag kommt dabei gemäß Artikel 42 Abs. 2 GG zu einem Beschluss mit der Mehrheit der bei der Abstimmung abgegebenen Stimmen. Da nach der Geschäftsordnung des Bundestages (GOBT) der Bundestag beschlussfähig ist, wenn die Hälfte seiner Mitglieder im Sitzungssaal anwesend ist und die einfache Mehrheit entscheidet, kann diese Mehrheit sehr klein sein. Denn Stimmenthaltungen zählen nicht, und so genügt es, wenn es wenigstens eine Ja-Stimme mehr gibt als Nein-Stimmen. Das Grundgesetz verlangt in Artikel 19 allerdings kategorisch, dass bei grundrechtseinschränkenden Gesetzen das betreffende Grundrecht in seinem *Wesensgehalt* nicht angetastet werden darf.

Noch einfacher ist die *Ausgestaltung* derjenigen Verfassungsbestimmungen, welche sich mit der Ausführung der Bundesgesetze und der Bundesverwaltung befassen. Diese Ausgestaltung kann durch Gesetze geschehen, bei denen kein Wesensgehalt berücksichtigt werden muss. Mehrfach wird außerdem die Bundesregierung ermächtigt, Verwaltungsvorschriften zu erlassen, für die sie lediglich die Zustimmung des Bundesrates benötigt.

Die Normen des Grundgesetzes unterscheiden sich schließlich hinsichtlich der von ihnen ausgehenden *Wirksamkeit.*

Die härtesten Normen sind diejenigen, die *unmittelbare* Rechtswirksamkeit entfalten. Alle Grundrechte zählen zu dieser Kategorie. Ebenfalls sind die Kompetenzen und die Verfahrensvorschriften für die Verfassungsorgane unmittelbar geltendes Recht. Dasselbe gilt für die Bestimmungen, welche die staatliche Tätigkeit normieren: Hierunter fallen die Regelungen für Verwaltung, Rechtsprechung und Finanzwesen sowie die Zuständigkeitsbestimmungen für den Bund und die Länder.

Schwächer ist die Wirksamkeit der sogenannten *Verfassungsaufträge.* Diese verpflichten bestimmte Verfassungsorgane, meistens den Gesetzgeber, zu einem näher bezeichneten Tätigwerden. Im Grundgesetz lautet die Formulierung meistens: „Das Nähere regelt ein Bundesgesetz." Das Grundgesetz drückt hier die Erwartung aus, dass das angesprochene Organ seine Handlungspflicht erfüllt. Es macht allerdings keine Angaben über eine Frist.

Der bekannteste Verfassungsauftrag steht in Artikel 6 GG. Er verlangt Gesetze zur Gleichstellung ehelicher und unehelicher Kinder. Dieser Auftrag darf mittlerweile als erfüllt angesehen werden. Ein Verfassungsauftrag, dessen Umsetzung besonders lange dauerte, ist die in Artikel 21 GG ausgesprochene Aufforderung, ein Parteiengesetz zu schaffen. Obwohl 1949 verfassungsrechtlich normiert, kam die Verabschiedung dieses Gesetzes erst 1967 zustande.

Schließlich gibt es noch *Staatszielbestimmungen*. Ihre rechtliche Verbindlichkeit ist eher gering zu veranschlagen. Sie drücken im Grunde regulative Ideen staatlichen Handelns aus. Das heißt, sie stellen allgemeine und fortwährende Richtlinien für das staatliche Handeln dar. Ihre Umsetzung in konkretes Handeln unterliegt fast immer der streitigen Diskussion. Außerdem ist ihre Verwirklichung nicht exakt feststellbar. Das Grundgesetz kennt die folgenden wesentlichen Staatszielbestimmungen: Förderung des Gemeinwohls, Unterstützung des internationalen Friedens, Verwirklichung eines vereinten Europas, Schutz der natürlichen Lebensgrundlagen und Förderung der Gleichberechtigung.

Es ist nicht unproblematisch, relativ konkrete Staatszielbestimmungen in einem Verfassungstext festzuschreiben. Denn dem staatlichen Handeln stellen sich fortwährend neue Aufgaben. Das aber bedeutet: Die Ziele der Politik müssen in ihrem Verhältnis zueinander immer wieder neu definiert und gewichtet werden. Werden nun einzelne Ziele in die Verfassung aufgenommen, wird ihnen ein Rang zugesprochen, der ihnen nach einiger Zeit vielleicht gar nicht mehr zukommt. Außerdem gängeln sie den künftigen Gesetzgeber. Ihm wird offensichtlich nicht zugetraut, das politisch zu Tuende situationsgerecht zu bestimmen und zu gewichten. Schließlich bewirkt die Festschreibung bestimmter Ziele in der Verfassung, dass ein zukünftiger politischer Streit um die Berechtigung dieser Ziele in den Geruch der Verfassungsfeindlichkeit gerät. Ein Verfassunggeber ist gut beraten, nur zurückhaltend Staatszielbestimmungen in den Verfassungstext aufzunehmen.

Der Akt der Verfassunggebung

Verfassungen im modernen Sinne gibt es erst seit der Wende vom 18. zum 19. Jahrhundert. Sie sind Produkte der Amerikanischen und der Französischen Revolution. Die Französische Revolution stürzte die überkommene monarchische Staatsgewalt mit ihrer Legitimation über das Gottesgnadentum. Die Amerikanische Revolution bestand in der Befreiung von einer Monarchie, der man sich nicht länger unterwerfen wollte. Beide Revolutionen standen vor der Aufgabe, eine neue, legitime Staatsgewalt zu errichten. Nach dem Verblassen religiöser Legitimationsmuster galt am Ende des 18. Jahrhunderts nur noch diejenige Herrschaft als legitim, die auf der Zustimmung der Herrschaftsunterworfenen, also des Volkes, beruhte.

Im noch durchweg monarchischen Europa des 19. Jahrhunderts stellte sich die Lage komplizierter dar. Die meisten Monarchen verneinten das Prinzip der Volkssouveränität, dass alle staatliche Gewalt vom Volk auszugehen habe. Es kam deshalb überwiegend zu *paktierten* Verfassungen. Das sind Verfassungen, die auf einem Vertrag zwischen dem Herrscher und den Repräsentanten der Stände bzw. des Volkes beruhten. Die Stände sind die Vorläufer dessen, was heute verfassungsrechtlich das Volk ist. In den paktierten Verfassungen ging es vorzugsweise um eine Begrenzung der Zuständigkeiten des Monarchen und um politische Mitsprache durch die Stände- bzw. die Volksvertretung. Und es ging um die Gewährleistung eines Freiheitsraumes für die Untertanen. Man folgte im Grunde dem im Mittelalter bekannten Muster der sogenannten *Herrschaftsbegrenzungsverträge*.

Für die Vereinigten Staaten von Amerika und Frankreich kam nur eine vom *souveränen Volk* gesetzte Verfassung in Frage. Konsequent beginnt die amerikanische Verfassung von 1787 daher mit den Worten: „Wir, das Volk der Vereinigten Staaten [...] setzen diese Verfassung für die Vereinigten Staaten von Amerika in Geltung." Die französische Verfassung von 1791 ist autorisiert von den Vertretern des französischen Volkes, die als Nationalversammlung eingesetzt wurden.

Das Grundgesetz basiert ebenfalls auf dem Gedanken der Volkssouveränität. Es folgt aber ausdrücklich einer moralisch gebundenen Souveränitätsvorstellung. In der Präambel heißt es nämlich: „Im Bewusstsein seiner Verantwortung vor Gott und den Menschen [...] hat sich das Deutsche Volk kraft seiner verfassungsgebenden Gewalt dieses Grundgesetz gegeben."

Eine Verfassung tritt durch einen Akt der *verfassunggebenden Gewalt* in Kraft. Diese Gewalt nennt man *„pouvoir constituant"*. Wie sich den zitierten Verfassungen entnehmen lässt, entspricht es dem neuzeitlichen Verständnis, im Volk den einzig legitimen Verfassunggeber zu sehen.

Das Volk kann seine verfassunggebende Gewalt auf zweifache Weise ausüben: Es kann zum einen diese Gewalt *unmittelbar* ausüben, indem die Stimmberechtigten in einem *Referendum* dem Entwurf eines Verfassungstextes entweder zustimmen oder nicht zustimmen. Es kann zweitens Abgeordnete zu einer *verfassunggebenden Nationalversammlung* wählen und diese ermächtigen, als Repräsentanten des verfassunggebenden Volkes den Schöpfungsakt der Verfassunggebung vorzunehmen. Beide Fälle setzen voraus, dass vorher ein Verfassungsentwurf erarbeitet worden ist. Diese Erarbeitung geschieht in der Regel durch eine beratende Versammlung, die man üblicherweise *Verfassungskonvent* nennt.

Beide Verfahrensweisen sind allerdings durch ein schwerwiegendes logisches Problem belastet. Denn vor Annahme der Verfassung herrscht definitionsgemäß ein verfassungsloser, d.h. aber ein rechtloser Zustand. Die Einigung auf die konkrete Ausübung der verfassunggebenden Gewalt geschieht offenkundig durch ein Volk, das rechtlich noch gar nicht konstituiert ist. Insofern handelt es sich eigentlich gar nicht um ein Volk, sondern nur um eine Menge von Menschen. Die alles entscheidende Frage, wer Mitglied des Volkes sein soll, ist in dieser Situation nicht rechtlich, sondern nur faktisch, d.h. durch einen Willensakt zu beantworten.

Diese merkwürdige Lage erklärt sich daraus, dass eine verfassunggebende Gewalt begriffsnotwendig eine *souveräne* Gewalt ist. Eine souveräne Gewalt ist aber keinem

Gesetz unterworfen. Anderenfalls wäre sie keine souveräne Gewalt. Sie ist begriffsnotwendig *„legibus absolutus"*. Als höchstrangige Rechtsquelle geht von ihr alles Recht aus. Von ihr leiten sich daher auch die Verfassung und alle von der Verfassung begründeten Gewalten ab. Sie selbst ist hingegen unabgeleitet.

Die von der Verfassung begründeten Gewalten sind hingegen nicht souverän. Da sie ihre Autorität von der Verfassung ableiten, sind sie *verfasste Gewalten*. Man spricht von *„pouvoirs constitués"*. Zu den verfassten Gewalten zählen die Verfassungsorgane und ihre Zuständigkeiten. Das Grundgesetz ordnet die Organe der *gesetzgebenden*, der *rechtsprechenden* und der *vollziehenden* Gewalt zu.

Für alle verfassten Gewalten gilt, dass sie als *Erzeugnisse* der Verfassung deren Erzeuger, die verfassunggebende Gewalt, *nicht* einschränken können. Das bedeutet: Eine existierende Verfassung kann keine Vorschriften über einen zukünftigen Verfassungsschöpfungsakt machen. Erließe sie dennoch solche Vorschriften, wäre die verfassunggebende Gewalt ihrer Souveränität beraubt und zu einer verfassten Gewalt herabgemindert. Sie wäre keine eigentlich verfassunggebende Gewalt mehr.

Das Grundgesetz ist nicht ganz frei von dem Missverständnis, in Artikel 146, der letzten Verfassungsbestimmung, dem Verfassunggeber Vorschriften für seine Tätigkeit zu machen. Denn es schreibt dem deutschen Volk vor, dass eine neue Verfassung in freier Entscheidung zu beschließen ist. Wenn dies so gemeint ist, dass die neue Verfassung der Billigung durch eine Volksabstimmung bedürfe, handelt es sich zweifelsfrei um eine Bindung der verfassunggebenden Gewalt. Das zukünftige Handeln der verfassunggebenden Gewalt ist aber kein Regelungsthema für das Verfassungsgesetz. Eine Verfassung kann über die Bedingungen ihres Ursprungs keine Anordnung treffen.

Artikel 146 GG kann eigentlich nur die rechtlichen Bedingungen regeln, unter denen das Grundgesetz seinen Geltungsanspruch zurücknehmen will. Liest man zusätzlich in Artikel 146 GG hinein, dass das deutsche Volk als Verfassunggeber frei entscheidet, handelt es sich um die Feststellung eines selbstverständlichen Sachverhaltes. Diese Feststellung hätte der Verfassunggeber sich auch sparen können (Isensee 1995, 78 f.).

> Artikel 146 GG:
> Dieses Grundgesetz, das nach der Vollendung der Einheit und Freiheit Deutschlands für das gesamte deutsche Volk gilt, verliert seine Gültigkeit an dem Tage, an dem eine Verfassung in Kraft tritt, die von dem deutschen Volke **in freier Entscheidung** beschlossen worden ist.

Wenn auch jede Verfassungsordnung letztlich nichtrechtlichen Ursprungs ist und demnach kein Gesetz vor der Verfassunggebung existiert, stellt sich dennoch die Frage, ob die verfassunggebende Gewalt nicht an überpositives Recht gebunden ist. Dabei sind mit dem überpositiven Recht sittliche Rechtsgrundsätze gemeint, die den Verfassunggeber im Gewissen zu binden vermögen. Ein solches überpositives Recht ist das *Naturrecht*. Das Naturrechtsdenken weist eine lange, bis in die antike Stoa reichende Tradition auf. Zu dieser Tradition zählen auch christliche und humanistische Positionen sowie Stimmen aus der Aufklärung.

Ausfluss des Naturrechtsdenkens sind die vorstaatlichen, universale Geltung beanspruchenden Menschenrechte, deren Kern in der Würde des Menschen besteht. Betrachtet man die Verfassungen der Staaten der westlichen Hemisphäre, so ergibt sich folgendes Bild: Entweder sprechen die Verfassungen explizit ihre Bindung an überpositive Rechtsgrundsätze aus. Oder es gibt wenigstens der Sache nach eine solche Bindung. Das aber bedeutet, dass die verfassunggebenden Gewalten dieser Staaten sich trotz ihrer faktischen Souveränität in moralisch-rechtlicher Hinsicht als nicht souverän empfanden.

Die Entstehung des Grundgesetzes

Die bei Gründung der Bundesrepublik Deutschland verantwortlichen Politiker wählten bewusst das Wort „Grundgesetz" statt des Wortes „Verfassung". Durch die Wahl dieses Wortes sollte zum Ausdruck gebracht werden, dass die Aufgabe der mit der Verfassunggebung betrauten Personen darin bestehe, die rechtliche Ordnung für ein Gebilde zu schaffen, das zwei gravierende Mängel aufwies: Zum einen fehlten ihm durch das Besatzungsrecht wichtige Merkmale eines sich selbst bestimmenden Staates. Zum anderen umfasste es nicht ganz Deutschland, das es erst wiederherzustellen galt. Dennoch erweckt das Grundgesetz in seiner schließlich gewonnenen Gestalt nicht den Eindruck eines Provisoriums, sondern einer auf Dauer geschaffenen Konstitution wie andere Verfassungen auch (Zippelius/Würtenberger 2008, 44).

Die Entstehungsgeschichte des Grundgesetzes selbst entspricht nur sehr bedingt demokratischen Maßstäben. Als Verfassungskonvent fungierte der aus 65 Mitgliedern bestehende *Parlamentarische Rat*. Dieser war aber nicht direkt gewählt worden. Die Ministerpräsidenten der schon existierenden Länder hatten sich nämlich darauf geeinigt, die Mitglieder des Gremiums entsprechend der Bevölkerungszahl der Länder von den Landtagen wählen zu lassen.

Der Parlamentarische Rat legte im Grundgesetzentwurf auch das Verfahren des *Inkrafttretens* der Verfassung fest. Gemäß Artikel 144 GG sollte hierfür die Annahme des Entwurfes durch die Volksvertretungen in zwei Dritteln der Länder genügen. Von einer Annahme durch das Volk war also keine Rede.

Angesichts der damals bestehenden elf Länder wäre zum Inkrafttreten des Grundgesetzes in *allen* Ländern die Zustimmung von acht Länderparlamenten erforderlich gewesen. Tatsächlich stimmten zehn Parlamente zu. Nur der Bayerische Landtag lehnte die Annahme des Grundgesetzes ab. Er unterwarf sich jedoch der Regelung von Artikel 144 GG. Er beschloss nämlich in der gleichen Sitzung, das Grundgesetz solle auch in

Bayern gelten, falls die in Artikel 144 GG vorgesehene Mehrheit erreicht werden sollte. Obwohl dies bereits in Artikel 144 GG so vorgesehen war, drückte der Bayerische Landtag mit seinem Beschluss das Selbstbewusstsein einer echten verfassunggebenden Gewalt aus, nämlich souverän selbst seine Unterwerfung unter eine neue Verfassung zu beschließen.

> Artikel 144 GG:
> (1) Dieses Grundgesetz bedarf der Annahme durch die Volksvertretungen in **zwei Dritteln der deutschen Länder**, in denen es zunächst gelten soll.
> (2) [...]

Artikel 145 GG regelte den letzten Akt der Inkraftsetzung des Grundgesetzes. Hiernach sollte im Anschluss an die Feststellung der Annahme durch die Länderparlamente die Ausfertigung dadurch geschehen, dass die Mitglieder des Parlamentarischen Rates in alphabetischer Reihenfolge ihre Unterschriften unter die Originalurkunde des Grundgesetzes setzten.

> Artikel 145 GG:
> (1) Der Parlamentarische Rat stellt in öffentlicher Sitzung unter Mitwirkung der Abgeordneten Groß-Berlins die Annahme dieses Grundgesetzes fest, fertigt es aus und verkündet es.
> (2) Dieses Grundgesetz tritt mit Ablauf des Tages der Verkündung in Kraft.
> (3) Es ist im Bundesgesetzblatte zu veröffentlichen.

Am 23. Mai 1949 nachmittags fand die vorgesehene öffentliche Sitzung statt. Mit Ausnahme der Abgeordneten Reimann und Renner von der KPD unterschrieben sämtliche Mitglieder des Parlamentarischen Rates das Grundgesetz. Da Berlin damals nicht zur Bundesrepublik gehörte, unterschrieben die fünf Berliner Abgeordneten getrennt. Konrad Adenauer, der Präsident des Parlamentarischen Rates, verkündete im Anschluss daran das Grundgesetz, das dann formell am 23. Mai 1949 um 24.00 Uhr in Kraft trat.

> Verkündungsformel des Grundgesetzes:
> Der Parlamentarische Rat hat am 23. Mai 1949 in Bonn am Rhein in öffentlicher Sitzung festgestellt, dass das am 8. Mai des Jahres 1949 vom Parlamentarischen Rat beschlossene Grundgesetz für die Bundesrepublik Deutschland in der Woche

vom 16. bis 22. Mai 1949 durch die Volksvertretungen von mehr als zwei Dritteln der beteiligten deutschen Länder angenommen worden ist.
Auf Grund dieser Feststellung hat der Parlamentarische Rat, vertreten durch seinen Präsidenten, das Grundgesetz ausgefertigt und verkündet.
Das Grundgesetz wird hiermit gemäß Artikel 145 Absatz 3 im Bundesgesetzblatt veröffentlicht.

Es gilt festzustellen, dass das Grundgesetz nicht vom souveränen deutschen Volk in freier Entscheidung beschlossen worden ist. Sofern dies als Makel empfunden wird, muss allerdings in Erinnerung gerufen werden, dass den Deutschen nach dem verlorenen Krieg die Souveränität fehlte. Es existierte nicht einmal ein Bundesvolk, das die verfassunggebende Gewalt hätte ausüben können. Denn vor dem 23. Mai 1949 gab es keine Bundesrepublik Deutschland, deren Bewohner als Bundesvolk in Betracht gekommen wären. Angesichts der Notlage der Nachkriegszeit waren die Menschen auch kaum von einem Verfassungsgründungswillen beseelt.

Der Parlamentarische Rat war damals das einzige Organ der erst im Entstehen begriffenen Bundesrepublik Deutschland. Denn erst im September 1949 kam es mit der ersten Bundestagswahl zur Bildung der im Grundgesetz vorgesehenen Verfassungsorgane. Mit der Entscheidung für die Gründung des Parlamentarischen Rates lag die verfassunggebende Gewalt jedenfalls nicht bei den Ländern, sondern bei einem Organ, dessen Repräsentanten für alle Deutschen sprachen.

Man wird eine nachträgliche Legitimation des Grundgesetzes durch das deutsche Volk aber darin sehen können, dass es diese Verfassung bis heute fraglos akzeptiert. Die hohe Beteiligung bei den Bundestagswahlen ist ein deutliches Zeichen für diese Akzeptanz.

1.2 Die Rolle von Werten in der Verfassung

Der Begriff „Werte" wird im Grundgesetz nicht verwendet. Dasselbe gilt für das Wort „Grundwerte". Dennoch finden sich in der Sammlung des Bundesverfassungsgerichts unter den Stichwörtern „Wert", „Grundwert", „Wertentscheidung", „Wertgefüge", „Wertordnung" und „Wertsystem" zahlreiche Fundstellen. Das Gericht sieht es offenkundig als sinnvoll an, bei der Auslegung des Grundgesetzes auf die Werte-Vokabel zurückzugreifen. Es hat allerdings hierfür auch heftige Kritik erfahren.

Was sind nun Werte? In welcher Beziehung stehen sie zum Recht? Welche kritischen Einwände werden gegen den Gebrauch des Werte-Begriffes erhoben? Lässt sich das Grundgesetz dennoch weiterhin sinnvoll mit der Werte-Vokabel begreifen?

Der Begriff „Werte"

In einem ganz unspezifischen Sinne passt das Wort „Wert" auf alles, was Menschen erstreben können. Es ist eine Art Omnibusbegriff zur Kennzeichnung aller nur denkbaren Objekte, die Menschen begehren können. „Werthaft" ist folglich alles, was zur Befriedigung von Bedürfnissen, zur Erfüllung von Wünschen dienlich scheint. Werte können also materielle Güter sein, ebenso aber geistig-kulturelle Besitzstände wie Wissen, Bildung und Sinnorientierung und auch soziale Zielgrößen wie Einfluss, Prestige und Macht. Weil der Mensch intentional lebt, kann für ihn alles, was ist, die Eigenschaft des Werthaften, nämlich des Erstrebenswerten annehmen (Sutor 1997, 81).

Es gibt ein vielfältiges Angebot an Definitionen des Werte-Begriffes. Ende der sechziger Jahre des letzten Jahrhunderts stieß der Soziologe Rüdiger Lautmann auf 180 verschiedene Definitionen. Die meisten Definitionen haben allerdings einen gemeinsamen Kern, der sie von einer unspezifischen Verwendung des Wortes unterscheidet. Diesen Kern hat der amerikanische Werteforscher Clyde Kluckhohn vor bald sechzig Jahren sinngemäß so formuliert: Ein Wert ist eine Auffassung von Wünschenswertem, welche für ein Individuum oder für eine Gruppe kennzeichnend ist und welche die Auswahl von Handlungsweisen, Handlungsmitteln und Handlungszielen beeinflusst. Bemerkenswert an dieser Definition ist zweierlei: Zum einen drücken Werte das Wünschenswerte, nicht einfach nur das Gewünschte aus. Sie repräsentieren damit gerechtfertigte oder sinnvolle Ziele. Zum anderen charakterisieren Werte ein Individuum oder eine Gruppe. Sie repräsentieren damit eine personale oder kollektive Identität (Thome 2005, 389 f.). Diese Identität könnte sich auch auf ein staatliches Gemeinwesen beziehen.

Werte sind die Eigenschaften einer Sache, welche diese Sache gut machen. Sie bilden damit den normativen Maßstab des angemessenen Verhaltens, des plausiblen Handelns, der wünschenswerten Dinge, der gebilligten, gesollten Ziele. Sprachlich ausgedrückt wird das normative Element durch Wörter wie „gut", „würdig", „gesollt" und „richtig" (Lautmann 1969, 29, 69, 105). Werte haben mithin eine hohe normative Orientierungsfunktion. Sie sondern gut von schlecht, wichtig von unwichtig, richtig von falsch.

Werte unterscheiden sich von Normen dadurch, dass Normen restriktiv sind, Werte aber attraktiv. Damit ist gemeint, dass Normen bestimmte Mittel des Handelns als moralisch oder rechtlich unzulässig ausschließen. Sie können auch Ziele des Handelns verbieten. Werte hingegen schränken den Radius des Handelns nicht ein, sondern erweitern ihn. Denn sie drücken Vorstellungen von dem aus, was des Wünschens wert ist (Joas 2005, 14 f.).

Grundwerte bilden den letzten Sinn einer menschlichen Gemeinschaft. Sie formen deren Identität (Di Fabio 2004b, 3). Von Grundwerten kann man sinnvoll aber nur sprechen, wenn man voraussetzt, dass es in Bezug auf eine Gemeinschaft ranghöhere und rangniedere Werte gibt. Die Differenzierung erscheint hinsichtlich der Verfassung durchaus plausibel. Als Grundwerte kommen dabei die Werte in Betracht, welche der Verfassung Legitimität verleihen und damit ihr Fundament legen.

Die klassische antik-mittelalterliche Philosophie sprach anstatt von Werten von *Gütern*. Diese Wortwahl ist in mancher Hinsicht glücklicher, da das Wort „Werte" philosophiegeschichtlich nicht ganz unbelastet ist (Starck 1979, 40). Im Zusammenhang mit der Verfassung kann man statt von Werten auch von *Leitbildern*, *Grundentscheidungen*, *rechtsethischen Grundsätzen*, *Zwecken*, *Ideen*, *Essentialia* oder *leitenden Vorstellungen* der Menschen über ihr Zusammenleben sprechen. Man kann ebenso die Wendung von der *Substanz* der Verfassungsordnung gebrauchen (Häberle 1981, 12; Hain 1999, 88 f.; Reimer 2001, 26 ff.).

Schließlich sind *Prinzipien* bzw. *Grundsätze* und Werte miteinander verwandt. Sätze über Werte können in Sätze über Prinzipien und Sätze über Prinzipien in Sätze über Werte umformuliert werden. Allerdings gibt es einen nicht unwesentlichen Unterschied: „Wert" ist ein axiologischer Begriff. *Axiologische* Begriffe sind dadurch charakterisiert, dass ihr Grundbegriff nicht der des Gebotes oder des Sollens, sondern der des Guten ist. Demgegenüber gehören Prinzipien zu den *deontologischen* Begriffen. Sie sind damit Gebote bestimmter Art, nämlich Optimierungsgebote (Alexy 1985, 125 ff., 133). Prinzipien beruhen auf Werten.

Die Unvermeidbarkeit von Werten im Recht

Jeder Rechtsnorm liegt eine Wertung zugrunde. Denn jeder deontologische Satz ist axiologisch begründet. Werte sind damit der Grund, auf dem das Recht ruht. Dem Recht liegen Werte zugrunde, die letztlich auf der Annahme beruhen, dass bestimmte Verhaltensweisen wertvoller als andere sind. Darüber hinaus verlangt schon die notwendige begriffliche Formulierung der Wirklichkeit im rechtlichen Tatbestand eine Wertung des Normgebers. Diese ist unter anderem bestimmt von den leitenden Ideen, unter denen die Wirklichkeit betrachtet wird, sowie von den Wertvorstellungen, die der Gesetzgeber verwirklichen will. Die Wertungen beziehen sich sowohl auf den Zweck, den das Recht erreichen soll, als auch auf die dafür eingesetzten Mittel. Deshalb können Rechtsnormen an Werten gemessen werden. Man kann sogar sagen, dass die Rechtsnormen unverständlich bleiben, wenn man nicht die hinter ihnen stehenden Werte aufspürt (Starck 1989, 41).

Es gibt kein wertfreies, d.h. ethikfreies Recht. Werturteile als Kernsubstanz jeder Rechtsnorm bedeuten eine notwendige Verknüpfung des Rechts mit weltanschaulichen Prämissen. Rechtsnormen enthalten daher immer auch ideologische oder metaphysische, d.h. wissenschaftlich nicht beweisbare Elemente (Rüthers 1986, 15, 19). Da das Recht also zwangsläufig auf bestimmten Werten beruht, kommt es nur darauf an, der Rechtsordnung die richtigen Werte zugrunde zu legen. Das Auf und Ab der Wertungen und Umwertungen im letzten Jahrhundert ist jedenfalls kein Argument gegen die axiologische Fundierung des Rechts (Starck 1989, 45).

Dass das Recht nicht neutral ist, sondern eine Wertebindung ausdrückt, spüren insbesondere kulturelle Minderheiten. Sie merken aufgrund ihrer religiös-weltanschaulichen Andersartigkeit, dass das Recht durch die Mehrheitskultur und deren Tradition geprägt ist. Das allgemeine, gegenüber ethischen Differenzen blinde Recht ist in vielen Normen nur scheinbar indifferent. Tatsächlich wirkt es sich auf die unterschiedlichen Überzeugungen und Lebensformen in sehr differenzierter Weise aus, weil es in der Regel ethische Besonderheiten nicht berücksichtigt. Mitglieder kultureller Minderheiten können dies als erhebliche Belastung ihrer Identität empfinden. Die „ethische Imprägnierung" des Rechts wird etwa deutlich, wenn es Verhaltensanforderungen aufstellt, die aus der Perspektive der Mehrheitskultur keinerlei Bezug zu religiös-weltanschaulichen Überzeugungen und Lebensformen besitzen und die dennoch das religiöse Empfinden einer Minderheit berühren (Huster 2002, 26, 409 f.).

Werte als Leitbilder der Verfassung

Der Staatsrechtslehrer Rudolf Smend entwickelte in den zwanziger Jahren des letzten Jahrhunderts zur Beschreibung und Erklärung der Staatswirklichkeit die Integrationslehre. Hiernach ist die Verfassung Teil eines allgemeinen Kultur- und Wertesystems. Dieses System konstituiert den Sinn des von der Verfassung begründeten Staatslebens. Unter dieser Vorgabe dient die Politik vorrangig der Verwirklichung der Werte, für die sich die betreffende staatliche Gemeinschaft entschieden hat. Man kann auch sagen, dass der Staat sich laufend nach Maßgabe der ihn konstituierenden Werte integriert und damit seine reale Existenz unter Beweis stellt. Die Werte, die eine Verfassungsordnung tragen, sind schließlich auch legitimitätsbegründend. Da die Werte sehr verschieden sein können, gibt es verschiedene Legitimitäten und insbesondere verschiedene Grade der Legitimität (Smend 1928, 18, 45 ff., 52).

Eine staatliche Gemeinschaft beruht folglich auf bestimmten grundlegenden Wertvorstellungen. Von diesen Wertvorstellungen hängt die Art und Weise der Organisation der staatlichen Gemeinschaft weitgehend ab. Die Einrichtungen der staatlichen Gemeinschaft sind nämlich so konstruiert, dass sie jene Wertvorstellungen möglichst verwirklichen. Dies bedeutet, dass sich eine staatliche Gemeinschaft und ihre Institutionen nur dann voll erfassen lassen, wenn man sie in ihrer instrumentalen Funktion zur Realisierung der jeweiligen Werte versteht (Arnim 1984, 15 f.). Ausgedrückt wird das Kultur- und Wertesystem aber nicht nur in den Verfassungsinstitutionen, sondern auch in den Staatszwecken, den Staatsfundamentalnormen sowie in der Stellung des Einzelnen zum Staat.

Dass eine Verfassung, sofern sie sich nicht auf die Regelung der Staatsorganisation beschränkt, von bestimmten Wertungen ausgeht, ist also unvermeidlich und daher nicht zu beanstanden. So beruht die Entscheidung für das Privateigentum oder das Versprechen eines besonderen Schutzes der Ehe und Familie notwendigerweise auf Wertungen (Benda 1995a, 731).

Eine prinzipielle Wertentscheidung liegt auch vor, wenn der Verfassunggeber sich mit der Frage auseinandersetzt, welche Zwecke er dem Staat vorgeben soll. Er kann hierbei eudämonistisch-utilitaristisch vorgehen und die Wohlfahrt des Einzelnen und der Gesamtheit als höchstes und eigentliches Ziel aller öffentlichen Einrichtungen bestimmen. Er kann aber auch im Sinne einer ethischen Theorie in der Verwirklichung der individuellen und kollektiven Sittlichkeit den eigentlichen Zweck des Staates sehen. Er kann schließlich dem Staat feste Schranken gegenüber dem Individuum setzen und ihn auf die Gewährleistung von Sicherheit und Freiheit begrenzen (Jellinek 1928/1976, 242 ff.).

Die eine Verfassung hervorbringenden Werte wurzeln im Mutterboden der Welt der politischen Ideen. Eine Verfassung basiert also auf der bewussten Entscheidung des Verfassunggebers für einen bestimmten Ideenkomplex oder gar eine bestimmte Weltanschauung. Das bedeutet, dass ohne ein Herabsteigen zu den Ideen die Werte nicht richtig gedeutet werden können (Hensel 1931, 7 f.).

Der Rechtsphilosoph Gustav Radbruch konstatierte zu Beginn des letzten Jahrhunderts mehrere normative Leitbilder für die Konstruktion einer Verfassung. Hinter jedem dieser Leitbilder verbirgt sich nach Radbruch ein höchster Rechtszweck, dem der Rang eines absoluten Wertes zukomme. Jeder Rechtszweck wiederum drücke einen bestimmten politischen Ideenkomplex aus. Der Verfassunggeber komme an der Entscheidung für einen Ideenkomplex nicht vorbei, da die Leitbilder nicht miteinander vereinbar seien. Radbruchs Unterscheidung in die individualistische, die überindividualistische und die transpersonale Auffassung hat auch in der Gegenwart noch Aussagekraft.

Für die *individualistische* Auffassung stehen die Entfaltungsfreiheit, die Sicherheit sowie Glück und Wohlfahrt des Einzelnen im Zentrum der staatlichen Bemühung. Die Förderung dieser Individualwerte bildet den höchsten Rechtszweck. Das Wohlergehen des Staates und die Blüte der Kultur sind demgegenüber lediglich Instrumentalwerte. Gemäß der *überindividualistischen* oder *kollektivistischen* Auffassung ist dagegen das Gedeihen des Kollektivverbandes Staat, also die Ausbreitung seiner Macht und Größe, höchster Rechtszweck. Die Interessen des Individuums wie auch die Belange der Kultur stehen hinter dem Kollektivwert zurück. Die *transpersonale* Auffassung misst Kulturwerten den höchsten Rang zu. Das Individuum wie auch der Staat stehen im Dienste der Bewahrung oder Verbreitung der Kultur (Radbruch 1950, 146 ff.).

Die transpersonale Auffassung scheint politisch wenig aktuell zu sein. Ersetzt man jedoch die Kultur durch die Religion, kann dies bedeuten, dass der Behauptung oder Ausbreitung der betreffenden Religion alle anderen Werte untergeordnet werden. Statt einer Religion kann es sich bei der transpersonalen Position auch um eine Weltanschauung oder eine politische Ideologie handeln. Die Konsequenzen wären dieselben.

Unschwer erkennt man eine Verwandtschaft der drei normativen Leitbilder mit bestimmten politischen Ideenkomplexen. Abhängig vom jeweiligen Ideenkomplex kommt es zu liberalistischen, personalistischen, sozialistischen, nationalistischen sowie zu theokratischen Verfassungsprogrammen (Zippelius 1987, 21; Zippelius 2003, 6 f.).

Das Werteverständnis des Bundesverfassungsgerichts

Das Bundesverfassungsgericht verwendete in seiner Judikatur über einen langen Zeitraum wie selbstverständlich den Begriff der *Werteordnung* des Grundgesetzes und hiermit verwandte Begriffe wie *Wertsystem*, *wertgebundene Ordnung* und *Wertmaßstäbe*. Ebenso gebrauchte es entsprechende Individualbegriffe wie *Wert*, *Grundwert*, *oberster Wert* und sogar *absoluter Wert*. Das Gericht griff auf die Werte-Vokabel zurück, wenn es Grundsätzliches über die Verfassungsordnung, d.h. über die Bedeutung der Grundrechte sowie über den Charakter der staatlichen Ordnung, feststellen wollte (Goerlich 1973, 17 f.).

Schon in einer sehr frühen Verfassungsgerichtsentscheidung ist von „obersten Grundwerten des freiheitlichen demokratischen Verfassungsstaates" die Rede. Diese Grundwerte bildeten die freiheitliche demokratische Grundordnung. Der Grundordnung liege wiederum die Vorstellung zugrunde, dass der Mensch in der Schöpfungsordnung einen „eigenen selbstständigen Wert" besitze und Freiheit und Gleichheit „dauernde Grundwerte der staatlichen Einheit" seien. Die Grundordnung sei daher eine „wertgebundene Ordnung" (BVerfGE 2, 1 (12)).

Ein Urteil einige Jahre später hebt hervor, dass das Grundgesetz aus dem Pluralismus von Zielen und Wertungen gewisse Grundprinzipien der Staatsgestaltung herausnehme, die, wenn sie einmal demokratisch gebilligt seien, „als absolute Werte anerkannt und deshalb entschlossen gegen alle Angriffe verteidigt" würden (BVerfGE 5, 85 (138 f.)).

Eine andere Entscheidung spricht von den „obersten Grundwerten der freiheitlichen demokratischen Grundordnung", die sie dann als „verfassungsrechtliche Wertordnung" tituliert. In derselben Entscheidung wird die Würde des Menschen als „oberster Wert des Grundgesetzes" apostrophiert (BVerfGE 6, 32 (41)).

In einem weiteren Urteil heißt es, das Grundgesetz habe in seinem Grundrechtsabschnitt eine „objektive Wertordnung" aufgerichtet. Diese Wertordnung wird einige Zeilen weiter auch als „grundrechtliches Wertsystem" bezeichnet (BVerfGE 7, 198 (205)). Wenig später formuliert das Gericht, „dass nach der Gesamtauffassung des Grundgesetzes die freie menschliche Persönlichkeit der oberste Wert ist" (BVerfGE 7, 377 (405)).

In deutlich später gefällten Urteilen finden sich die Wendungen „Wertentscheidung" und „Wertvorstellungen" (BVerfGE 27, 195 (201)) sowie „Wertmaßstäbe der Verfassung", „Gemeinschaftswert" und „oberste Rechts- und Verfassungswerte" (BVerfGE 28, 191 (200, 203)).

Es verdient Erwähnung, dass das Bundesverfassungsgericht der großen Mehrheit der Grundrechte den Rang grundlegender objektiver Wertentscheidungen zuspricht, wenn es hierfür auch unterschiedliche Formulierungen verwendet.

So erhält die Würde des Menschen das Attribut eines obersten Rechtswertes. Im Recht auf Leben und körperliche Unversehrtheit wird eine objektivrechtliche Wertentscheidung gesehen. Der Meinungs-, Informations-, Presse- und Rundfunkfreiheit wird eine wertsetzende Bedeutung zugeschrieben. Die Kunstfreiheit gilt als wertentscheidende Grundsatznorm. Ehe und Familie, Privatschulen und die Eigentumsgarantie werden jeweils als verbindliche Wertentscheidung bezeichnet (Jarass 1985, 369 ff.).

Die Idee, dass sich in den Grundrechtsbestimmungen eine objektive Werteordnung verkörpert, geht zurück auf die Integrationslehre Rudolf Smends, der den integrierenden Sachgehalt der Verfassung und insbesondere der Grundrechte hervorgehoben hatte. Die Grundrechte sind danach mehr als nur vereinzelte subjektive Rechte der Person. Sie bilden vielmehr den Kern eines die gesamte Verfassung prägenden objektiven Wertesystems. Das Bundesverfassungsgericht sieht die Bedeutung dieses Wertesystems darin, dass es auf alle Bereiche des Rechts ausstrahlt: „Gesetzgebung, Verwaltung und Rechtsprechung empfangen von ihm Richtlinien und Impulse. So beeinflusst es selbstverständlich auch das bürgerliche Recht; keine bürgerlich-rechtliche Vorschrift darf in Widerspruch zu ihm stehen, jede muss in seinem Geiste ausgelegt werden" (BVerfGE 7, 198 (205)). Der Sinn des Unterfangens, die Grundrechte als objektive Werteordnung zu begreifen, besteht mithin darin, ihre Geltungskraft zu stärken.

Wenn also das Bundesverfassungsgericht die Werteordnung des Grundgesetzes eine objektive nennt, dann soll das Attribut „objektiv" vor allem den Unterschied zum subjektiven Recht, d.h. zu den von der Rechtsordnung geschützten Interessen des Einzelnen, ausdrücken (Starck 1989, 57). Auf keinen Fall darf „objektiv" als „unparteilich" oder „neutral" verstanden werden.

Die objektive Werteordnung bezieht sich nicht nur auf die Grundrechtsbestimmungen. Sie erstreckt sich auch auf die Elemente der freiheitlichen demokratischen Ordnung. Diese Ordnung legitimiert politische Macht und beschränkt sie zugleich (Stein 1966, 52).

Die vom Bundesverfassungsgericht verwendete Formel von der Werteordnung bzw. des Wertesystems erklärt sich noch aus einem weiteren Grund: Das Gericht will mit dieser Formel nämlich die *Einheit* und *Widerspruchslosigkeit* des Grundgesetzes klarstellen. Obwohl es durchaus Spannungen zwischen diversen Verfassungsnormen und damit zwischen den ihnen zugrunde liegenden Werten gibt, muss eine Verfassung als Normensystem eine Einheit bilden. Denn ein Normensystem, das in sich widersprüchlich ist, kann nicht existieren. Alle Entscheidungen des Bundesverfassungsgerichts zeigen das konsequente Festhalten an dem staatserhaltenden Grundsatz, dass die Verfassung eine auf Widerspruchsfreiheit angelegte Werteordnung zum Ausdruck bringt (Kimminich 1977, 62 ff.).

In diesem Sinne bemüht sich das Bundesverfassungsgericht darum, entweder ein bestimmtes Grundrecht im Licht der gesamten verfassungsrechtlichen Ordnung zu interpretieren oder die Konkurrenz mehrerer Grundrechte mit Hilfe eines Rekurses auf die Gesamtordnung der Verfassung zu lösen. Darüber hinaus betont das Gericht, dass das Verfassungsrecht nicht nur aus den einzelnen Sätzen der geschriebenen Verfassung besteht, sondern auch aus gewissen sie verbindenden, innerlich zusammenhaltenden allgemeinen Grundsätzen und Leitideen, die das „vorverfassungsmäßige Gesamtbild geprägt haben", von dem der Verfassunggeber ausging (Rumpf 1958, 11). Das Verfassungsgericht begreift die verfassungsmäßige Ordnung also als Sinnganzes. „Die Aufgabe der Rechtsprechung kann es insbesondere erfordern, Wertvorstellungen, die der verfassungsmäßigen Rechtsordnung immanent, aber in den Texten der geschriebenen Gesetze nicht oder nur unvollkommen zum Ausdruck gelangt sind, in einem Akt des bewertenden Erkennens, dem auch willenhafte Elemente nicht fehlen, ans Licht zu bringen und in Entscheidungen zu realisieren" (BVerfGE 34, 269 (287)).

Insgesamt gilt, dass die Verfassung nicht eine einfach strukturierte logisch-axiomatische oder werthierarchische Einheit ist. Die Elemente der Verfassung hängen voneinander ab und wirken aufeinander zurück. Erst das Zusammenspiel aller ergibt das Ganze der konkreten Gestaltung des Gemeinwesens durch die Verfassung. Dabei ist das Zusammenspiel von Spannungen nicht frei. Das heißt, dass die Verfassung erst voll verstanden und richtig interpretiert werden kann, wenn sie als eine spannungsvolle Einheit begriffen wird (Hesse 1999, 11).

Einwände gegen das Wertedenken

Gegen die Auffassung, dass dem Grundgesetz objektive Werte zugrunde liegen, werden vielfältige Bedenken erhoben. Dabei wird aber durchaus Verständnis dafür gezeigt, dass es zum Denken in Rechtswerten kam. Als Ursache wird das Scheitern des im ersten Drittel des letzten Jahrhunderts dominierenden *juristischen Positivismus* gesehen. Der Positivismus hatte das Recht von materiellen Werten befreit und einer Formalisierung des Rechts das Wort geredet. Nach positivistischer Auffassung war jede Rechtsnorm ungeachtet ihres Inhaltes legitimiert, wenn sie nur in dem jeweils vorgeschriebenen Verfahren zustande gekommen war. Mit positivistischen Maßstäben konnte der Pervertierung des Rechts im Dritten Reich nicht begegnet werden.

Die Abkehr vom Positivismus nach dem Ende der nationalsozialistischen Diktatur war daher konsequent. Diese Abkehr führte zur Hinwendung zu bestimmten obersten Rechtsgrundsätzen oder Rechtswerten, an welche die staatliche Gewalt vorab gebunden wurde. Der Schwerpunkt staatlicher Tätigkeit wurde nicht mehr in der Gewährleistung formaler Freiheitsverbürgungen, sondern in der Herstellung eines materiell gerechten Rechtszustandes gesehen. Die Sichtweise, dass die Verfassung die Grundwerte der Lebensordnung der Gemeinschaft positiviert, wurde populär.

Es wird nun aber die kritische Frage gestellt, ob dem Gedanken der Werteordnung echte verfassungsrechtliche Bedeutung zukommen kann. Denn, so der Einwand, in pluralistischen Gesellschaften mit ihrer Vielzahl von Interpreten lasse der Rekurs auf Werte keine Sinnermittlung der Grundgesetznormen nach klaren und einsehbaren Regeln zu (Hesse 1999, 135). Dieser generelle Vorbehalt wird ergänzt durch weitere Beanstandungen.

So wird die *Erkennbarkeit* von Werten einer nachdrücklichen Kritik unterzogen. Das entscheidende Argument lautet, dass es keine rational kontrollierbare Erkenntnis von Werten und damit einer Wertordnung gebe.

Die Werte könnten nur intuitiv erfahren werden. Sie basierten auf Erleben, Wertfühlen sowie Evidenzerfahrungen und gingen dadurch auf Bekenntnisse und so auf persönliches, wenn nicht gar ideologisches Meinen und Dafürhalten zurück.

Weiterhin müssten die einzelnen Werte in ein zugrunde liegendes und zugleich sich aus den einzelnen Werten erst bildendes Wertesystem eingefügt werden. Das sei nur durch Korrelation mit dem geistig-kulturellen Wertebewusstsein der Zeit ermittelbar, welches jedoch rasch wechseln könne.

Es fehle der Verfassung damit eine auf intersubjektiv-diskursive Vermittlung angelegte Grundlage. Eine solche Grundlage sei aber unerlässlich, sollten Verfassung und Recht eine Friedensordnung sein und bleiben. Wegen des Fehlens einer rationalen Erkenntnis öffne der Rückgriff auf Werte als Grundlage des Rechts die Schleuse für das Einströmen methodisch nicht kontrollierbarer subjektiver Meinungen und Anschauungen der Verfassungsinterpreten und Rechtslehrer. Vorherrschenden Tageswerten und Tageswertungen der Gesellschaft seien Tor und Tür geöffnet (Böckenförde 1976, 83; Böckenförde 1991, 81; Böckenförde 1992, 51, 130 f.).

Ein zweiter Vorbehalt gegen das Wertedenken bezieht sich auf das Problem der *Abwägung* zwischen konkurrierenden Werten. Der Vorwurf lautet, dass es kein rational begründetes Vorzugs- und Abwägungssystem für die konkurrierenden Geltungsansprüche verschiedener, oftmals miteinander kollidierender Werte gibt. Aus den Werten, beispielsweise Freiheit, Gleichheit, Gerechtigkeit, Sicherheit, Selbstverwirklichung und Solidarität, ließen sich ihr spezifisches Gewicht und damit ihre Ranghöhe jedenfalls nicht bestimmen.

Deshalb greife der eine Abwägung vornehmende Interpret in seiner Not möglicherweise auf die Auffassungen zurück, die in der Gesellschaft darüber bestünden. Oder er treffe einfach eine Dezision, die er mit der Berufung auf die Werteordnung legitimiere. Die Werteordnung sei dann jedoch nicht mehr als eine Verhüllungsformel für anderweitig getroffene Abwägungsentscheidungen. Insgesamt gelte, dass mit Hilfe des Rückgriffs auf den Begriff der Werteordnung jedes Ergebnis gerechtfertigt werden könne (Böckenförde 1991, 83, 88 f.; Böckenförde 1992, 132 f.).

Ein dritter Einwand richtet sich auf die Konsequenzen einer einmal festgelegten *Wertehierarchie*. Der Vorwurf lautet, dass der jeweils höhere Wert sich dann gegenüber allen niederen Werten bedingungslos durchsetze.

Werde beispielsweise die Wertsubstanz eines Grundrechts intensiv offengelegt, könne die Ausgewogenheit der Verfassung gefährdet werden. Erkläre man etwa die Meinungsfreiheit zum „unmittelbarsten Ausdruck der menschlichen Persönlichkeit“, zu einem der „vornehmsten Menschenrechte überhaupt“ und für die „freiheitliche demokratische Staatsordnung schlechthin konstituierend“, dann könnten andere Verfassungswerte dem kaum standhalten. Das Wertedenken trage, vielleicht entgegen der Absicht, den Keim des Absoluten in sich. Die Berufung auf Werte könne so die zweckrationale Folgenabwägung verdrängen und das sachliche Austarieren verschiedener Belange behindern. Die Berufung auf Werte könne mithin eine pragmatische Abwägung verhindern (Di Fabio 2004b, 2 f.).

Ein weiterer Vorwurf thematisiert die Umwandlung der Grundrechtsbestimmungen in ein System *objektiver Werte*. Gemäß dieser vom Bundesverfassungsgericht vorgenommenen Interpretation haben Grundrechte weniger den Charakter subjektiver Ansprüche gegen den Staat als vielmehr den Charakter objektiver, das Gemeinwesen maßgeblich prägender Normen.

Das bedeute, so der Einwand, dass die grundrechtliche Freiheit zu einer anderen Freiheit mutiere, nämlich zu einer Freiheit, die verpflichtet sei, die in den Grundrechten ausgedrückten Werte und die insgesamt aufgerichtete Wertordnung zu realisieren. Die einzelne grundrechtliche Freiheit werde durch die Wertebeziehung in besonderer Weise relativiert, sei sie doch auf die Verwirklichung und Erfüllung des im jeweiligen Grundrecht ausgedrückten Wertes determiniert. Es komme zu einer Art Sozialisierung der individuellen Freiheit und Autonomie. Außerdem werde eine Herrschaft derjenigen begründet, die das Interpretationsmonopol für die behaupteten Werte innehätten bzw. sich zu eigen machten. Diese könnten zwischen werteverwirklichendem und wertegefährdendem Freiheitsgebrauch unterscheiden. Die grundrechtlichen Freiheiten seien somit nicht mehr unbedingt gewährleistet, sondern nur innerhalb der Werteordnung der Verfassung. Die Objektivität des Wertes ersetze die an die Subjektivität gebundene Freiheit. Es komme zu einer inhaltlichen Ausrichtung der grundrechtlichen Freiheit, zu einer Inpflichtnahme auf die Werte hin. Im Ergebnis werde der ursprünglich liberale Sinn der Grundrechte zerstört (Böckenförde 1976, 83; Böckenförde 1992, 130 f.).

Schließlich wird an der Formel der objektiven Werteordnung die Tendenz eines aggressiven Ausgreifens auf das gesamte Recht moniert.

Der Logik des Wertedenkens entspreche nämlich ein unbedingter, in alle Bereiche des gesellschaftlichen Lebens übergreifender Geltungsanspruch. Das Bundesverfassungsgericht habe daher durchaus folgerichtig ausgesprochen, dass eine objektive Werteordnung Geltung für das gesamte Recht beanspruche. Weil die Werte auf Verwirklichung drängten, bedeute dies, dass sie einen fordernden, ja einen tyrannischen Charakter aufwiesen (Böckenförde 1976, 81 f.).

Die erkenntnistheoretische Kritik am Wertedenken trifft zum einen die subjektiven Wertlehren, für die alle vom Menschen gewählten Werte subjektiv und daher rational nicht begründbar sind.

Die Kritik trifft zum anderen aber auch die in der phänomenologischen Tradition stehenden objektiven Wertlehren Max Schelers und Nicolai Hartmanns. In der von ihnen im ersten Drittel des vergangenen Jahrhunderts entwickelten Wertphilosophie kommt den Werten ein selbstständiges Sein zu. Sie gelten als ideal seiende objektive Tatsachen des sittlichen Lebens, die sich mittels einer auf Evidenzerlebnissen beruhenden intuitiven Werteschau erfassen lassen.

Gegen diese optimistische Annahme gibt es allerdings ein starkes Argument: Menschen erleben verschiedene Werte als evident. Damit fehlt ein wirklich objektives Kriterium für richtige und falsche, echte und unechte Evidenzen. Entgegen ihrer programmatischen Absicht ist die Wertphilosophie also eine subjektivistische Position.

Zwar ist der Sachverhalt, dass etwas nicht mit intersubjektiver Gewissheit erkannt werden kann, noch kein Argument gegen die Existenz der Sache selbst. Allerdings sollte eine Philosophie nicht auf einer schwachen Erkenntnistheorie fußen. Eine Verfassung wiederum sollte ein wesentliches Element ihres Selbstverständnisses nicht von einer schwachen Philosophie abhängig machen (Alexy 1985, 136 f.).

Dennoch scheint die Formel von der objektiven Werteordnung nahezulegen, dass das Bundesverfassungsgericht der Wertphilosophie folgte. Obwohl es keinen Beweis dafür gibt, dass das Gericht an den Wertobjektivismus der Wertphilosophie anknüpfte, ging es wohl aufgrund der heftigen Kritik am Wertebegriff in neueren Entscheidungen zu neutraleren Formulierungen über. Es spricht seitdem lieber von „objektiven Prinzipien“, „objektiv-rechtlichem Gehalt“ bzw. „objektivrechtlichen Elementen“ (Stern 1999, 870).

Argumente für das Festhalten an Werten

Für den großen Soziologen Max Weber stand fest, dass eine Gesellschaft ohne eine Orientierung an Werten nicht existieren kann. Für Weber zeichnet sich eine wertrationale Einstellung durch den bewussten Glauben an die Geltung letzter verpflichtender Werte aus. Allerdings muss jede Gesellschaft mit dem Setzen solcher Werte sparsam umgehen. Die Werte müssen darüber hinaus so weit wie möglich rationalisiert werden.

Kennzeichen solcher Rationalisierung sind zum einen die bewusste und begründete Setzung von Werten, zum anderen die Reflexion der Wertegrundlagen. Ein weiterer Aspekt der Rationalisierung ist die logische und systematische Ordnung der Werte. Schließlich gehört zur Rationalisierung auch die Einhegung von Werten durch ihre Transformation in zweckrationales Recht (Di Fabio 2004b, 3).

Eine generelle Ablehnung des Wertedenkens ist also nicht sinnvoll. Nachvollziehbar ist allerdings eine Zurückweisung der subjektiven und objektiven Wertlehren. So ist der Wertsubjektivismus von vornherein ungeeignet, Verfassungswerten ein sicheres Fundament zu verleihen. Der Wertobjektivismus der Wertphilosophie ist aufgrund der erkenntnistheoretischen Schwäche ebenfalls nicht geeignet. Es ist jedoch anzumerken, dass diese Philosophie sich primär mit den Bedingungen sittlichen, nicht rechtlichen

Handelns beschäftigt. Das in der Wertphilosophie ausgesprochene Sollen ist darüber hinaus auch kein Zwang, sondern nur die Aufforderung zur freien Entscheidung für den betreffenden Wert und zu dessen Verwirklichung (Starck 1989, 43).

Das Bundesverfassungsgericht spricht zwar von der Werteordnung und dem Wertesystem, es spricht aber auch von Grundentscheidungen, Grundsatznormen und objektiven Normen. Dies deutet darauf hin, dass seine Argumentation eben nicht wertphilosophisch inspiriert ist. Es spricht stattdessen viel dafür, dass das Gericht einfach von der Verknüpfung von Rechtsnorm und Wertentscheidung ausgeht. Jede Rechtsnorm dient nämlich der Verwirklichung der in ihr normativ verfestigten Wertmaßstäbe.

In den Rechtsnormen drückt sich letztlich der Wertekonsens einer Gesellschaft aus. Die Werte sind mithin in ihrem Geltungsanspruch an die ihnen korrespondierenden Normen gebunden. Diese wiederum sind durch Konsens, stillschweigende Anerkennung oder rationale Begründung legitimiert. Deshalb kann von einer tyrannischen Unterordnung der Rechtsunterworfenen unter objektive Werte keine Rede sein. Denn die Werte sind von den Menschen festgelegt worden. Sie entfalten Wirkung nicht aus sich heraus, sondern weil dies gewollt ist.

Die in der Verfassung niedergelegten Werte sind Produkte kollektiv-mehrheitlicher Erfahrungsverarbeitung. Sie basieren auf Interessen, Wünschen oder Bedürfnissen von Menschen. Vor diesem Hintergrund lassen sich sogar Kriterien für die Richtigkeit von Verfassungswerten angeben.

Ein erstes Kriterium ist die intersubjektive Anerkennung von Werten in Verbindung mit ihrer empirisch nachweisbaren praktischen Bewährung für das Zusammenleben der Menschen im Laufe der Geschichte. Diesbezüglich zeigt die Rechtsvergleichung eine große Übereinstimmung der in den westlichen Verfassungsstaaten anerkannten Werte. Zu diesen Werten gehören in erster Linie Freiheit, Gleichheit, Gerechtigkeit und Frieden.

Ein anderes Kriterium ist die Berücksichtigung anthropologischer Grundgegebenheiten bei der Etablierung des Rechts. So kann man von der Fähigkeit des Menschen zur Selbstbestimmung ausgehen. Damit ist der Wert der Freiheit gegeben. Da die Freiheit jedem zukommt, liegt der Wert der rechtlichen Gleichheit nahe. Aus der faktischen Ungleichheit der Menschen resultiert als Wert der soziale Ausgleich oder die soziale Gerechtigkeit. Da der Freiheitsgebrauch zu zerstörerischen Konflikten führen kann, liegt der Wert des Friedens nahe (Starck 1989, 47 ff., 50 ff.).

Die empirische Fundierung der meisten Werte erlaubt deren Anpassung an sich wandelnde Überzeugungen. Es gibt allerdings einige Werte, denen aufgrund ihrer fundamentalen Bedeutung für die humane Qualität des Gemeinwesens der Rang objektiver, d.h. nichtdisponibler Werte zukommt. Sie unterliegen daher nicht der Änderbarkeit oder Abschaffung. Zu diesen Werten zählt an prominenter Stelle die Würde des Menschen. Dieser Wert ist auch insofern objektiv, als er eine metaphysische oder theologische Dimension aufweist.

Nicht die Werte als solche sind gefährlich, wie dies die Kritik dem Wertedenken unterstellt. Es kommt vielmehr auf die Qualität der Werte an. Dies wird sofort einsichtig, wenn man an die vom Nationalsozialismus propagierten Werte des Führertums, der Volksgemeinschaft und der Rasse denkt (Rüthers 1986, 26 f.).

Die Kritik am Wertedenken ist letzten Endes selbst kritikwürdig. So wäre die monierte Inpflichtnahme der Freiheit für die Werteordnung nur dann zutreffend, wenn Freiheit und Wert zwei Dinge gegensätzlicher Art wären. Dies ist jedoch nicht der Fall. Vielmehr ist die Freiheit ein Wert unter anderen.

Auch der Einwand, dass eine Werteabwägung zu keinen sachlich nachvollziehbaren Ergebnissen führe, ist nicht überzeugend. Denn eine Abwägung ist kein Verfahren, das in jedem Falle zwingend genau zu einem Ergebnis führt. Daraus kann aber nicht einfach geschlossen werden, dass die Abwägung ein irrationales Verfahren ist, wie die Kritik behauptet (Alexy 1985, 143, 155).

2 Die Wertegebundenheit des Grundgesetzes

2.1 Wertebindung statt Werteneutralität

Man kann im Grundgesetz grob verfassungsethische und verfassungstechnische Regelungsmaterien unterscheiden. So gibt es Normen, deren ethische Qualität auf der Hand liegt. Dies gilt beispielsweise für die Sozialstaatsklausel mit dem Ziel sozialer Gerechtigkeit. Aber selbst scheinbar rein technische Organisationsregelungen enthalten ethische Komponenten. So enthält der Rechtsstaat den Wert der individuellen Freiheit und der Machtkontrolle. Die Demokratie enthält den Wert der Selbstbestimmung des Staatsverbandes sowie der Teilhabe der Bürger an der politischen Herrschaft. Das Grundgesetz ist insgesamt durchdrungen von der Ablehnung einer Tyrannis. Deshalb schon ist es mehr als nur ein wertfreies Organisationsgerüst. Es ist in Wirklichkeit Ausdruck eines *ethischen* Konsenses der Nation (Isensee 1977a, 93 f.; Isensee 1977b, 547).

Das Grundgesetz hat also ein Stück allgemeiner Ethik – bestimmte Wahrheiten und Maximen des vernünftigen Zusammenlebens – verrechtlicht. Es hat einen Teil dieser Grundsätze und damit die in diesen Grundsätzen enthaltenen Werte sogar als unverfügbar festgeschrieben. Diese Bindung an Werte macht deutlich, dass das Grundgesetz keine werteneutrale Verfassung ist.

Wäre eine Werteneutralität aber nicht erstrebenswert, da sie doch Freiheit von einer „Tyrannei der Werte" bedeuten könnte? Worin besteht mithin der „Wert" einer Zurückweisung der Werteneutralität? An welche maßgeblichen Werte bindet sich denn das Grundgesetz? Welche verfassungspolitische Genese weisen diese Werte auf?

Die Ablehnung einer Werteneutralität

In einem berühmt gewordenen Urteil stellte das Bundesverfassungsgericht fest, dass das Grundgesetz keine werteneutrale Ordnung sein wolle. Es habe im Grundrechtsteil eine objektive Werteordnung aufgerichtet, die als verfassungsrechtliche Grundentscheidung auf alle Bereiche des Rechts ausstrahle (BVerfGE 7, 198 (205)).

Das mit der Ablehnung einer Werteneutralität verbundene Eingehen einer Wertebindung steht nicht im Widerspruch zu dem in einer freiheitlichen Ordnung gebotenen Verzicht auf eine Staatsreligion oder eine Staatsideologie.

Werteneutralität darf nämlich nicht mit weltanschaulicher Neutralität verwechselt werden. *Weltanschauliche Neutralität* verlangt vom Staat, sich mit keiner Religions- oder Weltanschauungsgemeinschaft zu identifizieren. Es liegt auf der Hand, dass eine

Bindung an bestimmte Werte etwas völlig anderes ist als eine Bindung an eine Religions- oder Weltanschauungsgemeinschaft.

Eine Wertebindung bedeutet auch nicht die Etablierung einer freiheitsgefährdenden *Staatsideologie*. Eine Staatsideologie unternimmt es, mit dogmatischer Verbindlichkeit das gesellschaftliche Leben zu prägen und den politischen Prozess zu steuern. Die Bindung an Werte trägt demgegenüber eher regulativen Charakter. Werte lassen Spielräume und Kompromissmöglichkeiten zu. Hinter ihnen steht kein ideologisches Gebäude mit Gewissheitsanspruch. Denn die in die Verfassung inkorporierten Werte sind im Wesentlichen Ausdruck eines Konsenses der Gesellschaft zum Zeitpunkt der Verfassungsgründung (Benda 1995a, 765).

Die Position der Werteneutralität läuft demgegenüber auf eine Indifferenz gegenüber den konstituierenden Grundsätzen des Gemeinwesens hinaus. Ein werteneutraler Staat zeigt sich im Verhältnis zu seinen eigenen Grundlagen unbeteiligt. Will ein Staat jedoch nicht auseinanderfallen, sondern integrieren, muss er sich zu bestimmten Grundwerten bekennen. In diesen Grundwerten besteht ein erheblicher Teil seiner Identität. Die Folge dieses Bekenntnisses ist dann, dass der Staat nicht gegenüber allen normativen Auffassungen neutral sein kann.

Eine Werteneutralität liegt nahe, wenn der Werterelativismus die geistige Grundlage des Gemeinwesens bildet. Ein solcher Relativismus hält alle Werte gleichermaßen für Ideologien, gegründet auf Interessen oder subjektive Urteile. Aus dem Relativismus lässt sich ein Anspruch auf Verteidigung einer Verfassungsordnung nicht ableiten, beruht gemäß dieser Denkweise die gegebene Verfassung doch genauso auf irrationalrelativen Werten wie die Ideologie des Verfassungsgegners. Jede politische Position ist daher gleich respektabel und gleichberechtigt. Der auf diesem schwankenden Boden gegründete Staat verhält sich zwangsläufig neutral. Denn seine Repräsentanten sind sich ihres eigenen Fundamentes nicht sicher.

Der Werterelativismus ist mithin keine geeignete Grundlage für den wertegebundenen Staat. Dieser Staat muss wenigstens bei den obersten Grundwerten eine nichtrelativistische Begründung für möglich halten (Kriele 1980, 187 ff.).

Eine Wertebindung verbietet nicht, dass die Werte demokratisch-prozessual konkretisiert werden. Ein solches Verfahren liegt sogar nahe. Denn soll die Verfassung Konsens stiften, sollte ihre Normstruktur eine gewisse Offenheit aufweisen. Dem politischen Prozess sollte so ein weiter Raum gelassen werden. Ihm sollten so wenig Werte wie möglich entzogen werden (Vorländer 1981, 356, 379 f.).

Die Würde des Menschen als oberster Verfassungswert

Die Würde des Menschen bildet den obersten Verfassungswert. Das ergibt sich nicht nur daraus, dass der erste Satz des ersten Artikels des Grundgesetzes die Unantastbarkeit der Würde des Menschen feststellt, die Würde also an prominenter Stelle erwähnt ist. Explizit formuliert nämlich das Bundesverfassungsgericht: „In der freiheitlichen

Demokratie ist die Würde des Menschen der oberste Wert“ (BVerfGE 5, 85 (204); 6, 32, (41)). Das Gericht stellt weiterhin einen engen Zusammenhang zwischen der Würde und der Eigenständigkeit, Selbstverantwortung und Persönlichkeitsentfaltung des Menschen her. Damit deutet es an, dass die Würde auf andere Bereiche der Verfassung und auf das Recht allgemein ausstrahlt. Diese *Ausstrahlungsfunktion* der Würde wird in einer anderen Entscheidung nachdrücklich unterstrichen (BVerfGE 7, 198 (205)).

Alle staatliche Gewalt hat gemäß Artikel 1 Abs. 1 GG die Würde des Menschen zu achten und zu schützen. Der Anspruch auf Menschenwürde wird in Absatz 2 zu einem Bekenntnis zu unverletzlichen und unveräußerlichen *Menschenrechten* konkretisiert und in Absatz 3 zu *Grundrechten* mit Bindungswirkung für die Staatsgewalt aktualisiert.

Die Grundrechte werden dann näher präzisiert in Teilrechte auf *Freiheit* und auf *Gleichheit*. Das Hauptfreiheitsrecht des Artikels 2 Abs. 1 GG wird wiederum zum Schutz vor historisch erfahrenen Gefährdungen der Freiheit in verschiedenartige Einzelfreiheitsrechte entfaltet. Dasselbe geschieht mit dem Gleichheitsgrundrecht des Artikels 3 Abs. 1 GG. Auch dieses Recht wird in verschiedene Erscheinungsformen entfaltet. Das um die Menschenwürde aufgebaute Schutzsystem ist durch das System der Freiheits- und Gleichheitsrechte insgesamt lückenlos. Ein Angriff auf die Menschenwürde wird daher in aller Regel bereits durch spezielle Freiheits- oder Gleichheitsrechte aufgefangen (Dürig 1976, 7 f., Rdnr. 10 ff.).

Die Würde ist aber nicht nur durch einen Ring von Grundrechten geschützt. Die Grundrechte sind auch Konkretisierungen der Würde. Damit der Mensch sich entwerfen kann, muss er *frei* sein. Menschen müssen, um sich entfalten zu können, als Rechtssubjekt vor dem Gesetz und damit gleichsam in den Startbedingungen der Freiheit *gleich* sein. Der Mensch muss sein individuelles, ihn leitendes *Sinnsystem* in Form einer Religion oder Weltanschauung frei wählen und seinem *Gewissen* folgen können. Er muss seine *Meinung* bekunden und Informationen frei finden können. Er muss der ursprünglichsten Lebensgemeinschaft, *Ehe und Familie*, als freier und geschützter Institution sicher sein können. Er muss sich mit anderen *versammeln*, sich frei *wirtschaftlich* betätigen und sich seines *Eigentums* sicher sein können (Di Fabio 2004b, 6).

Die Würde des Menschen bildet aber nicht nur die Mitte aller Grundrechte. Sie ist gleichsam ein Axiom oder Konstitutionsprinzip der gesamten Rechtsordnung, um das herum sich alle übrigen Verfassungs- und Rechtswerte zentrieren. Sie ist weiterhin ein Rechtsprinzip, das die Auslegung anderer Rechtssätze anleitet. Und sie ist eine verbindliche Richtschnur für Lückenausfüllungen. Wenn sich das Grundgesetz in dieser Deutlichkeit der Menschenwürde verschreibt, dann offenbart es damit ein nicht staatszentriertes, sondern ein anthropologisches Verfassungsverständnis (Häberle 1987, 843 f.).

Die überragende Rolle der Würde des Menschen für die gesamte Rechtsordnung rechtfertigt es, in ihr einen objektiven sittlichen, ja einen absoluten Wert zu erkennen. Die Würde ist ein *objektiver* Wert, da die wertauslösenden Merkmale in bestimmten

Eigenschaften des Menschen liegen und nicht aus subjektiven Werturteilen hervorgehen. Die Würde verkörpert darüber hinaus ein Moment des *Absoluten*. Denn sie gilt als etwas Vor- und Aufgegebenes und ist damit menschlicher Disposition entzogen. Nur Werte mit der Qualität des Absoluten vermögen höchste normative Verbindlichkeit zu erzeugen.

Die Würde ist der einzige Wert dieser Dignität in einer ansonsten aus zeitgebundenen Werten bestehenden Verfassungsordnung. Deshalb hat die Würde aber auch die Kraft, das emphatische *Bekenntnis* eines säkularen Staates auszulösen, in den Menschenrechten die Grundlage jeder menschlichen Gemeinschaft, des Friedens und der Gerechtigkeit in der Welt zu sehen (Dürig 1956, 117; Enders 1997, 40; P. Kirchhof 2007, 7 f.).

Die Würde des Menschen hätte nicht die beschriebene Wirkung, wenn sie nur ein normales Individualgrundrecht wäre. Denn als solches riebe sie sich unausweichlich an den Rechten der anderen wie an den legitimen Belangen der Allgemeinheit und würde so relativiert. Sie büßte überdies ihren fundamentalen Charakter ein.

Die Menschenwürde ist deshalb kein Grundrecht neben den anderen. Sie geht den Grundrechten vielmehr voran. Insofern bedeutet sie weniger als die nachfolgenden, einklagbaren Grundrechte. Doch sie bedeutet auch mehr. Denn sie bildet den letzten, nicht weiter begründbaren Grund aller Grundrechte. Als Rechtsprinzip entfaltet sich die Würde des Menschen in unterschiedlichen Rechtssätzen und stellt deren geistiges Band her. Sie ist als Prinzip resistent gegenüber Abwägungen, leitet aber die Abwägung der anderen verfassungsrechtlichen Werte. Als Prinzip kennt sie auch keinen abgezirkelten Schutzbereich wie die Grundrechte. Unlösbar ist sie einzig mit dem Recht auf Leben verbunden (Isensee 2006, 209, 211 f.).

Die freiheitliche demokratische Grundordnung als Quelle zentraler Verfassungswerte

Die freiheitliche demokratische Grundordnung ist ein komplexer Verfassungsbegriff, den das Grundgesetz an verschiedenen Stellen aufführt, ohne ihn näher zu definieren. Die Intention des Begriffes ist hingegen eindeutig: Er drückt die Entschlossenheit des Verfassunggebers aus, die staatliche Ordnung gegen ihre Feinde zu verteidigen. Mit dem Bekenntnis zur freiheitlichen demokratischen Grundordnung vollzog der Verfassunggeber nicht nur eine unmissverständliche Abkehr von einer totalitären Ordnung, er bestimmte die Demokratie auch inhaltlich. Damit erteilte er der relativen oder formalen Demokratie, wie sie die Weimarer Reichsverfassung gekennzeichnet hatte, eine Absage.

In mehreren wegweisenden Entscheidungen entfaltete das Bundesverfassungsgericht den Begriff „freiheitliche demokratische Grundordnung". Erstmals geschah dies im Urteil vom 23. Oktober 1952, als es um das Verbot der Sozialistischen Reichspartei (SRP) ging. In diesem Zusammenhang führte das Gericht über die *obersten Grundwerte* des freiheitlichen demokratischen Verfassungsstaates Folgendes aus:

> “Diese Grundwerte bilden die freiheitliche demokratische Grundordnung, die das Grundgesetz innerhalb der staatlichen Gesamtordnung – der ‚verfassungsmäßigen Ordnung‘ – als fundamental ansieht. Dieser Grundordnung liegt letztlich nach der im Grundgesetz getroffenen verfassungspolitischen Entscheidung die Vorstellung zugrunde, dass der Mensch in der Schöpfungsordnung einen eigenen selbstständigen Wert besitzt und Freiheit und Gleichheit dauernde Grundwerte der staatlichen Einheit sind. Daher ist die Grundordnung eine wertgebundene Ordnung. Sie ist das Gegenteil des totalen Staates, der als ausschließliche Herrschaftsmacht Menschenwürde, Freiheit und Gleichheit ablehnt.“

Über die *Grundmerkmale* der freiheitlichen demokratischen Grundordnung führte das Gericht aus, es handle sich um eine Ordnung, „die unter Ausschluss jeglicher Gewalt- und Willkürherrschaft eine rechtsstaatliche Herrschaftsordnung auf der Grundlage der Selbstbestimmung des Volkes nach dem Willen der jeweiligen Mehrheit und der Freiheit und Gleichheit darstellt.“

Dann ließ das Gericht eine Auflistung der *grundlegenden Prinzipien* der freiheitlichen demokratischen Grundordnung folgen. Zu diesen Prinzipien, die es als Mindestausstattung verstand, zählte es „die Achtung vor den im Grundgesetz konkretisierten Menschenrechten, vor allem vor dem Recht der Persönlichkeit auf Leben und freie Entfaltung, die Volkssouveränität, die Gewaltenteilung, die Verantwortlichkeit der Regierung, die Gesetzmäßigkeit der Verwaltung, die Unabhängigkeit der Gerichte, das Mehrparteienprinzip und die Chancengleichheit für alle politischen Parteien mit dem Recht auf verfassungsmäßige Bildung und Ausübung einer Opposition“ (BVerfGE 2, 1 (12 f.)).

In der Entscheidung vom 17. August 1956, die sich mit dem Verbot der Kommunistischen Partei Deutschlands (KPD) befasste, bestätigte das Bundesverfassungsgericht die Bestimmungen der freiheitlichen demokratischen Grundordnung. Zusätzlich hob es als leitendes Prinzip für alle staatlichen Maßnahmen unter Hinweis auf die starke Betonung des Sozialstaates im Grundgesetz den Gedanken der *sozialen Gerechtigkeit* hervor.

Das Urteil, das eine intensive geistige Auseinandersetzung nicht nur mit der kommunistischen Ideologie, sondern auch mit den Funktionsmechanismen offener Gesellschaften verrät, äußerte sich ausführlich über das politische Selbstverständnis der freiheitlichen Demokratie. Dieses ist hiernach stark *pragmatisch-experimentell* bestimmt, setzt auf *bürgerschaftliche Partizipation* und bejaht *Auseinandersetzungen* und *Konflikte*:

„Diese freiheitliche politische Ordnung nimmt die bestehenden, historisch gewordenen staatlichen und gesellschaftlichen Verhältnisse und die Denk- und Verhaltensweisen der Menschen zunächst als gegeben hin. Sie sanktioniert sie weder schlechthin noch lehnt sie sie grundsätzlich und im Ganzen ab; sie geht vielmehr davon aus, dass sie verbesserungsfähig und -bedürftig sind. Damit ist eine nie endende, sich immer wieder in neuen Formen und unter neuen Aspekten stellende Aufgabe gegeben; sie muss in Anpassung an die sich wandelnden Tatbestände und Fragen des sozialen und politischen Lebens durch stets erneute Willensentschließungen gelöst werden.

Die freiheitliche Demokratie lehnt die Auffassung ab, dass die geschichtliche Entwicklung durch ein wissenschaftlich erkanntes Endziel determiniert sei und dass folglich auch die einzelnen Gemeinschaftsentscheidungen als Schritte zur Verwirklichung eines solchen Endzieles inhaltlich von diesem her bestimmt werden könnten. Vielmehr gestalten die Menschen selbst ihre Entwicklung durch Gemeinschaftsentscheidungen, die immer nur in größter Freiheit zu treffen sind.

Das ermöglicht und erfordert aber, dass jedes Glied der Gemeinschaft freier Mitgestalter bei den Gemeinschaftsentscheidungen ist. Freiheit der Mitbestimmung ist nur möglich, wenn die Gemeinschaftsentscheidungen – praktisch Mehrheitsentscheidungen – inhaltlich jedem das größtmögliche Maß an Freiheit lassen, mindestens aber ihm stets zumutbar bleiben. Anstelle eines vermeintlich vollkommenen Ausgleichs in ferner Zukunft wird ein relativer ständiger Ausgleich schon in der Gegenwart erstrebt. Wenn als ein leitendes Prinzip aller staatlichen Maßnahmen der Fortschritt zu ‚sozialer Gerechtigkeit' aufgestellt wird, eine Forderung, die im Grundgesetz mit seiner starken Betonung des ‚Sozialstaates' noch einen besonderen Akzent erhalten hat, so ist auch das ein der konkreten Ausgestaltung in hohem Maße fähiges und bedürftiges Prinzip. Was jeweils praktisch zu geschehen hat, wird also in ständiger Auseinandersetzung aller an der Gestaltung des sozialen Lebens beteiligten Menschen und Gruppen ermittelt.

Dieses Ringen spitzt sich zu einem Kampf um die politische Macht im Staat zu. Aber es erschöpft sich nicht darin. Im Ringen um die Macht spielt sich gleichzeitig ein Prozess der Klärung und Wandlung dieser Vorstellungen ab. Die schließlich erreichten Entscheidungen werden gewiss stets mehr den Wünschen und Interessen der einen oder anderen Gruppe oder sozialen Schicht entsprechen; die Tendenz der Ordnung und die in ihr angelegte Möglichkeit der freien Auseinandersetzung zwischen allen realen und geistigen Kräften wirkt aber – wie noch dargelegt werden wird – in Richtung auf Ausgleich und Schonung der Interessen aller. Das Gesamtwohl wird eben nicht von vornherein gleichgesetzt mit den Interessen oder Wünschen einer bestimmten Klasse; annähernd gleichmäßige Förderung des Wohles aller Bürger und annähernd gleichmäßige Verteilung der Lasten wird grundsätzlich erstrebt. Es besteht das Ideal der ‚sozialen Demokratie in den Formen des Rechtsstaates'. [...] So kann in weitem Maße Kritik am Bestehenden, Unzufriedenheit mit Personen, Institutionen und konkreten Entscheidungen im Rahmen dieser Ordnung positiv verarbeitet werden. In die schließlich erreichte Mehrheitsentscheidung ist immer auch die geistige Arbeit und die Kritik der oppositionellen Minderheit eingegangen“ (BVerfGE 5, 85 (197 ff.)).

Die Formel von der freiheitlichen demokratischen Grundordnung lässt sich zutreffend übersetzen als eine von der Mehrheit des Volkes anvertraute, verantwortliche, zeitlich und sachlich begrenzte Herrschaftsordnung, die der Kritik und Kontrolle unterliegt und die modifiziert und ergänzt wird durch Anteilnahme des Volkes an der politischen Willensbildung. Diese Übersetzung hat den Vorteil, dass sie eine Reihe zentraler Verfassungswerte deutlich macht.

So geht die demokratische Ordnung erstens nicht von einem einheitlichen Volkswillen aus, sondern von der Unterschiedlichkeit und Gegensätzlichkeit der Meinungen, Interessen, Willensrichtungen und Bestrebungen und damit von Konflikten innerhalb des Volkes. Dies macht stets erneut die Herstellung politischer Einheit als Bedingung der Entstehung und des Wirkens staatlicher Gewalt notwendig. Die dazugehörigen Verfassungswerte sind *Pluralität* und *freie Kommunikation.*

Die demokratische Ordnung betrachtet zweitens den politischen Prozess als Sache des ganzen Volkes. Alle Angehörigen des Volkes sind in gleicher Weise berechtigt, an der politischen Willensbildung teilzunehmen. Damit ist *Partizipation* ein wichtiger Wert.

Zur demokratischen Ordnung zählt drittens die Publizität des politischen Prozesses. Politische Prozesse finden nicht im Dunkeln der Abmachungen und Entschlüsse von unkontrollierbaren Machthabern statt, sondern im Lichte der Öffentlichkeit. Daraus lässt sich der Wert der *Verantwortlichkeit* ableiten.

Zur demokratischen Ordnung gehört schließlich die Begrenzung der staatlichen Macht. Die Herrschaftsbefugnisse sind von vornherein begrenzt und nur auf Zeit anvertraut. Die Beteiligung unterschiedlicher Kräfte an der Macht führt zu einer gegenseitigen Kontrolle. Dahinter stehen die Werte der *Herrschaftsmäßigung* und der *Herrschaftsbegrenzung* (Hesse 1999, 61 ff.).

Analysiert man das im Grundgesetz normierte Gefüge der Institutionen, zeigen sich weitere Werte des freiheitlichen demokratischen Staates. So drückt das allgemeine und gleiche Wahlrecht den Wert der *formellen Gleichheit der politischen Freiheit* aus. Dass gewählte Repräsentanten mit der politischen Entscheidungsfindung betraut sind, enthält sowohl den Wert eines *geläuterten Volkswillens* als auch die Berücksichtigung der allgemeinen Erfahrung, dass die *politischen Fähigkeiten ungleich* unter den Menschen verteilt sind. Dass das Gefüge der Verfassungsinstitutionen die Gestaltung von Politik jederzeit gewährleisten soll, unterstreicht den Wert der *Effizienz* oder *Funktionsfähigkeit* von Herrschaft. Dass die Institutionen an das Recht gebunden sind, drückt den Wert der *Rechtssicherheit* aus (Matz 1978, 43 ff.).

Es ist ohne weiteres möglich, im Umkreis der freiheitlichen demokratischen Grundordnung noch weitere Werte zu entdecken. So die *Sicherheit*, verstanden als Ausschluss von Gewalt durch andere und Schutz vor Verletzungen von Person und Vermögen. Auch der *Wohlstand*, verstanden als Ergebnis der Bemühungen um das Gemeinwohl, gehört dazu (Arnim 1984, 135, 159 ff.). Die religiöse und weltanschauliche Bekenntnisfreiheit sowie die freie Meinungsäußerung kann man schließlich mit dem Wert der *Toleranz* in Verbindung bringen.

Mit einer gewissen Berechtigung lässt sich in der freiheitlichen demokratischen Grundordnung eine alle Bürger verbindende geistige Gemeinsamkeit, eine Art *Zivilreligion,* sehen. Tatsächlich hängen die Funktionsfähigkeit und die Weiterexistenz des freiheitlichen Gemeinwesens vom Bestehen eines Konsenses über diesen zentralen Bestandteil der Verfassung ab (Stern 1984a, 561).

Verfassungswerte aus der Genese des demokratischen Verfassungsstaates

Das Grundgesetz ist die Verfassung eines *demokratischen Verfassungsstaates*. Dieser die westlichen Demokratien kennzeichnende Staatstypus ist das Ergebnis eines wechselvollen historischen Prozesses, in dem sich vielfältige politische Missstände sowie gesellschaftliche Problemlagen und die darauf gefundenen verfassungspolitischen Antworten spiegeln. Die Komponenten – „*Staat*", „*Verfassungs*staat" und „*demokratischer* Verfassungsstaat" – repräsentieren unterschiedliche Entwicklungsstufen dieses Ordnungsmodells. An der Entwicklung zum demokratischen Verfassungsstaat haben angelsächsische und französische, nicht zuletzt aber auch deutsche Traditionen wichtige Anteile.

Die Entwicklungsstufen scheinen eine Entwicklungslogik anzuzeigen. Dies ist insofern auch der Fall, als spätere Stufen komplexer sind und ein höheres Wertberücksichtigungspotential aufweisen. Allerdings sind die Entwicklungen zum Teil gegen heftige Widerstände durchgesetzt worden. Der demokratische Verfassungsstaat ist zudem entwicklungsoffen. Es lassen sich durchaus Tendenzen zu einer Fortentwicklung des Ordnungsmodells beobachten.

In den verschiedenen Entwicklungsstufen des westlichen Staates kommen jeweils eigene Verfassungswerte zum Vorschein. Das ergibt sich nicht zuletzt daraus, dass die Entwicklung durch das Sicherheitsbedürfnis, das Freiheitsbegehren und das Gerechtigkeitsverlangen der Menschen vorangetrieben wurde (Kriele 1994, 12). Dabei ist es jedoch keineswegs so, dass Werte der früheren Stufe von denen der folgenden Stufen abgelöst werden. Vielmehr gelten sie, wenn auch in relativierter Form, weiter.

Am Beginn der Entwicklung steht die Erfahrung des Bürgerkrieges und damit der existentiellen Unsicherheit des Einzelnen. Als Ausweg wird die Gründung eines mit dem Gewaltmonopol versehenen *Staates* gesehen, der die Werte der *Sicherheit* und des *Friedens* zu gewährleisten hat.

In den Bürgerkriegen des 16. und 17. Jahrhunderts, insbesondere in Frankreich, zeigten sich die Könige nicht in der Lage, den Frieden zu gewährleisten. Sie verfügten nicht über eine den Bürgerkriegsparteien überlegene Autorität, mit der sie sich gegenüber diesen hätten behaupten und den Frieden erzwingen können. Sie waren nicht souverän, sondern den Ständen ausgeliefert. Gegen diese konnten sich die Könige nicht durchsetzen.

In dieser Situation entstand die Lehre von der souveränen Staatsgewalt, deren bedeutendster Vertreter Jean Bodin war. Ziel der Lehre war, den König so zu stärken, dass er in die Lage versetzt wurde, sich gegenüber allen Bürgerkriegsparteien durchzusetzen und den Frieden zu erzwingen. Zur Erfüllung dieses Zweckes erkannte Bodin der Staatsführung die souveräne Gewalt zu, d.h. das Monopol jeglicher Gewaltanwendung (Arnim 1984, 18 f., 22).

Ähnliche Überlegungen stellte Thomas Hobbes an. Sein Anliegen war, die Furcht vor wechselseitiger Gewalttätigkeit zu beseitigen. Um den möglichen Krieg aller gegen alle institutionell zu überwinden, schlug auch er die Etablierung eines über das Gewaltmonopol verfügenden Souveräns vor.

Im Ergebnis kam es zur Einrichtung einer über dem Recht stehenden Monarchie, die den Bürgerkrieg dadurch beilegte, dass sie sich alle aktuellen und potentiellen Bürgerkriegsparteien unterwarf und entwaffnete sowie sich allein das Recht zum Kriege vorbehielt. Eine solcherart absolutistische Herrschaft bildete die erste rohe Form des modernen Staates.

Es wird jedoch seitdem als fundamentaler Zweck des Staates anerkannt, Ordnung und Sicherheit, inneren und äußeren Frieden zu garantieren. Notwendige Instrumente des Staates sind ein schlagkräftiges Heer, eine funktionierende Polizei sowie eine straff organisierte Verwaltung (Isensee 1987, 617).

Die zweite Entwicklungsstufe ist gekennzeichnet durch die Erfahrung, dass die Staatsgewalt des absolutistischen Staates aufgrund ihrer Übermacht eine existentielle Gefahr für die Freiheit der Bürger darstellt. Als Ausweg kommt es zur Gründung eines den Staat rechtlich bindenden *Verfassungsstaates*, der vor allem dem Wert der *individuellen Freiheit* verpflichtet ist.

Zwar gewährleistete der absolutistische Staat die Sicherheit der Bürger voreinander, er war selbst aber nicht an das Recht gebunden. Die Menschen machten die Erfahrung, dass der Staat zur Unterdrückungsmacht werden und ihre Freiheit bedrohen konnte.

Die Weichen für die Entwicklung des Verfassungsstaates wurden im 17. Jahrhundert in England gestellt. Dort kam es nach harten Auseinandersetzungen zur Zurückweisung der absolutistischen Ansprüche der Stuart-Könige und zur Einbindung des Monarchen in die „rule of law“, welche die altüberlieferten Grundrechte der Engländer schützte. John Locke als maßgeblicher Theoretiker gab dem Staat die Aufgabe, den Schutz von Leben, Freiheit und Eigentum zu gewährleisten. Immanuel Kant betonte vor allem die gleichmäßig verteilte Freiheit.

In Frankreich und den Vereinigten Staaten folgten Ende des 18. Jahrhunderts Verfassungen mit ausführlichen Grundrechtsabschnitten und Vorschriften über eine gewaltenteilige Staatsorganisation (Kriele 1994, 93 ff., 137 ff.).

Seitdem gehört es zu den Aufgaben des Staates, mit Hilfe rechtsstaatlicher Instrumentarien die Freiheit des Individuums zu schützen. Das Individuum ist deshalb mit Abwehrrechten gegen staatliche Eingriffe ausgestattet.

Die dritte Entwicklungsstufe basiert auf der Erfahrung, dass der auf Freiheitssicherung beschränkte Verfassungsstaat die faktische Ungleichheit zwischen den Menschen ignoriert. Das Versprechen der Freiheit bleibt für diejenigen leer, die aufgrund ihrer schwachen sozialen Lage die Freiheitsrechte gar nicht wahrnehmen können. Es gilt daher, die Freiheit für alle erlebbar zu machen. Es entwickelt sich der *demokratische* Verfassungsstaat, dem die Werte der *Gleichheit* und *sozialen Gerechtigkeit* aufgegeben sind und der naturgemäß auch dem Wert der *Partizipation* verpflichtet ist.

Der demokratische Verfassungsstaat entstand durch die schrittweise Ausweitung des Wahlrechts hin zu einem möglichst allgemeinen und gleichen Wahlrecht. Dieses setzte sich erst im Laufe des 19. und 20. Jahrhunderts durch. Die Ausdehnung des Wahlrechts bewirkte eine Repräsentation auch der unteren sozialen Schichten im Parlament und damit eine Berücksichtigung ihrer Belange in der Gesetzgebung (Kriele 1994, 206 ff., 231 ff.).

Der demokratische Verfassungsstaat kümmert sich um den sozialen Ausgleich und die soziale Sicherheit seiner Bürger. Ein weiteres Anliegen ist die Herstellung von immer mehr Gleichheit. Dabei steht die Gleichheit nicht in Opposition zur Freiheit. Gleichheit bedeutet vielmehr, dass es Freiheit für alle und nicht nur für wenige geben soll. Der demokratische Verfassungsstaat stellt schließlich umfangreiche Möglichkeiten der politischen Beteiligung zur Verfügung.

Der demokratische Verfassungsstaat könnte sich zum *ökologischen* Verfassungsstaat weiterentwickeln. Aufgrund der Bedrohungen und Zerstörungen der natürlichen Lebensgrundlagen nimmt sich der Staat nämlich zunehmend der Umwelt an. Es geht ihm um die Bewahrung von Lebensgrundlagen, die für alle Menschen, ob reich oder arm, die gleichen sind und auf die alle angewiesen sind (Steinberg 1998, 41 ff.).

2.2 Das kulturelle Fundament der Werte

Das Grundgesetz ist, wie jede andere Verfassung auch, in einen kulturellen Kontext eingebunden. Dieser Kontext entscheidet mit über die Auswahl der Werte: Er legt bestimmte Werte nahe und schließt andere aus. Auch ist dieser kulturelle Kontext möglicherweise nicht ohne weiteres mit anderen Kulturen vereinbar.

Woraus besteht ein solcher kultureller Kontext? Welche spezifischen Überzeugungen speisen das Menschenbild des Grundgesetzes? Welche philosophisch-weltanschaulichen Traditionen speisen das Wertekonzept des Grundgesetzes? Was lässt sich über die Vereinbarkeit der grundgesetzlichen Werte mit der islamischen Kultur sagen?

Die Bedeutsamkeit des kulturellen Kontextes

Kultur ist der Inbegriff der typischen Lebensformen, Werteauffassungen und Verhalteneinstellungen einer Gesellschaft. Bestandteil der Kultur sind aber auch die innerhalb einer Gesellschaft wirksamen geistigen Kräfte. Insofern ist die Kultur ein Gefüge aus Weltsicht, Denkweisen und Sitten.

Eine Kultur ist über lange Zeiträume gewachsen. Ihre Elemente sind unter dem Einfluss verschiedener, gleichwohl miteinander verwobener geistesgeschichtlicher Entwicklungen im Laufe dieser Zeiträume miteinander verschmolzen. Daraus ergibt sich eine *kulturelle Identität*, die das Eigenbild der Kulturgemeinschaft nach innen wie nach außen bestimmt. Die kulturelle Identität wird sowohl durch Elemente der Zugehörigkeit zu einem übergeordneten Kulturkreis als auch durch Elemente der Zugehörigkeit zu der individuellen Kultur der betreffenden Nation bestimmt (Uhle 2004, 12 ff.). Im Falle Deutschlands ist das *Abendland* oder, moderner gesprochen, die *westliche Zivilisation* der übergeordnete Kulturkreis.

Die Verfassung knüpft notwendigerweise an die gewachsene und historisch gewordene kulturelle Prägung der Nation an. Die Verfassung ist somit nicht ein über Raum und Zeit schwebendes Konstrukt, sondern Ausdruck einer bestimmten Kultur. Da die Kultur aber auch aus dem übergeordneten Kulturkreis gespeist ist, enthält die Verfassung Elemente, die zwar nicht in der ganzen Welt, dafür aber im Kulturkreis verbreitet sind und dort geteilt werden. Das bedeutet jedoch nicht zwangsläufig, dass diese Elemente nicht universalisierbar wären. Beispielhaft hierfür stehen die individuellen Freiheitsrechte. Insgesamt enthält eine Verfassung also Besonderes wie Allgemeines (Isensee 2003, 80 f.)

Das Grundgesetz ist vor dem Hintergrund besonderer historischer Erfahrungen entstanden. In ihm spiegeln sich aber auch bestimmte tragende Ideen oder weltanschauliche Überzeugungen über eine gute politische Ordnung. So ist die Idee des Konstitutionalismus, staatliche Herrschaft in einer Verfassung zu begründen und zu begrenzen, Ausdruck einer im westlichen Kulturkreis verbreiteten liberal-humanitären Überzeugung (Rumpf 1958, 14). Das Grundgesetz beruht auf einem Menschenbild, hinter dem sich eine politische Anthropologie verbirgt, die ebenfalls abendländischer Herkunft ist. Schließlich sind bei der verfassungsrechtlichen Bestimmung der Ehe, der Familie und der Religionsgemeinschaften Prägungen aus der eigenen Kultur geradezu unvermeidlich.

Das personalistische Menschenbild des Grundgesetzes

Im Grundgesetz kommt an keiner Stelle das Wort „Menschenbild“ vor. Dennoch ist dem Grundgesetz ein Menschenbild immanent. Das Bundesverfassungsgericht konkretisierte es in mehreren grundlegenden Entscheidungen. Dabei stellte das Gericht zwei wesentliche Eigenschaften des vom Verfassunggeber vorausgesetzten Menschen heraus.

Zum einen wird der Mensch als freies, zur eigenverantwortlichen Lebensführung befähigtes Wesen eingeschätzt. Daraus folgt, dass der Staat dem Einzelnen einen Raum zur Entfaltung seiner Persönlichkeit gewährleisten muss. Zum anderen wird der Mensch als gemeinschaftsbezogenes, sozial verpflichtetes Wesen gesehen. Daraus folgt, dass sich der Mensch Grenzen der Handlungsfreiheit gefallen lassen muss, die sich aus den Erfordernissen des sozialen Zusammenlebens ergeben.

Im KPD-Urteil vom 17. August 1956 heißt es über die Selbstständigkeit des Menschen: „In der freiheitlichen Demokratie ist die Würde des Menschen der oberste Wert. Sie ist unantastbar, vom Staate zu achten und zu schützen. Der Mensch ist danach eine mit der Fähigkeit zu eigenverantwortlicher Lebensgestaltung begabte ‚Persönlichkeit'. Sein Verhalten und sein Denken können daher durch seine Klassenlage nicht eindeutig determiniert sein. Er wird vielmehr als fähig angesehen, und es wird ihm demgemäß abgefordert, seine Interessen und Ideen mit denen der anderen auszugleichen. Um seiner Würde willen muss ihm eine möglichst weitgehende Entfaltung seiner Persönlichkeit gesichert werden. Für den politisch-sozialen Bereich bedeutet dies, das es nicht genügt, wenn eine Obrigkeit sich bemüht, noch so gut für das Wohl von ‚Untertanen' zu sorgen; der Einzelne soll vielmehr in möglichst weitem Umfange verantwortlich auch an den Entscheidungen für die Gesamtheit mitwirken. Der Staat hat ihm dazu den Weg zu öffnen; das geschieht in erster Linie dadurch, dass der geistige Kampf, die Auseinandersetzung der Ideen frei ist, dass mit anderen Worten geistige Freiheit gewährleistet wird. Die Geistesfreiheit ist für das System der freiheitlichen Demokratie entscheidend wichtig, sie ist geradezu eine Voraussetzung für das Funktionieren dieser Ordnung; sie bewahrt es insbesondere vor Erstarrung und zeigt die Fülle der Lösungsmöglichkeiten für die Sachprobleme auf. Da Menschenwürde und Freiheit jedem Menschen zukommen, die Menschen insoweit gleich sind, ist das Prinzip der Gleichbehandlung aller für die freiheitliche Demokratie ein selbstverständliches Postulat" (BVerfGE 5, 85 (204 f.).

Das Investitionshilfe-Urteil vom 20. Juli 1954 äußert sich über die Gemeinschaftsbezogenheit des Menschen: „Das Menschenbild des Grundgesetzes ist nicht das eines isolierten souveränen Individuums; das Grundgesetz hat vielmehr die Spannung Individuum – Gemeinschaft im Sinne der Gemeinschaftsbezogenheit und Gemeinschaftsgebundenheit der Person entschieden, ohne dabei deren Eigenwert anzutasten. [...] Dies heißt aber: Der Einzelne muss sich diejenigen Schranken seiner Handlungsfreiheit gefallen lassen, die der Gesetzgeber zur Pflege und Förderung des sozialen Zusammenlebens in den Grenzen des bei dem gegebenen Sachverhalt allgemein Zumutbaren zieht, vorausgesetzt, dass dabei die Eigenständigkeit der Person gewahrt bleibt" (BVerfGE 4, 7 (15 f.)).

Ein später gefälltes Urteil verstärkt noch den Gedanken des sozialen Verpflichtetseins: „Das Grundgesetz ist eine wertgebundene Ordnung, die den Schutz von Freiheit und Menschenwürde als den obersten Zweck allen Rechts erkennt; sein Menschenbild ist nicht das des selbstherrlichen Individuums, sondern das der in der Gemeinschaft stehenden und ihr vielfältig verpflichteten Persönlichkeit. Es kann nicht grundgesetzwidrig sein, die Bürger zu Schutz und Verteidigung dieser obersten Rechtsgüter der Gemeinschaft, deren personale Träger sie selbst sind, heranzuziehen" (BVerfGE 12, 45 (51)).

Auf dem ersten Blick passt das vom Bundesverfassungsgericht skizzierte Menschenbild zur Tradition liberal-individualistischen Denkens. Allerdings scheint dem die Betonung der Gemeinschaftsgebundenheit des Menschen zu widersprechen. Dennoch trägt die grundsätzliche Philosophie in gewisser Weise doch individualistische Züge: Was dem Einzelnen an sozialer Verpflichtung aufgebürdet wird, begünstigt primär wiederum Einzelne, also konkrete Menschen, keine abstrakte Gesamtheit wie Volk oder Staat (Rumpf 1958, 32 f.). Auf jeden Fall also bildet die *Subjektstellung* des Menschen den archimedischen Punkt der Verfassung.

Das Menschenbild entspricht der abendländischen Tradition, die den Menschen seit jeher in erster Linie als mit Rechten begabtes Individuum sieht. Gemäß dieser Tradition empfindet sich der Mensch in erster Linie als Individuum, dessen Verhältnis zu den anderen durch normierte Rechte und Pflichten definiert und abgesichert ist. In Asien und auch in Afrika fühlt sich der Mensch dagegen mehr als Glied einer Gemeinschaft. Die Zugehörigkeit zu einer Gemeinschaft bietet einerseits Sicherheit und andererseits die Verpflichtung, für die Gemeinschaft mitzusorgen (Zippelius 1987, 16 f.).

Beim genaueren Hinsehen ist die Qualifizierung des Menschenbildes als individualistisch jedoch nicht wirklich überzeugend. Denn das Grundgesetz grenzt sich sowohl von *individualistischen* Auffassungen als auch von *kollektivistischen* Bestrebungen ab. Gleichwohl besteht die Gefahr, dass nur die Frontstellung gegen den Kollektivismus gesehen wird, weil das Grundgesetz historisch als Reaktion gegen den totalitären Kollektivismus des Nationalsozialismus entstanden ist. Der vom Grundgesetz vorausgesetzte Mensch entspricht jedoch auch nicht dem Individualismus, gemäß dem, wie im klassischen liberalistischen Sinne des 19. Jahrhunderts angenommen, der Mensch als autonomes, in sich geschlossenes, jede Einwirkung von außen ablehnendes Individuum angesehen wird. Die Abwehrstellung des Grundgesetzes gegen den Individualismus ist ebenso eindeutig wie gegen den Kollektivismus.

Das Grundgesetz hat sich für eine mittlere Linie entschieden, die am besten als *Personalismus* bezeichnet wird (Dürig 1976, 23 f., Rdnr. 46). Im Personalismus besitzt der Mensch einen unbedingten Eigenwert und darf niemals wie eine Sache als bloßes Mittel zur Erreichung irgendeines politischen Zweckes gebraucht werden. Der Mensch ist aber zugleich von vornherein in soziale Bezüge eingebunden, die von ihm einen Beitrag zum Wohl der Gemeinschaft verlangen. Diese Sozialität unterscheidet das personalistische vom individualistischen Menschenbild. Dennoch ragt auch im Personalismus der Einzelne über die ihn umgebenden Gemeinschaftsgebilde hinaus. Er geht nicht in ihnen auf.

Das Menschenbild des Grundgesetzes ist weder einseitig optimistisch noch einseitig pessimistisch. Es trägt realistische Züge. Sein Realismus zeigt sich in den Passagen der Verfassungsgerichtsentscheidungen, in denen Unvollkommenheiten des Menschen leise angedeutet werden: So hat der Mensch die Fähigkeit zur Partizipation, sie wird aber auch von ihm abgefordert. Offensichtlich ist der Mensch nicht permanent politisch aktiv. Er muss sich vermutlich zur Aktivität durchringen. So ist der Mensch gemeinschaftsgebunden, er muss sich die daraus folgenden Handlungsrestriktionen aber auch gefallen lassen. Offensichtlich rufen Restriktionen keine Begeisterung hervor. Der Mensch muss sich zur Einsicht in ihre Notwendigkeit bequemen. Insgesamt werden die Menschen sich im Menschenbild des Grundgesetzes aber wiedererkennen und sich nicht überfordert fühlen.

Das Menschenbild des Grundgesetzes steht allen Ideologien entgegen, die einen wie auch immer gearteten neuen Menschen hervorbringen wollen. Der nüchterne Realismus des Menschenbildes hat zur Folge, dass der Mensch nicht „verändert“, also „umgemodelt“ oder „besser“ gemacht werden muss. Schließlich kennt das Menschenbild weder „Übermenschen“ und „Herrenmenschen“ noch „Unmenschen“ oder „Untermenschen“ (Häberle 1988, 32 f.).

Die Herkunft der tragenden Werte aus Christentum, Humanismus und Aufklärung

Die Bedeutung des *Christentums* für den Wertehaushalt des demokratischen Verfassungsstaates kann kaum überschätzt werden. Dieser Staat versteht sich zwar als säkulares Gemeinwesen und ist überdies weltanschaulich neutral, und dennoch kann er die religiösen Wurzeln seines profanen Selbstverständnisses nicht verleugnen. Im Kern ist es die tragende Rolle des Individuums, die – vermittelt über Renaissancehumanismus und Aufklärungsphilosophie – maßgeblich auf das Christentum zurückgeht.

Das Bundesverfassungsgericht erkennt die christliche Herkunftsprägung des säkularen Staates ausdrücklich an: „Auch ein Staat, der die Glaubensfreiheit umfassend gewährleistet und sich damit selber zu religiös-weltanschaulicher Neutralität verpflichtet, kann die kulturell vermittelten und historisch verwurzelten Wertüberzeugungen und Einstellungen nicht abstreifen, auf denen der gesellschaftliche Zusammenhalt beruht und von denen auch die Erfüllung seiner eigenen Aufgaben abhängt. Der christliche Glaube und die christlichen Kirchen sind dabei, wie immer man ihr Erbe heute beurteilen mag, von überragender Prägekraft gewesen. Die darauf zurückgehenden Denktraditionen, Sinnerfahrungen und Verhaltensmuster können dem Staat nicht gleichgültig sein“ (BVerfGE 93, 19 (22)).

Christlicher Einfluss ist spürbar, wenn der Verfassunggeber in den Eingangsworten der Präambel des Grundgesetzes bekundet, im „Bewusstsein seiner Verantwortung vor Gott“ gehandelt zu haben. Vor dem Hintergrund der Entstehung des Grundgesetzes kann damit nur der christliche Gott gemeint sein. Zwar ist die Formulierung keine „invocatio Dei“, weil sie keine göttliche Vollmacht für die Verfassunggebung reklamiert, der Verfassunggeber weist mit der Formulierung aber die Idee einer ungebundenen Souveränität des Volkes zurück. Denn er verweist auf die Transzendenz als den vorstaatlichen und vorverfassungsrechtlichen Grund von Staat und Verfassung. Weiterhin stellt die Formulierung als Demutsformel ein Zeugnis der Humanität und Selbstbescheidung dar. Man kann in ihr darüber hinaus auch eine Absage an den Atheismus als Staatsreligion sehen (Isensee 1988, 44; Hofmann 2003, 379 f.).

Der Einfluss des Christentums erstreckt sich vor allem auf die *Menschenwürde* und die Menschenrechte und damit auf den inneren Gehalt der Grundrechte. Dabei muss zugestanden werden, das sich die Wirkungen des Christentums auf indirekten, verborgenen Wegen vollzogen, zunächst sogar wider Willen der Kirche, dann durch säkulare Brechungen hindurch. Gleichwohl bereitete das Christentum den Boden für die Universalität der Menschenrechte.

Denn christlich sind die leitenden Gedanken von der Einheit des Menschengeschlechts und von der Gleichheit seiner Glieder, von der Einmaligkeit und Würde eines jeden Menschen als Person, unverfügbar den anderen und ihm selbst, berufen zu Eigenverantwortung, zu Nächstenliebe und zur Bewährung in der Welt (Isensee 1992b, 374). Es ist letztlich die christliche Auffassung von der Gottesebenbildlichkeit des Menschen, die seinen Eigenwert und seine daraus folgende Unverfügbarkeit für andere – auch für das Gemeinwesen – fundiert hat. Hier liegt auch der Ursprung für die Auffassung, dass die Grundrechte vorstaatlich sind (Hermes 1987, 168 f.).

Neben der Würde des Menschen hat das Christentum vor allem die *Idee der persönlichen Freiheit* begründet. Für alle nicht-christlichen Kulturen sind die einzelnen Menschen wie selbstverständlich eingebunden in kollektive Gebilde, seien dies Familie, Stammesverband, Volk oder Staat. Die Menschen unterliegen der intensiven Prägung und Kontrolle durch die kollektiven Gebilde. Dies erscheint als gut, weil die kollektiven Gebilde als Medium der Entfaltung des Individuums betrachtet werden. Wenn aber der Einzelne als Teil des Ganzen zu seinem eigenen Besten restlos auf das Ganze hingeordnet ist, ist es sinnlos, eine Freiheit des Individuums anzunehmen, die dem Einzelnen einen Freiraum gegen gesellschaftliche und politische Ansprüche sichert.

Die Vorstellung einer individuellen Freiheit von familiärer Bevormundung wie auch von restloser Einordnung in den Staat erwächst aus der christlichen Vorstellung von der menschlichen Person. Danach ist der Mensch ein einzigartiges und unzerstörbares Wesen von einem Wert, das jedes irdische Gut übersteigt. Dieser Wert kommt dem Menschen aufgrund seiner Gotteskindschaft zu. Diese transzendente Beziehung bricht die völlige Einbindung des Einzelnen in irdische Gemeinschaftsgebilde auf (Matz 1987, 35 f.).

Wenn auch die Idee der menschlichen Würde ihren Ausgangspunkt im Christentum findet, das seinerseits an Ansätze der Philosophie der Stoa anknüpft, so entwickelte sich die Idee im Laufe der Jahrhunderte weiter.

Für die Zeit des *Renaissancehumanismus* hob Pico della Mirandola die Vernunftbegabung als das kennzeichnende Charakteristikum des Menschen hervor und betonte dessen autonome Gestaltungsfähigkeit. Die Würde des Menschen gründete für diese Epoche wesentlich in dem schöpferischen und sittlichen Potential, das als Ausdruck der Gottesebenbildlichkeit des Menschen erschien.

In der *Aufklärung* wurde die Menschenwürde zunehmend säkularisiert, individualisiert und rationalisiert. Anthropologische und philosophische Überlegungen rückten den traditionellen Primat der Theologie in den Hintergrund. So gründete für Immanuel Kant die Würde der menschlichen Natur in der Autonomie des Menschen, sich seine Gesetze selbst zu geben (Uhle 2004, 131 ff.).

Die Würde des Menschen kann folglich theologisch oder philosophisch begründet werden. Sie kann christlich oder kantisch, religiös-humanistisch oder profanhumanistisch begriffen werden. Es liegen dem obersten Verfassungswert also mehrere, in den Grundannahmen allerdings einander affine Denkströmungen zugrunde (Schwan 1978, 47 f.).

Insgesamt lässt sich festhalten: Freiheit und Gleichheit als Kern der Menschenrechtsidee gehen auf das Christentum und das mit ihm verbundene Naturrechtsdenken zurück. Sie haben in der Aufklärung ihren die Gegenwart bestimmenden Ausdruck gefunden.

Nicht zuletzt deshalb ist konstatiert worden, dass sich die Menschenrechte nur im christlichen und nachchristlichen Kulturkreis haben entwickeln können und dass folglich das Grundgesetz nur mit den aus diesem Kulturkreis verbundenen Weltanschauungen und Denkströmungen kompatibel ist.

Die Ideen von Freiheit und Gleichheit und ihre Verkörperung in den Menschenrechten sind jedenfalls elementare Bestandteile der kulturellen Identität des Abendlandes. Diese Bestandteile hat der Verfassunggeber vorgefunden und in Verfassungsrecht transformiert (Uhle 2004, 178).

Der kulturelle Hintergrund der Grundwerte Freiheit, Gerechtigkeit und Solidarität

Vor über dreißig Jahren stellte sich anlässlich der Debatte um die *Grundwerte* heraus, dass Christentum, Humanismus und Aufklärungsphilosophie auch deren geistige Folie bilden. Es ging in der damaligen Auseinandersetzung um die Frage, worin das ethische Minimum besteht, das auch für Gesellschaften mit gegensätzlichen Weltanschauungen und unterschiedlichen ethischen Begründungen und Haltungen unverzichtbar bleibt. Es entwickelte sich daraus eine Diskussion über die ethischen Grundlagen von Gesellschaft, Staat und Gesetzgebung. Die Diskussion fand nicht im luftleeren Raum statt, sondern bezog sich auf Deutschland (Seeber 1976, 381).

An der Diskussion waren Vertreter der damals im Bundestag vertretenen politischen Parteien beteiligt. Es äußerten sich folglich Christlich-Konservative, Sozialdemokraten und Liberale. Da diese politischen Richtungen maßgeblich an der Konzeption des Grundgesetzes beteiligt gewesen waren, lässt sich sagen, dass ihre Werteauffassungen in die Verfassung eingeflossen sein müssen.

Es zeigte sich zunächst, dass die genannten Parteien sich in ihren Programmen zu denselben Grundwerten, nämlich Freiheit, Solidarität und Gerechtigkeit, bekennen. Dabei meint *Freiheit* die Möglichkeit für den Einzelnen, seine Persönlichkeit nach eigenen Vorstellungen zu entfalten. Hierzu gehört auch die Freiheit, am politischen, wirtschaftlichen und kulturellen Leben mitzuwirken. *Solidarität* als Grundwert meint nicht emotionale oder parteiliche Kampfgenossenschaft, sondern die Verbundenheit aller Individuen in der Gemeinschaft. Solidarität bedeutet Mitmenschlichkeit, aus der die Pflicht zum gegenseitigen Einstehen folgt. *Gerechtigkeit* meint den Anspruch eines jeden auf den Freiheitsgebrauch sowie die Bindung aller an die Pflicht zur Solidarität (Schwan 1978, 63).

Die Debatte deckte dann auf, dass die beteiligten Parteien die Grundwerte unterschiedlich begründen. Sie greifen auf verschiedene Weltanschauungen, d.h. religiös und philosophisch begründete Auffassungen über den Menschen und die Welt, zurück. Zu diesen Weltanschauungen gehören – als Vorläufer – die antik-griechische Philosophie, insbesondere die des Aristoteles, sowie die christliche Ethik, der Humanismus und die Aufklärungsphilosophie. Diese Glaubens- bzw. Denkrichtungen scheinen eine weltanschauliche Beliebigkeit und Unverbindlichkeit anzuzeigen. In Wirklichkeit sind sie bei aller Verschiedenheit ihrer Ansätze und Begründungswege von einer starken Affinität zueinander bestimmt. Diese Affinität erklärt sich aus ihren vielfachen Wechselbeziehungen, entstammen sie doch demselben Kulturkreis. Aufgrund dieser Gemeinsamkeit durchdringen und begrenzen sie einander (Schwan 1978, 62 ff.).

Das Grundgesetz als Verfassung eines säkularen Staates

Das Grundgesetz ist die Verfassung eines säkularen Staates. *Säkular* heißt, dass der Staat seine Aufgaben ausschließlich im weltlich-irdischen Bereich sieht und zur Durchsetzung seiner Rechtsordnung nur eigene Mittel einsetzt, also weder auf die ergänzende Unterstützung von Religionsgemeinschaften zurückgreift noch sich religiös legitimiert. Der säkulare Staat überlässt das Religiöse seiner Eigengesetzlichkeit und beschränkt sich auf die Sorge für Sicherheit, Ordnung und irdisches Wohl.

Der säkulare Staat hat keine Zuständigkeit für die Religion und damit das Seelenheil der in ihm vereinigten Menschen. In einem säkularen Staat ist die Religion zu einer innermenschlichen Angelegenheit spiritualisiert. Für sein religiöses Heil ist der Einzelne selbstverantwortlich. Eine Folge der Säkularität ist die religiöse und weltanschauliche Neutralität des Staates (Depenheuer 1999, 20).

Der säkulare Staat ist aus einer Säkularisierung hervorgegangen. Die Säkularisierung bestand in einer Ablösung des Staates von seiner ursprünglich geistlich-religiösen Bestimmung und Durchformung. Säkularisierung bedeutet damit Verweltlichung des Staates im Sinne des Heraustretens aus einer vorgegebenen religiös-politischen Einheitswelt. Säkularisierung bedeutet aber ebenfalls Entlassung des Staates aus kirchlich-geistlicher Herrschaftsgewalt. Säkularisierung läuft letztlich auf eine Entzauberung des Staates hinaus: Er ist eine nützliche, auf Übereinkunft basierende menschliche Einrichtung, mehr nicht (Böckenförde 1976, 43).

Um den weltgeschichtlich bedeutsamen Vorgang der Säkularisierung angemessen zu verstehen, muss man bis in die Antike zurückgehen. Die griechische Polis war Gemeinschaft im doppelten Sinn des Wortes, nämlich kultische und zugleich politische Gemeinschaft. Als unauflösliche Einheit umgriff die Polis alle Lebenswerte und Zwecke menschlichen Handelns. In Rom zeigte sich die Koinzidenz von Religion und Politik in dem Sachverhalt, dass die Kaiser Gegenstand religiöser Verehrung waren. In der Antike lebten die Menschen in einer „theopolitischen" Einheitswelt (Matz 1987, 31 f.).

Durch das Christentum wurde eine Entzweiung in diese Einheitswelt hineingetragen. Hinfort unterschied man zwischen „geistlich“ und „weltlich“, zwischen „religiös“ und „politisch“, in der weiteren Entwicklung zwischen „kirchlich“ und „staatlich“. Zwar kam es durch die Etablierung des Christentums als Staatsreligion im vierten Jahrhundert im Römischen Reich zur Restauration einer religiös-politischen Einheit, aber diese Einheit war in Anbetracht eigenständiger kirchlicher Strukturen mit Bischöfen und Papst faktisch, ideell und institutionell keine echte Einheit mehr. Sie war vielmehr zweipolig, symbolisiert in den Machtträgern Kaiser und Papst, sich ausprägend im „imperium“ und „sacerdotium“ als den beiden sich wechselseitig stützenden und ergänzenden Funktionsschichten innerhalb der christlichen Welt.

Der Investiturstreit von 1057 bis 1122 und die nachfolgenden Auseinandersetzungen machten allerdings offenkundig, dass das bestehende System auf Dauer nicht harmonierte. Die eine Seite kämpfte für die Freiheit der Kirche und gegen einen als drohend empfundenen Cäsaropapismus, also gegen den Kaiser, der zugleich geistliches Oberhaupt ist. Die andere Seite kämpfte für die Eigenständigkeit der weltlichen Herrschaft und gegen eine als drohend empfundene Ekklesiokratie, d.h. ein Kirchenregiment, das auch die weltlichen Angelegenheiten umfasst (Hollerbach 1989, 475 f.).

Der Investiturstreit erschütterte die mittelalterliche Welt in ihren Fundamenten. Denn diese Welt war in ihrer Substanz sakral und religiös geformt. Sie war eine heilige Ordnung, die alle Lebensbereiche umfasste.

Das Ergebnis des Streites war die Trennung der geistlichen von der weltlichen Sphäre. Das bedeutete, dass den Trägern des geistlichen Amtes alles Geistliche, Sakrale und Heilige für die von ihnen gebildete Kirche zugesprochen wurde. Einmischungen seitens der staatlichen Gewalt entfielen. Diese verlor dafür ihren geistlichen Ort und wurde in die Weltlichkeit entlassen. Sie wurde in einem wörtlichen Sinne entsakralisiert und damit freigesetzt für profane Aufgaben.

Der säkulare Staat hat deshalb seinen Zweck und seine Legitimation nicht in einer göttlichen Stiftung. Er steht auch nicht im Dienst einer religiösen Wahrheit. Sein Bezugspunkt ist der Mensch als Mensch. Seine Aufgabe ist die Sicherung von dessen Rechten und Freiheiten. Die Religion ist in einer säkularen Ordnung eine Angelegenheit der Gesellschaft. Dort müssen sich die Religionsgemeinschaften behaupten (Böckenförde 1976, 44 ff., 56).

Der säkulare Staat ist Garant des inneren Friedens. In der Wahrung dieses Friedens liegt seine „Wahrheit“. Zur Legitimation dieses Zweckes kann der Staat allerdings keine religiös-transzendente Wahrheit mehr anführen. Er kann es schon deshalb nicht, weil er nicht über absolute Wahrheiten verfügt. Seine „Wahrheit“ ist bescheiden: Sie richtet sich auf die Bedingungen der Möglichkeit eines friedlichen, freien und gedeihlichen Zusammenlebens seiner Bürger. Der Staat begnügt sich mit dieser vorletzten, vernunftbasierten Wahrheit, um nicht in letzten, nur religiös entscheidbaren Dingen Partei ergreifen zu müssen.

Aber auch die „Wahrheit“ des säkularen Staates ist nicht kompromissfähig. Seine Funktion als Friedensgarant ist nicht verhandlungs- und kompromissfähig. Sie steht vor allem nicht zur Verfügung, um religiöse Wahrheitsansprüche durchzusetzen (Depenheuer 1999, 21 f.).

Der säkulare Staat steht vor einer existentiellen Herausforderung, wenn in der Gesellschaft eine religiöse Überzeugung versucht, unter Inanspruchnahme der Religionsfreiheit und Ausnutzung demokratischer Freiheitsrechte die säkulare politische Ordnung von innen her aufzurollen und schließlich durch eine theokratische Herrschaftsform zu ersetzen. Jede Form einer Gottesherrschaft ist unvereinbar mit dem Selbstverständnis eines säkularen Staates. Darüber hinaus degradiert eine Theokratie demokratische Beteiligungs- und Entscheidungsrechte zu äußeren Hohlformen. Denn die Hüter des rechten Glaubens erheben einen Lenkungsanspruch auch im Hinblick auf das Verhalten im politischen Bereich. Die Religion zur Grundlage des politischen und gesellschaftlichen Lebens zu machen entzieht daher der demokratischen politischen Willensbildung den Boden. Der säkulare Staat darf folglich einer theokratischen Religionsüberzeugung, welchen Rückhalt sie auch haben mag, keine Chance zur Verwirklichung ihrer Absichten einräumen (Böckenförde 1987a, 927 f.; Böckenförde 2007, 39).

Die christlichen Glaubensgemeinschaften sind weit entfernt davon, die Säkularität der politischen Ordnung in Frage zu stellen. Schließlich ist die Säkularisierung das Produkt eines Vorganges im christlichen Kulturraum. Die Frage ist daher vor allem, ob Menschen, die aus anderen Kulturräumen stammen, ein hinreichendes Verständnis für die Säkularität entwickeln und den säkularen Staat anerkennen können. Von dieser Anerkennung hängt ihre Integrationsfähigkeit in Deutschland entscheidend ab.

Kompatibilitätsprobleme der islamischen Kultur mit dem säkularen Staat

Es stellt sich die Frage, ob die in Deutschland lebenden Muslime die säkulare und pluralistische Ordnung des deutschen Verfassungsstaates für sich bejahen können. Können sie sich mit den Wertvorstellungen des Grundgesetzes identifizieren? Denn nicht wenige verfassungsstaatliche Prinzipien besitzen eine von Aufklärung, Humanismus und letztlich Christentum geprägte Traditionslinie. Diese Tradition in Verbindung mit der staatlichen Säkularität unterscheidet das Grundgesetz von Verfassungen, die auf anderen kulturellen Fundamenten errichtet worden sind (Würtenberger 1998, 288).

Was die Geschichte des islamischen Raumes von derjenigen des christlichen Abendlandes grundlegend unterscheidet, ist der Sachverhalt, dass es im Islam keine einschneidende Trennung von weltlichen und religiösen Angelegenheiten gegeben hat. Der Islam neigt deshalb einer *integralistischen* Position zu, tendiert also dazu, alle Lebensbereiche nach religiösen Maßstäben zu gestalten. Mit dieser Einstellung treffen seine Anhänger in Europa auf eine Kultur, die von jenem Denken geprägt ist, welches zwischen weltlichem und geistlichem Regiment unterscheidet.

Die islamische Kultur kennt keine wirkliche Trennung von Staat und Religion. Mohammed war in Medina Herrscher, Richter und Stellvertreter Gottes in einer Person. Diese Konstellation gilt auch heute noch allen Muslimen als das Idealbild einer islamischen Gemeinde und damit als das für jedes muslimische Gemeinwesen erstrebenswerte Ziel einer Gesellschaft (Gartner 2006, 23 f.). Die Gemeinschaft der Gläubigen ist damit zugleich Religionsgemeinschaft und politische Gemeinschaft. Staatliche und religiöse Belange bilden auf diese Weise eine Einheit.

Der Islam ist nämlich Glaube, Ethik, soziale Ordnung und Lebensweise zugleich. Das bedeutet: Der Islam leitet und durchdringt als ethisch-religiöses Bezugssystem alle Aspekte menschlichen Lebens, also die Beziehung des Individuums zu Gott ebenso wie sein Verhalten gegenüber Mitmensch, Tier und Umwelt, die Gestaltung der gesellschaftlichen Ordnung der Gemeinschaft ebenso wie das Verhältnis zur nichtmuslimischen Außenwelt. Aus diesem Selbstverständnis ließe sich durchaus ein totalitärer Anspruch ableiten. Allerdings ist in der islamischen Welt umstritten, in welchem Maße die einzelnen Lebensbereiche dem religiösen Gesetz unterworfen werden müssen (Petersohn 2002, 522). Insgesamt aber bereitet vielen Muslimen der Umgang mit einem säkularen und religionsneutralen Staat große Schwierigkeiten, da nach muslimischer Auffassung die Religion alle Lebensbereiche durchdringen soll.

Es gibt eine prinzipielle Spannung der islamischen Kultur zur Volkssouveränität und damit zu einem legitimierenden Wert des demokratischen Verfassungsstaates. Die Idee der Volkssouveränität stößt auf Unverständnis, da nach islamischem Verständnis Gott alleiniger Souverän ist. Die Machtausübung von Menschen kann danach nur abgeleiteter Natur sein. Allerdings haben in der Gegenwart alle faktisch laizistischen Staaten der islamischen Welt die Volkssouveränität als Verfassungsgrundsatz übernommen. Für Islamisten hingegen kann der Staat nur auf dem Koran und dem religiösen Gesetz beruhen (Steinbach 1996, 229).

Eine Spannung besteht auch zwischen dem Islam und den Menschenrechten im westlichen Verständnis. Unveräußerliche und ewige Rechte, die dem Menschen allein auf Grund seines Menschseins außerhalb des Raumes der Religion, ja sogar gegen religiöse Autoritäten zukommen, kann es nicht geben. Ebenso ist die Idee des Individuums, das natürliche Rechte auch gegenüber dem Staat hat, dem Islam fremd. Die Allgewalt des Staates, der im Islam Träger des göttlichen Willens im Diesseits und das Instrument ist, durch das Gott seine Lehre über die ganze Erde ausbreitet, steht der Ausbildung von Menschenrechten entgegen (Steinbach 1996, 218, 229).

Auch der Pluralismus, d.h. der Wettstreit der Auffassungen, ist nicht wirklich vom Islam akzeptiert. Pluralismus ist nämlich grundsätzlich nur innerhalb des Rahmens des Islams möglich und zulässig. Da der Koran nicht als Menschenwort, sondern als letztes Sprachrohr Gottes gilt, ergeben sich insbesondere Schwierigkeiten für die Äußerung kritischer Meinungen über den Koran. Überhaupt sind Werte für Muslime nur dann wirklich gültig und verpflichtend, wenn ihre Essenz bereits im Koran angelegt ist (Petersohn 2002, 522).

Nun bejaht die *Islamische Charta* des Zentralrats der Muslime in Deutschland aus dem Jahre 2002 ausdrücklich die vom Grundgesetz garantierte gewaltenteilige, rechtsstaatliche und demokratische Grundordnung einschließlich des Parteienpluralismus, des aktiven und passiven Wahlrechts der Frau sowie der Religionsfreiheit. Sie akzeptiert auch das Recht, die Religion zu wechseln, eine andere oder keine Religion zu haben.

Damit scheint es allen Bedenken zum Trotz doch eine Kompatibilität des Islams mit dem Staat des Grundgesetzes zu geben. Allerdings verpflichtet das islamische Recht die Muslime in der Diaspora, sich grundsätzlich an die lokale Rechtsordnung zu halten. Dies gilt jedenfalls, sofern diese Rechtsordnung nicht in deutlichem Widerspruch zum Islam steht und das betreffende Land friedliche Beziehungen zur islamischen Welt unterhält (Petersohn 2002, 522; Gartner 2006, 16 f.).

Zweifel an der Vereinbarkeit von grundgesetzlicher Ordnung und islamischem Selbstverständnis bleiben dennoch bestehen. Sie beruhen weniger darauf, dass aus islamischer Sicht die ideale Gesellschaft, in der jeder Muslim leben soll, nur eine islamische sein kann. Die Zweifel gründen vor allem in der Praxis islamischer Rechtsgemeinschaften. So begeht ein Muslim, der seine Religion wechselt oder gar Atheist wird, einen unverzeihlichen Fehler. Im Koran wird die Apostasie an vielen Stellen verdammt. Islamische Rechtsschulen sehen für diesen Fall sogar die Todesstrafe vor. Von echter Toleranz und voller Religionsfreiheit gegenüber anderen Konfessionen kann also keine Rede sein. Ebenso fehlt im islamischen Kulturkreis die tatsächliche Gleichberechtigung von Mann und Frau.

Auch in Deutschland lehnen nicht wenige islamische Vereine den säkularen und pluralistischen Staat ab. Islamistisch ausgerichteten Organisationen fehlt sogar jegliche Kooperationsfähigkeit und Kooperationsbereitschaft. Sie stellen die Geltung der säkularen staatlichen Rechtsordnung prinzipiell in Frage (Hillgruber 1999, 546).

Der Staat des Grundgesetzes ist für fremde Kulturen offen, solange er sich des Respekts der Werte gewiss sein kann, die seiner Verfassung zugrunde liegen. Er kann kulturoffen sein, solange er sicher ist, dass seine Kultur auch in der Zukunft wirksam ist. Ist jedoch diese Voraussetzung nicht mehr gegeben, dann muss der Staat für seine Werte kämpfen. Wenn die Gefahr droht, dass die von der Verfassung vorausgesetzte Kulturordnung unterliegt, darf er sich nicht auf ein bloßes Beobachten der Geschehnisse beschränken. Er ist legitimiert, mit seinen Mitteln die vorausgesetzte Kulturordnung zu erhalten (P. Kirchhof 1996, 17).

2.3 Die Verankerung von Werten im Grundgesetz

Die Normen des Grundgesetzes regeln sehr verschiedene Bereiche: Subjektive Rechte, Staatsfundamentalprinzipien, Programmsätze, Staatsziele, Staatsaufgaben, Zusammensetzung und Zuständigkeit von Verfassungsorganen sowie staatliche und gesellschaftliche Institutionen.

Da das Grundgesetz das Wort „Werte“ nicht verwendet, stellt sich die Frage, welche Verfassungsregelungen es vorzugsweise sind, die Werte enthalten. Sind es die mit den Grundrechten identischen subjektiven Rechte? Sind es die Staatsfundamentalnormen Demokratie, Republik, Rechtsstaat, Sozialstaat und Bundesstaat? Sind es Programmsätze wie der in der Präambel des Grundgesetzes ausgedrückte Wille des deutschen Volkes, „als gleichberechtigtes Glied in einem vereinigten Europa dem Frieden der Welt zu dienen“? Sind es Staatsziele wie der in Artikel 20a GG vorgeschriebene Umweltschutz? Sind es die in Artikel 74 GG festgelegten Staatsaufgaben wie beispielsweise die Förderung der landwirtschaftlichen Erzeugung und die Sicherung der Krankenhäuser? Sind es die Vorschriften über die Verfassungsorgane Bundestag, Bundesrat, Bundesregierung, Bundespräsident und Bundesverfassungsgericht? Sind es die in der Verfassung garantierten gesellschaftlichen Institutionen wie etwa staatsunabhängige Medien? Oder finden sich Werte in allen aufgezählten Regelungsweisen? Finden sich gar Werte zwischen den Zeilen des Verfassungstextes?

Die Verankerung personen- und staatsbezogener Werte in den Grundrechten

Durch die Zugehörigkeit zu einem Rechtsstaat wird der Einzelne mit bestimmten öffentlichen Rechten und Pflichten ausgestattet, die man auch als Statuspositionen bezeichnen kann. Der Staatsrechtslehrer Georg Jellinek unterschied zu Beginn des 20. Jahrhunderts vier solcher Statuspositionen des Einzelnen in seinem Verhältnis zum Staat, nämlich den *„status negativus“*, den *„status activus“*, den *„status positivus“* und den *„status passivus“*. Als Gesichtspunkte erkannte er Freiheit vom Staat, Beteiligung am Staat, Forderungen an den Staat und Leistungen für den Staat (Jellinek 1919/1964, 86 f., 103 f., 114 ff., 136 ff.). Die Statuslehre ist noch heute aktuell. Sie vermag nämlich die diversen Grundrechte zu systematisieren und die sie fundierenden Werte zu verdeutlichen. Diese Werte beziehen sich naturgemäß in erster Linie auf die Individuen, sie strahlen aber auch auf den Staat aus.

Der *„status negativus“* bezeichnet die von staatlichen Eingriffen freie Individualsphäre. Dieser Status versammelt unter sich die persönlichen Freiheitsrechte, die sich als Abwehrrechte gegen staatliche Eingriffe darstellen. Letztlich geht es um das Recht auf Sicherheit vor Staatswillkür. Aber auch die wirtschaftlichen Freiheitsrechte gehören hierher. Der „status negativus“ ist die Voraussetzung dafür, dass sich das Individuum frei von staatlicher Bedrückung entfalten kann. Jellinek sprach auch vom *„status libertatis“*. Der Status drückt die Werte der *individuellen Freiheit* und der *Privatsphäre* aus.

Der *„status activus“* bezeichnet die Teilhaberechte des Einzelnen an der Politik. In diesem Status nimmt der Bürger teil an der staatlichen Willensbildung. Der Status umfasst also die politischen Freiheitsrechte, wie das Wahlrecht, die Meinungsäußerungsfreiheit, die Versammlungsfreiheit und das Petitionsrecht. Jellinek sah das Individuum hier in einen Zustand gesteigerter, „aktiver Zivität“ versetzt. Der Status repräsentiert die Werte *Demokratie*, *freie Kommunikation*, *Pluralität* und *Partizipation*.

Der *„status positivus“* bezeichnet Ansprüche des Einzelnen auf staatliche Leistungen. Hier geht es nicht um Freiheiten *vom* Staat, sondern um Erwartungen *an* den Staat. Zum einen gehört hierzu die Erwartung, dass der Staat die Durchsetzung des Rechts gewährleistet und damit den Einzelnen unter den Schutz des Rechts stellt. Zum anderen zählen hierzu Ansprüche in sozialer Hinsicht. Vom Staat werden sozialstaatliche Aktivitäten verlangt. Es geht um die Bewältigung von Lebensrisiken, die dem Einzelnen aus Krankheit, Unfall, Alter und Arbeitslosigkeit drohen. Jellinek verwandte auch die Bezeichnung *„status civitatis“*. Der Status bezieht sich auf die Werte *Leben*, *innere Sicherheit* und *soziale Gerechtigkeit*.

Der *„status passivus“* bezeichnet die Pflichten, die der Einzelne dem Staat gegenüber zu erfüllen hat. Der Status begründet elementare Bürgerpflichten, die deshalb auch Grundpflichten genannt werden. Im „status passivus“ geht es im Wesentlichen um die Inanspruchnahme der Leistungskraft des Einzelnen für die Belange des Gemeinwesens. Was auch immer der Staat vom Einzelnen verlangt, wie die Wehrpflicht, die Steuerzahlungspflicht und die Eigentumsabtretungspflicht, es handelt sich um einen Akt der Unterwerfung. Jellinek nannte den Status folglich zutreffend auch *„status subiectionis“*. Der Status drückt vor allem den Wert der *Bürgerverantwortung* aus. Aber auch der Wert der *Funktionsfähigkeit* des Staates ist tangiert.

Im Grundgesetz dominieren die Grundrechte des „status negativus“. Der geschichtlich erfahrene totalitäre Staat ist das dauerhafte Feindbild der Verfassung. Daher ist das Grundgesetz angelegt auf Abwehr, Bändigung und Kontrolle der Staatsgewalt und sind die Grundrechte zumeist gefasst als Absicherungen des „status negativus“.

Der „status positivus“ im Sinne sozialer Grundrechte ist demgegenüber schwach ausgeprägt.

In der politischen Diskussion wird deshalb immer wieder die Forderung nach der Einführung *sozialer Grundrechte* erhoben. Solche Grundrechte sind beispielsweise das Recht auf Arbeit, das Recht auf Bildung und das Recht auf eine menschenwürdige Wohnung. Dennoch finden sich im Grundgesetz aus gutem Grund keine sozialen Grundrechte. Denn die Verwirklichung solcher Grundrechte wäre abhängig von Finanzmitteln, die nicht garantiert werden können. Speziell das Recht auf Arbeit würde voraussetzen, dass der Staat als Unternehmer tätig wäre, und zwar in maßgeblicher Weise. Anderenfalls könnte er das Recht auf Arbeit gar nicht einlösen.

Wenn also der „status positivus“ auch keine Verwirklichung in Form sozialer Grundrechte gefunden hat, so ist er doch wirksam in der sich aus dem Sozialstaatsprinzip ergebenden Sozialpolitik.

Die Grundrechte selbst sind nicht nur subjektive Rechte des Einzelnen. Nach ständiger Rechtsprechung des Bundesverfassungsgerichts stellen sie zugleich *objektivrechtliche Werte* dar, die auf das gesamte Recht ausstrahlen sollen. Damit sind die Grundrechte Zielbestimmungen und Wegweisungen für jedwedes staatliche Handeln. Sie sind ein Richtmaß für die Rechts-, Wirtschafts- und Sozialordnung. Sie geben in unterschiedlicher normativer Dichte Richtlinien für die Gestaltung der menschlichen Lebensbereiche. Ihnen kommt eine staats- und gesellschaftskonstitutive Bedeutung zu. Denn sie sichern die Güter und Werte des personalen und sozialen Daseins (Stern 1984b, 22).

In nicht wenigen Grundrechten werden dem Staat mehr oder weniger deutlich *Schutzpflichten* zugunsten bestimmter Individual- und Gemeinschaftsgüter auferlegt. Die in den betreffenden Grundrechten bezeichneten Schutzgüter drücken aus, was nach Auffassung des Verfassunggebers für die Individuen, aber auch für das Gemeinwesen von hohem Wert ist. Insofern bilden die einschlägigen Grundrechte ein Wertezentrum der staatlich verfassten Gesellschaft.

Im Katalog der Grundrechte findet sich an vorderster Stelle die *Würde des Menschen*, die zu achten und zu schützen alle staatliche Gewalt verpflichtet ist. Eine explizit aufgeführte Schutzpflicht besteht auch gegenüber dem *menschlichen Leben*. Daraus abgeleitet ergibt sich auch die Pflicht, die *körperliche Unversehrtheit* und die *persönliche Freiheit* des Einzelnen zu schützen. Dem besonderen Schutz der staatlichen Ordnung sind auch *Ehe und Familie* anvertraut. Ein Wächteramt beansprucht der Staat über die *Pflege und Erziehung der Kinder* durch die Eltern. Schließlich hat jede *Mutter* Anspruch auf den Schutz und die Fürsorge der Gemeinschaft. (Herzog 1988b, 97; Dietlein 1992, 28 ff.).

Eine Anzahl grundrechtlicher Gewährleistungen enthält Verbürgungen einer objektiven öffentlichen Ordnung. In den betreffenden Grundrechten werden gesellschaftliche Einrichtungen, Ordnungselemente oder Rechtsinstitute angesprochen, die aufgrund ihrer Verknüpfung mit einem Grundrecht eine hohe Bestandskraft aufweisen. Man spricht deshalb von *institutionellen Garantien*. Die auf diese Weise garantierten Institutionen drücken Werteentscheidungen der Verfassung für das gesellschaftliche Leben aus.

Zu den gewährleisteten Einrichtungen zählen eine vom Staat unabhängige Presse und eine frei sich entwickelnde Wissenschaftslandschaft (Art. 5 GG), Ehe und Familie (Art. 6 GG), Religionsunterricht und Privatschulen (Art. 7 GG) sowie Eigentum und Erbrecht (Art. 14 GG) (Scheuner 1978, 337 f.).

Die Verankerung von Werten in Staatszielen und Staatsaufgaben

Das Grundgesetz gibt der staatlichen Tätigkeit ein Bündel an Zielen und Aufgaben vor. Diese Staatsziele enthalten einen Kanon ethischer Werte (Isensee 1977a, 93). Dasselbe, nur auf konkreterer Ebene, gilt für die Staatsaufgaben. Staatliches Tun ist damit wertebestimmt und werteverwirklichend.

Staatsziele müssen von Staatszwecken und Staatsaufgaben unterschieden werden. In der Abstraktion stehen Staatsziele zwischen Staatszwecken und Staatsaufgaben.

So sind Staatsziele konkreter als die abstrakten und vorpositiven *Staatszwecke* der Naturrechtslehren des Mittelalters und der frühen Neuzeit sowie der Allgemeinen Staatslehre der Gegenwart. Staatszwecke dienen als Rechtfertigungsgründe oder rationale Begrenzungen des Staates. Sie sind keine anwendungsfähigen Rechtsregeln, sondern Rechtsprinzipien. Ihre Wirkung ist nicht direktiv, sondern determinativ. Sie geben eine grobe Richtung an, aber mehr nicht.

Staatsziele entspringen nicht der theoretischen Reflexion, sondern den praktischen Bedürfnissen eines konkreten Gemeinwesens. Sie sind Verfassungsnormen mit rechtlich bindender Wirkung, die der Staatstätigkeit die fortdauernde Beachtung oder Erfüllung bestimmter sachlich umschriebener Aufgaben vorschreiben. Sie geben also die Richtung für das Tätigwerden der Staatsorgane an. Sie bedürfen jedoch meistens noch einer gesetzlichen Umsetzung, um konkret anwendbar zu sein.

Werte wie Gerechtigkeit, Wohlfahrt, Kultur, Freiheit und Sicherheit können sowohl vorpositive Staatszwecke als auch verfassungsintegrierte Staatsziele sein (Brugger 2004a, 52, FN 211).

Staatsaufgaben schließlich sind konkreter als *Staatsziele*. Staatsaufgaben umschreiben die konkret wahrzunehmenden Tätigkeiten. Staatsziele geben den Staatsaufgaben die Richtung vor, begründen aber keine einklagbaren Pflichten zum Tätigwerden (Scheuner 1978, 371; Stern 1984b, 18; Isensee 1988, 52; Brugger 1989, 2431; Badura 1992, 41 ff.).

Die *Staatsziele* des Grundgesetzes lassen sich nach verschiedenen Kriterien strukturieren. Aus der Unterscheidung nach internationalem oder nationalem Anwendungsbereich folgen die *äußere Sicherheit*, die *europäische Integration* und die *innere Sicherheit* des Landes. Aus der Unterscheidung nach der Bedeutung für die vitale Existenz oder für die optimale Entfaltung der Bürger folgen die *Selbstbehauptung* des Gemeinwesens, der *Schutz der Umwelt*, die Gewährleistung von *rechtlicher und sozialer Sicherheit*, die *Wohlfahrt* und die *Kulturförderung*. Aus der Unterscheidung nach ihrer Geltung für den Bestand des Staates als Friedensordnung oder des dem Recht des Einzelnen verpflichteten Verfassungsstaates folgen die Gewährleistung des *innergesellschaftlichen Friedens*, die Erhaltung der *Funktionstüchtigkeit* des Staates sowie die Gewährleistung *grundrechtlicher Freiheiten* (Isensee 1988, 52 f.).

Die im Grundgesetz verankerten Staatsziele zeichnen sich durch eine wohltuende Bescheidenheit aus. Der Verfassunggeber ist nicht der Versuchung erlegen, alles irgendwie Wünschenswerte hineinzuschreiben. Eine Verfassung darf nie bloßer Schwärmerei oder reinem Utopismus verfallen. Eine Verfassung muss sich darauf beschränken, das Maßgebliche zu bestimmen. Der Verfassunggeber gefährdete anderenfalls den freiheitlichen und offenen Charakter der Gesellschaft (Scholz 1995, 40).

Staatsaufgaben finden sich an diversen Stellen des Grundgesetzes. So spricht das Grundgesetz in einigen Artikeln konkrete Lebenssachverhalte an, die ein schützendes Tätigwerden des Staates auslösen.

So sind dem Staat der Schutz der Jugend (Art. 5 GG) sowie die Bekämpfung von Seuchengefahren, Naturkatastrophen und schweren Unglücksfällen aufgetragen (Art. 11 GG). Zu den Staatsaufgaben gehören auch die Gewährleistung der öffentlichen Sicherheit und Ordnung und die Abwendung von Lebensgefahren für die Bürger (Art. 13 GG). Weitere staatliche Schutzaktivitäten sind die Verteidigung des Landes, der Schutz der Zivilbevölkerung, die Abwehr des internationalen Terrorismus und die internationale Verbrechensbekämpfung, der Schutz vor Gefahren der Kernenergie, die Luftreinhaltung und die Lärmbekämpfung und schließlich der Schutz beim Verkehr mit Lebens- und Genussmitteln (Art. 73 und 74 GG).

Die jeweiligen Schutzgüter sind Ausdruck der Wertschätzung des Verfassunggebers. Bei den geschützten Werten handelt es sich im Wesentlichen um die *Sicherheit*, das *Leben* und die *Gesundheit* der Menschen.

Die Staatsaufgaben in ihrer Vielfalt werden im Grundgesetz in den Abschnitten über die Gesetzgebung des Bundes und über die Gemeinschaftsaufgaben angesprochen. Erwähnt werden wirtschaftspolitische, sozialpolitische, verkehrspolitische, umweltpolitische, gesundheitspolitische und kulturpolitische Aufgaben. Alle diese Aufgaben konkretisieren den Gemeinwohlauftrag des Staates. Das *Gemeinwohl* ist also der zugrunde liegende Wert.

Die Verankerung von Werten in ungeschriebenen Verfassungsartikeln

Das Grundgesetz geht unübersehbar von bestimmten legitimierenden Grundwerten aus. Legitimierende Kraft entfalten die Werte der *Menschenwürde*, der Sicherung des *Lebens*, der *inneren Sicherheit*, der *individuellen Freiheit*, der *rechtlichen Gleichheit*, der *sozialen Gerechtigkeit*, der *Volkssouveränität* und der *Demokratie*.

Wenn diese Werte auch nicht alle ausdrücklich genannt werden, so stehen sie doch wie ein geistiges Band hinter den positiven Regelungen der Verfassung und lassen sich aus diesen rückschließen. Man kann auch sagen, dass die Einzelvorschriften des Grundgesetzes auf die genannten Grundwerte bezogen und deshalb nur vor diesem Hintergrund zu verstehen, auszulegen und fortzuentwickeln sind.

Neben den legitimierenden Grundwerten gibt es eine Anzahl von Werten, die den Charakter der staatlichen Herrschaftsordnung formen. Zu diesen Werten gehören im Wesentlichen die *Herrschaftsmäßigung*, die *Herrschaftsbegrenzung*, die *verantwortliche Herrschaftsausübung*, die *weltanschauliche Neutralität*, die *Funktionsfähigkeit* sowie die *Wehrhaftigkeit* des Staates. Keiner dieser Werte ist explizit im Grundgesetz aufgeführt. Dennoch bilden sie die normative Folie für diejenigen Verfassungsbestimmungen, welche die staatlichen Verhältnisse regeln.

Das Bundesverfassungsgericht bestätigt diese Auffassung, wenn es feststellt, „dass das Verfassungsrecht nicht nur aus den einzelnen Sätzen der geschriebenen Verfassung besteht, sondern auch aus gewissen sie verbindenden, innerlich zusammenhaltenden allgemeinen Grundsätzen und Leitideen, die der Verfassungsgesetzgeber, weil sie das vorverfassungsmäßige Gesamtbild geprägt haben, von dem er ausgegangen ist, nicht in einem besonderen Rechtssatz konkretisiert hat" (BVerfGE 2, 380 (403)).

Inhalt und innerer Zusammenhang des Grundgesetzes erschließen sich also nicht nur durch die Auslegung der ausdrücklich in das Verfassungsgesetz aufgenommenen Rechtssätze, sondern auch aus ungeschriebenen Verfassungsartikeln, in denen vorausgesetzte oder im Verfassungstext nur angedeutete Rechtsvorstellungen greifbar werden. Das Grundgesetz kennt folglich Gehalte, die zwischen den Zeilen stehen. Die Verfassungsinterpretation verbindet in klärender Mitwirkung an der verfassungsrechtlichen Rechtsfindung und Rechtsbildung jene ungeschriebenen Verfassungsvorstellungen mit dem Bestand des positiven Verfassungsgesetzes (Badura 1992, 35).

Die Verankerung von Werten im Sittengesetz

Im Grundgesetz findet sich ein Hinweis auf das *Sittengesetz*. In Artikel 2 GG wird es als Schranke der allgemeinen Handlungsfreiheit aufgeführt. Dem Einzelnen ist es hiernach nicht nur untersagt, die Rechte anderer zu verletzen, er darf im Gebrauch seiner Freiheit auch nicht gegen die verfassungsmäßige Ordnung oder das Sittengesetz verstoßen.

Der Begriff des Sittengesetzes verweist auf einen Normenkomplex, welcher nicht durch die Verfassunggebung gesetzt wird, sondern von der Verfassung als gegeben vorausgesetzt wird und dieser somit in gewissem Sinne vorausliegt. Das Sittengesetz kann insofern als Inbegriff ethischer Werte mit Verfassungsrang gelten. Das wirft die Frage auf, welche Werte sich im Sittengesetz verbergen.

Der Inhalt des Sittengesetzes ist jedoch nur schwer bestimmbar. So ist dem Wortlaut nicht einmal zu entnehmen, ob das Sittengesetz eine empirische oder eine ethisch-normative Stoßrichtung hat. Entscheidet die Mehrheitsmeinung, was als sittlich gilt? Oder ergibt sich das Sittliche aus einer Reflexion oder einem Diskurs philosophisch-naturrechtlicher Art? Nur vordergründig kann die Lösung darin liegen, das Sittengesetz inhaltlich durch die historisch überlieferte Moralauffassung oder durch die Wertvorstellungen der Allgemeinheit zu bestimmen.

Vom Bundesverfassungsgericht stammt der Versuch, den materiellen Gehalt des Sittengesetzes durch Hinweis auf die Lehren der beiden christlichen Konfessionen festzuhalten. Es räumt zuvor Schwierigkeiten ein, die Geltung eines Sittengesetzes festzustellen, und fährt dann fort: „Das persönliche sittliche Gefühl des Richters kann hierfür nicht maßgebend sein; ebenso wenig kann die Auffassung einzelner Volksteile ausreichen. Von größerem Gewicht ist, dass die öffentlichen Religionsgesellschaften, insbesondere die beiden großen christlichen Konfessionen, aus deren Lehren große Teile des Volkes die Maßstäbe für ihr sittliches Verhalten entnehmen", bestimmte sittliche Auffassungen vertreten (BVerfGE 6, 389 (434 f.)).

Aber auch dieser Ansatz bietet keine echte Lösung. Denn die von den Kirchen vertretenen sittlichen Vorstellungen sind nicht vor jedem Wandel geschützt. Es ist weiterhin nicht auszuschließen, dass ihr Einfluss auf das sittliche Empfinden der Gesellschaft in Zukunft nicht mehr die gewohnte Rolle spielt. Schließlich ist prinzipiell zu fragen, ob die sittlichen Vorstellungen der christlichen Kirchen eine weltanschaulich pluralistische Gesellschaft rechtlich zu binden vermögen.

Insgesamt lässt sich festhalten, dass die *empirische* Ermittlung der das Sittengesetz ausmachenden Wertevorstellungen vor kaum überwindbaren Problemen steht. Das Sittengesetz bedarf aber gar keiner speziellen inhaltlichen Festlegung, wenn man es, anders als in Artikel 2 GG vorgesehen, nicht als Schranke für den individuellen Freiheitsgebrauch versteht, sondern als Chiffre für das Werteverständnis der Verfassung.

Unter dieser Voraussetzung kann man dem Sittengesetz zwei Funktionen zuordnen: Zum einen kann der Verweis auf das Sittengesetz dazu dienen, den Gesetzgeber ständig an die ethischen Traditionen der grundgesetzlichen Werteordnung zu erinnern (Di Fabio 2001, 52, Rn. 46).

Zum anderen kann das Sittengesetz die Grundrechtsträger daran erinnern, von den Grundrechten einen angemessenen Gebrauch zu machen. Die in den Grundrechten eingeräumten Freiheiten verlangen nämlich, dass die Menschen sie auch zu nutzen. Die Pressefreiheit wäre funktionslos, wenn niemand Zeitungen herstellte oder niemand sie läse. Das Wahlrecht liefe leer, wenn niemand zur Wahl ginge. Wenn die Grundrechte jedoch mit Leben gefüllt werden, dann entspricht dies den Absichten des Verfassunggebers. Hinter einer solchen bürgerschaftlichen Haltung verbirgt sich der Teil der Bürgerverantwortung, der rechtlich nicht erzwingbar ist. Der Wert der *Bürgerverantwortung* ist also in einem wichtigen Aspekt im Sittengesetz verankert.

3 Verfassungslegitimierende Werte

3.1 Menschenwürde

Die moderne, weltanschaulich pluralistische Gesellschaft greift gerne auf die Menschenwürde zurück, um sich eines Konsenses zu versichern, der ihr das Zusammenleben ermöglicht. Weil die Menschenwürde für den Menschen als solchen gilt – also unabhängig von ethnischer Zugehörigkeit, Religion und Weltanschauung, politischen Überzeugungen, gesellschaftlicher Stellung, Gesundheitszustand, Geschlecht und wodurch sich sonst noch Menschen unterscheiden –, bietet sie einen Orientierungspunkt, auf den sich alle einigen können. Im Bekenntnis zur Menschenwürde findet die Gesellschaft zu ihrer Einheit. Und sie erlangt so etwas wie einen Zustand moralischer Grundsicherheit. Denn die Menschenwürde ist zweifellos ein sittlicher Wert. Niemand zweifelt also die Menschenwürde an. Jedermann akzeptiert sie fraglos. Die Rechtsprechung adelt die Menschenwürde zudem mit höchsten Auszeichnungen: Sie ist oberste Leitidee, wichtigste Wertentscheidung, oberstes Konstitutionsprinzip, Verfassungsnorm obersten Ranges, oberster Wert, höchster Rechtswert und Höchstwert des Verfassungsrechts (Reiter 2004, 6; Isensee 2006, 178 ff.).

Welche Aussagen trifft das Grundgesetz über die Menschenwürde? In welcher Beziehung steht sie zu den Menschenrechten? Welche Merkmale kennzeichnen die Würde und in welchen Ideen wurzelt sie? Welche Stellung nimmt die Menschenwürde im System der Grundrechte ein?

Die Unantastbarkeit der Menschenwürde und das Bekenntnis zu den Menschenrechten

Die Aufnahme der Menschenwürde in das Grundgesetz ist eine Folge der Entrechtung und Erniedrigung der Menschen in der nationalsozialistischen Diktatur. Zuvor war die Menschenwürde kein eigentliches Thema für die Verfassunggebung. So sucht man im Abschnitt über die Grundrechte in der Paulskirchenverfassung von 1849 eine entsprechende Bestimmung vergeblich. Die Weimarer Verfassung erwähnt zwar die Menschenwürde, jedoch nicht in der kategorischen Form des Grundgesetzes, sondern eher beiläufig im Zusammenhang mit der Ordnung des Wirtschaftslebens. Gemäß Artikel 151 WRV muss diese Ordnung nämlich „den Grundsätzen der Gerechtigkeit mit dem Ziele der Gewährleistung eines menschenwürdigen Daseins für alle entsprechen."

Die 1946 und 1947, also zeitlich vor dem Grundgesetz entstandenen Landesverfassungen von Bayern, Bremen, Hessen und Rheinland-Pfalz bekennen sich hingegen explizit zur Würde des Menschen, wenn auch nicht in der wirkmächtigen Sprache des Grundgesetzes.

In den Beratungen des Parlamentarischen Rates waren die Bekenntnisse zur Menschenwürde in der UN-Charta von 1945 und in der Allgemeinen Erklärung der Menschenrechte von 1948 als Inspirationsquelle präsent. Die Charta beschwört in der Präambel Würde und Wert der menschlichen Persönlichkeit. Und die Menschenrechtserklärung formuliert in Artikel 1, dass alle Menschen frei und gleich an Würde und Rechten geboren sind.

Obwohl also das Thema der Würde schon angestimmt war, konnte der Parlamentarische Rat bei den Beratungen über den Menschenwürdeartikel nicht an eingefahrene Traditionen und Interpretationen anknüpfen. Denn die damals vorliegenden Kodifikationen erschöpften sich in Bekenntnissen. Im Unterschied hierzu enthält Artikel 1 GG Bestimmungen, die sich so zuvor in keiner Verfassung gefunden hatten und die sich auch in vielen Verfassungen der Gegenwart so nicht finden.

Allerdings kennzeichnet der Rekurs auf die Menschenwürde heute nicht mehr allein das Grundgesetz. Die Menschenwürde ist ein Thema in den Verfassungen von Staaten, denen die Befreiung von der Diktatur gelang, wie etwa Portugal, Griechenland und Spanien. Aber auch die Charta der Grundrechte der Europäischen Union nimmt in der Präambel Bezug auf die Würde: „In dem Bewusstsein ihres geistig-religiösen und sittlichen Erbes gründet sich die Union auf die unteilbaren und universellen Werte der Würde des Menschen, der Freiheit, der Gleichheit und der Solidarität." In Artikel 1 der Charta heißt es ähnlich wie im Grundgesetz: „Die Würde des Menschen ist unantastbar. Sie ist zu achten und zu schützen."

Artikel 1 GG:
(1) Die **Würde des Menschen** ist **unantastbar**. Sie zu **achten** und zu **schützen** ist Verpflichtung aller staatlichen Gewalt.
(2) Das Deutsche Volk bekennt sich darum zu **unverletzlichen** und **unveräußerlichen Menschenrechten** als Grundlage jeder menschlichen Gemeinschaft, des Friedens und der Gerechtigkeit in der Welt.
(3) Die **nachfolgenden Grundrechte** binden Gesetzgebung, vollziehende Gewalt und Rechtsprechung als unmittelbar geltendes Recht.

Der Entwurf des Verfassungskonventes von Herrenchiemsee vom August 1948 hatte dem Satz von der Menschenwürde im ersten Artikel einen Satz vorangestellt: „Der Staat ist um des Menschen willen da, nicht der Mensch um des Staates willen." Damit hatte der Entwurf des von der Ministerpräsidentenkonferenz eingesetzten Konventes noch deutlicher als der Parlamentarische Rat die Ablehnung des Staates als Selbstzweck bekundet. Aber auch Artikel 1 GG macht unmissverständlich klar, dass der Staat um des Menschen willen da ist, nicht umgekehrt der Mensch für den Staat. Der Staat bezieht seine Rechtfertigung aus dem Dienst, den er den Menschen leistet. Er ist als eine Art Dienstorganisation den Menschen nachgeordnet. Sein Zweck ist die Erfüllung von Gemeinschaftsbelangen der in ihm zusammenkommenden Menschen. In Artikel 1 GG ist damit eine *anthropozentrische* Staatsauffassung grundgelegt.

Das Grundgesetz bietet alles auf, wessen eine Verfassung fähig ist, um die postulierte *Unantastbarkeit* der Menschenwürde auch einzulösen. Die Aussage, dass die Menschenwürde unantastbar ist, beschreibt allerdings nicht die Wirklichkeit, sondern drückt Trotz aus gegen drohende Zugriffe auf die Würde. Im Indikativ versteckt sich der Imperativ, dass die Würde nicht angetastet werden darf.

Eingelöst wird der Imperativ durch die Verpflichtung aller staatlichen Gewalt, die Würde des Menschen zu *achten* und zu *schützen*. Gefahren drohen der Würde von zwei Seiten, nämlich von der Staatsgewalt selbst wie von Privaten. Die Würde zu achten bedeutet für die Staatsgewalt, alles zu unterlassen, was die Würde beeinträchtigen könnte. Sie hat sich etwa bei Eingriffen in die Persönlichkeitssphäre des Individuums großer Zurückhaltung zu befleißigen. Die Würde zu schützen heißt für die Staatsgewalt, Übergriffe anderer, d.h. Privater, auf das Individuum zu verhindern. Medien könnten beispielsweise in den geschützten Privatbereich einzudringen versuchen. Die Schutzpflicht kann aber auch bedeuten, den Einzelnen so zu unterstützen, dass dieser ein menschenwürdiges Leben führen kann.

Innerhalb der Verfassungsnormen nimmt Artikel 1 GG eine Sonderstellung ein. So ist er einer der wenigen verfassungsrevisionsfesten Normen. Denn er gehört zu den Grundsätzen, an denen selbst der verfassungsändernde Gesetzgeber nichts ändern darf (Art. 79 Abs. 3 GG).

Ferner steht die Menschenwürde zwar an der Spitze des Grundrechtsteils, setzt sich aber dennoch von den Grundrechten ab. In Absatz 3 wird nämlich ausdrücklich von den „nachfolgenden Grundrechten" gesprochen. Die Menschenwürde ist damit eher Grundlage oder Voraussetzung der Grundrechte als selbst ein Grundrecht. Sie gibt sich, jedenfalls dem Wortlaut und der systematischen Stellung nach, nicht als Grundrecht zu erkennen.

Schließlich ist fraglich, ob die Menschenwürde einer Anwendung zugänglich ist, wie sie bei allen sonstigen Verfassungsnormen praktiziert wird. Vieles spricht dafür, dass dies nicht der Fall ist. Denn sie ist kein Rechtsgut, das sich gegen andere abwägen lässt. Es ist schlechterdings undenkbar, die Würde des Menschen mit dem Wert der Funktionsfähigkeit der Streitkräfte abzugleichen. In dieser Hinsicht unterscheidet sich die Menschenwürde fundamental von den nachfolgenden Grundrechten, die sich dem schonenden Ausgleich mit den Grundrechten anderer wie mit den Belangen der Allgemeinheit fügen müssen. Die Menschenwürde hingegen weicht im Kollisionsfall keinem anderen Wert. In einer Rechtsordnung der relativen Werte ist die Würde des Menschen damit der einzige absolute Wert (Isensee 2006, 174 f.).

Den Grundrechten sind in Absatz 2 die *Menschenrechte* vorgeschaltet. Sie ergänzen und verstärken den Anspruch auf Achtung der Menschenwürde. Die Menschenwürde ist aber nicht die normative Basis für davon abgeleitete Menschenrechte, sondern der diskursive Grund für das Bekenntnis zu den Menschenrechten. Die Menschenrechte beziehen ihren Gehalt nämlich nicht aus der Würdegarantie der deutschen Verfassung, sondern gelten unabhängig davon. Wenn es heißt, dass die Menschenrechte die „Grundlage jeder menschlichen Gemeinschaft, des Friedens und der Gerechtigkeit in der Welt“ sind, dann sind damit ihre Universalität und ihre Unabhängigkeit von der Verbürgung in einer Verfassung angesprochen.

Ausdrücklich ist in Absatz 2 davon die Rede, dass sich das deutsche Volk zu Rechten *bekennt*, die offensichtlich den Menschen als Menschen zustehen und die als *unverletzlich* und *unveräußerlich* gelten. Die Menschenrechte sind also nicht durch die Verfassung geschaffen. Sie liegen der Verfassung voraus, so dass dem Verfassunggeber nur der Akt des Bekennens und Anerkennens bleibt. Menschenrechte sind letztlich *vorpositive*, d.h. nicht von Menschen gesetzte und deshalb auch von Menschen nicht zu beseitigende Normen. Man spricht ihnen aus diesem Grunde den Rang *naturrechtlicher* Normen zu (Herdegen 2004, 4 f., 7 f., Rdnr. 6 f., 17 ff.).

Die Menschenrechte, auf die das Grundgesetz sich bezieht, stammen aus der Zeit der europäischen Aufklärung. Sie sind durch vier Charakteristika gekennzeichnet. Die Menschenrechte sind erstens *universale* Rechte. Das meint, dass sie nicht diesen oder jenen Menschen, sondern alle betreffen. Alle Menschen sind Träger der Rechte. Es gibt keine Differenzierungen nach Ständen, Klassen und Ethnien, weil die Rechte aus der menschlichen Natur begründet werden. Die Menschenrechte sind zweitens *individuelle* Rechte. Träger der Rechte ist der einzelne Mensch, nicht die Gruppe, der Stamm oder die Nation. Nicht als Teil eines Kollektivs gelangt der Einzelne ins Recht, sondern unmittelbar kraft seines Menschseins. Die Menschenrechte sind drittens *angeborene, vorstaatliche* Rechte. Der Staat kann sie nur anerkennen, nicht jedoch schaffen und dann verleihen. Die Verfassung deklariert die Rechte, erzeugt sie aber nicht. Der Mensch hat die Rechte, sie sind mit ihm geboren. Die Menschenrechte begründen viertens *Ansprüche* gegenüber dem Staat. Sie verlangen vom Staat die Respektierung einer ihm vorausliegenden, vorgegebenen persönlichen Freiheitssphäre. Der Staat darf nicht tun, was ihm beliebt. Er darf in substantielle Bezirke individueller Freiheit nicht oder nur unter gesetzlich geregelten Bedingungen eingreifen (Maier 1997, 11 f.).

Das Grundgesetz äußert sich nicht über den genauen Umfang der in Absatz 2 angeführten Menschenrechte. Anders verhält es sich mit den in Absatz 3 erwähnten *Grundrechten*. Sie sind im Abschnitt über die Grundrechte detailliert aufgelistet.

Ein Zusammenhang zwischen Menschenrechten und Grundrechten ist insofern gegeben, als die Menschenrechte den Gehalt der Grundrechte deutlich prägen. Eine Identität ist gleichwohl nicht gegeben. So gibt es Menschenrechte, die nicht ausdrücklich als Grundrechte positiviert sind. Dies gilt etwa für die Rechte auf Arbeit, Erholung, Wohnung und Bildung aus der Allgemeinen Erklärung der Menschenrechte. Umgekehrt haben nicht alle Grundrechte den Rang unveräußerlicher Menschenrechte. Zu denken ist hier an das Recht, den Kriegsdienst mit der Waffe aus Gewissensgründen zu verweigern (Art. 4 GG), oder an das sehr spezielle Recht, seine Ausbildungsstätte frei zu wählen (Art. 12 GG).

Sind die Grundrechte schon nicht einfach aus den Menschenrechten ableitbar, so gilt dies ebenso für ihr Verhältnis zur Menschenwürde. Zwar ist auch hier ein innerer Zusammenhang in dem Sinne gegeben, dass die Achtung der Menschenwürde der letztlich legitimierende Grund für das System der Grundrechte bildet, gleichwohl geht die Menschenwürde nicht in den gewährleisteten Grundrechten auf. Weiterhin ist der Menschenwürdegehalt bei einzelnen Grundrechten durchaus unterschiedlich ausgeprägt. So liegt ein enger Bezug zur Würde bei der allgemeinen Handlungsfreiheit und dem Schutz des menschlichen Lebens (Art. 2 GG) sowie bei der Glaubens-, Gewissens- und Weltanschauungsfreiheit (Art. 4 GG) vor. Dagegen kann bei der Versammlungsfreiheit (Art. 8 GG), der Vereinigungsfreiheit und der Koalitionsfreiheit (Art. 9 GG) allenfalls von lockeren Bezügen gesprochen werden (Herdegen 2005/2006, 16 f., Rdnr. 23 f.).

Die Menschenwürde ist ein *universalistisches* Prinzip. Das heißt, dass sie für alle Menschen gilt, ohne dass dafür erst bestimmte Leistungen zu erbringen wären oder bestimmte Qualitäten erfüllt werden müssten. Dem Menschen kommt Würde als Mitglied der Gattung Mensch zu. Seine Würde ist bereits mit seiner Existenz gegeben. Die Würde ist nicht Gegenstand einer Zuerkennung, sondern der Anerkennung.

Aufgrund dieser Merkmale hat die Menschenwürde wie die Menschenrechte den Rang eines *vorpositiven* Wertes. Artikel 1 GG Abs. 1 ist daher ein Satz des positiven Rechts, der nur wiedergibt, was kraft überpositiven Rechts, d.h. des Naturrechts, schon Geltung beansprucht.

Der Parlamentarische Rat nahm mit der Menschenwürde bewusst einen *vorpositiven* sittlichen Wert in das positive Verfassungsrecht auf. Er entschied sich für einen religiös-philosophisch geprägten Begriff, der seine Konturen in der Übernahme der christlichen Tradition und des Gedankengutes der Aufklärung, insbesondere Immanuel Kants, gewonnen hatte (Böckenförde 2004, 1216 f.). In der Akzeptanz des naturrechtlichen Prinzips der Menschenwürde als dem obersten Wert der Verfassung stimmten alle Autoren des Grundgesetzes ungeachtet ihrer weltanschaulichen Position überein. Die Würde blieb unberührt von allen grundsätzlichen Kontroversen zwischen Anhängern, Widersachern und Skeptikern des Naturrechts (Isensee 2005, 7).

Die religiös-philosophischen Wurzeln der Menschenwürde

Das Grundgesetz verzichtet auf eine inhaltliche Begründung für die Anerkennung und die Gewährleistung der Unantastbarkeit der menschlichen Würde. Es enthält sich jeden Hinweises darauf, warum es die Menschenwürde in den Kanon der Verfassungsnormen aufnimmt. Während es das Freiheitsgrundrecht und den Gleichheitssatz in den Artikeln 2 und 3 GG optisch in die unmittelbare Nähe zur Menschenwürde rückt und beide Hauptgrundrechte auf diese Weise als Ausfluss des Satzes von der menschlichen Würde erscheinen, macht es über die Herkunft der Menschenwürde keine Aussagen.

Dieser Sachverhalt kann verschieden gedeutet werden. Es ist denkbar, dass das Grundgesetz von der Unbegründbarkeit der Menschenwürde ausgeht. Es ist aber auch denkbar, dass es die ideengeschichtlichen Wurzeln der Menschenwürde für derart offenkundig hält, dass sie verfassungsrechtlich nicht weiter ausgeführt werden müssen. Schließlich ist vorstellbar, dass der Verfassunggeber eines sich säkular verstehenden Gemeinwesens keine Aussage treffen wollte, die über den Horizont des Irdischen hinausweist. Da die Menschenwürde eine Wurzel in der Transzendenz hat, muss der Verfassunggeber folglich hierüber schweigen.

Am plausibelsten sind wohl zwei Antworten: Zum einen erlaubte der Verzicht auf eine bestimmte weltanschauliche Begründung, dass das Postulat der Menschenwürde im Parlamentarischen Rat breite Unterstützung finden konnte. Politiker ganz unterschiedlicher Auffassungen konnten zustimmen. Zum anderen verbreitert die offengelassene Begründung die Akzeptanzbasis der Menschenwürde in der weltanschaulich pluralistischen Gesellschaft. Es wird deshalb häufig darauf hingewiesen, dass die Fundierung der Menschenwürde gleichermaßen im Renaissancehumanismus, in der Aufklärungsphilosophie und im Christentum gefunden werden kann (Uhle 2004, 119, 142 f.).

Es ist allerdings die Frage, ob den drei Denktraditionen dasselbe Gewicht in der Begründungsleistung zukommt. Bei genauerem Hinsehen zeigt sich nämlich, dass die entscheidenden Argumente aus dem Christentum stammen.

Das Christentum griff die vom antiken, insbesondere stoischen Denken entwickelten ersten Ansätze des Würdebegriffes auf und überformte diese mit offenbarungstheologischen Lehrstücken dergestalt, dass die Würde als Wesenszug *jedes* Menschen bejaht wird, auch des unvernünftig handelnden oder seine Pflichten verletzenden Menschen.

Der maßgebliche, eine echte Fundierung der Menschenwürde bewirkende Gedanke ist die Idee der *Gottesebenbildlichkeit* des Menschen. Der Glanz Gottes ist im Antlitz eines jeden Menschen zu finden. Diese Ähnlichkeit mit Gott ist es, die dem Menschen eine unvergleichliche Würde verleiht. Hinzu tritt der Umstand, dass sich nach christlicher Überzeugung die Erlösungstat Jesu Christi auf jeden einzelnen Menschen bezieht. Dadurch erfährt der bereits transzendent begründete Wert des Individuums eine nachdrückliche Bestätigung.

Im Einzelnen sind es fünf konstitutive Merkmale des abendländischen Würdebegriffes, die von der christlichen Offenbarung grundgelegt werden. Erstens ist die Würde Gabe und Gnade anders als in der Antike nicht Verdienst. Zweitens ist die Würde als göttliche Gabe ein Wesenszug des Menschen und deshalb, wiederum anders als in der antiken Philosophie, unverlierbar. Drittens steht die Würde nicht nur Männern und freien Bürgern zu, sondern, erneut anders als in der antiken Philosophie, jedem Menschen. Viertens liegt der sachliche Grund der Würde in der sich in Vernunftbegabung und freiem Willen manifestierenden Gottesebenbildlichkeit des Menschen. Aus diesen vier Merkmalen der Würde folgt fünftens, dass sie ein absoluter, d. h. nicht gegen andere Güter aufzurechnender Wert des Menschen ist (Uhle 2004, 124 f.).

Der Begriff der Menschenwürde hat ein empirisch-rational nicht begründbares metaphysisches oder religiöses Fundament. Dieses Fundament verleiht dem Begriff etwas Sakrales. Wesentliche Momente der Menschenwürde sind aber nur mit einer Philosophie des Absoluten begründbar: Weil alle Menschen Ebenbild Gottes sind, d.h. Kinder desselben Vaters, sind sie alle prinzipiell gleichberechtigt. Aus demselben Grund kommt jedem Menschen das Personsein von Anfang an zu, ist der Mensch unverfügbar für andere, hat jeder Mensch Anspruch auf Achtung der anderen, aber auch die Pflicht, alle zu achten, desgleichen sich selbst. Die Gotteskindschaft bricht schließlich die Einbindung des Einzelnen in den immanenten Verband von Staat und Gesellschaft auf. Er geht nicht in seinem Status als Staatsbürger und nicht in den sozialen Rollen auf, die er in der Gesellschaft wahrnimmt. Er lässt sich nicht auf Funktionen reduzieren (Kriele 1980, 54 f.; Spaemann 1987, 302 ff., 313; Isensee 2006, 206 f.).

In den nachfolgenden Epochen löste sich die Idee der Menschenwürde Schritt für Schritt von ihrem religiösen Grund. Der *Renaissancehumanismus* sah nach dem Modell des ungebundenen Schöpfergottes den Menschen vor allem als Schöpfer der irdischen Welt und deshalb logisch zwingend als frei. Deshalb muss der Mensch sich selbst entwerfen können. Die Würde gründet wesentlich in dem schöpferischen und sittlichen Potential des Menschen.

Vernunftfähigkeit und Sittlichkeit des Menschen als würdebegründende Fakten spielten auch in der *Aufklärungszeit* eine maßgebliche Rolle. Liegen beide Momente vor, können die Menschen gesetzgebend so tätig werden, dass sie andere nicht bloß als Mittel, sondern jederzeit zugleich als Zweck betrachten. Wenn sie dies tun, respektieren sie die Würde des Menschen. Diese ist nämlich unvereinbar damit, dass der Mensch zum bloßen Mittel für irgendwelche Zwecke missbraucht wird.

Der *Mensch als Zweck an sich selbst* ist die Basis der klassisch gewordenen Formel Immanuel Kants, um die Absolutheit der Menschenwürde auszudrücken: In Kants „Grundlegung zur Metaphysik der Sitten" heißt es: „Im Reich der Zwecke hat alles entweder einen Preis oder eine Würde. Was einen Preis hat, an dessen Stelle kann auch etwas anderes als Äquivalent gesetzt werden; was dagegen über allen Preis erhaben ist, mithin kein Äquivalent verstattet, das hat eine Würde." Diese Würde kommt dem Menschen zu. Sie kennt keinen Preis und hat keinen Marktwert. Weil sie sich nicht quantifizieren lässt, kann sie nicht verrechnet, d.h. gegen andere Güter abgewogen werden. Dass dem Menschen aber Würde zukommt, liegt nach Kant in der Autonomie des menschlichen Willens begründet. Ebenfalls in der „Grundlegung zur Metaphysik der Sitten" findet sich die Aussage: „*Autonomie* ist also der Grund der Würde der menschlichen und jeder vernünftigen Natur." Die „Heiligkeit" des autonomen Willens verleiht dem Menschen als Subjekt des moralischen Gesetzes seine Würde (Enders 1997, 195 ff.).

So wertvoll Kants Überlegungen auch sind, sie machen deutlich, dass sie auf eine begriffliche Entfaltung des sachlichen Gehaltes der Würde beschränkt sind. Warum aber Würde sein soll, vermögen die Überlegungen nicht zu begründen. Sie können die Würde nur postulieren. Eine transzendenzlose Philosophie ist offensichtlich nicht imstande, eine zureichende Begründung der Menschenwürde zu leisten. Die auf dem Christentum fußende Begründung der Menschenwürde ist augenscheinlich die einzig tragfähige für das Postulat der menschlichen Würde.

Gegen eine solche Interpretation, dass die Würde des Menschen in Artikel 1 GG genuin christliche Substanz berge, wird nun eingewendet, dass sie der säkularen Gesellschaft nicht zumutbar sei. Die christlichen Lehren könnten keine Allgemeinverbindlichkeit beanspruchen. Aufgrund ihrer Partikularität seien sie der Gesamtheit nicht vermittelbar. Vor allem aber könnten sie dem zu religiöser Neutralität verpflichteten Staat nicht zugerechnet werden. Diese Argumentation verkennt allerdings, dass der säkulare Staat sich nicht die religiöse Begründung der Menschenwürde zu eigen macht, also für verbindlich erklärt, sondern den Inhalt. Darin aber zehrt der säkulare Staat vom christlichen Erbe. Zu diesem Erbe kann sich der Staat um der Würde des Menschen willen auch nicht neutral verhalten. Er ist im Gegenteil darauf angewiesen, dass es im Bewusstsein der Menschen lebendig bleibt und sich ständig erneuert.

Angesichts der Bedeutsamkeit des Christentums für die Hervorbringung und Ausformung des Würdegedankens ist es erstaunlich, wenn dieser in der Literatur bevorzugt als Produkt oder Erfindung des Humanismus und der Aufklärung dargestellt wird. Erstaunlich ist es ebenso, dass sich keine vergleichbare Berührungsangst regt, wenn man sich zur Begründung der Menschenwürde auf einzelne Philosophen, etwa Kant, beruft, obwohl sich die Verfassung aufgrund des behaupteten Neutralitätsprinzips auch nicht mit einem bestimmten Philosophen identifizieren dürfte (Isensee 2006, 208 f.).

Der Inhalt der Menschenwürde

Dass nur dem Menschen eine Würde zukommt, hängt mit Eigenschaften zusammen, die ihn von allen anderen Lebewesen unterscheiden. Diese Eigenschaften bestehen in Folgendem: Der Mensch hebt sich kraft seines Geistes von der unpersönlichen Natur ab. Dies befähigt ihn dazu, seiner selbst bewusst zu werden, sich aus eigener Entscheidung selbst zu bestimmen und sich und die Umwelt zu gestalten. Der Mensch ist also wesentlich Subjekt, ein Wesen, das sich selbst Zwecke zu setzen, wie sich selbst als Zweck zu setzen in der Lage ist. Er ist das einzige Wesen, das zur Selbstbestimmung fähig ist (Dürig 1956, 125).

Die besondere leiblich-seelisch-geistige Verfassung verleiht dem Menschen die Fähigkeit, eine *Person* zu sein. Die Personeigenschaft versetzt den Menschen in die Lage, das Leben, in das er hineingestellt ist, kraft Vernunftbegabung und eigener Einsicht selbstgestaltend zu verwirklichen. Diese besondere Stellung wird als ontologische Grundgegebenheit vom Recht respektiert, indem allein der Mensch Rechtssubjekt, d.h. Träger von Rechten und Pflichten, ist. Demgegenüber sind alle übrigen Lebewesen nur Rechtsobjekte (Stern 1992, 5 f.). Die Personeigenschaft des Menschen enthält zwei weitere voneinander nicht zu trennende Teilgegebenheiten. Zum einen ist es die Gegebenheit, dass der Mensch *frei* ist, sich und die Umwelt zu gestalten. Zum anderen ist es die Gegebenheit, dass jeder Mensch diese Freiheit hat, insoweit also alle Menschen *gleich* sind.

Die Fähigkeit zur Selbst- und Umweltgestaltung ist denknotwendig nur eine abstrakte Fähigkeit, d. h. eine Fähigkeit, die dem „Menschen an sich" eigen ist. Die allgemein menschliche Würde kann somit von vornherein nicht in der jederzeitigen gleichen Verwirklichung der Fähigkeit beim konkreten Menschen bestehen. Sie besteht in der gleichen abstrakten Möglichkeit, d.h. potentiellen Fähigkeit, zur Verwirklichung. Die Würde kommt deshalb auch dem Geisteskranken, dem Strafgefangenen und auch dem noch nicht geborenen wie dem bereits toten Menschen zu. Die Würde gilt also für jeden Menschen ohne Rücksicht auf seinen individuellen Entwicklungsstand.

Folglich haben auch die noch nicht Geborenen eine Menschenwürde. Das Leben beginnt mit der Zeugung, denn im Augenblick der Zeugung entsteht der neue Wesens- und Persönlichkeitskern, der sich hinfort nicht mehr ändert. In ihm ist alles Wesentliche und Wesenhafte dieses Menschen beschlossen. Er treibt zur Entfaltung dessen, was keimhaft in ihm liegt, und bewirkt, dass der Mensch, mag er wachsen oder vergehen, stets er selber bleibt (Dürig 1976, 11 ff., Rdnr. 18 ff.).

Es gibt allerdings Stimmen, die dem Menschen die Würde nicht in Abstraktion von geistigen, moralischen und sonstigen Bedingungen zusprechen wollen. Sie machen die Geltung der Würde von der Fähigkeit des Menschen zu sozialer Interaktion abhängig. Von Bedeutung ist das Kriterium der sozialen Interaktionsfähigkeit vor allem für die Erstreckung der Menschenwürdegarantie auf frühe und früheste Formen menschlichen Lebens. Diese Formen könnten den Schutz verlieren, den die Würdeformel verleiht (Herdegen 2005/2006, 22, Rdnr. 31 f.).

Keine andere Bestimmung des Grundgesetzes ist hinsichtlich ihres Inhaltes so unbestimmt und vage geblieben wie die Formel von der Menschenwürde. Ein operabler Begriff der Menschenwürde liegt bis heute nicht vor. Die Menschenwürde ist ein offener Begriff ohne Randschärfe. Er lässt sich definitorisch nicht endgültig erfassen. Die Offenheit hat aber den Vorteil, dass der Begriff eine gewisse Variationsbreite zulässt und geschmeidig auf neue Herausforderungen reagieren kann. Wenn auch die Idee der Würde abstrakt, also inhaltsarm ist, so ist sie dennoch nicht inhaltsleer.

Positive Umschreibungsversuche gelangen über die Auflistung einzelner Dimensionen des Würdeanspruches jedoch nicht hinaus. Diese Dimensionen sind der Schutz eines engeren Bereiches der persönlichen Selbstbestimmung, die Gewährleistung seelischer und körperlicher Integrität, die Sicherung menschengerechter Lebensgrundlagen, der Schutz vor Willkür und die Gewährleistung elementarer Rechtsgleichheit (Reiter 2004, 8).

Die positiven Bestimmungsversuche haben als gemeinsamen Nenner, dass der Mensch ein *Zweck an sich selbst* ist, der sein Dasein um seiner selbst willen hat. Die positiven Umschreibungen drücken die Subjektstellung des Menschen aus, der mit der Freiheit zur eigenen Entfaltung begabt ist. Ausgeschlossen wird seine Instrumentalisierung nach Art einer Sache, über die einfach verfügt werden kann (Böckenförde 2003, 811 f.).

Die Würde verlangt weiterhin positiv vom Staat Leistungen zur Gewährleistung des Existenzminimums für Bedürftige. Denn die Menschenwürde ist getroffen, wenn der Mensch gezwungen ist, ökonomisch unter Lebensbedingungen zu existieren, die erniedrigend sind. Ohne ein Minimum an materiellen Lebensbedingungen ist der Mensch nicht in der Lage, sich in freier Entscheidung über die Welt der Gegenstände zu erheben. Er lebt dann nicht, er vegetiert.

Auf der anderen Seite hat der Staat denjenigen, die als Steuerzahler für das Existenzminimum der Bedürftigen aufkommen, die für ein menschenwürdiges Dasein unabweisbar notwendigen Güter zu belassen. Staatseingriffe insbesondere in das persönliche Eigentum dürfen nicht so weit gehen, dass auch die bescheidenste Existenzgrundlage entzogen wird (Benda 1995b, 170).

Leichter als die positive Umschreibung ist die Bestimmung der Würde „ex negativo“, d.h. von Verletzungstatbeständen her. Hier hat sich die sogenannte *Objektformel* durchgesetzt. Die Objektformel nimmt den kantischen Gedanken auf, den Menschen als Zweck an sich selbst zu begreifen, nicht als Mittel oder Objekt zum beliebigen Gebrauch für diesen oder jenen Willen. Die Popularität der Objektformel erklärt sich nicht zuletzt daraus, dass sie die Unrechtserfahrungen des Dritten Reichs gut auf den Begriff zu bringen vermag: Menschen waren zu Objekten der Willkür eines Kollektivs erniedrigt worden.

Verletzt wird die Würde durch Maßnahmen, die den Menschen wie eine vertretbare Sache oder wie ein Tier behandeln. Zur Sache degradiert wird der Mensch, wenn er total „erfasst“, „im Gehirn gewaschen“, „ersetzt“ und „eingesetzt“ wird. Wie ein Tier behandelt wird der Mensch, wenn an ihm Experimente durchgeführt werden. Dieser Verstoß liegt auch bei der Vernichtung sogenannten lebensunwerten Lebens vor. Verletzt wird die Würde ebenso durch Folter, Sklaverei, Vertreibung, Erniedrigung, Brandmarkung, Verfolgung, Ächtung und grausame Strafen. Die Entwürdigung des Menschen kulminiert im Genozid, d.h. in der Ausrottung ethnischer und religiöser Gruppen durch Tötung, körperliche Verletzung, Geburtenverhinderung, Kinderverschleppung oder Herbeiführung von Lebensbedingungen, die auf physische Vernichtung abzielen (Dürig 1956, 127; Dürig 1976 15 f., Rdnr. 30 f.).

Aber auch schon bestimmte Eingriffe durch den Staat können die Würde verletzen. Das Schulbeispiel hierfür ist die Wahrheitsermittlung der Strafjustiz durch physischen Zwang. Ebenso wäre der Mensch zum Objekt degradiert, wenn man ihm vor Gericht das rechtliche Gehör verweigerte. Schließlich wären die Verletzung der Intimsphäre sowie die systematische Ehrverletzung oder Diffamierung Verstöße gegen die Menschenwürde (Dürig 1956, 128 f.).

Der Wert der Objektformel liegt darin, dass sie die Aufmerksamkeit auf die mögliche *Erniedrigung* des Einzelnen richtet. Dem Gedanken der Erniedrigung folgt auch das Bundesverfassungsgericht, das eine Verletzung der Würde dann annimmt, wenn der Einzelne „einer Behandlung ausgesetzt wird, die seine Subjektqualität prinzipiell in Frage stellt.“ Eine willkürliche Missachtung der Würde muss „Ausdruck der Verachtung des Wertes, der dem Menschen kraft seines Personseins zukommt, also in diesem Sinne eine ‚verächtliche Behandlung‘ sein“ (BVerfGE 30, 1 (26)).

Der Maßstab der Erniedrigung ist allerdings relativ unbestimmt. Er ist nicht dagegen geschützt, dass subjektiv gefärbte Vorverständnisse in ihn einfließen. Der Begriff der menschenunwürdigen Behandlung kann außerdem je nach situativem Kontext sehr unterschiedliche Bedeutungen haben: Eine Erniedrigung kann für Strafgefangene anders aussehen als für Debile, Alte oder Kinder. Weiterhin kann die Menschenwürde zur „kleinen Münze“ herabsinken, wenn in Beschwernissen des Alltags sogleich eine Verletzung der Menschenwürde gesehen wird. Mitunter wird der Vorwurf der Menschenwürdeverletzung auch als „Totschlagargument“ genutzt, mit dem man den diskursiven Gegner matt setzen kann. So ist abgesehen von den evidenten Verletzungen der Würde im Nationalsozialismus und in anderen Terrorregimen eine Verletzung der Würde im Rechtsstaat mangels eines wirklich geeigneten Kriteriums nur schwer feststellbar. Hinzu kommt, dass die Erniedrigung keine Antwort auf biotechnologische Herausforderungen geben kann.

So bleibt ein Desiderat: Soll die Menschenwürde als rechtliche Vorgabe operativ greifen, d.h. konkret und zuverlässig die Lebenswirklichkeit steuern, muss ihr Schutzbereich tragfähig bestimmt werden. Anderenfalls verbleibt die Würde im Ungefähren und ist der Beliebigkeit anheimgegeben.

Herausforderungen der Menschenwürde

Die in Artikel 1 GG festgeschriebene Unantastbarkeit der Menschenwürde sieht sich seit einigen Jahren ernsthaften Herausforderungen durch die Fortschritte in Biomedizin und Biotechnologie ausgesetzt. Diese Wissenschaften eröffnen Aussichten, die außerhalb des Denkhorizontes des Parlamentarischen Rates lagen. So sind gentechnologische Eingriffe an den Zellkernen eines Embryos möglich. Es ist möglich, im Blick auf die Nachkommenschaft Selektion zu betreiben, und zwar negative, die an Gendefekten orientiert ist, als auch positive, die auf erwünschte Merkmale abstellt. Es gibt die Möglichkeit der Keimbahntherapie, d.h. der Veränderung menschlicher Erbanlagen. Ebenso ist therapeutisches Klonen, d.h. die Herstellung pluripotenter Stammzellen, möglich. Die nahezu unbegrenzten biomedizinischen Möglichkeiten machen die Frage nach Haltepunkten und Orientierungen dringlich.

Es gibt Stimmen, die angesichts dieser Situation sagen, dass die Menschenwürdegarantie nicht auf den Stand von 1949 fixiert werden darf. Das Menschenwürdekonzept müsse sich fortentwickeln. Sonst könne es geschehen, dass sich die Menschenwürde als abstraktes Prinzip gegen den Menschen selbst richte. Gemeint ist, dass Artikel 1 GG den Fortschritt in Forschung und Medizin blockieren könne. Da der medizinische Fortschritt generell die Machbarkeit in Angelegenheiten des Lebens erhöhe, könne das

Beharren auf einem traditionellen Würdebegriff die Selbstbestimmung des Menschen einschränken (Hufen 2004, 313).

In der Tat gibt es tiefgreifende Spannungen zwischen der Menschenwürde und bestimmten biomedizinischen Verfahren wie der verbrauchenden Embryonenforschung und der Präimplantationsdiagnostik.

So stellt die künstliche Herstellung von Embryonen zu Forschungszwecken, um durch deren Verbrauch, d.h. Tötung, Stammzellen zu gewinnen, an denen geforscht werden kann, eine gravierende Verletzung des Menschenwürdeschutzes dar. Denn der Embryo wird von vornherein voll instrumentalisiert: Er wird nicht als „Zweck an sich selbst" hergestellt, sondern nur, um ihn anschließend für die Gewinnung von Stammzellen zu verbrauchen.

Die Präimplantationsdiagnostik wird nicht in Gang gesetzt, um den Wunsch nach einem Kind zu erfüllen, sondern um den Wunsch nach einem genetisch gesunden oder erwünschten Kind zu erfüllen. Der in vitro hergestellte Embryo wird nicht als solcher, als Subjekt und „Zweck an sich selbst" anerkannt und gewollt, sondern abhängig von bestimmten Eigenschaften und Merkmalen, die er hat oder nicht hat. Nur unter diesen Voraussetzungen wird ihm die Chance zum Weiterleben eingeräumt (Böckenförde 2003, 813 f.).

Angesichts der biotechnologischen Möglichkeiten ist die Einsicht wenig verwunderlich, dass der Schutz der Menschenwürde abhängig ist von der zugrunde gelegten Ethik. So kommt eine Ethik, die sich auf Freiheit und Selbstbestimmung stützt, in Fragen des ungeborenen Lebens zu anderen Ergebnissen als eine utilitaristische Ethik oder eine Ethik, welche die Gottesebenbildlichkeit des Menschen betont. Noch wieder anders sieht es aus, wenn eine Ethik des Lebensglücks angewendet wird, die einem Ethos des „Wohllebens" folgt. Artikel 1 GG lädt nachgerade dazu ein, bestimmte theologische und philosophische Ideen zum Leitmaßstab der Interpretation der Würde zu machen (Nettesheim 2005, 75, 83).

Der Schutz der Menschenwürde ist aber nicht nur von der angewendeten Ethik abhängig. Er hängt auch davon ab, wie man Artikel 1 Abs. 1 GG versteht. Ist die Unantastbarkeit der Menschenwürde ein objektives Verfassungsprinzip mit einem der Verfassung vorgelagerten geistig-ethischen Inhalt und damit eine strukturgebende Grundentscheidung? Oder ist sie eine ganz normale grundrechtliche Gewährleistung? Ist sie Letzteres, dann ist sie wohl konkret handhabbar, unterliegt aber auch Abwägungen und Relativierungen.

Für die Auffassung, dass die Menschenwürde eine übergeordnete Norm im Sinne eines Konstitutionsprinzips allen Rechts ist, spricht, dass sie nur so vor Abwägungen mit anderen Rechtsgütern geschützt ist. Dies wurde offensichtlich vom Verfassunggeber so beabsichtigt, denn die Würde ist als unantastbar und allseitig gedacht. Sie beschränkt sich nicht auf das Verhältnis des Bürgers zum Staat, wie es für die Grundrechte kennzeichnend ist. Da die Menschenwürde ferner den sinntragenden Grund der meisten Grundrechte wie überhaupt allen Rechts bildet, steht sie folgerichtig zu anderen Verfassungsnormen in einem Verhältnis der Präponderanz (Enders 1997, 124 f.).

Ihre Ausstrahlungsfunktion kann die Menschenwürde nur erfüllen, wenn sie nicht durch andere Normen eingeschränkt, begrenzt und relativiert wird. Sie kann deshalb nicht Gegenstand einer Abwägung sein. Vielmehr leitet und beherrscht sie die Abwägungsprozesse. Dies verlangt, dass der Menschenwürde kein spezieller Schutzbereich zugewiesen ist. Denn ein spezieller Schutzbereich würde sie in ein Grundrecht verwandeln.

Die Umwandlung von Artikel 1 Abs. 1 GG in ein subjektives öffentliches Recht, d.h. in ein Grundrecht, erscheint auch entbehrlich. Es ist nämlich kein Fall denkbar, in dem ein Angriff auf die Menschenwürde nicht bereits durch ein spezielles Grundrecht aufgefangen würde, wenn man nur die Menschenwürde, wie es von der Verfassung gewollt ist, als Wertmaßstab in die Spezialinterpretation des jeweiligen Grundrechts einbezieht. Selbst wo der Grundrechtskatalog lückenhaft geblieben ist, würde ein Verstoß gegen die Menschenwürde mindestens bereits durch das in Artikel 2 GG verankerte Hauptfreiheitsrecht abgewehrt. Dort sind die freie Entfaltung der Persönlichkeit sowie das Recht auf Leben und körperliche Unversehrtheit gewährleistet (Dürig 1956, 122). Andere Komponenten des Menschenwürdeschutzes sind die allgemeine Menschengleichheit in Artikel 3 GG, die Freiheit von Existenzangst im Sozialstaatsprinzip und die Begrenzung öffentlicher Gewalt im Rechtsstaatsprinzip (Enders 1997, 7 f.).

Es spricht viel dafür, in der Menschenwürde einen Verfassungsbegriff zu sehen, der von der Verknüpfung mit dem vorgelagerten geistig-ethischen Inhalt nicht abgelöst und abgeschnitten werden darf. Das vorpositive Fundament ist vielmehr Bestandteil der Würde. Es verleiht ihr den absoluten, die Unantastbarkeit legitimierenden Charakter. Da der sittliche Wert der Menschenwürde die Verfassungsordnung insgesamt prägt, entfaltet Artikel 1 GG durchaus auch rechtliche Steuerungskraft.

Diese Auffassung sieht sich seit einigen Jahren jedoch heftiger Kritik ausgesetzt. Für die Gegenposition ist die Menschenwürde ausschließlich als Begriff des positiven Rechts maßgeblich. Die vorstaatliche Herkunft spielt keine Rolle mehr. Die Würde gilt allein als Erzeugnis staatlicher Rechtsetzung. Die Menschenwürde wird weiterhin als subjektives Recht begriffen, das sich beim Schutz des Einzelnen in konkreten Lebensumständen zu bewähren hat. Dies verbindet sich mit der prinzipiellen Absage an den Charakter der Menschenwürde als Ausdruck eines vorpositiven, geistig-ethischen Gehaltes in das positive Recht (Herdegen 2005/2006, 11 f., Rdnr. 17).

Die Menschenwürde wandle sich, so der rechtfertigende Hinweis, von einem ethischen Bekenntnis, einer feierlichen Bekundung, einer präambelartigen Motivationserklärung oder einer Art Verfassungseinschwörung zu einer unmittelbar verbindlichen Norm des Verfassungsrechts. Dies sei sinnvoll, denn schließlich sei eine Verfassung die rechtliche Grundordnung des Staates (Schmidt-Jortzig 2007, 496).

Die Folgen der neuen Interpretation von Artikel 1 GG sind gravierend. Die Garantie der Menschenwürde wird nämlich beweglich und anpassungsfähig. Sie büßt ihren

Charakter als „Fels in der Brandung“ ein gutes Stück ein. Sie wird zu einer Verfassungsnorm auf gleicher Höhe wie andere und kann durch wandelbare Verständnisse aufgefüllt werden. Sie kann weiterhin flexibilisiert und differenziert werden. Auch ist das Tor zur Abwägung geöffnet, was bei kollidierenden Grundrechtsansprüchen unvermeidlich ist. So kann formal am Würdeanspruch eines jeden Menschen festgehalten werden und dennoch der Würdeschutz im Ergebnis unterschiedlich ausfallen. Ein so relativierter Würdeschutz führt aber notwendig zur Relativierung der Unabdingbarkeit und Unantastbarkeit der Menschenwürde selbst (Böckenförde 2004, 1218 f.).

Die Vertreter des neuen Verständnisses führen als Vorteil ihrer Sichtweise an, dass nicht der Würdeanspruch als solcher, also das „Ob“ der Würde, in Frage gestellt werde. Es gehe nur um den konkreten Inhalt, das „Wie“ des Würdeschutzes. Dieser Inhalt sei für Differenzierungen offen. Der Würdeschutz hänge nämlich ab vom Stand der Entwicklung eines Menschen. Die prozesshafte Betrachtung ermögliche so eine entwicklungsabhängige Intensivierung des Achtungs- und Schutzanspruches. So falle der Würdeschutz des Embryos nach Implantation und Nidation stärker aus als beim Embryo in vitro. Mit dem Heranwachsen im Mutterleib verstärke sich der Würdeschutz dann zunehmend (Herdegen 2005/2006, 35 f., 39 f., Rdnr. 50, 56).

Gemäß der so umrissenen *Stufen- und Wachstumstheorie* der Menschenwürde wächst der Schutzbereich der Menschenwürde, beginnend mit der Kernverschmelzung, über Nidation, Bewusstwerdung, Lebensfähigkeit und Geburt. Dies, so das Argument, entspreche dem körperlichen und neurologischen Wachsen und Werden als auch dem verfassungsrechtlichen Schutzbedürfnis des Embryos mehr als die von der Gegenseite vertretene Auffassung, dass schon ab der Befruchtung der volle Schutz greifen müsse (Hufen 2004, 315).

Das neue Verständnis weist auch die Tendenz auf, die Menschenwürde auf die Dimensionen Selbstbewusstsein, Vernunft und Selbstbestimmung zu fokussieren. Die Menschenwürde zu schützen bedeute deshalb in erster Linie, die Anlage und Bestimmung des Menschen zu vernünftiger Selbstbestimmung zu beschirmen.

Es sei deshalb ein Verstoß gegen die Menschenwürde, wenn der betreffende Mensch so stark in seiner Selbstbestimmungsfähigkeit beeinträchtigt werde, dass von einer Selbstbestimmung keine Rede mehr sein könne. Zur Selbstbestimmung gehöre auch, das Angebot der Biomedizin in Anspruch zu nehmen. Die durch den biotechnologischen Fortschritt ermöglichte „Selbstoptimierung“ des Menschen sei daher keineswegs ein Verstoß gegen die Menschenwürde. Der Selbstverfügung des Menschen über sich selbst sei nur eine Grenze gezogen: Der Mensch müsse weiterhin ein autonomes, sprach- und handlungsfähiges Subjekt mit moralischer Verantwortung bleiben (Nettesheim 2005, 98, 108 f.).

Die neue Sichtweise des Würdeschutzes hat energischen Widerspruch hervorgerufen: Die Differenzierung der Würde nach Entwicklungsstufen beruhe auf einem *naturalistischen Fehlschluss*. Er bestehe darin, dass aus bestimmten naturwissenschaftlichen Befunden normative Qualitäten und Folgerungen abgeleitet würden. Solche Befunde seien die Nidation, die Ausbildung des Gehirns, die Geburt oder die aktuelle Vernunftfähigkeit. Der Fehler liege darin, von feststellbaren naturwissenschaftlichen Gegebenheiten, dem Sein, auf normative Qualitäten und Postulate, das Sollen zu schließen. Die Würde entziehe sich aber der naturwissenschaftlichen Determination.

Aus der naturwissenschaftlichen Denkweise resultiere eine weitere Gefahr für die Menschenwürde: Es werde nämlich differenziert zwischen menschlichem und personalem Leben. Nicht jedes menschliche Leben, sondern erst ein durch bestimmte Eigenschaften und Qualitäten gekennzeichnetes Leben sei hiernach ein personales Leben und sein Träger mithin eine Person. Als Merkmale der Personalität würden in der Regel das Ich-Bewusstsein oder die Fähigkeit zum selbstbestimmten Handeln angeführt. Dabei werde auf das aktuelle Vorhandensein dieser Qualitäten, nicht auf die Potentialität dazu abgestellt. Daraus folge, dass nicht jedem menschlichen Lebewesen, sondern erst personalem menschlichen Leben Menschenwürde zukomme. Der verwendete Personbegriff diene zur Eingrenzung des Schutzbereiches des Achtungsgebotes der Menschenwürde. Nicht alle Menschen oder nicht alle Phasen des menschlichen Lebens hätten an der Menschenwürde Anteil. Das sei ein schwerer Verstoß gegen die fundamentale Gleichheit der Menschen (Böckenförde 2003, 810 f.).

Der eigentliche Angelpunkt des Streites um die angemessene Interpretation der Menschenwürde ist die Frage, ob und wieweit die Schutzgarantie auch dem noch ungeborenen Leben zukommt. Die Bedeutsamkeit dieser Frage ergibt sich durch die Entwicklung der Humangenetik, der Biotechnologie und der Reproduktionsmedizin. Das neue Verständnis sucht nach Qualitätszuschreibungen des ungeborenen Lebens, um hiernach den Würdeanspruch zu bemessen. Es liegt dann nahe, die Anerkennung und Achtung der Würde erst an einer bestimmten Stelle im Lebensprozess einsetzen zu lassen. Das bedeutet aber, dass der Lebensprozess davor verfügbar bleibt.

Hiergegen stellt die ursprüngliche Interpretation der Menschenwürde fest, dass der Anspruch auf Anerkennung und Achtung der Würde vom Beginn des menschlichen Lebens an besteht. Dies ist jedenfalls dann geboten, wenn der Mensch als Dasein um seiner selbst willen oder als Zweck an sich selbst betrachtet wird. Die Würde, die ein fertiges Wesen auszeichnet, lässt sich nicht von dessen eigener Entwicklung trennen, muss sie vielmehr umfassen. Sucht man hingegen eine bestimmte Phase des Lebensprozesses vom Würdeschutz auszunehmen oder diese Achtung prozesshaft abzustufen, reißt man ein Loch in die Entwicklung selbst. Um in den Genuss des Würdeschutzes zu kommen, müsste der Einzelne eine Phase, die nicht gegen Verfügung durch Dritte geschützt ist, erst einmal glücklich überstanden haben. Dies kann kaum überzeugend sein (Böckenförde 2004, 1225 f.).

3.2 Leben

Das Leben nimmt in der Reihe der Verfassungswerte eine besondere Stellung ein: Es begründet nicht nur einfach ein Grundrecht, es ist vielmehr die vitale Voraussetzung aller Grundrechte. Es bildet auch die Basis der Menschenwürde. Das Leben ist daher das elementarste aller grundrechtlichen Schutzgüter.

Welche Besonderheiten zeichnen den Schutz des Lebens im Grundgesetz aus? Welche Handlungen sind durch den Lebensschutz verboten, welche erlaubt? Worin besteht die spezielle Gewährleistung der körperlichen Unversehrtheit?

Der Schutz von Leben und körperlicher Unversehrtheit als Kernaufgabe des Staates

Für den modernen Staat ist die Verpflichtung, das menschliche Leben zu schützen, so selbstverständlich, dass sie in den Reflexionen über die vielschichtigen Aufgaben des Staates heute meist in den Hintergrund tritt. Das war jedoch nicht immer so.

Die Aufgabe des Gemeinwesens, die Menschen vor wechselseitigen und äußeren Gefahren zu schützen, findet sich bereits in der griechischen Antike. So schrieb Aristoteles, dass der Staat ursprünglich um des bloßen Lebens willen entstanden sei und dass seine Aufgabe auch weiterhin darin bestehe, dafür zu sorgen, dass die Bürger einander gegenseitig keinen Schaden antun.

Im politischen Denken der Neuzeit nimmt das vom Staat zu gewährleistende Recht auf Leben und körperliche Unversehrtheit ebenfalls einen zentralen Stellenwert ein. Für Jean Bodin stehen Maßnahmen zur Erhaltung und zum Schutz des Lebens der Untertanen an erster Stelle des staatlichen Aufgabenkataloges. Thomas Hobbes entwickelte sein absolutistisches Staatsmodell aus dem Affekt der Todesfurcht heraus. Für Hobbes ist der Schutz des Lebens folglich der primäre Sinn des Staates.

Der Schutz des menschlichen Lebens blieb ein zentrales Postulat der aufklärerischen Sozialphilosophie, wenn auch andere Staatsaufgaben hinzugefügt wurden. So schließen sich nach John Locke die Menschen zur politischen Gemeinschaft zusammen zwecks gegenseitiger Erhaltung ihres Lebens, ihrer Freiheiten und ihrer Güter. Die Virginia Bill of Rights von 1776 formulierte ganz im Sinne Lockes: „Alle Menschen sind von Natur aus in gleicher Weise frei und unabhängig und besitzen bestimmte angeborene Rechte, welche sie ihrer Nachkommenschaft durch keinen Vertrag rauben oder entziehen können, und zwar den Genuss des Lebens und der Freiheit, die Mittel zum Erwerb und Besitz von Eigentum und das Erstreben und Erlangen von Glück und Sicherheit." Im Laufe der Zeit setzte sich der Gedanke durch, dass Lebensschutz nicht nur objektive Aufgabe und Verpflichtung des Staates im Ganzen, sondern auch ein subjektiver Anspruch eines jeden Einzelnen gegen den Staat sei. (Hofmann 1990, 115).

Ein explizit formuliertes Recht auf Leben des Individuums trat allerdings erst relativ spät in die Verfassungsgeschichte ein. Der Grund hierfür liegt darin, dass der Schutz des Lebens weithin als selbstverständlich galt. Die feierliche Sanktion durch ein

Menschenrecht erschien nicht erforderlich. Erst nachdem der Totalitarismus des 20. Jahrhunderts die zivilisatorischen Standards gebrochen hatte, erschien die Etablierung eines Grundrechts auf Leben als erforderlich (Isensee 2004b, 459).

Ohne Zweifel war die Aufnahme des Rechts auf Leben und körperliche Unversehrtheit in das Grundgesetz eine Antwort des Parlamentarischen Rates auf die Erfahrung der unbeschränkten Verfügung des nationalsozialistischen Staates über das Leben der ihm unterworfenen Menschen. Dieser Staat hatte auf vielfältige Weise das individuelle Persönlichkeits- und Lebensrecht negiert. Er hatte Euthanasie als staatlich veranstalteten Mord praktiziert und zwangsweise durchgeführte Sterilisationen sowie Experimente am Menschen durchgeführt. Er hatte Menschen in Ghettos zusammengetrieben und sie dort dem Hungertod preisgegeben (Lorenz 1989, 17).

Artikel 2 GG:
(1) [...]
(2) Jeder hat das **Recht auf Leben** und **körperliche Unversehrtheit**. Die Freiheit der Person ist unverletzlich. In diese Rechte darf nur auf Grund eines Gesetzes eingegriffen werden.

Das Grundgesetz wendet sich im Grunde aber gegen jede menschenverachtende Gewaltherrschaft, die das Leben und die Gesundheit der Menschen als zu vernachlässigende Größen behandelt. Man darf nicht vergessen, dass es neben den nationalsozialistischen Gräueltaten auch kommunistisches Unrecht am Menschen gab. Dies geschah vor allem während der Herrschaft Stalins. Mit unterschiedlichen Begründungen rechtfertigten beide Regime ihre Maßnahmen mit einer Unterscheidung zwischen lebenswertem und lebensunwertem Leben. Und sie begingen ihre Mordtaten auch durch das gezielte Verbringen von Menschen in Lebensumstände, die zum Verhungern, Verdursten oder Erfrieren führten. Bekannt aus der Stalinzeit sind die Vertreibungen in die Steppe und die Umsiedlungen in lebensfeindliche Räume.

Das Grundgesetz will mit dem Recht auf Leben und körperliche Unversehrtheit ein Zeichen setzen gegen den menschenverachtenden Staat, gegen alle Umstände, die den Menschen um seine Würde bringen, weil er um sein Leben fürchten muss. Es setzt bewusst und entschieden auf das *humane Prinzip*: Der Mensch, und zwar jeder, steht am Anfang und im Mittelpunkt der Rechtsordnung. Es gibt aus der Sicht des Grundgesetzes weder ein höheres Recht noch ein weltanschauliches Prinzip, die es rechtfertigen könnten, Leben auszulöschen oder das Leben zu einem kalkulatorischen Posten zu degradieren (Di Fabio 2004a, 18, Rdnr. 9).

Die Aufnahme des Lebensschutzes sollte eine defensive Haltung der Verfassung ausdrücken: Das Recht auf Leben ist gegen den Staat gerichtet und soll eine Wiederholung des in den totalitären Regimen Geschehenen unmöglich machen. Es soll den Staat an ungerechtfertigten Eingriffen hindern. Es ist ein *Abwehrrecht*, das als Schutz vor der Staatsgewalt dient. Unausgesprochen liegt ein negatives Bild der Staatsgewalt, eine Art Bedrohungsszenario vor.

Dies ist erstaunlich für den freiheitlichen Staat des Grundgesetzes. Er wird an ein Recht gebunden, das er aufgrund seiner rechtsstaatlichen Bindung substantiell gar nicht gefährden kann. Er trachtet seinen Bürgern nicht nach dem Leben. Selbst diejenigen, die schuldhaft schwerste Verbrechen gegen das Leben begangen haben, brauchen nicht um ihr eigenes Leben zu fürchten (Di Fabio 2004a, 15, Rdnr. 7).

Die Bedeutung des Rechts auf Leben und körperliche Unversehrtheit liegt deshalb heute weniger darin, ein Abwehrrecht gegen den Staat zu sein, als vielmehr darin, die Pflicht des Staates zum Schutze des Einzelnen gegen private Angriffe zu begründen. Diese zunehmend in den Vordergrund rückende *Schutzpflicht* war für den Verfassunggeber im Jahr 1949 nicht absehbar.

Das Grundrecht auf Leben wird faktisch jedoch vor allem aus der Mitte der Gesellschaft bedroht. Die deutlichste Bedrohung von Leben und Gesundheit ist der unmittelbare Angriff Dritter, der sich mittels physischer Gewalt oder ähnlicher Verletzungshandlungen gezielt realisiert. Tötungs- und Körperverletzungsdelikte kommen sehr häufig vor. Aus dem Recht auf Leben und körperliche Unversehrtheit folgt daher ein verfassungsrechtliches Gebot an den Staat, Polizei- und Sicherheitsbehörden zum schützenden Handeln bereitzustellen, Strafverfolgungsstellen einzurichten und Übergriffe strafrechtlich zu ahnden (Hermes 1987, 6 f.). Die Aktivitäten des Staates zum Schutz des menschlichen Lebens erstrecken sich aber nicht nur auf die Bekämpfung von Kriminalität. Dem Schutz des Lebens dienen letztlich auch die Lebensmittelüberwachung, der Gewässerschutz und die Straßenverkehrsordnung.

Die Schutzpflichten des Staates zentrieren sich in geradezu auffälliger Weise um die Frage des Schutzes von Leben und Gesundheit der Bürger. Ein wesentlicher Grund hierfür liegt sicherlich in der zentralen Stellung dieser Rechtsgüter, dem sprichwörtlich „vitalen Interesse" jedes einzelnen Bürgers an der Integrität von Leben und Gesundheit sowie an der Unumkehrbarkeit von Schädigungen an diesen sensiblen Gütern (Dietlein 1992, 32, 74).

Ein unmittelbarer Zusammenhang mit dem Recht auf Leben ist mit der Absage an die Todesstrafe gegeben. Diese Absage ist eine rechtspolitische Reaktion auf die Praktiken der nationalsozialistischen Herrschaft und damit das Bekenntnis zu einer Staatsauffassung, „die sich in betonten Gegensatz zu den Anschauungen eines politischen Regimes stellt, dem das einzelne Leben wenig bedeutete und das deshalb mit dem angemaßten Recht über Leben und Tod des Bürgers schrankenlosen Missbrauch trieb" (BVerfGE 18, 112 (117)).

Artikel 102 GG:
Die **Todesstrafe** ist abgeschafft.

Dass das Leben einen hohen Wertrang genießt, wird auch deutlich in der Bestimmung, dass zur Abwehr drohender Gefahren für das Leben Wohnungen überwacht werden dürfen.

> Artikel 13 GG:
> (1) [...] (2) [...] (3) [...]
> (4) Zur **Abwehr** dringender Gefahren für die öffentliche Sicherheit, insbesondere einer gemeinen Gefahr oder **einer Lebensgefahr**, dürfen technische Mittel zur Überwachung von Wohnungen nur auf Grund richterlicher Anordnung eingesetzt werden. Bei Gefahr im Verzuge kann die Maßnahme auch durch eine andere gesetzlich bestimmte Stelle angeordnet werden; eine richterliche Entscheidung ist unverzüglich nachzuholen.
> (5) [...] (6) [...]
> (7) Eingriffe und Beschränkungen dürfen im Übrigen nur zur **Abwehr** einer gemeinen Gefahr oder **einer Lebensgefahr für einzelne Personen**, auf Grund eines Gesetzes auch zur Verhütung dringender Gefahren für die öffentliche Sicherheit und Ordnung, insbesondere zur Behebung der Raumnot, zur Bekämpfung von Seuchengefahr oder zum Schutze gefährdeter Jugendlicher vorgenommen werden.

Es gibt eine Reihe von Bestimmungen des Grundgesetzes, die eng oder weit dem Schutz des Lebens bzw. der körperlichen Unversehrtheit dienen.

> Artikel 73 GG:
> (1) Der Bund hat die ausschließliche Gesetzgebung über:
> 1. die auswärtigen Angelegenheiten sowie die **Verteidigung** einschließlich des **Schutzes der Zivilbevölkerung**; [...]
> 14. die Erzeugung und Nutzung der Kernenergie zu friedlichen Zwecken, die Errichtung und den Betrieb von Anlagen, die diesen Zwecken dienen, den **Schutz gegen Gefahren, die bei Freiwerden von Kernenergie oder durch ionisierende Strahlen entstehen**, und die Beseitigung radioaktiver Stoffe.
> (2) [...]
>
> Artikel 74 GG:
> (1) Die konkurrierende Gesetzgebung erstreckt sich auf folgende Gebiete:
> [...]
> 19. **Maßnahmen gegen gemeingefährliche oder übertragbare Krankheiten** bei Menschen und Tieren, Zulassung zu ärztlichen oder anderen Heilberufen und zum

Heilgewerbe, sowie das Recht des Apothekenwesens, der Arzneien, der Medizinprodukte, der Heilmittel, der Betäubungsmittel und der Gifte; [...]
20. das **Recht der Lebensmittel** einschließlich der ihrer Gewinnung dienenden Tiere, das Recht der Genussmittel, Bedarfsgegenstände und Futtermittel sowie den Schutz beim Verkehr mit land- und forstwirtschaftlichem Saat- und Pflanzgut, den Schutz der Pflanzen gegen Krankheiten und Schädlinge sowie den Tierschutz; [...]
24. die Abfallwirtschaft, die **Luftreinhaltung** und die **Lärmbekämpfung** (ohne Schutz vor verhaltensbezogenem Lärm); [...]
(2) [...]

Das Leben als fundamentaler, aber nicht absoluter Wert

Das Leben hat in der grundgesetzlichen Werteordnung den Rang eines Fundamentalwertes. Denn Leben und körperliche Unversehrtheit sind unverzichtbare Grundlagen für die freie Entfaltung der Persönlichkeit. Dem Schutz des Lebens liegt daher eine Wertentscheidung zugrunde, die auf einer prinzipiellen Erkenntnis fußt: Der Mensch kann nur dann aufrecht gehen und sich frei ans Werk machen, wenn er keine Existenzangst vor der Willkür anderer haben muss. Wer um Leib und Leben fürchten muss, verliert die Grundlage seiner freien Existenz (Di Fabio 2004a, 11 f., Rdnr. 1 f.).

Es gibt einen engen Zusammenhang des Lebensschutzes mit der Würde des Menschen, aber keine Identität. Eine solche Identität scheint aber nahezuliegen: Denn wäre der Schutz des Lebens nicht im Schutz der Würde enthalten, wäre die Garantie der Menschenwürde ja ihrer Grundlage entkleidet. Eine Würde ohne Lebensbasis scheint sinnlos zu sein.

Hiergegen ist aber auf die gesetzlich auferlegte Pflicht von Soldaten, Polizisten und Angehörigen der Feuerwehr zum riskanten Einsatz ihres Lebens hinzuweisen. Wäre das Leben ausschließlich von Artikel 1 Abs. 1 GG geschützt, ließe sich die gefahrvolle Tätigkeit bestimmter Berufsgruppen zum Schutze des Gemeinwohls nicht rechtfertigen, da die Menschenwürde Einschränkungen nicht zulässt. Bliebe man aber dabei, das Leben mit der Menschenwürde zu identifizieren, würde die Unantastbarkeit der Würde durch Beschränkungsmöglichkeiten aufgeweicht werden müssen. Die Würde verlöre dabei ihren Rang als absoluter Wert der Verfassungsordnung (Hermes 1987, 140 f.).

Der Lebensschutz ist im Verhältnis zur Menschenwürde folglich ein selbstständiger Maßstab. So muss eine Lebensbedrohung nicht notwendig ein Angriff auf die Menschenwürde sein. Umgekehrt greift der Lebensschutz nicht erst dann, wenn zugleich die Menschenwürde tangiert ist.

Artikel 2 Abs. 2 GG lässt Eingriffe auf gesetzlicher Basis in das Recht auf Leben und körperliche Unversehrtheit zu. Weil das Leben aber den Charakter eines Alles-

oder-Nichts hat, ist es auf der Waagschale einer gesetzgeberischen Güterabwägung ein Schwerstgewicht. Der Gesetzgeber darf den eingeräumten Gesetzesvorbehalt mithin nur äußerst restriktiv nutzen (Steiner 1992, 13 f.).

Als Folge des Sachverhaltes, dass das Rechtsgut Leben gegen andere Rechtsgüter abgewogen werden kann, ergibt sich, dass der Einzelne keinen absoluten Anspruch auf den Schutz seines Lebens hat. Die öffentliche Gewalt ist in bestimmten Fällen befugt, in das Leben der Bürger rechtlich und tatsächlich einzugreifen. Der gezielte Todesschuss des Polizisten zur Abwehr schwersten Rechtsbruches oder des Soldaten im militärischen Einsatz sind solche Eingriffshandlungen. Der finale Rettungsschuss bei einer Geiselnahme ist beispielsweise geboten, wenn Leben und Gesundheit des Opfers unmittelbar bedroht sind und andere Hilfe unmöglich ist.

Die Rechtsordnung erlaubt in Fällen der Notwehr und der Nothilfe sogar privaten Personen, menschliches Leben zu beenden. So reicht das Notwehrrecht gegen den Entführer oder Vergewaltiger notfalls bis zur Tötung des Angreifers.

Das bekannteste Beispiel dafür, dass die Pflicht des Staates zum Schutz des menschlichen Lebens Abwägungen unterliegt, ist die vom Bundesverfassungsgericht gefundene Lösung im Fall des Hanns Martin Schleyer im Jahre 1977. Schleyer war zuvor von linksextremistischen Terroristen der „Rote-Armee-Fraktion" entführt worden. Das Gericht hatte zu entscheiden, ob die Bundesregierung verpflichtet war, zum Schutze des Lebens der Geisel Schleyer die Forderung der Entführer nach Freilassung inhaftierter Gesinnungsgenossen zu erfüllen. Der Antrag der Familie Schleyer, die Bundesregierung hierzu zu verpflichten, basierte auf der grundrechtlichen Schutzpflicht des Staates für jedes menschliche Leben.

Das Gericht stellte in seinem Urteil jedoch der Pflicht zum Schutz des individuellen Opfers die Schutzpflicht für alle Bürger gegenüber: „Eine wirksame Wahrnehmung dieser Pflicht setzt voraus, dass die zuständigen staatlichen Organe in der Lage sind, auf die jeweiligen Umstände des Einzelfalles angemessen zu reagieren." Dies verbiete die Festlegung auf ein bestimmtes Mittel – in diesem Fall, der Erpressung nachzugeben –, „weil dann die Reaktion des Staates für Terroristen von vornherein kalkulierbar würde. Damit würde dem Staat der effektive Schutz seiner Bürger unmöglich gemacht" (BVerfGE 46, 160 (165)). Die Bundesregierung wurde nicht gezwungen, dem Erpressungsversuch der Terroristen nachzugeben. Als Folge wurde Schleyer ermordet. Das Leben eines Einzelnen musste im Interesse des Lebens aller Bürger zurückstehen.

Aspekte des Lebensschutzes und der körperlichen Unversehrtheit

Die Erfahrung zeigt, dass das Leben am Beginn und am Ende sowie in bestimmten Grenzsituationen besonders gefährdet ist, und zwar durch Handlungen Privater, nicht des Staates. Die Schutzpflicht des Staates erstreckt sich deshalb vor allem auf Embryonen, Ungeborene, Sterbenskranke und Lebensmüde.

Der Staat behandelt *Embryonen* als Schutzgut des menschlichen Lebens. Deshalb stellt er im Gesetz zum Schutze der Embryonen von 1990 unter Strafe, einen menschlichen Embryo extrakorporal zu einem anderen Zweck als der Herbeiführung einer Schwangerschaft weiterzuentwickeln. Alles andere wäre die Instrumentalisierung eines menschlichen Individuums (Di Fabio 2004a, 37, Rdnr. 33).

Eine der zentralen Schutzpflichten des Staates bezieht sich darauf, das Lebensrecht der Ungeborenen vor möglichen *Abtreibungen* zu schützen. Dass das Ungeborene lebt, steht außer Zweifel. Ein Schwangerschaftsabbruch bedeutet zwangsläufig deshalb die Vernichtung von Leben. Das Lebensrecht des Ungeborenen kann daher nicht einfach mit dem Selbstbestimmungsrecht der Schwangeren abgewogen werden. Daraus folgt, dass der Schutz des Ungeborenen Vorrang vor allen anderen Gesichtspunkten hat. Eine Schwangerschaft darf nur bei absoluter Unzumutbarkeit für die Mutter abgebrochen werden. Dies ist anzunehmen, wenn die Schwangerschaft oder die Geburt in unerträglicher Weise die Gesundheit der Mutter verletzt oder ihr Leben gefährdet.

Die konkreten Regelungen des Strafgesetzbuches über den Schwangerschaftsabbruch weichen den Lebensschutz des Ungeborenen nicht unerheblich auf. Problematisch ist vor allem die Regelung, die nicht erlaubte Abtreibung zwar als rechtswidrig zu qualifizieren, aber straffrei zu halten. Mit einer solchen Regelung wird die Entscheidung über das Lebensrecht des Kindes letztlich doch wieder in die Hände der Schwangeren gelegt. Es sind auch negative Auswirkungen auf das Rechtsbewusstsein zu befürchten: Denn was nicht bestraft wird, gilt üblicherweise als erlaubt.

Das Bundesverfassungsgericht musste sich mehrfach mit der Problematik des Schwangerschaftsabbruches befassen. Es hielt dabei immer am Lebensrecht des Ungeborenen fest: „Dieses Lebensrecht, das nicht erst durch die Annahme seitens der Mutter begründet wird, sondern dem Ungeborenen schon aufgrund seiner Existenz zusteht, ist das elementare und unveräußerliche Recht, das von der Würde des Menschen ausgeht; es gilt unabhängig von bestimmten religiösen oder philosophischen Überzeugungen, über die der Rechtsordnung eines religiös-weltanschaulich neutralen Staates kein Urteil zusteht“ (BVerfGE 88, 203 (252)).

Das Verfassungsgericht war sich dabei durchaus dessen bewusst, dass es sich mit dieser Position in Spannung zur gesellschaftlichen Wirklichkeit befand. In gewisser Weise übernahm die Verfassungsrechtsprechung die Rolle eines „Werteschrittmachers“ und hielt den Gesetzgeber an, gegenüber einer wertelabilen und wertediffusen Gesellschaft das von der Verfassung gebotene Mindestmaß an allgemeinverbindlicher Lebensethik durchzusetzen.

Die Grundentscheidung der Verfassung, dass der Mensch einen eigenen, selbstständigen Wert besitzt, „bestimmt Gestaltung und Auslegung der gesamten Rechtsordnung. Auch der Gesetzgeber ist ihr gegenüber nicht frei; gesellschaftspolitische Zweckmäßigkeitserwägungen, ja staatspolitische Notwendigkeiten können diese verfassungsrechtliche Schranke nicht überwinden [...]. Auch ein allgemeiner Wandel der hierüber in der Bevölkerung herrschenden Anschauungen – falls er überhaupt festzustellen wäre – würde daran nichts ändern können“ (BVerfGE 39, 1 (67)).

Generell muss allerdings gesehen werden, dass der Staat an die Grenzen seiner Integrationsfähigkeit gelangt, wenn er mehr verlangt als das, was der verbreitete sittliche Konsens in der Gesellschaft hergibt. Die massenhafte Tötung ungeborenen Lebens gilt in der Wahrnehmung der Öffentlichkeit nicht als Skandal, obwohl sie ein Skandal ist. Der demokratische Staat, der die faktisch vorhandenen Einstellungen aufgreift und verarbeitet, kann diesen Einstellungen jedoch nicht uneingeschränkt mit einer abweichenden Auffassung entgegentreten, ohne Zustimmungsverluste zu erleiden. Insofern ist das verfassungsethische Minimum des Grundgesetzes nicht völlig unabhängig vom tatsächlichen Wertebewusstsein in der Gesellschaft (Di Fabio 2004a, 48 ff., Rdnr. 44).

Beim erlöschenden oder hoffnungslos dahinsiechenden Leben kommt es nicht selten zu einem Konflikt zwischen der ärztlichen Lebenserhaltungspflicht und dem Todeswillen des Kranken. *Passive Sterbehilfe* gilt nicht als Verstoß gegen das Recht auf Leben. Der Wunsch eines sterbenskranken Menschen, weitere Hilfsmaßnahmen an ihm zu unterlassen, kann Grundlage für einen gerechtfertigten Eingriff in das Recht auf Leben sein. Voraussetzung ist, dass der Sterbenskranke frei entschieden hat. Die zwangsweise Fortführung eines völlig von Apparaten oder fremden Dienstleistungen abhängigen Lebens machen den Betroffenen zum Objekt, wenn er zuvor einen entgegenstehenden Willen geäußert hat. Einen nicht gerechtfertigten Eingriff in das Leben stellt hingegen die *aktive Sterbehilfe* dar. Diese beschleunigt den Eintritt des Todes durch aktives Tun (Di Fabio 2004a, 43 f., Rdnr. 39).

Das Grundgesetz kennt kein Recht auf *Selbsttötung*. Ein solches Tun steht im Widerspruch zur grundgesetzlichen Werteordnung, die auf die Bejahung des Lebens gerichtet ist. Das Leben ist nämlich nicht nur als persönliches Rechtsgut geschützt. Der Wert des Lebens liegt darüber hinaus als sittliches Prinzip der Verfassungsordnung zugrunde. Das Grundrecht auf Leben ist daher auch eine Wertentscheidung für das Leben. Das Leben als Grundlage der humanen Verfassungsgemeinschaft kann daher nicht einfach zur Disposition des Einzelnen stehen.

Ein Recht auf Herbeiführung des eigenen Todes ist jedenfalls nicht von Artikel 2 GG umfasst. Die öffentliche Gewalt darf die zielgerichtete Selbsttötung verhindern. Andererseits verbietet das Grundgesetz die Selbsttötung auch nicht. Dem Recht auf Leben entspricht keine Pflicht zum Leben (Lorenz 1989, 35).

Aus dem Recht auf Leben ergibt sich ein Anspruch des Einzelnen, vor dem Verhungern oder dem Erfrieren bewahrt zu werden. Unterlassene staatliche Hilfeleistung läuft auf einen Verstoß gegen den Lebensschutz hinaus. Das Sozialamt darf also dem halb Verhungerten Hilfe zum Lebensunterhalt oder Obdach in kalter Winternacht nicht verweigern.

Das Recht auf *körperliche Unversehrtheit* gewährleistet die Integrität des Körpers des Menschen. Die Abgrenzung zwischen körperlicher Unversehrtheit und Gesundheit ist schwierig. Nach der weiten Definition der Weltgesundheitsorganisation ist Gesundheit der „Zustand des vollständigen körperlichen, geistigen und sozialen Wohlbefindens und nicht nur das Freisein von Krankheit und Gebrechen." Das Grundgesetz gewährleistet kein Grundrecht auf Gesundheit in diesem anspruchsvollen Sinne. Die Schutzpflicht des Staates würde überdehnt werden, verlangte man von ihm die Sicherstellung vollständigen Wohlbefindens für jedermann.

In der Anwendung ist das Recht auf körperliche Unversehrtheit in erster Linie ein Abwehrrecht des Einzelnen gegen den Staat. Dies kommt besonders deutlich im *Verbot der Folter* zum Ausdruck. Strikt untersagt ist folglich die Anwendung von körperlichem Zwang, um eine Person zu einem bestimmten Verhalten, etwa zu einer Aussage in einem Verhör, zu veranlassen. Untersagt ist aber auch die seelische Misshandlung, d.h. jede entehrende und entwürdigende Behandlung wie Beleidigungen und Bloßstellungen.

Artikel 104 GG:
(1) Die Freiheit der Person kann nur auf Grund eines förmlichen Gesetzes und nur unter Beachtung der darin vorgeschriebenen Formen beschränkt werden. **Festgehaltene Personen dürfen weder seelisch noch körperlich misshandelt werden**.
(2) [...] (3) [...] (4) [...]

Das Recht auf körperliche Unversehrtheit wurde als deutliches Zeichen gegen die nationalsozialistische Geringschätzung von „Menschenmaterial" in das Grundgesetz aufgenommen. Vor diesem Hintergrund ist es verständlich, dass das Recht auf Unversehrtheit vor allem Freiheit vor Unfruchtbarmachung, Freiheit vor Verletzung der körperlichen Gesundheit, Freiheit vor Schmerzen und Freiheit vor Verunstaltung bedeutet. Verboten sind weiterhin zwangsweise medizinische und sonstige Experimente. Verboten sind ebenso die Unfruchtbarmachung oder die Veränderung von Erbanlagen (Di Fabio 2004a, 56, Rdnr. 55).

Die körperliche Unversehrtheit ist auch tangiert durch die *Risiken der modernen Technik*. Vor allem der Betrieb von Atomreaktoren bringt, jedenfalls potentiell, erhebliche Gefahren für Leben und Gesundheit der Umgebungsbevölkerung mit sich. Weiterhin gibt es Langzeitrisiken der atomaren Entsorgung. Die Kernenergie setzt die körperliche Integrität der Menschen Gefährdungen aus, die diese nicht beeinflussen und denen sie auch kaum ausweichen können. Das Problem lautet also, ob und in welchem Maße der Staat verpflichtet ist, die Bevölkerung vor den Gefahren der Kernenergie zu schützen.

Zweifellos lässt sich der vor einigen Jahren beschlossene Ausstieg aus der Kernenergienutzung als Beseitigung eines die körperliche Unversehrtheit berührenden Risikos gut rechtfertigen. Die Fortsetzung der bisherigen atomrechtlichen Maxime, jeder Anlage die erforderliche Schadensvorsorge abzuverlangen und dabei Risiken bis an die

Grenze praktischer Vernunft zu mindern, hätte aber ebenfalls nicht gegen den staatlich gebotenen Schutz der körperlichen Unversehrtheit verstoßen.

In diesem Sinne stellte das Bundesverfassungsgericht fest: „Vom Gesetzgeber im Hinblick auf seine Schutzpflicht eine Regelung zu fordern, die mit absoluter Sicherheit Grundrechtsgefährdungen ausschließt, die aus der Zulassung technischer Anlagen und ihrem Betrieb möglicherweise entstehen können, hieße die Grenze menschlichen Erkenntnisvermögens zu verkennen und würde weithin jede staatliche Zulassung der Nutzung von Technik verbannen. Für die Gestaltung der Sozialordnung muss es insoweit bei Abschätzungen anhand praktischer Vernunft sein Bewenden haben“ (BVerfGE 49, 89 (143)).

Eine Pflicht des Staates zum Schutz der körperlichen Unversehrtheit besteht im Fall des *Rauchens in öffentlichen Räumen*. Dem Schutz des Rauchers selbst ist mit entsprechenden Warnhinweisen auf Tabakerzeugnissen und besonderen pädagogischen Vorkehrungen in der Schule hinreichend Genüge getan. Es geht daher vor allem um den Schutz der Nichtraucher. Hier ist der Gesetzgeber in den letzten Jahren tätig geworden.

Schließlich stellt das *Züchtigungsrecht* der Eltern und Lehrer einen Eingriff in die körperliche Unversehrtheit der Kinder bzw. der Schüler dar. Dabei hängt die Grenzziehung zur Kindesmisshandlung vor allem von der Intensität der jeweiligen Maßnahme ab. Ein Züchtigungsrecht der Lehrer existiert allerdings schon seit längerer Zeit nicht mehr. Demgegenüber gilt das elterliche Züchtigungsrecht als herkömmlicher Teil des Erziehungsrechts der Eltern, das in Artikel 6 GG verbürgt ist. Das Bürgerliche Gesetzbuch fordert hingegen eine gewaltfreie Erziehung. Damit sind auf jeden Fall entwürdigende Sanktionsmaßnahmen der Eltern ausgeschlossen.

3.3 Innere Sicherheit

Innere Sicherheit und Leben hängen als staatliche Schutzgüter eng zusammen. Die innere Sicherheit ist dabei eine Voraussetzung für eine von physischer Bedrohung freie Lebensführung. Die innere Sicherheit kann auch als innerer Frieden bezeichnet werden. Neben der physischen Sicherheit gibt es die mit ihr eng verbundene ökologische Sicherheit und, darüber hinausweisend, die soziale Sicherheit. Jede Sicherheitsherausforderung verlangt eigene Antworten. Die soziale Sicherheit als Gegenstand sozialstaatlicher Aktivitäten ist deutlich anders gelagert als die innere Sicherheit mit ihrem engen Bezug zum Polizeirecht.

Es gibt ein Spannungsverhältnis zwischen Freiheit und Sicherheit. Denn die individuelle Freiheit kann durch ein zu hohes Maß an Sicherheitsvorkehrungen gefährdet werden. Der Staat befindet sich deshalb in einer Art „Zwickmühle der Freiheit“. Einerseits soll er Sicherheit aktiv herbeiführen. Andererseits unterliegt er hierbei als Rechtsstaat erheblichen Handlungsrestriktionen (Calliess 2003, 1096, 1101, 1105).

In welcher Tradition befindet sich das Grundgesetz, wenn es die Sicherheit als Staatsaufgabe deklariert? Worin besteht das Schutzgut innere Sicherheit im Einzelnen? Welche Rolle spielt das staatliche Gewaltmonopol bei der Erfüllung der Sicherheitsaufgabe?

Die Sorge für die innere Sicherheit als Kernaufgabe des Staates

Schon in der Antike war die Sorge für die Sicherheit der Bewohner eine zentrale Aufgabe der Herrschaftsorganisation. So wurde im ersten Jahrhundert nach Christus „securitas" zum politischen Begriff, der die Pax Romana repräsentierte. Im Mittelalter waren Bedrohungen von Leib und Leben allgegenwärtig. Bei Rechtsverletzungen drohten Blutrache und Fehde. Folglich standen die Schaffung von Recht, die Herstellung des Landfriedens sowie der Schutz und die Sicherung von Leib und Leben, von Besitz und Familie der Untertanen im Ausgleich für Treue und Dienstpflichten im Zentrum der Festlegung herrschaftlicher Aufgaben (Brugger 2004b, 103 ff.).

Die Gestaltung der öffentlichen Ordnung in den Polizeiordnungen der frühen Neuzeit und die Abwehr von Gefahren für die öffentliche Sicherheit und Ordnung im liberalen Rechtsstaat sind die zeitbedingten Ausformungen der im Kern konstanten Aufgabe, dass nach der geschichtlichen Erfahrung allein der Staat in der Lage ist, dauerhaft Frieden, Sicherheit und den Schutz wichtiger Rechtsgüter im Inneren zu garantieren (Möstl 2002, 3).

Entsprechend heißt es in der Einleitung zum Preußischen Allgemeinen Landrecht von 1794 im Abschnitt „Verhältnis des Staates gegen seine Bürger": „Jeder Einwohner des Staates ist den Schutz desselben für seine Person und sein Vermögen zu fordern berechtigt. Dagegen ist niemand sich durch eigene Gewalt Recht zu verschaffen befugt" (Tettinger 2002, 290).

Die Pflicht des Staates, für innere Sicherheit zu sorgen, gehört also einer genetisch sehr alten Schicht an. Die Verknüpfung von Schutz durch die Obrigkeit und Gehorsam der Untertanen ist darüber hinaus eine geradezu archetypische Rechtfertigung von Herrschaft.

Ganz grundsätzlich lässt sich behaupten, dass der erste, konstitutive Zweck des Staates, von dessen Verwirklichung die Erfüllung seiner sonstigen Zwecke abhängt, die Befriedung der Gesellschaft und die Herstellung eines Gesamtzustandes der Sicherheit ist. Die vom Staat zu gewährleistende Sicherheit bildet das Fundament seiner Legitimität. Die Sicherheit bezeichnet auch den Kern des Gegensatzes zu seiner Fundamentalalternative, nämlich zur Anarchie.

Die philosophische Rechtfertigung des Sicherheitszweckes geht auf Thomas Hobbes zurück. Für Hobbes war die natürliche Situation des Menschen die Furcht, von seinesgleichen getötet zu werden. Die Vernunft aber entdeckte in der Gründung des Staates das Mittel, den von Todesfurcht gekennzeichneten Naturzustand zu beenden.

Das philosophische Modell von Hobbes spiegelt die geschichtliche Realität der konfessionellen Bürgerkriege des 16. und 17. Jahrhunderts wider: Der Staat als souveräne Entscheidungs- und Handlungseinheit ist die institutionelle Überwindung des Bürgerkrieges. Er nimmt den Bürgern das Recht und die Macht, Richter und Exekutor in eigener Sache zu sein. Bis heute hat das politische Denken keinen Weg gefunden, der an Hobbes vorbeiführt. Und es hat keinen Weg gefunden, der hinter Hobbes zurückführt, ohne ins Chaos abzugleiten (Isensee 1983, 3 ff.).

Der Staat tritt also mit dem Anspruch an, die innere Sicherheit des Gemeinwesens herzustellen und den Bürger in seiner physischen Existenz und in seinen Rechten vor Übergriffen anderer zu schützen. Kraft seines Gewaltmonopols vermag er Bürgerkrieg, Fehde und private Selbstjustiz zu überwinden.

Der deutsche Rechtsstaat in seiner ursprünglichen Idealgestalt war der ausschließlich sicherheitsorientierte Staat. Die Reduzierung der Staatszwecke auf den Sicherheitszweck machte seine Liberalität aus. Wilhelm von Humboldt schrieb 1792 in seinen „Ideen zu einem Versuch, die Grenzen der Wirksamkeit des Staates zu bestimmen“: „Ohne Sicherheit vermag der Mensch weder seine Kräfte auszubilden, noch die Früchte derselben zu genießen; denn ohne Sicherheit ist keine Freiheit.“

Nach Adam Smith sollen dem Staat drei Aufgaben verbleiben, davon zwei, die der Sicherheit dienen: Erstens die Pflicht, die Nation gegen Gewalttätigkeiten und Angriffe anderer Nationen zu schützen. Zweitens die Pflicht, jedes Mitglied der eigenen Nation so weit wie möglich vor den unrechtmäßigen Übergriffen seiner Mitbürger zu bewahren. Schließlich drittens die Pflicht, bestimmte öffentliche Einrichtungen zu schaffen und zu unterhalten, deren Einrichtung und Unterhaltung von privater Initiative nicht zu erwarten ist (Isensee 1983, 10 f.).

Die Philosophie der Sicherheit beeinflusste die Verfassungen Ende des 17. Jahrhunderts. So nannte die Virginia Bill of Rights von 1776 die *Sicherheit* ausdrücklich als Staatszweck. In Abschnitt 3 heißt es: „Eine Regierung ist oder sollte zum allgemeinen Wohle, zum Schutze und zur Sicherheit des Volkes, der Nation oder Allgemeinheit eingesetzt sein; von all den verschiedenen Arten und Formen der Regierung ist diejenige die beste, die imstande ist, den höchsten Grad von Glück und Sicherheit hervorzubringen.“ Die Präambel der amerikanischen Verfassung von 1787 listet die *Sicherung der Ruhe im Inneren* als einen Verfassungszweck auf.

Die Französische Revolution proklamierte *Sicherheit als Menschenrecht.* Die theoretische Grundlage trug Abbé Sieyès dem Verfassungsausschuss der Nationalversammlung am 20. und 21. Juli 1789 vor. Er forderte, dass die Freiheit des Bürgers gesichert würde durch eine unwiderstehliche Gewalt, die zur Verteidigung bestimmt sei gegen alle möglichen Schläge. Drei Feinde seien zu fürchten und bedrohten die Sicherheit: Erstens die übel wollenden Bürger, zweitens einzelne Amtsträger und drittens der auswärtige Feind. Diese Überlegungen gingen ein in die Erklärung der Menschen- und Bürgerrechte von 1789. Die Erklärung führt in Artikel 2 die Sicherheit als eines der „natürlichen und unveräußerlichen Menschenrechte“ auf.

Obwohl die französische Deklaration die europäische Verfassungsentwicklung im 19. Jahrhundert maßgeblich beeinflusste, kam es nicht zur Aufnahme eines spezifischen Grundrechts auf Sicherheit in den diversen Konstitutionen. Offensichtlich waren für das politische Denken des 19. Jahrhunderts die Sicherheitsaufgabe und mit ihr die Institutionen von Polizei und Justiz, die Friedenspflicht des Bürgers sowie das Gewaltmonopol des Staates längst Selbstverständlichkeiten geworden. Die Verfassungen neigten außerdem zu der einseitigen Sicht, dass Freiheitsgefährdungen nur von der staatlichen Obrigkeit ausgehen können. Die Grundrechtskataloge enthielten daher im Wesentlichen Abwehrrechte, nicht jedoch Schutzrechte, wie es ein Grundrecht auf Sicherheit wäre (Isensee 1992a, 157 ff.).

Obwohl meistens nicht explizit als Ziel in den Verfassungstexten aufgeführt, stellt der durch die innere Sicherheit bewirkte Rechtsfrieden einen der höchsten ethischen Staatszwecke dar. Denn der Rechtsfrieden begegnet dem Faustrecht genauso wie dem Bürgerkrieg (Scholz 1983, 705). Die Sicherung des inneren Friedens wiederum dient dem Schutz der jeweils als vital empfundenen Individualgüter wie Leben, körperliche Unversehrtheit, persönliche Freiheit und Eigentum gegen Angriffe von dritter Seite (Herzog 1988b, 94).

Sobald der Staat die Stiftung des inneren Friedens zustandegebracht hat, stellt sich die Frage nach der Gestaltung der Friedensordnung: „Es gibt nämlich auch Friedhofsruhe, die Ordnung durch Schrecken und Terror, das Stillesitzen aus Angst und unter radikaler Bedrohung des Lebens – der Begriff der Ordnung etwa ist auch im totalitärstaatlichen und voll autoritären Regime nachweisbar" (Eichenberger 1980, 75). Es geht folglich um einen menschenwürdigen inneren Frieden, der die Freiheiten der Individuen respektiert.

Zwischen *Sicherheit und Freiheit* herrscht ein komplexes Verhältnis. Sie ergänzen sich und stehen zugleich in Spannung zueinander. Wilhelm von Humboldts Satz, dass ohne Sicherheit keine Freiheit möglich ist, drückt die positive Beziehung aus. Freiheit wird also nicht schon durch Freisein von staatlichen Eingriffen hervorgebracht. Sie bedarf vielfach des staatlichen Schutzes gegen nichtstaatliche Gefährdungen. Sicherheit und Freiheit stehen andererseits in einer negativen Beziehung oder in einem Verhältnis struktureller Kollision zueinander. Denn die Sicherheit des einen kann regelmäßig nur durch den Eingriff in die Freiheit des anderen, die Sicherheit der Allgemeinheit nur durch Eingriffe in die Freiheit der Einzelnen bewerkstelligt werden (Möstl 2002, 37).

Zwar kennt das Grundgesetz kein ausdrücklich formuliertes *Grundrecht auf Sicherheit*, der Gewinn, den man aus einer entsprechenden Argumentationsfigur jedoch ziehen kann, liegt in der Erkenntnis, dass die effektive Gewährleistung des fundamentalen Schutzgutes Sicherheit ein aktives Tun des Staates verlangt. Die Argumentationsfigur macht vor allem deutlich, dass die Tätigkeit der Polizei und anderer Sicherheitsbehörden dem einzelnen Bürger geschuldet ist. Dem Grundrecht auf Sicherheit entspricht somit ein Bild des Staates, der als „Schutzstaat" den Einzelnen vor Übergriffen

Dritter bewahrt (Stoll 2003, 5). In diesem Sinne formulierte der frühere Bundesinnenminister Otto Schily: „Ich orientierte mich an dem Grundrecht auf Sicherheit. [...] Wer durch Terror und Kriminalität bedroht wird, lebt nicht frei. Das Grundrecht auf Sicherheit steht auch, zwar nicht direkt, aber sehr wohl indirekt, im Grundgesetz" (Bielefeldt 2004, 12 f.).

Das Schutzgut innere Sicherheit im Grundgesetz

Das Grundgesetz enthält ein ausdrückliches Bekenntnis zum Frieden zwischen den Staaten. Der innere Frieden wird dagegen nicht besonders proklamiert. Der Grund hierfür mag darin liegen, dass der Staatenfrieden ständig gefährdet ist, da er nicht hinreichend durch eine machtbewehrte Völkerrechtsordnung gesichert ist. Demgegenüber erscheint die Sicherung des inneren Friedens als selbstverständliche Staatsaufgabe, die daher als solche nicht eigens thematisiert werden muss.

Das Fehlen eines textlich herausgehobenen Staatszieles Sicherheit könnte sich auch aus der Reaktion des Verfassunggebers gegenüber der barbarischen nationalsozialistischen Schreckensherrschaft erklären. Der Nationalsozialismus hatte den Staat so stark als Bedroher von Würde, Leben, Freiheit, Gleichheit und Eigentum hervortreten lassen, dass der Verfassunggeber nach diesen Erfahrungen den Staat offensichtlich nicht explizit als Beschützer der Freiheit der Individuen bezeichnen mochte. Angesichts der gerade überwundenen nationalsozialistischen Schreckensherrschaft war ihm wichtiger, der Freiheit einen herausgehobenen Platz in der Verfassung zuzuweisen (Brugger 2004a, 52; Brugger 2004b, 129).

Dennoch hätte nicht viel gefehlt und es wäre auch im Grundgesetz an prominenter Stelle ein Recht auf Sicherheit verankert worden. In seinen ersten drei Lesungen zum Entwurf des Grundgesetzes hielt der Hauptausschuss des Parlamentarischen Rates nämlich an der Gewährleistung der Sicherheit in Artikel 2 Abs. 1 des Verfassungsentwurfes fest. Dabei lehnte er sich an Artikel 3 der Allgemeinen Erklärung der Menschenrechte der Vereinten Nationen vom 10. Dezember 1948 an. Dort heißt es: „Jeder Mensch hat das Recht auf Leben, Freiheit und Sicherheit der Person." In der vierten Lesung übernahm der Hauptausschuss jedoch den Vorschlag des Redaktionsausschusses, der den Begriff der Sicherheit nicht enthielt. Bei dieser Übernahme wurden keine Ausführungen zum engeren Problem der Sicherheit gemacht. Der plötzliche Verzicht auf Nennung der Sicherheit deutet darauf hin, dass ihr Gehalt als in den Gewährleistungen anderer Verfassungsnormen mit enthalten angesehen wurde, so dass an der ausdrücklichen Formulierung nicht festgehalten zu werden brauchte.

Tatsächlich finden sich Aussagen über Schutzgüter, Schutzaufgaben und Verfahren zur Gewährleistung der inneren Sicherheit über das ganze Grundgesetz verstreut. So wird die Strafgewalt des Staates, die sich aus Strafgesetzgebung, Justizorganisation und Strafvollzug zusammensetzt, nicht eigens und förmlich an einer bestimmten Stelle eingeführt, sondern an zahlreichen Stellen thematisiert. Dies reicht aus, um ihren Verfassungsrang zu begründen, da sie ein unumstrittenes Hoheitsrecht des Staates ist. Ähnliches gilt für die Polizeigewalt des Staates (Götz 1988, 1008 f.).

Dass die innere Sicherheit eines der zentralen Staatsziele ist, belegt auch die Rechtsprechung des Bundesverfassungsgerichts. In der Entscheidung zum Kontaktsperregesetz aus dem Jahr 1977 betonte es die Sicherheitsfunktion des Staates in kaum zu überbietender Deutlichkeit: „Die Sicherheit des Staates als verfasster Friedens- und Ordnungsmacht und die von ihm zu gewährleistende Sicherheit seiner Bevölkerung sind Verfassungswerte, die mit anderen im gleichen Rang stehen und unverzichtbar sind, weil die Institution Staat von ihnen die eigentliche und letzte Rechtfertigung herleitet" (BVerfGE 49, 24 (56 f.)).

Eine erste, wie beiläufig klingende Erwähnung findet die innere Sicherheit in Artikel 8 GG. Es ist das Grundrecht der Deutschen, sich ohne Anmeldung, d.h. ohne Genehmigungserfordernis, zu versammeln. Ausdrücklich ist dieses Recht aber an den Vorbehalt der *Friedlichkeit* gebunden. Die Vorbehaltsformulierung ist nicht zufällig. Denn das Versammlungsrecht ist dasjenige Grundrecht, das am leichtesten den Konflikt mit der Friedenspflicht auslöst. Der Vorbehalt der Friedlichkeit stellt klar, dass die Demonstrationsfreiheit nur im Rahmen der staatlichen Friedensordnung gewährleistet ist. Er stellt weiterhin klar, dass das Grundrecht kollektive Gewalttätigkeit und Nötigung, Ausschreitung und Straßenkampf ausschließt (Isensee 1982a, 31).

> Artikel 8 GG:
> (1) Alle Deutschen haben das Recht, sich ohne Anmeldung oder Erlaubnis **friedlich und ohne Waffen** zu versammeln.
> (2) [...]

Unfriedlich und damit die innere Sicherheit bedrohend ist eine Versammlung, wenn in ihr Gewalt gegen Sachen oder Personen geübt, angedroht oder dazu aufgerufen wird. Unfriedlich ist sie auch dann, wenn sie zum Rechtsbruch oder Gesetzesboykott auffordert. Ebenso ist es ein Verstoß gegen die Friedlichkeit, wenn eine Gegendemonstration eine rechtmäßige Veranstaltung anderer zu verhindern oder zu stören versucht (Seifert/Hömig 1999, 127).

Die innere Sicherheit ist auch Thema von Artikel 13 GG. Sie ist dort konkretisiert als *öffentliche Sicherheit und Ordnung*, die zu den Grundbegriffen des Polizei- und Ordnungsrechts gehört. Intention der Verfassungsnorm ist es, Gefahren für die öffentliche Sicherheit und Ordnung abzuwehren. Ein weiterer Grund, der einen Eingriff in die Unverletzlichkeit der Wohnung rechtfertigt, ist die Abwehr einer *gemeinen Gefahr*.

Artikel 13 GG:
(1) [...] (2) [...] (3) [...]
(4) Zur **Abwehr dringender Gefahren für die öffentliche Sicherheit**, insbesondere einer **gemeinen Gefahr** oder einer Lebensgefahr, dürfen technische Mittel zur Überwachung von Wohnungen nur auf Grund richterlicher Anordnung eingesetzt werden. Bei Gefahr im Verzuge kann die Maßnahme auch durch eine andere gesetzlich bestimmte Stelle angeordnet werden; eine richterliche Entscheidung ist unverzüglich nachzuholen.
(5) [...] (6) [...]
(7) Eingriffe und Beschränkungen dürfen im Übrigen nur zur **Abwehr einer gemeinen Gefahr** oder einer Lebensgefahr für einzelne Personen, auf Grund eines Gesetzes auch zur **Verhütung dringender Gefahren für die öffentliche Sicherheit und Ordnung**, insbesondere zur Behebung der Raumnot, zur Bekämpfung von Seuchengefahr oder zum Schutze gefährdeter Jugendlicher vorgenommen werden.

Der Schutz der *öffentlichen Sicherheit* umfasst den Schutz vor Schäden, die entweder Gemeinschafts- oder Individualgütern drohen. Zu den Gemeinschaftsgütern zählen der Bestand des Staates und das Funktionieren seiner Einrichtungen sowie die Aufrechterhaltung der Rechtsordnung in ihrer Gesamtheit. Zu den Individualgütern rechnet man die Unversehrtheit von Leben, Gesundheit, Ehre, Freiheit und Vermögen der Einzelnen.

Die *öffentliche Ordnung* meint die Gesamtheit jener zumeist ungeschriebenen Regeln für das Verhalten des Einzelnen in der Öffentlichkeit, deren Beachtung als unerlässliche Voraussetzung für ein gedeihliches Zusammenleben der Menschen angesehen wird. Was zur öffentlichen Ordnung gehört, unterliegt den sich wandelnden Anschauungen der Zeit. Da der moderne Staat sehr regelungsintensiv ist, für unerwünschte Verhaltensweisen also fast immer Normen vorliegen, schwindet die Bedeutung des Rechtsbegriffes „öffentliche Ordnung“.

Eine *gemeine Gefahr* ist eine allgemeine Gefahr. Sie liegt vor, wenn der Gefahr, wie bei Überschwemmungen, Explosionsunglücken, Feuer- oder Einsturzgefahren, unbestimmt viele Personen oder Sachen ausgesetzt sind.

Das Grundgesetz trägt dafür Sorge, dass die öffentliche Sicherheit oder Ordnung nicht auf die Bundesebene beschränkt bleibt. Artikel 35 GG regelt die Beistandspflichten des Bundes und anderer Länder, wenn in einem Bundesland die Kräfte des betreffenden Landes nicht ausreichen, die öffentliche Sicherheit oder Ordnung aufrechtzuerhalten oder wiederherzustellen.

Artikel 35 GG:
(1) [...]
(2) Zur **Aufrechterhaltung oder Wiederherstellung der öffentlichen Sicherheit oder Ordnung** kann ein Land in Fällen von besonderer Bedeutung Kräfte und Einrichtungen des **Bundesgrenzschutzes** zur Unterstützung seiner **Polizei** anfordern, wenn die Polizei ohne diese Unterstützung eine Aufgabe nicht oder nur unter erheblichen Schwierigkeiten erfüllen könnte. Zur Hilfe bei einer Naturkatastrophe oder bei einem besonders schweren Unglücksfall kann ein Land Polizeikräfte anderer Länder, Kräfte und Einrichtungen anderer Verwaltungen sowie des Bundesgrenzschutzes und der Streitkräfte anfordern.
(3) [...]

Artikel 73 und 74 GG befassen sich mit der Gesetzgebung des Bundes. Artikel 73 GG macht deutlich, dass die innere Sicherheit ein wichtiges Feld der Gesetzgebungsarbeit darstellt. Artikel 74 GG zeigt die staatliche Kompetenz im Bereich der Strafgewalt.

Artikel 73 GG:
(1) Der Bund hat die ausschließliche Gesetzgebung über:
[...]
9a. die **Abwehr von Gefahren des internationalen Terrorismus** durch das Bundeskriminalpolizeiamt in Fällen, in denen eine länderübergreifende Gefahr vorliegt, die Zuständigkeit einer Landespolizeibehörde nicht erkennbar ist oder die oberste Landesbehörde um eine Übernahme ersucht;
10. die Zusammenarbeit des Bundes und der Länder
a) in der **Kriminalpolizei**,
b) zum Schutze der freiheitlichen demokratischen Grundordnung, des Bestandes und der **Sicherheit des Bundes oder eines Landes** (Verfassungsschutz) und
c) zum **Schutze gegen Bestrebungen** im Bundesgebiet, die **durch Anwendung von Gewalt** oder darauf gerichtete Vorbereitungshandlungen auswärtige Belange der Bundesrepublik Deutschland gefährden,
sowie die Einrichtung eines **Bundeskriminalpolizeiamtes** und die internationale Verbrechensbekämpfung; [...]
12. das **Waffen-** und das **Sprengstoffrecht**; [...]
(2) [...]

> Artikel 74 GG:
> (1) Die konkurrierende Gesetzgebung erstreckt sich auf folgende Gebiete:
> 1. das bürgerliche Recht, das **Strafrecht**, die **Gerichtsverfassung**, das **gerichtliche Verfahren** (ohne das Recht des Untersuchungshaftvollzugs), die Rechtsanwaltschaft, das Notariat und die Rechtsberatung; [...]
> (2) [...]

Das *Strafrecht* ist für das friedliche und störungsfreie Zusammenleben der in einer Gesellschaft vereinigten Menschen von fundamentaler Bedeutung. Das Strafgesetzbuch belegt deshalb Tatbestände mit Strafen, die den inneren Frieden bzw. die innere Sicherheit bedrohen (Starck 1984, 878). Die einschlägigen Straftaten befinden sich in den Abschnitten 6, 7 und 11 des Strafgesetzbuches (StGB). Dort sind der Widerstand gegen die Staatsgewalt, Straftaten gegen die öffentliche Ordnung sowie Straftaten, welche sich auf Religion und Weltanschauung beziehen, aufgeführt. Dabei sind die Straftaten gegen die Religion nicht deshalb unter Strafe gestellt, weil der Staat bestimmte Religionen schützen will, sondern weil sie den öffentlichen Frieden in Form einer Verletzung des Pietätsgefühls vieler Menschen beeinträchtigen.

Der innere Frieden ist durch eine Vielzahl von Tatbeständen bedroht. Hierzu zählen insbesondere die öffentliche Aufforderung zur Begehung von Straftaten (§ 111 StGB), der Widerstand gegen Vollstreckungsbeamte (§ 113 StGB), der schwere Hausfriedensbruch (§ 124 StGB), der Landfriedensbruch (§ 125 StGB), die Störung des öffentlichen Friedens durch Androhung von Straftaten (§ 126 StGB), die Bildung bewaffneter Gruppen (§ 127 StGB), die Bildung krimineller Vereinigungen (§ 129 StGB), die Bildung terroristischer Vereinigungen (§ 129a StGB), die Volksverhetzung (§ 130 StGB), die Beschimpfung von Bekenntnissen, Religionsgesellschaften und Weltanschauungen (§ 166 StGB) und die Störung der Religionsausübung (§ 167 StGB).

Das staatliche Gewaltmonopol als Voraussetzung der inneren Sicherheit

Der Staat kann die innere Sicherheit nur gewährleisten, wenn er über das Gewaltmonopol verfügt. Das staatliche Gewaltmonopol verlangt, dass die Individuen und Gruppen sich ihres Gewaltpotentials entäußern und dieses dem Staat übertragen. Alle auf einem Territorium ausgeübte Gewalt muss staatsabgeleitet sein. Dem Gewaltmonopol des Staates korrespondiert ein umfassendes Gewaltverbot für Private. Legitime Staatsgewalt und illegitime Privatgewalt sind damit klar unterscheidbar (Stolleis 2004, 575, 583).

Das Gewaltmonopol des Staates beruht auf der *Friedenspflicht* der Bürger. Diese haben sich der Anwendung und Androhung von körperlicher Gewalt zu enthalten und Konflikte in den Bahnen des Rechts auszutragen. Die Friedenspflicht gilt sowohl zwischen den Bürgern als auch im Verhältnis der Bürger zu den Organen des Staates. Die Friedenspflicht zwischen den Bürgern wird durch die mit Strafen bedrohten Tatbestände der Beteiligung an einer Schlägerei (§ 231 StGB), der Körperverletzung (§§ 223 ff. StGB), des Totschlages (§ 212 StGB) und des Mordes (§ 211 StGB) unterstrichen. Die grundlegende Aussage zur Friedenspflicht nimmt aber bereits § 240 StGB vor, der die Nötigung untersagt. Hiernach wird bestraft, wer einen Menschen mit Gewalt oder durch Drohung mit einem empfindlichen Übel zu einer bestimmten Handlung nötigt (Herzog 1988b, 100). Friedenspflicht bedeutet für den Einzelnen ferner, sein Recht im staatlich angebotenen Verfahren zu suchen und sich dem Spruch der zuständigen staatlichen Instanz zu unterwerfen. Diese hat auf jeden Fall das Recht zum letzten Wort (Isensee 1983, 23). Ausdruck des Gewaltmonopols ist schließlich, dass der Staat die *Strafgewalt* innehat. Das bedeutet umfassenden Gerichtszwang und unbegrenztes Vollstreckungsmonopol des Staates in allen Strafsachen. Privatjustiz ist strikt verboten.

Die Ausübung von Gewalt gegen Menschen ist generell ein Übel. Es ist das schwerste Übel, das zur Disposition menschlichen Handelns steht. Die Anwendung von Gewalt steht deshalb unter extremem Rechtfertigungszwang. Gerechtfertigt werden kann Gewalt eigentlich nur für den Fall, dass damit eine Friedensordnung aufrechterhalten bzw. wiederhergestellt wird. Diese Friedensordnung muss zugleich eine gerechte Rechtsordnung hervorbringen.

Aufgrund der Ambivalenz der Gewalt, freiheitssichernd und freiheitsbedrohend zu sein, ist der Staat als Gewaltmonopolist eine segensreiche und zugleich eine gefährliche Erfindung. Damit sein Handeln an die Belange der Menschen gekoppelt bleibt und er damit seine Gefährlichkeit einbüßt, sind zwei weitere Erfindungen notwendig: Zum einen muss sich der Staat als Rechtsstaat Rechtsregeln unterstellen. Insbesondere Justiz und Polizei müssen einer besonders strengen Rechtsbindung unterliegen. Zum anderen muss die politische Ordnung eine Demokratie sein. Eine Demokratie gestattet den Bürgern den maximal möglichen Einfluss darauf, was als Recht gelten soll. Was die Mehrheit beschließt, muss mangels besserer Alternativen zur Feststellung des Gerechten als gerechtes Recht gelten. Der demokratische Rechtsstaat führt also zu einer Domestizierung der Staatsgewalt (Matz 1986, 338 ff.).

Trotz der Monopolisierung der Gewalt beim Staat gibt es einige Reste staatlich erlaubter privater Gewalt: Der Private darf sich und andere dort vor einem rechtswidrigen Angriff verteidigen, wo der Staat den Angriff nicht wirksam oder nicht rechtzeitig abwehren kann. In Betracht kommen die rechtlich streng eingehegten Tatbestände der Notwehr, der Nothilfe und der Selbsthilfe.

Eine *Notwehrhandlung* (§ 32 StGB) umfasst die Verteidigung gegen rechtswidrige gegenwärtige oder wenigstens unmittelbar bevorstehende Angriffe auf Leib, Leben, Vermögen und Ehre. Der Verteidiger darf den Angreifer, wenn etwa eine Körperverletzung anders nicht abzuwehren ist, auch schwer verletzten und im Extremfall sogar töten. Dahinter steht der Grundsatz, dass das Recht dem Unrecht nicht zu weichen braucht. Die *Nothilfe* ist die Verteidigung eines anderen, der in seinen Rechtsgütern aktuell bedroht ist. Die im Bürgerlichen Gesetzbuch verankerte *Selbsthilfe* (§ 229 BGB) besteht in der Wegnahme, Zerstörung oder Beschädigung einer Sache sowie in der Festnahme eines fluchtverdächtigten Schuldners, wenn ohne dieses Eingreifen die Verwirklichung eines Anspruches vereitelt oder erschwert würde.

Das staatliche Gewaltmonopol ist die einzige historisch erprobte Garantie des inneren Friedens und der einzige Schutz vor ungezügelter Gewalt gegenüber den Schwachen. Die Alternativen zum Gewaltmonopol sind daher erschreckend: Die Herrschaft krimineller Banden, der Krieg zwischen paramilitärischen Verbänden, die Unterdrückung der Schwachen durch die Starken (Stolleis 2004, 585).

Wenn also jede gesellschaftliche Gruppe berechtigt wäre, überall dort, wo sie glaubt, Anlass zur Unzufriedenheit oder zur Auflehnung zu haben, dies mit Gewalt dem Staat und allen anderen Bürgern gegenüber auszudrücken und durchzusetzen, wäre das rechtliche wie gesellschaftliche Chaos perfekt. Es würde das Recht des jeweils Stärkeren gelten (Scholz 1983, 708). Nur der Staat vermag die Gleichheit in der Sicherheit zu gewährleisten.

Das Gewaltmonopol und damit die innere Sicherheit sind gefährdet, wenn illegaler Privatgewalt nicht in erforderlichem Maße entgegengetreten wird. Hat illegale Gewalt erst einmal gesiegt, fühlt sie sich zu weiterer Aggression eingeladen. Das Vertrauen der Bevölkerung in den staatlichen Schutz schwindet. Bürgerwehren versuchen, den fehlenden staatlichen Schutz zu ersetzen. Staatsgewalt und innere Sicherheit erodieren (Götz 1988, 1026).

Ebenso ist die innere Sicherheit gefährdet, wenn die Propagierung einer von staatlicher Herrschaft freien Gesellschaft auf fruchtbaren Boden fällt. Es hätte eine gefährliche Illusion gesiegt, die nur dem „Kampf aller gegen alle" Vorschub leistet.

Schließlich läuft auch die Behauptung eines Rechts zum begrenzten Rechtsbruch, zum zivilen Ungehorsam und zur „Gegengewalt" gegen staatliche Gewalt auf eine Delegitimierung der staatlichen Gewalt hinaus. Jeder Versuch, mit dem Staat konkurrierende Gewaltrechte zu rechtfertigen, läuft auf eine Schwächung des staatlichen Gewaltmonopols und damit der inneren Sicherheit hinaus (Matz 1986, 338, 343; Stolleis 2004, 573 f.).

3.4 Individuelle Freiheit

Aus der engen Beziehung zur Menschenwürde als dem höchsten Wert der Verfassung ergibt sich der hohe Rang der individuellen Freiheit. Sie ist die wegweisende Konkretisierung der Menschenwürde. Sie legt ferner die staatliche Gewalt und die von ihr hervorgebrachte Rechtsordnung auf eine prinzipielle Freiheitsvermutung fest. Die den Menschen gewährte Möglichkeit, Freiheit mit ihren Aussichten, aber auch ihren Risiken zu erfahren, macht die Humanität einer politischen Ordnung aus. Die enge Verbindung von Menschsein und Freiheit begründet einen Vorrang der Freiheit vor jeder mit politischem Zwang herbeigeführten „Ergebnisgleichheit" (Di Fabio 2001, 13 f., Rdnr. 1 f.).

Welches Freiheitsverständnis liegt dem Grundgesetz zugrunde? Worin besteht die freie Entfaltung der Persönlichkeit? Wo liegen ihre Grenzen? Welche Rechte bezeichnet die Freiheit der Person? Welchen Einschränkungen unterliegt diese Freiheit? Welche Möglichkeiten des Ein- und Ausreisens hält das Grundgesetz vor?

Die Bedeutung der individuellen Freiheit im Verfassungsdenken

Die individuelle Freiheit besteht aus zwei wesentlichen Komponenten. Sie ist zum einen *Handlungsfreiheit* und zum anderen *Bewegungsfreiheit*. Der Sinn der Handlungsfreiheit liegt in der Entfaltung der Persönlichkeit, d.h. in der Möglichkeit, sich nach eigenen Vorstellungen zu verwirklichen. Der Sinn der Bewegungsfreiheit liegt in der Mobilität, d.h. in der Möglichkeit, sich dort aufzuhalten, wo man sein möchte. Beide Freiheiten werden vom Grundgesetz gewährleistet.

Das Ideal der Persönlichkeitsentwicklung kann auf eine ehrwürdige Tradition zurückblicken. Schon Aristoteles sah den höchsten Zweck der politischen Gemeinschaft darin, die in jedem Menschen vorhandenen Anlagen zur Entfaltung zu bringen. Der Gedanke einer Entwicklung und Entfaltung der Persönlichkeit spielte auch in der Aufklärung eine wichtige Rolle.

Die Entfaltung der Persönlichkeit steht in einer engen Beziehung zur Selbstbestimmung und damit zur individuellen Freiheit. Hiernach bestimmt der Einzelne selbst, wie er sein Leben gestaltet und dabei seine Persönlichkeit entfaltet. Er braucht hierüber anderen keine Rechenschaft abzulegen. Seine in eigener Verantwortung getroffenen Entscheidungen werden grundsätzlich als maßgeblich anerkannt. Im Freiheitsgebrauch hat er aber Grenzen anzuerkennen. Seine Freiheit muss auf jeden Fall mit der Freiheit eines jeden anderen verträglich sein.

Grundsätzlich lässt sich eine *natürliche* von einer *gesetzlichen Freiheit* unterscheiden. Die natürliche Freiheit kennt keine anderen Grenzen als die Kräfte des Individuums. Diese Freiheit fragt nicht nach den anderen. Sie ist deshalb umso größer, je mehr das Individuum seine Wünsche erfüllen kann. Absolute natürliche Freiheit läge vor, wenn der Erfüllung beliebiger Wünsche keine Schranken gesetzt wären. Die gesetzliche Freiheit ist demgegenüber eine geregelte und gemeinverträgliche Freiheit. Sie schränkt die natürliche Freiheit ein. Dafür tauscht das Individuum ein Mehr an Sicherheit und Gerechtigkeit ein (Arnim 1984, 136 ff.).

Die philosophische Begründung einer gesetzlichen Freiheitsordnung leisteten die Gesellschaftsvertragstheorien der Aufklärungszeit. Die Theorien proklamierten, dass in die ursprünglich natürliche Freiheit nur in Form des Gesetzes und inhaltlich nur soweit eingegriffen werden dürfe, wie es ein offensichtlich vernünftiger Zweck des staatlichen Zusammenlebens erfordere. Mit dieser Überzeugung beeinflussten sie die Verfassungen Ende des 18. Jahrhunderts, in denen die Verankerung der gesetzlichen Freiheit folglich eine starke Rolle spielte. Während aber die Virginia Bill of Rights aus dem Jahr 1776 nur ein allgemeines Freiheitsbekenntnis enthielt, brachte die französische Erklärung der Menschen- und Bürgerrechte von 1789 in Artikel 4 die Sozialbindung der Freiheit deutlich zum Ausdruck: „Die Freiheit besteht darin, alles tun zu können, was einem anderen nicht schadet. So hat die Ausübung der natürlichen Rechte eines jeden Menschen nur die Grenzen, die den anderen Gliedern der Gesellschaft den Genuss der gleichen Rechte sichern. Diese Grenzen können allein durch Gesetz festgelegt werden."

Die neuzeitlichen individualistischen Naturrechtslehren leiteten den Staat aus dem Individuum ab und stellten den Staat in den Dienst individueller Interessen. Sie zogen eine scharfe Grenzlinie zwischen Staat und Individuum und begrenzten die Zuständigkeiten des Staates gegenüber dem Individuum. Die Privatsphäre wurde so in Stellung gegen die staatliche Omnipotenz gebracht. John Locke als prominenter Vertreter dieses Denkens betrachtete die Freiheit des individuellen Handelns als die Regel und die Beschränkung des Individuums durch das Gesetz als die Ausnahme.

Nach der im 19. Jahrhundert auch in Deutschland herrschenden individualistischen Staatszwecklehre bildete die Erhaltung und Sicherung individueller Freiheit und Sicherheit den die Staatsgewalt konstituierenden und zugleich begrenzenden Staatszweck. Soweit die persönliche Freiheit danach außerhalb staatlicher Zugriffsmöglichkeiten lag, galt sie, der herkömmlichen Naturrechtsvorstellung folgend, als vorstaatlich und von staatlicher Einwirkung frei. Auch später noch blieb die persönliche Freiheit die umfassend angelegte, vorstaatliche Handlungsfreiheit.

Auf diesem Freiheitsbegriff beruhte auch Artikel 114 der Weimarer Reichsverfassung: „Die Freiheit der Person ist unverletzlich. Eine Beeinträchtigung oder Entziehung der persönlichen Freiheit durch die öffentliche Gewalt ist nur auf Grund von Gesetzen zulässig." Die Unverletzlichkeit der Freiheit der Person wurde als Freiheit vom Staat verstanden, so dass gesetzliche Regelungen automatisch den Akzent einer Freiheitsminderung trugen.

Die Entstehungsgeschichte des Freiheitsgrundrechts in Artikel 2 GG scheint an diese Traditionslinie anzuknüpfen. Immerhin lautete Artikel 2 Abs. 2 des Entwurfes von Herrenchiemsee: „Jedermann hat die Freiheit, innerhalb der Schranken der Rechtsordnung und der guten Sitten alles zu tun, was anderen nicht schadet." Die Entwurfsfassung im Parlamentarischen Rat lautete ganz ähnlich: „Jedermann ist frei zu tun und zu lassen, was die Rechte anderer nicht verletzt und nicht gegen die verfassungsmäßige Ordnung oder das Sittengesetz verstößt."

Das Grundgesetz formuliert den Freiheitsgrundsatz aber anders. Es spricht davon, dass jeder das Recht auf die freie Entfaltung seiner Persönlichkeit habe. Das Versprechen einer freien Entfaltung passt jedoch nicht zu der Vorstellung, zur Verwirklichung realer Freiheit bedürfe es lediglich der Abstinenz staatlicher Eingriffe oder allenfalls der gesetzlichen Regelung des individuellen Freiheitsgebrauchs. Die Freiheit im grundgesetzlichen Sinne kann nicht mehr einfach als Ausgrenzung aus dem Staat, sondern muss als ein von der Verfassung dem Einzelnen zugemessener Freiraum und ein dem Staat zur Verwirklichung aufgegebener Zweck begriffen werden. Das schließt gegebenenfalls staatliche Maßnahmen ein, welche die Voraussetzung schaffen, damit die Einzelnen ihre grundrechtliche Freiheit überhaupt nutzen können (Erichsen 1989, 1186 ff.).

Mit der Gewährleistung der freien Entfaltung der Persönlichkeit enthält das Grundgesetz nicht nur einen Leitsatz für die Auslegung des von der Verfassung angestrebten Verhältnisses des Staates zum Individuum. Es enthält damit auch eine Grundentscheidung, die Prägekraft für das Verständnis der gesamten Rechtsordnung entfaltet. So sind die im Grundrechtsteil des Grundgesetzes ausgebreiteten Freiheitsrechte wie etwa die Glaubens-, die Meinungs- und die Berufswahlfreiheit Konkretisierungen der Entfaltung der Persönlichkeit.

Die freie Entfaltung der Persönlichkeit und ihre Grenzen

Das Recht auf die freie Entfaltung der Persönlichkeit ist die erste und allgemeinste Freiheitsgewährleistung des Grundgesetzes. Freie Entfaltung verlangt Handlungsfreiheit. Diese wiederum ist nur dann wirklich gegeben, wenn sie offen ist, also keine auf den Inhalt der Freiheitsbetätigung bezogenen Begrenzungen enthält.

Artikel 2 GG:
(1) Jeder hat das Recht auf die **freie Entfaltung seiner Persönlichkeit**, soweit er nicht die **Rechte anderer** verletzt und nicht gegen die **verfassungsmäßige Ordnung** oder das **Sittengesetz** verstößt.
(2) [...]

Der Ausdruck „Persönlichkeit“ enthält eine positive Aussage über die Individualität des Menschen. Mit dem Recht auf Entfaltung wird ein Freiraum für individuelles Verhalten gewährleistet, das dem betreffenden Menschen zurechenbar ist. Es wird ein Freiraum zu eigener, bewusster und gestaltender Selbstentfaltung eröffnet. Das impliziert die Freiheit zur Entfaltung nach je eigenem Entwurf, eigenen Anlagen und Möglichkeiten. Es gibt keine religiös oder weltanschaulich geformte Vorgabe eines Persönlichkeitsbildes. Das Grundgesetz ist in dieser Hinsicht werteneutral.

Das Recht zur freien Entfaltung der Persönlichkeit umfasst den ganzen Umfang persönlicher Betätigung, also *geistige*, *künstlerische*, *sportliche* und *wirtschaftliche* Aktivitäten. Es bleibt dem Einzelnen dabei überlassen, was er aus seiner Freiheit macht, ob er aktiv oder passiv ist.

Zur Handlungsfreiheit zählt auch die Selbstbestimmung im Rechtsleben. Ein wesentlicher Bestandteil dieser Selbstbestimmung ist die *Vertragsfreiheit*. Ein weiterer

Aspekt der Handlungsfreiheit ist die Freiheit der wirtschaftlichen Betätigung, wozu an prominenter Stelle die *unternehmerische Dispositionsfreiheit* gehört. Die freie Entfaltung der Persönlichkeit verträgt sich mithin nicht mit einer Wirtschaftsordnung, die den Wirtschaftssubjekten keinen Freiraum für selbstverantwortliche Entscheidungen belässt (Di Fabio 2001, 88 ff., Rdnr. 76 ff.). Schließlich lässt sich aus dem Recht auf freie Entfaltung der Persönlichkeit das sogenannte *allgemeine Persönlichkeitsrecht* ableiten. Dieses Recht sichert im Sinne der Menschenwürde die engere persönliche Lebenssphäre und schützt die Integrität der menschlichen Person. Als Recht der Selbstbestimmung von Art und Ausmaß dessen, was ein Mensch der Öffentlichkeit über sich preisgibt, hebt es sich von den eher aktiven Elementen der Entfaltungsfreiheit ab (Erichsen 1989, 1208).

Die Entfaltung der Persönlichkeit ist zunächst selbstbezogen und auf Freiheit von staatlichen Eingriffen gerichtet. Andererseits sind die Möglichkeiten der Entfaltung des isolierten Individuums durchaus beschränkt. Der Einzelne erfährt eine Erweiterung seiner Entfaltungsbemühung erst im Miteinander, im Bezug und Kontakt mit anderen. Diese soziale Dimension der Persönlichkeitsentfaltung verlangt eine rechtliche Harmonisierung der Freiheitsbetätigung der Menschen (Erichsen 1989, 1193 f.).

Die freie Entfaltung der Persönlichkeit ist als typisches Freiheitsrecht in erster Linie ein *Abwehrrecht.* Es schützt den privaten Bereich des Individuums vor Eingriffen durch die staatliche Gewalt. Staatliche Eingriffe in den Persönlichkeitsbereich sind also rechtfertigungsbedürftig (Di Fabio 2001, 55, Rdnr. 48). Die freie Entfaltung der Persönlichkeit begründet im Ansatz aber auch ein *soziales Anspruchsrecht.* Freiheit setzt nämlich voraus, dass man über die materiellen Bedingungen des Freiheitsgebrauchs verfügt. Es gibt also insofern einen Anspruch auf positive Leistungen des Staates, als dass dem Einzelnen das Existenzminimum gesichert sein muss. Anderenfalls fehlte der Persönlichkeitsentfaltung die Basis. Davon abgesehen lassen sich Artikel 2 GG keine weiteren Staatsleistungen entnehmen. Die öffentliche Gewalt ist jedenfalls nicht verpflichtet, dem Einzelnen die Mittel für ein Leben nach seinen Vorstellungen und Zielen bereitzustellen (Zippelius/Würtenberger 2008, 245).

Kein Grundrecht spricht den Freiheitsgedanken so allgemein, damit aber auch so unbestimmt aus wie Artikel 2 Abs. 1 GG. Der Schutz speziell thematisierter Freiheiten ist Gegenstand der nachfolgenden Grundrechte. Diese regeln die ihnen zugeordneten Sachbereiche detailliert und abschließend. Es liegt deshalb nahe, im Recht auf freie Entfaltung der Persönlichkeit ein sogenanntes *Auffanggrundrecht* zu sehen. Es kommt nur dann zur Anwendung, wenn kein spezielles Grundrecht greift. Wenn ein besonderes Freiheitsrecht thematisch einschlägig ist, erübrigt sich der Rückgriff auf das allgemeine Freiheitsrecht des Artikels 2 Abs. 1 GG. Man spricht vom Vorrang der „lex specialis" vor der „lex generalis" (Erichsen 1989, 1196 f.).

Das Recht auf freie Entfaltung der Persönlichkeit gilt nicht unbeschränkt. Es findet seine Grenzen in den Rechten anderer, in der verfassungsmäßigen Ordnung und im Sittengesetz.

Die *Rechte anderer* sind die subjektiven Rechte Dritter. Hierzu gehören die jedermann schützenden Grundrechte wie auch die jedermann zustehenden Rechte des Zivilrechts. Bloße Interessen anderer, seien sie wirtschaftlicher, ideeller oder politischer Art, gelten aber nicht als Rechte und beschränken folglich auch nicht die individuelle Entfaltung. Die Rechte anderer nicht zu verletzen verkörpert den allgemeinen Rechtsgrundsatz des „neminem laedere". Es wird letztlich zum Ausdruck gebracht, dass das Recht den Freiheitsraum des Einzelnen nur insoweit gewährleistet, als der Freiheitsraum anderer nicht verletzt wird. Diese Begrenzung ist jeder Freiheit immanent (Di Fabio 2001, 48 f., Rdnr. 44).

Die Rechte anderer haben als Begrenzungskriterium jedoch keine große praktische Bedeutung. Sie werden weitgehend vom Kriterium der *verfassungsmäßigen Ordnung* überlagert und verdrängt. Unter der verfassungsmäßigen Ordnung wird nämlich die Gesamtheit der ordnungsgemäß zustande gekommenen Rechtsnormen verstanden. Damit fallen die Rechte anderer auch unter die verfassungsmäßige Ordnung.

Man könnte die Vermutung hegen, dass die freie Entfaltung der Persönlichkeit zu einem „leerlaufenden Grundrecht" absinken muss, wenn ihr das gesamte Recht als Begrenzung gegenübersteht. Dies ist jedoch nicht der Fall, da das Grundgesetz Vorsorge dagegen getroffen hat, dass Grundrechte ausgehöhlt werden. Der Gesetzgeber muss in seiner legislativen Arbeit nämlich berücksichtigen, dass er kein Grundrecht in seinem Wesensgehalt antasten darf. Dies schreibt Artikel 19 Absatz 2 GG zwingend vor, und deshalb bleibt für die freie Entfaltung der Persönlichkeit ein Kernbereich privater Lebensgestaltung auf jeden Fall gewährleistet (Seifert/Hömig 1999, 59).

Das *Sittengesetz* spielt als eigenständige Schranke für die freie Entfaltung der Persönlichkeit nur eine sehr untergeordnete Rolle. Das hängt damit zusammen, dass der Inhalt des Sittengesetzes nur schwer bestimmbar ist. Das Sittengesetz lässt sich kaum in einer Weise konkretisieren, die eine hinreichende Sicherheit für das Verbot bestimmter Freiheitsbetätigungen bietet.

Als Sittengesetz könnte man den Inbegriff der in der Verfassung manifestierten ethischen Werte betrachten. Zu diesen ethischen Werten gehören an vorderster Stelle die Menschenwürde und die Menschenrechte. Man könnte auch die mehrheitlich konsensfähigen sittlichen Vorstellungen zum Sittengesetz zählen. Diese Vorstellungen sind allerdings dem Wandel des sittlichen Bewusstseins der Gesellschaft unterworfen. Der Verweis auf das Sittengesetz erinnert ferner generell an die das Grundgesetz bestimmenden ethischen Traditionen. Schließlich wird in der Rechtsfigur des Sittengesetzes die sittliche Grenze des Freiheitsgebrauchs sichtbar gehalten.

Die Freiheit der Person und ihre Einschränkungen

Artikel 2 Abs. 2 GG gewährleistet die *Freiheit der Person*. Geschützt ist mit dieser Bestimmung die körperliche Bewegungsfreiheit, d.h. das Recht, einen beliebigen Ort aufzusuchen und zu verlassen. Niemand darf durch die öffentliche Gewalt gegen seinen

Willen daran gehindert werden, einen Ort aufzusuchen oder sich dort aufzuhalten, welcher der Allgemeinheit zugänglich ist.

> Artikel 2 GG:
> (1) [...]
> (2) Jeder hat das Recht auf Leben und körperliche Unversehrtheit. Die **Freiheit der Person** ist unverletzlich. In diese Rechte darf nur auf Grund eines Gesetzes eingegriffen werden.

Das Grundrecht der Freiheit der Person steht in der Tradition des Habeas-Corpus-Rechts: Das Grundrecht soll vor *ungerechtfertigten* Verhaftungen und Freiheitsentziehungen schützen. Typische Beschränkungen der Freiheit der Person stellen neben der Verhaftung die Festnahme, das polizeiliche Gewahrsam, die zwangsweise Unterbringung in einer Anstalt, die Untersuchungshaft und die Strafhaft dar. Ein Eingriff in die Freiheit der Person liegt folglich dann vor, wenn die körperliche Bewegungsfreiheit physisch, d.h. durch unmittelbaren Zwang, eingeschränkt wird.

In das Grundrecht auf Freiheit der Person darf durch Gesetze eingegriffen werden. Da die Freiheit ein sehr hohes Rechtsgut ist, rechtfertigen nur wichtige Gründe einen Eingriff. Zu diesen Gründen zählen maßgeblich die Zwecke des Strafrechts. Die im Strafrecht vorgesehenen Eingriffe in die Freiheit des Straftäters dienen dem Schutz der Allgemeinheit und sind dadurch legitimiert. Diesem Ziel dient auch die Anstaltsunterbringung von gemeingefährlichen Geisteskranken.

Weil die Entziehung der Freiheit einen tiefgreifenden Einschnitt für den Betroffenen bedeutet, regelt das Grundgesetz die entsprechenden Verfahren eingehend in einem eigenen Artikel.

> Artikel 104 GG:
> (1) Die **Freiheit der Person** kann nur auf Grund eines förmlichen Gesetzes und nur unter Beachtung der darin vorgeschriebenen Formen **beschränkt** werden. **Festgehaltene Personen** dürfen weder seelisch noch körperlich misshandelt werden.
> (2) Über die Zulässigkeit und Fortdauer einer **Freiheitsentziehung** hat nur der Richter zu entscheiden. Bei jeder nicht auf richterlicher Anordnung beruhenden Freiheitsentziehung ist unverzüglich eine richterliche Entscheidung herbeizuführen. Die Polizei darf aus eigener Machtvollkommenheit niemanden länger als bis zum Ende des Tages nach dem **Ergreifen** in eigenem **Gewahrsam** halten. Das Nähere ist gesetzlich zu regeln.
> (3) Jeder wegen des Verdachtes einer strafbaren Handlung **vorläufig Festgenommene** ist spätestens am Tage nach der Festnahme dem Richter vorzuführen, der

ihm die Gründe der Festnahme mitzuteilen, ihn zu vernehmen und ihm Gelegenheit zu Einwendungen zu geben hat. Der Richter hat unverzüglich entweder einen mit Gründen versehenen schriftlichen **Haftbefehl** zu erlassen oder die Freilassung anzuordnen.
(4) [...]

Artikel 104 GG steht in unlösbarem Zusammenhang mit Artikel 2 Abs. 2 GG. Dies zeigt sich unmittelbar daran, dass der Artikel diverse Eingriffe in die Freiheit der Person anspricht: „Beschränken", „Ergreifen", „vorläufige Festnahme", „Festhalten", „In-Gewahrsam-Halten" und „Freiheitsentziehung". Artikel 104 GG unternimmt es, an Freiheitsbeschränkungen und Freiheitsentziehungen besonders hohe rechtsstaatliche Anforderungen anzulegen. Auf diese Weise soll jeder Eingriff in die Freiheit berechenbar, messbar und kontrollierbar sein. Jeder staatliche Willkürakt soll ausgeschlossen sein (Grabitz 1989, 112, 119).

Vorbild für die Bestimmungen in Artikel 104 GG ist die Habeas-Corpus-Akte. In diesem englischen Gesetz aus dem Jahr 1679 war festgelegt worden, dass jeder Gefangene auf Verlangen binnen drei Tagen nach seiner Verhaftung persönlich dem Gericht vorzuführen sei, das ihm dann die wahren Gründe seiner Gefangennahme mitzuteilen hatte.

Die Freiheitsbeschränkung und die Freiheitsentziehung unterscheiden sich in der Intensität, mit der in die Freiheit eingegriffen wird. Sie unterscheiden sich auch darin, dass Erstere durch Gesetz vorgenommen werden kann, der Politik also ein gewisser Spielraum bleibt, während Letztere bereits sehr detailliert in Artikel 104 GG geregelt ist.

Eine *Freiheitsbeschränkung* liegt vor, wenn der Einzelne gegen seinen Willen von der öffentlichen Gewalt in seiner körperlichen Bewegungsfreiheit behindert wird. Im Unterschied zur Freiheitsentziehung wird die Bewegungsfreiheit nicht in jeder, sondern nur in einer bestimmten Richtung beschränkt. Eine Freiheitsbeschränkung liegt beispielsweise vor, wenn Jugendlichen untersagt wird, Gaststätten und Spielhallen zu betreten und bestimmte Filmveranstaltungen zu besuchen.

Eine *Freiheitsentziehung* bedeutet den völligen Entzug der körperlichen Bewegungsfreiheit. Sie besteht in der Einschließung auf engem Raum. Die Freiheitsentziehung gibt es in unterschiedlichen Graden. Sie reichen vom Ergreifen über das In-Gewahrsam-Halten und die vorläufige Festnahme bis zur eigentlichen Freiheitsentziehung in Gestalt der Untersuchungshaft, der Strafhaft und der Anstaltsunterbringung. Das rechtsstaatliche Moment zeigt sich darin, dass nur der von Weisungen unabhängige Richter über eine dauerhafte Freiheitsentziehung entscheiden darf. Auf diesem Wege wird verhindert, dass der schwerste Eingriff in die Freiheit eines Menschen von weisungsgebundenen Behörden wie der Polizei oder dem Justizvollzug abhängt (Zippelius/Würtenberger 2008, 268 ff.).

Eine besondere Spannung zum Grundrecht auf Freiheit der Person liegt in der Einrichtung der *Untersuchungshaft* vor. Die Anordnung der Haft gegen einen einer Straftat lediglich Verdächtigen steht in krassem Widerspruch zum Freiheitsanspruch des Menschen. Die Entziehung der persönlichen Freiheit dürfte in einem Rechtsstaat eigentlich nur erfolgen, wenn der Betroffene rechtskräftig verurteilt wurde. Allerdings steht dem Freiheitsanspruch des Einzelnen das legitime Bedürfnis der Rechtsgemeinschaft nach einer wirksamen Strafverfolgung gegenüber. Wäre es den Strafverfolgungsbehörden ausnahmslos untersagt, der Tat dringend Verdächtige aufgrund von Flucht- oder Verdunkelungsgefahr schon vor der Verurteilung festzunehmen, müsste die Strafverfolgung in vielen Fällen scheitern. Eine Untersuchungshaft erscheint deshalb gerechtfertigt. Ihre Dauer darf aber die voraussichtliche Freiheitsstrafe nicht überschreiten (Grabitz 1989, 129 f.).

Die Freizügigkeit innerhalb Deutschlands und die Auswanderungsfreiheit

Die Deutschen genießen zwei weitere Freiheitsrechte, die als Ausfluss der Bewegungsfreiheit gelten können. Es sind dies das Recht der Freizügigkeit innerhalb des Staatsgebietes und das Recht zur Ausreise und zur Auswanderung aus dem Staatsgebiet. Beiden Rechten scheint der Charakter evidenter Rechtswahrheiten zuzukommen. Gleichwohl gibt es viele Belege dafür, dass sie nicht überall auf der Welt anerkannt wurden und werden.

Die *Freizügigkeit* wird in Artikel 11 GG geregelt. Sie ist das Recht, unbehindert durch die Staatsgewalt an jedem Ort innerhalb des Bundesgebietes Aufenthalt und Wohnung zu nehmen. Freizügigkeit umfasst ein statisches und ein dynamisches Element: Sie erlaubt sowohl das Verbleiben an einem Ort als auch den Ortswechsel. Gewährleistet ist vor allem der freie Zug von Land zu Land, von Gemeinde zu Gemeinde, aber auch von Wohnung zu Wohnung innerhalb einer Gemeinde. Das Recht der Freizügigkeit schützt das Nicht-Wegziehen-Müssen, d.h. das Recht auf Verbleiben am Ort der eigenen Wahl. Ebenso greifen die Zwangsumsiedlung sowie die Zwangseinweisung in eine Wohnung in das Grundrecht der Freizügigkeit ein. Zur Freizügigkeit gehört schließlich die Freizügigkeit *in* das Bundesgebiet, also die *Einreise-* und *Einwanderungsfreiheit* (Seifert/Hömig 1999, 145 f.).

Die Freizügigkeit gilt als wesentlicher Bestandteil persönlicher und wirtschaftlicher Freiheit. Zwar bedarf es in einem freiheitlichen Staat nicht des Ortswechsels, um politischem Zwang oder religiöser Gewissensnot zu entgehen. Andererseits kann der Wohnsitzwechsel durchaus Voraussetzung persönlicher oder geistiger Entfaltung sein. Die Freizügigkeit ist aber ohne Zweifel eine unverzichtbare Voraussetzung für die effektive Ausübung wirtschaftlicher Grundrechte, wie es die *Berufsfreiheit* und das *Eigentumsrecht* sind. Ohne Freizügigkeit könnte etwa der Beruf eigener Wahl nicht dort ausgeübt werden, wo Arbeitskräfte gebraucht werden. Der Schutz des Eigentums wäre beeinträchtigt, könnte das Vermögen bei Wohnortwechsel nicht transferiert werden. Ohne Freizügigkeit könnte man auch keine Grundstücke an beliebigen Orten erwerben (Hailbronner 1989, 150 f.).

> Artikel 11 GG:
> (1) Alle Deutschen genießen **Freizügigkeit** im ganzen Bundesgebiet.
> (2) Dieses Recht darf nur durch Gesetz oder auf Grund eines Gesetzes und nur für die Fälle eingeschränkt werden, in denen eine ausreichende Lebensgrundlage nicht vorhanden ist und der Allgemeinheit daraus besondere Lasten entstehen würden oder in denen es zur Abwehr einer drohenden Gefahr für den Bestand oder die freiheitliche demokratische Grundordnung des Bundes oder eines Landes, zur Bekämpfung von Seuchengefahr, Naturkatastrophen oder besonders schweren Unglücksfällen, zum Schutze der Jugend vor Verwahrlosung oder um strafbaren Handlungen vorzubeugen, erforderlich ist.

Die Freizügigkeit ist durch einen langen, diskontinuierlichen Entwicklungsprozess gekennzeichnet. Im Mittelalter war das Recht der Freizügigkeit ein exklusives Statusmerkmal der Schicht der Freien. Diesem Recht stand eine mit vielfältigen Unterschieden ausgestaltete Bindung an die Scholle jener Schicht der Unfreien gegenüber, die einer Lehnsherrschaft unterworfen waren. Im Spätmittelalter dehnten die Landesherren die persönliche Abhängigkeit der Bauern auch über ursprünglich Freie aus.

Erst Ende des 18. Jahrhunderts gab es in Deutschland einen Trend zur Abschaffung der Beschränkungen der Freizügigkeit. Die entsprechenden Bestrebungen standen aber nicht im Zeichen emanzipatorischer Befreiung, sondern waren ökonomisch als Instrument zur Mobilität von Arbeitskräften motiviert. Ökonomische Akzente trug auch die Freizügigkeit in § 133 der Paulskirchenverfassung von 1849: „Jeder Deutsche hat das Recht, an jedem Orte des Reichsgebietes seinen Aufenthalt und Wohnsitz zu nehmen, Liegenschaften jeder Art zu erwerben und darüber zu verfügen, jeden Nahrungszweig zu betreiben, das Gemeindebürgerrecht zu gewinnen." Mit ähnlichen Worten versah auch die Weimarer Reichsverfassung in Artikel 111 das Recht der Freizügigkeit (Durner 2007, 11 ff., Rdnr. 6 ff.).

Mit der Machtergreifung des nationalsozialistischen Regimes wurde die Freizügigkeit als typisch liberales Freiheitsrecht ihrer Geltung weitgehend beraubt. Es galt der Grundsatz, dass es keine persönlichen Freiheiten des Einzelnen mehr gebe, die vom Staat zu respektieren seien. Der Einzelne wurde, etwa im System des Reichsarbeitsdienstes, verpflichtet, seine Freizügigkeit „den Erfordernissen und Aufgaben der Volksgemeinschaft zu unterstellen". Die Bauern wurden durch das Reichserbhofgesetz „wieder an die Scholle gebunden". Durch das Gesetz zur Regelung des Arbeitseinsatzes wurde 1934 die Freizügigkeit aus arbeitspolitischen Gründen eingeschränkt. Das Gesetz bezweckte, der Abwanderung von landwirtschaftlichen Arbeitern Einhalt zu gebieten und den Arbeitseinsatz zwischen Stadt und Land zu regulieren (Hailbronner 1989, 140 f.).

Nach Ende des Zweiten Weltkrieges wurde die Freizügigkeit durch zahlreiche alliierte Kontrollratsgesetze sowie durch landesrechtliche und kommunale Zuzugsbestimmungen erheblich eingeschränkt. Hintergrund waren die Wohnungsknappheit und die kriegsbedingten Flüchtlingsströme. Diese mobilitätsfeindlichen Rahmenbedingungen prägten auch die Beratungen im Parlamentarischen Rat. Es gab Stimmen in diesem Gremium, die das Recht auf Freizügigkeit unerwähnt lassen wollten, weil die obwaltenden Umstände die Verwirklichung dieses Grundrechts ausschließen würden. Der Parlamentarische Rat erachtete die Garantie der Freizügigkeit gleichwohl für notwendig, um einen Schutz gegen willkürliche Maßnahmen und Abschließungsbestrebungen einzelner Länder oder Gebiete zu gewähren (Durner 2007, 21 f., Rdnr. 26 f.).

In den Einschränkungen der Freizügigkeit sind die Versorgungsprobleme der Nachkriegszeit noch zu erkennen. Wenn jemand nicht in der Lage ist, seinen Lebensmindestbedarf selbst zu erwerben und daraus der Allgemeinheit in dem betreffenden Gebiet besondere Lasten erwachsen, kann ein Zuzug verweigert werden. In einem prosperierenden Land scheint dieser Vorbehalt jedoch obsolet zu sein. Allerdings kann der Vorbehalt für den Fall massenhafter Zuwanderungen oder großer Flüchtlingsströme wieder aktuell werden (Hailbronner 1989, 170 f.).

Eingeschränkt werden kann die Freizügigkeit auch aus Gründen des inneren Notstandes, wie es Naturkatastrophen, große Unglücksfälle und Seuchen sind. Ein innerer Notstand liegt aber auch vor, wenn der Bestand oder die politische Ordnung Deutschlands akut gefährdet ist. Im inneren Notstand können Evakuierungen, die Errichtung von Sperrbezirken und Zuzugsbeschränkungen erforderlich sein.

Schließlich kann die Freizügigkeit für Jugendliche beschränkt werden, wenn eine Verwahrlosung zu befürchten ist. Das auf dieser Basis erlassene Jugendgerichtsgesetz ermächtigt etwa den Jugendrichter, dem Jugendlichen zur Förderung und Sicherung seiner Erziehung Weisungen zu erteilen, die sich auf den Aufenthaltsort oder das Wohnen bei einer Familie oder in einem Heim beziehen (Durner 2007, 81 ff., Rdnr. 144 ff.).

Das Grundgesetz erwähnt die *Auswanderungs-* und *Ausreisefreiheit* nicht ausdrücklich. Es besteht gleichwohl Einigkeit darüber, dass auch diese Freiheit den Schutz der Verfassung genießt. Sie gilt aber nicht als Ausfluss von Artikel 11 GG, sondern von der in Artikel 2 GG gewährleisteten Handlungsfreiheit. Denn Artikel 11 GG spricht nur von der Freizügigkeit *im* Bundesgebiet (Hailbronner 1989, 176). Explizit thematisiert wird die Auswanderung nur im Grundgesetzabschnitt über die Gesetzgebung des Bundes.

Artikel 73 GG:
(1) Der Bund hat die ausschließliche Gesetzgebung über:
[...]
3. die **Freizügigkeit**, das Passwesen, das Melde- und Ausweiswesen, die **Ein- und Auswanderung** und die Auslieferung; [...]
(2) [...]

In den Gesellschaftsvertragstheorien des 17. und 18. Jahrhunderts, aus denen sich die moderne Demokratie entwickelte, galt die Auswanderungsfreiheit als eine besonders wichtige Seite der Freiheit. Die Vertragstheoretiker vertraten den Gedanken, die Person dürfe nur kraft eigener Entscheidung einer Staatsgewalt unterworfen sein. Das implizierte, dass grundsätzlich jeder, der sich mit dem ihn umgebenden politischen System nicht mehr abfinden wollte, die Freiheit haben musste, den betreffenden Staat zu verlassen.

Beeinflusst vom Vertragsdenken formulierte die französische Verfassung von 1791 das Recht zum Verlassen des Staatsgebietes, genauso aber auch ein Bleiberecht. Als „natürliche und zugleich bürgerliche Freiheit" garantierte sie in Titel 1 „die Freiheit jedes Menschen zu gehen, zu bleiben, zu reisen".

Die Weimarer Reichsverfassung berechtigte in Artikel 112 jeden Deutschen, „nach außerdeutschen Ländern auszuwandern." Sie versah dieses Recht aber mit einem Gesetzesvorbehalt: „Die Auswanderung kann nur durch Reichsgesetz beschränkt werden." Auf dieser Grundlage erließ der Reichspräsident im Jahr 1931 eine Notverordnung, welche die Auswanderungsfreiheit zur Verhinderung von „Kapitalflucht" indirekt beschränkte. Es wurde nämlich eine Reichsfluchtsteuer eingeführt, die jedem Auswanderer ein Viertel seines Vermögens abverlangte. Als Lenkungsinstrument zielte diese Steuer auf die Eindämmung der Auswanderung (Durner 2007, 19 f., Rdnr. 23 f.).

Das bleibende Ergebnis der Gesellschaftsvertragstheorien ist die Einsicht in den Menschenrechtscharakter der Auswanderungsfreiheit. Freiheitliche Staaten räumen ihren Bürgern daher die Auswanderungsfreiheit ein. Damit kehren sie sich von Ordnungsmodellen ab, in denen die Obrigkeit sich das Recht anmaßt, über Menschen wie über ein Besitztum zu verfügen. Die Freiheit auszuwandern ist die äußerste Probe darauf, ob ein Staat den elementarsten Teil der Selbstbestimmung seiner Bürger achtet, nämlich die Freiheit, sich von einem Staat loszusagen (Zippelius/Würtenberger 2008, 312).

3.5 Rechtliche Gleichheit

Das Prinzip der rechtlichen Gleichheit ergibt sich mit einer gewissen logischen Zwangsläufigkeit aus den Werten der Menschenwürde und der Freiheit. Denn diese Werte gewinnen nur dann Leben, wenn *jeder* einen rechtlichen Anspruch auf sie hat. Rechtliche Gleichheit bedeutet also Würde und Freiheit für *alle* und nicht nur für wenige Privilegierte. Rechtliche Gleichheit bedeutet dagegen nicht zwingend faktische Gleichheit, also die Ausstattung aller mit den gleichen Gütern. Die rechtliche Gleichheit stellt die Unterschiede in den körperlichen und geistigen Anlagen der Menschen wie auch in den angeeigneten Fähigkeiten und den erworbenen Gütern nicht prinzipiell in Frage.

Von der Gleichheitsidee geht eine große Faszinationskraft aus. Sie entfaltet ihre bewegende Kraft vor allem dann, wenn die rechtliche Ungleichbehandlung bestimmter Gruppen fragwürdig geworden ist. Die Idee kann sich mit der Forderung nach einer gleichen Verteilung von Eigentum und Besitz auch auf die wirtschaftliche Ordnung erstrecken. Damit gerät sie allerdings in Konflikt mit dem Freiheitsprinzip. Denn ungleiche Besitzverhältnisse sind, zumindest teilweise, das Ergebnis individueller Anstrengungen und Freiheitsausübung.

Welches Verständnis von Gleichheit hat das Grundgesetz? Muss die Gleichheit schematisch angewendet werden oder muss sie Rücksicht nehmen auf die jeweiligen persönlichen Lagen? Verlangt die Gleichheit einen Ausgleich für diejenigen, die benachteiligt sind?

Die Bedeutung der Gleichheit im Verfassungsdenken

Der Gleichheitsgedanke hat seinen Ursprung im Christentum. Die christliche Ethik vertritt die Vorstellung von der ursprünglichen Gleichheit aller, die Menschenantlitz tragen. Jeder Mensch ist Ebenbild Gottes. Es gibt keine unterschiedliche Berufung zum Heil, keine Verachteten, Ausgestoßenen und Ehrlosen.

Politische Relevanz erhielt der Gleichheitsgedanke erst in den Gesellschaftsvertragstheorien des 17. und 18. Jahrhunderts. Diese Theorien gingen von der natürlichen Freiheit und Gleichheit der Menschen aus: Im Naturzustand gibt es folglich keine Über- und Unterordnungen zwischen ihnen. Als Gleiche geben sie dem zur Staatsgründung führenden Gesellschaftsvertrag daher auch nur ihre Zustimmung, wenn dieser die Gleichheit wahrt. Im Vertrag wird der Staatsgewalt mithin die Aufgabe zugewiesen, die Gleichheit aller Menschen zu wahren oder die Gleichheit in Überwindung vorgefundener Verschiedenheiten herzustellen (P. Kirchhof 1992, 857, 866).

Der Einfluss der Gesellschaftsvertragstheorien ist in den Verfassungen Ende des 18. Jahrhunderts deutlich zu spüren. Die Virginia Bill of Rights aus dem Jahr 1776 formulierte in Abschnitt 1: „Alle Menschen sind von Geburt aus in gleicher Weise frei und unabhängig und besitzen bestimmte angeborene Rechte.“ Ganz ähnliche Worte fand Thomas Jefferson für die Eingangsworte der amerikanischen Unabhängigkeitserklärung aus demselben Jahr.

Im ständisch organisierten Europa richtete sich der Gleichheitssatz vor allem gegen historisch überkommene Vorrechte und damit Ungleichheiten. So hieß es in Artikel 1 der französischen Erklärung der Menschen- und Bürgerrechte von 1789: „Die Menschen sind und bleiben von Geburt frei und gleich an Rechten."

Viel deutlichere Worte fand die französische Verfassung von 1791. Im Vorspruch der Verfassung hieß es: „Es gibt keinen Adel mehr, keinen Hochadel, keine erblichen Unterschiede, keine Standesunterschiede, keine Lehnsherrschaft, keine Patrimonialgerichtsbarkeiten, keine Titel, Benennungen und Vorrechte, die davon herrührten, keinen Ritterordnen, keine Körperschaften oder Auszeichnungen, die Adelsproben erforderten oder die auf Unterschieden der Geburt beruhten, und keine andere Überlegenheit als die der öffentlichen Beamten in Ausübung ihres Dienstes. Kein öffentliches Amt kann mehr gekauft oder ererbt werden."

Im monarchischen Deutschland des 19. Jahrhunderts rückte die Idee staatsbürgerlicher Rechtsgleichheit zunehmend in den Vordergrund der Forderungen. Es ging dem nach Emanzipation drängenden Bürgertum um die Beteiligung aller an den öffentlichen Angelegenheiten, insbesondere um das Recht auf allgemeine und gleiche Wahlen, den gleichen Zugang zu den Staatsämtern, den Wegfall von Standesprivilegien und die Gleichheit der Steuerpflicht (P. Kirchhof 1992, 893 f.).

Für das Grundgesetz gilt: Der Gleichheitsgedanke ist in der Menschenwürde fundiert. Die Menschenwürde ist privilegienfeindlich und verlangt deshalb eine egalitäre Subjektstellung des Menschen. Sie verbietet, willkürliche Ungleichheiten zu schaffen. Sie erfordert stattdessen, bestehende Ungleichheiten zu beseitigen (Dürig 1973, 12, Rdnr. 5).

Die Forderung nach Beseitigung von Ungleichheiten wirft die prinzipielle Frage nach dem *Verhältnis von Freiheit und Gleichheit* auf. Üblicherweise wird von einem Gegensatz zwischen Freiheit und Gleichheit ausgegangen. Die Argumentation verläuft wie folgt: In einer politischen Ordnung der Freiheit entsteht gesellschaftliche Ungleichheit. In dieser Ordnung haben die Stärkeren, die Tüchtigeren, die Begabteren, die mit den günstigeren Startchancen freie Bahn, um Macht und Reichtum zu erlangen. Dadurch entstehen Ungleichheiten und Abhängigkeiten. Will man angesichts dieser Situation die Gleichheit fördern, so muss man die freie Entfaltung des Kräftespiels unterbinden, also die Freiheit einschränken, im Grenzfall sogar opfern. Also gibt es Freiheit auf Kosten der Gleichheit oder Gleichheit auf Kosten der Freiheit (Dürig 1973, 13, 63, Rdnr. 6, 127; Kriele 1980, 58; Starck 1987, 15).

In einer grundsätzlicheren Betrachtung stehen sich Freiheit und Gleichheit jedoch nicht gegenüber. Die Gleichheit ergänzt vielmehr die Freiheit in dem Sinne, dass die Freiheit allen zukommt: Jeder soll das gleiche Recht und die gleichen Möglichkeiten zur individuellen Selbstbestimmung haben. Der Gegenbegriff zur Gleichheit ist daher nicht die Freiheit, sondern das Privileg. Privilegien sind Vorrechte bestimmter Gruppen. Diese Vorrechte gehen mit mangelnden Rechten oder Freiheiten für andere einher, wie Sklaverei, Leibeigenschaft, ökonomische Ausbeutung, aber auch Ausschluss von politischer Beteiligung. Die Herstellung von Gleichheit meint die Überwindung von ungerechtfertigten Ungleichheiten mit dem Ziel der Freiheit für jedermann (Kriele 1980, 57).

Dies ist die Position des Grundgesetzes: Es räumt der Freiheit zwar den Vorrang vor der faktischen, d.h. ökonomisch-gesellschaftlichen Gleichheit ein, dafür will es aber die Gleichheit der Freiheit, gleichsam eine „Freiheits-Gleichheit" (Dürig 1973, 66, Rdnr. 134).

Das Gleichheitsprinzip drängt mit einer gewissen Zwangsläufigkeit zu einer Angleichung der tatsächlichen Lebensverhältnisse, zu einer Art *faktischen Gleichheit.* Wer nämlich in Armut und Elend lebt, ist nicht wirklich frei, sondern gezwungen, ständig und ausschließlich um die Erhaltung seiner Lebensgrundlagen besorgt zu sein. Daher ist die Überwindung gesellschaftlicher Armut und Abhängigkeit eine elementare Forderung der Gleichheit. Sie ist aber ebenso eine Forderung der Freiheit. Denn abhängig zu sein bedeutet, nicht frei zu sein. Wirkliche Freiheit verlangt daher, soziale Bedingungen herzustellen, die jedermann die Entfaltung der Persönlichkeit erlauben (Kriele 1980, 66).

Eine Politik, die faktische Gleichheit herstellen will, sieht sich allerdings dem „Paradox der Gleichheit" ausgesetzt. Eine solche Politik muss nämlich angesichts einer von Ungleichheiten bestimmten Sozialstruktur die Menschen rechtlich ungleich behandeln. Würde sie die Menschen in ihren unterschiedlichen Lagen weiterhin rechtlich gleich behandeln, ließe sie die faktischen Ungleichheiten bestehen oder verstärkte sie sogar. Es könnte sein, dass die Folgen einer rechtlichen Gleichbehandlung sozial Benachteiligte übermäßig hart treffen.

Vermeiden lässt sich das Paradox der Gleichheit nur, wenn die Politik entweder auf das Prinzip der rechtlichen Gleichheit oder das der faktischen Gleichheit verzichtet.

Für das Prinzip der rechtlichen Gleichheit spricht, dass es leichter und sicherer anzuwenden ist als das der faktischen Gleichheit. Wer faktische Gleichheit anstrebt, bevorzugt nicht nur die einen und benachteiligt die anderen, er muss auch vielfältige und unsichere Auswirkungen seiner Handlungen in Betracht ziehen. Deshalb spricht viel dafür, das Prinzip der rechtlichen Gleichheit nicht zugunsten des Prinzips der faktischen Gleichheit aufzugeben (Alexy 1985, 378 ff.).

Für den Gesetzgeber heißt das Beharren auf der rechtlichen Gleichheit nicht, dass er sich damit begnügen muss, vorgefundene tatsächliche Unterschiede in den sozialen Lagen passiv hinzunehmen. Sind diese Unterschiede mit den Erfordernissen der Gerechtigkeit unvereinbar, so hat er sie zu beseitigen. Die Beseitigung der sozialen Schieflagen ist aber Ausdruck des Sozialstaatsprinzips, nicht des Gleichheitsprinzips. Das Bundesverfassungsgericht stellte hierzu fest, das Sozialstaatsprinzip solle „schädliche Auswirkungen schrankenloser Freiheit verhindern und die Gleichheit fortschreitend bis zu dem vernünftigerweise zu fordernden Maße verwirklichen“ (BVerfGE 5, 85 (206)).

Der Gleichheitssatz und seine differenzierte Anwendung

Die Menschenwürde und die Freiheit kommen jedem Menschen zu. In dieser Hinsicht haben die Menschen die gleichen Rechtsansprüche. Da die Menschenwürde und die Freiheit das gesamte Grundgesetz und darüber hinaus die Rechtsordnung prägen, lässt sich daraus die Gleichbehandlung aller als ein tragendes Verfassungsprinzip ableiten. Dieses Prinzip ist in Artikel 3 GG verankert. Es verbietet eine *ungerechtfertigte* Verschiedenbehandlung von Personen.

Artikel 3 GG:
(1) Alle Menschen sind **vor dem Gesetz gleich**.
(2) [...] (3) [...]

Die in Artikel 3 Abs. 1 GG vorgeschriebene *Gleichheit vor dem Gesetz* könnte so ausgelegt werden, dass nur Verwaltung und Gerichte hieran gebunden wären, denn sie arbeiten mit den bestehenden Gesetzen. Dass die Menschen einen Anspruch darauf haben, dass die Gesetze ohne Ansehen der jeweils betroffenen Person in gleicher Weise angewendet werden, ist der sofort einleuchtende Inhalt der Verfassungsbestimmung.

Der Gesetzgeber scheint aber nicht ohne weiteres an die Vorschrift gebunden zu sein. Er ist wohl an die verfassungsmäßige Ordnung, nicht aber an die Gesetze gebunden, da er sie jederzeit ändern oder abschaffen kann. Dennoch unterliegt auch der Gesetzgeber dem Gleichheitssatz. Denn nur wenn er in den von ihm verabschiedeten Gesetzen die Gleichbehandlung verankert, ist sie für die Rechtsanwendung wirklich gesichert. Der Gleichheitssatz bindet also auch den Gesetzgeber.

Der Gleichheitssatz ist mit einer spezifischen Schwierigkeit verbunden. Sie besteht darin, dass es weder zwei Menschen noch zwei Sachverhalte gibt, die in jeder Beziehung einander gleich sind. Sie sind hinsichtlich bestimmter Eigenschaften gleich, in anderen Hinsichten aber ungleich. Wenn die Wirklichkeit aber aus Ungleichheiten besteht, der Gesetzgeber in seinen Gesetzen gleichwohl bestimmte Sachverhalte regeln will, die zudem für alle gelten sollen, kommt er nicht daran vorbei, das jeweils Ungleiche zu ignorieren, die maßgeblichen Sachverhalte zu generalisieren und die Adressaten des Gesetzes trotz ihrer unterschiedlichen Befindlichkeiten gleich zu behandeln. Gesetzliche Regelungen kommen kaum daran vorbei, zu generalisieren, d.h., Ungleiches zu egalisieren.

Der Gesetzgeber geht zu diesem Zweck von einem Gesamtbild aus, das sich aus den ihm vorliegenden Erfahrungen ergibt. Er generalisiert und typisiert mit dem Risiko, dass es im Einzelfall zu Wirkungen kommt, welche die Adressaten als ungerecht empfinden. Beispiele für Typisierungen sind pauschalisierte Freibeträge und Höchstbeträge im Steuerrecht sowie die Pflegestufen in der gesetzlichen Pflegeversicherung (Herzog 1996, 364, Rdnr. 25 f.).

Das Grundgesetz verlangt also vom Gesetzgeber die *Gleichbehandlung* an sich ungleicher oder zumindest nicht völlig gleicher Personen bzw. Sachverhalte. Weil die Wirklichkeit so stark aus Ungleichheiten besteht, handelt es sich bei Artikel 3 Abs. 1 GG weniger um einen Gleichheitssatz, sondern eher um einen Gleichbehandlungsgrundsatz (Herzog 1996, 353h ff., Rdnr. 2).

Das Gleichheitsprinzip fordert nun nicht, dass alle auf genau die gleiche Weise zu behandeln sind. Denn die Menschen sind in vielerlei Hinsicht eben doch sehr ungleich. Man denke nur an Unterschiede des Einkommens, der sozialen Lage und des Gesundheitszustandes. Andererseits kann der Gesetzgeber nicht jede Differenzierung und jeden Unterschied als maßgeblich berücksichtigen, wenn der Gleichheitssatz nicht sinnlos werden soll.

Die Lösung des Dilemmas lautet, dass wesentlich *Gleiches gleich* und wesentlich *Ungleiches ungleich* zu behandeln ist. Das Gleichheitsprinzip verbietet auf der einen Seite eine ungleiche Regelung gleicher Sachverhalte. Es lässt auf der anderen Seite eine Ungleichbehandlung nicht nur zu, sondern gebietet sie möglicherweise sogar, wenn bei Vorliegen von erheblichen Unterschieden vernünftige Gründe für eine unterschiedliche Behandlung sprechen. Solche vernünftigen Gründe können die Zweckmäßigkeit, ein politisch motivierter Regelungszweck, vor allem aber die Gerechtigkeit sein. Der Spielraum des Gesetzgebers „endet erst dort, wo die ungleiche Behandlung der geregelten Sachverhalte nicht mehr mit einer am Gerechtigkeitsgedanken orientierten Betrachtungsweise vereinbar ist, anders ausgedrückt: wo ein einleuchtender Grund für die gesetzliche Differenzierung fehlt“ (BVerfGE 9, 334 (337)).

Ein Beispiel für Ungleichbehandlung liefert das Steuerrecht mit seinen Unterschieden in der steuerlichen Belastung für Einkommensschwache und Einkommensstarke. Die progressive Steuer behandelt die Steuerpflichtigen ersichtlich ungleich.

Zwar verletzt eine solche Ungleichbehandlung das Prinzip einer schematischen Gleichheit. Sie entspricht aber der verhältnismäßigen oder *proportionalen Gleichheit.* Eine solche, schon von Aristoteles beschriebene Gleichheit berücksichtigt die Verschiedenheit der Menschen bei der Zumessung von Rechten und Pflichten in speziellen Rechtsgebieten (P. Kirchhof 1992, 876).

Für den Gesetzgeber kommt es bei der Anwendung des Gleichheitssatzes entscheidend darauf an, relevante und irrelevante Unterschiede auseinanderzuhalten. Wenn er sich einmal dazu entschieden hat, bestimmte Personengruppen oder Sachverhalte als „wesentlich gleich“ anzusehen, dann muss er sie auch gleich behandeln. Ob sie aber wirklich „wesentlich gleich“ sind, unterliegt seiner weitgehend ungebundenen und nur an der Willkürgrenze endenden Einschätzungsfreiheit. Dasselbe gilt für den Fall, wenn er etwas als „wesentlich ungleich“ erkannt hat. Dem Gleichheitssatz selbst lässt sich jedenfalls nicht entnehmen, was ein zureichender Grund für eine ungleiche Behandlung ist (P. Kirchhof 1992, 846; Herzog 1996, 362 f., Rdnr. 20 f.).

Der Gesetzgeber unterliegt bei einer Ungleichbehandlung von Personengruppen einer strengen Bindung. Denn der eigentliche Grundsatz lautet, dass alle Menschen vor dem Gesetz gleich sind. Dem Gesetzgeber ist willkürliches Handeln untersagt.

Schon in einer sehr frühen Entscheidung stellte das Bundesverfassungsgericht hierzu fest: „Der Gleichheitssatz ist verletzt, wenn sich ein vernünftiger, sich aus der Natur der Sache ergebender oder sonstwie sachlich einleuchtender Grund für die gesetzliche Differenzierung oder Gleichbehandlung nicht finden lässt, kurzum, wenn die Bestimmung als willkürlich bezeichnet werden muss" (BVerfGE 1, 14 (52)).

In einer späteren Entscheidung verschärfte das Gericht die Anforderungen an eine Ungleichbehandlung. Es führte zu Artikel 3 Abs. 1 GG aus: „Diese Verfassungsnorm gebietet, alle Menschen vor dem Gesetz gleich zu behandeln. Demgemäß ist dieses Grundrecht vor allem dann verletzt, wenn eine Gruppe von Normadressaten im Vergleich zu anderen Normadressaten anders behandelt wird, obwohl zwischen beiden Gruppen keine Unterschiede von solcher Art und solchem Gewicht bestehen, dass sie die ungleiche Behandlung rechtfertigen könnten" (BVerfGE 55, 72 (88)).

Während ursprünglich eine Ungleichbehandlung schon dann erlaubt ist, wenn sich irgendein sachlicher Grund finden lässt, wird später eine Verbindung zwischen dem Grad der Ungleichbehandlung und dem sie rechtfertigenden Grund hergestellt. Der Grund muss von solchem Gewicht sein, dass er imstande ist, die Ungleichbehandlung auch dem Ausmaß nach zu rechtfertigen (Herzog 1996, 356, Rdnr. 6).

Das Gebot einer *strengen Beachtung des Gleichheitssatzes* liegt in den Fällen vor, wo der Mensch als Mensch Subjekt einer Rechtsnorm ist, wo sich eine Differenzierung nach bestimmten personenbezogenen Merkmalen also verbietet. In diesen Fällen liegt ein enger Bezug zur Menschenwürde vor. Es gibt einen aus insgesamt neun Gewährleistungen bestehenden Katalog der für jeden Menschen völlig unterschiedslos gewährleisteten Gleichheiten.

Am Beginn steht die Gleichheit in der Rechtsfähigkeit des Menschen: Gleiche Rechte und Pflichten zu haben hängt nicht von Familien-, Staats-, Stammes-, Religions-, Konfessions-, Klassen- und Standeszugehörigkeit ab. Es folgt die Gleichheit in der Anwendung des Gesetzes ohne Ansehen der Person. Es gibt drittens die Gleichheit im Rechtsschutz: Jeder hat die gleiche Chance, das Gericht anzurufen. Jeder hat den gleichen Anspruch auf den gesetzlichen Richter. Im gerichtlichen Verfahren herrscht „Waffengleichheit". Viertens gibt es eine Gleichheit der politischen Teilhabe durch Wahlen und Abstimmungen. Dann folgt die Gleichheit im Anspruch auf ein menschenwürdiges Existenzminimum. Gleichheiten gibt es in drei weiteren Anspruchsrechten, so im Jedermannsrecht auf Daseinsvorsorge, bestehend aus Energie, Wasser und Abwasser, im Jedermannsrecht auf Teilhabe am Gemeingebrauch, d.h. auf Nutzung öffentlicher Wege, Straßen, Plätze und Anlagen, sowie im Jedermannsrecht auf Bildung und Ausbildung. Schließlich ist die Zählwertgleichheit bei politischen Wahlen und Abstimmungen zu nennen (Dürig 1973, 22 ff., Rdnr. 22 ff.; P. Kirchhof 1992, 881).

Ein unmissverständlicher Ausdruck des Gleichheitsprinzips ist die *Allgemeinheit* des Gesetzes. Die Allgemeinheit des Gesetzes war ursprünglich das politische Instrument zur Herstellung gleicher Freiheit. Denn die Allgemeinheit durchbrach das auf eine differenzierte Rechtsbehandlung angelegte Geflecht von Feudal- und Statusverhältnissen. In dem Gedanken der Allgemeinheit des Gesetzes kommt daher der Gedanke der Gleichheit am unmittelbarsten zum Ausdruck.

Das allgemeine Gesetz ist ein Gleichheitsfaktor, da es für jedermann gleich gilt, der mit dem im Gesetz geregelten Sachverhalt in eine Beziehung tritt. Und es ist ein Gleichheitsfaktor, weil es möglichst viele gleich gelagerte Sachverhalte zusammenfasst und der gleichen Rechtsfolge unterwirft. Da das allgemeine Gesetz auf Dauer angelegt ist, sichert es in einem gewissen Ausmaß auch das Gleichbleiben der geregelten Sachverhalte.

Fast alle Willküren des nationalsozialistischen Staates waren Denaturierungen und Korrumpierungen des allgemeinen Gesetzes entweder durch Sonderbestimmungen oder durch Vertreibung bestimmter Gruppen aus dem allgemeinen Gesetz (Dürig 1973, 16, 20, Rdnr. 11, 18).

In der hochdifferenzierten Gegenwart ist die ursprüngliche Vorstellung der Allgemeinheit, dass ein Gesetz an die Gesamtheit der Staatsbürger gerichtet ist, nicht mehr durchzuhalten. Viele moderne Gesetze können gar nicht mehr anders als gruppenspezifische Gesetze sein. Viele Gesetze sprechen nur bestimmte Gruppen an, so etwa Freiberufler, Bedürftige, Jugendliche oder alte Menschen. Die Allgemeinheit ist gewahrt, wenn solche Gesetze immer noch eine unbestimmte Vielzahl von Personen ansprechen und die geregelten Sachverhalte so abstrakt formuliert sind, dass eine unbestimmte Zahl von Fällen darunter subsumierbar ist.

Differenzierungs- und Diskriminierungsverbote und Abbau vorhandener Differenzen

Während Artikel 3 Abs. 1 GG die Gleichheit prinzipiell ausspricht, Differenzierungen der Gleichheit aus gerechtfertigten Gründen aber zulässt, verbieten die beiden folgenden Absätze grundsätzlich rechtliche Differenzierung wegen bestimmter Merkmale. Diese Merkmale hängen eng am Menschsein und weisen damit Berührungspunkte mit der Menschenwürde auf. Der Zweck der beiden Absätze ist klar: Es wird untersagt, bestimmte natürliche Unterschiede zwischen den Menschen sowie bestimmte persönliche Einstellungen als Kriterien für eine unterschiedliche, d.h. in der Regel benachteiligende Behandlung heranzuziehen.

Artikel 3 GG
(1) [...]
(2) **Männer und Frauen sind gleichberechtigt**: Der Staat fördert die tatsächliche Durchsetzung der Gleichberechtigung von Frauen und Männern und wirkt auf die Beseitigung bestehender Nachteile hin.
(3) Niemand darf wegen seines **Geschlechtes**, seiner **Abstammung**, seiner **Rasse**, seiner **Sprache**, seiner **Heimat** und **Herkunft**, seines **Glaubens**, seiner **religiösen** oder **politischen Anschauungen** benachteiligt oder bevorzugt werden. Niemand darf wegen seiner **Behinderung** benachteiligt werden.

Artikel 3 Abs. 2 GG konstatiert die Gleichberechtigung von Mann und Frau. Er verbietet grundsätzlich, den Geschlechtsunterschied als Grund für eine rechtliche Ungleichbehandlung heranzuziehen. Die Gleichberechtigung ist aber nicht schematisch, sondern unter Rücksichtnahme auf biologische Gegebenheiten zu verwirklichen. Dass dies sinnvoll ist, wird sofort deutlich, wenn man an den Schutz für Schwangere oder an die Wehrpflicht nur für Männer denkt.

Die Bedeutung von Absatz 2 liegt vor allem darin, dass er der Frau die Gleichstellung auf allen Gebieten des öffentlichen wie des privaten Rechts einräumt, allerdings auch eine Benachteiligung des Mannes untersagt.

Der Verfassunggeber konnte mit der Gleichberechtigungsnorm an die Weimarer Reichsverfassung anknüpfen. Diese hatte die Frauen den Männern gleichgestellt, sie zu Vollbürgern gemacht und ihnen das Wahlrecht gegeben. Das Grundgesetz fand aber auch ein Ehe- und Familienrecht sowie ein Arbeits- und Sozialrecht vor, das der Gleichberechtigungsnorm jeweils nicht genügte. Es gab noch lange Zeit Rechtsnormen, die Vor- und Nachteile an das Geschlecht knüpften. Diese Normen sind mittlerweile weitgehend beseitigt. Die Gleichstellung zeigt sich etwa an der gleichberechtigten Wahrnehmung der elterlichen Gewalt, der Verwerfung der Maßgeblichkeit des Mannesnamens für den Ehe- und Familiennamen und der vollen Gleichbehandlung von Witwer- und Witwenrente in der Sozialversicherung (Seifert/Hömig 1999, 71). Speziell im Eherecht darf keine Ungleichbehandlung von Mann und Frau bei der Festlegung ehelicher Pflichten begründet werden. Eine Vorgabe wie die des Stichentscheids des Ehemannes ist hiernach nicht zu halten (Tettinger 2001, 139).

Das Bürgerliche Gesetzbuch (BGB) enthielt spezielle *Diskriminierungsverbote* in der Absicht, Frauen gleiche Erwerbschancen in der Arbeitswelt einzuräumen. So durfte gemäß § 611a BGB der Arbeitgeber einen Arbeitnehmer bei der Begründung eines Arbeitsverhältnisses, beim beruflichen Aufstieg oder einer Kündigung nicht wegen seines Geschlechts benachteiligen. Die Frage nach der Schwangerschaft stellte eine solche unzulässige Benachteiligung dar. Gemäß § 611b BGB durfte der Arbeitgeber grundsätzlich einen Arbeitsplatz nicht nur für Männer oder Frauen ausschreiben.

Schließlich durfte der Arbeitgeber gemäß § 612 BGB die Vergütung bei gleicher oder gleichwertiger Arbeit nicht nach dem Geschlecht differenzieren.

Diese Bestimmungen wurden der Intention nach in das im Jahr 2006 verabschiedete Allgemeine Gleichbehandlungsgesetz (AGG) übernommen. Dieses Gesetz erweitert den Diskriminierungsschutz von Frauen auf Personen mit anderen Merkmalen. § 1 AGG nennt als Ziel des Gesetzes, Benachteiligungen aus Gründen der Rasse oder wegen der ethnischen Herkunft, des Geschlechts, der Religion oder Weltanschauung, einer Behinderung, des Alters oder der sexuellen Orientierung zu verhindern oder zu beseitigen.

Das Allgemeine Gleichbehandlungsgesetz reagiert mit seiner Aufzählung der diskriminierungsfeindlichen Merkmale auf Artikel 3 Abs. 3 GG. Denn dieser Absatz führt eine Reihe von Merkmalen auf, die nicht zur Begründung einer ungleichen Behandlung herangezogen werden dürfen. Eine ungleiche Behandlung kann in einer *Bevorzugung* oder einer *Benachteiligung* bestehen. Die eigentliche Schutzwirkung von Absatz 3 zielt auf die Abwehr von Benachteiligungen. Die aufgelisteten Merkmale kann man in zwei Gruppen einteilen.

Zum einen sind es natürliche Merkmale des So-und-nicht-anders-Seins: Geschlecht, Abstammung, Rasse und Herkunft charakterisieren einen Menschen von der Geburt her. Benachteiligungen wegen dieser angeborenen Eigenschaften zielen auf den Kern des Menschseins, da niemand seine natürlichen Eigenschaften ändern kann. Geschützt ist mithin die Individualität: Man kann ohne Benachteiligung so sein, wie man ist.

Zum anderen sind es kulturell bedingte Merkmale: Der Mensch kann sich grundsätzlich für seine Sprache, seinen Glauben und seine politischen Überzeugungen entscheiden. Geschützt vor rechtlicher Differenzierung ist die Freiheit, nach eigenen Vorstellungen zu leben: Man kann anders bleiben, ohne dafür Nachteile in Kauf nehmen zu müssen. Diskriminierungen wegen bestimmter Einstellungen oder Verhaltensweisen greifen zwar nicht die Existenz des Individuums an, wirken aber wie ein Zwang, sich zu ändern (Dürig/Scholz 1973/1996, 302 f., Rdnr. 34 f.).

Die Sachverhalte, die keine rechtliche Differenzierung zulassen, bedeuten im Einzelnen Folgendes:

Mit der *Abstammung* ist die biologische Beziehung zu den Vorfahren gemeint, welche die genetische Ausstattung festlegt und damit die Persönlichkeit mitprägt. Im weiteren Sinne ist es auch das Hineingeborenwerden in einen Familiengroßverband. Mit der Einführung dieses Kriteriums wollte der Verfassunggeber die Praxis der Sippenhaft aus der Zeit des Dritten Reiches ausschließen.

Der Begriff *Rasse* vereinigt Merkmale, die einer ganzen Ethnie zugeschrieben werden. Der Begriff ist in starkem Maße anfällig für Konstruktionen, aus denen Überlegenheitsansprüche der einen über die anderen hergeleitet werden. Es besteht eine hohe Gefahr, dass mit Hilfe des Rassenbegriffes Vorurteile gegenüber Angehörigen anderer Gruppen gebildet werden. Zweifellos nahm der Verfassunggeber das Merkmal

Rasse auf, um Judenverfolgungen ein für allemal zu verhindern. Ein darüber hinausgehender Begriff von Rasse ist im Internationalen Übereinkommen zur Beseitigung jeder Form von Rassendiskriminierung aus dem Jahr 1966 enthalten. Das Übereinkommen benutzt das Wort „Rasse" als Oberbegriff und teilt ihn auf in „Farbe", „Abstammung" sowie „nationale oder ethnische Abkunft".

Das Kriterium *Sprache* soll Menschen vor Benachteiligung schützen, die sich einem anderen Sprach- oder Kulturkreis zugehörig fühlen. Es beschirmt nationale Minderheiten in ihrer kulturellen Identität. Sie sollen sich ohne Sorge vor Diskriminierungen zu ihrer angestammten Kultur bekennen können.

Das Kriterium *Heimat* bezieht sich auf die örtliche Herkunft eines Menschen. Das Kriterium fand wegen der vielen Heimatvertriebenen zur Zeit der Verfassunggebung Aufnahme in das Grundgesetz. Die Vertriebenen sollten vor Diskriminierung bewahrt werden.

Mit dem Kriterium *Herkunft* ist die soziale, schichtenspezifische Verwurzelung eines Menschen gemeint. Wegen seiner Herkunft darf kein Mensch rechtliche Nachteile erleiden. Er darf deswegen ebenso wenig bevorzugt werden.

Die *Behinderung* bezieht sich auf eine körperlich, seelisch oder geistig bedingte Funktionsbeeinträchtigung. Eine Behinderung darf grundsätzlich kein Anknüpfungspunkt für eine rechtliche Ungleichbehandlung im Sinne einer Diskriminierung sein. Bei der Behinderung geht es ausschließlich um das Ausschließen von Benachteiligungen. Mit dem Behindertenschutz verbinden sich schwierige Fragen, etwa die, ob die für behinderte Kinder und Jugendliche vorgesehenen Sonder- und Förderschulen eine Diskriminierung darstellen (Dürig/Scholz 1973/1996, 303 ff., Rdnr. 37 ff.).

Artikel 3 Abs. 2 und 3 GG wollen den Gleichheitssatz verwirklichen, indem sie Ungleichbehandlungen, die an bestimmte Sachverhalte geknüpft sind, untersagen. Es soll keine Benachteiligungen, aber auch keine Bevorzugungen geben. Dies schließt allerdings nicht aus, dass der Gesetzgeber Regelungen treffen kann, die bestimmte soziale oder sonstige reale Benachteiligungen *ausgleichen* sollen. Erlaubt sind also begünstigende Regelungen zugunsten derjenigen, die sich in einer schwächeren Position befinden. Solche ausgleichenden Maßnahmen sind keine Bevorzugungen (Dürig/Scholz 1973/1996, 353b, Rdnr. 174).

Das Grundgesetz vertritt ein *dynamisches Gleichheitsverständnis*. Es verpflichtet nämlich den Staat, für mehr Gleichheit zu sorgen. Dies wird explizit in Artikel 3 Abs. 2 GG ausgesprochen. Hiernach soll der Staat nicht nur die tatsächliche Durchsetzung der Gleichberechtigung von Männern und Frauen fördern, er soll auch auf die Beseitigung bestehender Nachteile hinwirken. Dieser Verfassungsauftrag zielt auf eine Veränderung der gesellschaftlichen Wirklichkeit, die hinsichtlich der Gleichheit offenkundig als defizitär eingeschätzt wird.

Ein anderer Verfassungsauftrag zur Herstellung von mehr Gleichheit liegt in Artikel 6 Abs. 5 GG vor. Der Verfassunggeber ging davon aus, dass die unehelichen Kinder insgesamt ungünstigere Lebensbedingungen vorfanden als die ehelichen Kinder und dass sie durch das beim Erlass der Verfassung geltende Recht benachteiligt wurden. Der Gesetzgeber ist zwar nicht zu einer schematischen Gleichbehandlung der ehelichen und nichtehelichen Kinder auf allen Rechtsgebieten gezwungen, er ist aber gehalten, dafür zu sorgen, dass die unehelichen Kinder die gleichen Chancen wie die ehelichen Kinder erhalten.

> Artikel 6 GG:
> (1) [...] (2) [...] (3) [...] (4) [...]
> (5) Den **unehelichen Kindern** sind durch die Gesetzgebung die **gleichen Bedingungen** für ihre leibliche und seelische Entwicklung und ihre Stellung in der Gesellschaft zu schaffen wie den ehelichen Kindern.

Schließlich ist der Gleichheitsgedanke auch in Artikel 72 GG enthalten. In diesem Artikel wird der Bund ermächtigt, gesetzgeberisch tätig zu werden, um für gleichwertige Lebensverhältnisse im Bundesgebiet zu sorgen.

> Artikel 72 GG:
> (1) [...]
> (2) Auf den Gebieten des Artikels 74 Abs. 1 Nr. 4, 7, 11, 13, 15, 19a, 20, 22, 25 und 26 hat der Bund das Gesetzgebungsrecht, wenn und soweit die **Herstellung gleichwertiger Lebensverhältnisse** im Bundesgebiet oder die Wahrung der Rechts- und Wirtschaftseinheit im gesamtstaatlichen Interesse eine bundesgesetzliche Regelung erforderlich macht.
> (3) [...] (4) [...]

Strikte staatsbürgerliche Gleichheit

Das Demokratieprinzip ist unlösbar mit dem Gleichheitsgedanken verbunden. Die Gleichheit der Rechte der Staatsbürger bildet eine wichtige legitimatorische Grundlage der Demokratie. Die staatsbürgerliche Gleichheit verträgt keinerlei Differenzierung.

Da nur die Deutschen Staatsbürger sind, bezieht sich die Gleichheit der staatsbürgerlichen Rechte auch nur auf sie. Die staatsbürgerliche Gleichheit wird ausführlich in Artikel 33 GG geregelt.

Artikel 33 GG:
(1) Jeder Deutsche hat in jedem Lande die **gleichen staatsbürgerlichen Rechte und Pflichten**.
(2) Jeder Deutsche hat nach seiner Eignung, Befähigung und fachlichen Leistung **gleichen Zugang zu jedem öffentlichen Amte**.
(3) Der Genuss bürgerlicher und staatsbürgerlicher Rechte, die Zulassung zu öffentlichen Ämtern sowie die im öffentlichen Dienste erworbenen Rechte sind unabhängig von dem religiösen Bekenntnis. Niemandem darf aus seiner Zugehörigkeit oder Nichtzugehörigkeit zu einem Bekenntnisse oder einer Weltanschauung ein **Nachteil** erwachsen.
(4) [...] (5) [...]

Die Gleichheit verlangt, dass die staatsbürgerlichen Rechte und Pflichten überall in gleicher Weise zur Geltung kommen. Da Deutschland föderal gegliedert ist, liegt aber die Versuchung für die Länder nahe, den Landeskindern eine bevorzugte Stellung einzuräumen. Das liefe jedoch auf eine Diskriminierung der Deutschen aus den anderen Ländern hinaus. Deshalb untersagt das Grundgesetz solche Privilegierungen.

Der Artikel garantiert in Absatz 2 jedem Deutschen, abhängig von seiner Eignung, Befähigung und fachlichen Leistung, den gleichen Zugang zu jedem öffentlichen Amt. Mit den öffentlichen Ämtern sind Funktionen auf kommunaler, Landes- und Bundesebene gemeint. Auch hier darf nicht danach differenziert werden, ob jemand aus der betreffenden Kommune oder dem betreffenden Land kommt.

Absatz 3 bezieht das Diskriminierungsverbot für Staatsbürger generell und Amtsinhaber speziell auf die jeweils vorliegenden religiösen und weltanschaulichen Bekenntnisse.

In der Demokratie sind alle Mitglieder des Volkes gemeinsam und in gleicher Weise an der Legitimation der Staatsgewalt in Form von Wahlen beteiligt. Die *Wahlrechtsgleichheit* ist deshalb ein wesentlicher Bestandteil der Demokratie. Diese Gleichheit wird in Artikel 38 GG thematisiert.

Artikel 38 GG:
(1) Die Abgeordneten des Deutschen Bundestages werden in **allgemeiner**, unmittelbarer, freier, **gleicher** und geheimer Wahl gewählt. Sie sind Vertreter des ganzen Volkes, an Aufträge und Weisungen nicht gebunden und nur ihrem Gewissen unterworfen.
(2) [...] (3) [...]

Der Grundsatz der *Allgemeinheit* der Wahl besagt, dass alle Staatsbürger gleichermaßen das Wahlrecht besitzen. Die Allgemeinheit ist also ein Ausdruck des Gleichheitsprinzips. Unter dem Gesichtspunkt der Allgemeinheit ist ein Ausschluss bestimmter Bevölkerungsgruppen von der Ausübung des Wahlrechts unzulässig. Die Wahl darf insbesondere nicht von besonderen, nicht von jedermann erfüllbaren Voraussetzungen, wie Einkommen, Vermögen, Bildungsstand oder Einsichtsfähigkeit, abhängig gemacht werden.

Der Grundsatz der *Gleichheit* verlangt, dass jede gültig abgegebene Wählerstimme den gleichen Zählwert und nach Möglichkeit den gleichen Erfolgswert haben muss. Aufgrund der Besonderheiten des deutschen Wahlsystems, insbesondere der Fünfprozentklausel, ist der gleiche Erfolgswert nicht zwingend gewährleistet. Diese Abweichung vom Gleichheitsprinzip ist nur durch gleichgewichtige andere Verfassungswerte zu legitimieren. Zu diesen Werten zählt die Funktionsfähigkeit des Parlamentes, die durch eine übermäßige Parteienzersplitterung gefährdet wäre.

Den Grundsätzen der Allgemeinheit und der Gleichheit der Wahl liegt die optimistische Annahme zugrunde, dass jeder Staatsbürger in den grundsätzlichen Fragen des politischen Gemeinwesens ausreichend urteilsfähig ist, um über personelle und programmatische Alternativen zukünftiger Politik zu entscheiden. Das Wahlrecht abstrahiert damit bewusst von der unterschiedlichen politischen Vorbildung, Erfahrung und Urteilskraft des Einzelnen. Es untersagt Differenzierungen nach Fähigkeit und Bereitschaft zur Mitentscheidung und damit auch staatliche Befähigungsprüfungen. Hinsichtlich der Wahl verlangt das Demokratieprinzip also strikte Statusgleichheit.

Die Gleichheit der Staatsbürger hat jedoch bestimmte Ungleichheiten zur Voraussetzung und auch zur Folge. So dürfen nur Angehörige des Staatsvolkes an den Wahlen teilnehmen. Personen ohne Staatsangehörigkeit dürfen nicht wählen, obwohl sie von den Entscheidungen der repräsentativen Körperschaften ebenso betroffen sind wie die Wähler. Die Wahl selbst schafft eine elementare Ungleichheit zwischen den Herrschaftsunterworfenen und den Herrschaftsbefugten. Diese Ungleichheit wird allerdings dadurch gemäßigt, dass Herrschaft an Grundrechte gebunden ist und damit auch an das Gleichheitsprinzip (P. Kirchhof 1992, 920).

Im Zusammenhang mit der Wahlrechtsgleichheit steht auch die *Chancengleichheit* der Parteien im Sinne einer Wettbewerbsgleichheit. Die Chancengleichheit ist zwar nicht explizit im Grundgesetz verankert, sie folgt aber aus der Bedeutung, die den Parteien für die Demokratie zukommt und ist durch die Rechtsprechung des Bundesverfassungsgerichts hinreichend bestätigt. Die Chancengleichheit erstreckt sich auf das Vorfeld der Wahlen wie auf die Beteiligung an staatlichen Finanzhilfen. Sachgegebene Chancenunterschiede zwischen den Parteien, wie sie sich aus der jeweiligen Mitgliederzahl, den erreichten Wählerstimmen und dem Beitrags- und Spendenaufkommen ergeben, müssen aber hingenommen werden. Rechtliche Differenzierungen zwischen großen und kleinen, Regierungs- und Oppositionsparteien sind jedoch unzulässig.

3.6 Soziale Gerechtigkeit

Soziale Gerechtigkeit ist in einem hohen Maße geeignet, Legitimität zu begründen. Eine sich der sozialen Gerechtigkeit verpflichtet fühlende Politik ist nämlich auf Gleichheitsmehrung gerichtet, nicht auf Ungleichheitsherstellung oder Ungleichheitsmehrung. Denn Ungleichheit ist gemeinhin das, was in freiheitlichen Gesellschaften von selbst eintritt. Wenn diese Ungleichheit ein kritisches Maß überschreitet, kommt es zu einer Verletzung des Gerechtigkeitsempfindens derjenigen, die wenig haben. Soziale Gerechtigkeit und Gleichheit weisen also enge Bezüge auf. Die Nähe ist dann besonders groß, wenn es nicht lediglich um rechtliche, sondern um faktische Gleichheit der Menschen geht. Denn die Vorstellung anzustrebender faktischer Gleichheit enthält notgedrungen ein Programm für die gerechte Verteilung der in einer Gesellschaft vorhandenen Güter.

Auf welche verfassungspolitischen Traditionen kann sich der Gedanke der sozialen Gerechtigkeit stützen? In welcher Weise ist er im Grundgesetz verankert? Welche Verteilungsmuster sind mit dem Anspruch sozialer Gerechtigkeit verbunden? Welche konkreten Vorgaben für die Politik enthält die soziale Gerechtigkeit?

Soziale Gerechtigkeit als Aufgabe des Staates

Der Gedanke sozialer Gerechtigkeit als Staatsaufgabe kam auf mit der Entstehung des Verfassungsstaates Ende des 18. Jahrhunderts. Eine ihrer Wurzeln war die *Fraternité*, also die Brüderlichkeit oder Solidarität. Als die dritte große Parole der Französischen Revolution strahlte ihr moralischer Anspruch auf das Verständnis der anderen beiden Leitbegriffe Freiheit und Gleichheit aus: Die Freiheit sollte als eine *sozial gebundene Freiheit* verstanden werden. Und die Gleichheit durfte sich nicht in der rechtlichen Gleichheit erschöpfen, sondern sollte durch die Bemühung um mehr *faktische Gleichheit* ergänzt werden.

Die Fraternité erstreckte sich naturgemäß vor allem auf die Benachteiligten. Mit einem gewissen Pathos konstatierte die französische Verfassung von 1793 daher in Artikel 21: „Die öffentliche Unterstützung ist eine heilige Schuld. Die Gesellschaft schuldet ihren unglücklichen Mitbürgern den Unterhalt, indem sie ihnen entweder Arbeit verschafft oder denen, die außerstande sind zu arbeiten, die Mittel für ihr Dasein sichert."

In den Verfassungen des 19. Jahrhunderts trat der Gedanke sozialer Gerechtigkeit jedoch kaum in Erscheinung. Liberale Freiheitsverbürgungen dominierten die Verfassungen. In der Mitte des 19. Jahrhunderts wurde jedoch die Forderung nach einem sozialen Staat immer lauter erhoben. Diese Forderung stellte die zwangsläufige Reaktion auf die *soziale Frage* dar, die als Folge der Industrialisierung mit ihrem enormen Bevölkerungswachstum entstanden war. Die Industrialisierung hatte zu einer dramatischen Verschlechterung der sozialen Lage der unteren Bevölkerungsschichten geführt.

In Deutschland kam es zu den ersten umfassenden sozialstaatlichen Maßnahmen nicht aufgrund von Verfassungsvorgaben. Denn solche gab es nicht. Ohne Verfassungsauftrag versuchte man in den achtziger Jahren des 19. Jahrhunderts, mittels geeigneter Gesetze auf die drängenden sozialen Probleme zu antworten. Eingeleitet wurde die *Sozialpolitik* mit der „Ersten denkwürdigen kaiserlichen Botschaft" aus dem Jahre 1881. In rascher Folge wurden dann bedeutsame Sozialgesetze verabschiedet: 1883 die Kranken-, 1884 die Unfall- und 1889 die Invaliden- und Altersversicherung. 1911 kam die Angestelltenversicherung hinzu. Im selben Jahr wurden die diversen Gesetze in der Reichsversicherungsordnung zusammengefasst. Mit dieser von Bismarck initiierten Sozialgesetzgebung unternahm der Staat einen großen und beispielgebenden Eingriff in das gesellschaftliche Leben. Absicht war, erkennbare Fehlentwicklungen in Wirtschaft und Gesellschaft zu korrigieren und damit den sozialen Frieden zu sichern. Zusätzlich sollte die dem Staat entfremdete Arbeiterschaft wieder in das Gemeinwesen integriert werden (Pilz 2004, 24 ff.).

Die bismarcksche Sozialpolitik markiert den Beginn des modernen *Sozialstaates*. Der Sozialstaat in seiner ursprünglichen Form hatte die Aufgabe, Not zu lindern und vor den Wechselfällen des Lebens zu schützen. Sein Bezug zur sozialen Gerechtigkeit war jedoch eher basaler Natur, da ein Abbau gesellschaftlicher Ungleichheit nicht zu seinem Programm gehörte.

Die Weimarer Reichsverfassung legte wichtige Grundsätze über die Wirtschafts- und Sozialordnung nieder, die den Geist eines besonders aktiven Sozialstaates atmeten. Diese Grundsätze blieben allerdings bloße Programmsätze. Denn es fehlte der Weimarer Republik an ökonomischer Kraft und an politischem Durchsetzungswillen, die sozialstaatlichen Grundsätze mit Leben zu füllen.

Wie ausgeprägt der sozialstaatliche Impetus des Verfassunggebers war, lässt sich an einigen Artikeln der Weimarer Verfassung demonstrieren. Artikel 119 WRV sah die soziale Förderung der Familie, die ausgleichende Fürsorge für kinderreiche Familien sowie den Schutz und die Fürsorge für Mütter vor. Artikel 122 WRV versprach den Schutz der Jugend gegen Ausbeutung. Artikel 155 WRV normierte die gerechte Verteilung des Bodens und gesunde, den Bedürfnissen entsprechende Wohnungen. Artikel 163 WRV postulierte ein Recht auf Arbeit und gewährleistete für den Fall, dass dem Einzelnen eine angemessene Arbeitsgelegenheit nicht nachgewiesen werden konnte, den notwendigen Unterhalt. Artikel 164 WRV gewährleistete die Förderung des Mittelstandes.

Der Grundtenor aller dieser Bestimmungen fand seinen deutlichsten Ausdruck in Artikel 151 Absatz 1 WRV. Dort hieß es: „Die Ordnung des Wirtschaftslebens muss den Grundsätzen der Gerechtigkeit mit dem Ziele der Gewährleistung eines menschenwürdigen Daseins für alle entsprechen."

Die Weimarer Reichsverfassung bezeichnete mit den Stichworten *Gerechtigkeit* und *menschenwürdiges Dasein für alle* dauerhafte regulative Ideen sozialstaatlichen

Handelns. Worin die Gerechtigkeit inhaltlich besteht, ließ die Verfassung allerdings offen.

Der Parlamentarische Rat war sich darin einig, dass das Grundgesetz nicht versuchen dürfe, die soziale Lebensordnung des Volkes festzuschreiben. Die Vorläufigkeit des Grundgesetzes und die wirtschaftliche Lage der Nachkriegszeit verböten eine solche Festlegung.

Davon unberührt führte der Grundsatzausschuss des Parlamentarischen Rates im Oktober 1948 den Entwurf einer Bestimmung ein, welche die wesentlichen Eigenschaften des zu begründenden Staates ausdrücken sollte. Zu diesen Eigenschaften sollte auch das Soziale gehören. Der Entwurf kombinierte das Adjektivattribut *sozial* zunächst mit dem *Rechtsstaat*. Der Allgemeine Redaktionsausschuss empfahl im November 1948 die Kombination *soziale Bundesrepublik*. Im Hauptausschuss schließlich schlug Theodor Heuss im Dezember 1948 die Formel „Die Bundesrepublik Deutschland ist ein demokratischer und sozialer Bundesstaat“ vor. Dieser Vorschlag fand allgemeine Zustimmung und wurde nicht mehr geändert. Er fand als Artikel 20 Absatz 1 Eingang in das Grundgesetz. In keiner Phase der Erörterungen wurde der Sinn des Wortes sozial problematisiert. Dass der neue Staat dem Sozialen verpflichtet sein sollte, galt als selbstverständlich (Zacher 1987, 1050).

> Artikel 20 GG:
> (1) Die Bundesrepublik Deutschland ist ein demokratischer und **sozialer** Bundesstaat.
> (2) [...] (3) [...] (4) [...]

In *prinzipieller* Hinsicht ist dem Grundgesetz nicht mehr über das Soziale zu entnehmen. Auch die soziale Gerechtigkeit findet sich an keiner Stelle der Verfassung explizit erwähnt. Dass die soziale Gerechtigkeit aber eine wichtige Intention des Sozialstaatsprinzips ist, lässt sich der umfangreichen Rechtsprechung des Bundesverfassungsgerichts entnehmen.

Der Sozialstaat soll vier wichtige Ziele erfüllen. Er soll Hilfe gegen Not und Armut sein und ein menschenwürdiges Existenzminimum für jedermann gewährleisten. Er soll ein gewisses Maß an Sicherheit gegenüber den Wechselfällen des Lebens wie Krankheiten, Unfälle und Zeiten der Nichtbeschäftigung bieten. Er soll generell den Wohlstand heben. Und er soll mehr Gleichheit durch den Abbau von Wohlstandsdifferenzen und die Kontrolle von Abhängigkeitsverhältnissen bringen. Besonders das letzte Ziel drückt das Anliegen der sozialen Gerechtigkeit aus. Aber auch die anderen Ziele weisen einen Bezug zur Gerechtigkeit auf: Eine Sozialordnung lässt sich überhaupt nur dann als gerecht bezeichnen, wenn sich der Staat um die erwähnten Belange kümmert.

Mit dem Ziel der sozialen Gerechtigkeit strebt der Sozialstaat nach Ausgleich übergroßer Gegensätze und damit auch nach mehr Gleichheit unter den Menschen. So gewähren viele Sozialleistungen einen Ausgleich für Defizite und vermindern dadurch Unterschiede zwischen den Rechtssubjekten (Rüfner 1988, 1069). Dass die soziale Gerechtigkeit eine Tendenz zu mehr Gleichheit in der Gesellschaft aufweist, spricht auch das Bundesverfassungsgericht aus. Das ist nicht zuletzt deshalb so, weil sich für das Gericht das Gebot der sozialen Gerechtigkeit speziell im Gleichheitssatz von Artikel 3 GG konkretisiert (BVerfGE 33, 303 (335)).

In einer frühen Entscheidung erklärte das Gericht als Ideal der sozialen Demokratie, dass grundsätzlich „annähernd gleichmäßige Förderung des Wohles aller Bürger und annähernd gleichmäßige Verteilung der Lasten" erstrebt werde (BVerfGE 5, 85, (198)). Eine andere Entscheidung formulierte: „Das Gebot des sozialen Rechtsstaates ist in besonderem Maße auf einen Ausgleich sozialer Ungleichheiten zwischen den Menschen gerichtet" (BVerfGE 35, 348 (355 f.)). Für das Bundesverfassungsgericht ist die Gerechtigkeit offensichtlich nicht ohne eine starke Gleichheitskomponente zu denken.

Welche Konsequenzen eine auf mehr Gleichheit zielende Gerechtigkeitsbemühung hat, lässt sich gut an der *Vermögenspolitik* demonstrieren. Bei einem hohen Konzentrationsgrad der Vermögen und bei reduzierten Möglichkeiten des Vermögenserwerbs für erhebliche Teile der Bevölkerung ergibt sich die Notwendigkeit einer Vermögensumverteilung. Eine gleichmäßigere Verteilung der Vermögen bedeutet: Es gibt eine gleichmäßigere Verteilung der Start- und Entwicklungschancen sowie eine Verringerung der Unterschiede im Grad besitzbedingter persönlicher und wirtschaftlicher Abhängigkeit (Lampert/Althammer 2004, 419 f.).

Varianten der sozialen Gerechtigkeit

Die soziale Gerechtigkeit ist ein Unterfall der Verteilungsgerechtigkeit. Der Begriff wird sehr verschieden verstanden. Das macht ihn anfällig für parteiliche Beschlagnahmung: Jede Gerechtigkeitsforderung steht deshalb unter dem Verdacht, lediglich Eigeninteressen verfolgen zu wollen. Der Gerechtigkeitsbegriff ist jedenfalls interessenpolitisch gut verwendbar und damit in den Verteilungskämpfen von erheblichem strategischen Nutzen. Er besitzt außerdem einen großen moralpropagandistischen Wert, denn er versammelt die moralisch Feinfühligen hinter sich (Kersting 2000, 62).

Im Wesentlichen gibt es fünf Varianten des Gerechtigkeitsbegriffes, nämlich die Gleichheit der formalen Freiheit, die Leistungsgerechtigkeit, die Bedarfsgerechtigkeit, die Startgerechtigkeit und die Gleichheit der materialen Freiheit. Daneben gibt es noch einige weitere Formen, die aber nicht den gleichen Stellenwert in der Gerechtigkeitsdiskussion haben. Jede Variante verlangt vom Staat andere Maßnahmen. Jede Variante wirkt sich anders auf die Menschen aus (Giersch 1961, 75 ff.; Lampert/Bossert 1992, 26 ff.).

Die *Gleichheit der formalen Freiheit* ist identisch mit der rechtlichen Gleichheit. Sie ist gegeben, wenn jeder die gleichen Rechte und Pflichten hat. Es handelt sich um eine Art formaler Gerechtigkeit, die aber immerhin rechtliche Privilegierungen und Diskriminierungen ausschließt. Diese Gerechtigkeit ist jedoch blind gegenüber der sozialen Lage, in der sich die Menschen befinden. Sozialstaatliche Aktivitäten lassen sich aus diesem Verständnis von Gerechtigkeit nicht ableiten.

Der Wert dieser Gerechtigkeit erscheint gering. Dennoch sind sich alle modernen Moralkonzeptionen darüber einig, dass die Rechtsgleichheit ein wesentliches Kriterium der Gerechtigkeit darstellt. Denn die Rechtsgleichheit bringt den Anspruch einer jeden Person auf gleiche Achtung und Berücksichtigung zum Ausdruck (Ladwig 2004, 129 f.).

Die *Leistungsgerechtigkeit* verteilt soziale Chancen wie Einkommen, Vermögen und soziale Positionen gemäß der Höhe der von den Einzelnen erbrachten Leistungen. Höhere Leistungen werden höher belohnt. Wer dagegen nichts leistet, erhält auch nichts. Die Leistungsgerechtigkeit ist privilegienfeindlich, da sie Stand und Herkommen nicht berücksichtigt. Sozial ist die Leistungsgerechtigkeit insofern, als sie viele Menschen zur Leistungserbringung motiviert und so den gesamtgesellschaftlichen Wohlstand erhöht.

Den Wert einer Leistung kann man zweifach bestimmen, entweder als persönliche Leistung im Sinne der aufgewendeten subjektiven Mühe oder als Leistungsergebnis im Sinne des tatsächlich Erzeugten. Üblicherweise bemisst man die Leistung nach dem erbrachten Ergebnis, was aber, gemessen an der aufgewendeten Mühe, nicht unbedingt gerecht sein muss. Problematisch ist diese Gerechtigkeit auch, weil die Leistungen auf den verschiedenen Gebieten nicht miteinander vergleichbar sind. Die Bewertung erfolgt in der Regel über Marktpreise, was zur Folge hat, dass knappe Leistungen hoch, reichhaltig angebotene Leistungen hingegen niedrig belohnt werden.

Im Sozialstaat kommt die Leistungsgerechtigkeit in der Rentenversicherung zur Anwendung. Das dort geltende Äquivalenzprinzip besagt, dass die Höhe der Rente abhängig ist von den eingezahlten Rentenbeiträgen.

Völlig anderen Vorstellungen folgt die *Bedarfsgerechtigkeit.* Ihr Gerechtigkeitskriterium lautet, dass jedem nach seinen Bedürfnissen zuzuteilen ist. Alle Menschen müssen, ungeachtet ihrer erbrachten Leistungen, ihre Bedürfnisse befriedigen können.

Das erste Problem dieser Gerechtigkeitsforderung besteht darin, dass sie aufgrund der Güterknappheit nicht zu realisieren ist. Sie steht ferner vor der Schwierigkeit, den Umfang, die Intensität und die Ausrichtung der Bedürfnisse festzustellen und interpersonell zu vergleichen. Da dies nicht möglich ist, arbeitet sie mit der Fiktion, dass alle Menschen die gleichen Bedürfnisse haben. Das Ergebnis ist dann die Forderung nach einer egalitären Einkommensverteilung, damit alle ihre als gleich unterstellten Bedürfnisse auf demselben Niveau befriedigen können.

Die Bedarfsgerechtigkeit eliminiert den Leistungsanreiz. Sie führt deshalb zu einer Abnahme des gesellschaftlichen Wohlstandes. Deshalb wird die Forderung häufig auf eine Mindestbedarfsgerechtigkeit reduziert. Es geht dann nur noch um die Zuteilung eines Mindesteinkommens für diejenigen, die dies mit eigenen Kräften nicht erwirtschaften können.

Der *Startgerechtigkeit*, die man auch *Chancengerechtigkeit* oder *Ressourcenegalität* nennen kann, kommt vielleicht die größte Bedeutung zu. Sie will den Individuen die gleichen Startchancen für ihre Entwicklung einräumen. Im Übrigen werden die Individuen auf ihre eigene Tüchtigkeit und Initiative verwiesen. Insofern ist die Startgerechtigkeit eine Ergänzung der Leistungsgerechtigkeit.

Die Startgerechtigkeit ist anspruchsvoller als die Gewährleistung der gleichen formalen Freiheit, obwohl diese keine unwichtige Startbedingung darstellt. Die Gleichheit der formalen Freiheit berücksichtigt jedoch nicht die faktisch unterschiedlichen Startbedingungen der Menschen. Zu den Startbedingungen eines Menschen gehören neben den Erbanlagen und dem familiären Milieu auch das vorhandene Vermögen sowie die Qualität der erfahrenen Erziehung und Ausbildung.

Die Startgerechtigkeit verlangt, dass alle unverschuldeten Nachteile von Personen soweit wie möglich egalisiert, also ausgeglichen werden. Nun lassen sich Erbanlagen und familiäre Milieus kaum ausgleichen. Gewährleisten kann der Staat aber gleiche Ausbildungs- und Berufswahlchancen für alle. Er kann dies tun, indem er die finanziell Schwächeren durch Sozialleistungen unterstützt. Die dafür benötigten Mittel kann er durch progressive Besteuerung der Wohlhabenden aufbringen. Die Startgerechtigkeit hat mithin eine durchaus umverteilende Wirkung (Herzog 1978/1980, 315 f., Rdnr. 36 ff.; Kersting 2000, 32).

Die *Gleichheit der materialen Freiheit* verlangt im Prinzip, dass alle Individuen den gleichen Wohlfahrtsstatus haben. Gleichheit ist hier also in einem ausgreifenden Sinn konzipiert. Alle Subjekte haben die gleichen Möglichkeiten, von ihrer Freiheit Gebrauch zu machen, weil sie alle über eine gleiche und zudem reichhaltige Güterausstattung verfügen. Diese Gerechtigkeit verlangt eine radikale Umverteilung der Vermögen, wenn, was wahrscheinlich ist, eine finanzielle Gleichheit angestrebt wird. Die Gerechtigkeit ist erst dann verwirklicht, wenn die Einkommens- und Vermögensunterschiede weitgehend nivelliert sind.

Da diese Gerechtigkeitsauffassung darauf abzielt, jedes Individuum mit dem gleichen Wohlbefinden auszustatten, spricht man auch von der *Wohlbefindensegalität* (Kersting 2000, 37). Die angestrebte faktische Gleichheit der Menschen ist allerdings abhängig von dem, was die Menschen als ihr Wohlbefinden deuten. Das Wohlbefinden kann nämlich auf sehr verschiedenen Kriterien beruhen, so auf Geld, Bildung, politischem Einfluss, Entfaltung der Talente, sozialer Anerkennung und der Realisierung von Lebensplänen. Der Politik dürfte es deshalb kaum gelingen, ein gleichmäßiges Wohlbefinden zu erzeugen (Alexy 1985, 385).

Wie schwierig die Frage der sozialen Gerechtigkeit zu handhaben ist, zeigt sich, wenn man die auf Umverteilung setzenden Gerechtigkeitsvorstellungen mit der *Besitzstandsgerechtigkeit* konfrontiert. Diese verlangt die Garantie rechtmäßig erworbenen

Eigentums, weil hierin eine Voraussetzung für Rechtssicherheit und erfolgreiches Wirtschaften liegt. Einen anderen Aspekt wiederum betont die *Generationengerechtigkeit*. Sie mahnt einen Ausgleich der Wohltaten und Lasten zwischen den Generationen an.

Insgesamt gilt, dass stark gleichheitsmehrende Gerechtigkeitskonzeptionen, wie die Bedarfsgerechtigkeit und die Gleichheit der materialen Freiheit, einen aktiven Staat erfordern und zu einem großen Umverteilungsvolumen tendieren. Eher liberale Konzeptionen, wie die Gleichheit der formalen Freiheit und die Leistungsgerechtigkeit, tendieren demgegenüber zu einem schlanken Sozialstaat, der sich auf die Hilfe zur Selbsthilfe beschränkt und Eigenverantwortung fördert. Die Position der Startgerechtigkeit nimmt eine Mittelstellung ein. Sie verteilt in mäßigem Umfang um, damit faire Chancen für die Leistungsgerechtigkeit bestehen. Sie findet im politischen Diskurs eine breite Akzeptanz.

Kein Zweifel kann daran bestehen, dass der moderne Staat die soziale Gerechtigkeit als eine zentrale Aufgabe anerkennen muss. Wenn er dies nicht tut, büßt er einen erheblichen Teil seiner Legitimität ein. Die Ergebnisse des politischen Prozesses müssen sich folglich im Rahmen der Mindesterfordernisse der sozialen Gerechtigkeit bewegen (Fraenkel 1991, 65, 357 ff.).

Die Integration der sozialen Gerechtigkeit in das sozialstaatliche Normengefüge

Zwar widmet das Grundgesetz dem Sozialstaat und folglich der sozialen Gerechtigkeit keinen eigenen Abschnitt. Sozialstaatliche Aufgaben finden sich dennoch breit gestreut im Grundgesetz.

Die Hilfe gegen Not und Armut, einschließlich der Sorge für ein menschenwürdiges Existenzminimum, wird explizit als Gesetzgebungszuständigkeit des Bundes für die öffentliche Fürsorge erwähnt. Die Sozialversicherung als soziale Vorsorge gegen die Wechselfälle des Lebens gehört ebenfalls zum Kompetenzbereich des Bundes. Dasselbe gilt für einige weitere Aufgaben, denen gemeinsam ist, dass sie erlauben, Menschen in bestimmten Situationen zu unterstützen. Einem Teil dieser Aufgaben ist deutlich die Nähe zur Nachkriegszeit anzusehen.

Sozialstaatlichen Charakter weisen auch noch einige anders gelagerte Gesetzgebungszuständigkeiten auf, so für das Arbeitsrecht und den Arbeitsschutz, die Sicherung des Krankenhauswesens und die Verhütung des Missbrauchs wirtschaftlicher Machtstellung.

Artikel 73 GG:
(1) Der Bund hat die ausschließliche Gesetzgebung über:
[...]
13. die **Versorgung** der **Kriegsbeschädigten** und **Kriegshinterbliebenen** und die **Fürsorge** für die ehemaligen **Kriegsgefangenen**; [...]
(2) [...]

Artikel 74 GG:
(1) Die konkurrierende Gesetzgebung erstreckt sich auf folgende Gebiete:
[...]
6. die Angelegenheiten der **Flüchtlinge** und **Vertriebenen**;
7. die **öffentliche Fürsorge** (ohne das Heimrecht); [...]
9. die Kriegsschäden und die **Wiedergutmachung**;
10. die Kriegsgräber und Gräber anderer **Opfer des Krieges** und **Opfer von Gewaltherrschaft**; [...]
12. das **Arbeitsrecht** einschließlich der Betriebsverfassung, des **Arbeitsschutzes** und der Arbeitsvermittlung sowie die **Sozialversicherung** einschließlich der **Arbeitslosenversicherung**; [...]
16. die **Verhütung des Missbrauchs wirtschaftlicher Machstellung**; [...]
18. den städtebaulichen Grundstücksverkehr, das Bodenrecht (ohne das Recht der Erschließungsbeiträge) und das **Wohngeldrecht**, das Altschuldenhilferecht, das **Wohnungsbauprämienrecht**, das Bergarbeiterwohnungsbaurecht und das Bergmannssiedlungsrecht; [...]
19a. die **wirtschaftliche Sicherung der Krankenhäuser** und die Regelung der **Krankenhauspflegesätze**; [...]
(2) [...]

Artikel 87 GG:
(1) [...]
(2) Als bundesunmittelbare Körperschaften des öffentlichen Rechtes werden diejenigen **sozialen Versicherungsträger** geführt, deren Zuständigkeitsbereich sich über das Gebiet eines Landes hinaus erstreckt. Soziale Versicherungsträger, deren Zuständigkeitsbereich sich über das Gebiet eines Landes, aber nicht über mehr als drei Länder hinaus erstreckt, werden abweichend von Satz 1 als landesunmittelbare Körperschaften des öffentlichen Rechtes geführt, wenn das aufsichtsführende Land durch die beteiligten Länder bestimmt ist.
(3) [...]

Das Grundgesetz lässt in Artikel 6 Abs. 4 GG den *Müttern* Schutz und Fürsorge der staatlichen Gemeinschaft angedeihen. Es weicht hier vom Gleichheitssatz gemäß Artikel 3 Abs. 1 GG ab, denn den Vätern steht dieser Schutz nicht zu. Artikel 6 GG schützt die Frau während der Schwangerschaft und als Mutter eines Kindes ohne Rücksicht auf ihren Familienstand. Die Bestimmung hat besondere Bedeutung im Arbeitsrecht. Sie gewährleistet den Bestand des Arbeitsverhältnisses einer schwangeren Arbeitnehmerin und schützt sie gegen den Verlust des Arbeitsplatzes.

Artikel 6 GG:
(1) [...] (2) [...] (3) [...]
(4) Jede **Mutter** hat Anspruch auf den **Schutz** und die **Fürsorge** der Gemeinschaft.
(5) [...]

Artikel 9 Abs. 3 GG gewährleistet die *Koalitionsfreiheit* und, daraus abgeleitet, die *Tarifautonomie*. Die Tarifautonomie ist geeignet, die soziale Gerechtigkeit zu fördern, weil sich die Frage, wie hoch die Löhne sein können und sein sollen, ohne Wachstum und Stabilität zu verletzen, nicht mit Hilfe eindeutig sachlicher, wissenschaftlich gewinnbarer Kriterien vorweg entscheiden lässt. Daraus folgt, dass bei einer Beilegung des Verteilungskonfliktes durch die unmittelbar Konfliktbeteiligten die größte Wahrscheinlichkeit dafür besteht, jene Verteilung zu erreichen, die den Konfliktbeteiligten als gerecht erscheint (Lampert/Bossert 1992, 28, 32). Ob das jeweils gefundene Ergebnis unter gesamtwirtschaftlichen Gesichtspunkten eine optimale Lösung darstellt, ist damit allerdings nicht ausgemacht.

Artikel 9 GG:
(1) [...] (2) [...]
(3) Das Recht, zur **Wahrung und Förderung der Arbeits- und Wirtschaftsbedingungen** Vereinigungen zu bilden, ist für jedermann und für alle Berufe gewährleistet. Abreden, die dieses Recht einschränken oder zu behindern suchen, sind nichtig, hierauf gerichtete Maßnahmen sind rechtswidrig. Maßnahmen nach den Artikeln 12a, 35 Abs. 2 und 3, Artikel 87a Abs. 4 und Artikel 91 dürfen sich nicht gegen Arbeitskämpfe richten, die zur Wahrung und Förderung der Arbeits- und Wirtschaftsbedingungen von Vereinigungen im Sinne des Satzes 1 geführt werden.

Es gibt mit Artikel 107 Abs. 2 GG eine Grundgesetzbestimmung, die vorschreibt, einen *Finanzausgleich* unter den Ländern herbeizuführen. Leistungsstarke Länder haben einen Teil ihrer Finanzkraft an leistungsschwache Länder abzugeben. Der Sinn der Norm besteht darin, zu verhindern, dass die Finanzkraftunterschiede zwischen den Ländern zu divergierenden Lebens- und Entwicklungsbedingungen der Menschen in den verschiedenen Ländern führen. Die Regelung drückt das bündische Prinzip aus, füreinander einzustehen. Sie fördert aber auch die soziale Gerechtigkeit, da sie gleichheitsvermehrend wirkt.

Artikel 107 GG:
(1) [...]
(2) Durch das Gesetz ist sicherzustellen, dass die **unterschiedliche Finanzkraft** der Länder angemessen **ausgeglichen** wird; hierbei sind die Finanzkraft und der Finanzbedarf der Gemeinden (Gemeindeverbände) zu berücksichtigen. Die Voraussetzungen für die Ausgleichsansprüche der ausgleichsberechtigten Länder und für die Ausgleichsverbindlichkeiten der ausgleichspflichtigen Länder sowie die Maßstäbe für die Höhe der Ausgleichsleistungen sind in dem Gesetz zu bestimmen. Es kann auch bestimmen, dass der Bund aus seinen Mitteln leistungsschwachen Ländern Zuweisungen zur ergänzenden Deckung ihres allgemeinen Finanzbedarfs (Ergänzungszuweisungen) gewährt.

Das Grundgesetz schreibt die *marktwirtschaftliche Wettbewerbsordnung* nicht zwingend vor. Diese Ordnung ist mit dem Grundgesetz jedoch vereinbar, liegt ihr sogar nahe. Nach allen Erfahrungen produziert eine Wettbewerbsordnung mehr ökonomische Wohlfahrt als Wirtschaftssysteme, die nach anderen Prinzipien organisiert sind. Es steht also ein größeres Sozialprodukt zur Verfügung, folglich auch eine größere Gütermenge für Zwecke der Umverteilung, mithin für die Förderung der sozialen Gerechtigkeit. Daneben werden die Einkommen entsprechend dem Beitrag der Betreffenden zum Sozialprodukt verteilt. Bei funktionsfähigem Wettbewerb wird die Entstehung von Nicht-Leistungsgewinnen verhindert oder wenigstens eingeschränkt. Aus diesem Grunde fördert eine Wettbewerbsordnung auch die Leistungsgerechtigkeit.

Speziell der *Sozialen Marktwirtschaft* ist eine Ergänzung des Wirtschaftsprozesses durch Elemente der sozialen Gerechtigkeit inhärent. Sie korrigiert die ursprüngliche, sich marktmäßig ergebende Einkommens- und Vermögensverteilung in Form von steuerlichen Belastungen und Entlastungen, Sozialleistungen, Subventionen und Maßnahmen der Vermögensbildung (Lampert/Bossert 1992, 29 f., 34).

Das Grundgesetz kennt keine *sozialen Grundrechte*, obwohl deren Intention darauf gerichtet ist, die sozialen Voraussetzungen der Freiheitsausübung für jedermann zu garantieren. Die Rhetorik der sozialen Grundrechte bezieht ihre Überzeugungskraft daher aus Fragestellungen wie: Was nützt dem, der keine Wohnung hat, die Garantie der Unverletzlichkeit der Wohnung? Was nützt dem Besitzlosen die Eigentumsgarantie? Was hat der Arbeitslose vom Grundrecht auf freie Arbeitsplatzwahl?

Die sozialen Grundrechte lassen sich im Wesentlichen in drei Gruppen einteilen. Erstens Grundrechte der Arbeit: Dazu gehört das Recht auf Arbeit selbst. Es wird ergänzt durch Rechte auf angemessenen Lohn, Arbeitspausen, bezahlten Urlaub, sichere und soziale Arbeitsbedingungen. Zweitens Garantien der sozialen Sicherheit: Hierzu zählen unter anderem das Recht auf Fürsorge sowie Rechte auf Inanspruchnahme sozialer Dienste und auf ärztliche Versorgung. Drittens Rechte auf befriedigende Lebensbedingungen: Hierzu gehören das Recht auf einen angemessenen Lebensstandard sowie Rechte auf ausreichende Ernährung, Kleidung und Wohnung, schließlich auf stetige Verbesserung der Lebensbedingungen.

Die universale Attraktivität der Idee sozialer Grundrechte zeigt sich unter anderem im Internationalen Pakt über wirtschaftliche, soziale und kulturelle Rechte wie auch in der Europäischen Sozialcharta. Der Parlamentarische Rat verzichtete gleichwohl mit guten Gründen auf die Normierung sozialer Grundrechte. Soziale Leistungsansprüche beziehen sich nämlich auf Teilhabe an knappen Gütern. Deren Verteilungsmasse ist begrenzt und entzieht sich zudem weitgehend der Planbarkeit und Machbarkeit. Denn sie ist abhängig von der gesamtwirtschaftlichen Lage und der finanziellen Leistungsfähigkeit des Staates (Murswiek 1992, 261 ff.).

Die in den sozialen Grundrechten formulierten Ansprüche überlässt die grundgesetzliche Ordnung der Gesetzgebung. Das Grundgesetz bleibt auf diese Weise bewahrt vor Zusagen, die es nicht garantieren kann. Sozialpolitische Gesetze können zudem flexibler als eine Verfassung auf wechselnde Lagen reagieren.

Probleme der Anwendung sozialer Gerechtigkeit

Das Bundesverfassungsgericht hat die besondere Gestaltungsfreiheit des Gesetzgebers in der Sozialpolitik hervorgehoben. Das Sozialstaatsprinzip „begründet die Pflicht des Staates, für eine gerechte Sozialordnung zu sorgen [...]; bei der Erfüllung dieser Pflicht kommt dem Gesetzgeber ein weiter Gestaltungsspielraum zu [...]. Das Sozialstaatsprinzip stellt also dem Staat eine Aufgabe, sagt aber nichts darüber, wie diese Aufgabe im Einzelnen zu verwirklichen ist – wäre es anders, dann würde das Prinzip mit dem Prinzip der Demokratie in Widerspruch geraten“ (BVerfGE 59, 231 (263)).

Die soziale Gerechtigkeit ist damit im Kern eine *regulative Idee* im kantischen Sinne: Sie gibt der Politik die Richtung vor, vermag aber die Entscheidungen inhaltlich nicht zu determinieren. Sie gestattet von Fall zu Fall eine negative, d.h. eine Ungerechtigkeitsprüfung, kann aber nicht angeben, wohin sich der Sozialstaat entwickeln soll. Sozial gerecht kann sowohl der weitere Ausbau der sozialen Sicherungssysteme als auch ihre Reduzierung sein. Sozial gerecht können angesichts begrenzter sozialer Leistungen mehr Zuwendungen sein. Sozial gerecht kann angesichts zunehmender Belastungen der Steuerbürger sowie der Beitragszahler in die Sozialkassen aber auch mehr Eigenverantwortung sein.

Die Gerechtigkeitskonzeptionen stehen in einem spannungsreichen Verhältnis zueinander. Alle können das Prädikat „sozial" für sich beanspruchen, obwohl sie sehr unterschiedliche Auswirkungen haben. Es gibt keine eindeutige Vorzugsstellung einer der Konzeptionen. Sie werden vielmehr differenziert nach dem jeweiligen Sachgebiet angewendet. Den Entscheidungen des Bundesverfassungsgerichts lässt sich als Tendenz entnehmen, dass beispielsweise im Steuerrecht die Maxime „Jeder nach seinen Fähigkeiten" als gerecht gilt, im Sozialrecht hingegen das Prinzip „Jedem nach seinen Bedürfnissen" breite Anwendung findet und finden soll (Robbers 1980, 141).

Die Rentenversicherung ist von der Leistungsgerechtigkeit bestimmt. Denn die Höhe der Rente hängt ab von der Höhe und Dauer der Einzahlungen in die Rentenkasse. Es wird jedoch auch das Prinzip einer ausgleichenden Gerechtigkeit praktiziert, da die Versicherung Erziehungszeiten wie auch Frühinvalidität berücksichtigt.

In der gesetzlichen Krankenversicherung kommt die Bedarfsgerechtigkeit in dem Sinne zur Anwendung, dass nicht erwerbstätige Familienangehörige ohne eigene Beitragsleistung mitversichert sind. Ausschließlich von der Bedarfsgerechtigkeit bestimmt ist die Sozialhilfe.

Der Gesetzgeber hat in weiten Bereichen einen Spielraum für die Wahl des anzuwendenden Gerechtigkeitsprinzips. Dieser Spielraum steht ihm nicht zu bei den sogenannten *transzendentalen* oder *konditionalen Gütern*. Hier muss der Staat für die Gleichheit der Startbedingungen sorgen. Diese Güter sind aus der Perspektive des Individuums nämlich grundlegende Lebensvoraussetzungen. Dazu zählen das Leben selbst, körperliche Unversehrtheit, Gesundheit, Sicherheit, die Grundversorgung mit Lebensmitteln, Kleidung und Wohnung. Von diesen Gütern gilt, dass sie nicht alles sind, aber alles ohne sie nichts ist. Sie haben einen Ermöglichungscharakter: Ihr Besitz muss vorausgesetzt werden, damit die Individuen ihre Lebensprojekte überhaupt mit einer Aussicht auf Erfolg angehen und verwirklichen können.

Die transzendentalen Güter erlauben eine Aussage darüber, ob ein Gemeinwesen in grundsätzlicher Hinsicht gerecht ist. Ein Gemeinwesen, das keine gleichmäßige Grundversorgung mit transzendentalen Gütern ermöglicht, verdient nicht das Prädikat einer gerechten Ordnung. Eine gerechte Ordnung wird daher auch nicht die Versorgung mit transzendentalen Gütern dem Markt überlassen können. Denn der Markt ist ungerecht und kann eine Gleichverteilung dieser Güter nicht garantieren (Kersting 2000, 27).

Eine Politik der sozialen Gerechtigkeit ist mit zwei Dilemmata belastet. Das eine Dilemma tritt auf, wenn der Staat nicht nur grobe, sondern auch kleinere Ungerechtigkeiten beseitigen will. Eine vollkommene Gerechtigkeit impliziert, dass dem Staat totale Macht übertragen wird. Denn er muss den Wert der Leistung, die Skala der Bedürfnisse und den sozialen Status eines jeden Individuums ermitteln. Dem Staat derart tiefe Einblicke und Eingriffe in die persönlichen Verhältnisse zu gestatten, ist mit dem Gedanken eines freiheitlichen Gemeinwesens jedoch kaum zu vereinbaren.

Das andere Dilemma tritt auf, wenn die soziale Gerechtigkeit dadurch verbessert werden soll, dass der Staat die Steuern und Abgaben erhöht, um über mehr Umverteilungsmasse zu verfügen. Eine solche Politik schwächt generell die Leistungsbereitschaft der Wirtschaftssubjekte. Die höhere Abgabenlast engt darüber hinaus die materiale Freiheit der arbeitenden Bevölkerung zugunsten der Nichtarbeitenden ein. Bei einem hohen Ausmaß an Abgabenbelastung und Umverteilung kann die gesellschaftliche Solidarität gefährdet werden. Solidarität wird von den Mitgliedern der Solidargemeinschaft auf Dauer nur dann geübt, wenn sie von den Begünstigten nicht überbeansprucht wird. Bei hoher Steuer- und Abgabenbelastung werden schließlich die Möglichkeiten der Menschen eingeschränkt, selbst ganz oder teilweise gegen existenzbedrohende Risiken vorzusorgen. Das Selbstverantwortungsbewusstsein wird geschwächt. Die Politik darf nicht vergessen, dass selbst die maßvollste sozialstaatliche Umverteilung eine Einschränkung der individuellen Verfügungsfreiheit über den Ertrag der eigenen Leistung bedeutet (Lampert/Althammer 2004, 474 ff.).

Es spricht einiges dafür, das dem Sozialstaat eigentlich entsprechende Paradigma in der *Solidarität* zu sehen. In diesem Sinne ist der Sozialstaat Ausdruck der kollektiven Solidarität einer politischen Gemeinschaft. Der rechtliche Gehalt des Prinzips der Solidarität ist allerdings notwendig unbestimmt. Denn Solidarität bedeutet permanentes Aufgerufensein zu Mitmenschlichkeit und Gemeinsinn und damit das permanente Überschreiten der bloßen Legalität hinüber in die Sphäre des Ethischen und der Moralität. Damit ist aber die Grenze dessen, was eine Verfassung überhaupt regeln kann, berührt (Denninger 1994, 44 f.).

3.7 Volkssouveränität

Eine politische Herrschaftsordnung besteht nur dann auf Dauer, wenn sie in den Augen der Herrschaftsunterworfenen Legitimität besitzt. Die Legitimität hängt davon ab, dass die eingesetzte Herrschaftsgewalt als wohlbegründet, rechtmäßig und anerkennungswürdig gilt. Das vorherrschende Legitimationsmuster der Gegenwart ist die Idee der Volkssouveränität, gemäß der alle staatliche Gewalt auf das Volk zurückzuführen ist. Die Doktrin der Volkssouveränität steht zweifellos in enger Beziehung zum Demokratieprinzip. Die Demokratie scheint nämlich geradezu die Anwendung des Gedankens der Volkssouveränität zu sein. Beide Konzepte dürfen jedoch nicht gleichgesetzt werden. Denn Volkssouveränität und Demokratie liegen auf verschiedenen Ebenen: Die Volkssouveränität ist eine Antwort auf die Frage nach der *Trägerschaft* von Herrschaft, nach deren Bezugs- oder Ausgangspunkt. Die Demokratie ist dagegen eine Möglichkeit der *Herrschaftsorganisation* und der *Herrschaftsausübung*.

Welche Voraussetzungen liegen dem Konzept der Volkssouveränität zugrunde? Worin besteht die legitimierende Wirkung der Volkssouveränität? In welcher Weise ist die Volkssouveränität im Grundgesetz verwirklicht?

Die Volkssouveränität als Legitimation politischer Herrschaft

Die Idee, dass das Volk Träger aller Herrschaftsgewalt und damit der Souverän ist, wurde erstmals wirkmächtig in der Amerikanischen und der Französischen Revolution Ende des 18. Jahrhunderts. Seit dieser Zeit herrscht die Überzeugung, dass nur diejenige Herrschaft legitim ist, die aus dem Willen des Volkes hervorgegangen ist, und dass nur das Volk über die originäre und unverlierbare Potenz verfügt, eine Verfassung hervorzubringen und dieser Inhalt sowie Geltung zu verschaffen. Das Volk gilt dieser Überzeugung gemäß als Urgrund der staatlichen Ordnung und als Erzeuger des Rechts.

Das Revolutionäre der Volkssouveränität ist der Sachverhalt, dass das Volk hier die Stelle besetzt, die im Mittelalter Gott zuerkannt wurde. Weil der neuzeitliche Staat sich aber nur noch als säkulare Einrichtung versteht, verliert die theonome Rechtfertigung von Herrschaft durch den Gedanken des Gottesgnadentums an Plausibilität und weicht der immanenten Idee der Herrschaft von Volkes Gnaden, der *„majestas populi"*.

Die Amerikanische und die Französische Revolution basierten auf politischen Theorien, die ihre maßgebliche Ausformung in der Aufklärungszeit erfuhren. Gleichwohl ist der Grundgedanke der Volkssouveränität älter. Als ein prominenter Vorläufer des Gedankens kann Marsilius von Padua gelten. Das Kennzeichen einer guten Verfassung war für ihn, dass die Herrschaft mit Willen und Zustimmung der Regierten geführt wird. Der Gesamtheit der Bürger kommt es daher zu, die Regierenden zu bestellen, zu tadeln oder aus Gründen des Gemeinwohls abzusetzen. Auch die Gesetze müssen von der Gesamtheit der Bürger ausgehen.

Die aus der Aufklärungszeit stammenden Gesellschaftsvertragstheorien liefern bis heute die Argumentation für die Begründung der Volkssouveränität. Diese Argumentation besteht im Wesentlichen aus vier Schritten.

Den Ausgangspunkt bildet die Vorstellung von der *Machbarkeit* der politischen Ordnung. Diese unterliegt der menschlichen Disposition und Konstruktion nach vernünftigen Gesichtspunkten. Die Vorstellung von der Machbarkeit trifft auf die Inthronisation des *autonomen Individuums* als des letzten Bezugspunktes aller Aussagen über Gestalt und Sinn der politischen Ordnung. Autonomie meint, dass der Mensch von Natur aus frei, ein Wesen der Selbstbestimmung ist. Herrschaft kann demzufolge nur aus dem Verzicht auf das individuelle Selbstbestimmungsrecht entstehen. Dieser Verzicht geschieht durch einen Vertrag, den alle an der Gründung einer Herrschaftsorganisation Beteiligten abschließen. Der Verzicht auf Selbstbestimmung wird dadurch aufgewogen, dass entweder die eingesetzte Herrschaftsgewalt der *Zustimmung* der Individuen bedarf oder aber das durch den Vertrag ins Leben gerufene Volk die *Selbstgesetzgebung* ausübt. Die Herrschaft kann durch einen Einzelnen, eine Gruppe, aber auch durch das Kollektiv selbst ausgeübt werden. Begründet wird durch den Vertrag jedenfalls eine auf den Willen der Herrschaftsunterworfenen zurückgehende *souveräne öffentliche Gewalt*.

Der legitimierende Bezug zum Volk und die polemische Fronstellung gegen die absolutistische Fürstensouveränität verliehen den Vertragstheorien ihren Schwung und brachten die hergebrachte politische Ordnung in die Defensive (Vorländer 1995, 687).

Die Durchschlagskraft des von den Gesellschaftsvertragstheorien begründeten Prinzips der Volkssouveränität beruht auf dem Gedanken, dass Herrschaft von Menschen über Menschen nicht einfach vorgegeben und hinzunehmen ist. Sie bedarf vielmehr einer rechtfertigenden Herleitung, d.h. Legitimation. Diese Legitimation kann nur vom Volk selbst, nicht von einer Instanz außerhalb des Volkes ausgehen. Die Ordnung des Zusammenlebens in einem Volk muss auf der Anerkennung derer zurückgeführt werden können, die unter ihr leben. Nur so ist sie Ausdruck der Freiheit und Selbstbestimmung des Volkes.

Aus der so begründeten Volksouveränität leitet sich die Idee von der *verfassunggebenden Gewalt* des Volkes ab. Die Idee drückt die dem Volk im Sinne einer vorverfassungsmäßigen Kompetenz zukommende Kraft und Autorität aus, die Verfassung hervorzubringen, sie zu tragen und sie aufzuheben. Die Macht dieser Idee zeigt sich darin, dass spätestens seit dem 20. Jahrhundert sich fast alle Staaten, Diktaturen eingeschlossen, auf das Volk als den letzten Urheber der Verfassungstexte berufen. Mit Ausnahme der Staaten, die sich theokratisch legitimieren, gibt es keine Akzeptanz für eine andere Verfassungsbegründung als die aus dem Willen des Volkes.

Das Prinzip der Volkssouveränität ist weniger auf den Zweck der Staatsgewalt als auf die Trägerschaft der Staatsgewalt gerichtet. Es besagt, dass die Errichtung und Organisation der politischen Herrschaftsgewalt auf das Volk selbst, d.h. eine von ihm ausgehende Legitimation und Entscheidung rückführbar sein muss. Volkssouveränität bedeutet daher nicht zwingend, dass das Volk unmittelbar oder mittelbar regieren muss. Regieren könnte auch ein vom Volk eingesetzter Monarch. Erforderlich ist aber, dass das Volk Inhaber der verfassunggebenden Gewalt sein und bleiben muss (Böckenförde 1987a, 888 ff.).

Konkurrierende Theorien der Volkssouveränität

Die Brisanz der Souveränität zeigt sich anhand der Eigenschaften, die ein Souverän besitzt. Dabei ist es gleichgültig, ob der Souverän aus einer Person, etwa einem Fürsten, oder aus einem Kollektiv, etwa einem Parlament, einem Zentralkomitee oder, im Extremfall, dem gesamten Volk besteht. Souveränität bedeutet Innehabung der höchsten Gewalt, die keiner rechtlichen und gesetzlichen Bindung unterliegt und auch nicht von anderen Instanzen aufgehoben werden kann. Sie ist daher im wörtlichen Sinne *absolute Gewalt.*

Legt man einen starken Begriff von Souveränität zugrunde, dann zeichnen sechs Eigenschaften einen Souverän aus. Er steht erstens oberhalb aller Rechtsordnung und folglich oberhalb aller Kompetenzen. Er ist vielmehr die Quelle allen Rechts und damit aller Kompetenzen. Der Souverän kann zweitens unbeschränkt über das Recht verfügen. Er kann neues Recht schaffen, altes abschaffen, und zwar unbeschränkt durch irgendwelches Verfassungsrecht. Er kann Recht gewähren, es aber auch wieder zurücknehmen. Ihn selbst bindet es nicht. Seine Souveränität kann folglich auch nicht durch Verfassungsrecht verliehen sein. Vielmehr ist der Souverän selbst die Quelle allen Rechts und damit auch des Verfassungsrechts.

Der Souverän kann drittens das Recht durchbrechen. Das bedeutet, er braucht das Recht nicht selbst zu beachten. Alle anderen sind an das vom Souverän gesetzte Recht gebunden. Er selbst bildet die Ausnahme. Der Souverän kann viertens jede Kompetenz an sich ziehen. Er hält damit die Gewalt ungeteilt in seinen Händen. Alle Staatsgewalt, die sich in anderen Händen befindet, ist von ihm delegierte oder eingesetzte Staatsgewalt.

Fünftens gilt die Souveränität des Souveräns unbedingt, unwiderruflich und zeitlich unbeschränkt. Es gibt keine Instanz oberhalb des Souveräns, die ihn in Schranken weisen könnte. Denn gäbe es eine, dann wäre der Souverän nicht mehr souverän. Sechstens schließlich gilt die Souveränität des Souveräns inhaltlich unbeschränkt. Deshalb kann es gegen den Souverän auch kein Widerstandsrecht geben. Infolgedessen gibt es auch kein Naturrecht oberhalb des Souveräns. Denn sonst könnte gegebenenfalls behauptet werden, der Souverän habe das höherrangige Naturrecht verletzt, und damit die Souveränität in Frage gestellt werden (Kriele 1994, 56 ff.).

In der Geschichte der politischen Ideen stehen sich zwei Positionen der Volkssouveränität gegenüber, die klare Alternativen bezeichnen. Die eine Theorie stammt von Jean-Jacques Rousseau, die andere von John Locke. Rousseaus Theorie treibt die Idee der Souveränität bis zu ihren äußersten Möglichkeiten, sie ist aber mit dem demokratischen Verfassungsstaat nicht vereinbar. Lockes Theorie verwendet die Idee der Souveränität eher zurückhaltend. Sein Gedankengebäude liegt dem demokratischen Verfassungsstaat mehr oder weniger zugrunde.

Rousseau vertrat eine *aktivistische Volkssouveränität*: Er verankerte die Souveränität in der Volksversammlung. Diese ist konzipiert als das höchste, allein mit originären Herrschaftsrechten ausgestattete und prinzipiell universal zuständige Entscheidungsorgan. Die Volksversammlung unterliegt keiner rechtlichen Bindung. Es gibt keine Verfassungsregeln, die sie nicht in jedem Augenblick durch andere ersetzen könnte. Es gibt auch keine Beschränkungen ihrer Verfügungsgewalt. Nichts außer ihrer eigenen Souveränität ist ihr vorgegeben. Sie ist im wörtlichen Sinne omnipotent.

Hinzu kommt bei Rousseau die *rechtliche Ungebundenheit* der Volkssouveränität. Das Volk als Souverän ist an kein vorgängiges Naturrecht gebunden. Rousseau erkannte richtig, dass ein solches Naturrecht die Souveränität in Frage stellt. Behielte der Bürger es sich nämlich vor, der Verfügungsgewalt der Volksversammlung eine Grenze zu ziehen und im Konfliktfall selbst als Richter zu entscheiden, wo die Grenze der Zuständigkeit der Versammlung verläuft, so wäre die Souveränität im Kern getroffen.

Rousseau gab eine mechanistische Antwort auf die entscheidende Frage, wie gewährleistet werden kann, dass der allmächtige Souverän den Gesellschaftszweck erfüllt, nämlich die Person und das Vermögen eines jeden Gesellschaftsmitglieds zu schützen: Jeder gibt sich ganz dem Kollektiv hin. Dadurch ist die Lage für alle völlig gleich. Da kein Mensch sich selbst schädigen will, schädigen die Beschlüsse der Volksversammlung folglich niemanden.

Weil in der Realität sich die Gesetze zwar an einen unbestimmten, aber doch begrenzten Kreis von Adressaten richten, etwa an die Selbstständigen, die Arbeitnehmer oder die Arbeitslosen, entfällt jedoch die von Rousseau erhoffte Schutzwirkung (Reibstein 1972, 189 ff.; Kielmansegg 1977, 153 f.).

Locke vertrat das Konzept einer *ruhenden Volkssouveränität.* Er beschränkte die Souveränität auf den Gründungsakt des politischen Verbandes und die Festlegung von dessen politischer Verfassung, deren wichtigster Teil die legislative Gewalt ist. Sobald die legislative und, von dieser abgeleitet, auch die exekutive Gewalt bestimmt sind und beide politisch handeln können, ruht die souveräne Gewalt des Volkes. Zwischen den eingerichteten Gewalten des Gemeinwesens und dem Volk besteht ein Vertrauensverhältnis, das von den Inhabern der Gewalten nicht gebrochen werden darf. Solange das Vertrauen besteht, herrschen die Gewalten mit der Zustimmung des Volkes.

Nach Locke kann das Volk von seiner souveränen Gewalt nicht jederzeit neu Gebrauch machen. Seine Souveränität lebt nur unter ganz bestimmten Bedingungen wieder auf. Dann nämlich, wenn die Regierenden die Verfassung verletzen oder in anderer Weise unrechtmäßig handeln, wenn sie also das Vertrauen missbrauchen. Die souveräne Gewalt des Volkes ist mithin nur eine Konstitutiv- oder Gründungsgewalt. In Gestalt des Widerstandsrechts des Volkes gegen schweres von der Legislative oder der Exekutive begangenes Unrecht wirkt sie aber im Hintergrund weiter. Vollkommen verschwindet sie also nicht. In letzter Instanz bleibt das Volk mithin Träger der höchsten Gewalt: Ihm bleibt das Recht, die Legislative abzuberufen oder zu ändern, wenn es findet, dass die Legislative dem in sie gesetzten Vertrauen zuwiderhandelt.

Locke ging weiterhin von einer *rechtlich gebundenen Volkssouveränität* aus. Beim Gründungsakt steht das Volk nämlich nicht oberhalb des Naturrechts, sondern ist daran gebunden. Das Naturrecht oder, wie Locke formulierte, das Naturgesetz bindet die Menschen schon im Naturzustand. Das Naturgesetz als Stimme der Vernunft lehrt jeden, sich selbst und andere zu erhalten. Ferner darf niemand einem anderen Schaden an Leben, Gesundheit, Freiheit und Besitztum zufügen. An diese Normen des Naturgesetzes ist auch das Volk als Souverän gebunden. Die Staatsgründung verfolgt daher keinen anderen Zweck, als dem Naturgesetz bessere Chancen der Verwirklichung zu verschaffen (Reibstein 1972, 78 ff.; Kielmansegg 1977, 141 ff.).

Eine absolutistische Souveränitätsdoktrin passt zu einem absolutistischen Staat, nicht jedoch zu einem Verfassungsstaat. Absolutismus heißt, dass der Herrscher die ungeteilte, unbedingte und unbeschränkte Macht besitzt, Recht zu schaffen, zu ändern und zu durchbrechen. Ein Verfassungsstaat ist demgegenüber durch Gewaltenteilung und durch Bindung an Verfassungsrecht und an Gesetze gekennzeichnet. Es gibt niemanden, der innerhalb des Verfassungsstaates souveräne Gewalt ausübt. Gäbe es einen agierenden Souverän, wäre nicht nur der Bestand der Verfassung zu jeder Zeit gefährdet. Es wären auch die Grundrechte nicht gewährleistet, da sie zur Disposition des Souveräns stünden. Die absolutistische Souveränität bildet folglich das Gegenmodell zum Verfassungsstaat.

Das Konzept der ruhenden Volkssouveränität hingegen entspricht dem Verfassungsstaat. Die Volkssouveränität wird nur bei bestimmten Gelegenheiten aktiviert: So bei der Gründung eines Gemeinwesens und der mit ihr verbundenen Verfassungsschöpfung, weiterhin im Widerstandsfall, eventuell bei einer Neugestaltung der Verfassungsordnung und schließlich bei der Abschaffung des Verfassungsstaates. Während der übrigen Zeit handeln verfassungsmäßig vorgesehene Organe im Rahmen ihrer von der Verfassung vorgesehenen Kompetenzen. Kein Organ handelt außerhalb oder oberhalb der Verfassungsordnung. Ein solches Handeln wäre nicht nur Verfassungsbruch. Es wäre auch der Einbruch des Souveränitätsprinzips in den Verfassungsstaat und damit der Beginn seines Endes (Kriele 1994, 122 ff., 273).

Die Volkssouveränität im Grundgesetz

Das Grundgesetz ist die Verfassung eines demokratischen Verfassungsstaates. „Verfassungsstaat" bedeutet, dass es innerhalb der grundgesetzlichen Ordnung kein Verfassungsorgan mit souveräner Gewalt geben darf. Dies gilt selbst für das Volk. Dieser Vorgabe entspricht das Grundgesetz dadurch, dass es die Kompetenzen der Organe detailliert festgelegt und die Organe auf diese Weise in ihrem Handeln gebunden hat. „Demokratischer Verfassungsstaat" bedeutet, dass die Ausübung der Staatsgewalt demokratischen Ansprüchen genügen muss. Diese Vorgabe erfüllt das Grundgesetz durch eine Vielzahl von Vorschriften, die von Wahlen über Abstimmungen, Öffentlichkeits- und Mehrheitserfordernisse bis zu gegenseitiger Kontrolle der Organe reichen.

Demokratische Verfahrensweisen dürfen nicht mit Volkssouveränität gleichgesetzt werden. Die Volkssouveränität kommt hauptsächlich im Akt der Verfassungsschöpfung zur Anwendung. Sie verwirklicht sich in der Kompetenz, über die Verfassung zu entscheiden. So verfährt auch das Grundgesetz. Es führt seine Legitimität auf die verfassunggebende Gewalt des Volkes zurück. Das Volk ist daher der Träger der Verfassung. Alle Regelungen der Verfassung müssen auf seine ursprüngliche Entscheidung rückführbar sein.

Das Grundgesetz spricht die Volkssouveränität lediglich an drei Stellen an, nämlich in der Präambel, in Artikel 20 und in Artikel 146. Bedeutsam für das geltende Grundgesetz sind die Präambel und Artikel 20 GG. Denn Artikel 146 GG thematisiert die Zeit *nach* dem Grundgesetz. Er spricht eine neue Verfassung an, deren Inkrafttreten automatisch zur Ungültigkeit des Grundgesetzes führt. Der Artikel erwähnt als Akteur einer Verfassungsneuschöpfung das deutsche Volk. Er bekundet damit die Hoffnung, dass auch eine Nachfolgeverfassung durch die Volkssouveränität legitimiert ist.

Die Präambel drückt aus, dass das Grundgesetz aus der verfassunggebenden Gewalt des deutschen Volkes und nicht aus einem Bündnis der Länder hervorgegangen ist oder auf einem Diktat der damaligen Besatzungsmächte beruht. Der Präambel lässt sich weiterhin entnehmen, dass der Verfassunggeber einem *ethisch gebundenen Souveränitätsverständnis* folgte. Denn das Grundgesetz bekennt sich zur *Verantwortung* vor Gott und den Menschen. Die Verantwortung vor Gott ist das Bekenntnis zur Existenz eines dem Staat vorgegebenen ethischen Fundamentes von absoluter Tragfähigkeit.

Der Hinweis auf die in freier Selbstbestimmung erfolgte Vollendung von Einheit und Freiheit Deutschlands bezieht sich eher auf die äußere oder völkerrechtliche Souveränität als auf die innere oder staatsrechtliche Souveränität, zu der die Volkssouveränität als eine Möglichkeit gehört. Die Formulierung, dass die Deutschen etwas in freier Selbstbestimmung vollbracht haben, enthält aber Anklänge an die Volkssouveränität. Denn im Völkerrecht agieren üblicherweise Staaten, hier ist aber von den Deutschen, also von Menschen, die Rede.

Präambel:
Im Bewusstsein seiner **Verantwortung vor Gott und den Menschen**, von dem Willen beseelt, als gleichberechtigtes Glied in einem vereinten Europa dem Frieden der Welt zu dienen, hat sich das **Deutsche Volk** kraft seiner **verfassungsgebenden Gewalt** dieses Grundgesetz gegeben.
Die **Deutschen** in den Ländern Baden-Württemberg, Bayern, Berlin, Brandenburg, Bremen, Hamburg, Hessen, Mecklenburg-Vorpommern, Niedersachsen, Nordrhein-Westfalen, Rheinland-Pfalz, Saarland, Sachsen, Sachsen-Anhalt, Schleswig-Holstein und Thüringen haben in **freier Selbstbestimmung** die Einheit und Freiheit Deutschlands vollendet. Damit gilt dieses Grundgesetz für das gesamte Deutsche Volk.

Eine ausdrückliche Anknüpfung an das Prinzip der Volkssouveränität enthält Artikel 20 Abs. 2 Satz 1 GG. Der Satz, dass alle Staatsgewalt vom Volke ausgeht, bringt das legitimierende Prinzip der politischen Ordnung der Bundesrepublik Deutschland zum Ausdruck, nämlich die Volkssouveränität. Da alle Staatsgewalt vom Volk *ausgeht*, ist das Volk offensichtlich *Träger* oder *Inhaber* der Staatsgewalt.

Der Satz vom Volk als Träger der Staatsgewalt richtet sich *negativ-abgrenzend* gegen andere mögliche Träger staatlicher Herrschaftsgewalt und damit gegen andere Legitimitätsvorstellungen. Man darf nicht außer Acht lassen, dass die Volkssouveränität durchaus Alternativen hat. Sie selbst ist die historische Alternative zur hergebrachten Fürstensouveränität. Die Zeit der Monarchien ist vorbei. Insofern kämen Fürsten als Träger der Staatsgewalt wohl eher nur potentiell in Betracht. Denkbar als Herrschaftsträger wäre auch eine bestimmte soziale Klasse, wenn diese für sich beansprucht, über besondere Gaben zu verfügen oder einen Missionsauftrag zu erfüllen. Im Grunde sind aber viele Ideen, Ideologien oder Religionen vorstellbar, die von Einzelnen oder Gruppen zur Legitimierung von Herrschaft herangezogen werden können.

> Artikel 20 GG:
> (1) [...]
> (2) **Alle Staatsgewalt geht vom Volke aus**. Sie wird vom Volke in Wahlen und Abstimmungen und durch besondere Organe der Gesetzgebung, der vollziehenden Gewalt und der Rechtsprechung ausgeübt.
> (3) [...] (4) [...]

Positiv-konstituierend legt der Satz vom Volk als Träger und Inhaber der Staatsgewalt fest, dass sich die wie auch immer ausgeübte Staatsgewalt auf jeden Fall vom Volk herleiten muss. Die Besonderheit des Satzes besteht darin, dass *alle* Staatsgewalt vom Volk ausgehen muss. Für das Prinzip der Volkssouveränität hätte die Feststellung genügt, dass *die* Staatsgewalt vom Volk ausgeht. Das Attribut *alle* ist nicht nur konkreter, sondern auch erheblich anspruchsvoller. Es verlangt zwingend, dass *alle* staatlichen Akte auf den Willen des Volkes rückführbar sein müssen. Dieser legitimierende Bezug kommt unter Umständen erst nach vielen Zwischenstationen zustande.

Mit dem *Volk* ist nicht die Bevölkerung, also die Gesamtheit der in Deutschland wohnenden Menschen gemeint. Gemeint ist vielmehr das *Staatsvolk*. Dieses besteht aus der Gesamtheit der Staatsangehörigen. Das sind alle Deutschen, die im Gebiet der Bundesrepublik Deutschland leben. Auch die Kinder der Deutschen gehören zum Staatsvolk.

Artikel 20 Abs. 2 GG spricht das Volk in zwei völlig verschiedenen Rollen an. Satz 1 enthält eine Aussage über das Volk als Träger der Staatsgewalt und damit über die Volkssouveränität. Satz 2 hingegen macht Ausführungen über die *Ausübung* der Staatsgewalt. Hier werden zwei Handlungssubjekte genannt, darunter erneut das Volk sowie besondere Organe. Das Volk ist also auch an der Ausübung der Staatsgewalt beteiligt, und zwar in Form von Wahlen und Abstimmungen. Wahlen und Abstimmungen sind Elemente der Demokratie, nicht der Volkssouveränität.

Das an der Ausübung der Staatsgewalt beteiligte Volk ist übrigens nicht identisch mit dem Volk in Satz 1. Denn wahl- und abstimmungsberechtigt ist nur die sogenannte *Aktivbürgerschaft*. Zu dieser gehören nur diejenigen Deutschen, die das 18. Lebensjahr vollendet haben.

Wenn das Volk in Wahlen und Abstimmungen an der Ausübung von Staatsgewalt mitwirkt, handelt es im Rahmen von Kompetenzen, die ihm von der Verfassung zugeordnet sind. Auf keinen Fall steht das Volk beim Wählen und Abstimmen oberhalb der Verfassung. Es agiert nicht als Souverän, sondern als Organ der Verfassung.

Die Bindung an die Verfassung gilt auch für andere Akteure, die aufgrund ihrer Machtfülle souverän zu sein scheinen, es aber nicht sind. So handeln Parlament und Regierung im Rahmen genau zugewiesener Zuständigkeiten. Der verfassungsändernde Gesetzgeber ist an die entsprechenden Vorgaben der Verfassung in Artikel 79 GG gebunden. Die im Notstandsfall agierenden Organe sind an definierte Ermächtigungen gebunden, die von anderen Organen kontrolliert und auch wieder zurückgenommen werden können.

Probleme der Lehre von der verfassunggebenden Gewalt des Volkes

Das Grundgesetz sieht sich dem Vorwurf ausgesetzt, zwar zu behaupten, aus der verfassunggebenden Gewalt des Volkes hervorgegangen zu sein, diese Behauptung aber nicht einlösen zu können: Es gehe nicht auf den Willen des Volkes zurück, sondern auf den des Parlamentarischen Rates. Es sei auch nicht nach demokratischen Regeln zustande gekommen, denn über seine Annahme habe keine Abstimmung im deutschen Volk stattgefunden. Dieser Geburtsmakel müsse eigentlich durch eine Volksabstimmung geheilt werden.

Hiergegen kann man pragmatisch argumentieren und sagen, dass eine Abstimmung die Akzeptanz des Grundgesetzes eher schwächen als stärken könnte. Denn ein Referendum leistet nicht mehr als die Momentaufnahme einer politischen Stimmung. Man könnte hinzufügen, dass es für die Qualität einer Verfassung gar nicht auf den Ursprung ankommt. Ob eine Verfassung legitim ist, entscheidet nicht ihre Entstehung, sondern die ihr zuwachsende freie Zustimmung der Bürger während ihrer Existenz. In dieser Hinsicht steht die Legitimität des Grundgesetzes außer Frage. Ihm ist Konsens in einem Ausmaße zugewachsen wie keiner Verfassung zuvor in der deutschen Geschichte.

Dennoch macht der Hinweis auf die fehlende Willensbekundung des Volkes darauf aufmerksam, dass es eigentlich für die Legitimitätsgeltung einer Verfassung besser wäre, wenn sie ihre Existenz der verfassunggebenden Tätigkeit des Volkes verdankte. Mit der Institutionalisierung einer verfassunggebenden Gewalt des Volkes sind allerdings mehrere schwerwiegende Probleme verbunden.

Das erste Problem ist die *Handlungsunfähigkeit* des unverfassten Volkes. Wenn das Volk das Subjekt ist, das sich eine Verfassung gibt, dann muss es als handlungsfähige Größe vorab existieren. Handlungsfähig ist es aber nur, wenn es organisiert ist. Da aber noch kein Recht vorliegt – es soll ja erst begründet werden –, gibt es auch noch keine rechtlich definierte Staatsbürgerschaft und damit auch keinen Demos. Es gibt nur einen atomistischen Haufen von Individuen. Das Volk muss also vorab verfasst sein, damit es sich eine Verfassung geben kann. Aber daran fehlt es gerade. Die üblicherweise mit der Ausarbeitung und Verabschiedung einer Verfassung befassten Repräsentanten können mangels Verfassung gar nicht vom Volk legitimiert sein. Die Idee vom Volk als verfassunggebende Gewalt darf also nicht beim Wort genommen werden. Das

Volk kann nicht Handlungssubjekt sein. Es ist in Wirklichkeit legitimierendes *Referenzsubjekt* der Verfassungsschöpfer.

Das zweite Problem ist das *Entscheidungsverfahren* für die Annahme der Verfassung. Zwar ist ein Verfassunggeber frei in der Wahl des Annahmeverfahrens, unter dem Vorzeichen der Demokratie liegt es aber nahe, die Verfassung einem Volksreferendum zu unterwerfen und dabei die Mehrheit entscheiden zu lassen. Das Mehrheitsprinzip ist in Wirklichkeit jedoch kein taugliches Verfahren. Denn solange das Staatsvolk noch nicht verfasst ist, kann eine Abstimmungsmehrheit nicht einfach den Anspruch erheben, das Volk zu repräsentieren, und ihren Willen als den Willen des Volkes ausweisen. Das wäre ein Diktat der Mehrheit über die Minderheit und mit deren ursprünglicher Freiheit nicht zu vereinbaren. Die Inkraftsetzung einer Verfassung verlangt der Idee nach also die Einstimmigkeit. Diese ist aber nur sehr schwer zu erreichen. Damit ist das Risiko des Scheiterns der Verfassunggebung vorprogrammiert (Isensee 1995, 45 ff.).

Sofern die Lehre von der verfassunggebenden Gewalt des Volkes den Eindruck erweckt, dass tatsächlich das Volk seine Verfassung konzipiert und angenommen hat, begründet sie einen demokratischen Mythos. Sie gibt nicht die wirkliche Entstehungsgeschichte der Verfassung wieder. Dennoch ist es sinnvoll, wenn die Verfassung darlegt, wie sie sich begründet sieht und welche Legitimität sie beansprucht. Das genau ist auch der Sinn der häufig in Präambeln zu findenden Deklaration, dass die vorliegende Verfassung aus dem Willen des Volkes hervorgegangen und von ihm kraft seiner verfassunggebenden Gewalt beschlossen worden ist. Das Volk fungiert als Legitimationssubjekt, das der Verfassung Anerkennung verleihen soll (Isensee 1995, 76, 105).

3.8 Demokratie

Es gibt kaum einen politischen Begriff, dem so unterschiedliche Deutungen gegeben werden wie dem der Demokratie. Die verfassungsrechtlich maßgebliche Bedeutung des Begriffes muss anhand der konkreten Ausformung im Grundgesetz gewonnen werden, nicht jedoch anhand theoretischer Modellvorstellungen aus der Politikwissenschaft. Das Grundgesetz normiert eine die Wirklichkeit der bestehenden Gesellschaft berücksichtigende konkrete Demokratie. In die grundgesetzliche Demokratie sind weiterhin bestimmte historische Erfahrungen aus dem Schicksal der Weimarer Demokratie eingeflossen.

Welche grundsätzlichen Merkmale kennzeichnen die Demokratie des Grundgesetzes? Welche Position nimmt das Grundgesetz angesichts der prinzipiellen Alternative von unmittelbarer und repräsentativer Demokratie ein? Welche Rolle spielt das Parlament als das einzige aus einer demokratischen Wahl hervorgegangene Verfassungsorgan?

Der enge Zusammenhang von Volkssouveränität und Demokratie

Die Demokratie als Regierungsform knüpft an das Prinzip der Volkssouveränität an und gibt diesem Prinzip eine in ihm angelegte besondere Ausgestaltung. Die Demokratie organisiert die Staatsgewalt nämlich so, dass diese sich in ihrer Einrichtung und Ausübung stets vom Willen des Volkes herleitet. In diesem Sinne begründet die Demokratie eine Volksherrschaft.

Die Demokratie geht also über die Trägerschaft der verfassunggebenden Gewalt durch das Volk hinaus. Sie besagt, dass das Volk auch Staatsgewalt ausüben, sie also innehaben soll. Dabei muss Ausübung der Staatsgewalt nicht zwingend bedeuten, dass das Volk selbst agiert. Die Staatsgewalt kann auch von Organen ausgeübt werden. Diese müssen ihr Handeln aber auf den Willen des Volkes zurückführen können.

Das Demokratieprinzip ist wie das Prinzip der Volkssouveränität unlöslich mit der Annahme der *prinzipiellen Gleichheit* der Menschen, zumindest aller Mitglieder des Staatsvolkes, verbunden. Ohne diese Annahme ließe sich weder die Volkssouveränität noch die Demokratie rechtfertigen. Wäre man nämlich von der Ungleichheit der Menschen überzeugt, könnten als Träger wie als Akteure der Staatsgewalt eigentlich nur Menschen in Betracht kommen, die sich durch besondere Merkmale auszeichnen. Man würde zur Legitimierung einer monarchischen oder einer aristokratischen Ordnung gelangen.

Der die Demokratie kennzeichnende Gleichheitsgedanke findet seinen deutlichsten Ausdruck im allgemeinen und gleichen Wahlrecht.

Es ist der Kernsatz jeder Form von Demokratie, dass das Volk Inhaber der Staatsgewalt ist. Damit sind andere mögliche Inhaber der staatlichen Herrschaftsgewalt ausgeschlossen. Inhaber der Staatsgewalt sollen folglich nicht ein Monarch, nicht eine bestimmte soziale Schicht und auch nicht eine bestimmte Klasse sein.

Ebenso widerspricht es der Demokratie, wenn bestimmte Ideologien und die in ihrem Namen auftretenden Menschen beanspruchen, aus eigenem, „höherem" Recht Herrschaftsgewalt auszuüben. Die betreffenden Ideen können die Ordnung des Zusammenlebens nur dann bestimmen, wenn das Volk als Inhaber der Staatsgewalt sie sich zu eigen macht.

Die Abwehrrichtung der Demokratie erstreckt sich auch auf das Prinzip der Herrschaft Gottes, wenn dieses im Sinne unmittelbarer Herrschaftsausübung im Namen oder durch einen Mittler Gottes verstanden wird. Allerdings kann Gott als letzter Grund der Schöpfung und so auch der staatlichen Ordnung und der Staatsgewalt gedacht und anerkannt werden. Gott darf aber nicht als der Inhaber staatlicher Herrschaftsgewalt gesehen werden, der diese durch Mittler göttlichen Willens selbst ausübt oder zur Ausübung überträgt. Insofern steht die Demokratie im Zeichen der Säkularisierung politischer Herrschaft. Das bedeutet, dass der Wille Gottes als oberstes Gebot in der Demokratie nicht aus sich heraus politische und rechtliche Geltung hat. Er hat nur dann Geltung, wenn das Volk ihn zum Inhalt seines Willens macht (Böckenförde 1987a, 893 f.).

Die grundgesetzliche Demokratie steht in der Traditionslinie des demokratischen Verfassungsstaates. Dieser stellt eine Synthese zweier Prinzipien dar, nämlich des Demokratieprinzips und des Amtsprinzips.

Dabei ist das *Demokratieprinzip* Ausdruck des Bürgerrechts auf Teilhabe an der Politik, auf Mitwirkung an den gemeinsamen Angelegenheiten. Hinter diesem Recht steht die Überlegung, dass jeder, der vom Gesetz betroffen ist, auch über das Gesetz mitentscheiden muss. Die Teilhabe wird gewährleistet durch das Recht, Vertreter zu den repräsentativen Körperschaften zu wählen, die mit der Gesetzgebung betraut sind. Idealerweise steht das Wahlrecht jedem zu, der den Gesetzen unterworfen ist. Ebenso steht der Zugang zu den Körperschaften allen Bürgern offen: Jeder hat das Recht zur Kandidatur.

Das *Amtsprinzip* bildet die Basis der Repräsentation. Es drückt die Rechtsgebundenheit aller Herrschaft und die Verpflichtung der Staatsgewalt auf das Gemeinwohl aus. Die Befugnis, für andere zu entscheiden, wird nicht aus eigenem Recht ausgeübt, sondern ist eine übertragene Vollmacht, die auf Vertrauen basiert. Ferner ist die Entscheidungsbefugnis mit der Pflicht verbunden, die getroffenen Entscheidungen vor den Entscheidungsbetroffenen zu verantworten.

Erst die Synthese des Demokratieprinzips mit dem Amtsprinzip bewirkt, dass die Demokratie die Qualität eines „responsible government" hat.

Die grundgesetzliche Demokratie befindet sich in größtmöglicher Distanz zu Vorstellungen, die auf Jean-Jacques Rousseau zurückgehen. Für diese Tradition ist Demokratie identisch mit *Selbstregierung des Volkes*. Sie favorisiert die unmittelbare Teilhabe der Bürger an der Politik, indem diese gemeinsam über die öffentlichen Angelegenheiten entscheiden, idealerweise auf dem Marktplatz. Die unmittelbare Teilhabe an der Politik begründet eine *Versammlungsdemokratie*. Mit dieser Form der Demokratie verbindet sich die Hoffnung auf Selbstbestimmung des Bürgers. Diese Hoffnung lässt sich jedoch nicht erfüllen, da die Mitwirkung an Entscheidungen, die für andere verbindlich sind, immer eine Verfügung über andere ist.

Die der antiken griechischen Demokratie entsprechende Versammlungsdemokratie weist eine spezifische Nähe zum Prinzip der Volkssouveränität auf. Denn das Volk ist in der Versammlungsdemokratie ständig präsent und aktiv. Deshalb wohl übt diese Form der Demokratie eine besondere Faszinationskraft aus. Mit der grundgesetzlichen Ordnung weist sie gleichwohl keine Gemeinsamkeit auf (Kielmansegg 1988, 58 ff.).

Demokratie als Herrschaftsform

Das Grundgesetz geht nicht von einem einheitlichen Volkswillen aus, sondern von der Unterschiedlichkeit und Gegensätzlichkeit der Meinungen, Interessen und politischen Willensrichtungen. Es ignoriert daher auch nicht die Existenz von Konflikten in der

Gesellschaft. Und es konstruiert die Demokratie so, dass aus einem offenen Willensbildungs- und Entscheidungsprozess immer wieder politische Einheit entsteht.

In der grundgesetzlichen Demokratie wird Herrschaft nicht negiert. Die Demokratie ist eine politische Ordnung, in der Herrschaft von Menschen über Menschen ausgeübt wird. Aber diese Herrschaft beruht nicht auf einer Selbstlegitimation der Herrschenden, sondern ist von der Mehrheit des Volkes anvertraute Herrschaft, die zudem der Kritik und Kontrolle unterliegt (Hesse 1999, 61 f.).

Die Demokratie des Grundgesetzes meint folglich nicht herrschaftsfreie Identität von Regierenden und Regierten und auch nicht herrschaftsfreien Diskurs. Denn sie stattet einzelne Personen oder Personengruppen mit hoheitlichen Aufgaben gegenüber der Allgemeinheit aus, wenn diese auch durch Wahlen legitimiert sind. Und sie wendet das Mehrheitsprinzip an, was zwangsläufig zu einer Unterordnung der Minderheit führt. Gemildert wird das natürliche Spannungsverhältnis zwischen den beiden Seiten des Herrschaftsverhältnisses durch ein System von Wahlabhängigkeiten, Verantwortungsrollen und Kontrollen (Herzog 1978/1980, 38, Rdnr. 20).

Das Grundgesetz geht davon aus, dass das Volk als solches kein handlungsfähiger politischer Körper ist. Es ist auf leitende Organe angewiesen, in denen die Zusammenfassung und Ausrichtung des vielfachen menschlichen Handelns und Wollens geleistet wird. Die Aufgabe der Willenskonzentration, Interessenaggregation und Einheitsbildung kann nur Sache Weniger sein. Man kann daher grundsätzlich sagen, dass das Volk nur mittels einer Herrschaftsorganisation herrschen kann. Diese Organisation bedarf nicht nur der Autorität und Macht, sie muss auch im Verhältnis zum Volk über ein gewisses Maß an Entscheidungsfreiheit verfügen. Demokratie in Unmittelbarkeit, ohne Herrschaftsorganisation ist nur möglich, wo es um folgenloses und letztlich verantwortungsloses Debattieren geht (Böckenförde 1987b, 33 ff.).

Die entscheidenden Aussagen im Grundgesetz zum Demokratieprinzip finden sich in Artikel 20 Abs. 1 und 2. Absatz 1 beschränkt sich allerdings auf den knappen und allgemeinen Hinweis, dass Deutschland ein demokratischer Staat sein will. Aus dem Absatz geht die konkrete Gestalt der grundgesetzlichen Demokratie nicht hervor.

Artikel 20 GG
(1) Die Bundesrepublik Deutschland ist ein **demokratischer** und sozialer Bundesstaat.
(2) Alle Staatsgewalt geht vom Volke aus. Sie wird vom Volke in **Wahlen** und **Abstimmungen** und durch **besondere Organe** der Gesetzgebung, der vollziehenden Gewalt und der Rechtsprechung ausgeübt.
(3) [...] (4) [...]

Die genauere Festlegung der Demokratie erfolgt in Absatz 2. Während Satz 1 das Volkssouveränitätsprinzip ausdrückt, enthält der folgende Satz, dass die Staatsgewalt vom Volk in Wahlen und Abstimmungen und durch besondere Organe ausgeübt wird, fundamentale Aussagen über die *Staatswillensbildung* sowie über den *Staatsaufbau.*

Wörtlich heißt es im ersten Teilsatz von Satz 2, dass das Volk die Staatsgewalt *in* Wahlen und Abstimmungen ausübt. Dies ist eine abschließende Aufzählung: Das Volk darf Staatsgewalt *nur* in diesen beiden Formen praktizieren. Alles Übrige obliegt den besonderen Organen.

Was aber sind Wahlen und was sind Abstimmungen? Während bei Wahlen Personen in bestimmte Ämter gebracht werden, dienen Abstimmungen der Entscheidung von Sachfragen. Wenn das Volk eine Sache selbst entscheidet, spricht man von *unmittelbarer* oder *plebiszitärer Demokratie*. Das Grundgesetz schließt die unmittelbare Demokratie also nicht aus. Allerdings hat die Demokratiekonzeption des Grundgesetzes hier nicht ihren Schwerpunkt.

Im *zweiten* Teilsatz von Satz 2 wird eine etwas andere Formulierung gebraucht als im ersten Teilsatz. Es heißt dort, dass die Staatsgewalt *durch* besondere Organe der Gesetzgebung, der vollziehenden Gewalt und der Rechtsprechung ausgeübt wird. Mit dieser Formulierung wird ein Ungleichgewicht im Verhältnis zu den Kompetenzen des Volkes ausgedrückt. Denn dem Volk wird genau und abschließend vorgegeben, worin sein Anteil an der Staatsgewalt besteht, nämlich in Wahlen und Abstimmungen. Eine solche begrenzende Vorgabe fehlt bei den Staatsorganen. Denn es heißt kurz und bündig, dass sie die Staatsgewalt ausüben. Offensichtlich will das Grundgesetz, dass der weitaus überwiegende Teil der Staatsgewalt von besonderen Organen wahrgenommen wird.

Darüber hinaus ist dieser zweite Teilsatz in doppelter Hinsicht bemerkenswert: Er deutet zum einen mit der Erwähnung der besonderen Organe für die Ausübung der Staatsgewalt den Gedanken der *Gewaltenteilung* an, ohne jedoch das Wort in den Mund zu nehmen. Dass die Gewaltenteilung aber gemeint ist, lässt sich der Vorgabe entnehmen, dass für Gesetzgebung, Gesetzesvollzug und Rechtsprechung jeweils *eigenständige* Organe vorgesehen sind. Der Teilsatz macht zum anderen klar, dass das Grundgesetz sich im Kern für eine *mittelbare Demokratie* entschieden hat. Eine solche Demokratie ist dadurch gekennzeichnet, dass das Volk die ihm zustehende Staatsgewalt nicht selbst ausübt, sondern diese durch Staatsorgane ausüben lässt.

Die maßgeblichen Organe und ihre Kernaufgaben führt das Grundgesetz an verschiedenen Stellen auf.

Artikel 50 GG:
Durch den **Bundesrat** wirken die Länder bei der **Gesetzgebung** und **Verwaltung** des Bundes und in Angelegenheiten der Europäischen Union mit.

Artikel 59 GG:
(1) Der **Bundespräsident vertritt den Bund völkerrechtlich**. Er schließt im Namen des Bundes die Verträge mit auswärtigen Staaten. Er beglaubigt und empfängt die Gesandten.
(2) [...]

Artikel 60 GG:
(1) Der **Bundespräsident ernennt und entlässt die Bundesrichter, die Bundesbeamten, die Offiziere und Unteroffiziere**, soweit gesetzlich nichts anderes bestimmt ist.
(2) Er übt im Einzelfalle für den Bund das **Begnadigungsrecht** aus.
(3) [...] (4) [...]

Artikel 65 GG:
Der **Bundeskanzler** bestimmt die **Richtlinien der Politik** und trägt dafür die Verantwortung. Innerhalb dieser Richtlinien leitet jeder **Bundesminister** seinen Geschäftsbereich selbstständig und unter eigener Verantwortung. Über Meinungsverschiedenheiten zwischen den Bundesministern entscheidet die **Bundesregierung**. Der Bundeskanzler leitet ihre Geschäfte nach einer von der Bundesregierung beschlossenen und vom Bundespräsidenten genehmigten Geschäftsordnung.

Artikel 77 GG:
(1) Die **Bundesgesetze** werden vom **Bundestage** beschlossen. Sie sind nach ihrer Annahme durch den Präsidenten des Bundestages unverzüglich dem Bundesrate zuzuleiten.
(2) [...] (2a) [...] (3) [...] (4) [...]

Artikel 92 GG:
Die **rechtsprechende Gewalt** ist den Richtern anvertraut; sie wird durch das **Bundesverfassungsgericht**, durch die in diesem Grundgesetze vorgesehenen **Bundesgerichte** und durch die **Gerichte der Länder** ausgeübt.

Konstituierender Bestandteil einer mittelbaren Demokratie sind *Wahlen*. Denn durch Wahlen werden die dafür vorgesehenen Staatsorgane mit Personen besetzt, in erster

Linie das Parlament. Eine unmittelbare Demokratie kennt demgegenüber vor allem Abstimmungen.

Dass das Grundgesetz die mittelbare Demokratie favorisiert, kann auch Artikel 28 GG entnommen werden, der sich auf die verfassungsmäßige Ordnung in den Ländern bezieht. In diesem Artikel heißt es ausdrücklich, dass in den Ländern, Kreisen und Gemeinden das Volk eine gewählte Vertretung haben muss.

Die Möglichkeit einer unmittelbaren Demokratie wird nur am Rande angesprochen, nämlich im Zusammenhang mit den Gemeinden. In diesen darf an Stelle einer gewählten Körperschaft die *Gemeindeversammlung* treten. Es liegt auf der Hand und wird durch die Praxis in den Kommunen bestätigt, dass Gemeindeversammlungen nur in extrem kleinen Gemeinden praktikabel sind.

Artikel 28 GG:
(1) Die verfassungsmäßige Ordnung in den Ländern muss den Grundsätzen des republikanischen, **demokratischen** und sozialen Rechtsstaates im Sinne dieses Grundgesetzes entsprechen. In den Ländern, Kreisen und Gemeinden muss das Volk eine **Vertretung** haben, die aus allgemeinen, unmittelbaren, freien, gleichen und geheimen **Wahlen** hervorgegangen ist. Bei Wahlen in Kreisen und Gemeinden sind auch Personen, die die Staatsangehörigkeit eines Mitgliedstaates der Europäischen Gemeinschaft besitzen, nach Maßgabe von Recht der Europäischen Gemeinschaft wahlberechtigt und wählbar. In Gemeinden kann an die Stelle einer gewählten Körperschaft die **Gemeindeversammlung** treten.
(2) [...] (3) [...]

Dass die Demokratie eine Herrschaftsordnung ist, kommt besonders deutlich im *Mehrheitsprinzip* zum Ausdruck. Demokratie bedeutet faktisch Herrschaft der Mehrheit, denn sehr selten wird Einstimmigkeit erreicht. Das Mehrheitsprinzip ist eine pragmatische Entscheidungsregel, die den quantitativ größten Grad an Legitimität einer Entscheidung vermittelt. Das Mehrheitsprinzip steht in einer gewissen Spannung zum Gleichheitsprinzip. Es scheidet nämlich die Bürger in zwei Gruppen: Die Mehrheit, die ihren Willen durchsetzt, und die Minderheit, die sich fremdem Willen unterwerfen muss.

Das Mehrheitsprinzip lässt sich jedoch rechtfertigen, wenn drei Bedingungen erfüllt sind: Erstens muss die Chance, zur Mehrheit zu gehören, prinzipiell für jeden gleich sein. Zweitens muss eine Chance bestehen, dass eine Minderheit zur Mehrheit werden kann. Drittens darf die Mehrheit nicht schrankenlos herrschen. Sie muss an Grundrechtspositionen der Einzelnen ihre Grenze finden.

Im Grundgesetz gilt das Mehrheitsprinzip nicht absolut. So ist für eine Verfassungsänderung eine qualifizierte Mehrheit vorgesehen. Die tragenden Verfassungsgrundsätze entziehen sich ganz einer Mehrheitsentscheidung. Der Gesetzgeber darf die Grundrechte in ihrem Wesensgehalt nicht antasten (Herzog 1978/1980, 36, Rdnr. 14 f.).

Das Mehrheitsprinzip wird in Artikel 20 GG nicht erwähnt, obwohl es in diesem Artikel um Wahlen und Abstimmungen geht und seine Erwähnung deshalb sinnvoll gewesen wäre. Dafür findet es sich in einer Reihe anderer Grundgesetzartikel, die Abstimmungen in Organen sowie Wahl und Abwahl von Organinhabern regeln. Man kann folglich davon ausgehen, dass der Verfassunggeber die Geltung und Anwendbarkeit des Mehrheitsprinzips als selbstverständlich voraussetzte.

Artikel 42 GG:
(1) [...]
(2) Zu einem Beschlusse des **Bundestages** ist die **Mehrheit der abgegebenen Stimmen** erforderlich, soweit dieses Grundgesetz nichts anderes bestimmt. Für die vom Bundestage vorzunehmenden Wahlen kann die Geschäftsordnung Ausnahmen zulassen.
(3) [...]

Artikel 52 GG:
(1) [...] (2) [...]
(3) Der **Bundesrat** fasst seine Beschlüsse mit mindestens der **Mehrheit seiner Stimmen**. Er gibt sich eine Geschäftsordnung. Er verhandelt öffentlich. Die Öffentlichkeit kann ausgeschlossen werden.
(3a) [...] (4) [...]

Artikel 54 GG:
(1) Der Bundespräsident wird ohne Aussprache von der Bundesversammlung gewählt. Wählbar ist jeder Deutsche, der das Wahlrecht zum Bundestage besitzt und das vierzigste Lebensjahr vollendet hat.
(2) [...] (3) [...] (4) [...] (5) [...]
(6) Gewählt ist, wer die Stimmen der **Mehrheit der Mitglieder der Bundesversammlung** erhält. Wird diese Mehrheit in zwei Wahlgängen von keinem Bewerber erreicht, so ist gewählt, wer in einem weiteren Wahlgang die **meisten Stimmen** auf sich vereinigt.
(7) [...]

Artikel 63 GG:
(1) Der Bundeskanzler wird auf Vorschlag des Bundespräsidenten vom Bundestage ohne Aussprache gewählt.

(2) Gewählt ist, wer die Stimmen der **Mehrheit der Mitglieder des Bundestages** auf sich vereinigt. Der Gewählte ist vom Bundespräsidenten zu ernennen.
(3) Wird der Vorgeschlagene nicht gewählt, so kann der Bundestag binnen vierzehn Tagen nach dem Wahlgange mit **mehr als der Hälfte seiner Mitglieder** einen Bundeskanzler wählen.
(4) Kommt eine Wahl innerhalb dieser Frist nicht zustande, so findet unverzüglich ein neuer Wahlgang statt, in dem gewählt ist, wer die **meisten Stimmen** erhält. Vereinigt der Gewählte die Stimmen der Mehrheit der Mitglieder des Bundestages auf sich, so muss der Bundespräsident ihn binnen sieben Tagen nach der Wahl ernennen. Erreicht der Gewählte diese Mehrheit nicht, so hat der Bundespräsident binnen sieben Tagen entweder ihn zu ernennen oder den Bundestag aufzulösen.

Artikel 67 GG:
(1) Der Bundestag kann dem Bundeskanzler das Misstrauen nur dadurch aussprechen, dass er mit der **Mehrheit seiner Mitglieder** einen Nachfolger wählt und den Bundespräsidenten ersucht, den Bundeskanzler zu entlassen. Der Bundespräsident muss dem Ersuchen entsprechen und den Gewählten ernennen.
(2) [...]

Artikel 68 GG:
(1) Findet ein Antrag des Bundeskanzlers, ihm das Vertrauen auszusprechen, nicht die Zustimmung der **Mehrheit der Mitglieder des Bundestages**, so kann der Bundespräsident auf Vorschlag des Bundeskanzlers binnen einundzwanzig Tagen den Bundestag auflösen. Das Recht zur Auflösung erlischt, sobald der Bundestag mit der **Mehrheit seiner Mitglieder** einen anderen Bundeskanzler wählt.
(2) [...]

Artikel 121 GG:
Mehrheit der Mitglieder des **Bundestages** und der **Bundesversammlung** im Sinne dieses Grundgesetzes ist die Mehrheit ihrer gesetzlichen Mitgliederzahl.

Die personelle und materielle Legitimationskette zwischen dem Volk und den Staatsorganen

Für den demokratischen Charakter des Gemeinwesens ist es von besonderer Bewandtnis, dass die mit der Ausübung der Staatsgewalt betrauten Organe in angebbarer Weise an den Willen des Volkes und an sein Interesse rückgebunden werden. Nur wenn rechtlich sichergestellt ist, dass die Organe der gesetzgebenden, vollziehenden und rechtsprechenden Gewalt die ihnen übertragenen Befugnisse im Rahmen dieser Bindung ausüben, kann behauptet werden, dass das Volk *durch* diese Organe regiert.

Der Verfassunggeber hat dieses Problem gesehen und dafür gesorgt, dass es eine *ununterbrochene demokratische Legitimationskette* zwischen dem Volk und den Inhabern der Ämter in den Staatsorganen gibt. Soweit die Staatsorgane unterschiedlich stark demokratisch legitimiert sind, lässt der Verfassunggeber die Legitimationskette über die stärker zu den schwächer legitimierten Entscheidungsträgern verlaufen. Diese Legitimationskette hat eine personelle und eine materielle oder inhaltliche Seite (Böckenförde 1987a, 894).

Die *persönliche Legitimation* der Amtsinhaber geschieht dadurch, dass sie ihren Auftrag entweder *unmittelbar* vom Volk erhalten oder *mittelbar* ihre Berufung auf das Volk zurückführen können. Die unmittelbare Berufung begründet eine höhere demokratische Dignität. Wichtig ist, dass die Legitimationskette nicht durch das Dazwischentreten eines nicht hinreichend demokratisch legitimierten Organs oder Amtsinhabers unterbrochen wird.

In der grundgesetzlichen Ordnung gibt es das Bundesvolk und aufgrund der föderalen Ordnung insgesamt 16 Landesvölker. Das einzige Organ, das auf Bundes- wie auf Länderebene direkt vom Volk gewählt wird, ist die jeweilige Volksvertretung. Das bedeutet, dass der Bundestag bzw. die Landesparlamente *Legitimationsspender* oder wenigstens Legitimationsmittler der Amtsinhaber aller anderen Organe sind.

So wählt der Bundestag zunächst den Bundeskanzler (Art. 63 GG). Der Bundeskanzler beruft seinerseits die einzelnen Bundesminister (Art. 64 GG). Diese wiederum berufen entweder selbst oder durch von ihnen berufene weitere Funktionsträger die einzelnen Bundesbeamten.

Die Landesparlamente wählen die Landesregierungen. Diese wiederum bestellen die Mitglieder des Bundesrates (Art. 51 GG). Bundestag und Bundesrat wählen je zur Hälfte die Bundesverfassungsrichter (Art. 94 GG). Der Bundestag und von den Landesparlamenten eigens dafür gewählte Personen bilden zusammen die Bundesversammlung. Diese wählt den Bundespräsidenten (Art. 54 GG).

Die *materielle Legitimation* ist dazu bestimmt, die Ausübung der Staatsgewalt dem Inhalt nach vom Volk herzuleiten bzw. mit dem aktuellen Volkswillen zu vermitteln. Diese Legitimation herzustellen ist jedoch schwierig und mit Unwägbarkeiten verbunden. Was als Wille des Volkes gelten soll, lässt sich nämlich kaum genau bestimmen. Denn der Volkswille artikuliert sich verbindlich nur in der alle vier Jahre stattfindenden Wahl und besteht dann aus divergierenden Äußerungen, aus denen sich in der Regel über Koalitionsbildung ein nicht selten fragiler Mehrheitswille ergibt. Das Votum der Wähler drückt zudem nur generelles Vertrauen in Personen und Programme aus. Es ist deshalb, von Ausnahmen abgesehen, nicht substantiell genug, um daraus eine konkrete und konsistente Politik abzuleiten. Wenn auch der Wille des Volkes wie ein rechtliches Kunstprodukt erscheint, unternimmt es das Grundgesetz gleichwohl, einen legitimierenden Bezug zu ihm herzustellen. Es versucht dies auf zwei Wegen.

Der erste Weg materieller Legitimation ist die Verankerung des Gesetzgebungsrechts beim *Parlament.* Das Parlament ist das einzige durch eine unmittelbare Wahl legitimierte Staatsorgan. Die politischen Auffassungen des Volkes spiegeln sich unmittelbar in der Zusammensetzung des Parlaments wider. Aufgrund dieser Gegebenheit kommt dem Parlament die Kompetenz zu, die allgemeinen Regeln festzulegen, die das Volk rechtlich binden. Verwaltung und Gerichtsbarkeit sind an diese Gesetze gebunden, so dass sich der Wille des Parlaments auch durchsetzt. Weiterhin sind die anderen Organe, vor allem die Regierung, vom Parlament abhängig: Dieses bestimmt deren jährliches Budget und damit deren Handlungsspielraum (Herzog 1978/1980, 49 ff., Rdnr. 46 ff.).

Der zweite Weg, materielle Legitimation zu gewährleisten, ist das Prinzip der *politischen Verantwortung.* Es gibt eine unmittelbare und eine mittelbare Verantwortung gegenüber dem Volk. So besteht die Verantwortlichkeit der Volksvertretung unmittelbar gegenüber dem Volk. Sie manifestiert sich in den Wahlen und wirkt sich gegebenenfalls als Umkehrung bisheriger Mehrheitsverhältnisse aus. Hiervon ist dann auch die Regierung betroffen, da ihr Bestand in einem parlamentarischen Regierungssystem abhängig ist von der Parlamentsmehrheit. Einer Verantwortung unterliegt auch die Regierung. Sie muss sich während der Legislaturperiode ständig unmittelbar gegenüber der Volksvertretung und damit mittelbar gegenüber dem Volk verantworten. Verantwortung heißt, das Regierungshandeln zu begründen, zu rechtfertigen und hierfür die Zustimmung der Mehrheit zu gewinnen.

Das Besondere an der Legitimationskette ist nicht nur, dass der demokratische Legitimationsfluss nicht unterbrochen werden darf, auch wenn der Weg vom Volk als der Legitimationsquelle bis zu einer konkreten Emanation der Staatsgewalt, wie einem Gerichtsurteil, einem Steuerbescheid oder einem Strafzettel, weit ist.

Das Besondere ist auch, dass der Träger der Staatsgewalt umso enger rechtlich gebunden ist, je weiter der Ableitungszusammenhang und je länger die Legitimationskette wird. So besitzt der Aktivbürger im Rahmen des Wahlrechts die Freiheit der Wahlentscheidung. Für die gesetzgebende Gewalt verdichtet sich die Entscheidungsfreiheit auf ein verfassungsrechtlich gebundenes Ermessen, das unter dem ethischen Gebot der Verantwortung für das ganze Volk steht. Die gesetzesausführenden Gewalten der Exekutive und Judikative sind an Gesetz und Recht gebunden. Die Verwaltung ist am strengsten gebunden. Die Verwaltungsbehörden sind in eine Weisungshierarchie eingebunden, die ihren Ausgangspunkt beim Minister hat (Isensee 1981, 162 f.).

Repräsentative Demokratie

Das Grundgesetz gestaltet die mittelbare Demokratie der mit der Ausübung von Staatsgewalt betrauten Organe als *repräsentative Demokratie* aus. Repräsentation bedeutet „die rechtlich autorisierte Ausübung von Herrschaftsfunktionen durch verfassungsmäßig bestellte, im Namen des Volkes, jedoch ohne dessen bindenden Auftrag handelnde

Organe eines Staates oder sonstigen Trägers öffentlicher Gewalt, die ihre Autorität mittelbar oder unmittelbar vom Volk ableiten und mit dem Anspruch legitimieren, dem Gesamtinteresse des Volkes zu dienen und dergestalt dessen wahren Willen zu vollziehen" (Fraenkel 1991, 153).

Repräsentation verlangt also einen *autonomen Handlungsspielraum* für die Repräsentanten, und zwar um des Gemeinwohls willen. Die vom Volk eingesetzten und in seinem Namen handelnden Organe sind damit bei ihren konkreten Entscheidungen verfassungsrechtlich nicht an den jeweilig gerade feststellbaren Volkswillen gebunden. Hierfür gibt es mindestens zwei gute Gründe: Zum einen dürfte das Volk in den meisten Politikfeldern überhaupt keinen einheitlichen und fest umrissenen Willen besitzen, auf den es die Staatsorgane verpflichten könnte. Zum anderen müsste sich die Feststellung des Volkswillens auf die Demoskopie stützen. Die Ergebnisse der Demoskopie schwanken aber ständig, weil die Befragten in der Regel von Stimmungen abhängig sind. Die Repräsentanten gewönnen jedenfalls keine sicheren Anhaltspunkte für ihr Tun.

Besonders deutlich wird der Gedanke der repräsentativen Demokratie in Artikel 38 GG ausgesprochen, der die Stellung der gewählten Abgeordneten regelt. Die Abgeordneten sind hiernach Vertreter des ganzen Volkes, nicht eines Landes, eines Wahlkreises, einer Partei oder nur ihrer Wähler. Sie sind weiterhin gehalten, das zu tun, was ihrer Überzeugung nach dem Wohl des Volkes am besten dient.

> Artikel 38 GG:
> (1) Die **Abgeordneten** des Deutschen Bundestages werden in allgemeiner, unmittelbarer, freier, gleicher und geheimer Wahl gewählt. Sie sind **Vertreter des ganzen Volkes, an Aufträge und Weisungen nicht gebunden** und nur ihrem Gewissen unterworfen.
> (2) [...] (3) [...]

Das Bundesverfassungsgericht hat in diversen Entscheidungen den Grundsatz des freien Mandats betont. Dieses besteht auch im Verhältnis des Abgeordneten zu seiner eigenen Fraktion oder Partei. Diese können Empfehlungen, Bitten und Erwartungen aussprechen, den Abgeordneten aber nicht zu einer parteibestimmten Ausübung seines Mandats verpflichten oder gar zwingen. Ausdrücklich verboten sind das imperative Mandat sowie das Ansinnen, vom Abgeordneten eine Blanko-Rücktrittserklärung für den Fall abweichenden Abstimmungsverhaltens zu verlangen (Rauschning 1976, 220 f.).

Das repräsentative Prinzip beherrscht auch die in Artikel 20 Abs. 2 Satz 2 GG erwähnten Organe der Gesetzgebung, der vollziehenden Gewalt und der Rechtsprechung. Sie werden als je besondere Organe tituliert. Das sind sie aber nur, wenn sie nicht einem gleichmachenden Willen von außen unterworfen sind. Sie sollen eigenständig sein im gegenseitigen Verhältnis, aber auch im Verhältnis zum Volk. Rechtlich gesehen dürfen diese Organe folglich in Unabhängigkeit voneinander ihren Willen bilden. Es ist also nicht zu beanstanden, wenn es im Parlament einen Mehrheits- und einen Minderheitswillen gibt und beide Willen sich von dem unterscheiden, was sich demoskopisch als augenblickliche Volksmeinung darstellt. Es ist ebenso nicht zu beanstanden, wenn die Regierung zu einer politischen Frage einen Willen formuliert, die im vorangegangenen Wahlkampf keine Rolle spielte, weil sie zu der Zeit noch gar nicht aktuell war (Herzog 1978/1980, 55 f., Rdnr. 62 ff.).

Mit dem Prinzip der repräsentativen Demokratie ist die Gefahr einer Entfremdung zwischen dem politischen Führungspersonal in den Staatsorganen und dem Staatsvolk verbunden. Es ist für die Akzeptanz der repräsentativen Demokratie wichtig, dass diese Kluft politisch überbrückt werden kann. Das wichtigste Instrument hierfür sind periodisch wiederkehrende *Wahlen.* Von den Wahlen geht ein permanenter Druck auf die Politiker aus, ihre Entscheidungen so zu fällen, dass sie die Zustimmung der Wählerschaft finden können.

Wahlen sind Anvertrauungen von Macht. Wahlen sind auch Instrumente zur Korrektur früher gegebenen Vertrauens. Wahltage sind daher Tage der Abrechnung, genauer: der Pauschalabrechnung. Der Wähler kann nämlich nur pauschal die vollzogene Politik billigen oder missbilligen. Desgleichen kann er das personelle und inhaltliche Angebot einer Partei entweder annehmen oder zurückweisen. Darin sehen manche Kritiker einen Mangel von Wahlen. Man kann darin aber auch eine Entsprechung zur repräsentativen Demokratie sehen. Denn diese Demokratie belässt auf der Basis eines Vertrauensvorschusses den Staatsorganen Handlungsspielräume in den vielfältigen Politikfeldern. Da bei einer Wahl nie genau abzusehen ist, welche politischen Herausforderungen auf die politischen Entscheidungsträger zukommen werden, kann das Vertrauen auch nur pauschal gegeben oder verweigert werden.

Um angesichts dieser Sachlage emotionalisierten Tagesstimmungen keine Chance zu geben, finden Wahlen nur in vorher festgelegten Zeitabständen statt. Dadurch schieben sich Abkühlungs- und Bedenkzeiten zwischen die Tagesereignisse und die Wahlhandlung mit ihren weitreichenden Folgen.

Um die von einer Wahl ausgehende Legitimitätsvermittlung so unangefochten wie möglich zu gestalten, muss sie bestimmten Kriterien genügen. Sie muss gemäß Artikel 38 Abs. 1 GG allgemein, unmittelbar, frei, gleich und geheim sein. Dieses Ensemble der Wahlrechtsgrundsätze versteht sich nicht von selbst. Historisch sind die Grundsätze zum Teil erst nach heftigen politischen Auseinandersetzungen durchgesetzt worden. In der Gegenwart finden sie aber allgemeine Akzeptanz.

Der Grundsatz der *Allgemeinheit* besagt, dass das aktive Wahlrecht allen Staatsbürgern gleichermaßen zustehen muss. Ein Ausschluss bestimmter Bevölkerungsgruppen von der Ausübung des Wahlrechts aus politischen Gründen ist unzulässig. Das Recht zu wählen darf auch nicht von Voraussetzungen abhängig gemacht werden, die nicht von jedermann erfüllbar sind. Die Höhe von Vermögen, Einkommen und Steuerentrichtung darf ebenso wenig eine Rolle spielen wie der Bildungsstand und die berufliche Stellung.

Die Allgemeinheit der Wahl darf nur aus zwingenden Gründen eingeschränkt werden. So ist es zulässig, das Wahlrecht an ein Mindestalter zu binden. Zugelassen ist auch der Ausschluss von Geisteskranken und Geistesschwachen. Das Wahlrecht kann ebenfalls durch ein richterliches Urteil aberkannt werden.

Das Gebot der allgemeinen Wahl gilt nicht nur für das aktive, sondern auch für das passive Wahlrecht: Das bedeutet, dass die Wählbarkeit ebenfalls allen Staatsbürgern zukommt.

Der Grundsatz der *Unmittelbarkeit* besagt, dass die Wähler die Abgeordneten selbst auswählen müssen. Kein fremder Wille darf zwischen die Wählerentscheidung und die Bestimmung des Abgeordneten treten. Das wäre etwa der Fall, wenn Wahlmänner gewählt würden, die dann die endgültige Auswahl der Abgeordneten vornehmen. Die Unmittelbarkeit stellt sicher, dass vom Beginn der Stimmabgabe an das Wahlergebnis ausschließlich von der Entscheidung der Wähler selbst abhängt.

Der Grundsatz der *freien* Wahl soll die Entschließungsfreiheit des Wählers sicherstellen. Das impliziert, dass Alternativen auf dem Wahlzettel angeboten werden. Eine Wahl mit einer Einheitsliste wäre mit dem Grundgesetz nicht vereinbar. Die Entschließungsfreiheit verlangt, dass während des Wahlaktes kein Druck oder Zwang auf den Wähler ausgeübt werden darf. Zulässig ist dagegen eine intensive Beeinflussung der Wähler während des Wahlkampfes. Der Wahlkampf soll zur Meinungsbildung der Wähler beitragen. Das wiederum verlangt eine ungehinderte Wahlwerbung.

Eine freie Wahl ist auch dadurch gekennzeichnet, dass es keine Wahlpflicht gibt. Ebenfalls zählt zu einer freien Wahl das ungehinderte Wahlvorschlagsrecht für alle Wahlberechtigten. Es ist nicht so, dass dieses Recht nur den Parteien zustünde.

Dem Grundsatz der *Gleichheit* der Wahl wird entsprochen, wenn jede Stimme das gleiche Gewicht, d.h. den gleichen Zählwert, hat. Daneben soll jede Stimme nach Möglichkeit auch den gleichen Erfolgswert haben. Das meint, dass jede Stimme in gleicher Weise bei der Zuteilung der Mandate berücksichtigt werden soll. Beim Erfolgswert darf aber differenziert werden. So hat das Bundesverfassungsgericht die erwähnte Fünf-Prozent-Klausel für vereinbar mit dem Grundsatz der Wahlrechtsgleichheit erklärt. Stimmen für Parteien, die unter diese Sperrklausel fallen, haben also einen ungleichen Erfolgswert. Gerechtfertigt wird diese Ungleichbehandlung durch den Wert, den ein funktionsfähiges Parlament für das Gemeinwesen hat.

Der Grundsatz der Gleichheit erstreckt sich auch auf die Behandlung der Parteien durch den Staat. So darf die Wahlkreiseinteilung nicht die Wahlchancen der einen Partei erhöhen und die der anderen mindern. Und die Regierung darf den Wahlkampf der sie tragenden Parteien nicht publizistisch unterstützen.

Schließlich bedeutet der Grundsatz der *geheimen* Wahl, dass jeder sein Wahlrecht so ausüben können muss, dass andere Personen keine Kenntnis von seiner Wahlentscheidung erhalten (Seifert/Hömig 1999, 316 ff.).

Unmittelbare Demokratie

Staatsgewalt übt das Volk gemäß Artikel 20 Abs. 2 GG auch in *Abstimmungen* aus. Der Verfassunggeber hat dieser Form der Teilhabe an der staatlichen Entscheidungsbildung aber einen besonders engen Rahmen gesetzt. Abstimmungen sind einzig und allein zulässig im Rahmen der vom Grundgesetz ermöglichten Neugliederung des Bundesgebietes. Das Grundgesetz unterscheidet sich bezüglich der Möglichkeiten unmittelbarer Demokratie damit beträchtlich von der Weimarer Reichsverfassung. Diese beteiligte das Volk ausdrücklich in einer Vielzahl von Regelungen an der staatlichen Entscheidungsbildung.

So war dem Volk im Machtgefüge von Reichspräsident, Reichstag und Reichsrat die Rolle eines *Schiedsrichters* zugedacht worden. Einige Beispiele können diese Funktion illustrieren: Auf Antrag des Reichstages konnte der Reichspräsident durch eine Volksabstimmung abgesetzt werden (Art. 43 WRV). Der Reichspräsident wiederum konnte ein vom Reichstag beschlossenes Gesetz vor der Verkündung zum Volksentscheid bringen (Art. 73 WRV). Bei Uneinigkeit zwischen Reichstag und Reichsrat über ein Gesetz konnte der Reichspräsident einen Volksentscheid über dieses Gesetz anordnen (Art. 74 WRV).

Weiterhin hatte das Volk ungehinderten Zugriff auf die Gesetzgebung: Es konnte mittels eines Volksbegehrens ausgearbeitete Gesetzentwürfe zu beliebigen Gegenständen zum Volksentscheid bringen. Dieser fand nur dann nicht statt, wenn sich der Reichstag den begehrten Gesetzentwurf zu eigen gemacht und unverändert angenommen hatte (Art. 73 WRV). Nach dem gleichen Muster konnte das Volk auch Verfassungsänderungen beschließen (Art. 74 WRV). Das Volk war schließlich auch zu beteiligen, wenn es um Neugliederungen des Reichsgebietes ging (Art. 18 WRV).

In der Praxis der Weimarer Republik wurden insgesamt nur acht Volksbegehren beantragt. Drei davon wurden durchgeführt. Zwei von ihnen führten zu Volksentscheiden. Beide Male wurde das vorgeschriebene Beteiligungsquorum nicht erreicht. In beiden Fällen aber war die politische Atmosphäre aufgewühlt. Die Verfahren stärkten die extremen politischen Kräfte, die sie in Gang gesetzt hatten.

Im Dritten Reich wurden drei Volksabstimmungen abgehalten. Diese dienten aber nicht dazu, politische Entscheidungen zu treffen. Ihr Zweck war vielmehr, die Einigkeit des Volkes mit der Führung zu bezeugen. Es handelte sich der Sache nach eher um *Volksbefragungen* zu bereits vollzogenen Maßnahmen.

Die Erfahrungen mit plebiszitären Instrumenten in der Weimarer Republik und im nationalsozialistischen Führerstaat waren bei den Mitgliedern des Parlamentarischen Rates noch in frischer Erinnerung. Die Mehrheit des Parlamentarischen Rates sah in ihnen Instrumente der *Demagogie*. Folglich scheiterten mehrere Anträge auf Einführung von Volksentscheiden, darunter auch einer, der einen obligatorischen Volksentscheid bei verfassungsändernden Gesetzen vorsah. So kam es dazu, Abstimmungen nur für die Ausnahmesituation einer Neugliederung des Bundesgebietes vorzusehen.

Artikel 29, eine der umfangreichsten und kompliziertesten Bestimmungen des Grundgesetzes, regelt die Verfahrensweisen für eine Änderung der Gliederung des Bundesgebietes. Er enthält drei Begriffe mit dem Wortbestandteil *Volk*, nämlich *Volksentscheid*, *Volksbegehren* und *Volksbefragung*. Diese Begriffe differenzieren den in Artikel 20 GG aufgeführten Oberbegriff *Abstimmungen*.

Artikel 29 GG:
(1) [...]
(2) Maßnahmen zur Neugliederung des Bundesgebietes ergehen durch Bundesgesetz, das der Bestätigung durch **Volksentscheid** bedarf. Die betroffenen Länder sind zu hören.
(3) Der Volksentscheid findet in den Ländern statt, aus deren Gebieten oder Gebietsteilen ein neues oder neu umgrenztes Land gebildet werden soll (betroffene Länder). **Abzustimmen** ist über die Frage, ob die betroffenen Länder wie bisher bestehen bleiben sollen oder ob das neue oder neu umgrenzte Land gebildet werden soll. Der Volksentscheid für die Bildung eines neuen oder neu umgrenzten Landes kommt zustande, wenn in dessen künftigem Gebiet und insgesamt in den Gebieten oder Gebietsteilen eines betroffenen Landes, deren Landeszugehörigkeit im gleichen Sinne geändert werden soll, jeweils eine Mehrheit der Änderung zustimmt. Er kommt nicht zustande, wenn im Gebiet eines der betroffenen Länder eine Mehrheit die Änderung ablehnt; die Ablehnung ist jedoch unbeachtlich, wenn in einem Gebietsteil, dessen Zugehörigkeit zu dem betroffenen Land geändert werden soll, eine Mehrheit von zwei Dritteln der Änderung zustimmt, es sei denn, dass im Gesamtgebiet des betroffenen Landes eine Mehrheit von zwei Dritteln die Änderung ablehnt.
(4) Wird in einem zusammenhängenden, abgegrenzten Siedlungs- und Wirtschaftsraum, dessen Teile in mehreren Ländern liegen und der mindestens eine Million Einwohner hat, von einem Zehntel der in ihm zum Bundestag Wahlberechtigten durch **Volksbegehren** gefordert, dass für diesen Raum eine einheitliche Landeszugehörigkeit herbeigeführt werde, so ist durch Bundesgesetz innerhalb von zwei Jahren entweder zu bestimmen, ob die Landeszugehörigkeit gemäß Absatz 2 geändert wird, oder dass in den betroffenen Ländern eine Volksbefragung stattfindet.
(5) Die **Volksbefragung** ist darauf gerichtet festzustellen, ob eine in dem Gesetz vorzuschlagende Änderung der Landeszugehörigkeit **Zustimmung** findet. Das Gesetz kann verschiedene, jedoch nicht mehr als zwei Vorschläge der Volksbefra-

gung vorlegen. Stimmt eine Mehrheit einer vorgeschlagenen Änderung der Landeszugehörigkeit zu, so ist durch Bundesgesetz innerhalb von zwei Jahren zu bestimmen, ob die Landeszugehörigkeit gemäß Absatz 2 geändert wird. Findet ein der Volksbefragung vorgelegter Vorschlag eine den Maßgaben des Absatzes 3 Satz 3 und 4 entsprechende Zustimmung, so ist innerhalb von zwei Jahren nach der Durchführung der Volksbefragung ein Bundesgesetz zur Bildung des vorgeschlagenen Landes zu erlassen, das der Bestätigung durch Volksentscheid nicht mehr bedarf.
(6) Mehrheit im Volksentscheid und in der Volksbefragung ist die Mehrheit der abgegebenen Stimmen, wenn sie mindestens ein Viertel der zum Bundestag Wahlberechtigten umfasst. Im Übrigen wird das Nähere über Volksentscheid, Volksbegehren und Volksbefragung durch ein Bundesgesetz geregelt; dieses kann auch vorsehen, dass Volksbegehren innerhalb eines Zeitraumes von fünf Jahren nicht wiederholt werden können.
(7) [...] (8) [...]

Der *Volksentscheid* ist die verbindliche Entscheidung der Stimmbürger über eine inhaltliche Frage. Der Sache nach ist er weitgehend mit dem identisch, was mit dem Wort *Abstimmung* verbunden wird. Um die Verbindlichkeit herbeizuführen, genügt es nicht, einfach nur die Mehrheit der Abstimmenden zu gewinnen. Vorgeschrieben ist häufig, dass diese Mehrheit ein bestimmtes Quorum der Abstimmungsberechtigten insgesamt umfassen muss. So schreibt Artikel 29 GG ein Viertel der Abstimmungsberechtigten vor. Mit dieser Bestimmung sollen Zufallsmehrheiten auf der Basis einer geringen Beteiligung verhindert werden.

Das *Volksbegehren* ist üblicherweise der Initiativakt für einen Volksentscheid. Ein Volksbegehren kann sich aber auch an das Parlament richten. In diesem Fall spricht man von einem *indirekten* Volksbegehren. Um einem Volksbegehren Wirksamkeit zu verleihen, muss es von einer vorgeschriebenen Mindestzahl von Abstimmungsberechtigten unterschrieben sein. Artikel 29 GG kennt nur das *indirekte* Volksbegehren. Das Unterschriftenquorum beträgt zehn Prozent der Abstimmungsberechtigten.

Die *Volksbefragung* hat konsultativen Charakter. Mit ihr wird die öffentliche Meinung zu einer bestimmten Angelegenheit erkundet. Aus dem Befragungsergebnis erwachsen in der Regel keine rechtlichen Verbindlichkeiten. Artikel 29 GG nennt aber eine Ausnahme: Wenn nämlich die Volksbefragung zu einem an Deutlichkeit kaum zu überbietenden Ergebnis von zwei Dritteln führt, dann ist der Gesetzgeber in seiner Entscheidung nicht mehr frei.

Entgegen dem Anschein trägt auch die unmittelbare Demokratie repräsentative Züge. Zwar handelt hier das Volk und nicht eine gewählte Körperschaft, gleichwohl repräsentieren die an einer Abstimmung Teilnehmenden alle übrigen Mitglieder des Volkes. Erfahrungsgemäß nehmen niemals alle Abstimmungsberechtigten an einer

Abstimmung teil. Das Abstimmungsergebnis bindet dennoch alle. Auch entscheiden die Abstimmenden nach eigener Überzeugung. Beides ist kennzeichnend für Repräsentation.

Die herausgehobene Stellung des Parlaments

In einer mittelbaren, repräsentativen Demokratie kommt dem Parlament ein gewisser Vorrang vor den anderen Organen zu. Dieser Vorrang resultiert zum einen aus dem Sachverhalt, dass im parlamentarischen Regierungssystem allein das Parlament aus einer demokratischen Wahl hervorgeht. Diese unmittelbare demokratische Legitimität bewirkt, dass den vom Parlament verabschiedeten Gesetzen demokratische Legitimität zuwächst. Eine solche Legitimität fehlte, wenn etwa die Regierung Gesetze erließe. Dies ist auch ein Grund dafür, dass die Gesetzgebungskompetenz eine Kernaufgabe des Parlaments ist und das Parlament generelle Fragen an sich ziehen und in Form von Gesetzen entscheiden kann (Kriele 1971, 63 f.).

Dem Parlament kommt noch aus einem weiteren Grund ein Vorrang zu. Es ist der Sachverhalt, dass das Parlament anders als die Regierung Entscheidungen nicht hinter verschlossenen Türen fällt, sondern in der Öffentlichkeit.

> Artikel 42 GG:
> (1) Der Bundestag verhandelt **öffentlich**. Auf Antrag eines Zehntels seiner Mitglieder oder auf Antrag der Bundesregierung kann mit Zweidrittelmehrheit die Öffentlichkeit ausgeschlossen werden. Über den Antrag wird in nichtöffentlicher Sitzung entschieden.
> (2) [...] (3) [...]

Öffentliche Verhandlungen bedeuten, dass jedermann nach räumlicher Möglichkeit Zugang zum Plenum erhält und dort Aussprachen und Abstimmungen verfolgen kann. Darüber hinaus ist durch Übertragungen im Fernsehen die Öffentlichkeit in breitem Umfang hergestellt. Öffentliche Verhandlungen bewirken eine freie argumentative Auseinandersetzung der im Parlament und damit im Volk vertretenen Auffassungen, ausgetragen in Rede und Gegenrede. Auch dies verleiht parlamentarisch zustande gekommenen Beschlüssen ein hohes Maß an Legitimität.

Der Vorrang des Parlaments zeigt sich in der vom Bundesverfassungsgericht entwickelten *Wesentlichkeitstheorie*. Hiernach muss alles Wichtige oder Wesentliche vom Gesetzgeber, das heißt: insbesondere vom Parlament, entschieden werden (BVerfGE 61, 260 (275)). Die Wesentlichkeitstheorie basiert auf der Überlegung, dass die Volksvertretung substantielle Aufgaben der Staatsführung wahrnehmen muss, um dem Prinzip der Legitimation der Staatsgewalt durch das Volk zu genügen: „Vielmehr ist in einem Staatswesen, in dem das Volk die Staatsgewalt am unmittelbarsten durch das von ihm gewählte Parlament ausübt, vor allem dieses Parlament dazu berufen, im öffentlichen Willensbildungsprozess unter Abwägung der verschiedenen, unter Umständen widerstreitenden Interessen über die von der Verfassung offengelassenen Fragen des Zusammenlebens zu entscheiden“ (BVerfGE 33, 125 (159)).

Weil die Regelung des Wesentlichen durch das Parlament dem staatlichen Handeln Legitimität verleiht, ist es dem Parlament untersagt, sich seiner Regelungsaufgabe beliebig zu entäußern. Es ist zur Regelung des Wesentlichen verpflichtet, darf sie also nicht anderen überlassen oder übertragen. Das Parlament darf mithin bei unpopulären Entscheidungen keine Flucht aus der Zuständigkeit betreiben.

Das Problem der Wesentlichkeitstheorie besteht allerdings darin, im konkreten Fall zu bestimmen, was wesentlich ist. Nach Auffassung des Bundesverfassungsgerichts ist aber auf jeden Fall alles wesentlich, was mit dem Schutz der Grundrechte zusammenhängt (Ossenbühl 1988, 335 ff.).

Ein weiterer Ausdruck der vorrangigen Stellung des Parlaments ist der *Gesetzesvorrang*. Dem Gesetz kommt der Vorrang in der Hierarchie der Normen zu, weil es aus parlamentarischer Beratung und Beschlussfassung hervorgegangen ist. Vorrang des Gesetzes bedeutet damit Durchsetzung des Willens des Parlaments gegenüber Willensäußerungen niederen Ranges, wie Rechtsverordnungen, Satzungen, Verwaltungsvorschriften und Einzelentscheidungen der Verwaltung.

Für die vollziehende Gewalt und die Rechtsprechung wirkt sich der Vorrang des Gesetzes als Anwendungsgebot und als Abweichungsverbot aus. *Anwendungsgebot* meint das zwingende Gebot, die Gesetze anzuwenden. Der Gesetzesvollzug steht nicht zur Disposition der Verwaltung. Es besteht vielmehr eine Ausführungspflicht. Der Wille des Gesetzgebers muss in die Wirklichkeit umgesetzt werden. *Abweichungsverbot* meint, dass vollziehende Gewalt und Rechtsprechung nicht gegen das Gesetz verstoßen dürfen. Für die Verwaltung ist das Gesetz nicht nur Auftrag und Handlungsgrundlage, sondern auch Schranke ihres Handlungsspielraumes (Ossenbühl 1988, 317 ff.).

Auch der *Gesetzesvorbehalt* unterstreicht die herausgehobene Rolle des Parlaments. Der Gesetzesvorbehalt bezeichnet die Abgrenzung der Wirkungsbereiche des Gesetzgebers und der Verwaltung. Was dem Gesetz vorbehalten ist, ist einer autonomen Regelung durch die Verwaltung entzogen.

Das Grundgesetz schweigt keineswegs zu der Frage, was das Parlament durch Gesetz selbst regeln muss. Die Verfassung enthält vielmehr in zahlreichen Vorschriften spezielle Gesetzesvorbehalte, welche die betreffenden Materien der Regelung durch ein Gesetz überantworten und damit dem Parlament vorbehalten.

So gibt es die grundrechtlichen Gesetzesvorbehalte. Sie machen es dem Gesetzgeber zur Aufgabe, den Grundrechten Grenzen zu ziehen, sie inhaltlich auszuprägen und auszuformen. Dann enthält das Grundgesetz eine Vielzahl institutionell-organisatorischer Gesetzesvorbehalte. Hiernach müssen durch Gesetz zahlreiche Institutionen ausgestaltet werden, so etwa das Beamtentum (Art. 33 GG), die Parteien (Art. 21 GG) und die Organisation der Verwaltung (Art. 85, 87 ff. GG). Weiterhin gibt es Gesetzesvorbehalte im Bereich des Finanzwesens, so für den Haushalt (Art. 110 GG), die Steuern (Art. 105 GG) und den Finanzausgleich (Art. 107 GG). Schließlich gibt es die Gesetzesvorbehalte für die Regelung der internationalen Beziehungen (Art. 24, 59 GG).

Aus der besonderen Stellung des Parlaments folgt hingegen nicht, dass die Regierung ein völlig vom Parlament abhängiges Organ ist und für jede ihrer Handlungen einer parlamentarischen Ermächtigung bedarf. Die Regierung ist ebenfalls demokratisch legitimiert, wenn ihre Legitimität auch über das Parlament vermittelt ist. Sie verfügt über einen eigenen „Kernbereich exekutiver Eigenverantwortung". Dazu gehört „die Willensbildung der Regierung selbst, sowohl hinsichtlich der Erörterungen im Kabinett als auch bei der Vorbereitung von Kabinetts- und Ressortentscheidungen, die sich vornehmlich in ressortübergreifenden und -internen Abstimmungsprozessen vollzieht" (BVerfGE 67, 100 (139)). Aus dem Demokratieprinzip lässt sich kein Gewaltenmonismus in Form eines allumfassenden Parlamentsvorbehaltes ableiten (Ossenbühl 1988, 326).

4 Lebenswelt-, gesellschafts- und politikprägende Werte

4.1 Privatsphäre

Der Mensch kann sich nur dann wirklich frei fühlen, wenn er trotz seiner Einbindung in eine staatliche Gemeinschaft und der damit verbundenen Einschränkungen seiner Freiheit über einen Bereich verfügt, in dem er seine höchstpersönlichen Angelegenheiten selbst bestimmen kann. Der Staat muss dem Einzelnen diese Privatsphäre zubilligen, wenn er das Prädikat „freiheitlich“ für sich beansprucht.

Auf welche Weise gewährleistet das Grundgesetz dem Einzelnen einen unantastbaren Bereich privater Lebensgestaltung? Welche Aspekte umfasst der gewährte Schutz?

Die Bedeutung der Privatsphäre für das Leben des Einzelnen

Die Privatsphäre im Sinne eines Raumes, in dem der *Einzelne* über die eigene Person frei verfügen kann, ist vor allem dem abendländisch-westlichen Denken wichtig. In afrikanischen und asiatischen Gesellschaften spielt die Familie eine größere Rolle. Die auf das Individuum bezogene Privatsphäre weicht dort einem stärkeren Gemeinschaftsempfinden.

Der Wert der Privatsphäre hat im amerikanischen „right of privacy“ ein maßstabsetzendes Vorbild. Dieses Recht ist zwar nicht im Recht der Vereinigten Staaten kodifiziert, es wurde vom amerikanischen Supreme Court seit 1890 jedoch kasuistisch entwickelt. Es wird definiert als Recht, „von der Gesellschaft oder Beobachtung anderer getrennt oder frei zu sein“, und meint damit Abgeschlossenheit, Intimsphäre, häusliche Sphäre, den von der Öffentlichkeit verschiedenen Lebensbereich eines Menschen.

„Privacy“ erfasst als Oberbegriff unterschiedliche individuelle Belange. Zu diesen Belangen gehören die Gedankenfreiheit, die Entscheidung über den eigenen Körper, die Abgeschiedenheit im eigenen Haus, die Kontrolle über personenbezogene Daten und andere Informationen, die Freiheit vor Überwachung, der Schutz des individuellen Rufes, die sexuelle Ausrichtung, das Recht auf Empfängnisverhütung, das Recht auf Schwangerschaftsabbruch und der Schutz vor Durchsuchungen und Befragungen (Stern 2005, 1260).

Die Europäische Menschenrechtskonvention von 1950 gewährleistet in Artikel 8 jeder Person das Recht „auf Achtung ihres Privat- und Familienlebens, ihrer Wohnung und ihrer Korrespondenz“. Sie folgt damit im Wesentlichen der Allgemeinen Erklärung der Menschenrechte von 1948, die in Artikel 12 bestimmt: „Niemand darf willkürlichen Eingriffen in sein Privatleben, seine Familie, seine Wohnung und seinen Schriftverkehr oder Beeinträchtigungen seiner Ehre und seines Rufes ausgesetzt werden. Jeder hat Anspruch auf rechtlichen Schutz gegen solche Eingriffe oder Beeinträchtigungen."

Das Grundgesetz kennt kein spezielles Grundrecht auf Privatheit. Es gibt in verschiedenen Artikeln allerdings deutliche Hinweise auf einen Schutz der Privatsphäre. Dennoch sucht man im Grundgesetz Begriffe wie „Privatleben" und „Intimsphäre" vergeblich. So ist die Privatsphäre zwar juristisch bedeutsam, zugleich aber nur schwer fassbar.

Die Entwicklung des Schutzes der Privatsphäre geht im Wesentlichen auf die Rechtsprechung des Bundesverfassungsgerichts zurück. Das Gericht entwickelte die Rechtsfigur des *allgemeinen Persönlichkeitsrechts*, zu dem als ein zentraler Aspekt auch der Schutz der privaten Lebensgestaltung gehört. Das allgemeine Persönlichkeitsrecht leitete das Gericht aus dem Recht auf freie Entfaltung der Persönlichkeit (Art. 2 Abs. 1 GG) in Verbindung mit der Achtung der Menschenwürde (Art. 1 Abs. 1 GG) ab. „In der Wertordnung des Grundgesetzes ist die Menschenwürde der oberste Wert. [...] Wie alle Bestimmungen des Grundgesetzes beherrscht dieses Bekenntnis zu der Würde des Menschen auch Artikel 2 Abs. 1 GG. [...] Damit gewährt das Grundgesetz dem einzelnen Bürger einen unantastbaren Bereich privater Lebensgestaltung, der der Einwirkung der öffentlichen Gewalt entzogen ist" (BVerfGE 27, 1 (6)).

Im Privatsphärenschutz ist ganz deutlich die klassische grundrechtliche Abwehrdimension, das „Heraushalten" des Staates aus dem privaten Bereich des Individuums angesprochen. Der Schutz der Privatsphäre gilt aber auch gegenüber Dritten, die versucht sein können, in den Privatbereich eines Menschen einzudringen.

Die Abschirmung der Privatheit soll die Entwicklung und das Festigen personeller Identität ermöglichen. Es geht um die Gewährleistung eines Innenraumes, in dem der Mensch „sich selbst besitzt" und „in den er sich zurückziehen kann, zu dem die Umwelt keinen Zutritt hat, in dem man in Ruhe gelassen wird und ein Recht auf Einsamkeit genießt" (BVerfGE 27, 1 (6)).

Die Privatsphäre lässt sich nicht einfach geographisch verorten. Historisch entsprach die Privatsphäre allerdings im Wesentlichen dem häuslich-privaten Leben im Kreis der Familie. Daher genügte in früheren Zeiten der Schutzbereich Wohnung zur Sicherung der Privatsphäre.

Mit dem Aufkommen der modernen Kommunikationstechniken wie Telefon, Mikrofon und Fotografie kamen neue Verletzungsdimensionen dazu: Abhören, Belauschen privater Gespräche an jedem Ort und die nicht genehmigte Verbreitung von Fotos. Die elektronische Datenverarbeitung fügte eine weitere Gefährdung der Privatheit hinzu. Alle diese Dimensionen lassen sich nicht mehr als Eingriff in eine räumlich abgegrenzte Sphäre erfassen (Schmitt Glaeser 1989, 47 f.).

Generelle Aspekte des Schutzes der Privatsphäre

Es gibt keine abschließende Umschreibung des Privatschutzbereiches. Was zur Privatsphäre zählt, ist das Ergebnis von Konkretisierungen in Bundesverfassungsgerichtsentscheidungen. In zukünftigen Urteilen kann der Schutz der Privatsphäre weiter konkretisiert werden.

Geschützt ist der Kernbereich der Persönlichkeit, d.h. die Intim-, Geheim- und Privatsphäre des Menschen. Geschützt sind weiterhin die persönliche Ehre, das Verfügungsrecht über die Darstellung der eigenen Person, das Recht am eigenen Bild und am gesprochenen Wort sowie das Recht auf informationelle Selbstbestimmung (Weber-Fas 1993, 20).

Das Verfassungsgericht ordnet das Privatleben des Einzelnen drei Bereichen unterschiedlicher Schutzintensität zu.

Kern des Privatlebens ist die *Intimsphäre*. Sie ist mit der Menschenwürde auf das engste verbunden und fungiert zugleich als Quelle des Freiheitsgebrauchs. Da die Intimsphäre keinen oder einen nur schwachen sozialen Bezug aufweist, ist sie jeglichem staatlichen Eingriff entzogen. Hier kann sich die Persönlichkeit also ohne Begrenzungen durch öffentliche Regelungen entfalten.

Die weiter gefasste *Privatsphäre* erlaubt dem Einzelnen ebenfalls ein unbehelligtes Privatleben. Da hier aber ein Sozialbezug vorhanden ist, steht diese Sphäre grundsätzlich dem staatlichen Zugriff offen. Der Staat darf bei überwiegenden Gemeinwohlinteressen regelnd und beschränkend eingreifen. Die rechtfertigende Formel des Verfassungsgerichts lautet: „Als gemeinschaftsbezogener und gemeinschaftsgebundener Bürger [...] muss vielmehr jedermann staatliche Maßnahmen hinnehmen, die im überwiegenden Interesse der Allgemeinheit unter strikter Wahrung des Verhältnismäßigkeitsgebotes erfolgen" (BVerfGE 27, 344 (351)).

Schließlich gibt es noch den *Öffentlichkeitsbereich*. Hier nimmt der Einzelne am öffentlichen Leben teil. Er agiert zwar als Privater, da er sich aber auf die Öffentlichkeit einlässt, ist sein Tun nicht mehr als private Lebensäußerung besonders geschützt (Dietwalt 1980, 76).

Zur Intimsphäre gehört an vorderster Stelle der Sexualbereich des Menschen. Es ist in rechtlicher Hinsicht dem Einzelnen überlassen, wie er sein Geschlechtsleben gestaltet und welche Einstellung zum Geschlechtlichen er hat. Er hat beispielsweise das Recht zur Korrektur der eigenen Geschlechtszugehörigkeit. Die unbegrenzte Handlungsfreiheit im Bereich der Intimsphäre ist insofern nicht weiter verwunderlich, als diese Sphäre ein Bereich der Nichtkommunikation ist, dem jeder Sozialbezug fehlt und der folglich keine Auswirkungen auf die Umwelt hat.

Sobald allerdings die Intimsphäre einen Sozialbezug aufweist, endet die unbegrenzte Gestaltungsfreiheit des Einzelnen. Dies wird deutlich im Urteil des Bundesverfassungsgerichts über die Verfassungswidrigkeit des Schwangerschaftsabbruches: „Die Schwangerschaft gehört zur Intimsphäre der Frau [...]. Wäre der Embryo nur als Teil des mütterlichen Organismus anzusehen, so würde auch der Schwangerschaftsabbruch in dem Bereich privater Lebensgestaltung verbleiben, in den einzudringen dem Gesetzgeber verwehrt ist [...]. Da indessen der nasciturus ein selbstständiges menschliches Wesen ist, das unter dem Schutz der Verfassung steht, kommt dem Schwangerschaftsabbruch die soziale Dimension zu, die ihn der Regelung durch den Staat zugänglich und bedürftig macht“ (BVerfGE 39, 1 (42)).

Der Zweck des Privatsphärenschutzes ist die Sicherung der Identität des Individuums. Diese Identität hat eine personale und eine soziale Seite.

Die personale Seite bezieht sich auf die private Lebenssphäre als ein Rückzugsbereich, in dem der Mensch seine Individualität grundsätzlich autonom gestalten können soll. Die Privatsphäre ist hier geprägt durch Vertrautheit der Umgebung und Vertraulichkeit der Interaktionen mit der Familie, mit Freunden und Bekannten. Privatsphärenschutz heißt dann, gegen Erhebungen von Informationen aus diesem Lebensbereich geschützt zu sein. So ist es dem Staat verboten, ärztliche Karteikarten einfach zu beschlagnahmen. Und der Einzelne entscheidet selbst, ob seine Stimme auf Tonträger aufgenommen und vor wem sie abgespielt werden darf.

Die soziale Seite bezieht sich auf das Bild, das sich andere von einer Person machen. Es geht hier um das Verfügungsrecht des Einzelnen über bereits vorliegende Informationen über sich. Die Art der Informationsaufbereitung kann sein Bild in den Augen der anderen stark prägen. Privatsphärenschutz heißt dann, das Recht auf Selbstdarstellung zu besitzen. Das Individuum bestimmt selbst, ob und wieweit andere sein Lebensbild oder bestimmte Vorgänge aus seinem Leben öffentlich darstellen dürfen (Schmitt Glaeser 1989, 59 ff.).

Zum Schutz der Privatsphäre trägt generell das Recht auf *informationelle Selbstbestimmung* bei. Es ist das Recht, selbst über Preisgabe und Verwendung persönlicher Daten zu befinden. Der Staat würde gegen dieses Recht verstoßen, wenn er sich des Verfügungsrechts über personenprägende Informationen bemächtigte und in eigener Regie die Erstellung einer gesellschaftlichen Positionsbestimmung der erfassten Personen vornähme. Gemäß einer Entscheidung des Bundesverfassungsgerichts ist daher eine umfassende Registrierung und Katalogisierung der Persönlichkeit durch die Zusammenführung einzelner Lebens- und Personendaten zur Erstellung von Persönlichkeitsprofilen der Bürger auch in der Anonymität statistischer Erhebungen unzulässig (BVerfGE 65, 1 (53)).

Allerdings ist das Recht auf informationelle Selbstbestimmung nicht schrankenlos gewährleistet: „Der Einzelne hat nicht ein Recht im Sinne einer absoluten, uneinschränkbaren Herrschaft über ‚seine‘ Daten; er ist vielmehr eine sich innerhalb der sozialen Gemeinschaft entfaltende, auf Kommunikation angewiesene Persönlichkeit. Information, auch soweit sie personenbezogen ist, stellt ein Abbild sozialer Realität dar, das nicht ausschließlich dem Betroffenen allein zugeordnet werden kann. Das Grundgesetz hat [...] die Spannung Individuum – Gemeinschaft im Sinne der Gemeinschaftsbezogenheit und Gemeinschaftsgebundenheit der Person entschieden. [...]

Grundsätzlich muss daher der Einzelne Einschränkungen seines Rechts auf informationelle Selbstbestimmung im überwiegenden Allgemeininteresse hinnehmen" (BVerfGE 65, 1 (43 f.)).

Als legitime Zwecke einer Datenerhebung und Datenverarbeitung erkennt das Bundesverfassungsgericht die Gewinnung von Planungsdaten unter anderem zur Erfüllung der wirtschafts-, sozial- und verkehrspolitischen Aufgaben des Staates an (BVerfGE 27, 1 (9)).

Dem Schutz vor Ausforschung der Person dient auch der *Datenschutz*. Personenbezogene Informationen stellen aufgrund ihrer vielfältigen Verwendungsmöglichkeiten nämlich eine permanente Gefahr für die Persönlichkeit der Betroffenen dar. Der Datenschutz soll verhindern, dass der Einzelne nicht mehr sinnvoll agieren und reagieren kann, weil er nicht mehr überblickt, wer was wann und bei welcher Gelegenheit über ihn weiß (Schmitt Glaeser 1989, 97 f.).

Spezielle Gewährleistungen des Rechtsanspruches auf Privatsphäre

Artikel 13 GG garantiert die Unverletzlichkeit der *Wohnung* als räumliche Sphäre der Privatheit. Er wehrt staatliche Eingriffe ab, schützt allerdings nicht vor Verletzung der Wohnung durch andere Menschen. Der Schutz der Wohnung hat eine lange verfassungsrechtliche Tradition. Der Gedanke ihrer Unverletzlichkeit stand dabei stets in enger Verbindung mit der Privatsphäre des Menschen.

> Artikel 13 GG:
> (1) Die **Wohnung** ist **unverletzlich**.
> (2) [...] (3) [...] (4) [...] (5) [...] (6) [...] (7) [...]

Die Intimität der Wohnung ist an Bedeutung für den Einzelnen kaum zu überschätzen. In diese Intimität kann sich der Einzelne zurückziehen, um sich von gesellschaftlichen Zwängen zu entlasten, sich zu entspannen und sich ohne Rücksicht auf gesellschaftliche Konventionen selbst zu entfalten. Die Wohnung ist der Bereich, in dem er grundsätzlich tun und lassen kann, was er will (Dietwalt 1980, 152).

Die Wohnung dient nicht zuletzt dem Schutz vor der Öffentlichkeit. „Bestünden solche Rückzugsbereiche nicht mehr, könnte der Einzelne psychisch überfordert sein, weil er unausgesetzt darauf achten müsste, wie er auf andere wirkt und ob er sich richtig verhält. Ihm fehlten die Phasen des Alleinseins und Ausgleichs, die für die Persönlichkeitsentfaltung notwendig sind und ohne die sie nachhaltig beeinträchtigt würde". (BVerfGE 101, 361 (383)).

Der Staatsgewalt ist es grundsätzlich untersagt, in eine Wohnung einzudringen und sie zu durchsuchen. Geboten ist darüber hinaus ein Unterlassen jeder Art von Einwirkung. Eine solche Einwirkung muss nicht notwendig das Betreten der Wohnung sein. Es sind auch Lauschangriffe von außen, etwa durch Horchen an der Wand oder durch Anbringen von Abhörgeräten an Außenwänden, durch Richtfunk oder andere technische Mittel verboten.

Allerdings ist die Unverletzlichkeit der Wohnung nicht schrankenlos gewährleistet. Eine Wohnung ist kein exterritorialer Raum. So sind Durchsuchungen und auch Abhörmaßnahmen zulässig, wenn sie der Abwehr dringender Gefahren für die öffentliche Sicherheit und Ordnung oder der Aufklärung schwerer Straftaten dienen (Schmitt Glaeser 1989, 74 f.).

Artikel 10 GG schützt das *Brief-, Post- und Fernmeldegeheimnis*. Geschützt ist der vor den Augen der Öffentlichkeit verborgene Austausch von Nachrichten, Gedanken und Meinungen. Gewährleistet ist sowohl die Intimität des privaten als auch die Vertraulichkeit des geschäftlichen Verkehrs.

Artikel 10 GG:
(1) Das **Briefgeheimnis** sowie das **Post-** und **Fernmeldegeheimnis** sind **unverletzlich**.
(2) [...]

Das Briefgeheimnis gewährleistet nicht nur das Geheimnis des Briefinhaltes, sondern auch den brieflichen Verkehr als solchen. Verboten ist also eine gezielte Beobachtung darüber, wer wann und wie oft Briefe von wem bekommt oder an wen schreibt. Das Post- wie das Fernmeldegeheimnis beziehen sich auf den Inhalt aller von der Post vermittelten Sendungen einschließlich des Fernmeldeverkehrs.

Allerdings ist das Brief-, Post- und Fernmeldegeheimnis wie jedes andere Grundrecht auch nicht absolut gewährleistet. Es gibt zahlreiche gesetzliche Regelungen, die das Geheimnis einschränken, so die Abgabenordnung, die Konkursordnung, das Zollgesetz und das Strafgesetzbuch. Besonders intensiv ist der Eingriff in die Geheimnisgarantie, wenn es um den Schutz der freiheitlichen demokratischen Grundordnung oder den Bestand oder die Sicherung des Bundes oder eines Landes geht. Das betreffende Gesetz kann nämlich bestimmen, dass der Bruch des Geheimnisses dem Betroffenen nicht mitgeteilt wird (Schmitt Glaeser 1989, 78 ff.).

Auch die in Artikel 4 GG gewährleistete *Glaubens- und Gewissensfreiheit* hat einen inhaltlichen Bezug zur Privatsphäre. Er besteht darin, dass Glaubens- und Gewissensfragen an die innersten Überzeugungen des Menschen, an das Privateste überhaupt rühren.

Artikel 4 GG:
(1) Die Freiheit des Glaubens, des Gewissens und die Freiheit des religiösen und weltanschaulichen Bekenntnisses sind unverletzlich.
(2) [...] (3) [...]

Glaube und Gewissen steuern als innerste Instanzen das Verhalten des Menschen. Gerade deshalb sind sie in zweifacher Weise schutzbedürftig: Es muss erstens sichergestellt werden, dass der Mensch diese Kernbereiche seiner Persönlichkeit autonom bestimmen kann. Und es muss gewährleistet werden, dass kein Mensch diese innersten Bezirke seines Personseins anderen offenbaren muss. Hierfür sorgt Artikel 140 GG in Verbindung mit Artikel 136 WRV. Artikel 140 GG erklärt einige Artikel der Weimarer Reichsverfassung zu Bestandteilen des Grundgesetzes, darunter den Artikel 136.

Gemäß dieser Verfassungsnorm besteht ein Schweigerecht des Einzelnen, dem auf der staatlichen Seite ein Verbot korrespondiert, nach der Glaubensüberzeugung oder Weltanschauung zu fragen. Die wenigen Ausnahmen davon sind in Artikel 136 WRV aufgelistet.

[Artikel 140 GG] / Artikel 136 WRV:
(1) [...] (2) [...]
(3) **Niemand ist verpflichtet**, seine **religiöse Überzeugung** zu **offenbaren**. Die Behörden haben nur soweit das Recht, nach der Zugehörigkeit zu einer Religionsgesellschaft zu fragen, als davon Rechte und Pflichten abhängen oder eine gesetzlich angeordnete statistische Erhebung dies erfordert.
(4) [...]

Schließlich enthält Artikel 6 GG ein Abwehrrecht gegenüber störenden Eingriffen des Staates in *Ehe und Familie* sowie gegenüber Behinderungen des Zuganges zu Ehe und Familie. Der Bezug zur Privatsphäre liegt auf der Hand: Ehe und Familienleben sind die maßgeblichen Formen privaten Zusammenlebens. Sie sind weiterhin gegenüber anderen Gruppen und der Öffentlichkeit relativ abgeschlossen. Ferner sind sie wegen des ständigen intensiven Kontaktes der Angehörigen untereinander, also wegen der Vertraulichkeit und der Vertrautheit, Zufluchtsorte vor gesellschaftlicher und staatlicher Inpflichtnahme (Dietwalt 1980, 172).

4.2 Ehe und Familie

Die Gesellschaft setzt sich aus Individuen zusammen, die aber nicht isoliert voneinander existieren. Die Menschen leben vielmehr in Familienverbänden zusammen. Familien sind natürliche, ursprüngliche Lebensgemeinschaften, keine Gründungen des Staates. Sie formen einen erheblichen Teil der Identität des Einzelnen. Auch die Ehe ist ein überkommenes, vorpositives Lebensverhältnis. Sie steht in einem engen Zusammenhang mit der Familie. Um des Menschen willen liegt der Schutz beider Gemeinschaftsformen also nahe.

Wie schätzt das Grundgesetz Ehe und Familie ein? In welcher Weise gehen vom Grundgesetz Schutzwirkungen aus? Welche Rechte billigt das Grundgesetz den Eltern zu?

Ehe und Familie als Keimzellen der Gesellschaft

Die Weimarer Reichsverfassung widmete dem Gemeinschaftsleben einen ganzen Abschnitt. Den Beginn des betreffenden Abschnittes bildeten zwei Verfassungsartikel, die Ehe, Familie und Elternrecht thematisieren.

Artikel 119 WRV führte aus: „Die Ehe steht als Grundlage des Familienlebens und der Erhaltung und Vermehrung der Nation unter dem besonderen Schutze der Verfassung. Sie beruht auf der Gleichberechtigung der beiden Geschlechter.

Die Reinerhaltung, Gesundung und soziale Förderung der Familie ist Aufgabe des Staates und der Gemeinden. Kinderreiche Familien haben Anspruch auf ausgleichende Fürsorge.

Die Mutterschaft hat Anspruch auf den Schutz und die Fürsorge des Staates."

Artikel 120 WRV hatte folgenden Wortlaut: „Die Erziehung des Nachwuchses zur leiblichen, seelischen und gesellschaftlichen Tüchtigkeit ist oberste Pflicht und natürliches Recht der Eltern, über deren Betätigung die staatliche Gemeinschaft wacht."

Der Parlamentarische Rat wollte an die Regelungen der Weimarer Verfassung anknüpfen. Er fühlte sich in dieser Absicht bestärkt durch die im Dezember 1948 verkündete Allgemeine Erklärung der Menschenrechte, die in Artikel 16 Folgendes über Ehe und Familie feststellte:

> „1. Heiratsfähige Männer und Frauen haben ohne jede Beschränkung auf Grund der Rasse, der Staatsangehörigkeit oder der Religion das Recht, zu heiraten und eine Familie zu gründen. Sie haben bei der Eheschließung, während der Ehe und bei deren Auflösung gleiche Rechte. 2. Eine Ehe darf nur bei freier und uneingeschränkter Willenseinigung des künftigen Ehegatten geschlossen werden. 3. Die Familie ist die natürliche Grundeinheit der Gesellschaft und hat Anspruch auf Schutz durch Gesellschaft und Staat."

Die in Artikel 6 Abs. 1 GG schließlich gefundene Lösung – „Ehe und Familie stehen unter dem besonderen Schutze der staatlichen Ordnung“ – ist die deutliche Abschwächung eines ursprünglichen Vorschlages, der gelautet hatte: „Die Ehe ist die rechtmäßige Form der Lebensgemeinschaft von Mann und Frau. Sie bildet die Grundlage der Familie. Ehe und Familie und die damit verbundenen Rechte und Pflichten stehen unter dem Schutze der Verfassung.“ Möglicherweise hatte eine gewisse Scheu vor einer entschiedenen Ablehnung der außerehelichen Formen der Lebensgemeinschaft von Mann und Frau bestanden.

Die endgültige Form von Artikel 6 GG vermeidet jedenfalls die Kennzeichnung der Ehe als Grundlage des Familienlebens. Das Grundgesetz setzt Ehe und Familie nebeneinander, ohne ihre Zuordnung ausdrücklich zu bestimmen. Dennoch hat das Grundgesetz sich nicht von der das Familienrecht beherrschenden Vorstellung abgewandt, dass die Familie als eine durch Abstammung und Verwandtschaft vermittelte Personenverbindung typischerweise und generationenübergreifend durch die Ehe von Mann und Frau entsteht (Badura 2000/2002/2005, 16, 27 f., Rdnr. 23, 40 f.).

Man ist versucht, Artikel 6 Abs. 1 GG für eine wohlfeile Deklaration zu halten, die positiv klingt, aber nichts bewirkt. Die Entstehungsgeschichte verdeutlicht aber, dass Ehe und Familie im Vergleich zu anderen Lebensgemeinschaften bewusst stärker geschützt werden sollten. Im Parlamentarischen Rat hatte die Abgeordnete Weber den besonderen Schutz mit folgenden Argumenten begründet: Die Familie „muss herausgehoben werden aus allen anderen Gemeinschaften, man kann sie nicht in Vergleich bringen mit wirtschaftlichen oder sozialen Gemeinschaften. Die Familie ist die Grundlage aller Gemeinschaften“ (G. Kirchhof 2004, 556).

Das Grundgesetz steht mit der Hochschätzung von Ehe und Familie nicht allein. Mehrere europäische Verfassungen, so die Verfassungsgesetze Italiens, Portugals, Spaniens, Irlands und Griechenlands, anerkennen die Familie als Grundeinheit der Gesellschaft und als Grundlage der Aufrechterhaltung der jeweiligen Nation.

Verfassungsrelevante Merkmale von Ehe und Familie

Dem Grundgesetz schwebt die *Ehe* als ideale Basis der intakten Familie vor. Eine funktionierende Familie praktiziert einen solidarischen Zusammenhalt und ist die optimale Voraussetzung für die Entwicklung von Kindern: „Die Ehe ist die rechtliche Form umfassender Bindung zwischen Mann und Frau; sie ist alleinige Grundlage einer vollständigen Familiengemeinschaft und als solche Voraussetzung für die bestmögliche körperliche, geistige und seelische Entwicklung von Kindern [...]. Ehe und Familie entsprechen der auf Dialog angelegten geistigen Natur der Menschen. Daneben ist die Lebenshilfe, die der Einzelne in Ehe und Familie erhalten kann, von grundlegender Bedeutung für die Ordnung des Gemeinschaftslebens“ (BVerfGE 76, 1 (51)).

Entscheidend für die Ehe ist die *Freiwilligkeit* der eingegangenen Lebensgemeinschaft. Die Freiwilligkeit äußert sich vor allem darin, die Ehe mit einem selbstgewählten Gatten einzugehen. Eine *Zwangsheirat* entspricht nicht dem Ehebegriff des Grundgesetzes. Aus der Eheschließungsfreiheit erwächst grundsätzlich das Recht auf ungehinderten Zugang zur Ehe. Eheverbote gibt es nur für bereits verheiratete Personen sowie zwischen engen Verwandten.

Dass die Ehe nur mit einem selbstgewählten Partner geschlossen werden darf, entspricht internationalen Standards. Unmissverständlich heißt es in Artikel 23 des Internationalen Paktes über bürgerliche und politische Rechte von 1966: „Eine Ehe darf nur im freien und vollen Einverständnis der künftigen Ehegatten geschlossen werden." Eine Ehe verdient nur ihren Namen, wenn sie durch den freien Konsens der Gatten begründet ist (Lecheler 1992, 212, 220).

Zu den verfassungsrechtlich vorausgesetzten Strukturprinzipien der Ehe gehört, dass sie durch bestimmte gegenseitige Rechte und Pflichten personeller und wirtschaftlicher Art bestimmt, *auf Dauer angelegt* und grundsätzlich unauflöslich ist (BVerfGE 10, 59 (66); BVerfGE 62, 323 (330)). Allerdings ist es nicht Sache des Staates, Bedingungen einer erfolgreichen Ehe aufzustellen oder Risken eines Scheiterns der Ehe auszuschließen. Insofern ist die Ehe nur grundsätzlich, nicht jedoch absolut unauflöslich. Dass dem Grundgesetz das Bild einer solchermaßen verweltlichten Ehe zugrunde liegt, entspricht den Vorgaben eines weltanschaulich neutralen Staates. Dies bedeutet auch, dass andere Eheverständnisse, vor allem solche der Religionsgemeinschaften, nicht unmittelbar für die Interpretation des verfassungsrechtlichen Ehebegriffes herangezogen werden können.

Andererseits ist die Ehe eine *sittliche* Einrichtung. Sie erfasst zum einen die Person als Ganzes. Sie ist zum anderen eine in gegenseitiger Selbstbindung gegründete unfassende Gemeinschaft zweier Personen. Dieser sittliche Charakter der Personengemeinschaft Ehe macht den eigentlichen Wert dieser Institution aus. Die Rechtsform tritt nur hinzu.

Der Staat betrachtet die Ehe deshalb nicht einfach als bürgerlich-rechtlichen Vertrag, den man durch beiderseitiges Einverständnis jederzeit problemlos beenden kann. Die Auflösung nimmt nur der Richter vor und nur aus Gründen, die vom Gesetzgeber bestimmt sind, sich also dem unmittelbaren Einfluss der Parteien entziehen. Die Rechtfertigung einer Eheauflösung kann nur in der Natur der durch die Ehe begründeten Gemeinschaft liegen. Das Bürgerliche Gesetzbuch geht folglich von einem Scheitern der Ehe aus, wenn die Lebensgemeinschaft der Ehegatten nicht mehr besteht und nicht erwartet werden kann, dass die Ehegatten sie wiederherstellen (§ 1565 BGB).

Die *Familie* ist eine durch die Eltern-Kind-Beziehung und die Verwandtschaft bestimmte natürliche Gemeinschaft in vielgestaltigen Erscheinungsformen. „Das Grundgesetz sieht in der Familie die Keimzelle jeder menschlichen Gemeinschaft, deren Bedeutung mit keiner anderen menschlichen Bindung verglichen werden kann [...]; es erkennt ihre Funktion für die Pflege und Erziehung der Kinder an und sichert ihr den Vorrang vor kollektiven Erziehungsformen" (BVerfGE 24, 119 (149)). In der Familie erwachsen den Eltern vor allem das Recht und die Pflicht zur Pflege und Erziehung der

Kinder. Die familiäre Lebensgemeinschaft ist darüber hinaus ein Solidarverband. Das Bürgerliche Gesetzbuch spricht von einer Wechselbezüglichkeit der Rechte und Pflichten: „Eltern und Kinder sind einander Beistand und Rücksicht schuldig" (§ 1618a BGB).

Das Bundesverfassungsgericht beschreibt das Leistungsspektrum der Familie wie folgt: Die Familie ist zuvörderst „*Lebens- und Erziehungsgemeinschaft*. Die leibliche und seelische Entwicklung der Kinder findet in der Familie und der elterlichen Erziehung eine wesentliche Grundlage. Eine Familie als verantwortliche Elternschaft wird von der prinzipiellen Schutzbedürftigkeit des heranwachsenden Kindes bestimmt. Mit wachsender Handlungs- und Entscheidungsfähigkeit des Kindes treten Verantwortlichkeit und Sorgerecht der Eltern zurück. Die Lebensgemeinschaft kann dadurch zur bloßen *Hausgemeinschaft* werden, die Gemeinsamkeiten des Zusammenwohnens wahrt, jedem Mitglied der Familie im übrigen aber die unabhängige Gestaltung seines Lebens überlässt. Mit der Auflösung der Hausgemeinschaft kann sich die Familie sodann zur bloßen *Begegnungsgemeinschaft* wandeln, bei der Eltern und Kinder nur den gelegentlichen Umgang pflegen. Die Haus- oder Lebensgemeinschaft setzt sich in der Familie unter Erwachsenen von Rechts wegen fort, wenn weiterhin Unterhalt oder Beistand geleistet wird und dies in einer Hausgemeinschaft geschieht [...]. Unabhängig hiervon bietet die Familie den erwachsenen Familienmitgliedern Raum für Ermutigung und Zuspruch und festigt die Fähigkeit zu verantwortlichem Leben in der Gemeinschaft [...]. Auch für den Erwachsenen ist die Familie eine Gemeinschaft, die der auf Dialog angelegten geistigen Natur des Menschen entspricht" (BVerfGE 80, 81 (90 f.)). Die Familie kann schließlich auch noch *Beistandsgemeinschaft* sein.

Der Schutz von Ehe und Familie

In Artikel 6 hat das Grundgesetz eine Reihe von Grundentscheidungen über Ehe, Familie, Elternschaft und Kindeswohl aufgenommen. Absatz 1 sichert den Gemeinschaftsformen Ehe und Familie den besonderen Schutz des Staates zu. Die Zusage eines *besonderen* Schutzes findet sich an keiner anderen Stelle des Grundrechtsteils der Verfassung wieder. Der Verfassunggeber hat den herausragenden Wert von Ehe und Familie damit nachdrücklich anerkannt (Tettinger 2001, 130 f.).

Artikel 6 GG:
(1) **Ehe** und **Familie** stehen unter dem **besonderen Schutze** der staatlichen Ordnung.
(2) [...] (3) [...] (4) [...] (5) [...]

Mit dem Schutz von Ehe und Familie trifft das Grundgesetz eine Wertentscheidung, die insbesondere den Gesetzgeber bindet. Dieser hat die besonderen Funktionsbelange und die kulturelle Substanz der beiden Gemeinschaftsformen zu berücksichtigen.

Dass beide Gemeinschaftsformen von der staatlichen Ordnung besonders geschützt werden, erklärt sich aus der Bedeutung, die Ehe und Familie für die staatliche Ordnung, die Gesellschaft und den Einzelnen haben.

Vor allem die Familie erfüllt lebenswichtige Funktionen für das Gemeinwesen. Familien ermöglichen nämlich die Fortexistenz von Gesellschaft und Staat. Denn sie sorgen für Kinder, erziehen diese, gewährleisten deren Grundversorgung und Bildung und geben so der Zukunft des Gemeinwesens Fundament und Perspektive. Die von den Familien erbrachte Leistung ist notwendig, damit aus Kindern selbstbewusste und moralisch handelnde Bürger werden, damit auch in Zukunft Menschen das Land bevölkern und sich in Solidarität beistehen.

Als Lebens- und Entfaltungsraum schirmt die Familie von der Macht der Kollektive ab und dient auf diese Weise als Refugium individueller Freiheit. In der Intimität der Ehe, der Geborgenheit der Familie, der gegenseitigen Solidarität und Verantwortung ist ein Humanitätsprogramm angelegt, von dessen Wirkungen die Qualität des gesellschaftlichen Zusammenlebens wesentlich abhängt. Mit den im familiären Zusammenhalt aufwachsenden Kindern sichert das Gemeinwesen seine Existenz und seine kulturelle Identität (Di Fabio 2003, 994; G. Kirchhof 2004, 544 f.).

Der vom Grundgesetz vorgeschriebene besondere Schutz verlangt vom Staat, Ehe und Familie vor Beeinträchtigungen zu bewahren sowie durch geeignete Maßnahmen zu fördern. Zugleich ist dem Staat untersagt, Ehe und Familie als elementare Lebensgemeinschaften in Bestand und Entfaltung zu stören.

Da die Ehe wie die Familie Wirtschaftsgemeinschaften sind, verläuft ihre Förderung insbesondere über das Privat-, Steuer- und Sozialrecht. So wird der Zusammenhalt der Familie durch das Familienerbrecht gefördert. Bei der Besteuerung der Familie wird das Existenzminimum sämtlicher Familienmitglieder steuerfrei belassen. Kinderfreibeträge und Kindergeld gleichen die höheren Belastungen aus, die Familien durch die Pflege und Erziehung ihrer Kinder haben. Generell unterliegt der Staat der Pflicht zu einem Familienlastenausgleich, etwa in der Sozialversicherung (Badura 2000/2002/2005, 40a f., Rdnr. 62).

Der Schutz von Ehe und Familie garantiert eine Sphäre privater Lebensgestaltung. Der Staat darf in die Familienbeziehung grundsätzlich nicht einwirken. Es ist ihm untersagt, das Beziehungsverhältnis zwischen Eltern und Kindern zu schädigen, zu stören oder sonst zu beeinträchtigen. Die Familie entscheidet selbst, wie sie ihr Zusammenleben gestaltet und wie sie die familiäre und berufliche Arbeit teilt. Die Familie entscheidet auch selbst, wie sie ihren religiösen oder weltanschaulichen Pflichten nachgehen will. Der Gesetzgeber hat das Ehe- und Familienrecht so zu gestalten, dass diese Entscheidungsräume gewahrt bleiben.

Die Ehe ist nicht die einzig zulässige Form des Zusammenlebens von Mann und Frau. Andere Formen des Zusammenlebens sind möglich, stehen aber nicht unter dem besonderen Schutz der staatlichen Ordnung. Hiervon sind insbesondere nichteheliche Lebensgemeinschaften betroffen.

Eine besondere Herausforderung der Ehe bilden gleichgeschlechtliche Verbindungen. Da die Geschlechtsverschiedenheit zu den prägenden Merkmalen der Ehe gehört, kann eine homosexuelle Verbindung keine Ehe sein. Ein Gesetz, das homosexuelle Verbindungen mit der Ehe insgesamt oder in wesentlichen Rechtsfolgen des Familien- und Erbrechts gleichstellen würde, wäre verfassungswidrig. Als Ausweg wurde das Rechtsinstitut der eingetragenen Lebenspartnerschaft eingeführt. Diese kennt Rechte und Pflichten, die denen der Ehe nahekommen (Badura 2000/2002/2005, 37 ff., Rdnr. 58).

Die Elternverantwortung für Pflege und Erziehung der Kinder

Die Absätze 2 und 3 von Artikel 6 GG regeln die Beziehungen zwischen Eltern und Kindern. Dabei garantiert Absatz 2 den Eltern den Vorrang bei der Erziehung ihrer Kinder. Zugleich wird aber die staatliche Gemeinschaft zum Wächter über das Erziehungsverhalten der Eltern bestellt.

Absatz 3 thematisiert die Ausnahmesituation einer Trennung des Kindes von der Familie. Eine solche Trennung ist ein schwerwiegender Eingriff in das Elternrecht. Damit staatliche Behörden nicht leichtfertig eine Trennung veranlassen, verlangt das Grundgesetz als Grundlage hierfür zwingend ein Gesetz. Das Grundgesetz schreibt vor, dass dieses Gesetz nur zwei Gründe zum Anlass einer Wegnahme des Kindes zulassen darf, nämlich Erziehungsversagen der Eltern oder Verwahrlosung des Kindes.

Diese restriktive Regelung verhindert ein vorschnelles Zurückdrängen der elterlichen Erziehungstätigkeit zugunsten staatlicher Zwangserziehung.

Artikel 6 GG:
(1) [...]
(2) **Pflege und Erziehung der Kinder** sind das **natürliche Recht der Eltern** und die zuvörderst ihnen obliegende **Pflicht**. Über ihre Betätigung **wacht die staatliche Gemeinschaft**.
(3) Gegen den Willen der Erziehungsberechtigten dürfen Kinder nur auf Grund eines Gesetzes von der Familie getrennt werden, wenn **die Erziehungsberechtigten versagen** oder wenn die Kinder aus anderen Gründen zu verwahrlosen drohen.
(4) [...] (5) [...]

Das als *natürlich* bezeichnete Elternrecht enthält als wesentlichen Teil die Pflicht zur Pflege und Erziehung der Kinder. Das Recht findet seine Rechtfertigung in dem Bedürfnis des Kindes nach Schutz, Hilfe und Anleitung und damit in einer Elternpflicht. Daher ist es am angemessensten, von *Elternverantwortung* zu sprechen. Eltern sind dabei in einer Ehe lebende Eltern, getrennt lebende oder geschiedene Eltern, unverheiratete Eltern und auch ein alleinlebender Elternteil. Alle diese Personen trifft die von der Verfassung gewollte Verantwortung für das Kind.

Die Bestimmung wendet sich unübersehbar gegen die in der nationalsozialistischen Zeit geübte Praxis, die Kinder dem erzieherischen Einfluss der Eltern zu entziehen und an deren Stelle die staatliche Erziehung treten zu lassen.

Das Kind bedarf des Schutzes und der Hilfe, um sich zu einer eigenverantwortlichen Persönlichkeit innerhalb der Gemeinschaft zu entwickeln. Dieser natürlichen Gegebenheit und kulturellen Notwendigkeit tragen nach Auffassung des Grundgesetzes nicht staatliche Behörden, sondern die Eltern am besten Rechnung: „Der Verfassunggeber geht davon aus, dass diejenigen, die einem Kind das Leben geben, von Natur aus bereit und berufen sind, die Verantwortung für seine Pflege und Erziehung zu übernehmen" (BVerfGE 24, 119 (150)). Das Elternrecht beruht auf der Erfahrung, „dass in aller Regel Eltern das Wohl des Kindes mehr am Herzen liegt als irgendeiner anderen Person oder Institution" (BVerfGE 59, 360 (376)).

Die Eltern bedürfen der *Autonomie*, um ihre Erziehungsverantwortung wahrzunehmen. Nur soweit der private Lebensraum der Familie respektiert wird, kann das Kind nämlich erfahren, dass es Räume freier Selbstbestimmung gibt. Nur so kann es lernen, dass nicht nur staatliche Ge- und Verbote das Leben lenken, sondern dass auch der soziale Nahraum moralische Regeln kennt, die zu befolgen sind (Lecheler 1992, 230 f.).

Pflege und Erziehung sind ein *treuhänderisches Recht*, das auf das Wohl des Kindes gerichtet ist. Es gewährt keine Freiheit im Sinne einer Selbstbestimmung der Eltern. Es ist jedoch ein „natürliches", nicht ein vom Staat verliehenes Recht. Der Staat ist nicht Treuhandgeber in dem Sinne, dass er Elternverantwortung inhaltlich bestimmen dürfte. Der Staat ist auf die subsidiäre Rolle des Wächters über die Erfüllung der dem Wohl des Kindes dienenden Pflichten beschränkt (Badura 2000/2002/2005, 76, Rdnr. 109).

Die Eltern haben also das Recht, die Pflege und Erziehung ihres Kindes nach ihren eigenen Vorstellungen zu gestalten. Der Staat muss jedoch einschreiten, wenn die Eltern Pflege und Erziehung gänzlich unterlassen, ihr Kind misshandeln oder es hungern lassen. In diesen Fällen kann der Staat den Eltern die Sorge für ihr Kind entziehen.

Die Verantwortung der Eltern für die Erziehung ihres Kindes schließt die Bestimmung über seine Bildung und Ausbildung und damit über die Grundlage seines Lebensweges ein. Die Eltern haben dabei Eignung und Neigung des Kindes zu berücksichtigen (§ 1631a BGB). Sie haben ebenso die wachsende Fähigkeit und das wachsende Bedürfnis des Kindes zu selbstständigem, verantwortlichem Handeln zu berücksichtigen (§ 1626 Abs. 2 BGB).

Das Erziehungsrecht der Eltern markiert eine Grenzlinie für das vom Staat zu organisierende Schulwesen. Er darf das Schulwesen nicht so organisieren, dass von der elterlichen Autonomie nichts übrig bleibt. Andererseits gilt das Recht auf Pflege und Erziehung vorbehaltlich des staatlichen Erziehungsauftrages der Schule.

Das Grundgesetz äußert sich sehr zurückhaltend über die Schule, da das Schulwesen Länderangelegenheit ist. Dennoch trifft es in Artikel 7 GG einige grundlegende Regelungen über die Schule, die von den Ländern zu beachten sind. Es berührt dabei auch das Elternrecht.

Artikel 7 GG:
(1) Das gesamte **Schulwesen** steht unter der **Aufsicht des Staates.**
(2) Die **Erziehungsberechtigten** haben das Recht, über die Teilnahme des Kindes am **Religionsunterricht** zu bestimmen.
(3) [...] (4) [...] (5) [...] (6) [...]

Die staatliche Schulaufsicht meint mehr als ein Kontrollrecht gegenüber dem jeweiligen Schulträger. Schulaufsicht umfasst die Gesamtheit der staatlichen Befugnisse zur Organisation, Planung, Leitung und Beaufsichtigung des Schulwesens. Dazu gehören die organisatorische Gliederung der Schule, die Einrichtung öffentlicher Schulen als Gemeinschafts-, Bekenntnis- oder gar Weltanschauungsschulen, die Regelung der allgemeinen Schulpflicht und des Unterrichtsbetriebes, die inhaltliche Festlegung der Erziehungs- und Unterrichtsziele sowie Regelungen über die Ordnung in der Schule (Seifert/Hömig 1999, 117).

Im Schulwesen verwirklicht der Staat einen eigenständigen Erziehungsauftrag, der das Elternrecht begrenzt. Allerdings muss der Staat in der Schule die Verantwortung der Eltern für den Gesamtplan der Erziehung ihrer Kinder achten und für die Vielfalt der Anschauungen und Erziehungsfragen so weit offen sein, als es sich mit einem geordneten Schulwesen verträgt.

So obliegt die Entscheidung über den Bildungsweg des Kindes zunächst den Eltern als den natürlichen Sachwaltern für die Erziehung ihres Kindes. Andererseits gehören die organisatorische Gliederung des Schulsystems, das inhaltliche und didaktische Programm der Lernvorgänge sowie das Setzen der Lernziele zu dem der elterlichen Bestimmung grundsätzlich entzogenen staatlichen Gestaltungsbereich.

Zum Erziehungsrecht der Eltern gehört auch die weltanschaulich-religiöse Erziehung ihres Kindes. Sie entscheiden daher über die Teilnahme ihres Kindes am Religionsunterricht. Weder dem Staat noch der Religionsgemeinschaft, der die Eltern angehören, steht ein derartiges Recht zu. Das Recht der Eltern, ihrem Kind die von ihnen für richtig gehaltene religiöse oder weltanschauliche Erziehung zu vermitteln, genießt zusätzlich den Schutz der Religionsfreiheit. Der Staat ist daher gehindert, in die religiös-weltanschauliche Erziehung der Eltern durch Gesetz oder durch ungerechtfertigte oder unverhältnismäßige Regelungen gebietend oder verbietend einzugreifen. Religiöse oder weltanschauliche Indoktrination in der Schule verletzt das Elternrecht ebenso wie atheistische oder antiklerikale Schulerziehung (Badura 2000/2002/2005, 81a f., Rdnr. 118).

4.3 Religiöse und weltanschauliche Überzeugungsfreiheit

Für den Menschen ist die Freiheit, sich über die tragenden Prinzipien der Welt eine eigene Überzeugung zu bilden und sein Leben nach dieser Überzeugung auszurichten, von überragender Bedeutung. Für ihre Überzeugungen haben Menschen in Vergangenheit und Gegenwart ihr Leben geopfert. Die Freiheit des religiösen Glaubens, des weltanschaulichen Bekenntnisses und des Gewissens spielt in der Geschichte der Menschenrechte deshalb eine prominente Rolle. Ein Staat, der seinen Bewohnern das freie Denken über die letzten Dinge verbietet und ihnen stattdessen eine mit Verbindlichkeitsanspruch verbundene Ideologie oktroyiert, gilt zu Recht als unfreiheitlich.

Wie hält es das Grundgesetz mit der Religion, der Religionsausübung und dem Gewissen? Was sind Weltanschauungen im Unterschied zu Religionen? Welche Probleme wirft der Fundamentalismus für den freiheitlichen Verfassungsstaat auf? Welches Maß an Toleranz ist gegenüber religiösen Praktiken angemessen, die mit der gegebenen Rechtsordnung nicht übereinstimmen?

Die Bedeutung der Freiheit für ein Leben nach eigener Überzeugung

Der Glaube, das Bekennen seines Glaubens und das Gewissen gehören zum höchstpersönlichen Bereich des Menschen. In diesem Bereich verwirklicht sich der Mensch als autonome sittliche Persönlichkeit. Der Glaube ist deshalb eine Sache des Einzelnen, keine des Staates. Der Staat darf dem Einzelnen einen Glauben weder vorschreiben noch verbieten. Zum Glauben gehört weiterhin die Freiheit, danach zu leben und zu handeln. Insofern ist die freie Teilnahme an kultischen Handlungen Bestandteil der Religionsfreiheit.

Religionsfreiheit ist also Gedanken- wie Handlungsfreiheit. Das staatliche Recht muss daher Raum geben für eine möglichst ungehinderte Entfaltung religiösen Lebens. Ferner sind religiöse Lebensvollzüge als solche ernst zu nehmen und um ihrer selbst willen zu fördern. Sie dürfen nicht vornehmlich nach sozialen Nützlichkeitserwägungen gemessen oder als Wertelieferant für die Gesellschaft in Dienst genommen werden (Robbers 2000, 237).

Das Grundgesetz gewährt dem Einzelnen einen Freiraum, in dem er sich die Lebensform zu geben vermag, die seiner Überzeugung entspricht. Dabei ist es unerheblich, ob es sich um ein religiöses Bekenntnis oder eine irreligiöse, d.h. religionsfeindliche oder religionsfreie Weltanschauung handelt (Scholtissek 1969, 98).

Religionen und Weltanschauungen beziehen ihre Kraft aus einer letzten Wahrheit. Aber gerade dieser Wahrheitsgewissheit verdanken die Religionen und Weltanschauungen den Ruf, der Vormoderne anzugehören. Denn dem modernen Menschen gilt die Erkenntnis der Wahrheit sowohl erkenntnistheoretisch als auch infolge der Komplexität der modernen Welt als weithin unlösbar. Die Moderne versucht, aus der erkenntnistheoretischen Not eine praktische Tugend zu machen, und empfiehlt dem Einzelnen ein Leben in ausgehaltener Unsicherheit und skeptischer Weltbetrachtung. Die modernen Zweifel an der Unmöglichkeit eindeutiger Wahrheitsaussagen stehen dem Bedürfnis an fundamentaler Grundorientierung gegenüber. Aber der Skeptizismus ist ebenfalls eine Art Weltanschauung, wenn auch eher eine Schwundstufe. Er bedarf ebenso des Schutzes durch die Verfassung wie die Religionen und ausgearbeiteten Weltanschauungen.

Die ersten Jahre der Bundesrepublik waren von einer gewissen Homogenität in der religiösen Grundstruktur geprägt. Die beiden großen christlichen Konfessionen beherrschten das Feld. Die Verhältnisse veränderten sich im Laufe der vergangenen Jahrzehnte allerdings nachhaltig in Richtung einer pluralisierten, zunehmend multikonfessionellen, in den neuen Bundesländern sogar weitgehend atheistischen Gesellschaft. Die entsprechenden Stichworte lauten Entkirchlichung, Diversifizierung des Spektrums der aktiven Religionsgemeinschaften und weltanschaulichen Gemeinschaften, zunehmende Individualisierung der religiösen und weltanschaulichen Auffassungen und Ausbreitung esoterischer Strömungen in der Bevölkerung (Kästner 1998b, 975).

Die pluralisierte und säkularisierte Welt der Gegenwart unterscheidet sich stark von der christlich bestimmten Vergangenheit, in welcher der Gedanke der Religionsfreiheit geboren wurde.

Im 17. und 18. Jahrhundert wurde in England, Holland und den nordamerikanischen Kolonien unter dem Stichwort der allgemein-christlichen Toleranz kleinen Religionsgruppen religiöse Freiheit gewährt. Später wurde das Recht der freien Religionsausübung als fundamentales naturrechtliches Menschenrecht verstanden. Die Anerkennung mehr oder weniger gleichberechtigter Kirchen und Konfessionen wurde mit dem Argument begründet, dass in jedem Gewissen der Geist Gottes walte. Es versteht sich, dass als Folge einer solchen subjektivistischen Wendung des Glaubens Bekenntnisgemeinschaften an die Stelle der einen wahren Kirche traten.

Die Virginia Bill of Rights von 1776 brachte die Überzeugung einer auf praktische Bewährung ausgerichteten Religionsfreiheit auf christlicher Basis zum Ausdruck. Abschnitt 16 formulierte: „Die Religion oder die Ehrfurcht, die wir unserem Schöpfer schulden, und die Art, wie wir sie erfüllen, können nur durch Vernunft und Überzeugung bestimmt sein und nicht durch Zwang oder Gewalt; daher sind alle Menschen gleicherweise zur freien Religionsausübung berechtigt, entsprechend der Stimme ihres Gewissens; es ist die gemeinsame Pflicht aller, christliche Nachsicht, Liebe und Barmherzigkeit aneinander zu üben."

In Deutschland setzte die individuelle Religionsfreiheit Ende des 18. Jahrhunderts mit dem Preußischen Allgemeinen Landrecht von 1794 ein. Im II. Teil, 11. Titel hieß es: „§ 2. Jedem Einwohner im Staate muss eine vollkommene Glaubens- und Gewissensfreiheit gestattet werden. § 3. Niemand ist schuldig, über seine Privatmeinungen in Religionssachen Vorschriften vom Staate anzunehmen. § 4. Niemand soll wegen seiner Religionsmeinungen beunruhigt, zur Rechenschaft gezogen, verspottet oder gar verfolgt werden. [...] § 40. Jedem Bürger des Staats, welchen die Gesetze fähig erkennen, für sich selbst zu urteilen, soll die Wahl der Religionspartei, zu welcher er sich halten will, frei stehen."

Die Weimarer Reichsverfassung gewährte wie schon die Paulskirchenverfassung von 1849 die volle Glaubens- und Gewissensfreiheit, die ungestörte Religionsausübung und die Freiheit, Religionsgesellschaften zu bilden. In der Zeit des Nationalsozialismus wurde die Reichsverfassung formal nicht außer Kraft gesetzt. Neue Vorschriften überlagerten aber die Religionsfreiheit. Ziel der nationalsozialistischen Kirchenpolitik war es, die Religionsfreiheit auf ihren innersten Kern zu reduzieren, nämlich einen Glauben zu haben.

Der Parlamentarische Rat schloss sich weitgehend der Weimarer Verfassungstradition an. Mit Artikel 140 GG übernahm er sogar die wichtigsten kirchenrechtlichen Bestimmungen der Weimarer Reichsverfassung. Fünf Artikel dieser Verfassung sind seitdem Bestandteil des Grundgesetzes.

Der Parlamentarische Rat achtete darauf, in Artikel 4 GG die Glaubensfreiheit und die Freiheit der Religionsausübung in einem jeweils eigenen Absatz zu garantieren. Diese Differenzierung erklärt sich aus den Störungen der Religionsausübung unter der nationalsozialistischen Gewaltherrschaft, die der Verfassunggeber für die Zukunft abwehren wollte. Die zweifache Gewährleistung sollte verhindern, dass bei formaler Anerkennung der Religionsfreiheit eine wesentliche Ausprägung der Religion, nämlich die individuelle und kollektive Religionsausübung, unterbunden wird (Campenhausen 1989, 392).

Die Religionsfreiheit setzt dem Staat Grenzen seiner Handlungsfreiheit. Es ist ihm untersagt, Glaubenszwang auszuüben, d.h. das individuelle religiöse Gewissen zu vergewaltigen. Es ist ihm ebenso verboten, im Namen einer bestimmten Religion oder Weltanschauung oder einer eigens konstruierten staatlichen Ideologie zu missionieren.

Der Staat ist auch gehalten, das Selbstverständnis der Religionsgemeinschaften in den sie berührenden Angelegenheiten zu berücksichtigen. Er muss vor allem respektieren, dass die Religionsgemeinschaften selbst definieren, was Religion ist. „Bei der Würdigung dessen, was im Einzelfall als Ausübung von Religion und Weltanschauung zu betrachten ist, darf das Selbstverständnis der Religions- und Weltanschauungsgemeinschaften nicht außer Betracht bleiben. Zwar hat der religiös-neutrale Staat grundsätzlich verfassungsrechtliche Begriffe nach neutralen, allgemeingültigen, nicht konfessionell oder weltanschaulich gebundenen Gesichtspunkten zu interpretieren [...]. Wo aber in einer pluralistischen Gesellschaft die Rechtsordnung gerade das religiöse oder weltanschauliche Selbstverständnis wie bei der Kultusfreiheit voraussetzt, würde der Staat die den Kirchen, den Religions- und Weltanschauungsgemeinschaften nach dem Grundgesetz gewährte Eigenständigkeit und ihre Selbstständigkeit in ihrem eigenen Bereich verletzen, wenn er bei der Auslegung der sich aus einem bestimmten Bekenntnis oder einer Weltanschauung ergebenden Religionsausübung deren Selbstverständnis nicht berücksichtigen würde" (BVerfGE 24, 236 (247 f.)).

Glaubens-, Weltanschauungs- und Gewissensfreiheit

Die entscheidenden Aussagen über die Freiheit, eigene Überzeugungen zu haben und danach zu leben, trifft das Grundgesetz in Artikel 4.

> Artikel 4 GG:
> (1) Die Freiheit des **Glaubens**, des **Gewissens** und die Freiheit des **religiösen** und **weltanschaulichen Bekenntnisses** sind unverletzlich.
> (2) Die **ungestörte Religionsausübung** wird gewährleistet.
> (3) Niemand darf gegen sein **Gewissen** zum Kriegsdienst mit der Waffe gezwungen werden. Das Nähere regelt ein Bundesgesetz.

Die in Artikel 4 GG aufgeführten Freiheiten werden allgemein als *Religionsfreiheit* bezeichnet, obwohl auch nichtreligiöse Weltanschauungen und das nicht zwingend religiös bestimmte Gewissen umfasst sind. Die Religionsfreiheit ist ein komplexes, verschiedene Ausprägungen umfassendes Recht. Den Kern bildet die Glaubens-, Gewissens- und Bekenntnisfreiheit. Dabei ist der Glaube nach innen, das Bekenntnis nach außen gerichtet. Die Religionsfreiheit wird vergrößert durch das Recht der Religionsausübung, d.h. der Kultusfreiheit.

Religion und *Weltanschauung* sind mit der Person des Menschen verbundene Gewissheiten über bestimmte Aussagen zum Weltganzen sowie zur Herkunft und zum Ziel des menschlichen Lebens. Dabei legt die Religion eine den Menschen überschreitende und umgreifende, d.h. transzendente Wirklichkeit zugrunde. Die Weltanschauung beschränkt sich demgegenüber auf innerweltliche, also immanente Bezüge. Gemeinsam ist Religion und Weltanschauung, dass sie ein geschlossenes Weltbild vertreten. In diesem Weltbild hat der Mensch als erkennendes Subjekt teil an einer ganzheitlichen Lebens-, Sinn- und Wertordnung. Die Sinnhaftigkeit und die Werthaltigkeit der religiösen bzw. weltanschaulichen Wahrheit fordern vom Menschen verbindliche Anerkennung und Befolgung ein (Kästner 1998a, 414 f.).

Das *Gewissen* ist eine ethische Kategorie. Es kann, muss aber nicht religiös motiviert sein. Nach Auffassung des abendländischen Kulturkreises ist es eine dem Menschen innewohnende innere Instanz, die ihm sagt, wie er sich in einer bestimmten Situation richtig zu verhalten habe. Das Gewissen sagt nicht, wie eine Gegebenheit von höherer Warte zu verstehen sei – dies tun die metaphysischen Gedankensysteme der Religionen und Weltanschauungen –, sondern was in einer Grenzsituation zu tun oder zu unterlassen sei (Herzog 1988a, 48 f., Rdnr. 124 f.).

Eine Gewissensentscheidung ist folglich eine ernste, an den Kategorien von „gut" und „böse" orientierte Entscheidung. Diese Entscheidung der inneren Stimme muss der Einzelne als für sich bindend und unbedingt innerlich verpflichtend erfahren. Sie muss weiterhin so gravierend sein, dass ein Nichtbefolgen des Gewissensspruchs die sittliche Persönlichkeit des Betroffenen zerbrechen kann. Das Grundgesetz erlaubt die Verweigerung des Kriegsdienstes mit der Waffe aus Gewissensgründen. Die verfassungsrechtliche Problematik des Gewissensbegriffes besteht allerdings in der Schwierigkeit, ernsthafte Gewissensentscheidungen zu ermitteln.

Ihrem Entstehungsgehalt zufolge gewährleistet die Glaubens- und Bekenntnisfreiheit nicht das Fürwahrhalten jedes beliebigen Meinungsinhaltes, sondern nur den Glauben in jenem engeren Sinn, der auf eine Gottesvorstellung oder auf ethische oder metaphysische Vorstellungen von einer gewissen Geschlossenheit ausgerichtet ist. Hinsichtlich der Weltanschauungen sind damit Gedankensysteme geschützt, die wie etwa der Marxismus zwar keinen Gottesbegriff kennen, aber dennoch eine wertende Stellungnahme zum Ganzen der Welt und zur Stellung des Menschen darin bieten und ohne transzendenten Bezug eine Antwort auf die letzten Fragen nach Ursprung, Sinn und Ziel der Welt zu geben versuchen.

Der Inhalt der Begriffe „Glauben" und „Bekennen" ist durch das Aufkommen esoterischer Strömungen sowie destruktiver Kulte allerdings problematisch geworden. Gleichwohl steht es dem Staat nicht zu, durch wertende Definitionen den Schutzbereich der Religionsfreiheit auf etablierte Konfessionen und Weltanschauungen einzuengen. Zur Anerkennung einer Religionsgemeinschaft genügt es, wenn ein hinreichend geschlossenes Gedankengebäude über die Welt als Ganzes und ein Minimum an personellem Zusammenhalt durch eine Organisation vorhanden sind.

Die *Glaubensfreiheit* bildet den Kern der Religionsfreiheit. Sie schützt die Freiheit, einen Glauben zu haben oder auch keinen zu haben. Da das Glauben sich im Inneren des Menschen abspielt, erfasst die Glaubensfreiheit nur das „forum internum". Eingeschlossen in die Glaubensfreiheit ist die Freiheit der Glaubenswahl mit den Vorstadien der Meinungsbildung, der Informationsbemühungen und der suchenden Zuwendung zu einer Glaubensgemeinschaft. Zur Glaubensfreiheit gehört auch das Recht, den Glauben zu wechseln oder aufzugeben. Dem Staat ist jede Einflussnahme auf die Bildung und die Änderung von Glaubensüberzeugungen verboten.

Die *Bekenntnisfreiheit* umfasst das Recht, auszusprechen und nach außen zu tragen, was man glaubt oder nicht. Sie schließt aber auch das Recht ein, hierüber zu schweigen. Die Bekenntnisfreiheit umfasst weiterhin die Verwirklichung der Religion in der praktischen Lebensführung. Der Einzelne darf sein gesamtes Verhalten an den Lehren seines Glaubens ausrichten und seiner Glaubensüberzeugung gemäß handeln. Die Bekenntnisfreiheit ist mithin auf die soziale Umwelt, auf das „forum externum" gerichtet.

Das bekenntnishafte Leben und Handeln kann sich in vielfältiger Weise äußern: So in der religiösen Erziehung der Kinder, in der Führung der Ehe, im Tragen bestimmter Kleider, einer Haar- oder Barttracht. Zur Bekenntnisfreiheit gehört auch das Recht der Werbung für den eigenen Glauben und der Abwerbung von fremdem Glauben, also die Freiheit der Mission und der Propaganda für religions- und weltanschauungsbezogene Ansichten.

Die *ungestörte Religionsausübung* hängt eng mit der Bekenntnisfreiheit zusammen. Sie gewährleistet die Durchführung der Kulthandlungen und Gebräuche, die zum Selbstverständnis der jeweiligen Religions- oder Weltanschauungsgemeinschaft gehören. Dazu gehören Gottesdienste, Prozessionen, Beerdigungszeremonien, Fahnenzeigen, Glockengeläut, Gebete, aber auch Speise- und Bekleidungsvorschriften.

Die Religionsfreiheit wird abgerundet durch die *religiöse Vereinigungsfreiheit.* Diese Freiheit führt das Grundgesetz jedoch nicht in Artikel 4, sondern in Artikel 140 in Verbindung mit Artikel 137 WRV auf.

[Artikel 140 GG] / Artikel 137 WRV:
(1) [...]
(2) Die Freiheit der **Vereinigung zu Religionsgesellschaften** wird gewährleistet. Der Zusammenschluss von Religionsgesellschaften innerhalb des Reichsgebiets unterliegt keinen Beschränkungen.
(3) Jede Religionsgesellschaft ordnet und **verwaltet ihre Angelegenheiten selbstständig** innerhalb der Schranken des für alle geltenden Gesetzes. Sie verleiht ihre Ämter ohne Mitwirkung des Staates oder der bürgerlichen Gemeinde.
(4) [...] (5) [...] (6) [...] (7) [...] (8) [...]

Die religiöse Vereinigungsfreiheit gewährleistet das Recht, sich zum Zweck gemeinsamer Betätigung der religiösen oder weltanschaulichen Überzeugung zu einer Gemeinschaft zusammenzuschließen. Die Gemeinschaft hat das Recht der Selbstbestimmung über ihre inneren Angelegenheiten. Darunter fallen Lehre, Kultus, Seelsorge, Ausbildung und Dienstrecht der Beschäftigten sowie Beitragserhebung und Mittelverwaltung (Campenhausen 1989, 395 ff.).

Das Recht, seine Lebensführung an religiösen oder weltanschaulichen Grundsätzen auszurichten, bedeutet keinen Freibrief für Verstöße gegen die Rechtsordnung. Die Berufung auf die Glaubensüberzeugung entbindet grundsätzlich nicht von der Befolgung gesetzlicher Pflichten. Dies stellt Artikel 140 GG in Verbindung mit Artikel 136 Abs. 1 WRV sicher.

> [Artikel 140 GG] / Artikel 136 WRV:
> (1) Die **bürgerlichen und staatsbürgerlichen Rechte und Pflichten** werden durch die Ausübung der Religionsfreiheit weder bedingt noch beschränkt.
> (2) [...] (3) [...] (4) [...]

Das Grundgesetz gewährleistet nicht nur die positive Religionsfreiheit. Es anerkennt auch die *negative Religionsfreiheit.* Weltanschauliche Gleichgültigkeit oder religiöse Indifferenz sind nämlich genauso erlaubt wie hohes Engagement für eine bestimmte Überzeugung. Jeder hat das Recht zur religiös-weltanschaulichen Abstinenz. Die negative Religionsfreiheit ist am deutlichsten in Artikel 140 GG in Verbindung mit Artikel 136 Abs. 4 WRV ausgedrückt. Sie ist aber bereits in Artikel 4 GG enthalten. Denn die Freiheit des Glaubens impliziert auch die Freiheit des Nichtglaubens.

> [Artikel 140 GG] / Artikel 136 WRV:
> (1) [...] (2) [...] (3) [...]
> (4) Niemand darf zu einer **kirchlichen Handlung** oder **Feierlichkeit** oder zur Teilnahme an **religiösen Übungen** oder zur Benutzung einer **religiösen Eidesform** gezwungen werden.

Negative und positive Religionsfreiheit stehen dann in einer Spannung zueinander, wenn aus der negativen Freiheit das Recht abgeleitet wird, die positive religiöse Betätigung anderer zu unterbinden. Das ist der Fall, wenn verlangt wird, vor der Begegnung mit religiösen Handlungen oder Symbolen im öffentlichen Raum geschützt zu werden. Dieses Verlangen geht weit über das Recht hinaus, kultischen Handlungen eines nicht geteilten Glaubens fernzubleiben.

Eine Dominanz der negativen Religionsfreiheit ist im sogenannten *Kruzifix-Urteil* des Bundesverfassungsgerichts aus dem Jahr 1995 gesehen worden. Das Gericht bezeichnete die Anbringung eines Kreuzes in staatlichen Schulräumen als Verstoß gegen die negative Religionsfreiheit. Denn dies setze einen Schüler nichtchristlicher Orientierung dem Einfluss eines bestimmten Glaubens und den Symbolen, in denen dieser sich darstelle, aus. Das Kreuz habe appellativen Charakter und beeinflusse die in ihren Ansichten noch nicht gefestigten Schüler. Hänge ein Kruzifix an der Wand des Klassenzimmers, so habe der einzelne Schüler keine Ausweichmöglichkeit. Er könne sich dem

Anblick dieses zentralen christlichen Symbols nicht entziehen. Die Klassengemeinschaft sei zwar in ihrer Mehrheit christlich, die Spannung zwischen positiver und negativer Religionsfreiheit könne jedoch nicht nach dem Mehrheitsprinzip gelöst werden, denn das Grundrecht der Glaubensfreiheit bezwecke in besonderem Maße den Schutz von Minderheiten.

Die Kritik an diesem Urteil war vehement: Es könne nicht angehen, dass eine Minderheit oder ein Einzelner unter allen Umständen der Mehrheit vorschreiben dürfe, was diese zu tun oder zu lassen habe. Die Mehrheit dürfe an der positiven Ausübung ihrer Religionsfreiheit nicht von Einzelnen gehindert werden. Der Beschluss stehe auch in Spannung zur betreffenden Landesverfassung, die vorsehe, dass die Schüler gemäß den Grundsätzen der christlichen Bekenntnisse zu unterrichten und zu erziehen seien (Schulte zu Sodingen 2000, 575 ff.).

Generell sei zu sagen, dass niemand vor Situationen bewahrt werden könne, in welchen er Ausdrucksformen abweichender religiöser oder weltanschaulicher Ansichten zur Kenntnis zu nehmen habe und dadurch gegebenenfalls die eigene Auffassung in Frage stellen lassen müsse. Die Vielfalt individueller Überzeugungen führe in einer pluralistischen Gesellschaft unausweichlich zur Konfrontation mit Meinungen, Einflüssen und Verhaltensweisen, welche mit den eigenen religiösen oder weltanschaulichen Wertungen nicht in Übereinstimmung stünden (Kästner 1998 b, 980 f.).

Das Problem des religiös-weltanschaulichen Fundamentalismus

Das Grundgesetz gewährt mit der Religionsfreiheit das Recht auf eine feste Überzeugung. Vom Einzelnen kann nicht verlangt werden, die Überzeugung von der Richtigkeit seiner Anschauungen mit Rücksicht auf die Bedenken seiner Umwelt aufzugeben, einzuschränken oder zu relativieren (Püttner 1977, 24).

Gegen einen *Fundamentalismus*, der lediglich darin besteht, eine Wahrheit zu haben, diese ernst zu nehmen und aus ihr zu leben, lässt sich vernünftigerweise nichts sagen. Er steht auf keinen Fall im Widerspruch zum Grundgesetz. Artikel 4 GG schützt geradezu diesen Fundamentalismus.

Für ihn kann angeführt werden, dass eine geglückte Lebensführung einer tragenden Idee, eines Fundamentes bedarf. Dieses Fundament bietet Selbstsicherheit und verleiht Orientierungssicherheit in der unerschöpflichen Fülle der Möglichkeiten und Kontingenzen des Lebens. Um diese Funktion zu erfüllen, darf dieses Fundament jedoch nicht als Produkt individueller Willkür gelten. Es muss als wahr und damit als objektiv verpflichtend gedacht werden. Religionen und Weltanschauungen erfüllen diese Bedingung.

Der religiöse oder weltanschauliche Wahrheitsbesitz hat allerdings Konsequenzen. Er schützt zwar vor Opportunismus, kennt aber auch keinen Kompromiss. Er vermittelt Orientierungssicherheit, zwingt aber zur Befangenheit gegenüber abweichenden Auffassungen. Wahrheitsgewissheit beinhaltet die Absage an jede Form von Relativierung und Kompromiss und unterwirft sich keinen Mehrheitsentscheidungen.

In einer Welt vieler religiöser und weltanschaulicher Wahrheiten kann es durchaus ein friedliches Nebeneinander unterschiedlicher Wahrheitsansprüche geben. Dies ist allerdings dann in Frage gestellt, wenn die Wahrheitsansprüche *universalistisch* sind. In einem universalistischen Wahrheitsverständnis wird die Gültigkeit der Wahrheit stets für alle mitgedacht. Es kommt mithin zu einer Bekehrung des Fremden, Ungläubigen. Wird der Wahrheit dann noch die entscheidende Bedeutung für das Heil des Lebens zugeschrieben, dann entwickelt sie zwangsläufig einen Ausschließlichkeitsanspruch, und es geht aus ihr ein Missionswille hervor. Denn ihr gilt die Welt so lange nicht in Ordnung, wie die Wahrheit nicht überall öffentlich herrscht. Diese Logik der Wahrheit gilt unabhängig von ihren Inhalten. Ihr unterliegen alle großen universalistischen Wahrheiten, seien es die des Christentums und der Aufklärung, seien es die der Demokratie und des Kommunismus.

Der freiheitliche Staat verbietet nicht die Frage nach der Wahrheit. Die Menschen können um ihrer Identität und Persönlichkeit willen an letzten Wahrheiten festhalten. Der Staat verlangt aber, dass die Träger konkurrierender universalistischer Wahrheitsansprüche auf die gewaltsame Durchsetzung ihrer Wahrheit verzichten und zum friedlichen Zusammenleben mit anderen Wahrheiten bereit sind (Depenheuer 1999, 12 ff.).

Unvereinbar mit dem freiheitlichen Staat ist der *integralistische* oder *imperialistische Fundamentalismus*. Ein solcher Fundamentalismus verabsolutiert die von ihm vertretene universalistische Wahrheit. Soweit er religiös motiviert ist, unterwirft er alles der Religion. Er strebt nach einer Hierokratie, d.h. nach einer Gottesherrschaft, aus der eine Priesterherrschaft erwächst. Soweit er politisch motiviert ist, unterwirft er alles der von ihm vertretenen politischen Sendung. Er begründet eine Ideokratie, d.h. eine Herrschaft der politischen Idee, repräsentiert durch die Herrschaft der Aufgeklärten.

Der integralistische Fundamentalismus schaltet alle konkurrierenden Auffassungen aus und unterdrückt alle andersartigen kulturellen Traditionen. Er negiert nicht nur die individuelle Entfaltungsfreiheit, sondern hebt auch die Autonomie der Gesellschaft auf. Er beseitigt die Offenheit und Relativität des freiheitlich verfassten Staates. Wenn etwa eine religiös motivierte politische Gruppierung die Aufhebung des gesellschaftlichen Pluralismus zum politischen Programm erhöbe und die Errichtung eines religiösen Staates auf ihre Fahnen schriebe, dann entspräche es dem Gebot der Selbstbehauptung des freiheitlichen Staates, diese Gruppierung zu bekämpfen (Depenheuer 1999, 29 ff.).

Der freiheitliche Staat besitzt in religiös-weltanschaulichen Angelegenheiten eine *Friedenssicherungspflicht*. Er gewährleistet auf der einen Seite ein hohes Maß an Toleranz im Sinne der Duldung aller Anschauungen, solange sie den inneren Bereich des Glaubens und Meinens nicht verlassen. Er beschneidet auf der anderen Seite fühlbar die Möglichkeiten religiöser und weltanschaulicher Gemeinschaften, in der Gesellschaft nach ihren Überzeugungen zu handeln, wenn dadurch die Rechte und Positionen unbeteiligter Personen sowie die Rechtsordnung berührt werden (Püttner 1977, 18, 27).

Ein integralistischer Fundamentalismus ist nicht vereinbar mit einer Reihe von Erwartungen, die ein freiheitliches Gemeinwesen an religiöse und weltanschauliche Gemeinschaften stellt. Er widerspricht zuvörderst der *Toleranz* als dem zentralen Gebot für das wechselseitige Verhältnis von Überzeugungsgemeinschaften. Tolerieren heißt generell, Andersartigkeit zu ertragen, hinzunehmen und zu erdulden. Toleranz in religiöser Hinsicht bedeutet, jedem Menschen das Recht zuzubilligen, nach seiner Façon zu glauben und gemäß diesem Glauben zu leben. Jeder hat das Recht, seine eigene Lebensform zu wählen. Er muss andererseits aber auch die Lebensform des anderen akzeptieren und sie ihm ungestört lassen, selbst wenn er sie zutiefst missbilligt. Das religiöse und weltanschauliche Leben muss mithin unter dem Grundsatz der Gegenseitigkeit, der *Reziprozität*, stehen.

Verfassungsloyalität ist die zweite Erwartung des freiheitlichen Staates an die Religions- und Weltanschauungsgemeinschaften. Die Ausübung der Religionsfreiheit darf nicht die Einheit des Gemeinwesens in Gefahr bringen. Die Gemeinschaften müssen die Grundlagen der staatlichen Ordnung, der sie ihren Schutz verdanken, respektieren. Das bedeutet vor allem, die Säkularität des Staates zu achten.

Eine dritte Erwartung ist die *Friedenspflicht*. Alle religiösen und weltanschaulichen Gruppen sind strikt verpflichtet, das staatliche Gewaltmonopol zu beachten. Es ist weder zu dulden, dass sie Gewalt gegen staatliche Organe anwenden, noch zu akzeptieren, dass sie in irgendeiner Form Gewalt oder Terror gegen andere Überzeugungsgemeinschaften oder gar die gesamte Gesellschaft ausüben (Loschelder 1986, 159 f.; Loschelder 2007, 153 ff.).

Toleranz gegenüber abweichenden Überzeugungen und Verhaltensweisen

Das Grundgesetz äußert sich nicht über Toleranz. Das Begriffswort taucht weder direkt noch in Umschreibungen auf. Doch ergibt sich der Wert der Toleranz gegenüber divergierenden Auffassungen aus dem Gesamtsinn des Grundgesetzes sowie aus der Interpretation einzelner Grundrechte. Denn das Grundgesetz bekennt sich zur Gleichheit aller und zum Diskriminierungsverbot, zur Glaubens- und Gewissensfreiheit, zur Freiheit der Meinung und der Kunst, zur Versammlungsfreiheit und zur Freiheit, Vereinigungen zu bilden. Damit macht es auch Aussagen zur Toleranz. Denn mit den erwähnten Grundrechten anerkennt es politische Meinungsunterschiede, Pluralität von Religionen und Weltanschauungen und kulturelle Vielfalt als legitim (Limbach 2005, 1227).

Das Bundesverfassungsgericht hat sich deutlich zur Toleranz als einem tragenden Prinzip der freiheitlichen Demokratie bekannt: „Das Grundgesetz hat also bewusst den Versuch einer Synthese zwischen dem Prinzip der Toleranz gegenüber allen politischen Auffassungen und dem Bekenntnis zu gewissen unantastbaren Grundwerten der

Staatsordnung unternommen. [...] Die freiheitliche Demokratie verwirft es, wenn für Ziele im praktisch-politischen Leben der Absolutheitsanspruch erhoben wird, weil daraus unvermeidlich politische Intoleranz folgt. [...] Die freiheitliche Demokratie dagegen muss sich ihrem Wesen nach zu der Auffassung bekennen, dass es im Bereich der politischen Grundanschauungen eine beweisbare und unwiderlegbare Richtigkeit nicht gibt [...]. Nur unter dieser Voraussetzung kann das Mehrparteienprinzip als Verfassungsgrundsatz für die Dauer gesichert und das Mindestmaß an politischer Toleranz gewährleistet werden, das jeder Partei die Pflicht auferlegt, wenigstens die Möglichkeit anzuerkennen, dass auch Ziele und Verhalten anderer Parteien gleichwertig und richtig sein können. Gegenüber dem Anspruch einer Partei, die ausschließlich richtigen politischen Ziele zu erstreben oder das ausschließlich richtige politische Verhalten zu zeigen, muss dagegen die freiheitliche demokratische Grundordnung ihrerseits intolerant sein" (BVerfGE 5, 85 (139, 206, 224)).

Die Zuständigkeit des Staates für Toleranz zeigt sich insbesondere im Erziehungsbereich. Der Staat hat die Pflicht, für gegenseitige Toleranz der Bürger zu sorgen. Es gibt eine Art verfassungsrechtliche Vorsorgeaufgabe für ein toleranzfreundliches Klima. Ein Mittel dieser Toleranzvorsorge ist die schulische Erziehung. In Artikel 7 Abs. 1 GG ist der staatliche Erziehungsauftrag implizit enthalten. Zu diesem Auftrag gehört es, Schüler zu gegenseitiger Toleranz anzuhalten. Aufgrund mangelnder Kompetenz des Bundes schlägt hier allerdings die große Stunde der Landesverfassungen. Viele von ihnen führen schulische Erziehungsziele auf. Einen wichtigen Platz nimmt dabei die Erziehung zur Toleranz und zum „Geist der Duldsamkeit" ein (Winkler 1998, 64 ff.).

Soweit es um das rechtliche Verhältnis des freiheitlichen Staates zu religiösen und weltanschaulichen Inhalten geht, ist es allerdings unzutreffend, von Toleranz zu sprechen. Der säkulare Staat hat in Glaubensfragen keinen eigenen Standpunkt. Er ist zur Bestimmung und Bewertung religiöser Gehalte weitgehend inkompetent. Weil der Staat keine spezifisch religiös-weltanschauliche Position vertritt, entfällt für ihn die Möglichkeit, Toleranz zu praktizieren. Was von ihm hingegen erwartet werden kann, ist Neutralität.

Die Frage nach der staatlichen Toleranz wird erst dann aktiviert, wenn Verhaltensweisen und Praktiken von Überzeugungsgemeinschaften zu beurteilen sind, die in Spannung zum herkömmlichen Recht stehen.

So ordnete das Bundesverfassungsgericht in einer Entscheidung aus dem Jahr 1971 die Glaubensfreiheit dem Gebot der Toleranz zu. Weil der Staat „die ernste Glaubensüberzeugung in weitesten Grenzen zu respektieren" habe, müsse es zu einem Zurückweichen des Strafrechts jedenfalls dann kommen, „wenn der konkrete Konflikt zwischen einer nach allgemeinen Anschauungen bestehenden Rechtspflicht und einem Glaubensgebot den Täter in eine seelische Bedrängnis bringt, der gegenüber die kriminelle Bestrafung, die ihn zum Rechtsbrecher stempelt, sich als eine übermäßige und daher seine Menschenwürde verletzende soziale Reaktion darstellen würde" (BVerfGE 32, 98 (108 f.)).

Das Grundgesetz ist eine Verfassung, die sich in erheblichem Maße tolerant gegenüber kulturellen Differenzen verhält. Diese Toleranz bezog sich ursprünglich nicht auf *interkulturelle Konflikte*, wie sie in der multireligiösen Gegenwart vorherrschend sind. Denn solche Konflikte gab es 1949 gar nicht. Die Toleranz bezog sich auf *intrakulturelle Konflikte* zwischen den christlichen Konfessionen sowie den noch stark weltanschaulich geprägten Parteien. Dennoch ist das Toleranzkonzept des Grundgesetzes generell und abstrakt. Es gilt deswegen auch für den ausgeweiteten, durch Migration ausgelösten Konfliktrahmen (Grimm 2001, 120).

Insbesondere die nichtchristlichen Religionen werfen jedoch die Toleranzfrage in aller Schärfe auf: Wieviel kulturelle Divergenz kann ein Gemeinwesen ertragen? Wieviel Konvergenz oder, negativer formuliert: Assimilation, muss es verlangen (Walter 2004, 78)?

Die Lebensformen nichtchristlicher Herkunft und Prägung fallen der Mehrheitsgesellschaft jedenfalls in irritierender Weise auf. Der Grund hierfür liegt darin, dass das Christentum mit seinen Vorstellungen und Traditionen die kulturellen Überlieferungen der einheimischen Gesellschaft in maßgeblicher Weise geprägt hat. Trotz der weitgehenden Entchristianisierung des alltäglichen Lebens bestimmt das Christentum damit untergründig die Normen, welche die Gesellschaft als zu ihrer Identität zugehörig empfindet. Daher gibt es Unverständnis gegenüber religiösen Manifestationen außereuropäischer Religionen, insbesondere des Islams. Beispiele solcher Manifestationen sind das Tragen des Kopftuches, das Schächten von Tieren und der Gebetsruf des Muezzins (Hofmann 2003, 381).

Die Religionsfreiheit rechtfertigt nicht, jede kulturelle Praxis zu tolerieren. Mit guten Gründen können alle religiösen und weltanschaulichen Gruppen dazu angehalten werden, die sittlichen Grundwerte der Gesellschaft zu respektieren, in der sie sich aufhalten. Es ist einzuräumen, dass der Bestand der fraglos anerkannten Werte und Grundüberzeugungen sich zunehmend reduziert hat. Möglicherweise lässt sich aber negativ bestimmen, welche Praktiken mit den sittlichen Vorstellungen der einheimischen Gesellschaft auf keinen Fall vereinbar sind, selbst wenn sie religiöse oder kulturelle Gründe haben. Zu diesen Praktiken dürften die Ungleichheit der Geschlechter, die Zwangsverheiratung von Töchtern, entehrende Strafen, rituelle Verstümmelungen, Tempelprostitution, Witwenverbrennung und Ehrenmorde gehören (Walter 2004, 98 f.; Loschelder 2007, 154).

Grundsätzlich steht das Gemeinwesen vor der Frage, ob und wie weit die Angehörigen fremder Kulturkreise hier nach ihren Überzeugungen und Gewohnheiten leben dürfen und ob und wie weit sie sich an die einheimische Kultur anpassen müssen. Diese Frage enthält beträchtlichen Konfliktstoff.

Denn es gibt zwei prinzipiell entgegengesetzte Antworten. Am einen Ende steht der *Assimilationszwang*. Das bedeutet, dass derjenige, der hier auf längere Dauer leben möchte, sich anpassen muss. Hinter dieser Option verbirgt sich die Furcht, anderenfalls kulturell überfremdet und der eigenen Identität beraubt zu werden. Am anderen Ende steht die *Kulturfreiheit*. Das bedeutet, dass die Angehörigen fremder Kulturkreise ihre eingewurzelten Lebensformen einschränkungslos beibehalten dürfen. Hinter dieser Option verbirgt sich das Argument, fremde Identitäten dürften kulturimperialistisch nicht unterdrückt werden. Es sei unzumutbar, Zugewanderten Wertvorstellungen und Verhaltensweisen aufzuzwingen, die sie freiwillig nicht akzeptieren würden (Grimm 2002b, 135 f.).

Das Toleranzgebot des Grundgesetzes verbietet die Assimilationsoption. Unter der Garantie von Artikel 4 GG sind die unterschiedlichen religiösen Überzeugungen gleichberechtigt. Das bedeutet nichts anderes als die prinzipielle Anerkennung ihrer Besonderheit. Religiös begründete kulturelle Andersartigkeit muss folglich im Grundsatz ertragen werden. Wer als Angehöriger einer fremden Religion in Deutschland lebt, kann sich daneben auch noch auf die anderen Toleranz begründenden Grundrechte berufen. Er kann mithin nicht ohne weiteres zur Preisgabe seiner Überzeugungen und Gewohnheiten gezwungen werden. Umgekehrt darf er aber auch nicht der einheimischen Bevölkerung seine kulturellen Eigenheiten aufnötigen. Und er darf auch nicht ohne jede Rücksicht auf die Überzeugungen und Gewohnheiten der einheimischen Bevölkerung hier leben. Denn auch den Einheimischen stehen die Grundrechte zu (Grimm 2001, 120 f.).

Von großem Gewicht für die Umsetzung des Toleranzgebotes ist das folgende Problem: Lässt die Verfassung bei einem Konflikt zwischen den kulturell, meist religiös motivierten Verhaltensanforderungen von Angehörigen fremder Kulturen auf der einen und der deutschen Rechtsordnung auf der anderen Seite Ausnahmen zu oder verbietet sie Ausnahmen?

Eine Fülle von Beispielen kann diese Spannung zwischen dem hiesigen Recht und den religiösen Geboten Kulturfremder veranschaulichen: Darf ein Arbeiter entlassen werden, weil er während der Arbeitszeit die vorgeschriebenen Gebete verrichtet oder an einem religiösen Feiertag der Arbeit fernbleibt? Muss einem hier ansässigen Kulturfremden die Polygamie gestattet werden, wenn sie in seinem Kulturkreis zulässig ist? Muss ein Motorrad fahrender Sikh einen Helm tragen, obwohl ihn seine Religion verpflichtet, einen Turban zu tragen? Muss jüdischen Kaufleuten die Geschäftsöffnung am Sonntag erlaubt werden, weil sie am Samstag aus religiösen Gründen keine Verkäufe tätigen dürfen? Können Zuwanderer verlangen, Verstorbene ohne Rücksicht auf die einheimische Friedhofsordnung nach den Vorschriften ihrer Religion zu bestatten? Muss in deutschen Städten der mit Lautsprecher übertragene Ruf des Muezzins genauso zugelassen werden wie das Glockengeläut der christlichen Kirchen (Grimm 2001, 123; Grimm 2002b, 136 f.)?

Eine Antwort könnte lauten, der Religionsbetätigung allen Spannungen zur Rechtsordnung zum Trotz einen möglichst großen Freiraum zuzubilligen. Für diese Position spricht, dass Eingriffe in die Religions- und Gewissensfreiheit nur gerechtfertigt werden können, wenn gleichrangige Verfassungsgüter berührt sind und unter dem Gesichtspunkt der Einheit der Verfassung ein Ausgleich hergestellt werden muss. So kann die Religionsfreiheit eingeschränkt werden, wenn ihre unbegrenzte Ausübung die Grundrechte anderer beeinträchtigt. Die Religionsfreiheit ist aber ganz bewusst nicht in das Belieben des gesetzgeberischen Gestaltungswillens gestellt. Das bedeutet, dass gesetzliche Verbote, die eine bestimmte religiös motivierte Handlung unmöglich machen, einen unzulässigen Eingriff in die Religionsfreiheit darstellen. Dasselbe gilt für gesetzliche Pflichten, die mit bestimmten Vorstellungen einer religiösen Lebensführung kollidieren (Heinig/Morlok 2003, 781).

Eine andere Lösung differenziert Wünsche kulturfremder Religionen auf Sonderstellung danach, wie sich ihre Berücksichtigung auswirkt auf die Rechtstellung der Mitglieder der betreffenden Religionsgemeinschaft wie auch auf die einheimische Gesellschaft. Die im Namen der Religionsfreiheit vorgetragenen Begehren auf Sonderstellung lassen sich in vier Gruppen einteilen.

Zunächst gibt es die Erwartung auf Dispens von allgemein geltenden Rechtsnormen, weil diese Normen etwas verbieten, was die betreffende Religion oder Kultur fordert. Es geht also um eine Erweiterung des Freiheitsraumes zugunsten der Religionsgemeinschaft.

Hier kann großzügig mit Ausnahmen verfahren werden. Nur weil sich die einheimische Bevölkerung durch die Fremdartigkeit des religiös-kulturellen Verhaltens irritiert zeigt, sollten Kulturfremde nicht an der Erfüllung religiöser Pflichten gehindert werden dürfen. Lediglich wenn Dritte betroffen sind, muss abgewogen werden zwischen der Betroffenheit auf der einen und der Religionsbeeinträchtigung auf der anderen Seite.

Zweitens gibt es den Wunsch auf Dispens von allgemein geltenden Rechtsnormen, weil diese Normen etwas erlauben, was die betreffende Religion oder Kultur ihren Mitgliedern untersagt. Es geht mithin um eine Verengung des Freiheitsrahmens und manchmal auch des Gleichheitsanspruches der Religionsangehörigen.

Hier sollte äußerst restriktiv mit Ausnahmen verfahren werden. Jede Begrenzung der allgemeinen Freiheitssphäre und jeder Verstoß gegen die Gleichheitsverbürgung im Namen der kulturellen Identität einer Religionsgemeinschaft kann nicht nur für einzelne Mitglieder dieser Gemeinschaft eine Einschränkung ihrer Freiheit und Gleichheit bedeuten, sondern stellt auch die Identität des Staates in Frage. Es kann nicht sein, dass im selben Rechtsraum die individuelle Freiheit und die rechtliche Gleichheit nicht für alle gleichmäßig gelten.

Drittens werden Ansprüche auf staatliche Leistungen gestellt, damit religiöse Gebote erfüllt oder kulturelle Gewohnheiten beibehalten werden können. Dabei wird etwas gefordert, was einheimischen Religionen oder Kulturen ebenfalls gewährt wird. Die Forderung beruht mithin auf dem traditionellen Gleichbehandlungspostulat.
Die Gewährung solcher Ansprüche ist im Prinzip unproblematisch.

Schließlich werden aus den gleichen Gründen Ansprüche auf staatliche Leistungen gestellt, die Einheimischen nicht zugutekommen. Es geht um besondere Vergünstigungen im Sinne einer Kompensation für geltend gemachte Benachteiligungen. Dahinter steht die Erwartung, dass Ungleiches ungleich behandelt werden muss.

Hier sind die Bedeutung der zu unterstützenden religiösen Handlung für die Betroffenen und der Aufwand für die Leistungserbringung durch den Staat ins Verhältnis zu setzen (Grimm 2002b, 145 ff.).

4.4 Wirtschaftliche Handlungsfreiheit

Das Grundgesetz schweigt weitgehend zur Ordnung der Wirtschaft. Darin unterscheidet es sich von der Weimarer Reichsverfassung, aber auch von vielen ausländischen Verfassungen. Dennoch muss sich eine Verfassung wenigstens umrisshaft zu Fragen der wirtschaftlichen Ordnung äußern. Denn es stellen sich notwendig zwei verfassungsrelevante Fragen, nämlich die nach der Eigentumsordnung und die nach der Zuständigkeit für die Planung und Koordination wirtschaftlicher Aktivitäten. In beiden Fällen kann eine Verfassung dem Individuum eine starke, aber auch eine schwache Stellung zusprechen. Da im Grundgesetz die grundrechtlichen Freiheitsverbürgungen eine große Rolle spielen, erstaunt es nicht, dass die Freiheit des Individuums auch den Bereich der Wirtschaft prägt.

Welche wirtschaftsverfassungsrechtlichen Aussagen macht das Grundgesetz? In welchem Ausmaß wird dem Einzelnen wirtschaftliche Handlungsfreiheit gewährleistet? Lassen sich dem Grundgesetz Anhaltspunkte für die Wirtschaftsordnung entnehmen?

Elemente der wirtschaftlichen Handlungsfreiheit

Das Grundgesetz ist in wirtschaftlichen Angelegenheiten sehr freiheitsfreundlich. Es setzt darauf, dass die wesentlichen wirtschaftlichen Entscheidungen nicht zentral vom Staat, sondern dezentral von den einzelnen Wirtschaftssubjekten getroffen werden. Repräsentativ für diese verfassungspolitische Entscheidung ist das Recht der *allgemeinen Wirtschaftsfreiheit*, das autonomes Wirtschaften und autonomes Verfügen über Wirtschaftsgüter gewährleistet. Dieses Recht ist Bestandteil der in Artikel 2 Abs. 1 GG gewährleisteten allgemeinen Handlungsfreiheit, die aus dem Recht auf freie Entfaltung der Persönlichkeit abgeleitet ist.

Die allgemeine Wirtschaftsfreiheit setzt sich aus mehreren Komponenten zusammen, nämlich aus Unternehmerfreiheit, Vertragsfreiheit und Wettbewerbsfreiheit.

Die *Unternehmerfreiheit* umfasst die Freiheit, ein Unternehmen zu gründen und zu führen sowie die freie Disposition über die Art und Weise, in der auf den Unternehmenserfolg hingearbeitet werden soll. Sie umfasst weiterhin die Freiheit, über den Einsatz von Betriebs- und Investitionsmitteln zu entscheiden. Sie verlangt, dass den Unternehmen auf jeden Fall ein angemessener Spielraum zur Entfaltung der Unternehmerinitiative verbleiben muss (Di Fabio 2001, 134, Rdnr. 126).

Die *Vertragsfreiheit* umfasst das Recht, Verträge im Rahmen der zivilrechtlichen Ordnung frei zu schließen und aufzulösen. Die Vertragsfreiheit ist ein wesentliches Element der Privatautonomie. Privatautonomie in wirtschaftlichen Angelegenheiten bedeutet, dass der Einzelne als „homo oeconomicus" seine Rechtsverhältnisse nach seinem Willen selbst- und eigenverantwortlich gestalten können soll. Die Wirtschaftssubjekte sollen ohne staatliche Einmischung, Bevormundung oder Zwang untereinander bestimmen können, wie sie ihre jeweiligen Interessen aus ihrer Sicht angemessen ausgleichen wollen (Di Fabio 2001, 108 ff., Rdnr. 101).

Die *Wettbewerbsfreiheit* gewährleistet dem Unternehmer das Recht, seine unternehmerische Dispositionsfreiheit im Wettbewerb mit anderen ohne staatliche Behinderung und ohne staatlich bewirkte Wettbewerbsverzerrung wahrzunehmen (Papier 1995, 834).

Ein weiteres Element wirtschaftlicher Freiheit ist die *Berufsfreiheit*. Diese Freiheit gab es im Mittelalter nicht. Das Grundgesetz knüpft an entsprechende Gewährleistungen der Weimarer Reichsverfassung an. Diese Verfassung garantierte in Artikel 111 allen Deutschen das Recht, an jedem beliebigen Ort Grundstücke zu erwerben und jeden Nahrungszweig zu betreiben, und in Artikel 151 die Freiheit des Handels und Gewerbes.

Artikel 12 GG führt die Berufsfreiheit auf, die im Einzelnen die Berufswahlfreiheit, die Freiheit der Arbeitsplatzwahl und das Recht auf Wahl der Ausbildungsstätte umfasst. Auch die Berufsausübungsfreiheit ist gewährleistet. Sie kann aber gesetzlichen Regelungen unterworfen werden.

> Artikel 12 GG:
> (1) Alle Deutschen haben das Recht, **Beruf**, **Arbeitsplatz** und **Ausbildungsstätte** frei zu wählen. Die **Berufsausübung** kann durch Gesetz oder auf Grund eines Gesetzes geregelt werden.
> (2) [...] (3) [...]

Ein Beruf ist jede auf Dauer angelegte, wirtschaftlich sinnvolle und rechtlich erlaubte Tätigkeit. Er ist für den Einzelnen Lebensaufgabe und Lebensgrundlage. Er steht daher in einem engen Zusammenhang mit der Persönlichkeitsentfaltung.

Die Freiheit der *Berufswahl* soll den Berufszugang sichern. Gewährleistet sind alle gewerblichen und unternehmerischen Betätigungen. Der Einzelne ist frei in der Entscheidung, auf welchem Feld er sich beruflich betätigen will. Er ist ebenso frei, den Beruf zu wechseln oder die Berufstätigkeit zu beenden. Die Berufswahlfreiheit kann jedoch beschränkt werden. So wird bei bestimmten Berufen die Erfüllung subjektiver

Zulassungsvoraussetzungen verlangt, etwa bestandene Prüfungen, bisherige Straflosigkeit und die Einhaltung von Höchstaltersgrenzen. Es gibt auch objektive Zulassungsvoraussetzungen, die mit der Qualifikation des Einzelnen nichts zu tun haben. Da der Einzelne keinen Einfluss auf sie hat, sind sie nur anzuwenden, wenn es der Schutz besonders wichtiger Gemeinschaftsgüter zwingend erfordert. Solche Güter sind etwa die Volksgesundheit, die Erhaltung einer menschenwürdigen Umwelt und die Sicherung der Volksernährung.

Die Freiheit der *Wahl des Arbeitsplatzes* konkretisiert die Berufswahl. Sie bezieht sich auf die von staatlichen Behinderungen freie Wahl des Arbeitsplatzes, in der Regel also auch des Arbeitgebers. Sie schließt die Beibehaltung des Arbeitsplatzes wie auch den Arbeitsplatzwechsel ein. Nicht eingeschlossen in die Freiheit der Arbeitsplatzwahl ist allerdings ein Recht auf Arbeit. Es gibt keinen Anspruch auf Einstellung gegenüber einem privaten oder öffentlichen Arbeitgeber.

Die Freiheit der *Wahl der Ausbildungsstätte* schützt den Zugang zu Einrichtungen, deren Ausbildungsprogramm eine Person absolviert haben muss, um nach Ablegung von Prüfungen einen angestrebten Beruf ergreifen zu können. Dieses Recht wäre ohne die tatsächliche Möglichkeit, es in Anspruch zu nehmen, wertlos. Sofern es um Ausbildungseinrichtungen des Staates geht und der Staat zusätzlich ein Ausbildungsmonopol innehat, können sich rechtliche Ansprüche auf Zulassung ergeben. Dies ist etwa der Fall beim Hochschulstudium. Einschränkungen der Zulassung zum Studium aus Gründen der Berufslenkung sind nicht statthaft. Zulässig sind Beschränkungen nur, soweit ohne sie die Funktionsfähigkeit der Hochschulen ernsthaft gefährdet wäre.

Die *Berufsausübung* kann beschränkt werden, wenn es aus Gründen des Gemeinwohls als zweckmäßig erscheint. Beispiele für Regelungen der Berufsausübung sind Vorschriften über den Ladenschluss, Einschränkungen des Fernlastverkehrs an Wochenenden und das Gebot für Rechtsanwälte, vor Gericht die Amtstracht zu tragen (Seifert/Hömig 1999, 151 ff.).

Ausdruck der wirtschaftlichen Freiheit ist auch die *Tarifautonomie*. Sie ist zusammen mit der *Koalitionsfreiheit* in Artikel 9 Abs. 3 GG enthalten. Mit den Koalitionen sind Vereinigungen gemeint, welche die Interessen ihrer Mitglieder als Arbeitgeber sowie Arbeitnehmer im Hinblick auf die Gestaltung der Löhne und Arbeitsbedingungen vertreten. Es handelt sich also um Arbeitgebervereinigungen und Gewerkschaften.

Die Koalitionsfreiheit umschließt zum einen die Gründungs-, Beitritts-, Betätigungs- und Austrittsfreiheit des Einzelnen. Geschützt ist damit auch das völlige Fernbleiben von Koalitionen. Die Koalitionsfreiheit schützt zum anderen die Vereinigungen selbst mit ihrem Recht, im Sinne der Wahrung und Förderung der Arbeits- und Wirtschaftsbedingungen tätig zu werden. Wesentlicher Zweck der Koalitionen ist der Abschluss von Tarifverträgen. Deren Sinn ist der Ausgleich zwischen dem Interesse der Arbeitnehmer an günstigen Arbeitsbedingungen und hohen Löhnen und dem Interesse der Arbeitgeber an einer Minimierung der dadurch verursachten Belastungen.

Artikel 9 GG:
(1) [...] (2) [...]
(3) Das Recht, zur **Wahrung und Förderung der Arbeits- und Wirtschaftsbedingungen Vereinigungen** zu bilden, ist für jedermann und für alle Berufe gewährleistet. Abreden, die dieses Recht einschränken oder zu behindern suchen, sind nichtig, hierauf gerichtete Maßnahmen sind rechtswidrig. Maßnahmen nach den Artikeln 12a, 35 Abs. 2 und 3, Artikel 87a Abs. 4 und Artikel 91 dürfen sich nicht gegen **Arbeitskämpfe** richten, die zur Wahrung und Förderung der Arbeits- und Wirtschaftsbedingungen von Vereinigungen im Sinne des Satzes 1 geführt werden.

Die Tarifautonomie besteht im Recht der Koalitionen, ohne staatliche Einmischung die Lohn- und Arbeitsbedingungen in Tarifverträgen festzusetzen. Die Bedeutung der Tarifautonomie liegt also darin, dass nicht der Gesetzgeber oder die Regierung die Löhne bestimmt. Vielmehr wird den Koalitionen als privatrechtlichen Verbänden sektoral die Teilnahme an der politischen Entscheidungsgewalt eröffnet. Denn die Tarifverträge sind ein bedeutsames Instrument der gesamtwirtschaftlichen Datensetzung. Die Tarifautonomie ist mithin ein signifikantes Element einer privatautonomen Wirtschafts- und Sozialgestaltung sowie der Absage an eine zentralisierte Planung und Koordination der Wirtschaftsprozesse (Papier 1995, 831 f.).

Das Grundgesetz schützt auch Arbeitskampfmaßnahmen, die auf den Abschluss von Tarifverträgen gerichtet sind. Als legitim anerkannte Mittel von *Arbeitskämpfen* gelten der Streik und die auf Streikabwehr gerichtete Aussperrung. Wichtig ist, dass zwischen den Tarifpartnern Kampfparität herrscht. Ansonsten können die Löhne und Arbeitsbedingungen nicht gleichgewichtig ausgehandelt werden.

Die im Grundgesetz vorgesehenen Maßnahmen für den Verteidigungsfall, den Katastrophen- und Staatsnotstand dürfen sich nicht gezielt gegen Arbeitskämpfe richten. Von diesem Schutz sind politische Streiks jedoch nicht erfasst.

Die Bedeutung des Eigentumsrechts

Von kaum zu überschätzender Bedeutung für die Freiheitlichkeit der Wirtschaftsordnung, ja des Gemeinwesens insgesamt ist die Garantie des *Eigentums*. Artikel 14 GG schützt das Privateigentum und das damit eng verbundene *Erbrecht* als subjektive Rechte des einzelnen Eigentümers. Es garantiert darüber hinaus Eigentum und Erbrecht als eigenständige Rechtseinrichtungen. Diese „Institutsgarantie" verstärkt die Geltungskraft der beiden subjektiven Rechte.

Artikel 14 GG:
(1) Das **Eigentum** und das **Erbrecht** werden gewährleistet. Inhalt und Schranken werden durch die Gesetze bestimmt.
(2) Eigentum verpflichtet. Sein Gebrauch soll zugleich dem **Wohle der Allgemeinheit** dienen.
(3) Eine **Enteignung** ist nur zum Wohle der Allgemeinheit zulässig. Sie darf nur durch Gesetz oder auf Grund eines Gesetzes erfolgen, das Art und Ausmaß der **Entschädigung** regelt. Die Entschädigung ist unter gerechter Abwägung der Interessen der Allgemeinheit und der Beteiligten zu bestimmen. Wegen der Höhe der Entschädigung steht im Streitfalle der Rechtsweg vor den ordentlichen Gerichten offen.

Das Grundgesetz hängt keiner liberalistischen Eigentumsauffassung an. Denn es betont die *soziale Bindung* des Eigentums. Es verlangt vom Eigentumsinhaber die Berücksichtigung der Belange der Allgemeinheit. Das Eigentum berechtigt also nicht nur, sondern es verpflichtet auch.

Dabei bezieht sich die Sozialgebundenheit des Eigentums nicht mit gleicher Intensität auf alle Gegenstände. Gegenstände wie Kleidung, Möbel und Schmuck, die vorzugsweise zur Befriedigung persönlicher Bedürfnisse bestimmt sind, unterliegen dieser Bindung weit weniger als Gegenstände, deren Verwendung gleichzeitig die Rechte Dritter oder Gemeinschaftsbelange berührt. Hierunter fallen etwa Grundeigentum oder unternehmerisch genutztes Eigentum, d.h. Produktionsmittel. Der Gesetzgeber kann hier Inhalt und Grenzen des Eigentums bestimmen. Er kann beispielsweise das Mietrecht so gestalten, dass der Mieter vor plötzlichen Kündigungen oder Mieterhöhungen geschützt ist (Badura 1995, 343).

Aus der Sozialbindung kann im Einzelfall sogar die *Enteignung* folgen. Diese muss gegen Entschädigung zwar erduldet werden, über die Höhe der angebotenen Entschädigung kann aber vor Gericht gestritten werden. Die Enteignung ist ein zwangsweiser staatlicher Eingriff in das Eigentum. Die klassische Enteignung ist die Übereignung von Grund und Boden auf den Staat, weil dieser Flächen für gemeinnützige Infrastruktureinrichtungen benötigt.

Das Eigentumsverständnis des Grundgesetzes deckt sich weitgehend mit dem der Weimarer Reichsverfassung. Artikel 153 WRV gewährleistete das Eigentum und sprach gleichzeitig die Sozialbindung aus: „Eigentum verpflichtet. Sein Gebrauch soll zugleich Dienst sein für das allgemeine Beste." Artikel 154 WRV gewährleistete das Erbrecht und fügte auch hier die Sozialbindung an: „Der Anteil des Staates am Erbgut bestimmt sich nach den Gesetzen."

Vorbild der grundgesetzlichen Eigentumsauffassung ist die französische Erklärung der Menschen- und Bürgerrechte von 1789, deren Artikel 17 statuierte: „Da das Eigentum ein unverletzliches und heiliges Recht ist, kann es niemandem genommen werden, wenn es nicht die gesetzlich festgelegte, öffentliche Notwendigkeit augenscheinlich erfordert und unter der Bedingung einer gerechten und vorherigen Entschädigung."

Dass mit dem Eigentumsrecht dem Staat ein Menschenrecht vorgegeben ist, ist auch Auffassung des Bundesverfassungsgerichts bei der Bewertung des grundgesetzlichen Eigentumsrechts. Es spricht explizit von der „primären Bedeutung der Eigentumsgarantie als Menschenrecht" (BVerfGE 50, 290 (344)). Der Eigentumsschutz hat nach ihm „vor- und überstaatlichen Charakter" (BVerfGE 15, 126 (144)).

Der hohe Rang des Eigentums geht auf die Philosophie der Aufklärung zurück. Diese Philosophie ging davon aus, dass Freiheit und Eigentum komplementär sind. Das Eigentum fungiert als ökonomische Grundlage individueller Freiheit. Das Eigentum ist für den Einzelnen die materielle Sicherung seines Daseins und seiner Unabhängigkeit. Es ermöglicht ihm die eigenverantwortliche Gestaltung des Lebens. Ohne Eigentumsgarantie, so die Überzeugung, bleiben dem Einzelnen nur „nutzlose Freiheiten", letztlich die Freiheit des Diogenes (Leisner 1992, 1024).

Das Bundesverfassungsgericht sieht ganz in diesem Sinne im Eigentumsrecht „ein elementares Grundrecht, das in einem inneren Zusammenhang mit der Garantie der persönlichen Freiheit steht." Es hat die Funktion, dem Einzelnen „einen Freiheitsraum im vermögensrechtlichen Bereich sicherzustellen und ihm damit eine eigenverantwortliche Gestaltung des Lebens zu ermöglichen" (BVerfGE 24, 367 (389)).

Das Eigentum hat jedoch nicht nur den Zweck, dem Individuum eine materielle Sicherheit zu verschaffen. Hätte es nämlich nur diesen Zweck, könnte der Gesetzgeber die Eigentumsordnung so modifizieren, dass das Ergebnis eine Eigentumsnivellierung wäre, die allen eine gleichmäßige materielle Grundsicherheit verbürgte.

Das Eigentumsrecht hat auch eine politische Funktion. Es legitimiert zunächst den Einzelnen, mit privatnütziger Zielsetzung an der Gestaltung des Gemeinwesens mitzuwirken. In das zu erstellende Gemeinwohl soll durchaus die Partikularität der auf Bewahrung des Eigentums gerichteten Interessen Aufnahme finden. Die Eigentumspositionen der Einzelnen bewirken weiterhin eine soziale Machtverteilung und damit eine Art Gewaltenteilung. Sie verhindern so eine wirtschaftliche Omnipotenz des Staates.

Schließlich begründet die Garantie des Eigentums ein Vermögensentziehungs-, Vermögensumverteilungs- und Bereicherungsverbot für den Staat. Der Eigentumsgarantie kommt somit eine Friedensfunktion zu. Denn sie verhindert, dass Wahlen und politische Mehrheitsbildungen zu Verteilungskämpfen mutieren, dass sie zur Entscheidung darüber werden, „welcher Teil der Bevölkerung die Hände in die Taschen eines anderen Teils der Bevölkerung stecken und sie darin behalten" darf. Die Eigentumsordnung steht aufgrund der Eigentumsgarantie nicht zur kurzfristigen Disposition wechselnder Mehrheiten (Papier 2002, 24 ff., Rdnr. 2 ff.).

Das Grundgesetz gewährleistet das „Recht am Eigentum", nicht ein „Recht auf Eigentum". Es bringt weiterhin die Wertentscheidung für ein „sozial gebundenes Eigentum", nicht jedoch für eine Eigentumsumverteilung zum Ausdruck. Insofern bietet das Eigentumsgrundrecht dem Eigentümer Schutz und gibt ihm hinsichtlich des Eigentums Rechtssicherheit. Das Grundrecht gestattet ihm die Privatnützigkeit sowie die Veräußerungs- und die Verfügungsbefugnis über sein Eigentum (Leisner 1992, 1026 ff.).

Das *Erbrecht* hat die Funktion, das Privateigentum mit dem Tod des Eigentümers nicht untergehen zu lassen. Sein Fortbestand soll im Wege der Rechtsnachfolge gesichert werden. Da das Erbrecht institutionell garantiert ist, wäre die Abschaffung der Privaterbfolge ein unzulässiger Eingriff in seinen Wesensgehalt. Dem Gesetzgeber ist es allerdings gestattet, das Erbrecht in Einzelheiten zu regeln und auch eine Erbschaftsteuer zu erheben. Diese darf allerdings nicht so hoch bemessen werden, dass die dem Erben zuwachsenden Vermögenswerte grundlegend beeinträchtigt sind.

Die Garantie des Eigentums bedeutet, dass sich die Wirtschaftsgüter in der Verfügung Privater befinden. Die Berufsfreiheit berechtigt zur Selbstbestimmung über die Arbeitskraft. Damit liegen die Produktionsfaktoren Kapital und Arbeit strukturell in privater Hand. Schwerlich ist hiermit ein Staatsunternehmertum vereinbar (P. Kirchhof 2005, 21). Für die Gesellschaft bedeutet die Existenz privaten und privatwirtschaftlich nutzbaren Eigentums eine Grundentscheidung für eine *dezentralisierte Wirtschaft*. Die privatautonome Entscheidung über Produktion, Verkehr und Gebrauch der Produktionsmittel, Waren und Gebrauchsgüter, die letztlich zu einer individuellen Verteilung vermögenswerter Güter führt, entspricht grundsätzlich *marktwirtschaftlichen* Prinzipien (Badura 1995, 342 f.).

Rahmenvorgaben für die Wirtschaftsordnung

Das Grundgesetz äußert sich nicht über die Wirtschaftsordnung. Hierfür gibt es gute Gründe. Die Ordnung einer Volkswirtschaft wird nämlich von so vielen Rechtssätzen auf so unterschiedlichen Gebieten beeinflusst, dass ein notwendig knapper Verfassungstext schwerlich mehr als Programmatik bieten könnte (Di Fabio 2001, 89, Rdnr. 76).

Das Bundesverfassungsgericht geht davon aus, dass sich das Grundgesetz nicht ausdrücklich für ein bestimmtes Wirtschaftssystem entschieden hat und deshalb der Gesetzgeber über einen erheblichen Gestaltungsspielraum verfügt: Das Grundgesetz „enthält keine unmittelbare Festlegung und Gewährleistung einer bestimmten Wirtschaftsordnung. Anders als die Weimarer Reichsverfassung (Art. 151 ff.) normiert es auch nicht konkrete verfassungsrechtliche Grundsätze der Gestaltung des Wirtschaftslebens. Es überlässt dessen Ordnung vielmehr dem Gesetzgeber, der hierüber innerhalb der ihm durch das Grundgesetz gezogenen Grenzen frei zu entscheiden hat, ohne dazu einer weiteren als seiner allgemeinen demokratischen Legitimation zu bedürfen (BVerfGE 50, 290 (336 f.)).

Dem Gesetzgeber ist also ein weiter Gestaltungsspielraum eröffnet, um Wirtschaftspolitik durch einfaches Gesetzesrecht zu gestalten. Man könnte von der *wirt-*

schaftlichen Offenheit des Grundgesetzes sprechen. Das Bundesverfassungsgericht benutzt sogar die Formel von der *wirtschaftspolitischen Neutralität* des Grundgesetzes. Diese erlaube es dem Gesetzgeber, jede ihm sachgemäß erscheinende Wirtschaftspolitik zu verfolgen, sofern er dabei das Grundgesetz, insbesondere die Grundrechte, beachte (BVerfGE 4, 7 (17 f.)).

Der Hinweis auf die Bindung an die grundrechtlichen Freiheitsverbürgungen schränkt die behauptete Neutralität allerdings nicht unwesentlich ein. Eine echte Neutralität liegt mithin nicht vor. Der Handlungsspielraum des Gesetzgebers ist also für den Fall, dass wirtschaftslenkende Maßnahmen die Freiheitssphäre der Einzelnen beschneiden, an den jeweils betroffenen Grundrechten zu messen.

Die dem Grundgesetz entsprechende Wirtschaftsverfassung muss daher im Wesentlichen mit den einschlägigen Grundrechten in den Artikeln 2, 9, 12 und 14 GG vereinbar sein. Das aber bedeutet, dass eine *staatliche Kommandowirtschaft* kaum zum Grundgesetz passen dürfte. So wäre die in Artikel 2 Abs. 1 GG getroffene Entscheidung für die Freiheit der Menschen Makulatur, wenn diese Freiheit auf eine unfreiheitliche Wirtschaftsordnung träfe.

Insbesondere die Existenz eines Marktes ist eine bedeutsame Freiheitsvoraussetzung. Denn der Markt gewährt dem Einzelnen eine Ausweichmöglichkeit gegenüber der sonst drohenden Allmacht des Staates und dessen Bürokratie. Eine auf dezentralen Entscheidungen der Individuen aufbauende Wirtschaftsordnung wie die *Marktwirtschaft* ist mithin ein freiheitsförderlicher Wirkungsmechanismus, der kaum durch andere Mechanismen ersetzbar ist.

Eine grundgesetzkonforme Wirtschaftsordnung muss daher grundsätzlich marktwirtschaftlich strukturiert sein. Die Grundrechte verlangen eine Distanz zwischen dem Staat einerseits und der Wirtschaft als Teil der Gesellschaft andererseits. Den Grundrechten entspricht somit eine im Wesentlichen staatsfreie Wirtschaft. Eine Wirtschaft ist staatsfrei, wenn die maßgeblichen Entscheidungen nicht zentral vom Staat, sondern von den einzelnen Wirtschaftssubjekten getroffen werden. Eine solche Wirtschaftsordnung ist marktwirtschaftlich, wenn der Staat die Institution des Marktes als Medium für individuelles Wirtschaftshandeln garantiert, anerkennt und schützt. Auf dem Boden einer marktwirtschaftlichen Wirtschaftsordnung kann der Gesetzgeber dann unterschiedliche wirtschaftspolitische Konzepte verfolgen (Di Fabio 2001, 89 ff., 99 f., Rdnr. 76, 87 f.).

Eine solche wirtschaftspolitische Konzeption ist die *Soziale Marktwirtschaft*. Sie hat mittlerweile die Spielräume des Grundgesetzes so besetzt, dass sich auftauchende Alternativkonzeptionen regelmäßig der Frage ausgesetzt sehen, ob sie mit dem Grundgesetz vereinbar sind. Was so wie die Soziale Marktwirtschaft zugleich mit der Verfassung ins Werk gesetzt wurde und so lange unter ihr gelebt hat, hat schon deshalb die grundsätzliche Vermutung der Legitimität für sich. Aber auch abgesehen davon besteht zwischen den freiheitlichen und rechtsstaatlichen Aspekten des Grundgesetzes und der Sozialen Marktwirtschaft ein hohes Maß an sachlicher Entsprechung. Solange also der

Gesetzgeber die Linie der Sozialen Marktwirtschaft verfolgt, hat er kaum Schwierigkeiten damit, sich im Rahmen der Vorgaben des Grundgesetzes aufzuhalten (Zacher 1981, 829 f.).

Die Soziale Marktwirtschaft entspricht nicht nur den einschlägigen Grundrechten, sondern auch, wie ihr Name schon sagt, dem Sozialstaatsprinzip. Die Marktwirtschaft als solche leistet bereits einen Beitrag zum Sozialen. Sie tut dies durch die Sorge für Wettbewerb und Vollbeschäftigung, durch die intervenierende Abschwächung ökonomischer Spannungen und durch die ökonomische Effizienz, d.h. durch den Wohlstand, den sie produziert. Das eigentlich Soziale tritt in Gestalt vielfältiger Regelungen hinzu. Dazu zählen progressiv ausgestaltete Steuern, die sozialen Sicherungssysteme und die Vermögensbildungspolitik.

Da marktwirtschaftliche Prozesse durch Instabilitäten wie Inflation, Arbeitslosigkeit, Abschwächungen der Produktionstätigkeit und Ungleichgewichte im internationalen Handel gekennzeichnet sind, gehört auch die *Stabilisierungspolitik* zur Marktwirtschaft. Die Stabilisierungspolitik strebt ein aus vier Zielen bestehendes gesamtwirtschaftliches Gleichgewicht an. Diese vier Ziele sind Währungsstabilität, Vollbeschäftigung, Wachstum und außenwirtschaftliches Gleichgewicht.

Die Stabilisierungspolitik ist Bestandteil des Grundgesetzes. Artikel 104b GG enthält die Investitionshilfekompetenz des Bundes zur Gewährleistung des gesamtwirtschaftlichen Gleichgewichts, zum Ausgleich unterschiedlicher Wirtschaftskraft im Bundesgebiet sowie generell zur Förderung des wirtschaftlichen Wachstums. Artikel 109 GG verlangt, dass die Haushaltswirtschaft von Bund und Ländern die Erfordernisse des gesamtwirtschaftlichen Gleichgewichts berücksichtigt (Karpen 1985, 191).

Artikel 104b GG:
(1) Der Bund kann, soweit dieses Grundgesetz ihm Gesetzgebungsbefugnisse verleiht, den Ländern Finanzhilfen für besonders bedeutsame Investitionen der Länder und der Gemeinden (Gemeindeverbände) gewähren, die
1. zur Abwehr einer Störung des **gesamtwirtschaftlichen Gleichgewichts** oder
2. zum Ausgleich unterschiedlicher Wirtschaftskraft im Bundesgebiet oder
3. zur Förderung des **wirtschaftlichen Wachstums** erforderlich sind.
(2) [...] (3) [...]

Artikel 109 GG:
(1) [...]
(2) Bund und Länder haben bei ihrer Haushaltswirtschaft den Erfordernissen des **gesamtwirtschaftlichen Gleichgewichts** Rechnung zu tragen.
(3) [...] (4) [...] (5) [...]

Die Zulässigkeit von Sozialisierungen

Artikel 15 ist die Vorschrift des Grundgesetzes mit der wohl höchsten rechtspolitischen Symbolik. Der Artikel ermächtigt den Gesetzgeber, Grund und Boden, Naturschätze und Produktionsmittel zum Zwecke der Vergesellschaftung in Gemeineigentum zu überführen. Damit gibt er ein grundlegendes *sozialistisches* Postulat wieder.

> Artikel 15 GG:
> **Grund** und **Boden**, **Naturschätze** und **Produktionsmittel** können zum Zwecke der **Vergesellschaftung** durch ein Gesetz, das Art und Ausmaß der **Entschädigung** regelt, in **Gemeineigentum** oder in andere Formen der **Gemeinwirtschaft** überführt werden. Für die Entschädigung gilt Artikel 14 Abs. 3 Satz 3 und 4 entsprechend.

Artikel 15 GG ist aus mehreren Gründen aber keine Verfassungsnorm, die eine sozialistische Wirtschaftsordnung zur Folge hat.

Zum einen enthält der Artikel keinen Verfassungsauftrag zur Sozialisierung. Er stellt lediglich eine Ermächtigung an den Gesetzgeber dar, Sozialisierungen durchzuführen. Dem Gesetzgeber ist es also überlassen, ob und in welchem Umfang er von der Ermächtigung Gebrauch machen will. Bisher ist es zu Sozialisierungen auf der Basis von Artikel 15 GG nicht gekommen.

Zum anderen legt der Artikel den Kreis der sozialisierungsfähigen Gegenstände fest: Grund und Boden sind Grundstücke. Unter Naturschätze fallen Wasser, Wasserkraft und abbaufähige Mineralien wie Kohle, Erz und Erdöl. Produktionsmittel sind Betriebseinrichtungen wie vor allem Gebäude, Maschinen und Werkzeuge. Mithin können nur bestimmte wirtschaftliche Sektoren sozialisiert werden. Das ist, gemessen am Programm einer völligen Umgestaltung der Wirtschaftsordnung, eine deutliche Einschränkung oder Begrenzung.

Schließlich schreibt der Artikel vor, dass die bisherigen Eigentümer entschädigt werden müssen. Das aber bedeutet, dass die Eigentumsordnung als solche nicht angetastet wird. Das Eigentum wechselt aus Sicht der Enteigneten lediglich die Form: Aus Sacheigentum wird Geldeigentum. Artikel 15 GG setzt mithin das Fortbestehen des Privateigentums als Einrichtung der Wirtschaftsordnung voraus (Papier 1995, 807).

Die Sozialisierung ist eine klassische Forderung sozialistischer Bewegungen. Für das Kommunistische Manifest von 1848 war das Privateigentum Ausdruck der Erzeugung und Aneignung von Produkten, die auf der Ausbeutung der einen durch die anderen beruhte. In diversen Programmen der Sozialdemokraten im 19. und 20. Jahrhundert wurde die Abschaffung der „kapitalistischen Produktionsweise" durch genossenschaftliche Arbeit mit gemeinnütziger Verwendung und gerechter Verteilung des Arbeitsertrages gefordert. Ebenso gefordert wurden die Überführung von Grund und Boden,

Bodenschätzen und Energie in den „Dienst der Volksgemeinschaft“ sowie die Förderung „nicht profitorientierter Genossenschaften“ (Durner 2008, 6 f., Rdnr. 4).

Die Weimarer Reichsverfassung enthielt mehrere Bestimmungen sozialistischen Ursprunges. Artikel 7 WRV begründete eine Gesetzgebungskompetenz über die Vergesellschaftung von Naturschätzen und wirtschaftlichen Unternehmungen sowie die Erzeugung, Herstellung, Verteilung und Preisgestaltung wirtschaftlicher Güter für die Gemeinwirtschaft.

Die eigentliche Sozialisierungsermächtigung fand sich in Artikel 156 WRV: „Das Reich kann durch Gesetz, unbeschadet der Entschädigung, in sinngemäßer Anwendung der für Enteignung geltenden Bestimmungen, für die Vergesellschaftung geeignete private wirtschaftliche Unternehmungen in Gemeineigentum überführen. Es kann sich selbst, die Länder oder die Gemeinden an der Verwaltung wirtschaftlicher Unternehmungen und Verbände beteiligen oder sich daran in anderer Weise einen bestimmenden Einfluss sichern.

Das Reich kann ferner im Falle dringenden Bedürfnisses zum Zwecke der Gemeinwirtschaft durch Gesetz wirtschaftliche Unternehmungen und Verbände auf der Grundlage der Selbstverwaltung zusammenschließen mit dem Ziele, die Mitwirkung aller schaffenden Volksteile zu sichern, Arbeitgeber und Arbeitnehmer an der Verwaltung zu beteiligen und Erzeugung, Herstellung, Verteilung, Verwendung, Preisgestaltung sowie Ein- und Ausfuhr der Wirtschaftsgüter nach gemeinwirtschaftlichen Grundsätzen zu regeln.“

Nach 1945 fanden in mehreren Landesverfassungen Sozialisierungsbestimmungen Aufnahme. Auch die im Parlamentarischen Rat versammelten politischen Kräfte standen dem Gedanken der Vergesellschaftung zu einem erheblichen Teil positiv gegenüber. Es bestand zugleich breiter Konsens über die Beschränkung auf eine bloße Ermächtigung zur Sozialisierung. Das Grundgesetz sollte für sozialistische Gestaltungsmöglichkeiten offengehalten werden. Diese Offenheit bedeutet, dass entsprechende wirtschaftspolitische Maßnahmen nicht gegen das Grundgesetz verstoßen (Durner 2008, 8 ff., Rdnr. 7 ff.).

Eine Vergesellschaftung gemäß Artikel 15 GG verlangt gemeinwirtschaftliche Motive. Eine *Gemeinwirtschaft* ist ein System, in dem nicht im Interesse von Unternehmenseignern mit Gewinnerzielungsabsicht gewirtschaftet wird. Ziele des Wirtschaftens sind vielmehr die Befriedigung der Bedürfnisse der Allgemeinheit, die Herstellung sozialer Gerechtigkeit, die unmittelbare Bedarfsdeckung der Gesellschaft, die Vorbeugung privater wirtschaftlicher Machtkonzentration und der Abbau produktionstechnischer Fremdbestimmung. Kern der Idee der Gemeinwirtschaft ist die polemische Abkehr von den Maximen einer auf privaten Verdienst und Gewinn gerichteten Wirtschaftsform.

Zur Gemeinwirtschaft passt das *Gemeineigentum*. Gemeineigentum entsteht, wenn bisher privates Eigentum auf einen gemeinnützigen Träger übertragen wird. Die Gemeinwirtschaft ist also mit einer Entprivatisierung von Vermögen verbunden. Gemeinnützige Träger sind Genossenschaften, Stiftungen, Selbstverwaltungskörperschaften, aber auch Gemeinden oder staatliche Einrichtungen. Die in Artikel 15 GG erwähnten anderen Formen der Gemeinwirtschaft, in die das Privateigentum überführt werden darf, räumen dem Gesetzgeber Gestaltungsspielräume ein. Denkbar sind wesentliche Beteiligungen des Staates an privaten Unternehmen, die eine am Gemeinwohl orientierte Unternehmensführung ermöglichen, oder punktuelle genossenschaftliche Ergänzungen zur Privatwirtschaft (Durner 2008, 25 ff., Rdnr. 41 ff.).

Das Grundgesetz lässt also begrenzte Sozialisierungen mit der Entstehung gemeinnützigen Gemeineigentums ohne weiteres zu. Unvereinbar ist es hingegen mit extremen Wirtschaftsordnungen kollektivistischer und individualistischer Provenienz. Dies gilt zum einen für die *Zentralverwaltungswirtschaft* mit ihrer umfassenden imperativen staatlichen Wirtschaftslenkung. Diese Wirtschaftsordnung beseitigt jegliche Privatinitiative und macht damit die Grundrechte der wirtschaftlichen Handlungsfreiheit zu papierenen Zusicherungen. Nicht vereinbar mit dem Grundgesetz ist zum anderen eine *Wirtschaftsordnung* des *Laissez-faire*, des vollständigen Sich-selbst-Überlassens der Wirtschaft. Denn diese Ordnung kann den Sozialstaatsauftrag nicht erfüllen (Hablitzel 1981, 68; Karpen 1985, 191; Papier 2007, 5).

4.5 Kommunikationsfreiheit

Die Freiheit der Kundgabe von Ansichten und Überzeugungen stellt für den Menschen einen besonderen Wert dar. Denn sie verwirklicht die Geistesfreiheit, die seit der Aufklärung zu den Leitideen einer menschenwürdigen Gesellschaft gehört. Totalitäre Staaten streben umgekehrt danach, das Denken der Menschen unter Kontrolle zu bekommen und eine ideologiekonforme Kommunikation zu etablieren. Wenn also die Menschen nicht die Möglichkeit haben, sich im Streit der Meinungen und Auffassungen frei von staatlichem Druck und frei von gesellschaftlichem Gesinnungsterror für eine eigene Position zu entscheiden, leben sie nicht in einem freiheitlichen Gemeinwesen.

In welchen Verfassungstraditionen steht die grundgesetzliche Gewährleistung freier Kommunikation? Aus welchen Aspekten besteht die Freiheit individueller Kommunikation? Wie ist angesichts des immensen Einflusses der Massenmedien eine öffentliche Kommunikation gewährleistet, die nicht zur Überwältigung des Einzelnen führt?

Die Bedeutung freier Kommunikation

Im 17. Jahrhundert entfaltete sich in Europa die Vorstellung, dass jedem Menschen die *Gedankenfreiheit* gewährt und diese um eine Gedankenäußerungsfreiheit ergänzt werden müsse. Während der Aufklärungszeit kam zusätzlich die Forderung auf, den politischen Prozess auf die Basis einer *freien Kommunikation* der Bürger zu stellen. Im

Rahmen der nachfolgend einsetzenden Verwirklichung dieser Forderung gewann der Austausch von Meinungen mittels der Presse zunehmend an Einfluss (Hoffmann-Riem/Schulz 1998, 154 f.).

Ebenfalls während der Aufklärungszeit erwachte als neues Element im staatstheoretischen Denken das Ideal der freien Bildung der *öffentlichen Meinung*. Dieses Ideal ging hervor aus der Erkenntnis, dass kein Mensch über den Besitz der absoluten Wahrheit verfügt. Es führte zu einer Relativierung des religiös legitimierten Herrschaftsanspruches der Regierenden und zu einer Stärkung des Einflusses der Meinungen der Herrschaftsunterworfenen auf die Bestimmung der Politik. Im öffentlichen Diskurs sollte sich die individuelle Meinung bewähren, d.h., sich Tatsachen und anderen Überzeugungen stellen und Irrtümer korrigieren. Aus der ständigen geistigen Auseinandersetzung sollte so eine öffentliche Meinung hervorgehen, welche die Gewähr für größtmögliche Rationalität bot, weil sich in ihr letztlich die Macht der Vernunft zeigte (Kloepfer 1987, 178).

Die Forderung, seine Meinung frei äußern und gedruckt verbreiten zu können, konnte sich zuerst in Großbritannien im Rahmen der Rechtsprechung des „common law“ durchsetzen.

Das Pathos eines Menschenrechts erhielt die Meinungsfreiheit in Verbindung mit der Pressefreiheit jedoch erst im Zusammenhang mit der Amerikanischen und der Französischen Revolution. So formulierte Abschnitt 12 der Virginia Bill of Rights von 1776: „Die Freiheit der Presse ist eines der starken Bollwerke der Freiheit und kann nur durch despotische Regierungen beschränkt werden.“ Ganz in diesem Sinne verbietet die Verfassung der Vereinigten Staaten in ihrem 1791 angefügten ersten Zusatzartikel dem Kongress, Gesetze zu erlassen, die die Rede- und Pressefreiheit verkürzen.

Die feierlichste Proklamation der Meinungsfreiheit findet sich in der französischen Erklärung der Menschen- und Bürgerrechte von1789. In Artikel 11 dieser Erklärung heißt es: „Die freie Mitteilung der Gedanken und Meinungen ist eines der kostbarsten Menschenrechte. Jeder Bürger kann also frei schreiben, reden und drucken unter Vorbehalt der Verantwortlichkeit für den Missbrauch dieser Freiheit in den durch das Gesetz bestimmten Fällen.“

Die Paulskirchenverfassung von1849 gewährleistete in Artikel 143 die Meinungs- und die Pressefreiheit. Die Formulierungen des Artikels verraten die gegenteilige Praxis der monarchischen Obrigkeitsstaaten während der vorangegangenen Restaurationszeit: „Jeder Deutsche hat das Recht, durch Wort, Schrift, Druck und bildliche Darstellung seine Meinung frei zu äußern. Die Pressfreiheit darf unter keinen Umständen und in keiner Weise durch vorbeugende Maßregeln, namentlich Zensur, Konzessionen, Sicherheitsbestellungen, Staatsauflagen, Beschränkungen der Druckereien oder des Buchhandels, Postverbote oder andere Hemmungen des freien Verkehrs beschränkt, suspendiert oder aufgehoben werden. Über Pressvergehen, welche von Amts wegen verfolgt werden, wird durch Schwurgericht geurteilt. Ein Pressgesetz wird vom Reiche erlassen werden.“

Die Weimarer Reichsverfassung garantierte in Artikel 118 mit ähnlichen Worten wie die Paulskirchenverfassung die Meinungs- und die Pressefreiheit. Sie definierte erstmals Grenzen der Pressefreiheit: „Eine Zensur findet nicht statt, doch können für Lichtspiele durch Gesetz abweichende Bestimmungen getroffen werden. Auch sind zur Bekämpfung der Schund- und Schmutzliteratur sowie zum Schutze der Jugend bei öffentlichen Schaustellungen und Darbietungen gesetzliche Maßnahmen zulässig."

Wie die Vorgängerverfassungen misst auch das Grundgesetz der freien Kommunikation einen hohen Stellenwert bei. Es ergänzt die Meinungs- und die Pressefreiheit um die *Informationsfreiheit*: Jeder hat hiernach das Recht, sich aus allgemein zugänglichen Quellen ungehindert zu unterrichten. Der Parlamentarische Rat führte die Informationsfreiheit als Reaktion auf die Informationsbeschränkungspraxis während der nationalsozialistischen Diktatur ein. Diese hatte mittels staatlicher Meinungslenkung, Abhörverboten für ausländische Rundfunksender und Literaturverboten faktisch allgemein zugängliche Informationsquellen, selbst die außerhalb ihres Einflussbereiches liegenden, verboten (Kloepfer 1987, 197).

Individuelle Kommunikationsfreiheit

Das Grundgesetz gewährleistet in Artikel 5 die freie Kommunikation in ihren beiden Ausformungen als individuelle wie als massenmediale Kommunikation. Die *individuelle* Kommunikationsfreiheit umfasst die Meinungsäußerungsfreiheit, die Meinungsverbreitungsfreiheit und die Informationsfreiheit des Einzelnen. Die *massenmediale* Kommunikationsfreiheit bezieht sich auf Freiheiten der Presse, des Rundfunks und des Films.

> Artikel 5 GG:
> (1) Jeder hat das Recht, seine **Meinung** in Wort, Schrift und Bild **frei zu äußern** und **zu verbreiten** und sich aus allgemein zugänglichen Quellen **ungehindert zu unterrichten**. Die **Pressefreiheit** und die **Freiheit der Berichterstattung durch Rundfunk und Film** werden gewährleistet. Eine **Zensur** findet nicht statt.
> (2) Diese Rechte finden ihre Schranken in den Vorschriften der **allgemeinen Gesetze**, den gesetzlichen Bestimmungen zum **Schutze der Jugend** und in dem Recht der **persönlichen Ehre**.
> (3) [...]

Meinungen sind Ansichten, Urteile, Einschätzungen und Auffassungen, die ein Individuum über einen bestimmten Gegenstand hat. Eingeschlossen hierin sind insbesondere Werturteile, also wertende Betrachtungen von Tatsachen, Verhaltensweisen oder Verhältnissen sowie Stellungnahmen im Rahmen der geistigen Auseinandersetzung. Auf die Erfüllung irgendwelcher normativen Maßstäbe kommt es nicht an, um eine Äußerung als Meinung zu qualifizieren. Es spielt also keine Rolle, ob eine Äußerung objektiv richtig oder falsch ist, ob sie emotional oder rational begründet ist, ob sie überzeugend oder töricht, grundsätzlich oder belanglos ist. Ebenso bedeutungslos ist, ob eine Äußerung sozial verantwortlich und förderlich ist oder nicht. Nicht einmal die Gefahr, dass Meinungskundgaben demagogisch missbraucht werden können, kann maßgeblich für die Zulässigkeit einer Äußerung sein (Schmidt-Jortzig 1989, 639, 646).

Nicht jedoch das Haben, sondern allein das Nachaußentreten einer Meinung ist rechtlich und politisch relevant. Denn das Haben einer Meinung spielt sich im „forum internum" des Menschen ab. Die Gedanken eines Menschen sind daher wirklich frei. Eine Unterdrückung seitens des Staates liefe folglich leer. Anders verhält es sich dagegen mit dem Äußern und Verbreiten einer Meinung. Hier wäre der Staat durchaus in der Lage, disziplinierende Vorschriften zu erlassen und auch durchzusetzen. Umso bedeutsamer ist deshalb die grundrechtliche Gewährleistung der Äußerungs- und Verbreitungsfreiheit.

Dabei bedeutet das *Äußern* das bloße Artikulieren einer Auffassung ohne Rücksicht darauf, wie viele Menschen zugegen sind, die hiervon Kenntnis nehmen können. *Verbreiten* meint hingegen die auf Außenwirkung angelegte Kundgabe. Hier handelt es sich um wirkliche Kommunikation. Um ihren Schutz geht es eigentlich in Artikel 5 GG: „Sinn der *Meinungs*äußerung ist es gerade, ‚geistige Wirkung auf die Umwelt' ausgehen zu lassen, ‚meinungsbildend und überzeugend auf die Gesamtheit zu wirken'" (BVerfGE 7, 198 (210)). Das Verbreiten einer Meinung soll daher unbehindert und ungestört von staatlichen Einwirkungen erfolgen können.

Zur Meinungsfreiheit gehört auch die Freiheit, eine Meinung nicht zu haben oder sie nicht zu äußern. Ebenso darf niemand zur Abgabe einer bestimmten Äußerung gezwungen werden (Schmidt-Jortzig 1989, 647 ff.).

Die *Informationsfreiheit* umfasst die Freiheit, die Informationsquellen auszuwählen, aus denen man sich unterrichten will. Die Quellen müssen allerdings allgemein zugänglich sein. Darunter fallen Quellen, die ihrem Zweck nach für die Öffentlichkeit bestimmt sind. Folglich besteht kein Anspruch auf Einsicht in Behördenakten oder in nicht zur Veröffentlichung bestimmte private oder betriebliche Aufzeichnungen.

Die Informationsfreiheit bezieht sich naturgemäß vorrangig auf politische Quellen. Aber auch nicht im engeren Sinne politische Informationen können für die individuelle Lebensgestaltung sowie für gesellschaftliche und staatliche Prozesse von Bedeutung sein. Deshalb erstreckt sich die Informationsfreiheit auf alle Lebensbereiche und alle nur möglichen Quellen. Sowohl die hohe Literatur als auch die scheinbar unpolitische Unterhaltungsliteratur können das Orientierungs- und Qualifikationswissen, das Wertebewusstsein, die gesellschaftlichen Stereotypen, den Katalog wahrgenommener Bedürfnisse und damit die soziale Wirklichkeitskonstruktion beeinflussen (Hoffmann-Riem 1995, 197).

Die Informationsfreiheit ist nach Einschätzung des Bundesverfassungsgerichts eine notwendige Voraussetzung der Meinungsfreiheit. Es gehört nämlich „zu den elementaren Bedürfnissen des Menschen, sich aus möglichst vielen Quellen zu unterrichten, das eigene Wissen zu erweitern und sich so als Persönlichkeit zu entfalten." Diese Freiheit steht auch in Bezug zum demokratischen Prinzip: „Ein demokratischer Staat kann nicht ohne freie und möglichst gut informierte öffentliche Meinung bestehen" (BVerfGE 27, 71 (81)).

Zu Recht gilt die freie individuelle Kommunikation als unmittelbarster Ausdruck der menschlichen Persönlichkeit und als Kernstück geistiger Freiheit (BVerfGE 7, 198 (208); BVerfGE 12, 113 (125)). Denn für den Menschen ist die Möglichkeit zu ungehinderter Meinungsäußerung eine unverzichtbare Bedingung seiner Existenz und seiner Persönlichkeitsentfaltung. Er ist als denkendes und geselliges Wesen auf die Kommunikation mit seinesgleichen angewiesen, in Gemeinsamkeit wie in Ergänzung und Auseinandersetzung. Für den Menschen ist die Mitteilung seiner Gedanken, Ansichten und Wünsche damit ein elementares Bedürfnis seines Daseins (Schmidt-Jortzig 1989, 636).

Die freie individuelle Kommunikation ist aber auch unverzichtbar für eine freiheitliche demokratische Ordnung. Denn die kommunikative Verständigung über die öffentlichen Angelegenheiten ist eine Voraussetzung für das Funktionieren einer repräsentativen Verfassung. Sich eine Meinung zu bilden über die öffentlichen Angelegenheiten und seine Auffassung in kritischen, zustimmenden, anregenden oder eigenständigen Äußerungen mitzuteilen und zu diskutieren, ist Grundlage der freiheitlichen Demokratie und wirklich Initiierung aller Staatsgewalt vom Volke aus. Auf diese Weise entsteht die politische Willensbildung des Volkes, wird erkennbar, kann sich verstärken und schließlich in die Formulierung des Staatswillens durch die jeweils zuständigen Organe einmünden (Schmidt-Jortzig 1989, 639).

Darüber hinaus hängt die Legitimität der repräsentativen Demokratie aus mindestens zwei Gründen wesentlich von freier individueller Kommunikation ab: Erstens muss das als ungerecht Empfundene öffentlich artikuliert werden können, damit sich nicht Empörung aufstaut. Zweitens muss eine reelle Chance bestehen, dass die öffentliche Diskussion das Regelungsbedürftige heraussondert und abgewogener Entscheidung zuführt. Auf dieser Chance beruht sowohl die Hoffnung auf Besserung der Verhältnisse als auch das Vertrauen darauf, dass das schon Entschiedene im Großen und Ganzen annehmbar ist (Kriele 1971, 65 f.).

Das Bundesverfassungsgericht hat mehrfach die Bedeutung des Grundrechts der freien individuellen Kommunikation für die Demokratie hervorgehoben: „Darüber hinaus ist das Grundrecht für die freiheitliche demokratische Grundordnung schlechthin konstituierend, indem es den geistigen Kampf, die freie Auseinandersetzung der Ideen und Interessen gewährleistet, die für das Funktionieren dieser Staatsordnung lebensnotwendig ist [...]. Nur die freie öffentliche Diskussion über Gegenstände von allgemeiner Bedeutung sichert die freie Bildung der öffentlichen Meinung, die sich im freiheitlich demokratischen Staat notwendig ‚pluralistisch' im Widerstreit verschiedener und aus verschiedenen Motiven vertretener, aber jedenfalls in Freiheit vorgetragener Auffassungen, vor allem in Rede und Gegenrede vollzieht. Jedem Staatsbürger ist durch Art. 5 Abs. 1 Satz 1 GG das Recht gewährleistet, an dieser öffentlichen Diskussion teilzunehmen" (BVerfGE 12, 113 (125)).

Massenmediale Kommunikationsfreiheit

Ein freiheitlicher demokratischer Staat kann nicht ohne eine freie und möglichst gut informierte öffentliche Meinung bestehen. Hierfür zu sorgen ist eine Funktion der Massenmedien. Es ist dem Einzelnen zwar ohne weiteres möglich, sich eine Meinung ohne Information zu bilden. Dies gilt aber nicht für eine verantwortbare Meinungsbildung, der daran gelegen ist, den Kern der Dinge zu treffen und zu bewerten. Für diesen Zweck werden Informationen benötigt, die der Einzelne sich nicht aus eigener Kraft besorgen kann. Der Einzelne ist in der Regel auch auf die veröffentlichten Bewertungen anderer angewiesen, um zu einem eigenen Werturteil zu gelangen.

Die Massenmedien, insbesondere Presse und Rundfunk, sind damit für das Funktionieren des freiheitlichen demokratischen Staates unverzichtbar. Sie sorgen für eine möglichst an Tatsachenkenntnissen orientierte Meinungsbildung und Wahlentscheidung der Bürger. Insofern kann man sogar von einer öffentlichen Aufgabe der Massenmedien sprechen (Herzog 1982/1989/1992, 41, Rdnr. 119 f.).

Den Massenmedien kommen in der Demokratie fünf Aufgaben zu: Erstens die Herstellung von Öffentlichkeit, damit alle am politischen Prozess Beteiligten ins Gespräch treten können. Zweitens politische Sozialisation und Integration in der Weise, dass übergreifende gesellschaftliche Zusammenhänge sowie die Belange von Randgruppen in den Horizont der allgemeinen Aufmerksamkeit gerückt werden. Drittens Information über Sachverhalte, die sonst im Kreis der unmittelbar Betroffenen bleiben würden. Viertens Förderung der politischen Meinungsbildung, weil nur Veröffentlichtes streitige Diskussionen auslösen kann. Fünftens schließlich Kritik und Kontrolle politischer Funktionsträger und Aufdeckung politischer Missstände (Detjen 1998, 281).

Bei einigen dieser Aufgaben fungieren die Massenmedien als *Medium*, d.h. als Träger von Informationen, bei anderen Aufgaben spielen sie die Rolle eigenständiger *Faktoren* im Prozess der politischen Meinungsbildung. In dieser Eigenschaft gestalten sie die geistige Auseinandersetzung darüber mit, was im politischen Diskurs als „richtig" und „falsch", als „wertvoll" und „wertlos" anzusehen ist. Sie sind aktive Beteiligte am freien politischen Prozess, der eine Demokratie kennzeichnet (Schmitt Glaeser 1987, 52 f.).

Das Bundesverfassungsgericht würdigte im Spiegel-Urteil aus dem Jahr 1966 eingehend die Rolle der Presse in der Demokratie. Die Feststellungen können aber einschränkungslos auch auf die anderen Massenmedien übertragen werden: „Eine freie, nicht von der öffentlichen Gewalt gelenkte, keiner Zensur unterworfene Presse ist ein Wesenselement des freiheitlichen Staates; insbesondere ist eine freie, regelmäßig erscheinende politische Presse für die moderne Demokratie unentbehrlich. Soll der Bürger politische Entscheidungen treffen, muss er umfassend informiert sein, aber auch die Meinungen kennen und gegeneinander abwägen können, die andere sich gebildet haben. Die Presse hält diese ständige Diskussion in Gang; sie beschafft die Informationen, nimmt selbst dazu Stellung und wirkt damit als orientierende Kraft in der öffentlichen Auseinandersetzung. In ihr artikuliert sich die öffentliche Meinung; die Argumente klären sich in Rede und Gegenrede, gewinnen deutliche Konturen und erleichtern so dem Bürger Urteil und Entscheidung. In der repräsentativen Demokratie steht die Presse zugleich als ständiges Verbindungs- und Kontrollorgan zwischen dem Volk und seinen gewählten Vertretern in Parlament und Regierung. Sie fasst die in der Gesellschaft und ihren Gruppen unaufhörlich sich neu bildenden Meinungen und Forderungen kritisch zusammen, stellt sie zur Erörterung und trägt sie an die politisch handelnden Staatsorgane heran, die auf diese Weise ihre Entscheidungen auch in Einzelfragen der Tagespolitik ständig am Maßstab der im Volk tatsächlich vertretenen Auffassungen messen können" (BVerfGE 20, 162 (174 f.)).

Die Massenmedien üben immensen Einfluss auf das Denken und Meinen der Menschen aus. Es ist deshalb eine wichtige Aufgabe des Staates, das Mediensystem von einseitiger Einflussnahme freizuhalten. Diese Regelungsaufgabe betrifft insbesondere Rundfunk und Fernsehen. Der Gesetzgeber ist gehalten, organisationsrechtliche Maßnahmen zugunsten eines ausgewogenen und fairen Gesamtangebotes zu ergreifen. Nach den Vorgaben des Bundesverfassungsgerichts dürfen Rundfunk und Fernsehen weder einer einzelnen gesellschaftlichen Gruppe noch sonst einer vorherrschenden Meinungsmacht, etwa in Gestalt eines übergroßen Medienkonzerns, ausgeliefert werden. Vielmehr müssen in ihnen möglichst alle gesellschaftlich relevanten Gruppen zu Worte kommen. Gefordert wird weiterhin ein Mindestmaß von inhaltlicher Ausgewogenheit, Sachlichkeit und gegenseitiger Achtung (BVerfGE 12, 205 (262 f.); BVerfGE 73, 118 (153, 174 ff.)).

Rundfunk und Fernsehen haben die Vielfalt der bestehenden Meinungen in mindestens drei Dimensionen zu gewährleisten: Sie müssen erstens eine inhaltliche, meinungsbezogene *Programmvielfalt* sicherstellen. Das verlangt die Berücksichtigung der in der Gesellschaft maßgeblichen Meinungen in der größtmöglichen Breite und Vollständigkeit. Rundfunk und Fernsehen müssen zweitens eine personen- und gruppenbezogene Programmvielfalt gewährleisten. Das verlangt zum einen, dass bedeutsame gesellschaftliche Kräfte und Gruppen zu Worte kommen. Das verlangt zum anderen, dass die Auffassungen von Minderheiten berücksichtigt werden. Rundfunk und Fernsehen müssen drittens für eine gegenständliche Programmvielfalt sorgen. Das verlangt eine hinreichende Breite des Programmangebotes, also die Berücksichtigung der die verschiedenen Lebensbereiche betreffenden Ereignisse, Informationen und Themengebiete (Hoffmann-Riem 1995, 229).

Die Massenmedien können ihre Aufgabe nur erfüllen, wenn sie *frei* sind. Das bedeutet im Einzelnen, dass ihre Gründung frei ist, dass es einen freien Zugang zu beruflichen Tätigkeiten in den Medien gibt und dass die Medien ihre politische Tendenz frei bestimmen können. Ferner gehört dazu die grundsätzliche *Staatsfreiheit* der Medien: Inhalt und Gestaltung der Medien dürfen nicht unmittelbar oder mittelbar vom Staat reglementiert oder gar gesteuert werden.

Zur Freiheit der Medien gehört auch das *Zensurverbot*. Eine staatliche Kontrolle und Sanktionierung bestimmter Kommunikationsinhalte verträgt sich nicht mit der erwünschten Offenheit des Kommunikationsprozesses. Alle Formen einer planmäßigen Überwachung der Kommunikationsinhalte sind daher unzulässig. Das Zensurverbot soll eine Einengung des Kommunikationsspektrums sowie Meinungslenkungen verhindern (Hoffmann-Riem 1995, 202, 221, 226).

Mit dem Zensurverbot ist nur die *Vorzensur* gemeint, also der staatliche Eingriff vor Herstellung oder Verbreitung eines Medienproduktes. Es gibt mithin keine behördliche Vorprüfung und keine Genehmigungsvorbehalte von Medieninhalten.

Eine nachträgliche Überprüfung der Inhalte ist hingegen zulässig. Eine solche „Nachzensur" findet in der Regel vor Gericht statt, wenn darüber gestritten wird, ob eine Meinungsäußerung oder ein Medieninhalt gegen Vorschriften der allgemeinen Gesetze, gegen die gesetzlichen Bestimmungen zum Schutze der Jugend oder gegen das Recht der persönlichen Ehre verstoßen hat. Diese drei Vorgaben sind als Schranken der Meinungs- und der Pressefreiheit, in Artikel 5 Abs. 2 GG aufgeführt. Sie wären wirkungslos, könnten mit ihrer Hilfe nicht nachträglich Äußerungen sanktioniert werden (Herzog 1982/1989/1992, 91a f., Rdnr. 298 f.).

Die *Schranken der Meinungs- und Pressefreiheit* sollen bestimmte Rechtsgüter und Gemeinschaftswerte schützen, denen im Verhältnis zur Bekundung von Meinungen ein Vorrang zukommt (BVerfGE 50, 234 (241)). Diese Güter und Werte sind gemäß Artikel 5 GG in den Vorschriften der allgemeinen Gesetze, in den gesetzlichen Bestimmungen zum Schutze der Jugend und in dem Recht der persönlichen Ehre enthalten.

Mit den *allgemeinen Gesetzen* sind diejenigen gesetzlichen Bestimmungen gemeint, die etwa das Leben, die Freiheit, die Gesundheit, das Eigentum, die öffentliche Sicherheit und Ordnung sowie die freiheitliche demokratische Grundordnung schützen. In den entsprechenden Gesetzen kann der Gesetzgeber folglich Formen der Meinungsäußerung, die diese Güter und Werte zu verletzen geeignet sind, mit Sanktionen belegen. So sind beispielsweise die Volksverhetzung (§ 130 StGB), die Verunglimpfung des Bundespräsidenten (§ 90 StGB) und die Beschimpfung von Bekenntnissen, Religionsgesellschaften und Weltanschauungsgemeinschaften (§ 166 StGB) untersagt.

Dem *Schutz der Jugend* dient vor allem das Gesetz über die Verbreitung jugendgefährdender Schriften. Dieses Gesetz unterwirft die Verbreitung von verrohend wirkenden, zu Gewalttätigkeiten oder Rassenhass anstachelnden Schriften an Jugendliche erheblichen Einschränkungen.

Eine Meinungsäußerung darf auch nicht die *Ehre* einer anderen Person verletzen. Denn die Achtung der Person ist Teil der Menschenwürde. Das Strafgesetzbuch stellt folgerichtig die Beleidigung, die üble Nachrede und die Verleumdung (§§ 185, 186, 187 StGB) unter Strafe.

Wie schwierig die Grenzziehung zwischen dem Recht auf Meinungsäußerung und dem Schutz der persönlichen Ehre vorzunehmen ist, zeigt das Urteil des Bundesverfassungsgerichts aus dem Jahr 1995 über die heftig umstrittene Äußerung „Soldaten sind Mörder“. Die provozierende Gleichsetzung von Soldaten mit Mördern beschäftigt seit jeher die Gerichte. Schon 1932 musste sich Carl von Ossietzky wegen dieser von Kurt Tucholsky stammenden Aussage vor Gericht verantworten.

Im vorliegenden Fall ging es darum, ob die inkriminierte Äußerung eine konkrete Personen betreffende ehrverletzende Schmähkritik war oder als allgemeine kritische Meinungsäußerung über den Soldatenberuf zu bewerten war. Das Gericht interpretierte den Satz als eine alle Soldaten der Welt meinende kritische Meinungskundgabe und ließ ihn deshalb gelten (BVerfGE 93, 266 (303 f.)). Nicht zu Unrecht ist diese Entscheidung als Ausfluss einer Tendenz gewertet worden, die Meinungsäußerungsfreiheit verstärkt zu schützen und den Ehrenschutz zu reduzieren (Spranger 2000, 596 ff.).

4.6 Pluralismus

Das Wort „Pluralismus“ taucht im Grundgesetz an keiner Stelle auf. Dennoch bestimmt der Pluralismus als Ausdruck gesellschaftlicher Vielfalt und diese Vielfalt berücksichtigender Politik wichtige Teile der Verfassung. Der Pluralismus ist deshalb ein Verfassungswert. Mit guten Gründen kann man im Pluralismus einen Wert sehen, welcher der Freiheitlichkeit des Gemeinwesens in besonderer Weise Ausdruck verleiht.

Totalitäre Diktaturen als Antipoden freiheitlicher Ordnungen vertreten demgegenüber einen gesellschaftlichen und politischen *Monismus*. Das bedeutet, dass sie mit Zwang homogene gesellschaftliche Strukturen schaffen und auf dieser Basis uniforme Haltungen der Menschen anstreben. In einer auf derartige Weise einheitlich ausgerichteten Gesellschaft ist die Politik aller Kontroversen und Kompromisserfordernisse enthoben. Sie ist nur noch Vollzug des von den Herrschenden als richtig Erkannten. Unter dieser Maßgabe gibt es für abweichende Auffassungen wie für eine organisierte politische Opposition keinen logischen Ort.

Welche Merkmale kennzeichnen eine pluralistische Gesellschaft? Welche Regelungen des Grundgesetzes sind Ausdruck des Pluralismus? Welche Hinweise auf einen pluralistischen politischen Prozess enthält die Verfassung?

Merkmale einer pluralistischen Gesellschaft

Pluralismus heißt weltanschauliche, kulturelle und ökonomische Differenziertheit der Gesellschaft. Eine pluralistische Gesellschaft ist gekennzeichnet durch Heterogenität und Autonomie.

Heterogenität heißt, dass sich die Gesellschaft aus einer Vielzahl von Gruppen unterschiedlicher Interessenrichtungen und Grundüberzeugungen zusammensetzt. Die Heterogenität bringt es mit sich, dass zwischen den Gruppen Interessen- und Wertkonflikte entstehen. Das aber bedeutet, dass Konflikte und das Bemühen um Konfliktregelung den Alltag einer pluralistischen Gesellschaft bestimmen.

Autonomie heißt, dass die Gruppen selbstständig sind. Sie bilden ihre Identität und ihr Wollen aus sich heraus. Die Freiheit und die Offenheit des politischen Meinungsbildungsprozesses in der freiheitlichen Demokratie sind ganz wesentlich Ausfluss des Prinzips der Autonomie. Aus der Autonomie folgt auch, dass eine pluralistische Gesellschaft sich eine Weltanschauung, d.h. eine Staatsideologie, oder eine religiöse Überzeugung, d.h. eine Staatsreligion, nicht oktroyieren lässt.

Den Sachverhalt des Pluralismus gibt es lediglich in den Ländern des westlichen Kulturkreises. Nur dort können sich ökonomische, kulturelle und politische Interessenorganisationen sowie religiöse und weltanschauliche Überzeugungsgemeinschaften frei entfalten. Ausschließlich in den zu diesem Kulturkreis gehörenden Ländern sind die gesellschaftlichen Gruppen befugt, ihre Interessen autonom zu definieren und zu verfolgen sowie gleichberechtigt miteinander zu konkurrieren und um Einfluss und Geltung zu ringen. Nur in diesen Ländern gilt es als selbstverständlich, dass unterschiedliche Auffassungen über das Gute und Gerechte sowie über das Heil des Menschen frei artikuliert werden können und die Vertreter dieser Auffassungen nach Anhängern suchen dürfen.

Pluralismus bedeutet folglich den Verzicht, die Gesellschaft mittels einer geschlossenen und für verbindlich erklärten religiösen oder weltanschaulichen Konzeption in das Gemeinwesen zu integrieren. Denn die Angehörigen einer pluralistischen Gesellschaft definieren ihr jeweiliges Selbstverständnis und ihre jeweiligen Ziele autonom. Aus dieser Autonomie folgt in der Regel Vielfalt.

Hinter dem Pluralismus steht ein Menschenbild, das den Menschen als zur Freiheit, zur Selbstbestimmung und zur Selbstentfaltung berufen ansieht. Dieses Menschenbild passt bruchlos zu dem des Grundgesetzes (Schwan 1978, 13).

Den Kern der pluralistischen Gesellschaft bilden die *Interessenverbände*. Hierzu gehören an prominenter Stelle Gewerkschaften sowie Arbeitgeberorganisationen. Aber auch Bürgerinitiativen sind ihnen zuzurechnen. Interessenverbände verfolgen partikulare Interessen. Dazu gleichen sie in der Binnenkoordination die unterschiedlichen Wünsche, Ziele und Interessen der Mitglieder aus. Nach außen artikulieren sie die auf diese Weise geformten Verbandsinteressen und versuchen, möglichst viel davon durchzusetzen.

Ein besonderer Aspekt der pluralistischen Gesellschaft sind die *bürgerschaftlichen Organisationen*, wie Nachbarschaftshilfen, Stadtteilinitiativen, Selbsthilfegruppen und karitative Vereinigungen. Bürgerschaftliche Organisationen unterscheiden sich von Interessenverbänden dadurch, dass sie keine partikularen ökonomischen Interessen verfolgen und dass ihr Engagement sich aus moralischer Motivation speist. Die Motivation besteht in Gemeinsinn und bürgerschaftlichem Engagement.

Elemente des Pluralismus im Grundgesetz

Das Grundgesetz geht wie selbstverständlich von der Existenz einer Vielheit von Überzeugungen, Meinungen, Interessen und politischen Willensrichtungen aus. Es ist weit von der Annahme einer homogenen, also einförmigen Gesellschaft entfernt. Das Grundgesetz nimmt den Pluralismus aber nicht einfach nur als Gegebenheit zur Kenntnis. Seine Regelungen sind vielmehr so beschaffen, dass sie den Pluralismus positiv aufnehmen und seine Entfaltung fördern.

Der *Pluralismus der Überzeugungen* ist in Artikel 4 GG grundgelegt. Die gewährleistete Freiheit des Glaubens führt zwangsläufig zu einer Vielzahl der Überzeugungssysteme. Der aus der Weimarer Verfassung übernommene Artikel 137 verstärkt den Pluralismus noch: Er verbietet zum einen eine Staatskirche und garantiert zum anderen die Freiheit, sich zu Religionsgemeinschaften – nicht lediglich zu einer einzigen Gemeinschaft – zusammenzuschließen. Die Verfassungsbestimmung geht offensichtlich von einer Mehrzahl von Religionsgemeinschaften aus.

Artikel 4 GG:
(1) Die **Freiheit** des **Glaubens**, des **Gewissens** und die **Freiheit** des **religiösen** und **weltanschaulichen Bekenntnisses** sind unverletzlich.
(2) [...] (3) [...]

[Artikel 140 GG] / Artikel 137 WRV:
(1) Es besteht **keine Staatskirche**.
(2) Die **Freiheit der Vereinigung zu Religionsgesellschaften** wird gewährleistet. Der Zusammenschluss von Religionsgesellschaften innerhalb des Reichsgebiets unterliegt keinen Beschränkungen.
(3) [...] (4) [...] (5) [...] (6) [...] (7) [...] (8) [...]

Der *Pluralismus der Meinungen* ist in Artikel 5 GG verankert. Da die Menschen eigenständig denkende Wesen sind, folgt aus der gewährleisteten Meinungsfreiheit eine Vielzahl von Meinungen.

Artikel 5 GG:
(1) Jeder hat das Recht, seine **Meinung** in Wort, Schrift und Bild **frei zu äußern** und **zu verbreiten** und sich aus allgemein zugänglichen Quellen ungehindert zu unterrichten. Die Pressefreiheit und die Freiheit der Berichterstattung durch Rundfunk und Film werden gewährleistet. Eine Zensur findet nicht statt.
(2) [...] (3) [...]

Der *Pluralismus der Interessen* resultiert aus der Vereinigungs- und Koalitionsfreiheit, die in Artikel 9 GG gewährleistet ist. Das Recht der freien Gruppenbildung steht im ausdrücklichen Gegensatz zum Zwangscharakter früherer ständisch-korporativer Ordnungen.

Ein *Verein* im Sinne von Artikel 9 GG ist eine Vereinigung, zu der sich eine Mehrheit von Personen für längere Zeit zu einem gemeinsamen Zweck freiwillig zusammengeschlossen und einer organisierten Willensbildung unterworfen hat. Alle nur denkbaren Vereinigungen mit den unterschiedlichsten Zwecksetzungen fallen mithin unter diesen Begriff. Unter *Gesellschaften* sind dagegen Kapital- und Personengesellschaften sowie sonstige vereinsmäßige Zusammenschlüsse des wirtschaftlichen Bereichs zu verstehen.

Artikel 9 GG:
(1) Alle Deutschen haben das Recht, **Vereine** und **Gesellschaften** zu bilden.
(2) [...]
(3) Das Recht, zur **Wahrung und Förderung der Arbeits- und Wirtschaftsbedingungen Vereinigungen** zu bilden, ist für jedermann und für alle Berufe gewährleistet. Abreden, die dieses Recht einschränken oder zu behindern suchen, sind nichtig, hierauf gerichtete Maßnahmen sind rechtswidrig. Maßnahmen nach den Artikeln 12a, 35 Abs. 2 und 3, Artikel 87a Abs. 4 und Artikel 91 dürfen sich nicht gegen Arbeitskämpfe richten, die zur Wahrung und Förderung der Arbeits- und Wirtschaftsbedingungen von Vereinigungen im Sinne des Satzes 1 geführt werden.

Das Vereinigungsrecht der Arbeitgeber und Arbeitnehmer ist eigens in Absatz 3 geregelt. Die dort aufgeführte *Koalitionsfreiheit* bezieht sich ausdrücklich auf Vereinigungen, welche die gegensätzlichen Interessen ihrer Mitglieder vertreten und durchsetzen sollen.

Der *Pluralismus der politischen Willensrichtungen* ist in Artikel 21 GG grundgelegt. Das Grundgesetz spricht ausdrücklich von Parteien im Plural. Ganz offenkundig schwebte dem Verfassunggeber ein Mehrparteiensystem vor, und zwar in Gestalt mehrerer voneinander unabhängiger Parteien. Hierfür spricht die Freiheit, Parteien jederzeit gründen zu können. Ein Einparteiensystem wäre mit der offenkundig zugrunde liegenden Prämisse, dass es in der Gesellschaft eine Mehrzahl politischer Richtungen gibt, nicht vereinbar. Aus der Prämisse folgt vielmehr, pluralistischen Initiativen und Alternativen größtmöglichen Raum zu geben.

> Artikel 21 GG:
> (1) Die **Parteien** wirken bei der politischen Willensbildung des Volkes mit. Ihre **Gründung ist frei**. Ihre innere Ordnung muss demokratischen Grundsätzen entsprechen. Sie müssen über die Herkunft und Verwendung ihrer Mittel sowie über ihr Vermögen öffentlich Rechenschaft geben.
> (2) [...] (3) [...]

Komponenten eines pluralistischen politischen Prozesses

Die Demokratie des Grundgesetzes verlangt einen freien und offenen Prozess der politischen Meinungs- und Willensbildung des Volkes. Diese Willensbildung hat der Staatswillensbildung in den dafür verfassungsmäßig vorgesehenen Organen vorauszugehen. Auf der Trennung beider Willensbildungssysteme beruht ein wichtiger Teil der Funktionsweise der freiheitlichen Demokratie. Zugleich stehen beide Systeme aber auch in einem engen Zusammenhang: „Willensbildung des Volkes und staatliche Willensbildung sind auf vielfältige Weise miteinander verschränkt. In einer Demokratie muss sich diese Willensbildung aber vom Volk zu den Staatsorganen, nicht umgekehrt von den Staatsorganen zum Volk hin vollziehen. [...] Das bedeutet, dass es den Staatsorganen grundsätzlich verwehrt ist, sich in Bezug auf den Prozess der Meinungs- und Willensbildung des Volkes zu betätigen, dass dieser Prozess also grundsätzlich ‚staatsfrei' bleiben muss" (BVerfGE 20, 56 (99)).

Am Beginn der Willensbildung des Volkes steht die frei gebildete öffentliche Meinung. Ihr misst das Bundesverfassungsgericht entscheidende Bedeutung für die Qualität der politischen Willensbildung bei.

„Die in der ‚öffentlichen Meinung' zum Ausdruck kommenden Tendenzen und Stellungnahmen zu politischen Fragen mag man als ‚Vorformung der politischen Willensbildung des Volkes' bezeichnen. [...] In sie gehen ein [...] die vielfältigen, sich möglicherweise widersprechenden, ergänzenden, gegenseitig beeinflussenden Wertungen, Auffassungen und Äußerungen des Einzelnen, der Gruppen, der politischen Parteien, Verbände und sonstigen gesellschaftlichen Gebilde, die ihrerseits von einer Vielzahl von (politisch relevanten) Tatsachen, zu denen auch Entscheidungen des Staates und Äußerungen und Maßnahmen staatlicher Organe gehören, beeinflusst sind" (BVerfGE 8, 104 (113)).

Weiterhin sind die ständige geistige Auseinandersetzung und der Kampf der Meinungen konstituierende Lebenselemente der freiheitlichen Demokratie (BVerfGE 7, 198 (208)). In einem „pluralistisch strukturierten und auf der Konzeption einer freiheitlichen Demokratie beruhenden Staatsgefüge" ist deshalb „jede Meinung, auch die von etwa herrschenden Vorstellungen abweichende, schutzwürdig" (BVerfGE 33, 1 (15)).

Grundsätzlich muss sich die politische Willensbildung des Volkes frei, offen und unreglementiert vollziehen (BVerfGE 20, 56 (98)). Daher sind Gründung sowie Tätigkeit der politischen Parteien frei, können Interessenverbände frei ihre Belange in den politischen Prozess einbringen und sind die Massenmedien frei in ihrer Kommentierung der politischen Ereignisse.

Die vom Bundesverfassungsgericht vorgenommene Festlegung der Inhalte der freiheitlichen demokratischen Grundordnung legt den Akzent eindeutig auf *pluralistische Freiheit*: „Denn es ist eine der Grundanschauungen der freiheitlichen Demokratie, dass nur die ständige geistige Auseinandersetzung zwischen den einander begegnenden sozialen Kräften und Interessen, den politischen Ideen und damit auch den sie vertretenden politischen Parteien der richtige Weg zur Bildung des Staatswillens ist – nicht in dem Sinne, dass er immer objektiv richtige Ergebnisse liefere, denn dieser Weg ist a *process of trial and error* (J.L. Talmon), aber doch so, dass er durch die ständige gegenseitige Kontrolle und Kritik die beste Gewähr für eine (relativ) richtige politische Linie als Resultante und Ausgleich zwischen den im Staat wirksamen politischen Kräften gibt" (BVerfGE 5, 85 (135)).

Die freiheitliche Demokratie kann folglich nur als eine pluralistische existieren, d.h. als eine, die das Gemeinwohl nicht als eine im Vorhinein bestimmte Konstante, sondern als eine ständig neu zu bewältigende Aufgabe und als das jeweilige Ergebnis einer permanent offenen politischen Auseinandersetzung begreift. Deshalb, aber auch nur deshalb wehrt die freiheitliche Demokratie totalitäre Ideologien und Bestrebungen ab, die jede Offenheit der Gemeinwohlsuche durch einen absoluten Wahrheits- und Herrschaftsanspruch ersetzen und in seinem Namen die vielfältige Freiheit der Bürger vernichten (Denninger 1995, 695, 715).

Eine funktionsfähige pluralistische Demokratie setzt ein pluralismusadäquates Parteien- und Mediensystem voraus. Da Pluralismus Offenheit des politischen Prozesses bedeutet, Offenheit wiederum ein Denken in Alternativen impliziert, ist eine Pluralität von Parteien und Medien vonnöten. So ist die Existenz einer *Opposition* ein kennzeichnendes Merkmal einer pluralistischen Demokratie. Das Bundesverfassungsgericht zählt folgerichtig das Recht auf verfassungsmäßige Bildung und Ausübung einer Opposition zu den unaufgebbaren Bestandteilen der freiheitlichen demokratischen Grundordnung (BVerfGE 2, 1 (13)).

Insbesondere den *Massenmedien* kommt eine Schlüsselstellung für die Funktionsfähigkeit der Demokratie zu. Ihr Einfluss auf das Denken und das Fühlen der Menschen ist zu groß, als dass die Medienlandschaft dem demokratischen Staat gleichgültig sein dürfte.

Um den Pluralismus im Bereich der Massenmedien zu bewahren, müssen mindestens drei Prinzipien berücksichtigt werden: Erstens das Prinzip der Autonomie der Medien, zweitens das Prinzip der Zugangspluralität und drittens das Prinzip der Richtungspluralität.

Das Prinzip der *Autonomie* wendet sich gegen Gleichschaltung und Homogenisierung. Die Medien sind autonom, wenn sie selbst darüber entscheiden, welche Informationen sie aufgreifen, weiterleiten und kritisch bearbeiten wollen. Eine staatlich gelenkte Presse sowie ein in den Händen der Regierung befindlicher Staatsrundfunk sind mit diesem Verständnis unvereinbar.

Die *Zugangspluralität* verlangt, dass neue mediale Angebote ohne Erlaubnisvorbehalt Zugang zum Markt erhalten. Die Menschen sollen sich nach Möglichkeit aus einem großen Angebot an Quellen informieren können.

Eine *richtungspolitische Pluralität* liegt vor, wenn die Medien eine Mehrzahl politischer Richtungstendenzen widerspiegeln. Die Richtungspluralität soll die Entstehung einer vorherrschenden Meinungsmacht verhindern (Detjen 1998, 283).

Das Bundesverfassungsgericht hat in seiner Rechtsprechung zwei Modelle zur Gewährleistung einer pluralistischen Medienlandschaft entwickelt, das eine für die öffentlich-rechtlichen, das andere für die privaten Medien.

Das öffentlich-rechtliche Rundfunk- und Fernsehwesen muss eine *binnenpluralistische* Struktur aufweisen: Hiernach müssen wichtige Entscheidungsorgane in den Medienanstalten pluralistisch, d.h. unter Heranziehung aller gesellschaftlich relevanten Gruppen gebildet werden. Der diesen Organen innewohnende Zwang zur Einigung und gegenseitigen Rücksichtnahme soll als Garant der Programmausgewogenheit fungieren (BVerfGE 60, 53 (66); BVerfGE 73, 118 (153)).

Für Presse, Film sowie private Rundfunk- und Fernsehanstalten genügt eine *außenpluralistische* Struktur: Hiernach brauchen die einzelnen Betreiber kein jeweils ausgewogenes Programm anzubieten. Jeder Betreiber kann sich für eine bestimmte Tendenz entscheiden. Durch die große Zahl der Betreiber und der von ihnen offerierten Programme und Inhalte soll sich eine Ausgewogenheit auf der Ebene des Gesamtangebotes ergeben (Herzog 1982/1989/1992, 76a f., Rdnr. 233 f.).

Insgesamt lässt sich festhalten: Die Symbiose von Pluralismus und politischer Freiheit ist so stark, dass das Fehlen des Pluralismus in einem Staat mit großer Sicherheit den Rückschluss auf das Vorliegen einer Diktatur erlaubt.

4.7 Politische Partizipation

Es gehört zum Selbstverständnis der Demokratie, dass sie ihren Bürgern politische Beteiligungsmöglichkeiten einräumt. Diese Möglichkeiten können mannigfacher Beschaffenheit sein, sich an unterschiedliche Adressaten richten und auch verschiedene Wirkungen entfalten. Immer aber muss in einer Demokratie die Ausübung politischer Partizipation freiwillig sein. Zentral gelenkte Massenaufmärsche und manipulativ zustande gekommene hohe Wahlbeteiligungen sind demgegenüber kennzeichnend für Diktaturen.

Die Demokratie lebt insofern von politischer Partizipation, als die in den Staatsorganen tätigen Amtsträger über Wahlen bestimmt werden. Für die Bürger gewinnt die politische Partizipation vor allem dann an Bedeutung, wenn sie von ihnen gewünschte Interessen und Werte berücksichtigt wissen wollen. Mit Hilfe geeigneter Beteiligungsinstrumente müssen sie dann versuchen, ihre Belange in den politischen Prozess einzuspeisen. Politische Partizipation stellt darüber hinaus aber auch einen Wert an sich dar. Denn sie drückt die Subjektstellung des Bürgers im Gemeinwesen aus.

Welche politischen Partizipationsmöglichkeiten stellt das Grundgesetz bereit? Welche Wirkung entfalten die Instrumente jeweils? Welche spezifische Rolle spielen die Parteien?

Die Beteiligung des Volkes an der Staatswillensbildung

Das Grundgesetz unterscheidet die Ausübung der Staatsgewalt strikt vom politischen Willens- und Meinungsbildungsprozess, der in der Gesellschaft stattfindet. Auf diese Unterscheidung hat das Bundesverfassungsgericht bei Gelegenheit immer wieder hingewiesen (BVerfGE 8, 104 (113); BVerfGE 20, 56 (98 f.)).

Ein wichtiger Bestandteil der Ausübung von Staatsgewalt ist die *Staatswillensbildung*, an der die gemäß Verfassung zuständigen Organe beteiligt sind. Die Staatswillensbildung läuft auf rechtsverbindliche Entscheidungen hinaus. Sie ist daher hoch formalisiert. Ihre Regelungen finden sich im Grundgesetz selbst oder in speziellen Gesetzen sowie in den Geschäftsordnungen der Organe.

Die *politische Willensbildung* ist demgegenüber weit weniger formalisiert. Diese Willensbildung entscheidet nämlich nichts. Ihr Zweck ist vielmehr die Einflussnahme auf die mit den Entscheidungen befassten Organe. Ebenso dient diese Willensbildung der Kritik, Kontrolle, Modifizierung und Ergänzung dessen, was die Verfassungsorgane, speziell Regierung und Parlament, tun. Die politische Willensbildung findet mithin im Vorfeld der Staatswillensbildung statt. Das Grundgesetz verleiht den Partizipationsmöglichkeiten in der Regel die Form von Grundrechten. Die Adressaten sind dadurch zu bestimmten Handlungen ermächtigt. Es liegt in der Natur von Grundrechten, dass sich der faktische Gebrauch der Partizipationsinstrumente rechtlich nur begrenzt regeln lässt.

Gegenüber der Weimarer Reichsverfassung beteiligt das Grundgesetz das Volk nur noch in sehr begrenzter Weise an der Staatswillensbildung. Artikel 20 GG sieht für das Volk nämlich nur zwei Möglichkeiten vor, Staatsgewalt auszuüben: Lediglich in

Wahlen und Abstimmungen kann sich hiernach der Wille des Volkes *verbindlich* Geltung verschaffen.

> Artikel 20 GG:
> (1) [...]
> (2) Alle Staatsgewalt geht vom Volke aus. Sie wird vom Volke in **Wahlen** und **Abstimmungen** und durch besondere Organe der Gesetzgebung, der vollziehenden Gewalt und der Rechtsprechung ausgeübt.
> (3) [...] (4) [...]

Ein näherer Blick in das Grundgesetz zeigt, dass das Volk nur die Abgeordneten des Bundestages wählt (Art. 38 GG) und dass Abstimmungen in Gestalt von Volksentscheiden ausschließlich für die nicht unbedingt im Zentrum der Politik stehende Neugliederung des Bundesgebietes vorgesehen sind (Art. 29 GG). Demgegenüber wählte in der Weimarer Republik das Volk nicht nur den Reichstag, sondern auch den Reichspräsidenten. Es gab weiterhin diverse Möglichkeiten der Volksgesetzgebung mittels Volksbegehren und Volksentscheid.

Zwar finden Wahlen nur in Abständen mehrerer Jahre statt und kommen Abstimmungen überhaupt nur für die Regelung eines einzigen Sachverhaltes zustande, dennoch übt das Volk in beiden Akten echte Staatsgewalt aus: Im Moment der Stimmabgabe handelt der Einzelne als Mitglied des Staatsorgans Volk. Die Voten der Wähler bzw. Abstimmenden stellen folglich bindende Entscheidungen und nicht lediglich unverbindliche Meinungsäußerungen dar.

Wahlen sind der einfachste partizipatorische Akt. Sie sind zugleich die Partizipationsform mit der größten politischen Wirkung. In Wahlen wird über Kandidaten, faktisch über politische Parteien und von diesen präsentierte Kandidaten für das Parlament abgestimmt. In Wahlen finden sich insofern auch plebiszitäre Züge, als das Volk auch über Programme und politische Richtungen, also über „Sachfragen“ abstimmt (Stern 1980, 17).

Abstimmungen sind Stellungnahmen des Volkes zu ihm gestellten Sachfragen. Sie kommen in unterschiedlichen Formen vor. Das Volksbegehren ist ein Antrag aus dem Volk an das Volk, eine Angelegenheit in einer bestimmten Weise zu entscheiden. Bei genauerer Betrachtung ist es ein Antrag nur von Teilen des Volkes, nämlich den Initiatoren, die eine vorgeschriebene Zahl von unterstützenden Unterschriften beigebracht haben. Das Volksbegehren entspricht der Sache nach der Teilnahme an der Gesetzgebung in Form eines Initiativrechts. Der Volksentscheid ist die abschließende Entscheidung über den im Volksbegehren verlangten Gegenstand. Als weiteres Instrument gibt es die Volksbefragung, die auf die Ermittlung der Auffassungen des Volkes hinausläuft.

Volksbegehren und Volksentscheide können *grundsätzlich* als ergänzende und zusätzlich legitimierende Elemente der repräsentativen Demokratie begriffen werden. Die primäre Funktion der beiden Instrumente liegt nämlich in ihrer punktuellen Korrektur- und Oppositionsfunktion: Mit ihrer Hilfe können Interessen und Anliegen, die bei den gewählten Repräsentanten keine gebührende Beachtung finden, zur Geltung gebracht und so Repräsentationsdefizite ausgeglichen werden. Dies gilt allerdings nicht für die grundgesetzliche Ordnung, da sie Abstimmungen nur für die Neugliederung des Bundesgebietes vorsieht (Böckenförde 1987b, 37 f.).

Die Einflussnahme des Volkes auf die politische Willensbildung

Das Volk nimmt am politischen Prozess nicht nur als Organ der Staatswillensbildung teil, sondern auch als Faktor der politischen Willensbildung. In dieser Eigenschaft organisiert es sich vielfältig in Initiativen, Vereinigungen, Interessenverbänden und Parteien. Die in diesen Gebilden geäußerten Meinungen formen maßgeblich die Willensauffassungen des Volkes. Insbesondere die Parteien sind der Transmissionsriemen, um diese Willensauffassungen des Volkes in die Staatswillensbildung zu überführen.

Das Volk setzt sich letztlich aus Einzelpersonen zusammen. Auch der Einzelne kann sich daher politisch betätigen. Der Einzelne ist folglich nicht gezwungen, sich organisatorisch zusammenzuschließen, um politisch Einfluss zu nehmen (Schmitt Glaeser 1987, 51).

Während bei den formalen Akten der Wahl und der Abstimmung jeder Bürger nur eine Stimme mit dem gleichen Gewicht hat, ist das Engagement des Einzelnen in der politischen Willensbildung nicht von der staatlichen Zuteilung einer bestimmten Teilhabequantität abhängig. Die Intensität des politischen Engagements ist rechtlich unbegrenzt (Murswiek 1992, 250 f.).

Die zwischen den Wahlen liegende, vom Volk ausgehende Mitwirkung an der Meinungs- und Willensbildung ist für die Funktionsfähigkeit der repräsentativen Demokratie von erheblicher Bedeutung. Denn die Staatsorgane werden von dieser Einflussnahme angeregt, informiert, kontrolliert und im Großen und Ganzen im Einklang mit den Meinungen des Volkes gehalten (Kriele 1971, 65).

Das Grundgesetz listet die wesentlichen politischen Mitwirkungsmöglichkeiten des Volkes in vier Artikeln auf: Artikel 8 gewährleistet die Versammlungsfreiheit, Artikel 17 regelt das Petitionsrecht, Artikel 9 enthält die Vereinigungsfreiheit, also das Recht, sich zu Verbänden zusammenzuschließen, und Artikel 21 befasst sich mit den Parteien.

Artikel 8 GG erlaubt allen Deutschen, *Versammlungen* ohne Genehmigung abzuhalten. Findet eine Versammlung außerhalb eines geschlossenen Raumes statt, kann sie wegen der potentiellen Störung der öffentlichen Sicherheit und Ordnung mit Auflagen versehen werden. Die Einzelheiten der Beschränkung der Versammlungsfreiheit regelt das Versammlungsgesetz. Dieses Gesetz gewährt auch Nichtdeutschen ein weitgehend identisches Versammlungsrecht.

> Artikel 8 GG:
> (1) Alle Deutschen haben das Recht, sich ohne Anmeldung oder Erlaubnis friedlich und ohne Waffen zu **versammeln**.
> (2) Für **Versammlungen** unter freiem Himmel kann dieses Recht durch Gesetz oder auf Grund eines Gesetzes beschränkt werden.

Versammlungen sind Zusammenkünfte, die unterschiedliche Zwecke erfüllen können. Sie können dazu dienen, gemeinsame Angelegenheiten zu erörtern, geistig aufeinander einzuwirken oder – als Kundgebung und Demonstration – eine bestimmte politische Meinung der Öffentlichkeit und damit auch den gewählten Repräsentanten in den Staatsorganen kundzutun. Das Versammlungsrecht ergänzt damit das Grundrecht der Meinungsfreiheit durch die Gewährleistung einer kollektiven Meinungsbildung und -verbreitung (Seifert/Hömig 1999, 126).

Zwar tritt im Verhältnis zur individuellen Meinungsäußerung bei Demonstrationen das argumentative Moment zurück, andererseits drückt der Demonstrationsteilnehmer seine Auffassung in physischer Präsenz und in voller Öffentlichkeit aus. Demonstrationen sind auf diese Weise die gemeinsame körperliche Sichtbarmachung von Überzeugungen. Die Teilnehmer erfahren auf der einen Seite in der Gemeinschaft mit anderen eine Vergewisserung ihrer Überzeugung und bezeugen auf der anderen Seite durch ihre Anwesenheit und die Art ihres Auftretens ihren Standpunkt nach außen.

Versammlungen müssen *friedlich* sein. Sie sind von der Verfassung gedacht als Mittel der geistigen Auseinandersetzung, nicht der gewaltsamen Durchsetzung der eigenen Position. Bei politisch motivierten Aufzügen erliegen Demonstranten jedoch nicht selten der Versuchung, Gewalttätigkeiten zu begehen. Wie die Erfahrungen mit diversen Straßenkämpfen zeigen, verdunkeln Konfrontationen mit der Staatsgewalt aber die eigentlich verfolgten Ziele.

Versammlungen mit der Absicht politischer Meinungskundgabe können sehr unterschiedliche Gestalt annehmen. Darunter fallen etwa Schweigemärsche, Mahnwachen und Sitzdemonstrationen. Im Grenzbereich zur Unfriedlichkeit befinden sich Sitzblockaden: Einerseits entfalten sie keine Aggressivität, andererseits ist die ihnen eigentümliche Behinderung Dritter nicht unvermeidbare Nebenfolge, sondern Absicht, um die Aufmerksamkeit für das Demonstrationsanliegen zu erhöhen (BVerfGE 73, 206 (248 ff.)).

Das Recht, sich ungehindert mit anderen zu versammeln, gilt seit jeher als Zeichen der politischen Freiheit. In Deutschland entwickelte sich das Grundrecht der Versammlungsfreiheit im 19. Jahrhundert. Die monarchische Obrigkeit versuchte zunächst, Versammlungen wie das Hambacher Fest durch Verbote zu unterdrücken. Nach Lockerungen der Versammlungsverbote in verschiedenen Staaten des Deutschen Bundes fand das Versammlungsrecht schließlich Niederschlag in § 161 der Paulskirchenverfassung von 1849. Die Weimarer Reichsverfassung nahm die Versammlungsfreiheit mit leichten stilistischen Änderungen in Artikel 123 auf. Die Notverordnung des Reichspräsidenten vom 28. Februar 1933 suspendierte dann das Grundrecht. Statt frei organisierter Versammlungen gab es im nationalsozialistischen Dritten Reich staatlich inspirierte oder gar erzwungene Massenaufmärsche. Hinsichtlich dieser Praxis verfuhr die DDR ganz ähnlich (Kloepfer 1989, 741).

Die Bedeutsamkeit des Versammlungsrechts ergibt sich zum einen aus seiner *Kompensationsfunktion*. Versammlungen, speziell Demonstrationen, sind eine Art Ausgleich für die geringen plebiszitären Mitwirkungsrechte, die das Grundgesetz zugesteht. Auf sie kann der Einzelne zwischen den Wahlen zurückgreifen, um seiner Auffassung massenwirksamen Ausdruck zu verleihen. Die Versammlungsfreiheit hilft so, das Defizit an politischer Einflussnahme des einzelnen Staatsbürgers gegenüber großen Verbänden, finanzstarken Geldgebern und Massenmedien zu kompensieren.

Die Bedeutsamkeit des Versammlungsrechts ergibt sich zum anderen aus ihrer *Kritikfunktion*. Demonstrationen ermöglichen die Artikulation von Protest. Sie drücken damit „ein Stück ursprünglich-ungebändigter unmittelbarer Demokratie" aus, „das geeignet ist, den politischen Betrieb vor Erstarrung in geschäftiger Routine zu bewahren." Sie stabilisieren zugleich die repräsentative Demokratie, denn sie gestatten Unzufriedenen, „Unmut und Kritik öffentlich vorzubringen und abzuarbeiten". Auf diese Weise fungieren sie als politisches Frühwarnsystem, das den repräsentativen Organen Störpotentiale anzeigt, Integrationsdefizite sichtbar macht und damit Kurskorrekturen der Politik ermöglicht (BVerfGE 69, 315 (346 f.)).

Zweifelhaft ist dennoch, ob die Versammlungsfreiheit durchgängig von allen, insbesondere konservativen Bevölkerungsgruppen wirklich akzeptiert wird. Denn ihr Gebrauch zielt häufig gegen die gewählte Regierung. Besonders in ihrer Erscheinungsform als Demonstrationsfreiheit scheint es sich um das klassische Grundrecht der Unzufriedenen und Unbequemen oder gar Aufsässigen zu handeln.

Die Skepsis wird genährt durch die Reaktionen der Medien auf Demonstrationen. Geschickte Versammlungs- und Demonstrationsveranstalter nutzen das Sensationsbedürfnis der Medien aus. Dadurch kommt es nicht selten zu einer Überrepräsentation von Versammlungsereignissen in der Berichterstattung. Versammlungen erhalten eine Aufmerksamkeit, die ihrer politischen Bedeutung nicht entspricht (Kloepfer 1989, 740, 746).

Mit Artikel 17 eröffnet das Grundgesetz die Möglichkeit, menschliche Sorgen und Nöte zu jeder Zeit staatlichen Stellen zur Kenntnis zu bringen. Eine *Petition* ist ein formloser Antrag an eine staatliche Stelle, etwas Bestimmtes zu tun oder zu unterlassen. Alle nur möglichen Vorkommnisse oder Gegebenheiten können Gegenstand einer Petition sein, darunter auch politische.

> Artikel 17 GG:
> Jedermann hat das Recht, sich einzeln oder in Gemeinschaft mit anderen schriftlich mit **Bitten** oder **Beschwerden** an die zuständigen Stellen und an die Volksvertretung zu wenden.

Petitionen sind entweder Bitten oder Beschwerden. Eine *Bitte* äußert einen Wunsch. Sie hat anregenden Charakter. Sofern es in der Bitte nicht um die Regelung eines Einzelfalles geht, sondern um ein politisches Problem, kommt in ihr der partizipatorische Charakter des Petitionsrechts deutlich zum Ausdruck. Eine *Beschwerde* rügt hingegen einen Mangel. Ein Verhalten soll abgestellt oder eine Maßnahme erneut geprüft werden. Beschwerden tragen nur in einem eingeschränkten Maße politische Züge.

Das Petitionsrecht hat tiefreichende Wurzeln. Es reicht bis zum römischen Kaiserreich zurück und war unter dem Begriff „Supplikation" auch während des gesamten Mittelalters gebräuchlich. Im Zeitalter des Absolutismus wurden Petitionen dagegen zum Risiko für den Petenten. Am Beginn der neuzeitlichen Ausbildung des Petitionsrechts stand die englische Bill of Rights von 1689.

Unter dem Einfluss der Aufklärung kam es im preußischen Allgemeinen Landrecht von 1794 in § 126 II zu der folgenden Bestimmung: „Einem jeden steht es frei, seine Zweifel, seine Einwendungen und Bedenklichkeiten gegen Gesetze und andere Anordnungen im Staate, so wie überhaupt seine Bemerkungen und Vorschläge über Mängel und Verbesserungen sowohl dem Oberhaupt des Staates als den Vorgesetzten des Departements anzuzeigen, und letztere sind dergleichen Anzeigen mit erforderlicher Aufmerksamkeit zu prüfen verpflichtet."

Das Petitionsrecht als Recht des Einzelnen wie auch von mehreren fand mit § 159 Aufnahme in die Paulskirchenverfassung von 1849. Nur indirekt wurde es dagegen in der Reichsverfassung von 1871 erwähnt. Artikel 23 dieser Verfassung sprach dem Reichstag das Recht zu, an ihn gerichtete Petitionen an den Bundesrat oder den Reichskanzler zu überweisen. Die Weimarer Reichsverfassung deklarierte in Artikel 126 das Petitionsrecht erneut als subjektives Recht: „Jeder Deutsche hat das Recht, sich schriftlich mit Bitten oder Beschwerden an die zuständige Behörde oder an die Volksvertretung zu wenden. Dieses Recht kann sowohl von Einzelnen als auch von mehreren gemeinsam ausgeübt werden."

Das Grundgesetz folgt der Sache nach dieser Vorgabe. Es macht allerdings insofern einen Unterschied, als es das Petitionsrecht allen und nicht nur den Deutschen zuspricht (Klein 2005, 9 ff., Rdnr. 4 ff.).

Das Petitionsrecht weist einige Besonderheiten auf, die seinen Charakter als politisches Partizipationsinstrument unterstreichen. Die eine Besonderheit ist, dass eine Petition an die für die Erledigung zuständige Stelle und *parallel* dazu an die Volksvertretung, also an den Bundestag, gerichtet werden kann. Selbst wenn also das Parlament keine unmittelbare Zuständigkeit für die betreffende Sache hat, erfährt es von der jeweiligen Angelegenheit, wenn es Adressat der Petition ist. Petitionen informieren das Parlament somit über Dinge, die Menschen belasten oder die sie verwirklicht sehen möchten. Diese Informationen können wichtig für die Ausübung der parlamentarischen Kontrollfunktion sein. Petitionen fungieren darüber hinaus für das Parlament generell als eine Art politisches Frühwarnsystem (Klein 2005, 71, Rdnr. 142).

Die zweite Besonderheit des Petitionsrechts ist, dass eine Petition *einzeln* oder *in Gemeinschaft mit anderen* verfasst werden kann. Es gibt deshalb Einzelpetitionen und Sammel- oder Massenpetitionen. *Sammelpetitionen* enthalten einen Text mit angefügten Unterstützungsunterschriften. Jeder das betreffende Anliegen Unterstützende ist rechtlich ein Petent. Je mehr Unterschriften eine solche Petition enthält, desto stärker ist ihre Wirkung auf den Petitionsadressaten. *Massenpetitionen* sind Eingaben in größerer Zahl mit demselben Anliegen, deren Text ganz oder im Wesentlichen übereinstimmt. Hinter Sammel- und Massenpetitionen stehen in der Regel Initiatoren, die ein allgemeines Anliegen verfolgen. Aufgrund der von ihnen ausgehenden öffentlichen Wirkung stellen diese Petitionsformen ein hervorragendes Mittel der politischen Partizipation dar.

Das Petitionsrecht weist noch einige weitere partizipatorische Stärken auf. So braucht der Petent keinen Dienstweg einzuhalten. Er kann direkt ein Ministerium oder eben das Parlament anschreiben. Er muss keine Fristen und auch keine Formvorschriften beachten. Weiterhin muss er nicht einmal in eigener Sache schreiben. Er kann sich ebenso für ein fremdnütziges Anliegen einsetzen. Am bedeutsamsten ist aber der Rechtsanspruch des Petenten auf eine inhaltliche Bewertung der von ihm vorgetragenen Bitte oder Beschwerde. Die zuständige Stelle ist folglich gezwungen, in der Sache „Farbe zu bekennen" und dem Petenten darüber Auskunft zu erteilen, ob und inwieweit das vorgebrachte Anliegen als berechtigt angesehen wird oder nicht.

Das Petitionsrecht erfüllt mehrere Funktionen. Da der Einzelne ungehindert und direkt sein Anliegen einbringen, also gegebenenfalls auf Härtefälle und außergewöhnliche Lagen hinweisen kann, zielt das Petitionsrecht auf die Bildung bürgerschaftlichen Vertrauens in staatliches Handeln. Ihm ist somit eine *Integrationsfunktion* eigen. Da der Einzelne staatliche Stellen dazu bringen kann, sich mit beliebig ausgewählten Angelegenheiten des öffentlichen Interesses befassen zu müssen, umfasst das Petitionsrecht auch eine *Initiativ- und Anregungsfunktion* (Burmeister 1987, 77).

Das Petitionsrecht zeigt seit langem eine Tendenz zu einer politischen Funktionalisierung: Aus dem ursprünglichen außerordentlichen Bitt- und Beschwerderecht entwickelte es sich zu einem kollektiven aktivbürgerschaftlichen Anregungs- und Vorschlagsrecht in Angelegenheiten des Gemeinwohls. In Zeiten hoher Politisierung nehmen Sammel- und Massenpetitionen mit allgemeinpolitischem Inhalt zu. Sie werden vorzugsweise von Minderheiten als Aktions- und Agitationsmittel in der Absicht eingesetzt, plebiszitäre Wirkung zu entfalten. Ihr Einsatz soll die gewählten Repräsentanten unter Legitimationsdruck setzen, falls diese zu entgegensetzten Lösungen tendieren (Burmeister 1987, 74 f.).

Massenpetitionen wurden erstmals während der 3. Wahlperiode des Bundestages (1957-1961) eingesetzt, als die Befürchtung entstand, die Bundeswehr könne mit Atomwaffen ausgerüstet werden. Ein weiterer Höhepunkt war die 7. Wahlperiode (1972-1976), als es um die Fristenlösung beim Schwangerschaftsabbruch ging. Massenpetitionen gab es weiterhin zum Tierschutz wie gegen die Verschärfung des Asylrechts.

Verbände und Parteien als kollektive Akteure des politischen Willensbildungsprozesses

Dass *Verbände*, insbesondere Interessenverbände, als – kollektive – Akteure des politischen Willensbildungsprozesses des Volkes fungieren, lässt sich dem Grundgesetz nicht explizit entnehmen. Nur das Verbandswesen selbst ist gewährleistet. Es gründet sich auf die Vereinigungsfreiheit des Artikels 9 Abs. 1 GG. Hiernach steht jedem Deutschen das Recht zum Zusammenschluss zu jedem verfassungsmäßig erlaubten Zweck zu.

Artikel 9 GG:
(1) Alle Deutschen haben das Recht, **Vereine** und **Gesellschaften** zu bilden.
(2) [...] (3) [...]

Die Beteiligung der Verbände an der politischen Willensbildung basiert in verfassungsrechtlicher Hinsicht auf anderen Normen.

Es handelt sich zum einen um die Wahrnehmung einschlägiger Grundrechte, wie der Meinungs- und der Versammlungsfreiheit sowie des Petitionsrechts. Diesbezüglich steht den Verbänden die Möglichkeit offen, lobbyistisch tätig zu werden.

Es handelt sich zum anderen um Gesetze sowie um Geschäftsordnungsbestimmungen von Verfassungsorganen, die eine Beteiligung von Verbänden vorsehen. Diverse Gesetze schreiben nämlich vor, dass einschlägige Verbände bei der Regelung von Durchführungsvorschriften anzuhören oder zu beteiligen sind. Die Geschäftsordnungen erlauben Anhörungen und Beteiligungen von Verbänden im Vorfeld des Gesetzgebungsprozesses.

So eröffnen § 70 der Geschäftsordnung des Bundestages sowie § 40 der Geschäftsordnung des Bundesrates den Ausschüssen der beiden Organe die Möglichkeit, Sachverständige, Interessenvertreter und andere Auskunftspersonen öffentlich anzuhören. Zentrale Vorschrift für die Einflussnahme der Verbände in den Ministerien ist § 47 der Gemeinsamen Geschäftsordnung der Bundesministerien. Hiernach sind Verbände und Fachkreise rechtzeitig an den Entwürfen von Gesetzesvorlagen zu beteiligen, wenn ihre Belange berührt sind. Der Grund für diese Regelungen liegt auf der Hand: Die gesetzgebenden Organe profitieren vom Sachverstand der Interessenvertreter. Umgekehrt geben Anhörungen den Verbänden die gern genutzte Chance der Selbstdarstellung.

In der Geschichte der Verbände und der ihnen eingeräumten Möglichkeit, die Politik in ihrem Sinne zu beeinflussen, bildete das französische Loi Le Chapelier von 1791 eine tiefe Zäsur: Das Gesetz verfügte die Beseitigung der für das vorrevolutionäre Frankreich kennzeichnenden „corps intermédiaires“. Artikel 1 dieses Gesetzes bestimmte: „Die Vernichtung aller Arten von Vereinigungen der Bürger desselben Standes und desselben Berufes ist ein Grundprinzip der französischen Verfassung. Es ist verboten, sie wieder zu errichten, unter welchem Vorwand und in welcher Form auch immer.“ Artikel 3 des Gesetzes sprach sich ausdrücklich gegen die Beeinflussung der staatlichen und städtischen Organe durch Stände und Berufe aus. Das Prinzip der Gesetzgebung formulierte Le Chapelier in aller Deutlichkeit: „Es gibt nur noch das Einzelinteresse jedes Individuums und das Allgemeininteresse“ (Kaiser 1987, 156).

Das Loi Le Chapelier beeinflusste in Kontinentaleuropa für lange Zeit das Denken über die Verbände und ihre Tätigkeit. Es entwickelte sich eine Verbandsprüderie, die den Einfluss der Interessenverbände und der von ihnen vertretenen partikularen Interessen auf den politischen Prozess entweder nicht wahrhaben oder aber verhindern wollte.

Erst die moderne Pluralismustheorie führte zu einer prinzipiell positiven Einschätzung der Interessenorganisationen. Hiernach sollen die Interessenverbände ausdrücklich als Faktoren der politischen Willensbildung an der Formung des staatlichen Gemeinwillens beteiligt sein. Denn die Verbände sorgen dafür, dass sich die Mitwirkung der Bürger an den öffentlichen Angelegenheiten nicht darauf beschränkt, alle vier oder fünf Jahre bei Wahlen Einfluss darauf zu nehmen, wer regieren soll. Mittels Mitgliedschaft und Mitarbeit in den Verbänden haben die Menschen nämlich die Möglichkeit, an der Regelung von Fragen teilzunehmen, die sie unmittelbar berühren. Die meisten Verbände sind nämlich Organisationen, die sich der konkreten Bedürfnisse und Interessen der verschiedenen Bevölkerungsgruppen annehmen. Die *kollektive Demokratie* der Interessenverbände ergänzt folglich die *individuelle Demokratie* des Wahlzettels (Fraenkel 1991, 62 f., 275 f.).

Die Demokratie des Grundgesetzes geht nicht davon aus, dass das Gemeinwohl offen zu Tage liegt und von Parlament und Regierung einfach nur aufgegriffen werden muss. Vielmehr kommt es erst als Ergebnis eines komplizierten Prozesses von Einflussnahmen, Verhandlungen und Kompromissfindungen zustande. An diesem Prozess haben die Interessenverbände einen nicht unerheblichen Anteil. Sie vereinheitlichen zunächst die vielen Einzelwillen ihrer Mitglieder. Das interne Vorklären, Ausgleichen und Bündeln bewirkt, dass die Verbände mit jeweils einer Stimme sprechen können (Schmitt Glaeser 1987, 54 f.). Auf gesamtstaatlicher Ebene führt diese Aggregierung von Interessen dazu, dass die gewählten Repräsentanten sich nicht Millionen fragmentierter Interessen gegenübersehen, auf die sie nur schwer angemessen reagieren könnten.

Ein lebendiger Pluralismus der Verbände ist wichtig für das Funktionieren der Demokratie. Gleichwohl weist er bestimmte Schwächen auf. So kann man nicht von einer Gleichheit der Interessen hinsichtlich ihrer *Organisierbarkeit* sowie ihrer *Durchsetzungsstärke* sprechen. Das spezifische politische Gewicht eines Interessenverbandes ist abhängig von der Anzahl seiner Mitglieder, seiner Finanzkraft sowie seiner Konfliktfähigkeit. Es gibt also einen *asymmetrischen* Pluralismus der Verbände. Verbände handeln außerdem ausschließlich nach eigenem Interesse, nicht nach Maßgabe des Gemeinwohls. Die Nutzenkalküle der verschiedenen Verbände müssen sich folglich nicht gegenseitig zu einem Gemeinwohl ausbalancieren. Es könnte zu echten Schieflagen kommen, würden Parlament und Regierung darauf verzichten, die Belange nicht repräsentierter Interessen einzubringen. Eine funktionierende Demokratie ist daher *auch* eine, aber eben nicht *nur* eine pluralistische Demokratie (Schmidt 2006, 232 ff.).

Die entscheidenden kollektiven Akteure der politischen Willensbildung sind die *Parteien*. Ausdrücklich weist das Grundgesetz in Artikel 21 diesen Organisationen nämlich die Aufgabe zu, an der politischen Willensbildung des Volkes mitzuwirken. Die Formulierung, dass die Parteien „mitwirken", macht aber einerseits deutlich, dass ihnen bei der Willensbildung keine Monopolstellung zukommt. Da die Verfassung jedoch andererseits explizit nur die Parteien mit der politischen Willensbildung in Zusammenhang bringt, kann man durchaus behaupten, dass der Verfassunggeber ihnen jedenfalls eine tragende Rolle hierfür zubilligen wollte.

> Artikel 21 GG:
> (1) **Die Parteien wirken bei der politischen Willensbildung des Volkes mit. Ihre Gründung ist frei**. Ihre innere Ordnung muss demokratischen Grundsätzen entsprechen. Sie müssen über die Herkunft und Verwendung ihrer Mittel sowie über ihr Vermögen öffentlich Rechenschaft geben.
> (2) [...] (3) [...]

Parteien sind Zusammenschlüsse gleichgesinnter politisch interessierter Menschen. Sie sind also keine Gründungen des Staates. Das Grundgesetz verbürgt vielmehr prinzipiell jedem die Freiheit, eine Partei zu gründen. Die Gründung einer Partei hängt folglich nicht von einer staatlichen Genehmigung ab. Weil aber nur volljährige Deutsche das Wahlrecht haben, beschränkt sich der Kreis der Gründungsberechtigten auf Deutsche, die das 18. Lebensjahr vollendet haben (Kunig 1987, 114).

Die Parteigründungsfreiheit verbietet eine verfassungsrechtliche Festlegung der Zahl der Parteien. So sind seit Gründung der Bundesrepublik Deutschland über 180 Parteien ganz verschiedenen Typs gegründet worden, großenteils aber auch wieder untergegangen. Noch viel größer, nämlich 500, ist die Zahl der Gruppierungen, die im Laufe dieser Zeit den Anspruch erhoben haben, politische Partei zu sein.

Auch wenn sie in Artikel 21 GG nicht ausdrücklich genannt werden, schließt die Parteigründungsfreiheit weitere Freiheiten ein. Diese Freiheiten sind eine Konsequenz der politischen Freiheit der Bürger, aus denen sich die Parteien zusammensetzen. Die Freiheiten der Parteien sind also eine notwendige Folge des Rechts des Einzelnen auf politische Selbstbestimmung (Klein 2001/2004/2005, 120, Rdnr. 255).

Zu den Parteienfreiheiten zählen die *Organisations-* und die *Willensbildungsfreiheit* sowie die *Freiheit von Staatseinwirkung und Staatsaufsicht.* Am bedeutsamsten ist jedoch die *Freiheit der politischen Richtungsbestimmung.* Die Gründungsfreiheit wäre wertlos, würde sie nicht die Programmautonomie einschließen.

Zwar ist die Beschaffenheit des Parteiensystems für die politische Kultur eines Landes sowie die Funktionsfähigkeit der Demokratie von großer Bedeutung, gleichwohl gilt generell, dass staatliche Vorgaben an die Organisations- und Programmgestaltung eine Entmündigung der Wählerschaft bedeuten würden. In einer Demokratie ist jedoch ausschließlich die Wählerschaft die berufene Entscheidungsinstanz über die Vorzugswürdigkeit von Parteien.

Die Entstehung von Parteien ist an das Bestehen eines politisch einflussreichen Parlaments gebunden, das von einer breit gestreuten Wählerschaft gewählt wird. Unter dieser Voraussetzung kommt es zur Notwendigkeit, Organisationen zu gründen, die gezielt auf die öffentliche Meinung einwirken, um die Sympathien möglichst großer Teile der Wählerschaft zu gewinnen. Diese Sympathien sollen bei Wahlen denjenigen Erfolg erzielen, der die betreffende Partei in den Stand setzt, ihre programmatischen Vorstellungen in der Gesetzgebungsarbeit und der Politikgestaltung durchzusetzen.

In Deutschland war diese Situation erstmals in der Weimarer Republik gegeben: Das Volk wählte nicht nur den Reichstag, sondern auch den Reichspräsidenten. Weiterhin hing von der Zusammensetzung des Reichstages die personelle Zusammensetzung der Reichsregierung ab. Obwohl also die Weimarer Verfassung die Existenz von Parteien notwendig voraussetzte und diese im politischen Leben eine zentrale Rolle spielten, erfuhren sie im Verfassungsdokument weitgehende Nichtbeachtung. Nur an einer Stelle wurden sie explizit erwähnt, und zwar in einer negativen Geste sprödester Abwehr. Artikel 130 WRV formulierte nämlich: „Die Beamten sind Diener der Gesamtheit, nicht einer Partei.“ Den Parteien haftete der Geruch des Partikularen, nicht des Integrativen an (Klein 2001/2004/2005, 39 f., Rdnr. 65 ff.).

Anders als die Weimarer Reichsverfassung anerkennt das Grundgesetz ausdrücklich die verfassungspolitische Funktion der Parteien. Es konzipiert sie als Bestandteile des Verfassungslebens und nicht lediglich als beliebige gesellschaftliche Organisationen. Sie gehören zwar nicht zu den Verfassungsorganen, nehmen auf die Willensbildung dieser Organe aber starken Einfluss.

Nicht das Grundgesetz, dafür aber das Parteiengesetz (PartG) definiert, was eine Partei in verfassungsrechtlicher Hinsicht ist. Von der Erfüllung der Definitionsmerkmale hängt es ab, ob politische Vereinigungen den Parteistatus und die damit verbundenen Rechte für sich reklamieren dürfen. In § 2 Abs. 1 PartG heißt es dazu:

> Parteien sind Vereinigungen von Bürgern, die dauernd oder für längere Zeit für den Bereich des Bundes oder eines Landes auf die politische Willensbildung Einfluss nehmen und an der Vertretung des Volkes im Deutschen Bundestag oder einem Landtag mitwirken wollen, wenn sie nach dem Gesamtbild der tatsächlichen Verhältnisse, insbesondere nach Umfang und Festigkeit ihrer Organisation, nach der Zahl ihrer Mitglieder und nach ihrem Hervortreten in der Öffentlichkeit eine ausreichende Gewähr für die Ernsthaftigkeit dieser Zielsetzung bieten. Mitglieder einer Partei können nur natürliche Personen sein.

Die Definition des Parteiengesetzes enthält drei wichtige Kriterien:
Eine Partei ist erstens eine *Vereinigung von Bürgern*. Mit den Bürgern sind natürliche Personen gemeint. Es soll ausgeschlossen werden, dass juristische Personen, also Verbände oder Unternehmen mit den in ihnen vereinigten Menschen, die Parteimitgliedschaft erlangen können. Damit soll verhindert werden, dass eine Partei unterwandert wird oder in eine Abhängigkeit gerät.

Eine Partei muss zweitens zwei Zwecke verfolgen, und zwar auf Dauer oder zumindest für längere Zeit: Sie muss zum einen auf die politische Willensbildung *Einfluss* nehmen wollen. Und sie muss zum anderen den ernsthaften Willen haben, sich an den *Wahlen* zu beteiligen, um Abgeordnete in die Volksvertretungen zu entsenden. Hierin liegt der entscheidende Unterschied zu den Interessenverbänden.

Eine Partei muss drittens ausreichende *Gewähr für die Ernsthaftigkeit* dieser Zielsetzungen bieten. Beurteilen lässt sich diese Ernsthaftigkeit nach Umfang und Festigkeit der Parteiorganisation, nach der Zahl der Mitglieder und nach dem Hervortreten der Partei in der Öffentlichkeit. § 2 Abs. 2 PartG ergänzt diesbezüglich, dass eine Organisation ihre Rechtsstellung als Partei verliert, wenn sie sechs Jahre lang keine Wahlvorschläge eingereicht hat.

Die Vorschrift für die Parteien, *auf die politische Willensbildung Einfluss zu nehmen*, hat zwei wichtige Implikationen.

Die erste Implikation besteht darin, dass die Parteien programmatische Vorstellungen haben müssen. Anderenfalls fehlte der Einflussnahme das sachliche Fundament. *Programme* sorgen aber auch für inhaltliche Transparenz. § 1 Abs. 3 PartG schreibt deshalb folgerichtig vor: „Die Parteien legen ihre Ziele in politischen Programmen nieder."

Die zweite, viel bedeutsamere Implikation besteht in der wohlbegründeten Annahme des Verfassunggebers, dass das Volk keinen natürlichen politischen Gesamtwillen hat. Es trägt in sich nur eine ungeformte und widersprüchliche Vielfalt von Meinungen und Interessen. Angesichts dieser Lage muss es Akteure geben, die verwandte Meinungen und Interessen zusammenfassen, in sich ausgleichen und programmatisch verdichten. Diese Akteure sind die Parteien. Erst wenn die Parteien die Vielfalt an Vorstellungen und Interessen auf wenige *entscheidungsfähige Alternativen* reduziert haben, gewinnt das Volk politische Handlungsfähigkeit: Die Parteien „sind die politischen Handlungseinheiten, deren die Demokratie bedarf, um die Wähler zu politisch aktionsfähigen Gruppen zusammenzuschließen und ihnen so überhaupt erst einen wirksamen Einfluss auf das staatliche Geschehen zu ermöglichen" (BVerfGE 52, 63 (82)). Nur dank der Aktivitäten der Parteien besitzt das Volk politische Orientierungspunkte und ist das Wählen deshalb sinnvoll. Die Parteien sind unverzichtbar für den politischen Prozess in der Demokratie, weil allein sie die notwendige inhaltliche Reduktionsleistung vollbringen.

Die Vorschrift für die Parteien, *an der Vertretung des Volkes im Bundestag oder in einem Landtag mitzuwirken*, verlangt von ihnen, sich an Wahlen zu beteiligen. Das impliziert, dass die Parteien Kandidaten hierfür aufstellen müssen. Die Teilnahme an Wahlen hat zwei Konsequenzen: Zunächst muss in einem *innerparteilichen* Konkurrenzkampf bestimmt werden, wen eine Partei zur Besetzung eines politischen Amtes präsentieren will. Dann müssen die aufgestellten Bewerber der verschiedenen Parteien in einem *zwischenparteilichen* Konkurrenzkampf um die Gunst der Wähler ringen. Beide Phasen eines solchen politischen Bewerbungsverfahrens stellen hohe Anforderungen an kommunikative Qualitäten, inhaltliche Überzeugungen und Durchsetzungsvermögen der Kandidaten.

Die Beteiligung an Wahlen bedeutet für die Parteien, politisches Personal heranzubilden. Sie bieten deshalb Bildungsveranstaltungen an, die Interessierte in den Fähigkeiten schulen, die von Politikern in verantwortlichen Ämtern verlangt werden. Die Parteien spielen also eine entscheidende Rolle bei der Rekrutierung des politischen Personals.

Bezogen auf die Wahl als den entscheidenden demokratischen Konstitutionsakt gewährleisten die Parteien somit insgesamt zweierlei: Sie präsentieren erstens *programmatische* Alternativen. Und sie präsentieren zweitens *personelle* Alternativen. Kein anderer politischer Akteur ist in der Lage, diese für das Leben der Demokratie unersetzbaren Funktionen zu übernehmen.

Worin im Einzelnen die Aufgabe für die Parteien besteht, an der *politischen Willensbildung* des Volkes *mitzuwirken*, wird ebenfalls nicht in Artikel 21 GG gesagt. Wiederum gibt das Parteiengesetz eine konkrete Antwort. § 1 Abs. 2 PartG listet einen umfangreichen Aufgabenkatalog auf:

> Die Parteien wirken an der Bildung des politischen Willens des Volkes auf allen Gebieten des öffentlichen Lebens mit, indem sie insbesondere (1.) auf die Gestaltung der öffentlichen Meinung Einfluss nehmen, (2.) die politische Bildung anregen und vertiefen, (3.) die aktive Teilnahme der Bürger am politischen Leben för-

dern, (4.) zur Übernahme öffentlicher Verantwortung befähigte Bürger heranbilden, (5.) sich durch Aufstellung von Bewerbern an den Wahlen in Bund, Ländern und Gemeinden beteiligen, (6.) auf die politische Entwicklung in Parlament und Regierung Einfluss nehmen, (7.) die von ihnen erarbeiteten politischen Ziele in den Prozess der staatlichen Willensbildung einführen und (8.) für eine ständige lebendige Verbindung zwischen dem Volk und den Staatsorganen sorgen.

Ersichtlich wird von den Parteien viel erwartet. Sie sollen in der politischen Bildung tätig sein, Bürger für die Politik aktivieren, Kandidaten für die Wahlen bereitstellen und ihren politischen Vorstellungen Geltung verschaffen. Das Wichtigste aber ist, dass ihnen eine Schlüsselfunktion als *Bindeglied zwischen Volk und Staatsorganen* zugesprochen wird. Man könnte erweiternd sagen, dass sie Mittler zwischen der gesellschaftlichen und der staatlichen Sphäre sind. Denn sie sind gesellschaftliche Organisationen, zielen aber darauf ab, die Organe des Staates personell zu besetzen und deren politisches Handeln zu prägen. Diese Eigenschaft hebt sie aus dem Kreis aller anderen am politischen Prozess Beteiligten hervor (Klein 2001/2004/2005, 79, Rdnr. 159).

Die Parteien, so auch das Bundesverfassungsgericht, „fassen die Aktivbürger freiwillig zu politischen Handlungseinheiten mit dem Ziel der Beteiligung an der Willensbildung in den Staatsorganen organisatorisch zusammen. Sie nehmen an der politischen Willensbildung des Volkes vornehmlich durch ihre Beteiligung an den Wahlen teil, die ohne die Parteien nicht durchgeführt werden können. Die politischen Parteien sind darüber hinaus Zwischenglieder zwischen dem Bürger und den Staatsorganen, Mittler, durch die der Wille der Bürger auch zwischen den Wahlgängen verwirklicht werden kann“ (BVerfGE 60, 53 (66)).

4.8 Bürgerpflichten und Bürgerverantwortung

Das Grundgesetz gewährleistet dem Einzelnen ein umfangreiches Ensemble an Grundrechten. Die vielfältigen grundrechtlichen Gewährleistungen können leicht den Eindruck erwecken, dass der Einzelne im Verhältnis zum Gemeinwesen nur über Rechte verfügt, dass ihm also eine Sphäre uneingeschränkter privater Freiheit zukommt, die er nach eigenen Plänen und Ideen beliebig ausfüllen kann. Umgekehrt scheint der Staat der ausschließlich Verpflichtete zu sein, hat er doch die Grundrechte zu respektieren, die Individuen zu schützen sowie für deren Existenzsicherung und die soziale Gerechtigkeit zu sorgen.

Ein nach solchen individualistischen Prinzipien aufgebautes Gemeinwesen kann jedoch nicht funktionieren. Dem Staat gingen schnell die Ressourcen aus, da aus individuellen Freiheiten keine Steuereinnahmen erwachsen. Der Bau notwendiger Infrastruktureinrichtungen müsste unterbleiben, da der Staat keine Zugriffsmöglichkeit auf privaten Grund und Boden hätte. Ein auswärtiger Angriff auf das Land müsste wehrlos hingenommen werden, da niemand zur Verteidigung bereitstünde.

Das Grundgesetz begründet keine individualistische Ordnung. Es geht von einem in der Gemeinschaft stehenden und ihr vielfältig verpflichteten Menschen aus. Der Einzelne muss sich deshalb Schranken seiner Handlungsfreiheit gefallen lassen, die für die Förderung des sozialen Zusammenlebens und die Gewährleistung der Funktionsfähigkeit des Gemeinwesens unerlässlich sind (Badura 1982, 870). Das Gemeinwesen erwartet von ihm weiterhin gemeinverträgliche Verhaltensweisen. Schließlich steht der Einzelne in einem Pflichtenstatus, der ihm gewisse Opfer für die Belange des Gemeinwesens abfordert. Der Pflichtenstatus findet sich in den Grundpflichten der Verfassung.

Auf welche Verfassungstraditionen können sich die Grundpflichten des Grundgesetzes stützen? Welche Grundpflichten statuiert das Grundgesetz? In welchem Verhältnis stehen sie zu den Grundrechten?

Pflichten und Verantwortung im Verfassungsdenken

Grundpflichten sind verfassungsrechtlich verankerte Pflichten des Einzelnen gegenüber dem staatlichen Gemeinwesen. Sie aktivieren und mobilisieren die den Grundrechtsinhabern zustehenden Freiheiten und Vermögenspotentiale für die Zwecke des Gemeinwohls. (Götz 1983, 12). Grundpflichten sind gewissermaßen die Grundrechte der staatlichen Gemeinschaft, die diese gegenüber den Individuen geltend macht.

Nirgendwo findet der Gedanke der *Verantwortung* des Bürgers gegenüber der staatlichen Gemeinschaft prägnanteren Ausdruck als in der Kategorie der Grundpflichten. Die Verantwortung ist eine Kategorie der Ethik. Da die Ethik auch für die Politik gilt, ist es durchaus angemessen, dass die Idee der Verantwortung dem Ganzen gegenüber, ausgedrückt in Grundpflichten, Aufnahme in die Verfassung findet (Saladin 1984, 212 f.).

Die Naturrechtslehren der Aufklärung, denen die frühen Menschenrechtserklärungen entstammten, stellten zwar die Freiheit des Individuums in den Mittelpunkt, doch diese Freiheit bedeutete nicht Abkehr, sondern Zuwendung zum politischen Gemeinwesen durch Erfüllung moralischer und rechtlicher Bürgerpflichten.

So war sich die Virginia Bill of Rights von 1776 dessen bewusst, dass sich ein freies Gemeinwesen ohne Bürgertugenden nicht erhalten lässt. In Abschnitt 15 hieß es: „Eine freie Regierung und die Segnungen der Freiheit können einem Volke nur erhalten werden durch strenges Festhalten an der Gerechtigkeit, Mäßigung, Enthaltsamkeit, Sparsamkeit und Tugend und durch häufiges Zurückgreifen auf die Grundprinzipien."

In Artikel 10 der Verfassung von Massachusetts aus derselben Zeit hieß es, dass in der Konsequenz seines Anspruches auf Schutz durch die Gemeinschaft ein jeder verpflichtet sei, durch persönliche Dienste oder ein Äquivalent zur Organisation dieses Schutzes beizutragen.

Auch die französische Erklärung der Menschen- und Bürgerrechte von 1789 ist kein reines Freiheitsdokument. Bereits die Präambel sprach nicht nur die Rechte des Menschen an. Sie erinnerte auch an die Pflichten der Mitglieder der Gesellschaft. Artikel 7 befahl Gehorsam im Falle gesetzlicher Vorladung und Verhaftung. Artikel 13 begründete die allgemeine Steuerpflicht für die Unterhaltung der Streitkräfte und für die Kosten der allgemeinen Verwaltung. Artikel 17 erlaubte die Enteignung von Eigentum für die Fälle gesetzlich festgelegter öffentlicher Notwendigkeit.

Die französische Verfassung von 1793 statuierte in zwei Artikeln zusätzlich die allgemeine Wehrpflicht. Artikel 107 stellte fest: „Die allgemeine Streitmacht der Republik besteht aus dem ganzen Volke." Artikel 109 bekräftigte: „Alle Franzosen sind Soldaten. Alle werden im Gebrauch der Waffen geübt."

Somit gehören der Gesetzesgehorsam, die Steuerpflicht, die allgemeine Wehrpflicht und die Eigentumsabtretungspflicht zum klassischen Bestand republikanischer Bürgerpflichten.

In Deutschland ging das Denken in staatsbürgerlichen Pflichten auf die lutherische Obrigkeitslehre, die kantische Pflichtenethik und die preußische Idee des Staatsdienstes zurück (Isensee 1982b, 609). Im preußischen Allgemeinen Landrecht von 1794 hieß es in § 73: „Ein jedes Mitglied des Staats ist das Wohl und die Sicherheit des gemeinen Wesens nach dem Verhältnis seines Standes und Vermögens zu unterstützen verpflichtet."

Während sich die Paulskirchenverfassung mit der Aufstellung von Grundpflichten zurückhielt – eher nebenbei wurden die Wehrpflicht (§ 137), die Eigentumsabtretungspflicht (§ 164) und die Steuerpflicht (§ 173) erwähnt – widmete die Weimarer Reichsverfassung den Grundrechten und Grundpflichten der Deutschen einen ganzen Hauptteil. Eine Fülle von Grundpflichten sollte Beachtung finden: So die Pflicht zur Übernahme ehrenamtlicher Tätigkeiten (Art. 132 WRV), die Pflicht zur Leistung persönlicher Dienste für Staat und Gemeinde sowie, nach Maßgabe des Reichswehrgesetzes, die Wehrpflicht (Art. 133 WRV), die Pflicht zum Tragen öffentlicher Lasten, d.h. die Steuerpflicht (Art. 134 WRV), die Eigentumsabtretungspflicht (Art. 153 WRV) und die Pflicht des Grundbesitzers zur Bearbeitung und Ausnutzung des Bodens (Art. 155 WRV). Abgerundet wurde der Kanon durch eine Pflichtengeneralklausel in Artikel 163 WRV: „Jeder Deutsche hat, unbeschadet seiner persönlichen Freiheit, die sittliche Pflicht, seine geistigen und körperlichen Kräfte so zu betätigen, wie es das Wohl der Allgemeinheit erfordert."

Die Liste der Grundpflichten schien eine Balance zum umfangreichen Katalog der gewährleisteten Grundrechte herzustellen. Dennoch bildeten die Grundpflichten dem rechtlichen Regelungsgehalt nach kein echtes Äquivalent zu den Grundrechten. Den Grundpflichten fehlte es an hinreichender rechtlicher Bestimmtheit. Sie wirkten daher zum Teil wie moralische Appelle. Sie hatten eher volkspädagogische als juristische Bedeutung (Isensee 1982b, 610).

Grundpflichten im Grundgesetz

Die kurz nach Ende des Zweiten Weltkrieges entstandenen Landesverfassungen enthalten ein umfangreiches Pflichtenspektrum, das in nicht wenigen Aspekten Ähnlichkeiten mit dem Pflichtenprogramm der Weimarer Reichsverfassung aufweist.

So statuieren Bayern und Bremen eine Pflicht zur Anteilnahme an öffentlichen Angelegenheiten. Bayern, Rheinland-Pfalz, Hessen und Bremen verpflichten ihre Landeskinder zur Treue gegenüber Staat und Verfassung. Die genannten Länder und zusätzlich Hamburg und das Saarland führen eine Pflicht zur Übernahme von Ehrenämtern auf. Mehrere Länder kennen auch die Nothilfepflicht, nach der jedermann bei Unglücksfällen und besonderen Notständen zur Leistung von Hilfe verpflichtet ist. Baden-Württemberg erklärt die Ausübung des Wahl- und Stimmrechts zur Bürgerpflicht. Bayern nennt die Steuerpflicht. Bayern und Rheinland-Pfalz verlangen von ihren Bürgern die eigentlich selbstverständliche Befolgung der Gesetze. Sie führen schließlich noch die Pflichtengeneralklausel auf, gemäß der jeder seine körperlichen und geistigen Kräfte so zu betätigen hat, wie es das Wohl der Gesamtheit erfordert.

Im Unterschied zur Weimarer Reichsverfassung wie auch zu den Landesverfassungen ist im Grundgesetz nur vereinzelt von Pflichten die Rede. Dabei sind die aufgeführten Pflichten nicht einmal in jedem Fall Grundpflichten.

So weist die Formel, dass alle Deutschen in jedem Land die *gleichen staatsbürgerlichen Rechte und Pflichten* haben (Art. 33 Abs. 1 GG), mit den Grundpflichten keine Berührung auf. Mit den Rechten und Pflichten ist die allgemeine Rechtsstellung des Staatsbürgers in seinem Verhältnis zum Staat gemeint. Darunter fällt etwa der Zugang zu staatlichen Ämtern und Ausbildungsstätten.

Die in Artikel 6 Abs. 2 GG statuierte *Pflege und Erziehung der Kinder* als den Eltern „zuvörderst obliegende Pflicht" ist ebenfalls keine Grundpflicht. Denn diese Pflicht korrespondiert zum einen mit dem „natürlichen Recht der Eltern" auf Erziehung ihrer Kinder und ist zum anderen keine der staatlichen Gemeinschaft zugutekommende Pflicht. Die elterliche Erziehungspflicht ist daher besser als Elternverantwortung zu kennzeichnen.

Ähnlich verhält es sich mit der *Schulpflicht*. Sie wird zum einen nicht explizit aufgeführt, da die Schulen zu den Kompetenzen der Länder gehören. Allerdings ist sie implizit im Grundgesetz enthalten, weil nach Artikel 7 Abs. 1 GG das gesamte Schulwesen unter der Aufsicht des Staates steht. Der Schulpflicht fehlt zum anderen der Charakter des Opfers für die Gemeinschaft, wie es für Grundpflichten kennzeichnend ist. Die Schüler werden vielmehr zum Konsum einer vom Staat bereitgestellten Leistung genötigt. Der Staat macht seinen erzieherischen Anspruch deshalb geltend, weil die Schule der Erzeugung von geistiger und ethischer Homogenität dient. Einer solchen Homogenität bedarf die Gesellschaft zu ihrem Funktionieren (Isensee 1982b, 617 f.).

Das Grundgesetz listet sogar zwei Grundrechte auf, die sich eigens gegen eine Inpflichtnahme durch die staatliche Gemeinschaft richten. So gewährleistet es in Artikel

4 Abs. 3 GG das Recht auf *Verweigerung des Kriegsdienstes* mit der Waffe, und es statuiert in Artikel 12 Abs. 2 GG das *Verbot des Arbeitszwanges* außerhalb allgemeiner öffentlicher Dienstleistungspflichten.

Das Grundgesetz enthält lediglich fünf alle Rechtsunterworfene betreffende Grundpflichten. Davon sind die Rechtsgehorsamspflicht und die Steuerpflicht nicht einmal ausdrücklich genannt. Für einen ausgewählten Personenkreis tritt noch eine besondere Treuepflicht hinzu. Explizit führt das Grundgesetz nur drei allgemeine Grundpflichten auf, nämlich die Dienstleistungspflicht, die Wehrdienst- bzw. die Ersatzdienstpflicht und die Eigentumsabtretungspflicht.

Die *Rechtsgehorsamspflicht* ist die elementarste aller Grundpflichten. Sie schließt die Friedenspflicht im Sinne eines Verzichts auf gewalttätige Selbsthilfe ein. Der Rechtsgehorsam ist eine apriorische Grundpflicht, da er die Voraussetzung des durch Gesetze herrschenden Staates bildet. Die Rechtsgehorsamspflicht braucht daher nicht eigens verfassungsrechtlich statuiert zu werden (Hofmann 1992, 333). Sucht man aber nach einer Verankerung im Grundgesetz, käme als Anknüpfungspunkt Artikel 2 Abs. 1 GG in Betracht. Dort wird das Recht auf freie Entfaltung der Persönlichkeit daran gebunden, dass nicht die Rechte anderer verletzt werden und nicht gegen die verfassungsmäßige Ordnung verstoßen wird.

Das Grundgesetz verlangt vom Einzelnen die Befolgung des Rechts. Es verlangt hingegen keine besondere Treue zum Staat. *Treue* erwartet es nur von bestimmten Personengruppen, in erster Linie von den Beamten, aber auch von den Wissenschaftlern.

Die Beamten stehen gemäß Artikel 33 Abs. 4 GG in einem öffentlich-rechtlichen Dienst- und Treueverhältnis. Sie unterliegen damit einer Loyalitätspflicht ihrem Dienstherrn, d.h. aber dem gesamten Gemeinwesen gegenüber. Sie müssen Gewähr dafür bieten, jederzeit für die freiheitliche demokratische Grundordnung einzutreten.

Wissenschaftler genießen zwar die Freiheit von Forschung und Lehre. Die Freiheit der Lehre entbindet sie gemäß Artikel 5 Abs. 3 GG jedoch nicht von der Treue zur Verfassung. Die Treuepflicht soll die Verfassung nicht vor wissenschaftlicher Kritik bewahren. Sie soll nur verhindern, dass unter dem Vorwand der Kritik der Verfassungsstaat verächtlich gemacht wird.

Die *Steuerpflicht* ist eine Implikation der grundgesetzlichen Finanzverfassung sowie des Sozialstaatsprinzips. Das Gemeinwesen ist angelegt auf Steuern als reguläre Finanzierungsquelle. Steuern bilden auch die Voraussetzung für das Umverteilungssystem des Sozialstaates. In Artikel 106 GG ist die Verteilung des Steueraufkommens zwischen Bund, Ländern und Gemeinden geregelt. Dieses Steueraufkommen setzt die Steuerpflichtigkeit der Einwohner voraus. Die Steuerpflicht findet in der Sozialpflichtigkeit des Eigentums noch eine weitere Grundlage (Bethge 1985, 257).

Die *Dienstleistungspflicht* ist in Artikel 12 GG begründet. Das Grundgesetz schließt zwar in Abkehr von der nationalsozialistischen Praxis des Arbeitsdienstes jede zwangsweise Heranziehung zur Arbeit aus, es macht aber mit der herkömmlichen allgemeinen und für alle gleichen Dienstleistungspflicht eine Ausnahme.

> Artikel 12 GG:
> (1) [...]
> (2) Niemand darf zu einer bestimmten Arbeit gezwungen werden, außer im Rahmen einer herkömmlichen allgemeinen, für alle gleichen öffentlichen **Dienstleistungspflicht**.
> (3) [...]

Mit den Dienstleistungen meint das Grundgesetz Tätigkeiten von geringer Intensität, die zum Nutzen des Gemeinwesens erbracht werden. Sie müssen herkömmlich sein, d.h. schon seit geraumer Zeit bestehen und als traditioneller Bestandteil der Pflichtenordnung gelten. Sie müssen allgemein sein, d.h. grundsätzlich von der Allgemeinheit der Betroffenen geleistet werden. Sie müssen für alle gleich gelten, d.h. grundsätzlich eine gleiche Belastung für alle darstellen (Scholz 2006, 270 ff., Rdnr. 496 ff.).

Die Dienstleistungen beziehen sich üblicherweise auf die lokale Ebene, wobei sie aufgrund der technischen Entwicklung immer seltener zur Anwendung kommen. So sind die traditionellen gemeindlichen Hand- und Spanndienste in den modernen Kommunen fast ausgestorben. Die früher übliche Deichhilfe in überschwemmungsbedrohten Gebieten ist längst professionalisiert und durch eine finanzielle Deichabgabe ersetzt worden. Sofern es genügend Freiwillige gibt, führt schließlich auch die Feuerwehrdienstpflicht zu keiner Belastung für diejenigen, die der Feuerwehr nicht angehören (Götz 1983, 28). Es zeigt sich insgesamt, dass die Dienstleistungspflicht nur eine sehr untergeordnete Rolle spielt.

Artikel 12a GG regelt die *Wehrpflicht*. Das Grundgesetz schreibt die Wehrpflicht jedoch nicht vor, es ermöglicht sie nur. Der Dienst kann in den Streitkräften, aber auch beim Bundesgrenzschutz (Bundespolizei) oder einem Zivilschutzverband abgeleistet werden. Alle diese stark in die Lebensplanung eingreifenden Pflichtdienste sind gleichwertig.

Der Dienst beim Bundesgrenzschutz ist wie der bei den Streitkräften bewaffneter Art. Im Verteidigungsfall besitzt auch der Bundesgrenzschutz Kombattantenstatus. Der Dienst in einem Zivilschutzverband ist systematisch ebenfalls mit dem Dienst in den Streitkräften verbunden. Denn Zivilschutzverbände haben vor allem die Aufgabe, Schäden und Gefahren abzuwenden, die der Zivilbevölkerung im Verteidigungsfall drohen (Scholz 2001, 31 ff., Rdnr. 50 ff.).

Artikel 12a GG:
(1) Männer können vom vollendeten achtzehnten Lebensjahr an zum **Dienst in den Streitkräften**, im **Bundesgrenzschutz** oder in einem **Zivilschutzverband** verpflichtet werden.
(2) Wer aus Gewissensgründen den Kriegsdienst mit der Waffe verweigert, kann zu einem **Ersatzdienst** verpflichtet werden. Die Dauer des Ersatzdienstes darf die Dauer des Wehrdienstes nicht übersteigen. Das Nähere regelt ein Gesetz, das die Freiheit der Gewissensentscheidung nicht beeinträchtigen darf und auch eine Möglichkeit des Ersatzdienstes vorsehen muss, die in keinem Zusammenhang mit den Verbänden der Streitkräfte und des Bundesgrenzschutzes steht.
(3) [...] (4) [...] (5) [...] (6) [...]

Diejenigen, die den Kriegsdienst mit der Waffe aus Gewissensgründen verweigern, können zu einem *Ersatzdienst* verpflichtet werden. Aus Gründen der Lastengleichheit und der Wehrgerechtigkeit darf dieser Dienst die Dauer des Wehrdienstes nicht übersteigen. In dem als Zivildienst firmierenden Ersatzdienst erfüllen anerkannte Kriegsdienstverweigerer dem Gemeinwohl dienende Aufgaben vor allem im sozialen Bereich, im Gesundheitswesen und im Umweltschutz.

Für das Bundesverfassungsgericht ist die Wehrpflicht eine verfassungsrechtliche Pflicht, deren Einführung sich innerhalb der politischen Grundentscheidung für die militärische Verteidigung bewegt. Diese Grundentscheidung legitimiert sich durch Artikel 73 GG, der den Bund zur Gesetzgebung über die Verteidigung einschließlich des Schutzes der Zivilbevölkerung ermächtigt (BVerfGE 12, 45 (50 f.); BVerfGE 28, 243 (261)). Der Gesetzgeber kann die Wehrpflichtarmee zwar durch eine Freiwilligenarmee ersetzen, solange dies aber nicht geschehen ist, bleibt die Wehrpflicht eine Grundpflicht (Götz 1983, 23).

Zur Legitimität der Wehrpflicht stellte das Bundesverfassungsgericht fest, „dass der Staat, der Menschenwürde, Leben, Freiheit und Eigentum als Grundrechte anerkennt und schützt, dieser verfassungsrechtlichen Schutzverpflichtung gegenüber seinen Bürgern nur mit Hilfe eben dieser Bürger und ihres Eintretens für den Bestand der Bundesrepublik Deutschland nachkommen kann. Mit anderen Worten: Individueller grundrechtlicher Schutzanspruch und gemeinschaftsbezogene Pflicht der Bürger eines demokratisch verfassten Staates, zur Sicherung dieser Verfassungsordnung beizutragen, entsprechen einander“ (BVerfGE 48, 127 (161)).

Nicht übersehen werden darf, dass Artikel 12a GG für den Verteidigungsfall noch weitere *Dienstverpflichtungen* vorsieht. Gemäß Absatz 3 können in dieser Situation nämlich Wehrpflichtige, die keinen Wehr- oder Ersatzdienst leisten, zu zivilen Dienstleistungen einschließlich des Schutzes der Zivilbevölkerung verpflichtet werden. Und gemäß Absatz 4 können Frauen zu zivilen Dienstleistungen im zivilen Sanitäts- und

Heilwesen sowie in der ortsfesten militärischen Lazarettorganisation herangezogen werden, wenn der Bedarf nicht auf freiwilliger Grundlage gedeckt werden kann.

Artikel 14 Abs. 2 GG drückt die *Sozialbindung des Eigentums* aus. Absatz 3 ermächtigt den Staat aus Gründen des Allgemeinwohls sogar zur Enteignung, wenn auch nicht ohne Entschädigung für den Enteigneten. Dem Enteignungsrecht des Staates entspricht auf Seiten des Eigentümers die *Eigentumsabtretungspflicht.*

Artikel 14 GG:
(1) [...]
(2) **Eigentum verpflichtet**. Sein Gebrauch soll zugleich dem Wohle der Allgemeinheit dienen.
(3) Eine **Enteignung** ist nur zum Wohle der Allgemeinheit zulässig. Sie darf nur durch Gesetz oder auf Grund eines Gesetzes erfolgen, das Art und Ausmaß der Entschädigung regelt. Die Entschädigung ist unter gerechter Abwägung der Interessen der Allgemeinheit und der Beteiligten zu bestimmen. Wegen der Höhe der Entschädigung steht im Streitfalle der Rechtsweg vor den ordentlichen Gerichten offen.

Die Sozialbindung des Eigentums umfasst das Gebot der Rücksichtnahme auf die Belange der Allgemeinheit und der Mitmenschen. Das Eigentum soll nicht ausschließlich privatnützig, es soll auch gemeinnützig verwendet werden. Die Sozialbindung ist auf jeden Fall eine moralische Verpflichtung, sie hat aber auch rechtliche Aspekte. Wenn das Eigentumsobjekt nämlich in einem sozialen Bezug steht, wenn also andere Menschen auf das betreffende Eigentum angewiesen sind, dann muss sich der Eigentümer rechtliche Beschränkungen in der Handhabung seines Eigentums gefallen lassen. Besonders deutlich wird die Sozialbindung im Mietrecht. Der Eigentümer von Mietwohnungen unterliegt Beschränkungen des Kündigungsrechts. Er darf auch nicht einfach Wohnraum zweckentfremden (Seifert/Hömig 1999, 186).

Im Falle des sozial gebundenen Wohneigentums fehlt allerdings eine Staatsbezogenheit der Pflicht. Ein solcher Bezug liegt aber in den diversen Notstandsgesetzen vor, wie dem Bundesleistungsgesetz, dem Wirtschaftssicherstellungsgesetz und dem Verkehrssicherstellungsgesetz. Diese Gesetze verpflichten die Eigentümer, im Verteidigungsfall bestimmte sachliche Leistungen zugunsten des Staates zu erbringen (Stober 1979, 48).

Anders als die Sozialbindung ist die *Enteignung* ein echter Eingriff in das Eigentum. Eine Enteignung hinnehmen zu müssen, damit eine öffentliche Aufgabe erfüllt werden kann, ist ein besonders starker Ausdruck des Pflichtenstatus des Einzelnen. Der Enteignete bringt dem Gemeinwesen ein Opfer, das andere nicht erbringen müssen.

Die Enteignung wird ein zweites Mal in Artikel 15 GG angesprochen. Dort geht es aber nicht um die Enteignung im Einzelfall, sondern um die Überführung ganzer Wirtschaftsbereiche in Gemeineigentum. Für die betroffenen Eigentümer von Grund und Boden sowie von Produktionsmitteln stellt sich die mit der möglichen Sozialisierung verbundene Enteignung als eine Duldungslast ihres Eigentums dar (Hofmann 1992, 332).

Die Asymmetrie von Grundrechten und Grundpflichten

Als Ausdruck politischer Grundideen erscheinen Grundrechte und Grundpflichten gleichrangig und gleich bedeutsam. Sie drücken die Idee aus, dass Freiheit und Verantwortung aufeinander bezogen sind. In der öffentlichen Wahrnehmung zeigt sich jedoch eine Asymmetrie. Hiernach sind die Grundrechte in aller Munde, von den Grundpflichten wissen nur wenige. Grundrechte gelten als geschichtliche Errungenschaften, als Bollwerke im Kampf gegen fürstlichen Absolutismus, als Schutzdämme gegen den Übermut der Mächtigen. Grundpflichten scheinen hingegen den Geist des glücklich überwundenen Obrigkeitsstaates zu atmen. Eine Asymmetrie besteht auch hinsichtlich der Anzahl der Rechte und Pflichten: Vielen Grundrechten stehen wenige Grundpflichten gegenüber.

Einer der Gründe für die zahlenmäßige Asymmetrie ist in der Reaktion des Verfassunggebers auf die nationalsozialistische Herrschaft zu sehen. Im Nationalsozialismus war es jahrelang zu einer missbräuchlichen Überanstrengung von Gemeinsinn und Opferbereitschaft gekommen. Die Rechtsstellung des Einzelnen war im Wesentlichen durch vielfältige Pflichten bestimmt gewesen. Nur nach Maßgabe seiner Pflichtenerfüllung für den totalitären Führerstaat war er als Träger von Rechten anerkannt worden. Zudem hatte es eine Verhöhnung liberal-rechtsstaatlichen Rechtsdenkens gegeben. Traumatisch auf die nationalsozialistische Verachtung des Individuums und seiner Freiheit fixiert, schien dem Verfassunggeber die Sicherung der individuellen Freiheit vordringlich (Hofmann 1983a, 52 f.).

Die weitgehende Aussparung der Pflichtendimension im Verfassungstext bedeutet jedoch keine sachliche Entscheidung gegen die Idee der Grundpflichten. Denn in derselben verfassungspolitischen Situation kam es in den Landesverfassungen zu einer Wiederbelebung der Grundpflichten. Sie erschienen dem Parlamentarischen Rat als etwas Selbstverständliches. So führte der Abgeordnete von Mangoldt als Berichterstatter zum Grundrechtsteil des Grundgesetzes aus: „Die Grundrechte setzen die Einordnung des Einzelnen in den Staat voraus. Es gibt auch Grundpflichten des Einzelnen" (Stober 1979, 18 f.).

Der wesentliche Grund für die zurückhaltende Auferlegung von Grundpflichten liegt in der Freiheit des Individuums als dem tragenden Prinzip des demokratischen Verfassungsstaates. Dieses Prinzip bedeutet verfassungstheoretisch einen Vorrang der Grundrechte vor den Grundpflichten. Denn die Grundrechte dienen der Freiheit unmittelbar, die Grundpflichten jedoch nur mittelbar. Grundpflichten ermöglichen das Zusammenleben und das Gedeihen freier Individuen und nehmen – in Gestalt der Wehrpflicht – den Einzelnen für die Organisation des Freiheitsschutzes in Anspruch (Hofmann 1983a, 69).

In einer freiheitlichen Ordnung kann es auch nicht sein, den Menschen für Güter, Ziele, Zwecke oder Werte, die ihn übersteigen, in Anspruch zu nehmen. Dieser Ordnung widersprechen daher unbegrenzte Leistungspflichten, weil solche Pflichten eine unbedingte Inanspruchnahme des Individuums voraussetzen.

Da sie nicht auf das Freiheitsprinzip gegründet waren, boten die Verfassungen der früheren sozialistischen Staaten – die Verfassung der DDR eingeschlossen – in dieser Hinsicht ein völlig anderes Bild. In diesen Verfassungen standen Grundrechte und Grundpflichten in gleicher Weise unter der Behauptung objektiver gesellschaftlicher Bedürfnisse und historischer Entwicklungsgesetze. Rechte und Pflichten konnten deshalb auch zu einer Einheit zusammengefügt werden, denn sie zielten gleichermaßen auf ein als gesellschaftlich notwendig bezeichnetes Handeln. So hieß es in Artikel 24 DDR-Verf.: „Gesellschaftlich nützliche Tätigkeit ist eine ehrenvolle Pflicht für jeden arbeitsfähigen Bürger. Das Recht auf Arbeit und die Pflicht zur Arbeit bilden eine Einheit.“ Angesichts des hehren Ziels gesellschaftlich nützlicher Tätigkeit wird aus dem Recht eine Ehrenpflicht. Umgekehrt stellt sich die Pflicht wie ein Recht auf Beteiligung an der Vermehrung des Nützlichen dar. Die individuelle Freiheit geht in einem solchen Verständnis allerdings unter (Hofmann 1992, 343 f.).

Es gibt schließlich noch einen letzten Grund für die Asymmetrie von Grundrechten und Grundpflichten. Es ist der Sachverhalt, dass Grundpflichten im Unterschied zu Grundrechten keine unmittelbaren Rechtswirkungen entfalten. Grundrechte gelten unmittelbar und verleihen dem Einzelnen durchsetzbare Ansprüche. Demgegenüber bedürfen die Grundpflichten erst noch der gesetzlichen Konkretisierung, um anwendbar zu sein. Ohne diese Konkretisierung sind die Grundpflichten nicht mehr als programmatische Absichten und moralische Appelle. So verlangt die Rechtsgehorsamspflicht Gesetze, die bestimmen, was erlaubt und was verboten ist. Die Steuerpflicht bleibt ohne Steuergesetze bedeutungslos. Ohne Wehrpflichtgesetz ist die Proklamation des allgemeinen Wehrdienstes nur ein Programm (Hofmann 1983b, 4).

Bürgerverantwortung durch gemeinwohlgerechten Grundrechtsgebrauch

Aufgrund ihrer geringen Zahl reichen die Grundpflichten nicht hin, das Verhalten der Menschen so zu steuern, dass das Gedeihen des Gemeinwesens sichergestellt ist. Es gibt darüber hinaus jedoch weitere Pflichten moralischer Natur, die für den Bestand des Gemeinwesens wichtig sind. Solche Pflichten bestehen zum einen zwischen den Grundrechtsträgern. So schuldet ein jeder dem anderen Achtung in dessen Menschenwürde. Toleranz zwischen den Menschen ist eine unerlässliche Bedingung friedlichen Nebeneinanders in der Gesellschaft. Moralische Pflichten wachsen dem Einzelnen aber auch gegenüber dem Staat zu. Dazu gehören etwa Verlässlichkeit im Verhältnis zu den Behörden und Rücksichtnahme beim Empfang staatlicher Leistungen. Da moralische Pflichten nicht rechtlich fixiert sind, unterliegen sie allerdings nicht der Verfügungs- und Sanktionsmacht des Staates (Isensee 1982b, 615 f.).

Viel hängt daher vom Umgang mit den Grundrechten ab. Das Grundgesetz baut darauf, dass die Menschen einen gemeinwohlgemäßen Gebrauch von ihren Freiheitsrechten machen. Dabei muss jedoch nüchtern gesehen werden, dass die grundrechtlichen Freiheiten ein Risiko für das Gemeinwesen bedeuten. Es kann nicht ausgeschlossen werden, dass die Menschen ihre Grundrechte so verstehen, dass sie rücksichtslos handeln und die negativen Folgen ihrer Handlungen auf die Gemeinschaft abschieben dürfen. Die Grundrechte können auch keine Passivität verhindern. Es widerspräche der freiheitlichen Verfassung, würde der Einzelne gezwungen werden, Grundrechte in Anspruch zu nehmen. In jeder grundrechtlichen Gewährleistung ist mithin begriffsnotwendig die Befugnis mitenthalten, von der betreffenden Freiheit keinen Gebrauch zu machen (Bethge 1985, 253).

So schließt die Berufsfreiheit die Freiheit zum Faulsein ein. Die Religionsfreiheit ist ebenso die Freiheit zu religiösem Desinteresse. Die Koalitionsfreiheit ermöglicht dem Einzelnen, den Gewerkschaften fernzubleiben. Die politischen Teilhaberechte erlauben Passivität und Distanz zum politischen Leben. Die Freiheit ist notwendig auch die Freiheit zur Trägheit und zum Desinteresse.

Die grundrechtliche Freiheit ist jedoch gedacht als sittliche Autonomie und verantwortliches Handeln. Die Verfassung erwartet, dass die Grundrechtsträger in ihren jeweiligen Lebensbereichen ein gemeinwohlförderliches Grundrechtsethos entwickeln. Doch die Erfüllung dieser Erwartung wird nicht erzwungen, sie muss aus freien Stücken erbracht werden. Insofern ist das Gemeinwesen nur lebensfähig, wenn die Bürger ihre Freiheit in der Teilnahme am beruflichen, gesellschaftlichen und politischen Leben erfüllen. Der Sozialstaat bräche zusammen, wenn alle sich zum Müßiggang entschlössen. Zeitungen würden nicht mehr gedruckt, wenn sich niemand mehr aus Zeitungen informierte. Die Parteien verschwänden, wenn alle sich der Mitarbeit verweigerten. Die Demokratie stürbe ab, wenn niemand sich zum politischen Engagement bereitfände (Isensee 1992b, 454 ff.).

In letzter Hinsicht verlangen Staat und Verfassung vom Einzelnen sogar das Bürgeropfer. Erwartet wird die Bereitschaft der Bürger, ihr freiheitliches Gemeinwesen zu verteidigen und es gegenüber auswärtigen oder terroristischen Bedrohungen zu behaupten. In Zeiten der Krise bedarf der demokratische Verfassungsstaat des Selbstbehauptungswillens der in ihm vereinigten Menschen. Die abstrakte Pflicht, die Lasten des Gemeinwesens solidarisch mit allen anderen zu tragen und zu teilen, beinhaltet im Extremfall damit die Pflicht, sich für die Existenzsicherung des Gemeinwesens aufzuopfern. Das Bürgeropfer ist die äußerste Inpflichtnahme des Bürgers für sein Gemeinwesen (Depenheuer 2007, 46 ff.).

5 Staatliche Ordnungswerte

5.1 Gemäßigte Herrschaft

Für die einer staatlichen Herrschaftsgewalt unterworfenen Menschen stellt eine moderate Herrschaftsausübung einen hohen Wert dar. Moderat ist die Herrschaftsausübung dann, wenn die staatlichen Grundfunktionen auf mehrere Organe verteilt sind und diese Organe sich gegenseitig hemmen und ausbalancieren. Wichtig für eine gemäßigte Herrschaftsausübung ist weiterhin die politische Kontrolle. Kontrollierte politische Macht verhindert nicht nur Machtmissbrauch, sondern gewährleistet auch in einem hohen Maße die individuelle Freiheit.

Das klassische Arrangement zur Gewährleistung von Herrschaftsmäßigung ist die Gewaltenteilung. Sie unterscheidet den Verfassungsstaat von Diktaturen, die das Prinzip der Gewalteneinheit (Gewaltenmonismus) vertreten. Gewalteneinheit bedeutet uneingeschränkte Machtkonzentration. Der Gedanke der Gewaltenteilung durchzieht das Grundgesetz in mannigfachen Ausprägungen. Es sorgt auf diese Weise in mehrfacher Hinsicht für eine gemäßigte Herrschaftsausübung.

Was genau bedeutet Gewaltenteilung? Welchen verfassungspolitischen Traditionen folgt das Grundgesetz mit seiner Aufnahme des Gewaltenteilungsprinzips in die Verfassungsordnung? Welche Ausprägungen findet diese Ordnungsidee im Grundgesetz? Worin zeigen sich die herrschaftsmäßigenden Kontrollen der Macht?

Herrschaftsmäßigung durch gewaltenteilig organisierte Herrschaft

Die Gewaltenteilung gilt seit jeher als ein Mittel zur Bändigung hoheitlicher Macht. Diese Bändigung wird als notwendig angesehen, weil jede Macht die Tendenz hat, sich auszudehnen, wenn sie nicht in Schranken gehalten wird. Durch die Ausdifferenzierung des Herrschaftsapparates soll eine despotische Akkumulation von Herrschaftskompetenzen in der Hand bestimmter Personen verhindert und damit die Freiheit der Bürger geschützt werden. Entflechtung, Dekonzentration und Transparenz sollen staatliches Handeln kontrollierbar machen, Willkür ausschalten und Missbrauch abwenden (Stettner 1986, 78).

Im Kern bedeutet Gewaltenteilung, dass die Fülle der staatlichen Macht weder bei einer einzigen Person noch auch nur bei einem einzigen Staatsorgan liegen, sondern auf mehrere Staatsorgane und damit auf mehrere Personen oder Personengruppen verteilt sein soll.

Dahinter steht ein bestimmtes Menschenbild. Dieses Bild geht von der Irrtumsfähigkeit und Fehlsamkeit der Menschen aus, einschließlich derjenigen, die über Wahlen in öffentliche Ämter gelangen. Es kommt deshalb darauf an, den Amtsträgern nur einen relativ kleinen Entscheidungsspielraum zu übertragen und sie zusätzlich der Kontrolle und wenn nötig der Korrektur durch andere Personen aus anderen Staatsorganen zu unterwerfen. Verstärkt wird diese Überlegung noch durch die nie auszuschließende Möglichkeit, dass der Einzelne wie auch ein ganzes Staatsorgan bewusst zum Schaden des Ganzen handeln können (Herzog 1978/1980, 138 ff., Rdnr. 3 ff.).

Folge der Gewaltenteilung ist ein *kompliziertes Regierungssystem*. Die Willensbildung und die Entscheidungsfindung sind im Geflecht der Organe mit ihren gegenseitigen Einflussnahmen, Einspruchsmöglichkeiten und Kontrollinstrumenten mühselig und zeitaufwendig. Aber dies ist keine Schwäche, sondern Absicht. Auf diese Weise werden die Folgen jeder Entscheidung mehrfach und aus verschiedenen Blickwinkeln geprüft. Langatmige, in der Regel kompromissorientierte Entscheidungsprozesse kommen damit der Sicherung der individuellen Freiheit zugute (Benda 1995a, 737).

Hinter der Gewaltenteilungsidee steht letztlich die „Erkenntnis, dass es das kennzeichnende Merkmal einer jeden Tyrannis ist, ein möglichst simples Regierungssystem zu errichten, und dass es das kennzeichnende Merkmal eines jeden freiheitlichen Rechtstaates ist, dass er [...] ein bewusst kompliziertes Regierungssystem errichtet" (Fraenkel 1976, 346).

Dass der tragende Sinn der Gewaltenteilung die Herrschaftsmäßigung ist, sieht auch das Bundesverfassungsgericht. In einer frühen Entscheidung heißt es: „Freilich ist die Gewaltenteilung ein tragendes Organisationsprinzip des Grundgesetzes. Seine Bedeutung liegt in der politischen Machtverteilung, dem Ineinandergreifen der drei Gewalten und der daraus resultierenden Mäßigung der Staatsherrschaft" (BVerfGE 3, 225 (247)). Ein anderes Urteil stellt den Zweck der Machtmäßigung noch deutlicher heraus: Es gehe um den Schutz der Freiheit des Einzelnen. Die Organe der Legislative, Exekutive und Justiz müssten sich deshalb gegenseitig kontrollieren und begrenzen. Keine Gewalt dürfe ein von der Verfassung nicht vorgesehenes Übergewicht über die andere Gewalt erhalten (BVerfGE 9, 268 (279)).

Die Gewaltenteilung dient jedoch nicht nur der Machthemmung. Sie ist auch ein Mittel zur Erreichung von größerer *sachlicher Richtigkeit* und damit von Effektuierung staatlicher Macht. Denn Gewaltenteilung bedeutet auch Arbeitsteilung. Die auf bestimmte Aufgaben spezialisierten Organe sind besser als ein undifferenzierter Herrschaftsapparat in der Lage, Informationen zu verarbeiten und Probleme zu bewältigen (Möllers 2005, 68).

Ein geeignetes Gewaltenteilungssystem verlangt, dass die verschiedenen Staatsfunktionen jeweils solchen Organen anvertraut werden, die für die betreffende Aufgabe am besten gerüstet sind. Insofern kommt es für staatliche Entscheidungen nicht ausschließlich auf ein Höchstmaß an demokratischer Legitimation an. Käme es nämlich darauf an, müssten eigentlich alle Entscheidungen vom Parlament getroffen werden (Lerche 2000, 76 f.). Dass die Gewaltenteilung auf eine optimale Wahrnehmung der Staatsfunktionen abzielt, entspricht auch der Auffassung des Bundesverfassungsgerichts. In einem Urteil stellte es fest, „dass staatliche Entscheidungen möglichst richtig, das heißt von den Organen getroffen werden, die dafür nach ihrer Organisation, Zusammensetzung, Funktion und Verfahrensweise über die besten Voraussetzungen verfügen" (BVerfGE 68, 1 (86)).

Verfassungspolitische Traditionen der Gewaltenteilung

Seit der streng gewaltenteilig organisierten amerikanischen Verfassung von 1787 und seit der kategorischen Feststellung in Artikel 16 der französischen Erklärung der Menschen- und Bürgerrechte, dass eine Gesellschaft, in der die Gewaltenteilung nicht festgelegt ist, keine Verfassung hat, bildet die Gewaltenteilung ein zentrales, Legitimität vermittelndes Element aller demokratischen Verfassungsordnungen westlicher Prägung.

Die Idee der Gewaltenteilung ist jedoch älter als der Verfassungsstaat. Ihre Geschichte beginnt auch keineswegs 1748 mit Montesquieus „Vom Geist der Gesetze", wie landläufig angenommen wird. Das Gewaltenteilungskonzept erschöpft sich ebenso nicht in der häufig mit ihm ausschließlich identifizierten Unterscheidung von Legislative, Exekutive und Judikative.

Bereits Aristoteles gliederte die Staatsaufgaben nach bestimmten Funktionen und deren Zuordnung zu bestimmten Organen oder Institutionen auf. Hinzu kam bei ihm der Gedanke der *gemischten Verfassung*. Das Konzept der gemischten Verfassung besteht darin, die maßgeblichen gesellschaftlichen Kräfte an der Herrschaftsausübung zu beteiligen. In früheren Jahrhunderten waren dies das Volk, der Adel und die Krone.

In einer gemischten Verfassung sind die verschiedenen Institutionen mit Vertretern der verschiedenen gesellschaftlichen Kräfte besetzt. Zugleich ist festgelegt, dass die Verfassungsinstitutionen zusammenwirken müssen. Es kommt somit zu einer Herrschaftsbeteiligung aller gesellschaftlichen Kräfte. Diese Beteiligung gewährleistet, dass kein Teil der Gesellschaft von der Gestaltung der Politik ausgeschlossen ist und möglicherweise unmäßig belastet oder gar unterdrückt wird. Dadurch gelangt das Gemeinwesen zu einer hohen Stabilität.

Vom Gedanken der gemischten Verfassung sind noch die Gewaltenteilungslehren der Aufklärungszeit geprägt. Diese Lehren konnten insbesondere von der englischen Erfahrung eines Machtausgleiches zwischen den gesellschaftlichen Kräften zehren.

So entwickelte John Locke Ende des 17. Jahrhunderts eine Gewaltenteilungslehre, die er kunstvoll mit der Idee der gemischten Verfassung verknüpfte. Locke unterschied vier Funktionen, nämlich Legislative, Exekutive, Föderative und Prärogative. Eine Judikative erwähnte er nicht, da erst 1701 in England die Unabhängigkeit der Richter gesetzlich angeordnet wurde. Unter der *föderativen Gewalt* verstand Locke eine von gesetzlicher Bindung freie *auswärtige Gewalt*. Und die *Prärogative* war für ihn eine Art ungebundener *Notstandsgewalt*.

An Institutionen kannte Locke das aus Unterhaus und Oberhaus bestehende Parlament sowie die Krone. Die gesellschaftlichen Kräfte waren Volk, Adel und Königshaus.

An der Gesetzgebung ließ Locke alle drei Kräfte teilhaben: Das Volk und den Adel über die beiden Kammern des Parlaments, den König über das Gegenzeichnungs- bzw. Vetorecht. Die exekutive, die föderative und die prärogative Gewalt gestand Locke dagegen allein dem Monarchen zu. Er führte dafür pragmatische Gründe der Handlungs- und Reaktionsfähigkeit an. Das Besondere der Lockeschen Konzeption ist, dass er alle gesellschaftlichen Kräfte an der Gesetzgebung mitwirken ließ. Auf diese Weise stellte er den sozialen Ausgleich sowie die politische Integration im Rahmen des verfassungsrechtlich Möglichen sicher.

Montesquieu verfolgte die Absicht, eine gemäßigte politische Herrschaftsordnung zu konstruieren, in der die Bürger politische Freiheit und Rechtssicherheit genießen. Sein Gegenbild war die despotische Herrschaft, in der die jeweils Herrschenden ihre Machttriebe ungehindert ausleben können.

Montesquieus Lehre aus dem Jahre 1748 ist ebenso wie die John Lockes anspruchsvoller, als sie allgemein zur Kenntnis genommen wird. Zwar stammt von ihm die geläufige Unterscheidung in die drei Funktionen Legislative, Exekutive und Judikative, aber sein Gedankengebäude reicht weiter. Vor dem Hintergrund einer zum Teil eigenwilligen Interpretation der damaligen englischen Verhältnisse ordnete er nämlich die drei Funktionen vier Institutionen zu. Diese vier Institutionen waren eine gewählte Körperschaft des Volkes, eine Adelskörperschaft, ein Monarch sowie eine unabhängige, aber nach Ständen zuständige Richterschaft. Aus den organisatorischen Bezeichnungen geht schon hervor, dass es Montesquieu auf das Gleiche ankam wie schon Locke vor ihm: Die drei maßgeblichen gesellschaftlichen Kräfte Volk, erblicher Adel und dynastisches Königshaus sind an der Ausübung politischer Herrschaft zu beteiligen. Insbesondere müssen Volk, Adel und Königshaus an der Gesetzgebung teilhaben, ist doch die Legislative die wichtigste Funktion.

Locke und Montesquieu verknüpften in ihren Gewaltenteilungslehren kunstvoll drei Ebenen, nämlich die *funktionelle*, die *organisatorische* oder *institutionelle* und die *sozialstrukturelle* Ebene.

Unter der Bedingung eines allgemeinen und gleichen Wahlrechts spielt in der modernen Gesellschaft der sozialstrukturelle Aspekt keine Rolle mehr. Denn über die Wahl legitimiert das Volk selbst direkt oder indirekt die mit der Ausübung von Herrschaft Beauftragten, so die Parlamentsabgeordneten, die Mitglieder der Regierung und die obersten Richter. Umso wichtiger ist die gegenseitige Zuordnung und Ausbalancierung der Institutionen, damit der eigentliche Zweck der Gewaltenteilung, die Mäßigung der Herrschaftsausübung, gewährleistet ist (Steffani 1980, 118 ff.).

Eine mögliche Antwort auf die Ordnung der Institutionen fanden die amerikanischen Verfassungsväter mit der Etablierung eines präsidentiellen Regierungssystems. Die Kommentierung dieses Regierungssystems in den Federalist Papers war stark von der Rezeption der Gedanken Montesquieus bestimmt. Eine andere Möglichkeit ist die Konstruktion eines parlamentarischen Regierungssystems. Diesen Weg ist das Grundgesetz gegangen.

Institutionelle Arrangements zur Errichtung einer gewaltenteiligen Herrschaft

Das Grundgesetz verwendet an keiner Stelle den Ausdruck „Gewaltenteilung“. Dass die Herrschaftsordnung gewaltenteilig aufgebaut ist, lässt sich nur ansatzweise zwei Artikeln entnehmen, die allerdings eine herausgehobene Stellung einnehmen. Es handelt sich um die Artikel 1 und 20 GG. In beiden Artikeln ist von der Gesetzgebung, der vollziehenden Gewalt und der Rechtsprechung die Rede. Einen gewissen Anhalt bieten auch noch die Abschnitte VII (Die Gesetzgebung des Bundes), VIII (Die Ausführung der Bundesgesetze und die Bundesverwaltung) und IX (Die Rechtsprechung) des Grundgesetzes.

Artikel 1 GG:
(1) [...] (2) [...]
(3) Die nachfolgenden Grundrechte binden **Gesetzgebung, vollziehende Gewalt** und **Rechtsprechung** als unmittelbar geltendes Recht.

Artikel 20 GG
(1) [...]
(2) Alle Staatsgewalt geht vom Volke aus. Sie wird vom Volke in Wahlen und Abstimmungen und durch **besondere Organe der Gesetzgebung, der vollziehenden Gewalt und der Rechtsprechung** ausgeübt.
(3) [...] (4) [...)

Ganz offenkundig übernahm der Parlamentarische Rat Montesquieus Lehre von den drei Gewalten in das Grundgesetz. Artikel 20 GG erwähnt nun jedoch lediglich, dass besondere Organe die drei Gewalten ausüben. Der Artikel verliert kein Wort über das Verhältnis zwischen den Gewalten und damit zwischen den Organen. Es schreibt auch nicht vor, dass für jede Gewalt jeweils ein Organ einzurichten ist. Es heißt vielmehr nur allgemein, dass besondere Organe die jeweiligen Funktionen ausüben sollen. Es ist also denkbar, dass für die Wahrnehmung der Funktionen jeweils mehrere Organe zuständig sind.

Aufgrund der unbestimmten Aussagen der beiden Artikel kann sich die volle Entfaltung der Gewaltenteilung erst in der Gesamtheit der grundgesetzlichen Organisations- und Kompetenzvorschriften zeigen.

Eine Verfassung muss mehrere institutionelle Arrangements treffen, wenn sie eine gewaltenteilige Herrschaftsorganisation errichten will. Es handelt sich um die *Konstituierung*, die *Trennung* und die *Verschränkung* der Gewalten.

Das erste Arrangement, die *Konstituierung* der Gewalten, besteht aus zwei Teilschritten: Zunächst muss die gesamte Staatsgewalt in Funktionen *aufgegliedert* werden. Danach muss jede Funktion einem oder mehreren Organen oder Institutionen *zugewiesen* werden. Damit ist auch klar, was der eher verwirrende Ausdruck Gewalt eigentlich meint. Eine Gewalt ist eine *Staatsfunktion*, die von einem Organ oder mehreren Organen wahrgenommen wird (Stern 1980, 522; Stettner 1986, 60 f.).

Das zweite Arrangement ist die *Trennung* der Gewalten in personeller und funktioneller Hinsicht. Mit *personeller* Trennung ist gemeint, dass dieselben Personen nicht in mehreren Organen tätig sein dürfen. Ohne eine solche Trennung könnte von vornherein nicht von einer Gewaltenteilung gesprochen werden. Mit *funktioneller* Trennung ist gemeint, dass sich die Aufgabenbereiche der jeweiligen Gewalten einschließlich der damit betrauten Organe deutlich voneinander unterscheiden müssen. Falls dies nicht in voller Reinheit möglich ist, muss wenigstens eine schwerpunktmäßige Zuweisung erfolgen. So muss etwa die exekutive Funktion nicht ausschließlich der Regierung und der Verwaltung übertragen sein, aber doch maßgeblich.

Das dritte Arrangement schließlich ist die *Verschränkung* der Gewalten. Verschränkung heißt zum einen, dass die Organe der verschiedenen Gewalten bestimmte Kompetenzen nur im gegenseitigen Zusammenwirken wahrnehmen können. Verschränkung heißt zum anderen, dass die Organe rechtliche Möglichkeiten haben, sich gegenseitig zu kontrollieren und damit zu hemmen. Somit ist klar, was die Verschränkung bezwecken soll: Ihr Zweck ist zum einen Kooperation unter Wahrung der jeweils zugebilligten Selbstständigkeit und zum anderen Balancierung und Kontrolle in der Absicht, Übergewichte zu verhindern (Stern 1980, 529 f.).

Die vom Grundgesetz konstituierten Gewalten

Gewaltenteilung bedeutet zunächst Konstituierung unterschiedlicher Gewalten. Die Konstituierung nimmt ihren Ausgang von den Tätigkeiten, die der Staat herkömmlicherweise erledigt. Ein typisierender Blick auf die staatlichen Tätigkeitsfelder ergibt Folgendes: Der Staat produziert erstens das Recht, also generelle Regeln des Zusammenlebens, die jeden rechtlich verpflichten, der sich im Staatsgebiet aufhält. Der Staat exekutiert zweitens diese Regeln gegenüber den Rechtsunterworfenen. Der Staat gestaltet drittens das Gemeinwesen auf den diversen Politikfeldern. Er gestaltet darüber hinaus das Verhältnis zu anderen Ländern. Der Staat trifft viertens verbindliche Entscheidungen in Rechtsstreitigkeiten zwischen den Einwohnern. Er sanktioniert aber auch Verstöße der Einwohner gegen das gesetzte Recht.

Die aufgewiesenen Tätigkeitsfelder sind identisch mit den *Funktionen* des Staates: Der generellen Regelsetzung entspricht die Funktion der *Gesetzgebung*. Der Exekution der Regeln entspricht die Funktion der *Verwaltung*. Die politische Gestaltung ist identisch mit der Funktion des *Regierens*. Die Entscheidung von Rechtsstreitigkeiten ist identisch mit der Funktion der *Rechtsprechung*. Der Staat erfüllt also im Wesentlichen vier Funktionen.

Das Grundgesetz nennt aber nur die Trias von Legislative, Exekutive und Judikative. Als „vollziehende Gewalt" fasst es – sehr missverständlich – Regieren und Verwalten zusammen. Regieren ist aber etwas ganz anderes als Vollziehen. Regieren ist staatliche Oberleitung, zukunftsgerichtete und gemeinwohlbezogene politische Zielsetzung und Richtungsweisung. Regieren ist weiterhin aktives, initiatives, dynamisches, integratives, nicht rechtlich regelbares staatliches Handeln. Der Parlamentarische Rat hätte gut daran getan, nicht von drei, sondern von vier Gewalten zu sprechen. Die nicht aufgeführte vierte Gewalt ist die – besonders wichtige – *regierende* oder *gubernative Gewalt*, kurz Gubernative (Seiler 1994, 68, 71 f., 117).

Die Popularität der Dreiteilung der Gewalten erklärt sich zum einen aus der unkritischen Übernahme der Lehre Montesquieus. Zum anderen wandte der Parlamentarische Rat wohl die aus der zur längst überwundenen Monarchie passende Subtraktionstheorie an. Nach dieser Theorie galten alle staatlichen Handlungen, die sich nicht als Gesetzgebung oder Rechtsprechung betrachten ließen und folglich nicht zum Zuständigkeitsbereich des Monarchen gehörten, als Verwaltung und fielen in die Kompetenz der Exekutive, d.h. des Monarchen (Seiler 1994, 66f.).

Für die Beibehaltung der Dreiteilung der Gewalten werden hauptsächlich pragmatische Argumente angeführt: Die Triade sei eine besonders anschauliche Systematisierung hoheitlichen Handelns. Der Begriff der Exekutive lasse genügend Raum für die organisatorische Vielfalt der betreffenden Gewalt und deren Funktionen, wie die Regierung, die Planung, die Verwaltung, die militärische Verteidigung und die auswärtige Politik (Stern 1980, 524 f., 537; Stettner 1986, 68; Möllers 2005, 79, 407).

Das Grundgesetz hält nicht für jede der drei im Verfassungstext erwähnten Funktionen genau ein Organ vor. Dies wird von Artikel 20 GG auch nicht verlangt. Der Artikel fordert nämlich – numerisch unbestimmt – lediglich, dass *besondere* Organe für die Erfüllung der jeweiligen Funktionen einzurichten sind. Somit ist nicht ausgeschlossen, dass eine Funktion auch von mehreren Organen wahrgenommen werden darf.

Das Adjektivattribut „besonders" deutet allerdings an, dass die Organe zu ihrer Aufgabenerfüllung geeignet sein müssen. So wäre ein Parlament nicht geeignet, administrative Detailaufgaben zu erledigen. Es wäre auch nicht in der Lage, auf plötzlich auftretende internationale Konflikte unverzüglich zu reagieren. Ebenso wären Verwaltungsbehörden kaum zur unparteiischen Entscheidung von Rechtsstreitigkeiten imstande. Denn ihnen fehlt die dazu erforderliche Weisungsungebundenheit. Gerichte wiederum könnten die Aufgabe der Gesetzgebung nicht sachgemäß bewältigen.

Aus diesen Beispielen folgt, dass die Organstrukturen, die zugewiesenen Kompetenzen und die Qualifikationen der Amtsinhaber der Organe funktionsgerecht sein müssen.

Hinsichtlich dieser Anforderungen gilt, dass das Grundgesetz die Ausübung der legislativen und der exekutiven Gewalt durchgängig jeweils mehreren Organen anvertraut. Die rechtsprechende Gewalt vertraut es speziell den Richtern an. Es stattet die Organe *funktionsgerecht* mit Kompetenzen aus. Und es bedenkt angemessene Qualifikationen der Amtsinhaber.

So betraut es mit der *gesetzgebenden Gewalt* vier, in spezifischen Fällen sogar fünf Verfassungsorgane. Dabei nimmt der demokratisch gewählte *Bundestag* die Schlüsselstellung ein, denn er beschließt die Gesetze (Art. 77 GG). Kaum minder beteiligt an der Gesetzgebung ist aber der *Bundesrat*, der die administrativen Erfahrungen der Länder einbringen soll (Art. 76, 77 und 78 GG). Der Bundesrat kann die beschlossenen Gesetze billigen bzw. ihnen zustimmen. Er kann aber auch Einspruch einlegen bzw. die Zustimmung verweigern. Darüber hinaus nimmt auch die *Bundesregierung* Anteil an der Gesetzgebung. Sie tut dies ganz am Anfang in der Phase der Initiative (Art. 76 GG) sowie ganz am Ende bei der Gegenzeichnung (Art. 82 GG). Hinzu kommt noch der *Bundespräsident*. Er hat nach der Gegenzeichnung die Gesetze auszufertigen (Art. 82 GG). Gegebenenfalls kann schließlich noch das *Bundesverfassungsgericht* nachträglich und korrigierend mit der Gesetzgebungsarbeit befasst werden. Das ist der Fall, wenn es zur Überprüfung der Verfassungsmäßigkeit eines Gesetzes angerufen wird (Art. 93 GG). Die verbreitete Vorstellung, dass nur der Bundestag für die Gesetzgebung zuständig sei, ist falsch.

Auch die *vollziehende Gewalt* vertraut das Grundgesetz mehreren Organen an. Es handelt sich um die Bundesregierung, den Bundespräsidenten und die Behörden des Bundes und der Länder.

Das *Regieren* als die Gesamtheit der inneren und äußeren Politik hat das Grundgesetz der *Bundesregierung* übertragen und speziell den *Bundeskanzler* mit der Richtlinienkompetenz ausgestattet (Art. 65 GG).

Die *Verwaltung* obliegt den Behörden. Diese sind zum allergrößten Teil Länderbehörden. Es gibt aber auch eine bundeseigene Verwaltung und damit Bundesbehörden (Art. 86 GG). Beispiele hierfür sind der Auswärtige Dienst, die Bundesfinanzverwaltung, die Bundeswehrverwaltung, die Bundeswasserstraßenverwaltung und die Luftverkehrsverwaltung (Art. 87, 87b, 87d, 89 GG). Die Spitzen der diversen Zweige der Bundesverwaltung sind in den Bundesministerien angesiedelt. Auf diese Weise sind die *Bundesminister* Mitglieder der Bundesregierung und zugleich Behördenleiter (Art. 65 GG). Diese Regelung gewährleistet, dass die Verwaltungsbehörden keine von der Regierungslinie abweichende eigene Politik betreiben können.

Eine Sonderrolle im Bereich der vollziehenden Gewalt spielt der *Bundespräsident*. Er ist weder gestaltender Politiker noch weisungsgebundener Beamter. Sein Aufgabenbereich ist die *Symbolisierung* der Einheit des Gemeinwesens.

Wenn der Bundespräsident politisch handelt, bedarf er fast immer der Zustimmung der Bundesregierung, der sogenannten Gegenzeichnung (Art. 59 GG). Für das Erfordernis der Gegenzeichnung gibt es zwei Gründe: Erstens sollen alle zur exekutiven Gewalt zählenden Organe von Verfassungs wegen *einheitlich* handeln. Ohne Gegenzeichnungspflicht könnte der Bundespräsident jedoch eine konträr zur Bundesregierung stehende Politik betreiben. Zweitens ist der Bundespräsident demokratisch eher schwach legitimiert. Deshalb steht es ihm nicht zu, eine eigenständige Politik zu verfolgen. Mit der Gegenzeichnung erklärt die Bundesregierung ihr Einverständnis mit dem betreffenden Akt des Bundespräsidenten. Sie übernimmt auch die Verantwortung dafür. Sie muss also gegebenenfalls gegenüber Parlament und Öffentlichkeit den Akt rechtfertigen.

Nur in parlamentarischen Krisenzeiten kann der Bundespräsident politisch *eigenständig* handeln. Solche Zeiten sind dadurch gekennzeichnet, dass es im Parlament keine klare Regierungsmehrheit gibt und der Bestand der Bundesregierung damit unsicher ist. Der Bundespräsident kann in diesen Situationen nach eigenem Ermessen das Parlament auflösen und damit Neuwahlen veranlassen. Er kann dies aber auch bleiben lassen. Im Falle einer Nichtauflösung hat der Bundespräsident unter bestimmten Voraussetzungen auch die Möglichkeit, den sogenannten *Gesetzgebungsnotstand* zu erklären. Gesetze bedürfen in diesem Falle nicht mehr der Zustimmung des Bundestages (Art. 81 GG).

Die *rechtsprechende Gewalt* wird auf Bundesebene durch das *Bundesverfassungsgericht* und andere im Grundgesetz erwähnte Bundesgerichte ausgeübt (Art. 92 GG). Dabei agiert das Bundesverfassungsgericht im Grenzbereich von Recht und Politik. Dies unterscheidet es grundsätzlich von allen anderen Gerichten. Die anderen Bundesgerichte sind der *Bundesgerichtshof*, das *Bundesverwaltungsgericht*, der *Bundesfinanzhof*, das *Bundesarbeitsgericht* und das *Bundessozialgericht* (Art. 95 GG). Neben diesen als oberste Gerichtshöfe bezeichneten Gerichten gibt es noch das Bundespatentgericht sowie Wehrstrafgerichte für Soldaten und Bundesdisziplinargerichte für Beamte des Bundes (Art. 96 GG). Alle übrigen Gerichte, d.h. die überwältigende Mehrzahl, sind Gerichte der Länder.

Das Grundgesetz hat nicht nur funktionsgerechte Organstrukturen geschaffen und die Organe mit notwendigen Kompetenzen ausgestattet, es hat auch die Qualifikationsanforderungen und den rechtlichen Status der Amtsträger angemessen geregelt.

So spricht das Grundgesetz den Abgeordneten des Bundestages das *freie Mandat* zu (Art. 38 GG). Ein solches Mandat ist unverzichtbar für die Mitglieder einer parlamentarischen Körperschaft.

Für die Angehörigen des öffentlichen Dienstes, die im Rahmen der Verwaltung hoheitliche Befugnisse ausüben, schreibt das Grundgesetz dagegen ein öffentlich-rechtliches *Dienst- und Treueverhältnis* vor (Art. 33 GG). Diese Bindung ist ebenfalls funktionsgerecht. Denn wenn Beamte gegenüber Dritten hoheitlich tätig werden, muss der Staat sich unbedingt auf ihre Loyalität verlassen können.

Den Richtern garantiert das Grundgesetz persönliche und sachliche *Unabhängigkeit* (Art. 97 GG). Diese Unabhängigkeit ist für Richter unabdingbar. Denn sie gewährleistet, dass sie unparteiisch urteilen.

Beamte und Richter müssen sich für ihre Tätigkeit qualifizieren. Politikern, d.h. Parlamentsabgeordneten und Regierungsmitgliedern, macht das Grundgesetz hingegen keine entsprechenden Vorschriften. Der Parlamentarische Rat ging von der Erfahrung aus, dass die Befähigung von Politikern durch Wahlen festgestellt wird. Dass das Grundgesetz sich hier zurückhält, verrät kluge Einsicht. Eine Verfassung kann die Eignung einer Person für die Politik schlechterdings nicht normieren.

Die grundgesetzliche Konzeption der Trennung der Gewalten

Die Trennung der Gewalten setzt voraus, dass Gewalten, also Funktionen mit zugewiesenen Organen, konstituiert sind. Die Trennung selbst hat personelle wie funktionelle Aspekte.

Für die *personelle Trennung* sorgt das sogenannte *Inkompatibilitätsgebot.* Hiernach ist es nicht erlaubt, dass jemand zur gleichen Zeit Ämter in Organen verschiedener Gewalten in Personalunion innehat. Die Inkompatibilität soll die Unabhängigkeit der Amtsinhaber in den diversen Organen sicherstellen. Es soll zu keinen Interessenkollisionen kommen.

In besonderer Strenge sorgt das Grundgesetz für eine Inkompatibilität des Amtes eines *Bundesverfassungsrichters.* Richter des Bundesverfassungsgerichts dürfen weder dem Bundestag noch dem Bundesrat, der Bundesregierung und entsprechenden Organen eines Landes angehören (Art. 94 GG). Da das Bundesverfassungsgericht Akte der anderen Verfassungsorgane für nichtig erklären kann, ist diese Inkompatibilität zwingend geboten.

Ebenso kategorisch ist es dem *Bundespräsidenten* untersagt, gleichzeitig der Bundesregierung oder einer gesetzgebenden Körperschaft des Bundes oder eines Landes anzugehören (Art. 55 GG). Auch diese Vorschrift dient der Sicherung unabhängiger und unbeeinträchtigter Amtsausübung.

Unvereinbar ist ebenfalls eine gleichzeitige Mitgliedschaft in *Bundestag* und *Bundesrat.* Diese Inkompatibilität findet sich nicht im Grundgesetz, sondern in § 2 der Geschäftsordnung des Bundesrates. Der Grund für diese Inkompatibilität liegt darin, dass die eigenständige Beteiligung des Bundesrates an der Gesetzgebung beeinträchtigt werden könnte, wenn ein Bundesratsmitglied gleichzeitig Bundestagsabgeordneter ist.

Der Parlamentarische Rat dachte darüber nach, ob *Beamte* und *Richter* Parlamentarier werden dürfen. Denn Beamte gehören der Exekutive, Richter der Judikative an. Die Inhaber beider Berufsgruppen üben zudem jeweils ein Amt aus, das sie zur Unparteilichkeit verpflichtet. Abgeordnete hingegen haben ein Mandat inne, das sie zur Parteilichkeit in politischen Entscheidungsfragen geradezu zwingt.

Das Grundgesetz bestimmt nun in Artikel 137, dass die Wählbarkeit von Angehörigen des öffentlichen Dienstes, Soldaten und Richtern zu den Vertretungskörperschaften in Bund, Ländern und Gemeinden durch Gesetz beschränkt werden kann. Das hierauf Bezug nehmende Abgeordnetengesetz regelt die Wählbarkeit von Beamten und Richtern zum Bundestag allerdings sehr großzügig. Es schreibt nämlich im Kern nur vor, dass die Rechte und Pflichten von Beamten oder Richtern während der Abgeordnetentätigkeit ruhen. Auf diese Weise beugt es der Gefahr einer Interessenkollision vor.

Es mag überraschen, dass das Grundgesetz keine Inkompatibilität für die Ausübung eines Parlamentsmandates und eines Regierungsamtes vorschreibt. Die gleichzeitige Mitgliedschaft einer Person im zentralen legislativen und im wichtigsten exekutiven Organ ist folglich möglich. Dies wäre in einem präsidentiellen Regierungssystem, in dem sich die Regierung und das Parlament als jeweils in sich geschlossene Körperschaften gegenüberstünden, ein prinzipieller Verstoß gegen das Gewaltenteilungsprinzip.

Die *Kompatibilität* entspricht jedoch der Funktionslogik des parlamentarischen Regierungssystems. Dieses Regierungssystem ist durch eine enge personelle und sachliche Verzahnung von Regierung und Parlamentsmehrheit gekennzeichnet. Es funktioniert nur, wenn sich die Regierung dauerhaft auf die Unterstützung der Parlamentsmehrheit verlassen kann. Durch die Aufnahme von Abgeordneten in die Regierung gewinnt Letztere an Sachkunde und Stabilität. Die Kompatibilität ist mithin von der Logik des parlamentarischen Regierungssystems her geradezu geboten.

Die Kompatibilität entspricht aber auch der Realität der Parteiendemokratie. Denn in einer Parteiendemokratie bestehen weder das Parlament noch die Regierung aus parteiungebundenen Abgeordneten. Vielmehr tragen die Regierungsmitglieder und die Abgeordneten der sie tragenden Fraktionen dieselbe politische Farbe. Eine Inkompatibilität würde künstlich zerschneiden, was sich politisch als eine Einheit begreift.

Der Grundgedanke der personellen Trennung und damit der gegenseitigen Unabhängigkeit bleibt gleichwohl erhalten: Zwar steht nicht mehr das Parlament als Ganzes in Konkurrenz zur Regierung, dafür aber die parlamentarische *Opposition*. Diese nutzt in erster Linie die dem Parlament zur Verfügung stehenden Instrumente zur Kontrolle der Regierung. Sie verfolgt dabei die Absicht, die Regierung öffentlichkeitswirksam in die Schranken zu weisen und deren Ansehen zu schmälern. Möglichkeiten, die Regierung zu stürzen, sind ihr, abgesehen von Ausnahmesituationen, allerdings nicht gegeben.

Im Grundgesetz kommt weder das Wort Opposition vor, noch wird die enge Zusammenarbeit von Regierung und Parlamentsmehrheit erwähnt. Dies kann man dem Verfassunggeber durchaus zum Vorwurf machen. Er war offensichtlich von der traditionellen Gewaltenteilungslehre, welche die Trennung zwischen Parlament und Regierung vorsieht, geprägt.

Die Trennung der Gewalten in *funktioneller Hinsicht* verlangt, dass die Organe unabhängig voneinander sein müssen. Sie müssen ihre Funktionen erfüllen können, ohne hieran durch andere Organe in unangemessener Weise gehindert zu werden. Auch darf kein Organ nur Hilfs- und Vollzugsorgan der anderen Organe sein. Ebenso müssen sich die Organe in der Weise in der Balance befinden, dass kein Organ ein Übergewicht im Verhältnis zu den anderen erhält. Die Regierung ist also kein Ausschuss des Parlaments, und das Parlament ist kein Akklamationsorgan der Regierung. Schließlich muss gewährleistet sein, dass jedes Organ für einen bestimmten Kernbestand an Funktionen zuständig ist (Schmidt-Aßmann 1987, 1013 ff.).

Die Balance der Organe wäre etwa gefährdet, wenn es zu einem generell-ausnahmslosen Vorrang des Parlaments gegenüber anderen Organen käme: „Die konkrete Ordnung der Verteilung und des Ausgleichs staatlicher Macht, die das Grundgesetz gewahrt wissen will, darf nicht durch einen aus dem Demokratieprinzip fälschlich abgeleiteten Gewaltenmonismus in Form eines allumfassenden Parlamentsvorbehalts unterlaufen werden" (BVerfGE 49, 89 (125)). Vor allem verbietet sich im Bereich der auswärtigen Gewalt ein Einbruch in den Kernbereich der Exekutive zu Gunsten des Parlaments: „Die grundsätzliche Zuordnung der Akte des auswärtigen Verkehrs zum Kompetenzbereich der Exekutive beruht auf der Annahme, dass institutionell und auf Dauer typischerweise allein die Regierung in hinreichendem Maße über die personellen, sachlichen und organisatorischen Möglichkeiten verfügt, auf wechselnde äußere Lagen zügig und sachgerecht zu reagieren und so die staatliche Aufgabe, die auswärtigen Angelegenheiten verantwortlich wahrzunehmen, bestmöglich zu erfüllen" (BVerfGE 68, 1 (87)).

Damit gibt es eine kaum auflösbare Spannung zwischen dem aus dem Gewaltenteilungsprinzip folgenden Gleichgewichtspostulat und der aus dem Demokratieprinzip abgeleiteten Wesentlichkeitstheorie. Gemäß dieser Theorie stehen alle wesentlichen Entscheidungen dem Parlament zu, da dieses unmittelbar demokratisch legitimiert ist und aufgrund seiner Zusammensetzung und Verfahrensweisen am besten die wesentlichen Dinge regeln kann (Seiler 1994, 147 ff.; Horn 2002, 449 f.).

Zur Trennung der Gewalten gehört auch, dass jedes Organ eigentlich nur in dem ihm eigentümlichen Funktionsbereich tätig wird. Das Parlament müsste hiernach ausschließlich gesetzgebend tätig sein. Die Regierung müsste ausschließlich die Staatsgeschäfte führen sowie die Verwaltung leiten und überwachen. Und die Gerichte dürften ausschließlich in Fällen bestrittenen oder verletzten Rechts entscheiden.

Im Grundgesetz wie auch im Gesetzesrecht gibt es nun jedoch vielfache Durchbrechungen einer solchen eindeutigen Funktionentrennung. Das heißt, dass Organe, die schwerpunktmäßig der einen Gewalt zugehören, auch im Funktionsbereich einer anderen Gewalt tätig sind.

So haben bestimmte Entscheidungen des Bundesverfassungsgerichts Gesetzeskraft. Dies gilt für alle Urteile im Zusammenhang von Normenkontrollen. Es gilt aber auch in bestimmten Fällen bei Verfassungsbeschwerden.

Amtsgerichte erledigen im Rahmen der sogenannten freiwilligen Gerichtsbarkeit Vormundschafts- und Nachlassangelegenheiten. Sie führen auch die Grundbücher, also die Urkunden über das Eigentum an Grund und Boden. Damit üben sie klassische Verwaltungstätigkeiten aus.

Schließlich ist die Bundesregierung gemäß Artikel 80 GG befugt, Rechtsverordnungen zu erlassen. Rechtsverordnungen sind generelle Normen. Die Erzeugung genereller Normen ist eine legislative Tätigkeit, für die eigentlich das Parlament zuständig ist.

Die Funktionsvermischungen sind solange unbedenklich wie die Organe der einen Gewalt nicht in den Kernbereich einer anderen Gewalt einbrechen. Was zum jeweiligen Kernbereich gehört, ist allerdings schwer zu bestimmen. Ein Einbruch in den Kernbereich der Regierung wäre etwa gegeben, wenn sie aufgrund gesetzlicher Einschnürungen keine eigenständige Politik mehr gestalten könnte. Ein Eingriff in den Kernbereich des Parlaments läge vor, wenn das Verfassungsgericht dem Parlament detaillierte Vorschriften für seine gesetzgeberische Arbeit machte.

Die grundgesetzliche Konzeption der Verschränkung der Gewalten

Die Gewalten organisatorisch zu trennen genügt noch nicht. Denn dies garantiert weder die Funktionsfähigkeit noch die Vernünftigkeit staatlicher Herrschaftsausübung. Wenn man nämlich lediglich die Organe die ihnen zugewiesenen Funktionen unabhängig voneinander erfüllen lässt, dann ist ein Stillstand staatlicher Tätigkeit prinzipiell nicht ausgeschlossen. Denn diese Organe könnten passiv bleiben. Andere Organe hätten keine Möglichkeit, das Nichtstun zu verhindern. Ähnliches gilt für den theoretisch denkbaren Fall, dass ein Organ offensichtlich unvernünftig handelt. Es könnte daran nicht gehindert werden. Aus diesen Gründen stellt die Trennung der Gewalten nur eine Komponente des Gewaltenteilungsprinzips dar.

Hinzu kommen muss eine Verschränkung der Gewalten. Man könnte auch von einer *Verflechtung der Funktionen* sprechen, die automatisch zu einem Zusammenwirken oder zu einem gegenseitigen Aufeinandereinwirken der Organe führt. Im Kern geht es bei der Gewaltenverschränkung also darum, dass die Organe auf verschiedene Weise zusammengebracht werden. So entsteht ein System der Machthemmnisse und der Machtbalancierung. Dem Missbrauch von Macht wird vorgebeugt, indem Kooperationszwänge und Kontrollmechanismen den Aktionsradius der Organe bremsen.

Das Grundgesetz kennt zwei Formen einer solchen Gewaltenverschränkung, nämlich die geteilte politische Macht sowie die kontrollierte politische Macht.

Geteilte politische Macht meint, dass die Erfüllung einer Staatsfunktion mehreren Organen zugewiesen ist. Das zwingt zur Zusammenarbeit. Denn die Erfüllung der betreffenden Funktion hängt davon ab, dass jedes beteiligte Organ zustimmt. Das Zustimmungserfordernis hat den Vorteil, dass kein Organ einfach seinen Willen verwirklichen kann. Es muss auf das andere Organ Rücksicht nehmen. Geteilte politische Macht bedeutet folglich, dass die Vorstellungen der beteiligten Organe Berücksichtigung bei der Gestaltung der Politik finden. Weil dabei aber kein Organ einem anderen

Organ seinen Willen aufzwingen kann, besteht das Ergebnis in einer kompromissorientierten, d.h. gemäßigten Politik.

Das bekannteste Beispiel für geteilte politische Macht ist der Gesetzgebungsprozess. Mit unterschiedlicher Gewichtung sind hieran der Bundestag, der Bundesrat, die Bundesregierung, der Bundespräsident und, unter bestimmten Voraussetzungen, das Bundesverfassungsgericht beteiligt.

Ein zweites Beispiel für geteilte politische Macht ist die auswärtige Politik. Hieran sind die folgenden Organe beteiligt: Die Bundesregierung, speziell der Bundeskanzler, ist zuständig für die Politik und damit auch für die Außenpolitik (Art. 65 GG). Der auswärtige Ausschuss des Bundestages begleitet die Außenpolitik (Art. 45a GG). Der Bundespräsident schließt Verträge mit auswärtigen Staaten ab (Art. 59 GG). Bundestag und Bundesrat müssen auswärtigen Verträgen zustimmen (Art. 59 GG). Das Bundesverfassungsgericht entscheidet darüber, ob eine Regel des Völkerrechts Bestandteil des Bundesrechts ist (Art. 100 GG).

Kontrollierte politische Macht bedeutet, dass ein Organ durch ein anderes Organ zur politischen Rechenschaft, gegebenenfalls sogar zur rechtlichen Verantwortung gezogen werden kann. Hierfür gibt es vielfältige Instrumentarien. Sie sind auf die zu kontrollierenden Organe jeweils abgestimmt. Die Instrumente erlauben Kontrollen sehr unterschiedlicher Tragweite. So liegt kontrollierte politische Macht bereits vor, wenn ein Organ von einem anderen Organ dazu gezwungen wird, in einer Angelegenheit tätig zu werden. Kontrollierte politische Macht kann aber auch ein ganz anderes Gewicht haben. Das ist der Fall, wenn durch die Ausübung dieser Kontrolle ein Organ an der Verfolgung seiner Politik gehindert oder gar in seinem Bestand aufgelöst wird.

Ob kontrollierte politische Macht aktiviert wird, hängt vom Ermessen des kontrollierenden Organs oder von Anträgen Dritter ab. Der Einsatz dieses Instrumentes ist insofern Ausdruck der politischen Eigenständigkeit der Organe. Die gewollte Wirkung der kontrollierten politischen Macht besteht in Kooperationswilligkeit und gemäßigtem Machtgebaren der Organe. Weil Kontrollinstrumente unangenehm sein oder zu negativer Medienresonanz führen können, versuchen die Organe ihre Anwendung auf sich zu vermeiden (Loewenstein 1969, 47 f.).

Als Beispiel für kontrollierte politische Macht kann das Instrumentarium dienen, das der Bundestag gegen die Bundesregierung in Händen hält. Die Geschäftsordnung des Bundestages führt Große und Kleine Anfragen sowie die Aktuelle Stunde und die Befragung der Bundesregierung (§§ 100 bis 106) auf. Das Grundgesetz nennt das Herbeizitieren von Mitgliedern der Bundesregierung zu Sitzungen des Bundestages und seiner Ausschüsse (Art. 43 GG), die Einsetzung von Untersuchungsausschüssen (Art. 44 GG) und schließlich das konstruktive Misstrauensvotum gegen den Bundeskanzler (Art. 67 GG).

Ein zweites Beispiel für kontrollierte politische Macht sind die Mittel, die gegenüber dem Bundestag angewendet werden können. Der Bundespräsident wie auch der Bundeskanzler haben das Recht, die Einberufung des Bundestages zu verlangen (Art.

39 GG). Der Bundespräsident kann auf Vorschlag des Bundeskanzlers bei einer gescheiterten Vertrauensfrage den Bundestag auflösen (Art. 68 GG). Der Bundespräsident kann nach eigenem Ermessen den Bundestag auflösen, wenn bei der Wahl des Bundeskanzlers der Gewählte nicht die Stimmen der Mehrheit des Bundestages auf sich vereinigen konnte (Art. 63 GG). Das Bundesverfassungsgericht entscheidet über Beschwerden gegen das Ergebnis der Wahlprüfung durch den Bundestag (Art. 41 GG).

Weitere herrschaftsmäßigende Elemente

Das Grundgesetz sorgt nicht nur mit Hilfe der horizontalen Gewaltenteilung zwischen den Verfassungsorganen für Herrschaftsmäßigung. Es wendet noch weitere Mechanismen an, die demselben Zweck dienen.

An vorderster Stelle ist die *vertikale Gewaltenteilung* zu nennen, die sich aus der föderalen Struktur des Bundesstaates ergibt. Das Grundgesetz teilt die gesamte Staatsgewalt auf Bund und Länder auf. Dabei wird die horizontale Gewaltenteilung in doppelter Weise ergänzt. Erstens wirkt die Kompetenzaufteilung zwischen Bund und Ländern der Konzentration staatlicher Macht in der Hand einer Gruppierung entgegen. Zweitens wird die Gewaltenteilung dadurch gesteigert, dass die Legislativkompetenzen schwerpunktmäßig beim Bund, die Exekutivkompetenzen hingegen hauptsächlich bei den Ländern liegen (Grzeszick 2006, 21 f., Rdnr. 20).

Artikel 70 GG:
(1) Die Länder haben das Recht der Gesetzgebung, soweit dieses Grundgesetz nicht **dem Bunde Gesetzgebungsbefugnisse** verleiht.
(2) Die Abgrenzung der Zuständigkeit zwischen Bund und Ländern bemisst sich nach den Vorschriften dieses Grundgesetzes über die ausschließliche und konkurrierende Gesetzgebung.

Artikel 71 GG:
Im Bereiche der **ausschließlichen Gesetzgebung** des Bundes haben die **Länder** die Befugnis zur Gesetzgebung nur, wenn und soweit sie hierzu **in einem Bundesgesetze ausdrücklich ermächtigt werden**.

Artikel 72 GG:
(1) Im Bereich der **konkurrierenden Gesetzgebung** haben die **Länder** die Befugnis zur Gesetzgebung, solange und soweit **der Bund von seiner Gesetzgebungszuständigkeit nicht durch Gesetz Gebrauch gemacht hat**.
(2) [...] (3) [...] (4) [...]

> Artikel 83 GG:
> Die **Länder führen die Bundesgesetze als eigene Angelegenheit aus**, soweit dieses Grundgesetz nichts anderes bestimmt oder zulässt.

Ein klassisches Problem der Herrschaftsmäßigung ist die *Bändigung der Militärgewalt.* Das Militär hat in vielen Staaten die Tendenz zur Eigenständigkeit. Nicht selten gibt es auch das Bestreben des Militärs, sich in Konfliktfällen über die Anordnungen der Zivilgewalt hinwegzusetzen (Kägi 1969, 308). So war selbst in der Weimarer Republik die Einbindung des Militärs in die demokratisch legitimierte politische Führung nicht in jeder Hinsicht gewährleistet. Die Reichswehr war ein Machtfaktor, der sich weitgehend der parlamentarischen Kontrolle entzog. Der Verfassungsstaat darf um seines Selbstverständnisses willen eine Unabhängigkeit des Militärs nicht dulden. Er muss auf dem Primat der Zivilgewalt bestehen.

Das Grundgesetz hat in mehreren Artikeln Vorsorge dafür getroffen, dass das Militär anders als in der Weimarer Republik nicht in die Rolle eines Staates im Staate schlüpfen kann. An erster Stelle sind hier die Artikel 65a und 115b GG zu erwähnen, die zivile Politiker an die Spitze des Militärs stellen.

> Artikel 65a GG:
> Der **Bundesminister der Verteidigung** hat die **Befehls- und Kommandogewalt** über die Streitkräfte.
>
> Artikel 115b GG:
> Mit der Verkündung des Verteidigungsfalles geht die **Befehls- und Kommandogewalt** über die Streitkräfte auf den **Bundeskanzler** über.

Artikel 87a GG stellt in Absatz 1 die parlamentarische Kontrolle der Streitkräfte sicher, denn der vom Parlament zu verabschiedende Haushaltsplan legt die zahlenmäßige Stärke der Streitkräfte und die Grundzüge ihrer Organisation fest.

> Artikel 87a GG:
> (1) Der Bund stellt Streitkräfte zur Verteidigung auf. Ihre zahlenmäßige Stärke und die Grundzüge ihrer Organisation müssen sich aus dem **Haushaltsplan** ergeben.
> (2) Außer zur **Verteidigung** dürfen die Streitkräfte nur eingesetzt werden, soweit dieses Grundgesetz es ausdrücklich zulässt.
> (3) [...]

(4) Zur Abwehr einer drohenden Gefahr für den Bestand oder die freiheitliche demokratische Grundordnung des Bundes oder eines Landes kann die **Bundesregierung**, wenn die Voraussetzungen des Artikels 91 Abs. 2 vorliegen und die Polizeikräfte sowie der Bundesgrenzschutz nicht ausreichen, **Streitkräfte zur Unterstützung der Polizei und des Bundesgrenzschutzes** beim Schutze von zivilen Objekten und bei der Bekämpfung organisierter und militärisch bewaffneter Aufständischer einsetzen. **Der Einsatz von Streitkräften ist einzustellen, wenn der Bundestag oder der Bundesrat es verlangen.**

Absatz 2 beschränkt den Einsatz der Streitkräfte grundsätzlich auf Verteidigungszwecke. Weitere Zwecke sind Hilfen bei Naturkatastrophen und Unglücksfällen (Art. 35 GG) sowie die Bekämpfung des inneren Notstandes. Verhindert werden soll mit diesen Zweckbindungen, dass die Streitkräfte als Machtinstrument im Inneren eingesetzt werden.

Eine zusätzliche Sicherung gegen den Missbrauch der Streitkräfte ist die Vorschrift in Absatz 4, dass deren Einsatz einzustellen ist, wenn der Bundestag und der Bundesrat es unabhängig voneinander verlangen.

Ein weiteres Mittel der Herrschaftsmäßigung sind die sogenannten *Intra-Organ-Kontrollen* in Gremien, die sich aus mehreren oder vielen Personen zusammensetzen. Um in Gremien zu Entscheidungen zu kommen, müssen Mehrheiten gefunden werden. Jedes Mitglied eines solchen Gremiums übt insofern herrschaftsmäßigende Kontrolle aus, als es seine Zustimmung verweigern oder erst nach gründlicher Prüfung erteilen kann (Loewenstein 1969, 167 ff.).

Mit Ausnahme des Verfassungsorgans Bundespräsident gibt es Intra-Organ-Kontrollen in allen übrigen Verfassungsorganen. Immer muss in diesen kollegial zusammengesetzten Organen eine Mehrheit gefunden werden. Je kleiner diese Organe sind, desto größeres Gewicht hat das einzelne Mitglied.

Die Intra-Organ-Kontrolle ist im Bundesverfassungsgericht folglich am größten. Jeder der beiden Senate besteht aus acht Richtern. Nach § 30 des Bundesverfassungsgerichtsgesetzes (BVerfGG) entscheidet das Gericht „in geheimer Beratung nach seiner freien, aus dem Inhalt der Verhandlung und dem Ergebnis der Beweisaufnahme geschöpften Überzeugung." Die Entscheidung ist zudem „schriftlich abzufassen, zu begründen und von den Richtern, die bei ihr mitgewirkt haben, zu unterzeichnen." Schließlich kann ein Richter „seine in der Beratung vertretene abweichende Meinung zu der Entscheidung oder zu deren Begründung in einem Sondervotum niederlegen; das Sondervotum ist der Entscheidung anzuschließen."

Ein letztes Mittel der Herrschaftsmäßigung ist die *Begrenzung der Amtsdauer* der die Staatsfunktionen ausübenden Personen. Es handelt sich gewissermaßen um eine Gewaltenteilung in der Zeit (Kägi 1969, 306). Diese Gewaltenteilung verhindert eine

Verselbstständigung der Inhaber leitender Funktionen im staatlichen Herrschaftsapparat.

Ausnahmslos gilt, dass unter der Herrschaft des Grundgesetzes kein aus einer Wahl hervorgegangener Amtsträger seine Funktion zeitlich unbegrenzt ausüben darf. Die Dauer der Amtsperioden regelt das Grundgesetz unterschiedlich. Auch die Möglichkeit einer Wiederwahl ist uneinheitlich geregelt.

So dauert gemäß Artikel 54 GG das Amt des Bundespräsidenten fünf Jahre. Eine anschließende Wiederwahl ist nur einmal möglich. Richter am Bundesverfassungsgericht haben mit zwölf Jahren die längste Amtsdauer. Bei ihnen ist eine anschließende wie auch eine spätere Wiederwahl ausgeschlossen (§ 4 BVerfGG). Der Bundestag wird gemäß Artikel 39 GG auf vier Jahre gewählt. Artikel 69 GG bindet die Amtsdauer des Bundeskanzlers an die Wahlperiode des Bundestages. Die Bundesminister sind ihrerseits an den Bundeskanzler gebunden. Tritt dieser etwa vorzeitig zurück, endigt automatisch auch die Amtsdauer sämtlicher Bundesminister.

Artikel 39 GG:
(1) Der **Bundestag** wird vorbehaltlich der nachfolgenden Bestimmungen **auf vier Jahre gewählt**. Seine Wahlperiode endet mit dem Zusammentritt eines neuen Bundestages. Die Neuwahl findet frühestens sechsundvierzig, spätestens achtundvierzig Monate nach Beginn der Wahlperiode statt. Im Falle einer Auflösung des Bundestages findet die Neuwahl innerhalb von sechzig Tagen statt.
(2) [...] (3) [...]

Artikel 54 GG:
(1) [...]
(2) Das **Amt des Bundespräsidenten** dauert **fünf Jahre**. Anschließende **Wiederwahl** ist **nur einmal** zulässig.
(3) [...] (4) [...] (5) [...] (6) [...] (7) [...]

Artikel 69 GG:
(1) [...]
(2) Das **Amt des Bundeskanzlers** oder eines Bundesministers **endigt in jedem Falle mit dem Zusammentritt eines neuen Bundestages**, das **Amt eines Bundesministers** auch mit jeder anderen **Erledigung des Amtes des Bundeskanzlers**.
(3) [...]

Bundestagsabgeordnete können sich genauso wie der Bundeskanzler beliebig oft zur Wiederwahl stellen. Die relativ kurze Amtsperiode von vier Jahren, die nur durch ein positives Votum der Wähler verlängert werden kann, verhindert, dass sich die Gewählten vom Volk abkoppeln. Der Zwang zur Wiederwahl drückt zudem die Notwendigkeit einer einzuholenden demokratischen Bestätigung aus.

5.2 Begrenzte Herrschaft

Wenn es um den Schutz nach innen und außen sowie um die Sicherung des Existenzminimums des Einzelnen geht, hängt das Wohlergehen der in einem Staat vereinigten Menschen von der Wirksamkeit staatlicher Macht ab. Die staatliche Macht kann aber auch erdrückend sein. Wenn dem Staat keine Grenzen gesetzt werden, ist ihm der ungehinderte Zugriff auf die Lebensführung der Menschen möglich. Die individuelle Selbstbestimmung des Einzelnen wäre im Kern getroffen.

Um der Freiheit der Menschen willen muss daher die staatliche Macht begrenzt werden. Es muss zu einer Art Gewaltenteilung zwischen der Zuständigkeit der menschlichen Person und der Zuständigkeit des Staates kommen. Der demokratische Verfassungsstaat kommt diesem Erfordernis nach. Er zeichnet sich dadurch aus, dass er die Staatsgewalt nur mit begrenzten Herrschaftsbefugnissen ausstattet. Im Englischen nennt man eine solche politische Ordnung „limited government".

Auf welche historischen Vorgänge und geistigen Traditionen geht die Idee der Herrschaftsbegrenzung zurück? Welche Vorkehrungen trifft das Grundgesetz, um die staatliche Herrschaft zu begrenzen?

Voraussetzungen der Begrenzung staatlicher Herrschaft

Realgeschichtlich gesehen beruht die Etablierung einer sachlich begrenzten Staatsgewalt auf der sich zu Beginn der Neuzeit in Europa durchsetzenden Unterscheidung von Staat und Gesellschaft. Die politische Ordnung des Mittelalters und der frühen Neuzeit mit ihren territorial verschwommenen und ihren vielfach zerstreuten Herrschaftsbefugnissen wandelte sich während dieser Zeit zu einer Ordnung straff organisierter Herrschaftsgebilde mit jeweils einem Machtzentrum. Dieser Vorgang der Konzentrierung und Zentralisierung der Herrschaftsbefugnisse bedeutete für die einzelnen Menschen die Freisetzung aus konkreten, statusmäßig definierten Herrschafts- und Lebensordnungen, in die sie bis dahin eingebunden waren. An ihre Stelle trat die unmittelbare Beziehung des Einzelnen zur Obrigkeit, die vom König bzw. vom Landesherrn repräsentiert wurde.

Die Herrschaftskonzentration war jedoch nicht bezogen auf die Person des Landesherrn in der Absicht seiner individuellen Machtsteigerung. Die Legitimation des Herrschers bestand vielmehr in der ihm auferlegten Pflicht, das öffentliche Wohl zu fördern. Die elementaren Staatszwecke wie die Herstellung des Friedens, die Sicherung des Lebens, die Gewährleistung einer individuellen Freiheitssphäre sowie die Beförderung der Wohlfahrt bildeten den Rechtstitel für die Konzentration der Herrschaftsbefugnisse.

In einem nächsten Schritt entwickelte sich der als Inbegriff der öffentlichen Aufgaben und Befugnisse verstandene Staat mit seiner Fülle von Einrichtungen und Ämtern. Zur Einheit verbunden war dieser Staat durch die Person des Herrschers. Im Verlauf der Zeit ging daraus dann ein Staat hervor, der als juristische Person begriffen wurde und in dem der Herrscher nur noch den Rang eines Staatsorgans bekleidete.

Die Verselbstständigung des Staates als einheitliche Herrschaftsorganisation brachte das Problem hervor, wie das Verhältnis zur Gesellschaft als der Gesamtheit der im Staat vereinigten Menschen beschaffen sein sollte. Die Frage lautete, ob der Staat für die Gesellschaft oder umgekehrt die Gesellschaft für den Staat besteht.

Historisch war zunächst das Interesse am Staatsaufbau und an staatlicher Machtsteigerung und damit die Idee der *Staatsräson* vorrangig. Alsbald verschafften sich jedoch die elementaren Staatszwecke Geltung, also die Sicherung von Leben, Recht, Freiheit und Selbstentfaltung des Einzelnen. Denn nur diese Ziele vermochten die Errichtung des Staates und die Anordnungsgewalt des Herrschers im Bewusstsein der Herrschaftsunterworfenen auf Dauer zu rechtfertigen (Böckenförde 1973, 11 ff.).

Grundsätzlich erlaubt die aus der Unterscheidung von Staat und Gesellschaft hervorgehende Konzentrierung der politischen Entscheidungsgewalt beim Staat eine wirksame Begrenzung herrschaftlicher Verhaltensregulierung. Denn unter dieser Voraussetzung gibt es keine weiteren Instanzen, die kraft eigener Entscheidung das Verhalten der Menschen verbindlich regulieren könnten. Wenn nun die Entscheidungsbefugnisse des Staates begrenzt werden, ist effektiv gesichert, dass der Einzelne nicht umfassend, sondern nur in bestimmten Bereichen einer Verhaltensregulierung unterliegt. Eine Bindung staatlichen Handelns an grundlegende Staatszwecke sowie an Grundrechte gewährleistet, dass der Einzelne nicht total, sondern nur partiell staatlicher Hoheitsgewalt unterliegt (Böckenförde 1973, 29 f.).

Dass der Unterscheidung von Staat und Gesellschaft ein freiheitssicherndes Moment innewohnt, zeigt sich an der steten Absicht totalitärer Regime, diese Differenz aufzuheben, um über den Staat den uneingeschränkten Zugriff auf die Gesellschaft zu erhalten und das Individuum total in die staatliche Ordnungsmacht zu integrieren.

In der kommunistischen Staatsideologie wurde zu diesem Zweck behauptet, dass mit der Errichtung der Diktatur des Proletariats die Trennung von Staat und Gesellschaft ihren Sinn verloren habe. Nach Überwindung des Klassenantagonismus könne von einer interessenmäßigen Einheit beider Gebilde ausgegangen werden.

Über die gerade errichtete nationalsozialistische Herrschaftsordnung hieß es in einer Schrift aus dem Jahr 1933: Der neue Staat als „Staat der totalen Verantwortung" stelle „die totale Inpflichtnahme jedes Einzelnen für den Staat dar. Diese Inpflichtnahme hebt den privaten Charakter der Einzelexistenz auf. In allem und jedem, in seinem öffentlichen Handeln und Auftreten ebenso wie innerhalb der Familie und häuslichen Gemeinschaft verantwortet jeder das Schicksal der Nation."

Totalitäre Anschauungen negieren die Subjektivität des Einzelnen. Dieser ist auf eine Unterscheidung von Staat und Gesellschaft angewiesen, denn sie bewahrt ihn vor einer totalen Einbindung in den Staat (Böckenförde 1973, 31 ff.).

Politiktheoretisch geht die Vorstellung einer begrenzten Staatsgewalt im Wesentlichen auf die Gesellschaftsvertragstheorien der Aufklärungszeit zurück. Ausgangspunkt dieser Theorien ist das ursprünglich freie Individuum, das aus Gründen der Sicherheit der Gründung eines Staates zustimmt. Der Staat erhält die Zuständigkeit, Leben, Freiheit und Eigentum der Bürger zu schützen. Danach bestimmen sich Inhalt und Umfang der Staatsgewalt. Was jenseits dieser Zweckbestimmung liegt, entzieht sich staatlicher Anordnungsbefugnis. Das Individuum ist folglich nicht ganz und umfassend, sondern nur im Hinblick auf die in seinem Interesse liegenden Staatszwecke der staatlichen Herrschaftsgewalt unterworfen.

Am deutlichsten drückte die von den Vertragstheorien beeinflusste französische Erklärung der Menschen- und Bürgerrechte von 1789 die auf das Individuum bezogene Zweckbindung des Staates aus. Hiernach ist der Staat um des Menschen willen da. Sein Endzweck ist die Sicherung und Erhaltung der natürlichen und unveräußerlichen Menschenrechte. Nach Artikel 2 der Erklärung sind diese Rechte insbesondere Freiheit, Eigentum und Sicherheit. Getragen wird die Erklärung von dem Gedanken, dass eine Gesellschaft der Freien und Gleichen um ihrer Erhaltung willen eine Staatsgewalt konstituiert. Der Staat ist daher dieser Gesellschaft, die ihm vorausliegt und in welcher der Einzelne Subjekt seines Lebens ist und bleiben soll, verpflichtet. Daraus ergibt sich von vornherein eine Begrenzung der Reichweite staatlicher Tätigkeit. Ausdruck finden die Grenzen des Staates in den Menschen- und Bürgerrechten.

Um einen umfassenden Freiheitsschutz nicht durch die Aufzählung bestimmter, spezieller Freiheitsrechte zu konterkarieren, statuieren einige Verfassungen sogar, dass die ausdrücklich aufgezählten Freiheitsrechte nicht andere der menschlichen Person innewohnende Rechte ausschließen (Sommermann 1997, 218 f.). Sie folgen damit dem Vorbild der amerikanischem Verfassung, die in Zusatzartikel 9 festhält: „Die Aufzählung bestimmter Rechte in der Verfassung soll nicht so ausgelegt werden, dass andere Rechte, die dem Volke geblieben sind, dadurch verneint oder geschmälert werden."

Im sogenannten *rechtsstaatlichen Verteilungsprinzip* kommt die Idee der Herrschaftsbegrenzung besonders klar zum Vorschein: Zum einen sind hiernach die Zuständigkeiten des Staates prinzipiell begrenzt. Zum anderen bedarf der Staat für jede seiner Tätigkeiten einer rechtlichen Ermächtigung (Böckenförde 1973, 18).

Zu einer Begrenzung staatlicher Aktivitäten ruft grundsätzlich auch der Liberalismus auf, der sich dabei auf die idealistische Staatsphilosophie in der Tradition Immanuel Kants und Wilhelm von Humboldts berufen kann.

Nach Kant ist es Aufgabe des Staates, die gegenseitige Freiheit der Bürger zu sichern. Hierfür darf er Zwang einsetzen. Die Sorge um das Wohlergehen oder die Glückseligkeit der Bürger steht dem Staat hingegen nicht zu. Denn diese Sorge würde ihn in Konflikt mit den unterschiedlichen Glücksvorstellungen der Bürger bringen.

Nach Humboldt soll der Staat seine Tätigkeit auf das Notwendige beschränken, damit den Individuen ein möglichst großes Wirkungsfeld verbleibt. Das unerlässliche Aufgabenminimum des Staates besteht in der Aufrechterhaltung der Sicherheit nach innen und außen (Isensee 1968, 48 ff.).

Mechanismen der Herrschaftsbegrenzung

Im Grundgesetz findet sich eine ganze Reihe von Vorkehrungen, deren Sinn die staatliche Herrschaftsbegrenzung ist. Zu diesen Vorkehrungen gehören die Grundrechte, die begrenzte Reichweite des Demokratieprinzips, die begrenzten Zuständigkeiten des Staates, die fehlende Kompetenz des Staates für religiös-weltanschauliche Fragen, die Bindung des Gesetzgebers bei der Gestaltung grundrechtseinschränkender Gesetze und schließlich das Subsidiaritätsprinzip.

Dem Grundgesetz liegt die Unterscheidung von Staat und Gesellschaft und damit von Hoheitsgewalt und Freiheit, von Herrschaft und individueller Autonomie zugrunde (Rupp 1987, 1188). Im Sinne eines von staatlichen Zugriffen freien Wirkungskreises gehören folgende Bereiche zur Sphäre der Gesellschaft: An erster Stelle das Privatleben, dann Kirche und Religion, Kunst und Wissenschaft, die Wirtschaft und schließlich die öffentliche Meinung. Jeder dieser Bereiche ist durch einen Kranz von Grundrechten gegen staatliche Interventionen gesichert (Arnim 1984, 37).

Grundrechte bilden also die Magna Charta der Privatheit. Sie schützen das Individuum vor Zumutungen der Allgemeinheit. Sie setzen der Inanspruchnahme des Einzelnen bei der Verfolgung politischer Ziele Grenzen. An den Grundrechten findet daher der politische Gestaltungswille Maß und Grenze.

Die durch die Grundrechtspositionen der Einzelnen markierte Unterscheidung der Gesellschaft vom Herrschaftsapparat des Staates begrenzt auch die *Reichweite des Demokratieprinzips*. Der Einzelne kann nämlich seine Grundrechte im Extremfall sogar gegenüber der einstimmigen Entscheidung des Parlaments oder dem einstimmigen Willen des Volkes geltend machen (P. Kirchhof 1996, 5 f.).

Zwar sieht das Grundgesetz für die Politikgestaltung wie für das Zustandekommen von Gesetzen einen demokratischen politischen Willensbildungsprozess und einen demokratisch strukturierten staatlichen Entscheidungsprozess vor. Diese Legitimierung überwindet jedoch nicht die Begrenzung der Zugriffsmöglichkeiten der Staatsgewalt gegenüber den Grundrechten der Individuen.

Würde man die Begrenzung des Zugriffes auf die Individuen unter Berufung auf den demokratischen Charakter der staatlichen Entscheidungsgewalt aufgeben, hätte dies zwei Konsequenzen: Zum einen reduzierte sich die Freiheit des Einzelnen auf die demokratische Mitwirkungsfreiheit in Gestalt von Wahlen und Abstimmungen. Zum anderen würde die Allzuständigkeit der demokratisch organisierten Staatsgewalt den Einzelnen total in das politische Gemeinwesen integrieren. Es gäbe keine Freiheit mehr gegenüber dem politischen Prozess. Das Ergebnis wäre die totale Demokratie: Alle könnten alles über alle beschließen (Böckenförde 1973, 35 f.).

Der Tradition des Verfassungsstaates folgend begründet das Grundgesetz einen sektoralen, d.h. einen auf die Erledigung bestimmter Aufgaben beschränkten Staat. Dem Staat wird nur ein *begrenzter Zuständigkeitsbereich* zugesprochen, weil ein allzuständiger Staat ein totaler Staat ist. Die Zugriffsmöglichkeiten der Staatsgewalt werden dadurch begrenzt, dass enumerativ die Bereiche genannt werden, die in die staatliche Zuständigkeit fallen. Der Staat hat nur die Kompetenzen, die ihm in der Verfassung ausdrücklich zugestanden sind. Ohne diese Ermächtigung sind ihm die Hände gebunden. Die Gesellschaft wurzelt demgegenüber in den Prinzipien von Freiheit und Autonomie (Rupp 1987, 1208).

Die Zuständigkeiten sind im Wesentlichen in Abschnitt VII des Grundgesetzes aufgeführt, der die Gesetzgebung des Bundes regelt. Die Artikel 72 bis 74 GG listen die Politikfelder auf, die dem Bund zur Gestaltung aufgegeben sind. Ein grober Überblick ergibt folgende Zuständigkeiten: Auswärtige Beziehungen, Verteidigung, Migration, Währung und Wirtschaft, Verkehr und Kommunikation, Kultur, Gefahrenabwehr, Umwelt, Arbeit und Soziales sowie Justiz.

Der Staat des Grundgesetzes beschränkt sich weiterhin auf den weltlichen Bereich. Als säkularer Staat hat er *keine Zuständigkeit für religiöse und weltanschauliche Fragen*. Er ergreift folglich nicht Partei im Kampf um letzte Wahrheiten, und er kümmert sich nicht um das religiöse Heil seiner Bürger. Er nimmt in der Unterscheidung von weltlichen und transzendenten Belangen seine eigene Begrenztheit hin. Durch seine Weltlichkeit macht er sich aber auch frei von übermäßigen Hoffnungen und Inanspruchnahmen seitens seiner Bürger (Uhle 2004, 59).

Die „Scheidung in der Wurzel“ zwischen dem Staat auf der einen und den Religionsgemeinschaften auf der anderen Seite bringt Artikel 140 GG in Verbindung mit Artikel 137 WRV zum Ausdruck. Die Formulierung, dass keine Staatskirche besteht, meint der Intention nach, dass die Errichtung einer Staatskirche verboten ist.

> [Artikel 140 GG] / Artikel 137 WRV:
> (1) Es besteht **keine Staatskirche**.
> (2) [...] (3) [...] (4) [...] (5) [...] (6) [...] (7) [...] (8) [...]

Zwar ist nur vom Verbot der Staatskirche die Rede. Der Sache nach ist damit aber auch das Verbot einer Staatsreligion oder einer Staats-Weltanschauung gemeint. Der Staat des Grundgesetzes soll weder Religions- bzw. Konfessionsstaat noch Weltanschauungsstaat sein (Hollerbach 1989, 533).

Aus der fehlenden Kompetenz des Staates in religiös-weltanschaulichen Fragen folgt der Verzicht darauf, eine einheitliche politische Gesinnung als seine Grundlage verbindlich zu machen. Es überschritte die Zuständigkeit des Staates, geistig-sittliche Grundhaltungen und Überzeugungen und ebenso geistig-kulturelle Grundauffassungen kraft eigener Entscheidung festzusetzen.

In der Gestaltung der Schule und des Bildungswesens wird der Staat allerdings zwangsläufig gesinnungsbildend tätig. Denn Bildungskonzepte tragen Werteimplikationen in sich. Die Bildungskonzepte müssen jedoch übergreifend und offen sein. Sie müssen Pluralität zulassen und in sich enthalten. Dies schließt nicht aus, einen Gemeingeist und gewisse nationale Bildungsgüter auf der Grundlage des vorhandenen geistig-kulturellen Erbes zu vermitteln. Indoktrinationen jeder Art sind dem Staat aber kategorisch verboten. Es kennzeichnet geradezu den Unterschied zu totalitären Diktaturen, dass der freiheitliche Staat weder auf Totalität noch gar auf Umformung des Bewusstseins zielt (Böckenförde 1978, 31 ff).

Eine weitere, an Bedeutung kaum zu überschätzende Begrenzung der demokratisch legitimierten Staatsgewalt stellt die Vorschrift in Artikel 79 Absatz 3 GG dar, dass der Kern der Verfassung unverbrüchliches Recht ist, welches nicht geändert oder gar abgeschafft werden kann.

Artikel 79 GG:
(1) [...] (2) [...]
(3) Eine **Änderung** dieses Grundgesetzes, durch welche die **Gliederung des Bundes in Länder**, die grundsätzliche **Mitwirkung der Länder** bei der Gesetzgebung oder **die in den Artikeln 1 und 20 niedergelegten Grundsätze** berührt werden, ist **unzulässig**.

Die „Ewigkeitsgarantie" in Artikel 79 GG schützt die Menschenwürde (Art. 1 GG) sowie das Bundesstaats-, das Demokratie-, das Republik-, das Rechtsstaats- und das Sozialstaatsprinzip (Art. 20 GG).

Das Besondere an der Verfassungsbestimmung ist, dass selbst einstimmige Beschlüsse demokratisch legitimierter Organe nicht genügen würden, um in die geschützten Rechtsgüter einzugreifen. Der Verfassungskern markiert eine absolute Grenze für die Anwendung des Demokratieprinzips.

Schließlich wirkt noch das *Subsidiaritätsprinzip* herrschaftsbegrenzend. Dieses Prinzip fungiert als ein Regulativ für die Bestimmung staatlicher Zuständigkeiten. Seine Grundidee lautet, kleineren sozialen Gebilden Handlungspriorität vor größeren zu geben. Die übergeordnete Ebene soll nur tätig werden und ist dann aber auch zur Tätigkeit verpflichtet, wenn die untergeordnete Ebene ihre Aufgaben nicht erfüllen kann.

Für das Handeln des Staates bedeutet dies, um der Erhaltung, Förderung und Bewahrung gesellschaftlicher Freiheit willen Zurückhaltung zu üben. Eine die Freiheit der Gesellschaft tangierende Maßnahme ist nicht schon dann hinreichend legitimiert, wenn sie einen öffentlichen Zweck erfüllt. Vielmehr muss der Zweck notwendig und müssen die eingesetzten Mittel verhältnismäßig in dem Sinn sein, dass die Aufgabe in gleicher Weise aus der Mitte der Gesellschaft nicht erfüllt werden kann (Rupp 1987, 1219).

Das Subsidiaritätsprinzip prägt auch die Zuständigkeitsordnung des Grundgesetzes. Es normiert nicht nur die Zuständigkeiten der beiden in einer bundesstaatlichen Ordnung existierenden staatlichen Ebenen des Bundes und der Länder. Es garantiert auch die kommunale Selbstverwaltung. In Artikel 28 Absatz 2 GG sichert das Grundgesetz den Gemeinden Eigenständigkeit in der Regelung der örtlichen Angelegenheiten zu.

> Artikel 28 GG:
> (1) [...]
> (2) Den **Gemeinden** muss das Recht gewährleistet sein, **alle Angelegenheiten der örtlichen Gemeinschaft** im Rahmen der Gesetze **in eigener Verantwortung zu regeln**. Auch die Gemeindeverbände haben im Rahmen ihres gesetzlichen Aufgabenbereiches nach Maßgabe der Gesetze das Recht der Selbstverwaltung. Die Gewährleistung der Selbstverwaltung umfasst auch die Grundlagen der finanziellen Eigenverantwortung; zu diesen Grundlagen gehört eine den Gemeinden mit Hebesatzrecht zustehende wirtschaftskraftbezogene Steuerquelle.
> (3) [...]

Artikel 28 GG drückt den prinzipiellen Vorrang einer dezentralen, nämlich gemeindlichen, vor einer zentral und damit staatlich bestimmten Aufgabenwahrnehmung aus.

Das Grundgesetz folgt dem Subsidiaritätsprinzip auch in der Kompetenzverteilung zwischen Bund und Ländern, wie sich Artikel 30 entnehmen lässt.

> Artikel 30 GG:
> Die **Ausübung der staatlichen Befugnisse** und die **Erfüllung der staatlichen Aufgaben** ist **Sache der Länder**, soweit dieses Grundgesetz keine andere Regelung trifft oder zulässt.

In dem von unten her sich aufbauenden Staat des Grundgesetzes kommt den Ländern grundsätzlich das Ganze der staatlichen Kompetenzen und der Vorrang in der Ausübung staatlicher Aufgaben zu. Zwar bleibt im praktischen Ergebnis für die Länder nur eine Komplementärfunktion gegenüber dem Bund übrig, dennoch hat sich die Verfassung für den Vorrang zugunsten der Länder entschieden. Nicht sie bedürfen einer speziellen Ermächtigung zum Handeln, sondern der Bund (Isensee 1968, 225 ff.).

5.3 Verantwortliche Herrschaft

Im demokratischen Verfassungsstaat genügt es nicht, Herrschaft durch Wahlen demokratisch zu legitimieren. Denn auch für die Zeit zwischen den Wahlen muss sichergestellt werden, dass die Herrschaftsausübung an das Volk rückgebunden ist. Eine Verselbstständigung der politischen Amtsträger würde nämlich der von der Demokratie ausgehenden Legitimation jegliche Wirkung nehmen. Herrschaft muss daher gegenüber den Herrschaftsunterworfenen verantwortet werden. Erst eine verantwortliche Herrschaftsausübung – im Englischen spricht man vom „responsible government" – entspricht den Anforderungen des Verfassungsstaates.

Verantworten bedeutet in der Demokratie, dass die mit der Herrschaftsausübung Betrauten sich letztlich gegenüber dem Volk für ihre politischen Handlungen rechtfertigen und für den Fall, dass die Rechtfertigung keine Akzeptanz findet, vorgesehene Sanktionen erdulden müssen. Diese Sanktionen können bis zum Amtsverlust reichen. Neben der politischen Verantwortung, die sich auf die jeweils gewählte Politik bezieht, gibt es noch eine rechtliche Verantwortung. Deren Bezugspunkt ist die Einhaltung von Recht und Gesetz durch die Amtsträger.

Weil das Volk die letzte Verantwortungsinstanz ist, muss der politische Prozess in der Öffentlichkeit stattfinden. Anderenfalls könnten die Menschen die Verantwortlichen nicht identifizieren. Sie wären ebenso nicht informiert darüber, welche politischen Vorhaben und Handlungen überhaupt zur Verantwortung anstehen.

Auf welche Weise sorgt das Grundgesetz für Öffentlichkeit? Wie gewährleistet es das Prinzip der Verantwortlichkeit?

Öffentlichkeit als Voraussetzung verantwortlicher Herrschaftsausübung

Der Staat des Grundgesetzes ist ein Staat der Offenheit und der Öffentlichkeit. So verhandeln die beiden maßgeblich mit der Gesetzgebungsarbeit befassten Organe, der Bundestag und der Bundesrat, öffentlich. Die hierfür einschlägigen Artikel 42 und 52 GG lassen indessen auch zu, dass die Öffentlichkeit auf Antrag ausgeschlossen werden kann. Für den Bundestag gilt für diesen Fall allerdings, dass ein solcher Antrag eine nicht leicht zu erreichende Zweidrittelmehrheit der anwesenden Abgeordneten benötigt.

Artikel 42 GG
(1) Der **Bundestag verhandelt öffentlich**. Auf Antrag eines Zehntels seiner Mitglieder oder auf Antrag der Bundesregierung kann mit Zweidrittelmehrheit die Öffentlichkeit ausgeschlossen werden. Über den Antrag wird in nichtöffentlicher Sitzung entschieden.
(2) [...] (3) [...]

Artikel 52 GG:
(1) [...] (2) [...]
(3) Der **Bundesrat** fasst seine Beschlüsse mit mindestens der Mehrheit seiner Stimmen. Er gibt sich eine Geschäftsordnung. Er **verhandelt öffentlich**. Die Öffentlichkeit kann ausgeschlossen werden.
(3a) [...] (4) [...]

Die Öffentlichkeit der Verhandlungen der Gesetzgebungsorgane ist ein kennzeichnendes Merkmal demokratischer Staaten. Historisch setzte sich der *Grundsatz der Öffentlichkeit* der parlamentarischen Verhandlung erstmals in der französischen Verfassung von 1791 durch. Die Paulskirchenverfassung bestimmte in § 111 ebenfalls die Öffentlichkeit der parlamentarischen Sitzungen. Die Reichsverfassung von 1871 wie auch die Weimarer Reichsverfassung gingen denselben Weg.

Das Grundgesetz sieht öffentliche Verhandlungen jedoch nur für Plenar-, nicht für Ausschusssitzungen vor. Dafür schreibt die Geschäftsordnung des Bundestages in § 28 für Plenarsitzungen vor, dass die Worterteilung dem Grundsatz von Rede und Gegenrede entsprechen soll. Vor allem soll nach der Erklärung eines Mitgliedes der Bundesregierung eine abweichende Meinung zu Worte kommen. Damit soll die politische Kontroversität als ein Kernmerkmal des freiheitlichen Staates zum Ausdruck kommen.

Über die Verfahrensweisen der Ausschüsse äußern sich die Geschäftsordnungen des Bundestages und des Bundesrates. Die Geschäftsordnung des Bundestages schreibt in § 69 vor, dass Beratungen der Ausschüsse grundsätzlich nichtöffentlich sind. Der Ausschuss kann jedoch beschließen, für einen bestimmten Verhandlungsgegenstand die Öffentlichkeit zuzulassen. In § 69a empfiehlt die Geschäftsordnung sogar, als Schlussberatung der jeweiligen Vorlage öffentliche Aussprachen durchzuführen. Schließlich erlaubt die Geschäftsordnung den Ausschüssen in § 70 öffentliche Anhörungssitzungen von Sachverständigen und Interessenvertretern. Die Geschäftsordnung des Bundesrates ist strenger. Sie bestimmt in § 37, dass die Sitzungen der Ausschüsse nichtöffentlich und darüber hinaus die Verhandlungen vertraulich sind.

Die Nichtöffentlichkeit von Ausschusssitzungen ist durchaus sinnvoll: Da es hier auf die Sacharbeit ankommt, könnte eine zugelassene Öffentlichkeit die Ausschussmitglieder zu effekthaschender Rhetorik und diffusen Emotionen verführen. Die fehlende Öffentlichkeit ist auch für die Entscheidungsfindung, insbesondere für die Kompromissbildung, förderlich. Die Abgeordneten können im freien Spiel von Rede und Gegenrede, von Argument und Kritik, zur vernünftigen Entscheidung gelangen. Das Demokratieprinzip fordert die öffentliche Verhandlung daher nur im Plenum, im Übrigen lediglich die öffentliche Rechtfertigung von Entscheidungen, die anderswo getroffen wurden (Kriele 1971, 68).

Da ein wesentlicher Teil der Bundestagsarbeit in den Ausschüssen stattfindet, könnte argumentiert werden, dass die vom Grundgesetz gebotene Parlamentsöffentlichkeit durch die nichtöffentlichen Ausschusssitzungen faktisch unterlaufen werde. Hiergegen ist jedoch zu sagen, dass Ausschüsse lediglich Empfehlungen geben. Diese erlangen erst durch Beschlussfassung des Plenums rechtliche Verbindlichkeit. Die Entscheidung des Plenums ist deshalb diejenige Handlung, für die die Abgeordneten in der Öffentlichkeit geradestehen müssen, für die sie verantwortlich zu machen sind (Klein 2001, 28, Rdnr. 44).

Der hohe Rang des Publizitätsprinzips bewirkt, dass der *Ausschluss der Öffentlichkeit* der wirkliche Ausnahmefall ist. Ein Ausschluss kann nur in Betracht kommen, wenn es dafür gewichtige Gründe gibt. Solche Gründe könnten wichtige Staatsgeheimnisse sein. Grundsätzlich gilt auch für einen freiheitlichen Staat, dass er es sich nicht erlauben kann, schlechthin alles offenzulegen, alles öffentlich zu debattieren, allen zu allem Zugang zu gewähren. Eine Geheimhaltung ist aber rechtfertigungsbedürftig (Jestaedt 2001, 205, 220).

Das Grundgesetz enthält keine Vorschriften über *Publizitätspflichten der Regierung*. Die Regierung praktiziert aber eine intensive Öffentlichkeitsarbeit, in der sie über ihre Arbeit informiert. Es ist jedoch nicht ausgeschlossen, dass sie hierbei einer positiven Selbstdarstellung allzu viel Wert beimisst. Die Regierung trägt allerdings zur parlamentarischen Öffentlichkeit bei, wenn sie dem Parlament in Plenarsitzungen Rede und Antwort stehen muss (Kloepfer 1987, 199).

Die Öffentlichkeit von Parlamentssitzungen erfüllt eine Reihe wichtiger Funktionen.

So gewinnt der Gesetzgebungsprozess an *Legitimität*, wenn er sich in geordneten Verfahren unter den Augen der Öffentlichkeit vollzieht. Der Prozess wird insofern nachvollziehbar, als in der abschließenden Plenarsitzung die Argumente für und gegen ein Gesetz ausgetauscht werden (Meinel 2004, 414).

Öffentliche Sitzungen bedeuten *Transparenz*. Jedermann kann sehen, wie die ihn vertretenden Abgeordneten sich gerieren. Die Öffentlichkeit der Verhandlung zwingt die Abgeordneten zur Rechtfertigung ihrer Entscheidung. Dadurch erhöht sich der Grad der Verantwortbarkeit vor den Repräsentierten. Weiterhin können die zur Begründung angeführten Argumente wichtig für die spätere Interpretation der Entscheidung werden (Kriele 1971, 68).

Generell bildet die Publizität des staatlichen Handelns eine wichtige Voraussetzung für die Wahrnehmung der im Grundgesetz konstituierten *politischen Partizipati-*

onsmöglichkeiten der Bürger. Denn Partizipation setzt Informiertheit voraus: „Die parlamentarische Demokratie basiert auf dem Vertrauen des Volkes; Vertrauen ohne Transparenz, die erlaubt zu verfolgen, was politisch geschieht, ist nicht möglich“ (BVerfGE 40, 296 (327)). Zur Transparenz gehört auch, dass die Entscheidungsverfahren der Hoheitsgewalt ausübenden Organe und die jeweils verfolgten politischen Zielvorstellungen allgemein sichtbar und verstehbar sind (BVerfGE 97, 350 (369)).

Nicht vergessen werden darf schließlich, dass die Öffentlichkeit des staatlichen Handelns eine Voraussetzung für die *begleitende Kontrolle* der Herrschaftsausübung außerhalb des Wahlgeschehens ist. Die politischen Entscheidungen müssen vor den Augen aller getroffen werden, da dies die einzig wirksame Kontrolle darstellt (Jestaedt 2001, 217).

Ein anders gelagerter Aspekt des Öffentlichkeitsgebotes ist die *Publizität des Gesetzes*. Nach Artikel 82 GG müssen alle Gesetze und Rechtsverordnungen öffentlich bekannt gemacht werden.

Artikel 82 GG:
(1) Die nach den Vorschriften dieses Grundgesetzes zustande gekommenen **Gesetze** werden vom Bundespräsidenten nach Gegenzeichnung ausgefertigt und **im Bundesgesetzblatte verkündet. Rechtsverordnungen** werden von der Stelle, die sie erlässt, ausgefertigt und vorbehaltlich anderweitiger gesetzlicher Regelung **im Bundesgesetzblatte verkündet**.
(2) [...]

Erst mit der Verkündung der Rechtsnorm im Bundesgesetzblatt beginnt ihre Geltungskraft. Der Sinn dieser Vorschrift liegt darin, dass der Wortlaut des Gesetzes jedermann zugänglich sein soll. Der Rechtsbefehl des Verfassungsstaates ist keine Geheimorder, sondern eine klar vernehmbare Anordnung.

Funktionsweisen politischer und rechtlicher Verantwortlichkeit

Politische Verantwortlichkeit setzt voraus, dass der Verantwortungspflichtige über Kompetenzen verfügt, die ihn in die Lage versetzen, selbstständige Entscheidungen zu treffen. So kann niemand Verantwortung tragen, der in seinen Entscheidungen inhaltlich in vollem Umfang an die Willensentscheidung anderer gebunden ist. Parlament und Regierung benötigen also *Entscheidungsspielräume*, um überhaupt verantwortliches Handeln praktizieren zu können.

Der notwendige Entscheidungsspielraum ist beispielsweise gefährdet, wenn in einer vom Parlament zu regelnden Materie eine Volksbefragung durchgeführt wird und diese Befragung ein eindeutiges Ergebnis hat. Das Parlament könnte zwar dem Ergebnis der Volksbefragung zuwiderhandeln, dies würden die Menschen aber nicht verstehen. Das Parlament wäre praktisch genötigt, dem Ergebnis der Volksbefragung zu folgen. Das aber hieße Entzug der Entscheidungsverantwortung des Parlaments (Kriele 1971, 61).

Der Entscheidungsspielraum des Parlaments ist ebenfalls gefährdet, wenn die Regierung von der ihr verbundenen Parlamentsmehrheit erwartet, dass diese den Initiativen der Regierung ungeprüft folgt, also auch deren Gesetzesinitiativen anstandslos übernimmt und verabschiedet. Trotz des Gleichklanges von Regierung und Parlamentsmehrheit liegt keine Identität beider Akteure vor. Die Regierung steht dem Parlament, also der Opposition und der Mehrheit, gegenüber. Es existiert ein prinzipielles Spannungsverhältnis zwischen der Regierung als der Spitze der Exekutive und dem Parlament als dem zentralen Gesetzgebungs- und dem einzigen Kontrollorgan (Rauschning 1976, 223).

Auch der Entscheidungsspielraum der Regierung kann gefährdet sein. Das ist etwa der Fall, wenn ihr Aufgaben von erheblicher politischer Tragweite entzogen und auf weisungsfreie Stellen übertragen werden. Unter diesen Voraussetzungen fehlt es der Regierung an hinreichenden Befugnissen, um verantwortlich ihre Funktionen gegenüber Volk und Parlament erfüllen zu können (BVerfGE 9, 268 (281 f.)). Die Verantwortlichkeit der Regierung ist aber eines der zentralen Merkmale der freiheitlichen demokratischen Grundordnung.

Verantwortlichkeit impliziert, dass *Verantwortungspflichtige* der Kontrolle durch *Verantwortungsinstanzen* unterliegen. Sie impliziert weiterhin, dass es *Maßstäbe* geben muss, anhand derer die Handlungen der Verantwortungspflichtigen beurteilt werden können.

Das vom Grundgesetz etablierte parlamentarische Regierungssystem kennt im Wesentlichen zwei Verantwortungsbeziehungen: So ist die Regierung dem Parlament verantwortlich. Das Parlament wiederum ist dem Volk verantwortlich.

Die *Verantwortlichkeit der Regierung* manifestiert sich in einem umfangreichen Ensemble parlamentarischer Kontrollinstrumente. Die unmittelbare Verantwortungsinstanz für die Regierung ist also das Parlament. Einige der Kontrollinstrumente können die Regierung politisch dadurch in Bedrängnis bringen, dass sie einen Ansehensverlust der Regierung und der sie tragenden Parteien bewirken. Andere Instrumente haben rechtliche Konsequenzen, indem entweder von der Regierung getragene Gesetze für ungültig erklärt werden oder die Regierung sogar abgelöst wird.

Die *Verantwortlichkeit des Parlaments* kommt in der periodischen Neuwahl der Mitglieder der Volksvertretung zum Tragen. Verantwortungsinstanz für das Parlament ist mithin das Volk. Es kann den Bewerbern um ein Mandat das Vertrauen aussprechen oder aber verweigern. Da in einem parlamentarischen Regierungssystem die Regierung vom Vertrauen der Mehrheit des Parlaments abhängt und eine Wahl die Mehrheitsverhältnisse umstoßen kann, ist mittelbar das Volk die Verantwortungsinstanz der Regierung. Dieser Sachverhalt verstärkt die demokratische Legitimation der Regierung.

Daneben gibt es noch die von den Massenmedien ausgeübte Kontrolle. Diese ergänzt das System der Verantwortungsbeziehungen, weil sie die öffentliche Meinung erreichen und wirksam beeinflussen kann (Böckenförde 1987b, 37).

Der allgemeinste Maßstab für die Beantwortung der Frage, ob die Repräsentanten ihrer Verantwortung gerecht geworden sind oder in Zukunft gerecht werden, ist das *Gemeinwohl*. Es wird erwartet, dass das Volk diesen Maßstab anwendet, wenn es im Wahlakt über bisherige Amtsinhaber wie über neue Bewerber urteilt.

Das Gemeinwohl ist ein übergreifender, mit den je partikularen Interessen der Wähler nicht identischer Bezugspunkt. Die Politiker dürfen sich also nicht als bloße Vollstrecker der Wünsche und Bedürfnisse der Repräsentierten verstehen. Sie müssen sich im Zweifelsfall solchen Erwartungen sogar widersetzen. Ebenso dürfen sie auch nicht einfach der Demoskopie folgen. Ihnen muss Eigeninitiative und die Fähigkeit zur Antizipation gesellschaftlicher Herausforderungen zugemutet werden (Böckenförde 1987b, 41 f.).

Andererseits müssen sich in den Handlungen der Politiker die Einzelnen und die Bürger insgesamt, also das Volk, wiederfinden können, und zwar in ihren unterschiedlichen Auffassungen ebenso wie in dem, was sie gemeinsam für richtig halten und verwirklicht sehen wollen. Dies erfordert eine inhaltliche Rückbeziehung des Handelns der Gewählten auf das, was im Volk gedacht wird. Notwendig ist also *Responsivität*.

Die vom Parlament angewendeten Maßstäbe bei der Kontrolle der Regierung sind Konkretisierungen der Gemeinwohlnorm. Es lassen sich drei Ausprägungen parlamentarischer Kontrolle unterscheiden: Die *politische Richtungskontrolle*, die die Gemeinwohlpolitik der Regierung einer kritischen Prüfung unterzieht, die *Effizienzkontrolle*, die nach dem ökonomischen Einsatz der für die Umsetzung der Regierungspolitik verwendeten Mittel fragt, und die *Rechtskontrolle*, die prüft, ob sich das Regierungshandeln im Rahmen des Rechts bewegt (Rudzio 2006, 220).

Instrumente politischer und rechtlicher Verantwortlichkeit

Im Grundgesetz ist die Verantwortlichkeit der Regierung in Artikel 65 niedergelegt. Der Artikel spricht in Satz 1 dem *Bundeskanzler* die Kompetenz zu, die Richtlinien der Politik zu bestimmen. Der Kanzler soll also die grundsätzlichen und richtungweisenden Entscheidungen der Regierungspolitik treffen. Es ist nur konsequent, dass das Grundgesetz ihm – und nicht der Bundesregierung insgesamt – die Verantwortung hierfür aufbürdet.

Die Verantwortung des Kanzlers, aber auch die der Bundesminister besteht konkret vor allem darin, die Regierungspolitik gegenüber dem Parlament zu erklären, zu rechtfertigen sowie um Zustimmung zu werben. Verantwortlichkeit schließt aber auch ein, mit Sanktionen des Bundestages rechnen zu müssen und diese dann zu ertragen.

> Artikel 65 GG:
> Der **Bundeskanzler** bestimmt die Richtlinien der Politik und **trägt** dafür die **Verantwortung.** Innerhalb dieser Richtlinien leitet jeder **Bundesminister** seinen Geschäftsbereich selbstständig und unter **eigener Verantwortung.** Über Meinungsverschiedenheiten zwischen den Bundesministern entscheidet die Bundesregierung. Der Bundeskanzler leitet ihre Geschäfte nach einer von der Bundesregierung beschlossenen und vom Bundespräsidenten genehmigten Geschäftsordnung.

Gemäß Satz 2 leiten die *Bundesminister* ihren jeweiligen Geschäftsbereich selbstständig und unter eigener Verantwortung. Das bedeutet zum einen, dass die Minister die Organisation ihres Ministeriums nach eigenen Vorstellungen vornehmen können. Es bedeutet zum anderen, dass weder der Bundeskanzler noch die anderen Minister in die Zuständigkeiten des jeweiligen Ministeriums eingreifen dürfen. Sie dürfen auch keine Weisungen erteilen, die unmittelbar die Ressortpolitik berühren. Dies wiederspräche der Norm, dass die Minister für ihr Ressort eine eigene Verantwortung tragen (Seifert/ Hömig 1999, 398).

Die Verantwortlichkeit der Regierung bezieht sich unmittelbar auf das eigene Handeln, mittelbar auch auf das Handeln der nachgeordneten Behörden. Deshalb unterliegen letztere auch der Weisungsgewalt oder dem Aufsichtsrecht der Regierung bzw. des jeweiligen Ministers. Nachgeordnete Behörden sind nicht befugt, einen von der Regierung unabhängigen Willen zu formulieren (Böckenförde 1987a, 900).

Die Bundesminister sind gegenüber dem Bundeskanzler verantwortlich. Vor ihm müssen sie ihr Handeln begründen und gegebenenfalls rechtfertigen. Falls der Bundeskanzler die Zusammenarbeit mit einem Minister nicht mehr für möglich hält, kann er gemäß Artikel 64 GG für dessen Entlassung sorgen. Dies ist der deutlichste Ausdruck der Verantwortlichkeit der Minister dem Kanzler gegenüber.

> Artikel 64 GG:
> (1) Die **Bundesminister** werden **auf Vorschlag des Bundeskanzlers** vom Bundespräsidenten **ernannt** und **entlassen.**
> (2) [...]

Weil ein Bundesminister auf Vorschlag des Bundeskanzlers jederzeit fristlos und ohne Begründung entlassen werden kann, besitzt der Kanzler gegenüber seinen Ministern eine überlegene Machtstellung. Die Minister sind ständig von seinem Vertrauen abhängig.

Eine Verantwortlichkeit der Bundesminister besteht aber auch gegenüber dem Bundestag. Gemäß Artikel 43 GG müssen die Mitglieder der Bundesregierung auf Verlangen des Bundestages im Plenum sowie in den Ausschüssen erscheinen. Im Zusammenhang mit der Anwesenheit haben die Abgeordneten ein Fragerecht gegenüber dem zitierten Regierungsmitglied. Dem Fragerecht korrespondiert die Pflicht, auf die gestellten Fragen zu antworten.

> Artikel 43 GG:
> (1) Der **Bundestag** und seine Ausschüsse können die **Anwesenheit jedes Mitgliedes der Bundesregierung verlangen**.
> (2) [...]

Der zitierte Minister muss sich gegebenenfalls Mängel in seinem Geschäftsbereich politisch anrechnen lassen und für sie einstehen. Der Bundestag kann in diesem Zusammenhang nicht daran gehindert werden, das Verhalten des Ministers zu missbilligen. Selbst ein Misstrauensbeschluss ist möglich, wenngleich dieser ohne Rechtsfolgen bleibt. Weder muss der Minister zurücktreten, noch muss der Kanzler eine Entlassung in die Wege leiten. Der Minister dürfte aber politisch stark beschädigt sein.

Das Grundgesetz erwähnt nur an wenigen Stellen explizit die Kontrollfunktion des Bundestages. Dies geschieht einmal in Artikel 44 GG, der die Einrichtung von *Untersuchungsausschüssen* regelt. Untersuchungsausschüsse sind parlamentarische Einrichtungen zur Kontrolle des Regierungshandelns.

> Artikel 44 GG:
> (1) Der Bundestag hat das Recht und auf Antrag eines Viertels seiner Mitglieder die Pflicht, einen **Untersuchungsausschuss** einzusetzen, der in öffentlicher Verhandlung die erforderlichen Beweise erhebt. Die Öffentlichkeit kann ausgeschlossen werden.
> (2) [...] (3) [...] (4) [...]

Da Untersuchungsausschüsse auf Antrag eines Viertels der Mitglieder des Bundestages eingerichtet werden müssen, sind sie ein bevorzugtes Kontrollmittel der Opposition. Die mit der Regierung verbundene Parlamentsmehrheit kann die Bildung eines solchen Ausschusses jedenfalls nicht verhindern.

Allerdings können Untersuchungsausschüsse nur Tatsachen feststellen und Empfehlungen aussprechen. Sie haben kein Entscheidungsrecht. Sie dürfen auch nicht in den Zuständigkeitsbereich der Regierung eingreifen.

Ein Sonderfall parlamentarischer Kontrolle ist die Institution des *Wehrbeauftragten* gemäß Artikel 45b GG. Der Wehrbeauftragte dient der Kontrolle der Streitkräfte und des Regierungshandelns im militärischen Bereich. Speziell soll er darauf achten, dass die Grundrechte der sich in einem besonderen Gewaltverhältnis befindenden Soldaten nicht verletzt werden.

Artikel 45b GG:
Zum Schutz der Grundrechte und als Hilfsorgan des Bundestages bei der Ausübung der **parlamentarischen Kontrolle** wird ein **Wehrbeauftragter** des Bundestages berufen. Das Nähere regelt ein Bundesgesetz.

Der Wehrbeauftragte hat jederzeit ohne Anmeldung Zugang zu allen Einrichtungen der Streitkräfte. Die Soldaten können sich ohne Einhaltung des sonst vorgeschriebenen Dienstweges direkt an ihn wenden.

Der Wehrbeauftragte fertigt für jedes Kalenderjahr einen Gesamtbericht an, den er dem Bundestag vorlegt. Über diesen Bericht kommt es zu einer Aussprache im Plenum, die in der Regel erhebliche Aufmerksamkeit in der Öffentlichkeit findet.

Ein scharfes Kontrollmittel des Parlaments ist die *Anrufung des Bundesverfassungsgerichts*. In Betracht kommen gemäß Artikel 93 GG Organstreitigkeiten und abstrakte Normenkontrollen. Beim *Organstreit* geht es darum, ob ein Verfassungsorgan, etwa die Bundesregierung, sich im Rahmen der ihm von der Verfassung zugewiesenen Aufgabe bewegt oder ob es seine Kompetenzen überschritten hat. Das *Normenkontrollverfahren* hat die Aufgabe zu klären, ob ein bestimmtes Gesetz mit dem Grundgesetz vereinbar ist.

Im Organstreit kann sich entweder der Bundestag als Ganzes oder ein Teil des Parlaments wie etwa die Oppositionsfraktion an das Verfassungsgericht wenden. Bei der abstrakten Normenkontrolle ist faktisch immer die parlamentarische Opposition Antragstellerin.

Im Organstreit ist beispielsweise die Bundesregierung unmittelbare Antragsgegnerin des Bundestages oder eben der Opposition. Bei der Normenkontrolle richtet sich der Antrag gegen Gesetze, die von der parlamentarischen Mehrheit beschlossen wurden. Da die Parlamentsmehrheit mit der Regierung eine Handlungseinheit bildet, richtet sich der Normenkontrollantrag indirekt ebenfalls gegen die Regierung.

> Artikel 93 GG:
> (1) Das Bundesverfassungsgericht entscheidet:
> 1. über die Auslegung dieses Grundgesetzes aus Anlass von **Streitigkeiten über den Umfang der Rechte und Pflichten eines obersten Bundesorgans** oder anderer Beteiligter, die durch dieses Grundgesetz oder in der Geschäftsordnung eines obersten Bundesorgans mit eigenen Rechten ausgestattet sind;
> 2. bei **Meinungsverschiedenheiten** oder **Zweifeln** über die förmliche und sachliche **Vereinbarkeit von Bundesrecht** oder Landesrecht **mit diesem Grundgesetze** oder die Vereinbarkeit von Landesrecht mit sonstigem Bundesrechte auf Antrag der Bundesregierung, einer Landesregierung oder **eines Drittels der Mitglieder des Bundestages**; [...]
> (2) [...] (3) [...]

Die besondere Wirksamkeit einer Anrufung des Bundesverfassungsgerichts durch das Parlament, faktisch durch die Opposition, besteht darin, dass im Erfolgsfall die Entscheidung des Gerichts bei einem Organstreit das gegnerische Verfassungsorgan, also die Bundesregierung, rechtlich bindet. Die Wirkung eines erfolgreichen Normenkontrollverfahrens besteht darin, dass das strittige Gesetz für nichtig erklärt wird.

An der Kontrolle der Regierung ist vorrangig, jedoch keinesfalls ausschließlich die *parlamentarische Opposition* beteiligt. Mit Ausnahme erfolgreich verlaufender Verfahren vor dem Bundesverfassungsgericht scheinen ihre Möglichkeiten einer effektiven Kontrolle aber gering zu sein. Denn die Opposition verfügt nicht über die Stimmenmehrheit im Parlament. Diese wird aber benötigt, um die Regierung gegebenenfalls über eine Abstimmung zu einer Änderung ihrer Politik oder zu einer personellen Maßnahme zu zwingen. Da die Opposition nicht damit rechnen kann, die Regierungsmehrheit zu überstimmen, ist der primäre Adressat ihrer Bemühungen daher nicht die parlamentarische Gegenseite. Es ist die Öffentlichkeit, d.h. die Wählerschaft.

Die Kontrolle der Opposition ist dann effektiv, wenn es ihr gelingt, die Regierung einschließlich der sie tragenden Parlamentsmehrheit an der empfindlichsten Stelle zu treffen. Das ist ihr Ansehen in der öffentlichen Meinung. Denn hiervon hängen die Chancen ab, bei der nächsten Wahl erneut mit der Regierungsbildung beauftragt zu werden. Für die Opposition gilt dasselbe: Nur auf dem Wege der permanenten Einwirkung auf die Wählerschaft bietet sich ihr eine reale Chance, nach der nächsten Wahl aus der Minderheitsposition herauszukommen.

Stärker als das Grundgesetz geht die Geschäftsordnung des Bundestages auf Instrumente der Regierungskontrolle ein. Sie listet fünf Instrumente auf, welche die Opposition gezielt für sich nutzen kann. Keines dieser Mittel führt einen Regierungssturz herbei. Sie sind aber allesamt geeignet, die Regierung in Verlegenheit zu bringen und die öffentliche Meinung im eigenen Sinne zu beeinflussen.

Große Anfragen an die Bundesregierung (§ 100 bis 103) erfordern ebenso wie Kleine Anfragen (§ 104) lediglich ein Quorum von fünf Prozent der Mitglieder des Bundestages, damit sie auf den Weg gebracht werden können. Diese Bedingung können auch kleine Fraktionen erfüllen. Darüber hinaus kann jedes Mitglied des Bundestages kurze Einzelfragen zur mündlichen oder schriftlichen Beantwortung an die Bundesregierung richten (§ 105). Schließlich bieten noch die Aktuelle Stunde und die Befragung der Bundesregierung Gelegenheit für kritische Fragen (§ 106).

Das schärfste politische Mittel des Parlaments, die Regierung zur Verantwortung zu ziehen, ist ihr Sturz. Das *konstruktive Misstrauensvotum* gemäß Artikel 67 GG richtet sich allerdings nur gegen den *Bundeskanzler*, nicht gegen die gesamte Bundesregierung und auch nicht gegen einzelne Minister. Auf diese Weise soll die Erosion der Regierung durch sukzessive Ministerrücktritte aufgrund punktueller Misstrauensvoten verhindert werden. Gemäß Artikel 69 Absatz 2 GG endet jedoch die Amtszeit der Bundesminister im Moment des Kanzlersturzes.

Artikel 67 GG:
(1) Der **Bundestag** kann **dem Bundeskanzler das Misstrauen** nur dadurch **aussprechen**, dass er mit der Mehrheit seiner Mitglieder **einen Nachfolger wählt** und den Bundespräsidenten ersucht, den Bundeskanzler zu entlassen. Der Bundespräsident muss dem Ersuchen entsprechen und den Gewählten ernennen.
(2) Zwischen dem Antrage und der Wahl müssen achtundvierzig Stunden liegen.

Das Misstrauensvotum ist automatisch mit der Wahl eines neuen Bundeskanzlers verbunden. Auf diese Weise werden destruktive Regierungsstürze wie in der Weimarer Republik vermieden. Die Regelung des Grundgesetzes versetzt nur solche Mehrheiten des Bundestages in die Lage, eine Regierung zu Fall zu bringen, die sich positiv über die Person des neuen Kanzlers einig sind. Die Nachfolgerwahl erfordert die Stimmen der Mehrheit der Mitglieder des Bundestages.

Ein konstruktives Misstrauensvotum setzt faktisch eine Veränderung der parlamentarischen Mehrheitsverhältnisse voraus: Eine bisherige Koalition muss durch eine neue Konstellation ersetzt worden sein, die als neue Mehrheit die alte Regierung stürzt und eine neue installiert.

Einer ausschließlich *rechtlichen Verantwortung* unterliegt der *Bundespräsident*. Er kann politisch nicht zur Verantwortung gezogen werden, weil seine Anordnungen und Verfügungen gemäß Artikel 58 GG der Gegenzeichnung durch ein Mitglied der Bundesregierung bedürfen. Das bedeutet, dass seine Handlungen von der Bundesregierung verantwortet werden. Politische Handlungen, die eine politische Verantwortung begründen würden, fehlen ihm weitgehend.

Im Unterschied zum Bundeskanzler kann der Bundespräsident während seiner Amtszeit nicht aus politischen Gründen abgewählt werden. Er kann nur bei vorsätzlicher Verletzung des Grundgesetzes oder sonstiger Gesetze sein Amt verlieren. Artikel 61 GG regelt das Amtsenthebungsverfahren, an dem der Bundestag oder der Bundesrat als Antragsteller und das Bundesverfassungsgericht als Entscheidungsorgan mitwirken.

Artikel 61 GG:
(1) Der **Bundestag** oder der **Bundesrat** können den **Bundespräsidenten** wegen vorsätzlicher Verletzung des Grundgesetzes oder eines anderen Bundesgesetzes vor dem Bundesverfassungsgericht **anklagen.** Der Antrag auf Erhebung der Anklage muss von mindestens einem Viertel der Mitglieder des Bundestages oder einem Viertel der Stimmen des Bundesrates gestellt werden. Der Beschluss auf Erhebung der Anklage bedarf der Mehrheit von zwei Dritteln der Mitglieder des Bundestages oder von zwei Dritteln der Stimmen des Bundesrates. Die Anklage wird von einem Beauftragten der anklagenden Körperschaft vertreten.
(2) Stellt das **Bundesverfassungsgericht** fest, dass der Bundespräsident einer vorsätzlichen Verletzung des Grundgesetzes oder eines anderen Bundesgesetzes schuldig ist, so kann es ihn **des Amtes für verlustig erklären.** Durch einstweilige Anordnung kann es nach der Erhebung der Anklage bestimmen, dass er **an der Ausübung seines Amtes verhindert ist.**

5.4 Weltanschauliche Neutralität

Die freiheitlichen Verfassungsstaaten sind aus zwei Gründen religiös und weltanschaulich neutrale Staaten. Zum einen sind ihre Gesellschaften durch einen religiösweltanschaulichen Pluralismus gekennzeichnet. Zum anderen verstehen sie sich als säkulare Staaten.

Moderne Gesellschaften zeichnen sich dadurch aus, dass ihre Mitglieder in zentralen Aspekten der Lebensorientierung und Lebensführung nicht übereinstimmen. Fragen wie die nach dem Sinn des Lebens, nach der Existenz Gottes, nach der richtigen Art des privaten Zusammenlebens oder der sexuellen Orientierung finden keine einhellige Antwort mehr. Die Gesellschaftsglieder unterscheiden sich mithin in identitätsprägenden kulturellen Hinsichten. Der religiös-weltanschauliche Pluralismus dürfte eine konstante und geradezu konstitutive Eigenschaft moderner Gesellschaften sein. Angesichts dieser Situation kann sich der Staat nur neutral verhalten, wenn er den gesellschaftlichen Frieden nicht gefährden will.

Säkulare Staaten besitzen, theologisch gesprochen, keinen Schlüssel zum jenseitigen Heil. Denn sie identifizieren sich mit keiner Religion oder Religionsgemeinschaft.

Säkularität bedeutet jedoch nicht Atheismus. Ein staatlich verordneter Atheismus wäre eine mit der Unterdrückung des religiösen Lebens verbundene Parteinahme und keine Neutralität. Säkulare Staaten tun also gut daran, die Religionen nicht zu negieren. Sie müssen vielmehr ein angemessenes Verhältnis zu den Religionen und Religionsgemeinschaften finden.

Grundsätzlich gilt als angemessenes Verhältnis, wenn auf der einen Seite die Religionen vom Staat freigegeben werden, sie also Raum zu eigener Entfaltung erhalten. Ihre Organisation und Ausübung ist dann keine staatliche Angelegenheit mehr. Der Staat verzichtet weiterhin auf jedwede Form der Religionshoheit und Religionslenkung. Auf der anderen Seite unterstützt der Staat die Religionen aber auch nicht mehr. Er hilft nicht bei der Durchsetzung religiöser Forderungen. Er verwehrt den Religionen den Zugriff auf staatliche Institutionen und Ämter. Auch grenzt die staatliche Rechtsordnung den Bewegungsspielraum der Religionen ein. Dasselbe Bedingungsgefüge gilt auch für Weltanschauungen und Weltanschauungsgemeinschaften.

Das im Grundsatz neutrale Verhältnis zwischen säkularem Staat und Religionen sowie Weltanschauungen kann unterschiedliche Gestalt annehmen. Das Verhältnis kann nämlich durch Nähe und Kooperation, aber auch durch Distanz und Gleichgültigkeit gekennzeichnet sein.

Was bedeuten die unterschiedlichen Verhältnisbestimmungen im Einzelnen? Für welches Verhältnis hat sich das Grundgesetz entschieden? Wo liegen die möglichen Grenzen der weltanschaulichen Neutralität angesichts des Sachverhaltes, dass sich in nicht wenigen grundgesetzlichen Normen ein vom Christentum gespeistes kulturelles Selbstverständnis spiegelt?

Negative und positive weltanschauliche Neutralität

Der säkulare Staat kann idealtypisch drei verschiedene Haltungen zu den Religionen und Weltanschauungen einnehmen: Er kann die Überzeugungssysteme bekämpfen und unterdrücken. Das wäre ein eindeutig negatives Verhältnis. Er kann sie fördern und unterstützen sowie mit ihnen kooperieren. Das wäre ein grundsätzlich positives Verhältnis. Er kann sich weder positiv noch negativ zu den Überzeugungssystemen verhalten. Das wäre in einem bestimmten Sinne ein strikt neutrales Verhalten (Holzke 2002, 908).

Die aktive Bekämpfung von Religionen und Weltanschauungen lässt sich kaum als neutrale Haltung bezeichnen. Die Förderung kann hingegen dann als neutral charakterisiert werden, wenn alle möglichen religiösen und weltanschaulichen Positionen gleich behandelt werden. Neutralität liegt natürlich auch vor, wenn der Staat sich um Religionen und Weltanschauungen entweder überhaupt nicht kümmert oder aber jede Beziehung zwischen ihnen und der staatlichen Sphäre unterbindet.

Es gibt mithin nicht die Neutralität an sich, sondern zwei verschiedene Arten von Neutralität, nämlich zum einen die negative und zum anderen die positive Neutralität.

Die *negative* oder auch *distanzierende* Neutralität besteht im Kern in der strikten Trennung der staatlichen von der religiös-weltanschaulichen Sphäre. Religionen und Weltanschauungen gelten als rein private Angelegenheit. Sie nehmen keine öffentlichen Funktionen wahr. Diese Neutralität erfährt noch eine Zuspitzung, wenn der Staat Anstrengungen unternimmt, Religionen und Weltanschauungen soweit wie möglich aus der Öffentlichkeit zu verbannen. Ein solcherart radikaler Laizismus trachtet danach, jegliche religiöse Betätigung außerhalb des häuslich-privaten Bereiches zu untersagen.

Die *positive* oder auch *wohlwollende* Neutralität geht davon aus, dass die Ausübung der menschenrechtlich legitimierten Religionsfreiheit sich nicht auf den privaten Lebensbereich begrenzen lässt. Denn ein Leben gemäß einer existenziellen Überzeugung erstreckt sich zwangsläufig auf den öffentlichen Bereich. Den Religionen ist mithin ein Entfaltungsraum etwa im Bildungswesen zuzubilligen. Sofern Überzeugungsgemeinschaften Leistungen erbringen, die der Allgemeinheit zugute kommen – Beispiele sind Kindergärten, Krankenhäuser und Altenheime –, sind sie vom Staat sogar zu fördern. Der Staat enthält sich allerdings religiöser Wertungen und identifiziert sich mit keiner Religion und Weltanschauung. Insofern ist die positive Neutralität offen und übergreifend.

Die Position der negativen Neutralität wird begünstigt durch die anwachsende Säkularisierung des allgemeinen Lebensgefühls. Die Bevölkerung entfremdet sich zunehmend von den beiden christlichen Großkirchen. Multikonfessionalität, Multikulturalität und verbreiteter Atheismus sind weitere Zeichen der Zeit.

Angesichts dieser Lage nimmt die Tendenz zu, unter religiöser Neutralität des Staates eine vollständige Entflechtung von Staat und Religion zu verstehen. Neutralität ist dann eher Indifferentismus, d.h. Gleichgültigkeit des Staates gegenüber dem Phänomen der Religion. Unter dieser Voraussetzung fördert der Staat nicht länger die Religionen gegenüber nichtreligiösen Einstellungen. Der Religionsunterricht wie auch die Erhebung von Kirchensteuern erscheinen in dieser Sicht als nicht neutrale Fördermaßnahmen (Schlaich 1970, 12 f.; Holzke 2002, 908).

Gegen dieses Neutralitätsverständnis wird indessen eingewendet, dass es, gewollt oder nicht gewollt, auf den Ausschluss des Religiösen gerichtet ist. Es verneint nämlich die der Religionsfreiheit entsprechende Achtung des Glaubens und bevorzugt einseitig areligiöse Haltungen. So käme die Verdrängung der Religion aus der Schule einer Parteinahme zugunsten des Atheismus gleich. Die negative Neutralität ist damit nicht wirklich neutral. Denn sie hätte eine weitere Ausdünnung des Religiösen in der Gesellschaft zur Folge.

Der in Glaubensdingen neutrale Staat ist trotz der fortgeschrittenen und fortschreitenden Säkularisierung nach wie vor säkularer, aber eben nicht missionierend-säkularisierender Staat. Er ist deswegen auch kein die Religion zurückdrängender, behindernder oder lähmender Staat. Denn ein solcher Staat würde ein atheistisch säkularisierender Staat sein (Brenner 2000, 272 f.).

Die angemessene Form der Neutralität ist daher die positive Neutralität. Sie entspricht dem Menschenrecht auf Religionsfreiheit am ehesten. Sie kommt aber auch dem Interesse des Staates an sittlich gefestigten Menschen entgegen. Denn hierzu leisten Religionsgemeinschaften erhebliche Beiträge.

Unter dem Vorzeichen der positiven Neutralität ist die gesamte Rechtsordnung daher von einem freundlichen Nebeneinander der staatlichen Ordnung und der Vielfalt religiös-weltanschaulicher Organisationen gekennzeichnet. Dabei offeriert der Staat seine Offenheit und Kooperationsbereitschaft auf Feldern, die im Interesse der Überzeugungsgemeinschaften liegen, indirekt dadurch aber auch dem staatlichen Gemeinwesen zugute kommen (Brenner 2000, 275 ff.).

Von der positiven Neutralität profitieren alle Beteiligten. Viele Facetten der vom Staat geförderten Kooperation erleichtern dem religiösen Menschen sein religiöses Leben oder ermöglichen ihm den Vollzug seines Glaubens. Es kommt somit zu einer Unterstützung beim Gebrauch des Grundrechts auf Religionsfreiheit. Religiöse Gemeinschaften können manche Dinge besser als staatliche Einrichtungen. So ist in Belastungs- und Grenzsituationen die religiöse Betreuung für viele Menschen eine wichtige Hilfe. Weiterhin haben kirchliche Schulen, Altenheime und Krankenhäuser einen guten Ruf. Schließlich bedeutet Kooperation auch Kommunikation und Informationsfluss. So erfährt der Staat, was in den religiösen Gemeinschaften vorgeht. In gewisser Weise kontrolliert er die Gemeinschaften und bindet sie an seine Standards (Oebbecke 2008, 60 f.).

Was positive Neutralität im Grenzfall heißt, lässt sich an der Auseinandersetzung darüber zeigen, ob eine muslimische Lehrerin in einer öffentlichen Schule während des Unterrichts ein Kopftuch tragen darf. Die besondere Herausforderung dieses Streites besteht darin, dass die weltanschauliche Neutralität des Staates ihre Selbstverständlichkeit verliert, wenn es sich um die Öffnung gegenüber religiösen Bezeugungen handelt, die nicht zur kulturellen Tradition des Gemeinwesens gehören. Es taucht dann die zusätzliche Frage auf, welches Maß an Fremdheit der gesellschaftlichen Mehrheit zumutbar ist.

Der laizistische Staat kann dieses Problem nach Maßgabe der negativen Neutralität leicht lösen: Da er sich allem Religiösen in seiner Einflusssphäre verweigert, liegt ein Verbot des Kopftuches nicht nur für die Lehrerin, sondern auch für alle Schülerinnen auf der Hand.

Diese Lösung ist bei einer positiven weltanschaulichen Neutralität des Staates aus zwei Gründen nicht möglich. Zum einen gelten hier religiöse Manifestationen als Ausdruck eines Grundrechtsgebrauchs. Religiös-weltanschauliche Bekundungen sollen sich daher möglichst frei entfalten können. Es wird deshalb auch nicht erwartet, dass die Menschen sich in der Öffentlichkeit zu einer letztlich standpunktlosen „absoluten Neutralität“ in allen religiös-weltanschaulichen Fragen verpflichten. Zum anderen muss sich der Staat aufgrund des Neutralitätsgebotes allen Religionen gegenüber gleichermaßen öffnen, auch denen, die nicht mit ihm historisch gewachsen sind (Mager 2004, 277 f.).

Das als Ausdruck religiöser Bekenntnisfreiheit geltende Tragen eines Kopftuches muss mit dem staatlichen Bildungs- und Erziehungsauftrag sowie mit der negativen Bekenntnisfreiheit der Schüler ausgeglichen werden.

Sofern die Lehrerin nicht missionierend tätig ist, die Lehrinhalte nicht gemäß ihrer religiösen Überzeugung umformt und von den Schülern keine besonderen Verhaltensweisen gegenüber dem Kopftuch wie Verneigung und Ehrbezeugung verlangt, ist das Tragen des Kopftuches legitimer Ausdruck eines religiösen Bekenntnisses.

Das Tragen des Tuches harmoniert grundsätzlich auch mit dem staatlichen Bildungs- und Erziehungsauftrag, sollen die Schüler doch lernen, die Freiheit zum Bekennen religiöser und weltanschaulicher Überzeugungen zu achten und auf die Empfindungen Andersdenkender Rücksicht zu nehmen. Die öffentlichen Schulen sind konzipiert als zwar bekenntnisneutrale, aber für den Pluralismus religiöser und weltanschaulicher Auffassungen und deren Bekundung in wechselseitiger Toleranz offene Schulen.

Damit das Tragen des Kopftuches aber ein schlichter Bekenntnisakt bleibt und nicht als demonstrativer missionarischer Akt interpretiert werden kann, muss die Lehrerin durch ihre Persönlichkeit Gewähr für religiös-weltanschauliche Offenheit bieten. Bei auftretenden Spannungen im Schulleben muss die Lehrerin einen Ausgleich auf der Grundlage wechselseitiger Toleranz und Akzeptanz herbeizuführen versuchen (Böckenförde 2001, 725).

Die grundgesetzliche Konzeption weltanschaulicher Neutralität

Der Verfassungsgrundsatz der weltanschaulichen Neutralität wird an keiner Stelle des Grundgesetzes explizit erwähnt. Er ergibt sich nur aus der Zusammenschau diverser Artikel. Dabei zeigt sich, dass der Verfassunggeber eine positive weltanschauliche Neutralität verwirklichen wollte. Gleichwohl ist die grundgesetzliche Konzeption weltanschaulicher Neutralität nicht einfach zu bestimmen. Zwar enthält das Grundgesetz Bestimmungen, die die Neutralität des Staates ausdrücken, es umfasst aber auch theistische Bekenntnisse sowie Regelungen, die von der ursprünglichen Intention her auf die christlichen Religionsgemeinschaften gemünzt sind.

Das Bundesverfassungsgericht musste sich immer wieder mit der Verhältnisbestimmung von Staat und Religion befassen. Seiner Judikatur entstammt die Formulierung vom *weltanschaulich neutralen Staat* (BVerfGE 12, 1 (4), BVerfGE 19, 206 (216), BVerfGE 24, 236 (246), BVerfGE 93, 1 (16)). Mit dem Neutralitätsprinzip verbindet es die folgenden grundsätzlichen Aspekte: Der Staat darf den Glauben oder Unglauben seiner Bürger nicht bewerten. Die Freiheit der Religionsausübung besteht nicht nur für die christlichen Kirchen, sondern auch für andere Religions- und Weltanschauungsgemeinschaften. Der Staat darf nicht bestimmen, wer einer Kirche angehört und wer nicht. Der Staat ist offen gegenüber dem Pluralismus religiös-weltanschaulicher Anschauungen. Er identifiziert sich aber mit keiner Anschauung. Der Staat darf nicht über die Angemessenheit der Grundsätze befinden, nach denen die Religionsgemeinschaften den Religionsunterricht gestaltet wissen wollen. Der Staat darf den religiösen Frieden in der Gesellschaft nicht von sich aus gefährden (Holzke 2002, 905).

Das Grundgesetz drückt die weltanschauliche Neutralität zunächst in Artikel 140 GG in Verbindung mit Artikel 137 WRV aus. Die Verfassungsbestimmung verbietet die Errichtung einer *Staatskirche*. Es soll keine Einheit oder institutionell-organisatorische Verbindung von Staat und Kirche geben. Die Kirchen sollen wie alle anderen Religions- und Weltanschauungsgemeinschaften auch eigenständige, vom Staat unabhängige Organisationen sein.

[Artikel 140 GG] / Artikel 137 WRV:
(1) Es besteht **keine Staatskirche**.
(2) [...] (3) [...] (4) [...] (5) [...] (6) [...] (7) [...] (8) [...]

Dem in das Grundgesetz aufgenommenen Artikel 137 WRV sieht man kaum an, welche Stoßrichtung mit ihm ursprünglich verbunden war. In der Weimarer Reichsverfassung sollte die Absage an das Staatskirchentum nämlich die Abschaffung der Institution des landeskirchlichen Regiments ausdrücken. Der Artikel war gedacht als Absage an die enge Verbindung zwischen den evangelischen Landeskirchen und dem Staat, ausgedrückt in der Einheit von Thron und Altar.

Allerdings hatten zu Beginn der Weimarer Republik schon keine eigentlich staatskirchlichen Verhältnisse mehr bestanden. Das landesherrliche Kirchenregiment der evangelischen Landeskirchen hatte bereits Mitte des 19. Jahrhunderts seinen staatskirchlichen Charakter verloren und war zu einer kirchlichen Angelegenheit geworden. In Wirklichkeit bedeutete Artikel 137 WRV daher die Aufhebung von Artikel 14 der preußischen Verfassungsurkunde von 1850, wonach den staatlichen Einrichtungen, welche mit der Religionsausübung zusammenhingen, die christliche Religion zugrunde zu legen war. Artikel 137 WRV sollte also den christlich-religiösen Charakter der deutschen Staaten beseitigen.

Die Aufnahme von Artikel 137 WRV in das Grundgesetz hat dementsprechend die vorrangige Bedeutung, dass es keine *Staatsreligion* geben soll, die Vorrechte gegenüber anderen Glaubensrichtungen genießt. Es soll nicht sein, dass andere Religionen, Konfessionen und Weltanschauungen nur geduldet werden. Der Staat des Grundgesetzes soll auch nicht die Heimstatt nur der Christen sein. Der Artikel ist folglich als Verbot der Identifikation mit einem bestimmten Bekenntnis oder dem Christentum überhaupt zu lesen (Schlaich 1972, 171 f.).

Zur weltanschaulichen Neutralität tragen noch einige andere Verfassungsartikel bei. So ist Artikel 4 GG Ausdruck der Offenheit des Staates gegenüber dem Pluralismus religiös-weltanschaulicher Überzeugungen. Der Artikel gewährleistet nicht nur eine religiöse Lebensführung nach eigener Entscheidung, er erlaubt ebenso atheistische und laizistische Aktivitäten. Jeder Grundrechtsträger kann sich frei entscheiden, welcher Überzeugung er folgen möchte.

Artikel 4 GG:
(1) Die Freiheit des **Glaubens**, des **Gewissens** und die Freiheit des **religiösen** und **weltanschaulichen Bekenntnisses** sind unverletzlich.
(2) Die **ungestörte Religionsausübung** wird gewährleistet.
(3) [...]

In enger Verbindung mit der in Artikel 4 GG verbürgten religiösen und weltanschaulichen Überzeugungsfreiheit stehen die Verbote, eine Person wegen ihrer Glaubensposition zu diskriminieren.
Gleich an drei Stellen verbietet das Grundgesetz solche *Diskriminierungen.*

Das generelle Diskriminierungsverbot aus Gründen einer Glaubensauffassung ist in Artikel 3 GG ausgesprochen. Die Bestimmung erwähnt mit der Benachteiligung und der Bevorzugung sogar beide Möglichkeiten einer ungerechtfertigten Ungleichbehandlung.

Artikel 33 GG verstärkt in zweifacher Hinsicht das in Artikel 3 GG allgemein gehaltene Diskriminierungsverbot. Zum einen befasst er sich mit der besonderen Situation einer Bewerbung um ein öffentliches Amt sowie der Rechtsstellung im Amt. Er erklärt ausdrücklich, dass der Zugang zu einem Amt wie auch die Rechtsstellung in einem Amt nicht von der religiös-weltanschaulichen Überzeugung der betreffenden Person abhängig gemacht werden dürfen. Zum anderen differenziert er noch zwischen individuellem Bekenntnis und Zugehörigkeit bzw. Nichtzugehörigkeit zu einer organisierten Überzeugungsgemeinschaft. Eine diskriminierende Unterscheidung zu anderen Personen kann also weder damit begründet werden, dass der Betreffende eine unerwünschte subjektive Glaubensüberzeugung besitzt, noch damit gerechtfertigt werden, dass er einer nicht gewünschten Religions- oder Weltanschauungsgemeinschaft angehört.

Artikel 140 GG in Verbindung mit Artikel 136 WRV wiederholt noch einmal wesentliche Bestandteile des in Artikel 33 GG normierten Sachverhaltes.

Artikel 3 GG:
(1) [...] (2) [...]
(3) Niemand darf wegen seines Geschlechtes, seiner Abstammung, seiner Rasse, seiner Sprache, seiner Heimat und Herkunft, seines **Glaubens**, seiner **religiösen** oder politischen **Anschauungen** benachteiligt oder bevorzugt werden. Niemand darf wegen seiner Behinderung benachteiligt werden.

Artikel 33 GG:
(1) [...] (2) [...]
(3) Der Genuss bürgerlicher und staatsbürgerlicher Rechte, die Zulassung zu öffentlichen Ämtern sowie die im öffentlichen Dienste erworbenen Rechte sind unabhängig von dem **religiösen Bekenntnis**. Niemandem darf aus seiner **Zugehörigkeit** oder **Nichtzugehörigkeit** zu einem **Bekenntnisse** oder einer **Weltanschauung** ein Nachteil erwachsen.
(4) [...] (5) [...]

[Artikel 140 GG] / Artikel 136 WRV:
(1) [...]
(2) Der Genuss bürgerlicher und staatsbürgerlicher Rechte sowie die Zulassung zu öffentlichen Ämtern sind unabhängig von dem **religiösen Bekenntnis**.
(3) [...] (4) [...]

Der Verfassungsgrundsatz der weltanschaulichen Neutralität legt dem Staat Enthaltsamkeit auf. Er soll in religiös-weltanschaulichen Dingen weder eingreifen noch Partei nehmen. Als säkularem Staat fehlt ihm nämlich die Kompetenz in religiösen Fragen. Aus gutem Grund steht es ihm nicht zu, Religionen und Weltanschauungen inhaltlich zu definieren. Ihm steht ebenfalls nicht die Bestimmungsmacht darüber zu, in welchen Formen religiöse bzw. weltanschauliche Überzeugungen praktisch zu vollziehen sind.

Was der Staat allerdings entscheiden muss und auch entscheiden kann, ist, was er in seiner Rechtsordnung als Religion und Weltanschauung anzuerkennen bereit ist. Denn von dieser Anerkennung hängt der Rechtsstatus der betreffenden Gemeinschaft ab. Die Bedeutsamkeit dieses Vorbehaltes zeigt sich etwa an der Frage, ob Jugendsekten oder die Scientology-Organisation die Vorzüge anerkannter Religionsgemeinschaften genießen sollen (Kästner 1998b, 978 f.).

Grundsätzlich ist es also dem Staat des Grundgesetzes untersagt, Glaube und Lehre einer Religionsgemeinschaft zu *bewerten*. Er darf die Glaubensüberzeugungen seiner Bürger nicht theologisch zu verifizieren oder zu falsifizieren versuchen (Hillgruber 1999, 541).

Gleichwohl lässt sich ein striktes Verbot der Glaubensbewertung nicht durchhalten. Wenn nämlich eine Glaubensgemeinschaft den Status einer Körperschaft des öffentlichen Rechts anstrebt, ist der Staat nicht gehindert, „das tatsächliche Verhalten einer Religionsgesellschaft oder ihrer Mitglieder nach weltlichen Kriterien zu beurteilen, auch wenn dieses Verhalten letztlich religiös motiviert ist. Ob dabei Glaube und Lehre der Gemeinschaft, soweit sie sich nach außen manifestieren, Rückschlüsse auf ihr zu erwartendes Verhalten zulassen, ist eine Frage des Einzelfalls." Es findet somit bei bestimmten Anlässen eine, wenn auch mittelbare Überprüfung der Glaubenslehren und der Glaubenspraxis der jeweiligen Überzeugungsgemeinschaften statt. Dabei geht es darum, ob die Gemeinschaften „den verfassungsrechtlichen Ordnungsrahmen, der auch die Grundlage ihrer eigenen religiösen Freiheit bildet, nicht beeinträchtigen. Dies wäre etwa der Fall, wenn sie auf die Verwirklichung einer theokratischen Herrschaftsform hinwirkten" (BVerfGE 102, 370 (394 f.)). Als Maßstab der Überprüfung durch den Staat fungiert also nicht die Glaubensrichtigkeit, sondern die Übereinstimmung mit den Werten des Grundgesetzes.

Ein weiteres Erfordernis weltanschaulicher Neutralität ist das *Gleichbehandlungsgebot*. Es ergänzt das auf den Einzelnen bezogene Diskriminierungsverbot. Das Gleichbehandlungsgebot verlangt, grundsätzlich alle Religions- und Weltanschauungsgemeinschaften gleich zu behandeln. Da der Staat des Grundgesetzes Heimstatt aller Bürger sein will, sind Privilegierungen bestimmter Bekenntnisse untersagt (BVerfGE 19, 206 (216)). Denn die Bevorzugung der einen Konfession bedeutet die Benachteiligung der anderen Bekenntnisse.

Ausdruck findet das Gleichbehandlungsgebot im Rechtsbegriff der Parität. Er bezeichnet die prinzipielle rechtliche Gleichordnung und Gleichbehandlung von religiösen Bekenntnissen und Religionsgemeinschaften auf der Grundlage ihrer Gleichwertigkeit und ihres Gleichranges im Rahmen der Verfassungsordnung. Die Parität verbürgt gleiche Behandlung, soweit nicht durch sachlich begründete Verschiedenheiten eine differenzierte Behandlung zulässig oder gar geboten erscheint (Campenhausen 1994, 75 f.).

Vom Gleichbehandlungsgebot geht dann eine große Herausforderung aus, wenn neu auftauchende, auch fremdartige Religionen und Weltanschauungen zu beurteilen sind. Aus dem der Neutralität innewohnenden Diskriminierungsverbot ergibt sich, dass dieselben Maßstäbe angelegt werden müssen, wie sie für die etablierten Überzeugungsgemeinschaften gelten. Dabei darf es auch keinen Unterschied machen, ob eine Religion bzw. Weltanschauung dem europäischen oder einem anderen Kulturkreis entstammt. Dem Grundgesetz wohnt kein eurozentristisches Religionsbild inne. Es kennt keine Beschränkung auf die religiös-weltanschaulichen Grundauffassungen der heutigen Kulturvölker. Es kennt keinen abendländischen Religions- und Kulturvorbehalt (Brenner 2000, 280 f.).

Zwar ist der Staat des Grundgesetzes ganz wesentlich ein Derivat des Christentums. Und er wird auch weiterhin von christlicher Religion und Kultur geprägt bleiben.

Dennoch will das Grundgesetz keine Abschottung des Gemeinwesens gegenüber neuen religiösen Entwicklungen, sofern dabei die Respektierung der Verfassungswerte gewahrt bleibt: „Der ‚ethische Standard' des Grundgesetzes ist vielmehr die Offenheit gegenüber dem Pluralismus weltanschaulich-religiöser Anschauungen angesichts eines Menschenbildes, das von der Würde des Menschen und der freien Entfaltung der Persönlichkeit in Selbstbestimmung und Eigenverantwortung bestimmt ist. In dieser Offenheit bewährt der freiheitliche Staat seine religiöse und weltanschauliche Neutralität" (BVerfGE 41, 29 (50)).

Ein Merkmal positiver weltanschaulicher Neutralität ist die *Kooperation*, die der Staat mit den Religionsgemeinschaften eingeht. Grundsätzlich muss der Staat bei der Kooperation alle Bekenntnisse gleich behandeln. Faktisch setzt eine Kooperation aber feste Strukturen auf Seiten der Religions- und Weltanschauungsgemeinschaften und auch eine überörtliche Organisation voraus. Denn nur unter diesen Voraussetzungen lässt sich eine Zusammenarbeit verbindlich verabreden und können Einzelheiten abgestimmt werden.

Ein bedeutsames Kooperationsfeld ist der *Religionsunterricht*. Er ist gemäß Artikel 7 GG in den öffentlichen Schulen ein ordentliches Lehrfach. Der Religionsunterricht soll ein bekenntnisgebundener Unterricht sein. Die Verfassungsbestimmung gewährleistet keine in staatlicher Alleinzuständigkeit liegende bekenntnisübergreifende Religionskunde. Vielmehr heißt es ausdrücklich, dass der Unterricht in Übereinstimmung mit den Grundsätzen der jeweiligen Religionsgemeinschaften zu gestalten ist.

Artikel 7 GG:
(1) [...] (2) [...]
(3) Der **Religionsunterricht** ist in den öffentlichen Schulen mit Ausnahme der bekenntnisfreien Schulen **ordentliches Lehrfach**. Unbeschadet des staatlichen Aufsichtsrechtes wird der Religionsunterricht in **Übereinstimmung mit den Grundsätzen der Religionsgemeinschaften** erteilt. Kein Lehrer darf gegen seinen Willen verpflichtet werden, Religionsunterricht zu erteilen.
(4) [...] (5) [...] (6) [...]

Das Besondere des Religionsunterrichts liegt darin, dass er einerseits eine staatliche Veranstaltung ist, deren Kosten folglich auch der Staat trägt, und dass er andererseits inhaltlich von den Religionsgemeinschaften bestimmt wird.

Das Grundgesetz beschränkt den Religionsunterricht nicht auf die beiden großen christlichen Konfessionen. Es ist also nicht nur katholischer und evangelischer Religionsunterricht möglich. Eltern, Schüler und Religionsgemeinschaften haben einen Anspruch darauf, dass in der Schule auch nichtchristlicher, etwa islamischer Religionsunterricht erteilt wird, wenn eine entsprechende Schülerzahl vorliegt, die betreffende

Religionsgemeinschaft eine feste Organisationsstruktur aufweist und an der Erarbeitung von Lehrplänen mitwirkt. Die Lehrplaninhalte dürfen allerdings nicht im Widerspruch zur Werteordnung des Grundgesetzes stehen. Religionsgemeinschaften, in deren Unterweisung die Würde jedes Menschen geleugnet, der Respekt vor anderen religiösen Überzeugungen nicht bekundet und Hilfsbereitschaft diskreditiert wird, haben keinen Anspruch auf Erteilung von Religionsunterricht (Hillgruber 2007, 80 f.).

Ein weiteres Kooperationsfeld zwischen Staat und Religionsgemeinschaften ist die in Artikel 140 GG in Verbindung mit Artikel 141 WRV eingeräumte Möglichkeit des Gottesdienstes in staatlichen Einrichtungen wie Krankenhäusern, Militäranlagen und Strafanstalten. Im Unterschied zum Religionsunterricht handeln die Religionsgemeinschaften hier in eigener, nicht in staatlicher Zuständigkeit.

[Artikel 140 GG] / Artikel 141 WRV:
Soweit das Bedürfnis nach **Gottesdienst** und **Seelsorge** im **Heer**, in **Krankenhäusern, Strafanstalten** oder sonstigen öffentlichen Anstalten besteht, sind die **Religionsgesellschaften** zur Vornahme religiöser Handlungen zuzulassen, wobei jeder Zwang fernzuhalten ist.

Die katholische und die evangelische Kirche haben auf den erwähnten Kooperationsfeldern einen natürlichen Vorteil, da sie etablierte Großorganisationen sind und seit jeher mit dem Staat kooperieren. Die Zusammenarbeit kann auf viele Jahre der Bewährung zurückblicken. Gleichwohl beschränkt das Grundgesetz aus Gründen der Neutralität die Kooperation nicht auf die beiden großen christlichen Konfessionen.

Grenzen weltanschaulicher Neutralität

Der Staat des Grundgesetzes ist insofern weltanschaulich neutral, als er keine Religions- und Weltanschauungsgemeinschaft willkürlich bevorzugt oder benachteiligt. Dennoch ist nicht zu übersehen, dass das Grundgesetz auf christlichem Kulturboden entstanden ist und daher eine bestimmte Nähe zum Christentum aufweist.

So spricht der allererste Satz des Grundgesetzes von der *Verantwortung* des deutschen Volkes *vor Gott*. Dieses feierliche Bekenntnis steht in der Präambel und damit an herausgehobener Stelle. Denn in einer Präambel verankert der Verfassunggeber Grundlegendes und Programmatisches.

Präambel:
Im Bewusstsein seiner **Verantwortung vor Gott** und den Menschen, von dem Willen beseelt, als gleichberechtigtes Glied in einem vereinten Europa dem Frieden

der Welt zu dienen, hat sich das Deutsche Volk kraft seiner verfassungsgebenden Gewalt dieses Grundgesetz gegeben.
Die Deutschen in den Ländern Baden-Württemberg, Bayern, Berlin, Brandenburg, Bremen, Hamburg, Hessen, Mecklenburg-Vorpommern, Niedersachsen, Nordrhein-Westfalen, Rheinland-Pfalz, Saarland, Sachsen, Sachsen-Anhalt, Schleswig-Holstein und Thüringen haben in freier Selbstbestimmung die Einheit und Freiheit Deutschlands vollendet. Damit gilt dieses Grundgesetz für das gesamte Deutsche Volk.

Die Präambel dementiert in gewisser Weise die Neutralitätsthese. Mit der angesprochenen Verantwortung vor Gott wird verdeutlicht, dass das Grundgesetz seine fundamentalen Wurzeln letztlich im Metaphysischen findet. Indem sich das deutsche Volk als Verfassunggeber Gott gegenüber verantwortlich erklärt, bekennt es sich zur Transzendenz und lehnt implizit den Atheismus ab.

Man kann darüber streiten, ob der in der Präambel gemeinte Gott der christliche Gott ist. Dafür spricht auf jeden Fall die subjektiv-historische Auslegung. Denn die Abgeordneten des Parlamentarischen Rates waren sozial-kulturell im christlichen Kulturkreis zu Hause (Hillgruber 2007, 58 f.). Man kann dagegenhalten und sagen, dass die Formulierung nur generell die rechtliche Bindung des Verfassunggebers an eine überpositive Instanz ausdrücken soll, da anderenfalls ein christliches Staatsverständnis begründet würde, welches mit dem Neutralitätsgebot unvereinbar wäre (Huster 2002, 16 f.).

Dennoch wird durch die Bezugnahme auf Gott in der Präambel dem Staat verboten, die Offenheit für die Transzendenz zu schließen, indem er dem Glauben an Gott oder aber der Religion generell keinen Platz mehr lässt. Der Staat würde sich unter dem Gesichtspunkt der Präambel in einen Selbstwiderspruch versetzen, wenn er prinzipiell glaubens- und religionsfeindlich sein wollte (Hollerbach 1989, 518).

Es gibt noch eine zweite Verfassungsbestimmung, die auf den christlichen Kulturboden des Grundgesetzes verweist. Artikel 140 GG in Verbindung mit Artikel 139 WRV schützt den Sonntag und weitere Feiertage. Den Sonntag als Ruhetag anzusehen, ist ein genuin christlicher Gedanke. Ebenso haben zwar nicht alle, aber doch die meisten Feiertage einen christlichen Anlass. Dass die Verfassungsbestimmung als Sinn des Schutzes die Arbeitsruhe und die seelische Erhebung nennt, entspricht ebenfalls christlichen Vorstellungen.

[Artikel 140] / Artikel 139 WRV:
Der **Sonntag** und die **staatlich anerkannten Feiertage** bleiben als Tage der Arbeitsruhe und der **seelischen Erhebung** gesetzlich geschützt.

Die Grenzen der weltanschaulichen Neutralität werden ganz allgemein von der *Werteordnung des Grundgesetzes* bestimmt. Werden diese Grenzen berührt, kann die Verfassung nicht neutral bleiben. Sie verlangt dann Aktivität und gegebenenfalls Zurückweisung (Schlaich 1972, 264).

Die Werteordnung des Grundgesetzes ist nicht nur vom Humanismus und der politischen Aufklärung, sondern auch stark vom Christentum geprägt. Die so beschaffene Werteordnung ist für alle Staatsbürger gleich welcher Weltanschauung und Religion in praktischer Hinsicht maßgeblich. Aufgrund dieser spezifischen Prägung zeichnet sich das Verhältnis zwischen dem Grundgesetz und den verschiedenen Religions- und Weltanschauungsgemeinschaften entweder durch Nähe, durch Distanz oder gar durch Unvereinbarkeit aus. Eine äquidistante Neutralität liegt jedenfalls nicht vor (Hillgruber 2007, 52 f.).

Das Christentum ist – insbesondere im Vergleich mit anderen Religionen – in hohem Maße grundgesetzkompatibel. Seine Verhaltensvorschriften stimmen weitgehend mit den im Recht verankerten Normen überein. Vor allem aber ist die kulturelle Umwelt von christlichen Einflüssen und Traditionen geprägt. Auf die vorhandene und gelebte Kultur ist nun das staatliche Gemeinwesen als diejenige Kraft angewiesen, die Gemeinsamkeit vermittelt und ein die staatliche Ordnung tragendes Ethos hervorbringt.

Für das Gemeinwesen bleiben die eigenen kulturellen und religiösen Wurzeln also selbst dann konstitutiv, wenn sich die Verfassung den Religionen gegenüber zur Neutralität verpflichtet. Der Staat kann sich nicht völlig von seinen eigenen Wurzeln abschneiden und sich gewissermaßen zum reinen Vernunftstaat erheben, der ohne eigene Kultur und ohne eigenes Profil alle Traditionen gleich behandelt und alle Äußerungen der Religionen gleich einstuft. Da die je eigenen kulturellen und religiösen Wurzeln sich in den Institutionen und der Rechtsordnung mehr oder minder ausgeprägt haben, muss der Staat sie um der Gleichbehandlung der Religionen willen nicht verleugnen. Aus der weltanschaulichen Neutralität erwächst kein Anspruch auf die Einebnung der religiös bestimmten Prägung der eigenen Kultur und Lebensform (Böckenförde 2007, 31 ff.).

Zu den kulturellen Traditionen, die das Grundgesetz fraglos voraussetzt, gehört die Scheidung der staatlich-politischen von der kirchlich-religiösen Gewalt. Diese zur Freiheitlichkeit des Gemeinwesens wesentlich beitragende Trennung kann nicht einfach im Namen weltanschaulicher Neutralität zur Disposition gestellt werden. Damit existiert zumindest eine latente Spannung zum Islam, der bis heute keine prinzipielle Trennung von weltlicher und geistlicher Sphäre, von Staat und Religion, vollzogen hat (Hillgruber 2007, 83 ff.).

Um des Schutzes der Werteordnung des Grundgesetzes willen kann sich die Neutralität den diversen Religionen und Weltanschauungen gegenüber einschränkungslos nur auf das Haben und das Äußern einer Überzeugung, nicht jedoch in jedem Fall auf daraus folgende Handlungen beziehen. Die Neutralität erstreckt sich folglich auf die Unverletzlichkeit des weltanschaulichen Bekenntnisses im Sinne einer inneren Freiheit, nicht aber unbedingt auf die äußere Freiheit, daraus auch alle praktischen Konsequenzen zu ziehen.

Beispielsweise kann das Grundgesetz gegenüber der Weltanschauung des Nihilismus, die alle Normen und Werte, also auch die seinigen, bedingungslos verneint, nicht neutral sein. Ebenso kann es sich nicht neutral gegenüber dem Phänomen des religiösen Fanatismus verhalten. Schließlich kann es nicht neutral sein gegenüber einer Religion, die die Opferung von Menschen verlangt. Der Staat des Grundgesetzes kann folglich nicht allen Weltanschauungen und Glaubensrichtungen die volle Entfaltung ihres lebenspraktischen, unter Umständen zerstörerischen Potentials erlauben. Er muss auf der Beachtung der allgemeinen Rechtsordnung bestehen. Das staatliche Recht erweist sich damit aber gegenüber den verschiedenen Überzeugungssystemen mit ihren unterschiedlich weit reichenden Verpflichtungsansprüchen als nicht wirklich neutral (Hillgruber 2007, 49 ff.).

Eine vollkommene Neutralität lässt sich auch nicht hinsichtlich der Förderung von Religionen und Weltanschauungen praktizieren. Will der Staat in dieser Hinsicht Unterschiede machen, ist ihm dies allerdings nur erlaubt, wenn es um das öffentliche Wohl geht. Eine Ungleichbehandlung aus Gründen der Überzeugungsinhalte wäre hingegen eine nicht zu rechtfertigende Diskriminierung.

Dem Staat muss es jedoch erlaubt sein, nach den weltlichen Auswirkungen, dem säkularen Nutzen von Religionen und Weltanschauungen zu fragen. Dieser Nutzen ist offensichtlich von Religion zu Religion, von Glaubensrichtung zu Glaubensrichtung verschieden. Es liegt im wohlverstandenen Selbsterhaltungsinteresse des Verfassungsstaates, sich auf diejenigen Überzeugungssysteme zu stützen, welche die zu ihm passenden mentalen Haltungen fördern. So benötigt der freiheitliche Staat ein sittliches Fundament, das er seiner Freiheitlichkeit wegen jedoch weder selbst erhalten noch gar schaffen kann. Es liegt dann nahe, sich der Hilfe jener Überzeugungsgemeinschaften zu versichern, die bereit und geeignet sind, als moralische Instanzen an dieser Grundlegung mitzuarbeiten (Hillgruber 2007, 71 f., 75 f.).

Findet der Staat Gemeinschaften vor, die die Religionsfreiheit und die Säkularität des Staates anerkennen, so könnte ihm aus deren Wirken eine tragende stabilisierende Kraft zuwachsen. Die christlichen Konfessionen erfüllen diese Bedingung (Böckenförde 2007, 25).

Die Kirchen tragen traditionell zur inneren Festigung der staatlichen Gemeinwesen bei. Denn sie vermitteln kulturelle Kontinuität, leisten soziale Dienste, pflanzen sittliche Maßstäbe ein, beleben also die moralische Kultur und läutern und stillen religiöse Bedürfnisse. Vor allem die religiöse Funktion der Kirchen kommt dem säkularen Staat zugute. Denn die Ausrichtung auf die Transzendenz hindert die Menschen daran, die Politik mit Heilsgewissheit aufzuladen und sie damit zu überfordern. Die Kirchen tragen also erheblich zur geistigen Infrastruktur des Gemeinwesens bei. Das ist zwar ihrem Selbstverständnis gemäß nicht ihre Sendung, aber doch ihr säkularer Effekt (Isensee 1992b, 481).

Es ist aus den genannten Gründen ein Gebot der politischen Klugheit, das christliche Erbe als unaufgebbaren geistigen Besitzstand weiterzutragen. Die Schule ist dafür der geeignete Ort. Das Grundgesetz lässt im Bereich des Schulwesens weltanschaulich-religiöse Einflüsse zu (Hillgruber 1999, 547). Der Landesgesetzgeber darf, wie das Bundesverfassungsgericht entschieden hat, christliche Bezüge bei der Gestaltung der Schule einführen. Die Schüler dürfen mit einem Weltbild, in dem die prägende Kraft christlichen Denkens bejaht wird, konfrontiert werden. Ihnen dürfen außerhalb des konfessionell gebundenen Religionsunterrichts christliche Bildungs- und Kulturwerte vermittelt werden:

> „Die Bejahung des Christentums in den profanen Fächern bezieht sich in erster Linie auf die Anerkennung des prägenden Kultur- und Bildungsfaktors, wie er sich in der abendländischen Geschichte herausgebildet hat, nicht auf die Glaubenswahrheit, und ist damit auch gegenüber dem Nichtchristen durch das Fortwirken geschichtlicher Gegebenheiten legitimiert. Zu diesem Faktor gehört nicht zuletzt der Gedanke der Toleranz für Andersdenkende. Deren Konfrontation mit einem Weltbild, in dem die prägende Kraft christlichen Denkens bejaht wird, führt jedenfalls so lange nicht zu einer diskriminierenden Abwertung der dem Christentum nicht verbundenen Minderheiten und ihrer Weltanschauung, als es hierbei nicht um den Absolutheitsanspruch von Glaubenswahrheiten, sondern um das Bestreben nach Verwirklichung der autonomen Persönlichkeit im weltanschaulich-religiösen Bereich gemäß der Grundentscheidung des Art. 4 GG geht“ (BVerfGE 41, 29 (52)).

Generell sollte dem Staat an der Förderung der Religion gelegen sein. Diese Förderung liegt nicht nur im Interesse der Religionsgemeinschaften, sondern auch im kulturellen Erhaltungs- und sozialen Befriedungsinteresse des Staates. Bei allen Rufen nach einer Verdrängung des Religiösen wird nämlich nur allzu gerne verkannt, dass letztlich nur das geistliche Reich dem weltlichen Paroli bieten kann. Wer das Religiöse verdrängt, läuft Gefahr, das weltliche Reich übermächtig werden zu lassen (Robbers 2000, 237; Brenner 2000, 296 f.).

5.5 Rechtsschutz

Die Lebensqualität des Einzelnen hängt ganz erheblich davon ab, dass er dem Staat nicht schutzlos ausgeliefert ist, sich staatliche Eingriffe in seine Sphäre also nicht einfach gefallen lassen muss, mithin über Möglichkeiten der rechtlichen Gegenwehr verfügt. Nur unter dieser Voraussetzung kann das aus dem staatlichen Gewaltmonopol resultierende Selbsthilfeverbot in Rechtsangelegenheiten für das Individuum überhaupt akzeptabel sein. Der Schutz vor ungerechtfertigten Eingriffen des Staates in die individuelle Freiheit stellt aus der Sicht der in einem staatlichen Gemeinwesen vereinigten

Menschen einen sehr hohen Verfassungswert dar. Ebenso wichtig ist, dass Interessenkollisionen zwischen den Menschen nach Gesetz und Recht entschieden werden. Es bedarf mithin auch eines wirkungsvollen Rechtsschutzes für bürgerlich-rechtliche Streitigkeiten.

Welche Vorkehrungen hat das Grundgesetz getroffen, um den Einzelnen unter den Schutz des Rechts zu stellen? Welche Rechtsmittel gewährt die Verfassung dem Individuum, damit es sich gegen Zumutungen der öffentlichen Gewalt zur Wehr setzen kann? Auf welche Rechtsgarantien kann es sich verlassen, wenn es sich in der existenzbedrohenden Situation befindet, seine Freiheit durch einen Richterspruch zu verlieren? Welche Regelungen sieht das Grundgesetz für den Fall vor, dass dem Einzelnen durch das Handeln staatlicher Organe ein materieller Schaden zugefügt worden ist?

Grundsätze des Rechtsschutzes

Dem Grundgesetz liegt eine klare Wertentscheidung zugunsten eines wirksamen Individualrechtsschutzes zugrunde. Diese Wertentscheidung spiegelt sich in einer Reihe von Grundsätzen wider.

Ein Schutz vor übermäßigen Eingriffen des Staates in die Grundrechte des Einzelnen geht bereits vom *Verhältnismäßigkeitsprinzip* aus. Dieses Prinzip bindet grundsätzlich die gesamte Staatsgewalt, also auch den Gesetzgeber. Es wird auch als *Übermaßverbot* bezeichnet, denn es zielt auf eine Eingriffsminimierung und eine Schonung der Interessen des betroffenen Einzelnen.

Das Verhältnismäßigkeitsprinzip besagt im Kern, dass die Schwere des Eingriffes in die Rechtsstellung des Einzelnen auf der einen und der Nutzen für die Allgemeinheit auf der anderen Seite in einem angemessenen Verhältnis stehen müssen. Die Verhältnismäßigkeit hängt von der Erfüllung zweier Bedingungen ab. Erstens muss der durch den Eingriff bewirkte Nutzen den Nachteil des Eingriffes überwiegen. Zweitens muss die eingreifende Maßnahme geeignet, erforderlich und angemessen sein.

Geeignet ist eine vorgesehene Maßnahme, wenn sie das angestrebte Ziel tatsächlich fördert. Erforderlich ist diese Maßnahme, wenn kein milderes Mittel gleicher Eignung zur Verfügung steht. Stehen mehrere Maßnahmen zur Wahl, so ist daher immer die schonendste zu wählen. Angemessen ist die Maßnahme, wenn die von ihr ausgehende Belastung für den Betroffenen nicht außer Verhältnis zu dem mit der Maßnahme angestrebten Ziel steht.

Das Verhältnismäßigkeitsprinzip sorgt dafür, dass der schonendste Eingriff und insbesondere das schonendste Mittel gewählt werden. Staatliche Eingriffe sollen für den Einzelnen zumutbar sein (Zippelius/Würtenberger 2008, 123 f.).

Ein zweiter Baustein des Rechtsschutzes ist die Pflicht des Staates zur *Justizgewährung*. Diese bildet so etwas wie rechtsstaatliches „Urgestein". So formulierte der Jurist und Politiker Otto Bähr im 19. Jahrhundert: „Damit der ‚Rechtsstaat' zur Wahrheit werde, genügt es nicht, dass das öffentliche Recht durch Gesetze bestimmt sei, sondern es muss auch eine Rechtsprechung geben, welche das Recht für den konkreten Fall feststellt, und damit für dessen Wiederherstellung, wo es verletzt ist, eine unzweifelhafte Grundlage schafft." Obwohl auch andere Streitentscheidungsinstanzen einen Ausgleich vornehmen könnten, konzipiert das Grundgesetz die Rechtsschutzgarantie vor allem als eine Gerichtsschutzgarantie (Papier 1989a, 1224 f.).

Justizgewährung bedeutet, faire Verfahren gerichtlicher Streitentscheidung vorzuhalten sowie jedermann einen Zugang zu gerichtlichen Verfahren zu eröffnen. Es darf nicht zur Rechtsverweigerung kommen, wie es weiland Michael Kohlhaas in der gleichnamigen Novelle Heinrich von Kleists widerfuhr. Bereits die Goldene Bulle von 1356 sah die Rechtsverweigerung als derart schwerwiegend an, dass sie bei Vorliegen einer Verweigerung erlaubte, „am kaiserlichen Hof und Hofgericht" direkt Berufung einzulegen (Schmidt-Aßmann 1987, 1024).

Das Grundgesetz vertraut den Rechtsschutz, wie erwähnt, im Wesentlichen der rechtsprechenden Gewalt an. Das Letztentscheidungsrecht über die Rechtmäßigkeit von Akten der öffentlichen Gewalt obliegt auf jeden Fall den Richtern. Bei Verletzungen von Rechten des Einzelnen durch die öffentliche Gewalt ist das „letzte Wort" des Richters unverbrüchlich gewährleistet. Da das Grundgesetz diverse Rechtsschutzgarantien enthält, wird ihm sogar eine Tendenz zum Rechtswege- oder Richterstaat nachgesagt (Papier 1989b, 1234 f.).

Zu einem wirkungsvollen Rechtsschutz gehört, dass der Streitgegenstand einer umfassenden tatsächlichen und rechtlichen Prüfung durch den Richter unterzogen wird und dass diese Prüfung mit einer verbindlichen Entscheidung abschließt. Die gerichtliche Entscheidung muss auch Rechtsbeständigkeit erlangen. Die nachträgliche Beseitigung eines rechtskräftigen Richterspruches muss deshalb die absolute Ausnahme bleiben. Ferner verlangt ein effektiver Rechtsschutz, dass das gerichtliche Verfahren in angemessener Zeit abgeschlossen ist. Schließlich muss die Vollstreckung der gerichtlichen Entscheidung gewährleistet sein. Dafür sind jedoch nicht die Gerichte, sondern die Exekutivbehörden zuständig (Papier 1989a, 1228 ff.).

Von wesentlicher Bedeutung für einen wirksamen Rechtsschutz ist die *Unabhängigkeit der Rechtspflege*. Das Grundgesetz gewährleistet den Richtern in Artikel 97 GG sachliche und persönliche Unabhängigkeit: Sie sind in ihrer Rechtsprechung keinen Weisungen, nur dem Gesetz unterworfen. Sie sind weiterhin, ordnungsgemäße Amtsführung vorausgesetzt, gegen Entlassung, Amtsenthebung, Versetzung und Zurruhesetzung geschützt.

Artikel 97 GG:
(1) Die **Richter** sind **unabhängig** und nur **dem Gesetze unterworfen**.
(2) Die hauptamtlich und planmäßig endgültig angestellten Richter können wider ihren Willen nur kraft richterlicher Entscheidung und nur aus Gründen und unter den Formen, welche die Gesetze bestimmen, vor Ablauf ihrer Amtszeit **entlassen**

oder dauernd oder zeitweise **ihres Amtes enthoben** oder **an eine andere Stelle** oder **in den Ruhestand versetzt** werden. Die Gesetzgebung kann Altersgrenzen festsetzen, bei deren Erreichung auf Lebenszeit angestellte Richter in den Ruhestand treten. Bei Veränderung der Einrichtung der Gerichte oder ihrer Bezirke können Richter an ein anderes Gericht versetzt oder aus dem Amte entfernt werden, jedoch nur unter Belassung des vollen Gehaltes.

Absatz 1 gewährleistet den Richtern die *sachliche* Unabhängigkeit. Sie soll dem Schutz der richterlichen Tätigkeit dienen. Abgewehrt werden sollen zum einen Eingriffe durch die Regierung oder das Parlament. Unabhängigkeit bedeutet zum anderen auch Weisungsfreiheit innerhalb der Gerichtsorganisation: Niemand darf einem Richter vorschreiben, wie er zu urteilen hat. Die Unabhängigkeit schützt die Richter darüber hinaus vor jeder Art von Druck auf ihre Tätigkeit, seien es fallbezogene Vorhaltungen, seien es allgemeine Maßregelungen. Die Richter unterliegen zwar einer Dienstaufsicht, aber diese bezieht sich auf die äußere Organisation der richterlichen Tätigkeit.

Der sachlichen Unabhängigkeit korrespondiert die Bindung an das Gesetz. Denn nur bei strikter Gesetzesunterworfenheit lässt sich die sachliche Unabhängigkeit der Richter überhaupt rechtfertigen. Anderenfalls wäre die Unabhängigkeit ein Privileg, das die Richter aus dem demokratischen Legitimationszusammenhang reißt.

Die Richter unterliegen einer unbedingten Gesetzesbindung. Sie haben ein Gesetz anzuwenden, selbst wenn sie es nicht billigen. Sie dürfen die Entscheidungen des Gesetzgebers nicht durch eigene rechtspolitische Vorstellungen korrigieren (Seifert/Hömig 1999, 572 ff.).

Absatz 2 garantiert den Richtern die *persönliche* Unabhängigkeit. Die persönliche Unabhängigkeit dient der Sicherung der sachlichen Unabhängigkeit. Müssten nämlich die Richter befürchten, dass ihnen für getroffene Entscheidungen berufliche Nachteile drohen, könnte nicht erwartet werden, dass sie wirklich unabhängig und ohne falsche Rücksichtnahme entscheiden.

Im Rahmen der persönlichen Unabhängigkeit sind Richter vor willkürlicher Versetzung, Amtsenthebung oder Entlassung geschützt. Allerdings gilt dieser Schutz nicht uneingeschränkt. Auf der Basis eines Gesetzes, konkret des Richtergesetzes, können Richter kraft einer richterlichen Entscheidung versetzt, amtsenthoben und sogar entlassen werden. Gründe hierfür können die Organisation der Rechtspflege, eine begrenzte Dienstfähigkeit, eine Disziplinarverfehlung oder eine Verurteilung zu einer Freiheitsstrafe sein (Hillgruber 2008, 55 ff., Rdnr. 98 ff.).

Die Unabhängigkeit der Richter ist eine unabdingbare Voraussetzung unparteilicher und sachlicher Rechtsprechung. Ihr kommt aufgrund der Erfahrungen während der nationalsozialistischen Diktatur eine zuvor so nicht gesehene hohe Bedeutung zu.

Historisch geht die Garantie richterlicher Unabhängigkeit auf England zurück. Der Act of Settlement von 1701 legte zwei für die Unabhängigkeit der Richter wichtige

Garantien fest. Zum einen ordnete er die grundsätzliche Unabsetzbarkeit der Richter an. Zum anderen garantierte er die Gehälter der Richter.

Aus dem englischen Recht wurde der Grundsatz der richterlichen Unabhängigkeit in die US-amerikanische Verfassung übernommen. In Artikel III Abschnitt 1 heißt es: „Die Richter sowohl des obersten Gerichtshofes wie der unteren Gerichte sollen im Amte bleiben, solange ihre Amtsführung einwandfrei ist, und sollen zu bestimmten Zeiten für ihre Dienste eine Entschädigung erhalten, die während ihrer Amtsdauer nicht herabgesetzt werden soll."

Einen wichtigen geistigen Impuls für die Anerkennung der Unabhängigkeit der rechtsprechenden Gewalt in Frankreich setzten die Überlegungen Montesquieus über die Gewaltenteilung in seinem 1748 erschienenen Werk „Vom Geist der Gesetze". Die französische Verfassung von 1791 ordnete in Kapitel V, Artikel 1 eine strikte Trennung der richterlichen Gewalt von der gesetzgebenden Körperschaft und vom König an. In Artikel 2 garantierte sie den Richtern: „Sie können nur wegen eines gehörig abgeurteilten Amtsvergehens abgesetzt und wegen einer zugelassenen Anklage suspendiert werden."

In Deutschland bildete sich das Rechtsbewusstsein für die Notwendigkeit garantierter richterlicher Unabhängigkeit in der Zeit des aufgeklärten Absolutismus heraus. Friedrich der Große verpflichtete sich in seinen Politischen Testamenten von 1752 und 1768, weitestgehend auf Eingriffe in die Rechtsprechung zu verzichten.

Die Paulskirchenverfassung von 1849 bestimmte in § 175: „Die richterliche Gewalt wird selbstständig von den Gerichten geübt. Kabinetts- und Ministerialjustiz ist unstatthaft." Gemäß § 177 durfte kein Richter, außer durch Urteil und Recht, von seinem Amt entfernt oder an Rang und Gehalt beeinträchtigt oder gegen seinen Willen zu einer anderen Stelle versetzt oder in den Ruhestand gesetzt werden. Auch die Suspension durfte nur aufgrund eines gerichtlichen Beschlusses erfolgen. Die Weimarer Reichsverfassung garantierte in den Artikeln 102 und 104 die sachliche und persönliche Unabhängigkeit der Richter.

Während der nationalsozialistischen Herrschaft büßten die Richter ihre Unabhängigkeit ein. Aus gesetzesgebundenen, gleichwohl freien Rechtsanwendern wurden Werkzeuge und Vollstrecker des zur Rechtsquelle erhobenen Führerwillens, selbst wenn dieser mit fortgeltendem Gesetzesrecht in Widerspruch stand. An die Stelle der Gesetzesgebundenheit trat eine „Weltanschauungsgebundenheit" (Hillgruber 2008, 6 ff., Rdnr. 6 ff.).

Die Rechtswegegarantie

Eine kaum zu überschätzende Bedeutung für das Gefühl, vom Recht geschützt zu sein, besitzt die in Artikel 19 Abs. 4 GG ausgesprochene *Rechtswegegarantie*. Die Verfassungsbestimmung gewährleistet dem Einzelnen Gerichtsschutz für den Fall, dass er sich durch die öffentliche Gewalt in seinen Rechten verletzt sieht. Diese Garantie besitzt die Qualität eines prozessualen Grundrechts. Sie hat nichts ihresgleichen in der deutschen Verfassungstradition. Es gibt auch in ausländischen Verfassungstraditionen keine Vorbilder (Papier 1989b, 1234).

> Artikel 19 GG:
> (1) [...] (2) [...] (3) [...]
> (4) Wird jemand **durch die öffentliche Gewalt in seinen Rechten verletzt**, so steht ihm der **Rechtsweg** offen. Soweit eine andere Zuständigkeit nicht begründet ist, ist der ordentliche Rechtsweg gegeben. Artikel 10 Abs. 2 Satz 2 bleibt unberührt.

Artikel 19 Abs. 4 GG garantiert nicht nur die Möglichkeit, die Gerichte anzurufen, sondern auch das Recht auf wirksame gerichtliche Kontrolle. Dazu gehört der Anspruch auf vollständige Nachprüfung der angefochtenen Maßnahme in rechtlicher und tatsächlicher Hinsicht. Eine Voraussetzung hierfür ist, dass der Zugang zu den Gerichten nicht unzumutbar erschwert werden darf.

Unter der Herrschaft des Artikels 19 Abs. 4 GG gibt es prinzipiell keine gerichtsfreien Hoheitsakte mehr. Man kann den Artikel daher als Krönung des Rechtsstaates bezeichnen (Schmidt-Aßmann 2004, 293 f.). Tatsächlich wirkt er jeder „Selbstherrlichkeit" der vollziehenden Gewalt entgegen (BVerfGE 10, 264 (267); BVerfGE 51, 268 (284)). Der Einzelne kann folglich der öffentlichen Gewalt aus einer gesicherten Position heraus gegenübertreten. Daher wird im Verwaltungsalltag grundsätzlich mit der Kontrolle durch die Gerichte gerechnet. Die gerichtliche Kontrolle bewirkt so Schutz *vor* und Akzeptanz *für* staatliche Entscheidungen (Schmidt-Aßmann 2003/2006, 12, Rdnr. 1).

Der in Artikel 19 Abs. 4 GG verankerte Gerichtsschutz gegenüber Akten der öffentlichen Gewalt bezieht sich in erster Linie auf *Handlungen der Verwaltung*. Er kann gegen jeden hoheitlichen Verwaltungsakt geltend gemacht werden, der geeignet ist, verletzend in subjektive Rechte des Einzelnen einzugreifen. Eingeschlossen hierin sind selbst *Regierungsakte*, allerdings mit Ausnahme solcher Akte, die rein politischer Natur sind, also in Ausübung der politischen Ermessensfreiheit ergangen sind. Meistens fehlt es jedoch an der individuellen Betroffenheit durch Regierungsakte und damit an der für das Beschreiten des Rechtsweges notwendigen subjektiven Rechtsverletzung (Papier 1989b, 1246 f.).

Es gibt Stimmen, die bemängeln, dass Artikel 19 Abs. 4 GG nicht gegen die Politik selbst schützt. Denn die Politik hat bedeutende Auswirkungen auf die Einzelnen. So kann eine falsche Wirtschafts- oder Außenpolitik Folgen haben, welche die soziale Lage oder sogar die Existenz vieler Menschen in nachhaltiger Weise berühren. Dasselbe gilt für die Währungs-, die Konjunktur- und die Fiskalpolitik. Es gibt hiergegen keine rechtlichen Sicherungen (Benda 1995a, 735). Gäbe es sie, wäre allerdings eine vollständige Lähmung der Politik zu befürchten.

Zur öffentlichen Gewalt gehört auch die *Gesetzgebung*. Das Bundesverfassungsgericht hat die Akte der Gesetzgebung zwar aus dem Schutzbereich von Artikel 19 Abs. 4 GG herausgenommen (BVerfGE 24, 33 (49); BVerfGE 24, 367 (401)), damit aber Widerspruch geerntet. Denn grundsätzlich können auch Gesetze subjektive Rechte der Einzelnen verletzen. In aller Regel fehlt es allerdings an einer unmittelbaren Rechtsverletzung. Verletzungen subjektiver Rechtspositionen kommen meistens erst auf der Ebene des Verwaltungsvollzuges vor.

Gerichtsurteile sind ebenfalls Akte öffentlicher Gewalt. Die Rechtsschutzgarantie von Artikel 19 Abs. 4 GG wirkt dennoch nicht gegenüber der richterlichen Gewalt: Der Artikel gewährt Schutz *durch* den Richter, nicht *gegen* den Richter. Hinter dieser Restriktion steht die Überlegung, keine ausufernden Instanzenzüge zu institutionalisieren. Es gibt jedoch Stimmen, die Artikel 19 Abs. 4 GG als Garantie eines zweistufigen Instanzenweges interpretieren (Schmidt-Aßmann 2003/2006, 62 ff., Rdnr. 93 ff.).

Artikel 19 Abs. 4 GG ist insofern nicht ganz unumstritten, als er für ein gewisses Spannungsverhältnis zwischen der Verwaltung und der Gerichtsbarkeit sorgt. Kritiker stellen eine von diesem Artikel ausgehende „Entfesselung der dritten Gewalt" oder eine „Hypertrophie der Justizstaatlichkeit" fest, die zu einer weitgehenden Unterordnung der öffentlichen Verwaltung unter die Gerichte geführt habe (Papier 1989b, 1235).

Eine Ausnahme von der Rechtswegegarantie stellt die Überwachung des Brief- und Fernmeldeverkehrs aus Gründen des Staatsschutzes dar. Das Grundgesetz stellt in Artikel 10 Abs. 2 GG den in der Überwachung bestehenden staatlichen Hoheitsakt ausdrücklich von der gerichtlichen Kontrolle frei. Der Überwachte kann also den Rechtsweg nicht beschreiten.

Im Sinne eines gleichwertigen Kontrollverfahrens bestimmt das Grundgesetz, dass an die Stelle des Rechtsweges eine Nachprüfung der Überwachungsmaßnahmen durch Organe und Hilfsorgane tritt, die vom Parlament bestellt werden: Die parlamentarische Kontrolle ersetzt also die gerichtliche Kontrolle.

> Artikel 10 GG:
> (1) Das Briefgeheimnis sowie das Post- und Fernmeldegeheimnis sind unverletzlich.
> (2) Beschränkungen dürfen nur auf Grund eines Gesetzes angeordnet werden. Dient die Beschränkung dem Schutze der freiheitlichen demokratischen Grundordnung oder des Bestandes oder der Sicherung des Bundes oder eines Landes, so kann das Gesetz bestimmen, dass sie dem Betroffenen nicht mitgeteilt wird und dass **an die Stelle des Rechtsweges** die **Nachprüfung durch von der Volksvertretung bestellte Organe und Hilfsorgane** tritt.

Das Gesetz zur Beschränkung des Brief-, Post- und Fernmeldegeheimnisses sieht vor, dass eine Überwachung nur angeordnet werden darf, wenn Anhaltspunkte für den Verdacht bestehen, dass jemand schwerwiegende Straftaten begangen hat, wie Friedens- oder Hochverrat, Gefährdung des demokratischen Rechtsstaates, Landesverrat oder Gefährdung der äußeren Sicherheit und Bildung oder Beteiligung an einer terroristischen Vereinigung. Zusätzlich ist die Überwachung nur zulässig, wenn die Erforschung des Sachverhaltes auf andere Weise aussichtslos oder wesentlich erschwert wäre.

Das vom Bundestag gewählte Parlamentarische Kontrollgremium und eine von ihm bestellte Kommission entscheiden über die Zulässigkeit von Überwachungsmaßnahmen. Der Betroffene hat jedoch keine Gelegenheit, an dieser Entscheidung mitzuwirken. Da ihm allerdings die Überwachung nachträglich dann mitgeteilt wird, wenn von dieser Mitteilung keine Gefährdung des Überwachungszweckes ausgeht, kann er die Rechtmäßigkeit der gegen ihn ergriffenen Maßnahmen ab diesem Zeitpunkt gerichtlich überprüfen lassen. Mit der Mitteilung endet nämlich die Rechtswegsperre.

Die Verfassungsbeschwerde

Eigens zum Schutz der Grundrechte und einiger grundrechtsähnlicher Rechte eröffnet Artikel 93 GG die Möglichkeit, *Verfassungsbeschwerde* beim Bundesverfassungsgericht einzulegen. Die grundrechtsähnlichen Rechte sind das Widerstandsrecht, die staatsbürgerliche Gleichstellung aller Deutschen, das aktive und passive Wahlrecht sowie justizielle Grundrechte, d.h. Rechtsgewährleistungen im Zusammenhang mit Gerichtsverfahren.

> Artikel 93 GG:
> (1) Das **Bundesverfassungsgericht** entscheidet:
> [...]
> 4a. über **Verfassungsbeschwerden**, die von jedermann mit der Behauptung erhoben werden können, durch die öffentliche Gewalt in einem seiner **Grundrechte** oder in einem seiner in Artikel 20 Abs. 4, 33, 38, 101, 103 und 104 enthaltenen Rechte verletzt zu sein;
> [...]
> (2) [...] (3) [...]

Die Verfassungsbeschwerde kann von jedermann mit der Behauptung erhoben werden, durch die öffentliche Gewalt in einem Grundrecht oder einem grundrechtsähnlichen Recht verletzt worden zu sein. Der Beschwerdeführer muss durch den angegriffenen Hoheitsakt selbst betroffen sein. Er kann das Verfahren nicht im Namen anderer Personen oder für eine unbestimmte Zahl Betroffener führen. Die Grundrechtsverletzung kann in einem Verwaltungsakt, einem Gerichtsurteil oder sogar einem Gesetz bestehen. Dies bedeutet im Verhältnis zur Rechtswegegarantie des Artikels 19 Abs. 4 GG eine erhebliche Erweiterung der anfechtbaren Maßnahmen.

Um einen übermäßigen oder missbräuchlichen Gebrauch der Verfassungsbeschwerde zu verhindern, kann sie, von Ausnahmen abgesehen, erst erhoben werden, wenn der Rechtsweg innerhalb der jeweiligen Fachgerichtsbarkeit, also der Zivil-, Straf-, Verwaltungs-, Finanz-, Arbeits- und Sozialgerichtsbarkeit, erschöpft ist. Die jeweils eingeräumten Rechtsbehelfe, wie Berufung, Revision oder Beschwerde zur nächsthöheren Instanz, müssen also vergeblich genutzt worden sein. Hinzukommen muss, dass keine andere Möglichkeit besteht, die Grundrechtsverletzung zu beseitigen. Schließlich muss die Verfassungsbeschwerde noch vom Bundesverfassungsgericht zur Entscheidung angenommen werden. Angenommen wird sie nur, wenn ihr grundsätzliche verfassungsrechtliche Bedeutung zukommt. Eine Verfassungsbeschwerde hat regelmäßig dann keine grundsätzliche Bedeutung, wenn die von ihr aufgeworfenen Fragen bereits vom Bundesverfassungsgericht einer Klärung zugeführt worden sind.

Das Bundesverfassungsgericht prüft bei einer Verfassungsbeschwerde, ob der angegriffene Akt der öffentlichen Gewalt mit dem als verletzt behaupteten Grundrecht vereinbar ist. Stellt es die Unvereinbarkeit fest, kann es, abhängig vom Fall, einen Verwaltungsakt aufheben, eine Gerichtsentscheidung an ein zuständiges Gericht zurückverweisen oder ein Gesetz für nichtig erklären (Schlaich 1997, 127 ff.).

Die Verfassungsbeschwerde stellt aus zwei Gründen eine besonders wichtige Zuständigkeit des Bundesverfassungsgerichts dar. Zum einen ist sie ein wirksames Instrument des Individualrechtsschutzes. Dass die Bevölkerung dies auch so sieht, geht aus den weit über 160.000 Verfassungsbeschwerden hervor, die von 1951 bis Ende 2008 beim Verfassungsgericht eingegangen sind. Die Erfolgsquote ist allerdings gering. Sie liegt bei ein bis zwei Prozent. Zum anderen dient die Verfassungsbeschwerde wie keine andere Zuständigkeit des Verfassungsgerichts der Wahrung und Fortbildung des Verfassungsrechts.

Die justiziellen Grundrechte

Das Grundgesetz listet eine Reihe von subjektiven Rechten auf, die der Sicherung der Rechtsstaatlichkeit im gerichtlichen Verfahren sowie dem Schutz der Person bei drohendem Freiheitsentzug dienen. Man nennt diese Rechte *justizielle Grundrechte*. Ihnen lässt sich der Grundsatz entnehmen, dass der Einzelne von den Gerichten fair zu behandeln ist. Es soll berücksichtigt werden, dass der Einzelne dem Staatsapparat gegenüber regelmäßig unterlegen ist oder sich doch jedenfalls unterlegen fühlt, besonders wenn er rechtsunkundig ist. Die in den justiziellen Grundrechten ausgedrückte Fairness soll solche Nachteile ausgleichen (Benda 1995a, 740).

Das *Fairnessgebot* für Gerichtsverfahren kann auf eine jahrhundertealte Tradition zurückblicken. Insbesondere das britische „common law“ ist seit jeher vom Gedanken des „fair trial“ bestimmt. In den Vereinigten Staaten hat die Fairness in Gestalt der „due process“-Klausel gemäß Zusatzartikel 14 sogar Eingang in die Verfassung gefunden (Tettinger 1984, 2 f.).

Die justiziellen Grundrechte sind sehr detailliert formuliert. Der Grund hierfür ist, dass der Gesetzgeber auf diese Weise daran gehindert wird, ihren Sinn nachträglich durch Gesetze entscheidend zu modifizieren. Denn gerade in den justiziellen Grundrechten spiegeln sich massive historische Unrechtserfahrungen. Die Beachtung der justiziellen Grundrechte unterscheidet daher ganz besonders stark einen Rechtsstaat von einem Willkürstaat.

Artikel 101 GG enthält das Verbot von Ausnahmegerichten sowie die Garantie des gesetzlichen Richters. Die beiden Gewährleistungen sollen den Einzelnen vor unsachlichen, auf seinen Fall abgestimmten Verschiebungen im Bereich der Gerichtsorganisation schützen. Ihre Beachtung soll das Vertrauen der Rechtsuchenden und der Öffentlichkeit in die Unparteilichkeit der Gerichte stärken.

Artikel 101 GG:
(1) **Ausnahmegerichte** sind unzulässig. Niemand darf seinem **gesetzlichen Richter** entzogen werden.
(2) **Gerichte für besondere Sachgebiete** können nur durch Gesetz errichtet werden.

Ausnahmegerichte sind Gerichte, die in Abweichung von der gesetzlich festgelegten Zuständigkeit besonders gebildet werden und zur Entscheidung einzelner konkreter oder individuell bestimmter Fälle betraut sind. Wenn etwa ein spezielles Gericht eingesetzt würde, das die Handlungen der anlässlich einer bestimmten unfriedlichen Demonstration Festgenommenen aburteilen soll, so wäre das ein verfassungswidriges Ausnahmegericht. Ausnahmegerichte sind gleichbedeutend mit einer Umgehung des gesetzlichen Richters.

Anders als Ausnahmegerichte können *Gerichte für besondere Sachgebiete* auf dem Wege der Gesetzgebung eingerichtet werden. Ihre Zuständigkeit für ein bestimmtes Sachgebiet muss im Voraus abstrakt und generell geregelt sein. Ansonsten hätten sie den Charakter von Ausnahmegerichten. Sondergerichte gibt es etwa für Jugendliche, für Soldaten und für Schifffahrtssachen.

Der *gesetzliche Richter* ist der Richter, der gemäß dem Geschäftsverteilungsplan des betreffenden Gerichts zur Entscheidung vorgesehen ist. Der Richter muss von vornherein abstrakt für die betreffende Sache zuständig sein. Ausgeschlossen werden soll auf diese Weise, dass durch eine gezielte Auswahl von Richtern das Ergebnis der Entscheidung beeinflusst wird (Seifert/Hömig 1999, 586 ff.).

Artikel 102 GG, einer der kürzesten Verfassungsartikel, stellt dem Wortlaut nach die *Abschaffung der Todesstrafe* fest. Er kann gelesen werden als Verbot der Androhung, Verhängung und Vollstreckung der Todesstrafe.

> Artikel 102 GG:
> Die **Todesstrafe** ist **abgeschafft**.

Der Artikel ist ein nachdrückliches Bekenntnis zum Wert des menschlichen Lebens. Er folgt der nicht zur Rechtsgeltung gelangten Paulskirchenverfassung von 1849 nach, die in § 139 ebenfalls die Todesstrafe für abgeschafft erklärte. In den Beratungen zur Weimarer Reichsverfassung wurde zwar das Verbot der Todesstrafe erörtert, aber nicht in den Verfassungstext aufgenommen. Mit Beginn der nationalsozialistischen Gewaltherrschaft wurde der Anwendungsbereich der Todesstrafe gravierend ausgedehnt. Die Todesstrafe wurde exzessiv verhängt. Mit dem Verbot der Todesstrafe will das Grundgesetz ein deutliches Zeichen der Abkehr von solchen Praktiken setzen.

Artikel 102 GG verbietet die Todesstrafe als strafjustizielle Maßnahme. Nicht verboten ist die Verhängung der lebenslangen Freiheitsstrafe, obwohl diese mitunter als „soziale Todesstrafe“ bezeichnet wird.

Der Artikel untersagt dem Gesetzgeber, auf dem Wege eines einfachen Gesetzes die Todesstrafe wieder einzuführen. Strittig ist dagegen die Antwort auf die Frage, ob das Verbot der Todesstrafe mittels einer Verfassungsänderung aufgehoben werden könnte. Legt man als Maßstab die durch Artikel 1 GG geschützte Menschenwürde an und entnimmt ihr das Verbot grausamer und unmenschlicher Strafen, dann ergibt sich die Unzulässigkeit der auf diesem Wege eingeführten Todesstrafe. Denn Artikel 79 Abs. 3 GG verbietet eine Änderung des Grundgesetzes, in der die in Artikel 1 GG niedergelegten Grundsätze berührt werden (Seifert/Hömig 1999, 590 f.).

Artikel 103 GG dient zum einen der Sicherstellung eines fairen Gerichtsverfahrens und zum anderen der Rechtssicherheit des einer Straftat Beschuldigten. Der Artikel gewährt jedermann vor Gericht Anspruch auf rechtliches Gehör. Er verbietet rückwirkende sowie mehrfache Bestrafungen.

> Artikel 103 GG:
> (1) Vor Gericht hat jedermann Anspruch auf **rechtliches Gehör**.
> (2) Eine Tat kann nur bestraft werden, wenn die **Strafbarkeit gesetzlich bestimmt** war, bevor die Tat begangen wurde.

> (3) Niemand darf wegen derselben Tat auf Grund der allgemeinen Strafgesetze **mehrmals bestraft** werden.

Der *Anspruch auf rechtliches Gehör* ist ein prozessuales Urrecht des Menschen. Der Einzelne soll nicht bloßes Objekt eines gerichtlichen Verfahrens sein. Jeder an einem Gerichtsverfahren Beteiligte muss daher Gelegenheit erhalten, im Verfahren zu Wort zu kommen, d.h., sich zu dem zugrunde liegenden Sachverhalt zu äußern, Anträge zu stellen und damit das Gericht in seiner Willensbildung zu beeinflussen. Diesem Recht entspricht die Pflicht des Gerichts, Anträge und Äußerungen der Prozessbeteiligten zur Kenntnis zu nehmen und bei seiner Entscheidung in Erwägung zu ziehen. Auf diese Weise werden sogenannte Überraschungsentscheidungen verhindert.

Dass eine Tat nur bestraft werden kann, wenn die Strafbarkeit gesetzlich bestimmt war, bevor die Tat begangen wurde („nulla poena sine lege"), verlangt vom Gesetzgeber, die betreffende Straftat so konkret zu umschreiben, dass jedermann vorhersehen kann, welches Verhalten verboten und mit welcher Strafe oder Geldbuße bedroht ist. Die Vorschrift, dass die Strafbarkeit *gesetzlich* bestimmt sein muss, soll gewährleisten, dass der demokratisch legitimierte Gesetzgeber und nicht erst die Gerichte über die Strafbarkeit befinden. Das Gebot der Strafrechtsbestimmtheit ist gleichbedeutend mit dem *Verbot rückwirkender Strafgesetze*: Dem Gesetzgeber ist es untersagt, rückwirkend auf den Zeitpunkt der Tatbegehung neue Straftatbestände zu schaffen oder bereits vorgesehene Strafen nach Art und Maß zu verschärfen. Niemand muss deshalb damit rechnen, dass ein bisher erlaubtes Verhalten rückwirkend für strafbar erklärt oder das Strafmaß einer Straftat nachträglich erhöht wird.

Das *Verbot der Mehrfachbestrafung* („ne bis in idem") soll verhindern, dass jemand wegen einer Tat, derentwegen er schon zur Verantwortung gezogen wurde, nochmals in einem neuen Verfahren verfolgt wird. Dies schließt allerdings nicht aus, dass wegen der gleichen Tat noch ein Disziplinarverfahren oder ein zivilrechtliches Schadensersatzverfahren eröffnet wird (Seifert/Hömig 1999, 591 ff.).

Artikel 104 GG enthält diverse Sicherungen für den Fall der Beschränkung oder der Entziehung der individuellen Freiheit. Um hier jegliche staatliche Willkür auszuschließen, legt der Artikel die Voraussetzungen abschließend fest, unter denen in die Freiheit des Einzelnen eingegriffen werden kann. Der Grundtenor des Artikels lautet, dass nur Richter befugt sind, Freiheitsentziehungen anzuordnen.

Im Einzelnen umfasst Artikel 104 GG fünf Vorkehrungen zur Vermeidung von Willkür bei Eingriffen in die Freiheit. In allen Vorkehrungen manifestiert sich die bewusste Abkehr von Praktiken, wie sie in der nationalsozialistischen Diktatur üblich waren.

Die erste Vorkehrung ist die Vorgabe, dass Freiheitsbeschränkungen nur auf der Basis eines *förmlichen Gesetzes* vorgenommen werden dürfen. Rechtsverordnungen oder gar Gewohnheitsrecht sind hierfür nicht ausreichend.

Artikel 104 GG:
(1) Die Freiheit der Person kann nur auf Grund eines förmlichen Gesetzes und nur unter Beachtung der darin vorgeschriebenen Formen beschränkt werden. **Festgehaltene Personen** dürfen weder seelisch noch körperlich misshandelt werden.
(2) Über die Zulässigkeit und Fortdauer einer **Freiheitsentziehung** hat nur der **Richter** zu entscheiden. Bei jeder nicht auf richterlicher Anordnung beruhenden Freiheitsentziehung ist unverzüglich eine **richterliche Entscheidung** herbeizuführen. Die Polizei darf aus eigener Machtvollkommenheit niemanden länger als bis zum Ende des Tages nach dem Ergreifen in eigenem Gewahrsam halten. Das Nähere ist gesetzlich zu regeln.
(3) Jeder wegen des Verdachtes einer strafbaren Handlung **vorläufig Festgenommene** ist spätestens am Tage nach der Festnahme **dem Richter vorzuführen**, der ihm die Gründe der Festnahme mitzuteilen, ihn zu vernehmen und ihm Gelegenheit zu Einwendungen zu geben hat. Der Richter hat unverzüglich entweder einen mit Gründen versehenen schriftlichen Haftbefehl zu erlassen oder die Freilassung anzuordnen.
(4) Von jeder richterlichen Entscheidung über die Anordnung oder Fortdauer einer Freiheitsentziehung ist unverzüglich ein **Angehöriger** des Festgehaltenen oder eine **Person seines Vertrauens** zu **benachrichtigen**.

Die zweite Vorkehrung ist das *Verbot von Misshandlungen festgehaltener Personen.* Dieses Verbot konkretisiert die in Artikel 1 GG vorgeschriebene Achtung der Menschenwürde. Untersagt sind zielgerichtete Beeinträchtigungen der körperlichen Gesundheit oder des körperlichen oder seelischen Normalbefindens des Festgehaltenen. Verboten ist auch jede entehrende und entwürdigende Behandlung.

Die dritte Vorkehrung sorgt dafür, dass nur der Richter eine *Freiheitsentziehung* anordnen darf. Die Polizei hat nur das Recht zur vorläufigen Freiheitsentziehung. Selbst dies ist nur zulässig, wenn eine vorherige richterliche Entscheidung nicht eingeholt werden kann. Die Polizei muss nach der Festnahme unverzüglich eine richterliche Entscheidung herbeiführen. Die Polizei darf einen Festgenommenen höchstens bis zum Ende des auf die Festnahme folgenden Tages festhalten, d.h. maximal nicht ganz 48 Stunden.

Die vierte Vorkehrung dient dem *Schutz vorläufig Festgenommener*. Ein vorläufig Festgenommener ist spätestens am Tage nach der Festnahme dem Richter vorzuführen. Dort müssen ihm die Gründe der Festnahme mitgeteilt werden. Und er muss Gelegenheit erhalten, dazu Stellung zu nehmen. Der Richter hat den Festgenommenen danach entweder freizulassen oder einen mit Gründen versehenen Haftbefehl zu erlassen.

Die fünfte Vorkehrung soll verhindern, dass die öffentliche Gewalt jemanden spurlos verschwinden lässt. Bei einer angeordneten oder fortgeführten Freiheitsentziehung muss eine dem Betroffenen nahestehende Person benachrichtigt werden. Diese *Benachrichtigungspflicht* dient dem Interesse des Festgenommenen wie auch dem seiner Angehörigen (Seifert/Hömig 1999, 600 ff.).

Staatshaftung und Entschädigungsanspruch

Dem Einzelnen können durch öffentliches Handeln Schäden erwachsen. Es gehört zu den rechtsstaatlichen Grundsätzen, dass Betroffene Schädigungen nicht hinnehmen müssen, sondern einen Anspruch auf Schadensausgleich haben. Bei der Ausgleichspflicht ist zu unterscheiden, ob die den Schaden hervorrufende Handlung in rechtmäßiger oder rechtswidriger Ausübung der Staatsgewalt entstanden ist. So löst eine rechtmäßige Handlung keine Haftung aus, sondern begründet einen Entschädigungsanspruch. Hingegen stellt sich bei einer rechtswidrigen Handlung, also bei Staatsunrecht, die Frage, wer für den Schadensersatz aufkommt: Ist es der betreffende Beamte oder ist es die Körperschaft, in deren Namen er handelt?

Artikel 34 GG regelt für Bund, Länder, Gemeinden sowie andere öffentliche Körperschaften bundeseinheitlich die Haftung für pflichtwidriges Hoheitshandeln ihrer Amtsträger. Der Artikel besagt, dass die Verantwortlichkeit grundsätzlich den Staat oder die Körperschaft trifft, in deren Dienst der Amtsträger steht.

Artikel 34 GG:
Verletzt jemand in Ausübung eines ihm anvertrauten öffentlichen Amtes die ihm einem Dritten gegenüber obliegende **Amtspflicht**, so trifft die **Verantwortlichkeit** grundsätzlich den **Staat** oder die Körperschaft, in deren Dienst er steht. Bei Vorsatz oder grober Fahrlässigkeit bleibt der Rückgriff vorbehalten. Für den Anspruch auf **Schadensersatz** und für den Rückgriff darf der **ordentliche Rechtsweg** nicht ausgeschlossen werden.

Amtspflichtverletzungen ergeben sich aus den Gesetzen sowie aus Dienst- und Verwaltungsvorschriften. Typische Amtspflichten, die verletzt werden können, sind die Pflicht zum rechtmäßigen Verhalten, die Pflicht zur Beachtung der Zuständigkeitsordnung, die Pflicht zu fehlerfreier Ermessensausübung, die Pflicht zur Beachtung des Übermaßverbotes, die Pflicht zu zügiger Sachentscheidung und schließlich die Pflicht zu Amtsverschwiegenheit und zu richtiger Auskunftserteilung.

Ursprünglich musste für eine rechtswidrige hoheitliche Handlung allein der pflichtwidrig handelnde Beamte haften. Historische Grundlage der Eigenhaftung des Beamten war die im Recht der Staatsdiener des 18. und beginnenden 19. Jahrhunderts vorherrschende sogenannte Mandatstheorie. Hiernach war das Beamtenverhältnis ein privatrechtlicher Mandatsvertrag, gemäß dem das Beamtenverhalten dem Staat nur zugerechnet wurde, wenn es sich im Rahmen der Gesetze bewegte. Handelte der Beamte hingegen rechtswidrig, so galt dies als eine mandatsverletzende Handlung. Sie war deshalb nur dem Beamten als Privatperson zurechenbar. Die notwendige Konsequenz war die Eigenhaftung des Beamten (Papier 1989c, 1355).

Zu Beginn des 20. Jahrhunderts setzte sich in Deutschland das Prinzip der *Staatshaftung* durch. Das Prinzip sieht eine Haftung des Staates für schuldhafte Amtspflichtverletzungen seiner Beamten vor, sofern diese in Ausübung öffentlicher Gewalt erfolgen. Die Weimarer Reichsverfassung verankerte die Staatshaftung in Artikel 131.

Mit der befreienden Schuldübernahme durch den Staat oder eine andere öffentliche Körperschaft bezweckt Artikel 34 GG in erster Linie einen Schutz des Geschädigten. Ihm soll auf jeden Fall ein leistungsfähiger Schuldner gegenüberstehen. Zugleich bezweckt Artikel 34 GG aber auch den Schutz des Amtsträgers selbst. Indem diesem das lähmende Haftungsrisiko weitgehend abgenommen wird, soll seine Entscheidungsbereitschaft gestärkt werden. Die Effizienz der öffentlichen Verwaltung soll insgesamt gefördert werden. Haften gegenüber seinem Dienstherrn muss der Amtsträger nämlich nur bei Vorsatz und grob fahrlässigem Verhalten. Dabei setzt ein Vorsatz das Bewusstsein der Pflichtwidrigkeit des betreffenden Handelns voraus (Papier 1998, 10 f., Rdnr. 12).

Der durch hoheitliches Handeln Geschädigte hat Anspruch auf Schadensersatz. Im Streitfall kann er seinen Schadensersatzanspruch vor den ordentlichen Gerichten in Form eines Zivilgerichtsverfahrens geltend machen.

Anders als die Staatshaftung ist die *Entschädigung* gelagert. Sie greift bei rechtmäßiger Ausübung öffentlicher Gewalt ein. Sie ist gemäß Artikel 14 Abs. 3 GG zwingend bei Enteignungen vorgesehen.

> Artikel 14 GG:
> (1) [...] (2) [...]
> (3) Eine **Enteignung** ist nur zum Wohle der Allgemeinheit zulässig. Sie darf nur durch Gesetz oder auf Grund eines Gesetzes erfolgen, das Art und Ausmaß der **Entschädigung** regelt. Die Entschädigung ist unter gerechter Abwägung der Interessen der Allgemeinheit und der Beteiligten zu bestimmen. Wegen der **Höhe der Entschädigung** steht im Streitfalle der **Rechtsweg** vor den ordentlichen Gerichten offen.

Enteignungen von Eigentum sind nur zum Wohle der Allgemeinheit zulässig. Wegen der Schwere des Eingriffes ist eine Enteignung nur erlaubt, wenn es zur Erreichung des angestrebten Zweckes keine andere rechtlich und wirtschaftlich vertretbare Lösung gibt. Enteignungen bedürfen einer gesetzlichen Grundlage, in der insbesondere das Ausmaß der Entschädigung geregelt sein muss. Die Entschädigung muss einen fairen

Interessenausgleich zwischen den Interessen des Enteigneten und den Belangen der Allgemeinheit darstellen.

Im Streitfall steht der Rechtsweg vor den ordentlichen Gerichten, d.h. den Zivilgerichten, offen. Diese Bestimmung verhindert, dass die den Enteignungsakt veranlassende Verwaltung im Streitfall endgültig über die Entschädigung befindet.

Die Entschädigung im Falle einer Enteignung nennt man auch Opferentschädigung, da der Betroffene der Allgemeinheit ein Opfer darbringt. Eigentlich müsste man von einem *Sonderopfer* sprechen, weil von dem Betroffenen etwas verlangt wird, das anderen nicht zugemutet wird. Eine angemessene Entschädigung ist daher allein schon aus Gründen des Gleichheitsgrundsatzes zwingend geboten: Es erscheint nur gerecht und billig, durch eine Entschädigung eine zu erduldende Ungleichbehandlung auszugleichen.

Ein *Aufopferungsanspruch* entsteht auch bei sogenannten enteignenden Eingriffen. Hier handelt es sich um rechtmäßiges öffentliches Handeln, das sich jedoch belastend und wertmindernd auf Eigentümerpositionen auswirkt. Die Beeinträchtigung ergibt sich in der Regel als eine nicht beabsichtigte oder nicht zu vermeidende Nebenwirkung. Ein typisches Beispiel hierfür ist die Geruchsbelästigung durch eine in der Nachbarschaft neu gebaute Kläranlage.

Ähnlich verhält es sich mit dem sogenannten enteignungsgleichen Eingriff. Dieser gilt als rechtswidrig und verlangt zur Abwehr daher vom Betroffenen, sich zunächst auf dem Verwaltungsrechtsweg zur Wehr zu setzen. Erst wenn dies keine Früchte trägt, kann auf den Aufopferungsanspruch zurückgegriffen werden.

Grundsätzlich gilt, dass ein Aufopferungsanspruch dann begründet ist, wenn die Belastung nicht zumutbar ist. Ein solcher Anspruch war bereits im preußischen Allgemeinen Landrecht verankert: „Dagegen ist der Staat denjenigen, welcher seine besonderen Rechte und Vorteile dem Wohle des gemeinen Wesens aufzuopfern genötigt wird, zu entschädigen gehalten." Der Aufopferungsanspruch erlangte später gewohnheitsrechtliche Geltung in ganz Deutschland (Papier 1989c, 1379 ff.).

5.6 Rechtssicherheit

Generell hat der Mensch ein Bedürfnis nach klaren und eindeutigen Regelungen. Er will wissen, was ihm erlaubt und was ihm verboten ist. Ohne Rechtsgewissheit wird seine Initiative gelähmt. Rechtssicherheit hingegen beflügelt seinen Tatendrang. Rechtssicherheit ist daher eine wichtige Voraussetzung für wirtschaftliche Aktivitäten.

Die Gewährleistung von Rechtssicherheit gehört folglich zu den wichtigsten Funktionen des Rechts. Rechtssicherheit macht staatliches Handeln berechenbar. Denn zur Rechtssicherheit gehört, dass der Staat an das Recht gebunden ist. Rechtssicherheit gestattet dem Menschen eine sichere Lebensführung. Er weiß nämlich, welches Verhalten ihm das Recht verbietet. Er weiß ebenso um die Freiräume, die er für ein Leben nach eigenen Vorstellungen nutzen kann. Rechtssicherheit ist ein wesentliches Merkmal des Rechtsstaates. Sie markiert einen maßgeblichen Unterschied zum Willkürstaat.

In welcher Weise trägt das Grundgesetz dem Prinzip der Rechtssicherheit Rechnung? Wie gewährleistet es die Rechtsbindung der öffentlichen Gewalt?

Grundlegende Aspekte der Rechtssicherheit

Im englischen Recht spielt die Rechtssicherheit seit jeher eine herausragende Rolle. So stimmte Jeremy Bentham Ende des 18. Jahrhunderts einen wahren Lobgesang auf die Rechtssicherheit an: Sie gewähre die Möglichkeit der Voraussicht in die Zukunft und damit der Disposition über die Zukunft. Sie sei die Grundlage allen Planens, allen Arbeitens und Sparens. Sie bewirke, dass das Leben nicht nur eine Folge von Augenblicken sei, sondern Kontinuität habe. Sie sei das entscheidende Kennzeichen der Zivilisation. Sie unterscheide den Kulturmenschen vom Wilden, den Frieden vom Kriege, den Menschen vom Tier (Brugger 2000, 49).

Rechtssicherheit gilt als Gemeingut rechtsstaatlicher Verfassungskultur. Rechtssicherheit wird insbesondere durch geschriebenes Recht gefördert. Dem entsprach der Konstitutionalismus des 19. Jahrhunderts, der den Herrscher an eine geschriebene Verfassung und damit an das Recht binden wollte. Dem entsprach auch der Positivismus als führende Rechtsschule des 19. Jahrhunderts, der nur positiviertes, d.h. geschriebenes Recht anerkannte (Streinz 2004, 749).

Das Grundgesetz führt den Wert der *Rechtssicherheit* nicht explizit auf. Gleichwohl gilt dem Bundesverfassungsgericht Rechtssicherheit als fester Bestandteil des Rechtsstaatsprinzips (BVerfGE 2, 380 (403); BVerfGE 60, 253 (267 ff.)). Rechtssicherheit meint im Grunde Verlässlichkeit der Rechtsordnung. Damit schützt sie zwar nicht vor allen Wechselfällen des Lebens, sie bietet aber ein erhebliches Maß an Sicherheit durch die Beständigkeit staatlicher Entscheidungen: Einmal getroffene Entscheidungen können nicht beliebig geändert werden, sondern nur unter Beachtung rechtlich vorgeschriebener Formen. Rechtssicherheit bewirkt weiterhin eine relativ sichere Vorhersehbarkeit staatlicher Entscheidungen (Schmidt-Aßmann 1987, 1030).

Rechtssicherheit wird erzeugt, wenn die Rechtsordnung konsistent ist. Konsistent ist sie, wenn mindestens vier Bedingungen erfüllt werden.

Das erste Erfordernis ist die *Bedeutungssicherheit* aller Rechtsnormen, von welchem Gesetzgeber und aus welcher Periode sie auch stammen. Die Menschen müssen wissen, woran sie sich zu halten haben, welches Verhalten vom Recht belohnt oder bestraft wird. Bedeutungssicherheit verlangt die Promulgation des Rechts. Damit ist gemeint, dass die Rechtsnormen in amtlichen Publikationsorganen veröffentlicht werden müssen. Denn nur so ist gewährleistet, dass jedermann sie zur Kenntnis nehmen und sich so rechtzeitig auf neue Rechte oder Pflichten, Gebote oder Verbote einstellen kann. Bedeutungssicherheit verlangt weiterhin die sprachliche Verständlichkeit der

Normen. Ferner dürfen sich die Normen nicht widersprechen. Sie müssen vielmehr eine Einheit im Sinne gegenseitiger Verträglichkeit und Unterstützung bilden.

Das zweite Erfordernis ist die *Durchsetzung des Rechts*. Sie muss notfalls mit Zwang erfolgen. Der Staat darf auch eine selektive Verweigerung des Rechtsgehorsams nicht dulden. Es entsteht dann nämlich eine unklare Situation: Manche Normen werden durchgesetzt, andere nicht. Die Folge ist eine weitere Erosion des Rechtsgehorsams und damit eine Abnahme der Rechtssicherheit.

Das dritte Erfordernis besteht in *stabilen Regelungen*. Normen, die lange gelten, können sich im Rechtsbewusstsein der Bevölkerung verankern. Im Interesse der Rechtssicherheit sollte die überstürzte Einführung neuer Anordnungen vermieden werden, weil diese bald erneut änderungsbedürftig sind. Die Folge ist eine Orientierungslosigkeit im Rechtsbewusstsein. Als weitere Konsequenz nehmen dann Verstöße gegen die Rechtsordnung zu.

Das vierte Erfordernis besteht in einem klaren Zuschnitt der *Zuständigkeiten der Staatsorgane* und in klaren *Verfahrensregeln*. Die Menschen wissen dann, wer für welche Regelung zuständig ist und wie der Verfahrensablauf beschaffen ist, und können sich darauf einstellen (Brugger 2000, 50 f.).

Rechtssicherheit verlangt von der *Verwaltung*, dass die von ihr erlassenen Verwaltungsakte bestandskräftig sind, damit man sich auf sie verlassen kann. Verwaltungsakte müssen darüber hinaus inhaltlich so bestimmt sein, dass die von ihnen ausgehenden Eingriffe nachprüfbar und soweit wie möglich für den Betroffenen voraussehbar und berechenbar sind (BVerfGE 8, 274 (325 ff.)).

Ebenso sind die Entscheidungen der *Justiz*, deren Aufgabe die Schlichtung von Rechtsstreit ist, auf Beständigkeit angelegt. Gerichtliche Urteile können zum Rechtsfrieden nur beitragen, wenn ihnen Rechtskraft zugebilligt wird. Die Wiederaufnahme eines Verfahrens hat deshalb die Ausnahme zu bleiben (Schmidt-Aßmann 1987, 1031).

Ganz besondere Anforderungen stellt die Rechtssicherheit an den *Gesetzgeber*. Seine Arbeit unterliegt dem Bestimmtheitsgebot. Das heißt, dass die Normen das vom Gesetzgeber Gewollte klar und eindeutig festlegen müssen, damit Auslegungsprobleme soweit wie möglich vermieden werden. Zwar lassen sich Generalklauseln und unbestimmte Rechtsbegriffe nicht immer umgehen, aufs Ganze gesehen muss eine gesetzliche Norm aber den Grundsätzen der Rechtsklarheit und Justiziabilität entsprechen (Streinz 2004, 757).

Zur Rechtssicherheit gehört auch das weitgehende *Verbot einer rückwirkenden Gesetzgebung*. Das Verbot gilt absolut für strafbegründende und strafverschärfende Gesetze. Niemand muss also damit rechnen, sich wegen einer Tat vor Gericht verantworten zu müssen, die zum Zeitpunkt der Tat nicht unter Strafe stand.

Differenzierter verhält es sich mit anderen Gesetzen, beispielsweise Steuergesetzen, die für die Steuerpflichtigen mit finanziellen Eingriffen verbunden sind. Man unterscheidet hier Gesetze mit echter Rückwirkung von Gesetzen mit unechter Rückwirkung.

Eine *echte Rückwirkung* liegt vor, wenn ein Gesetz nachträglich ändernd in abgewickelte, längst der Vergangenheit angehörende Sachverhalte eingreift. Ein solch rückwirkendes Gesetz ist grundsätzlich unzulässig. Nur zwingende Gemeinwohlgründe können eine rückwirkende Anordnung rechtfertigen. Eine *unechte Rückwirkung* haben Gesetze, die auf noch nicht abgeschlossene Sachverhalte und Rechtsbeziehungen für die Zukunft einwirken und dabei Rechtspositionen entwerten, die im Vertrauen auf den Fortbestand des Rechts geschaffen wurden. Solche Gesetze sind grundsätzlich zulässig. Wenn allerdings eine Güterabwägung ergibt, dass das Vertrauen auf die Sicherheit der bestehenden Rechtslage schwerer wiegt als die Gründe, die für eine Gesetzesänderung sprechen, dann ist ein solches Gesetz unzulässig (BVerfGE 13, 261 (271 f.); BVerfGE 18, 429 (439); BVerfGE 95, 64 (86 f.)).

Der *Vertrauensschutz* ist ein eng mit der Rechtssicherheit verbundener rechtsstaatlicher Grundsatz. Er fordert, dass das Vertrauen des Einzelnen auf den Bestand rechtlicher Regelungen und die Verlässlichkeit staatlichen Handelns, an die seine Erwartungen und Dispositionen anknüpfen, berücksichtigt wird. Der Vertrauensschutz spielt eine große Rolle, wenn es um Steuererhöhungen, Subventionsabschaffungen und Kürzungen sozialversicherungsrechtlicher Leistungen geht (Maurer 1988, 212 ff.).

Der Vertrauensschutz darf allerdings nicht verabsolutiert werden. Ihm steht die politisch begründete Notwendigkeit gegenüber, die Rechtsordnung ständig im Licht sich rasch ändernder Verhältnisse zu überprüfen und sie neuen Bedürfnissen zeitgerecht anzupassen. Wenn die Gesetzgebung schnell und intensiv arbeitet, ergeben sich zwangsläufig Übergangs- und Anpassungsprobleme. Der Staat wäre zum Immobilismus verurteilt, würde sich jede einmal gewährte Rechtsposition verfassungsrechtlich verfestigen und würde ihr ein unüberwindbarer Bestandsschutz verliehen (Benda 1995a, 741 f.).

Die Bindung der öffentlichen Gewalt an das Recht

Die Menschen können sich erst dann wirklich „rechtssicher" fühlen, wenn dafür Sorge getragen ist, dass die Organe der öffentlichen Gewalt selbst an das Recht gebunden sind. Eine solche Bindung normiert das Grundgesetz in Artikel 20. Absatz 3 dieses Artikels bindet die Gesetzgebung an die verfassungsmäßige Ordnung, die vollziehende Gewalt und die Rechtsprechung an Gesetz und Recht. Keine Gewalt, d.h. kein staatliches Organ, steht damit oberhalb oder außerhalb des Rechts. Alle Gewalten sind dem Recht unterworfen. Diese Unterwerfung bildet ein zentrales Merkmal des Rechtsstaatsprinzips.

Alle Zweige der Staatsgewalt sind direkt oder indirekt an die Verfassung gebunden. Denn die Bindung von Verwaltung und Gerichten an Gesetz und Recht schließt die Bindung an die übergeordnete Verfassung ein. Dass umgekehrt der Gesetzgeber nur an die verfassungsmäßige Ordnung, nicht jedoch an das Gesetz gebunden ist, erklärt sich aus dem Sachverhalt, dass es Aufgabe des Gesetzgebers ist, Gesetze zu schaffen, zu ändern oder abzuschaffen. Eine vom Grundgesetz ausgesprochene Bindung an die Gesetze würde dem Gesetzgeber die Gesetzgebungsarbeit erschweren, wenn nicht unmöglich machen.

Artikel 20 GG:
(1) [...] (2) [...]
(3) Die **Gesetzgebung** ist an die **verfassungsmäßige Ordnung**, die **vollziehende Gewalt** und die **Rechtsprechung** sind an **Gesetz und Recht** gebunden.
(4) [...]

Die Bindung aller Staatsgewalt an die Verfassung ist Ausdruck der *Verfassungsstaatlichkeit*. Verfassungsstaatlichkeit bedeutet, dass der Verfassung der höchste Rang innerhalb der Normenhierarchie des Gemeinwesens zukommt. Kein staatlicher Akt darf gegen die Verfassung verstoßen. Die bindende Kraft der Verfassung erstreckt sich ausdrücklich auch auf den Gesetzgeber. Dieser ist also nicht befugt, unter Berufung auf das von den Wählern erteilte Mandat verfassungswidrige Gesetze zu erlassen.

Der *Gesetzgeber* kann als verfassungsändernder Gesetzgeber die Verfassung modifizieren. Er ist dabei aber an die Verfahrensvorschriften gebunden, die das Grundgesetz hierfür aufstellt. Weiterhin kann er nicht schlechthin alles ändern. Artikel 79 Abs. 3 GG setzt der Änderbarkeit des Grundgesetzes Grenzen: Die in den Artikeln 1 und 20 niedergelegten Grundsätze hat der Parlamentarische Rat mit einer Art „Ewigkeitsgarantie“ ausgestattet. Sie dürfen nicht angetastet werden. Generell hat der Gesetzgeber in seiner täglichen Gesetzgebungsarbeit immer darauf zu achten, dass die Gesetze in Übereinstimmung mit dem Grundgesetz bleiben.

Während das Grundgesetz den Gesetzgeber an die verfassungsmäßige Ordnung bindet, verpflichtet es die vollziehende und die rechtsprechende Gewalt „nur“ auf die Beachtung von Gesetz und Recht. Diese unterschiedliche Bindung ist jedoch folgerichtig. Denn den Verwaltungsbehörden und den Gerichten fehlt es an der Möglichkeit, in die Verfassung verändernd einzugreifen. Das Rechtsstaatsprinzip verlangt andererseits gleichwohl, beide Gewalten dem Recht zu unterwerfen. Ihnen Willkürfreiheit einzuräumen, wäre mit dem Primat des Rechts als dem Kernanliegen des Rechtsstaates nicht vereinbar.

Behörden und Gerichte sind an *Gesetz und Recht* gebunden. Mit den Gesetzen sind die förmlichen Gesetze gemeint, also die im vorgeschriebenen Gesetzgebungsverfahren zustande gekommenen Rechtsnormen. Mit einer gewissen Großzügigkeit können Rechtsverordnungen und Satzungen dem Gesetzesbegriff zugeordnet werden.

Das Recht ist ein summarischer Begriff. Er umschließt damit auch die Gesetze. Darüber hinaus gehören zum Recht aber auch die ungeschriebenen Normen des *Gewohnheitsrechts*, das *Richterrecht* und die in der Rechtsgemeinschaft herrschenden

Grundsätze der Gerechtigkeit. Das Recht umfasst also mehr als das Gesetz. Die Aufnahme der Gerechtigkeitsgrundsätze in den Rechtsbegriff ist allerdings nicht unproblematisch. Denn Gerechtigkeitsauffassungen divergieren häufig (Zippelius/Würtenberger 2008, 118 f.).

Es ist dennoch sinnvoll, dass der Verfassunggeber das Recht als eine Verwaltungsbehörden und Gerichte bindende Norm aufgenommen hat. Es ist nämlich denkbar, dass Sachverhalte behandelt werden müssen, für die sich gesetzliche Regelungen nicht auffinden lassen. Es ist ebenso nicht ausgeschlossen, dass Gesetz und Recht auseinanderklaffen. Dies kann geschehen, obwohl der Gesetzgeber alles tun sollte, dass sich in den Gesetzen diese Kluft nicht auftut (Benda 1995a, 731 ff.).

Es gehört zu den Aufgaben der *Rechtsprechung*, das Recht durch Richterrecht fortzubilden und hierbei in der Gesellschaft verbreitete Gerechtigkeitsvorstellungen zum Maßstab zu nehmen: „Die Aufgabe der Rechtsprechung kann es insbesondere erfordern, Wertvorstellungen, die der verfassungsmäßigen Rechtsordnung immanent, aber in den Texten der geschriebenen Gesetze nicht oder nur unvollkommen zum Ausdruck gelangt sind, in einem Akt des bewertenden Erkennens, dem auch willenhafte Elemente nicht fehlen, ans Licht zu bringen und in Entscheidungen zu realisieren. Der Richter muss sich dabei von Willkür freihalten; seine Entscheidung muss auf rationaler Argumentation beruhen. Es muss einsichtig gemacht werden können, dass das geschriebene Gesetz seine Funktion, ein Rechtsproblem gerecht zu lösen, nicht erfüllt. Die richterliche Entscheidung schließt dann diese Lücke nach den Maßstäben der praktischen Vernunft und den ‚fundierten allgemeinen Gerechtigkeitsvorstellungen der Gemeinschaft'" (BVerfGE 34, 269 (287)).

Für die *vollziehende Gewalt* konkretisiert sich die vorgeschriebene Bindung an Gesetz und Recht im Grundsatz der *Gesetzmäßigkeit der Verwaltung*. Dieser Grundsatz ist bedeutsam, weil der Einzelne mit dem Staat in erster Linie über die Verwaltung in Berührung kommt.

Diese ist tätig als Eingriffs- oder als Leistungsverwaltung. Bei der *Eingriffsverwaltung* greift die betreffende Behörde in Freiheit und Eigentum der Person ein. Das ist der Fall, wenn sie Maßnahmen zur Gefahrenabwehr ergreift oder Steuern und Abgaben einzieht. Bei der *Leistungsverwaltung* gewährt die jeweilige Behörde staatliche Leistungen zur Daseinsbewältigung, etwa Kindergeld oder Wohngeld.

Die Gesetzmäßigkeit der Verwaltung meint, dass jeder Eingriff in die Rechtssphäre des Einzelnen zwingend einer gesetzlichen Grundlage bedarf. Das Erfordernis der gesetzlichen Grundlage gilt aber ebenfalls für staatliche Leistungen. Zwar wird dem Einzelnen hier nichts genommen, sondern etwas gegeben. Dennoch soll die Zuteilung von Leistungen nicht nach Belieben, sondern nach allgemeinen Regeln erfolgen, die das Gesetz vorgibt.

Gesetzmäßigkeit der Verwaltung heißt also bei genauerem Hinsehen *Vorbehalt des Gesetzes*. Dabei bedeutet Vorbehalt, dass die Verwaltung für ihre jeweilige Tätigkeit durch ein Gesetz ermächtigt sein muss. Hinter dieser Vorschrift steckt die plausible Überlegung, dass das Vorhandensein eines Gesetzes dem Einzelnen ermöglicht, das Handeln der Verwaltung vorherzusehen und vorauszuberechnen. Der Gesetzesvorbehalt dient also der Rechtssicherheit.

Der Vorbehalt des Gesetzes drückt implizit den *Vorrang des Gesetzes* aus. Dieser Vorrang bedeutet mittelbar die Bindung der Verwaltung an den Volkswillen, da das Gesetz vom demokratisch legitimierten Parlament beschlossen wurde (Zippelius/Würtenberger 2008, 115 ff.).

Die Bindung der *rechtsprechenden Gewalt* an Gesetz und Recht stellt sich dann als eine besondere Herausforderung dar, wenn die Anwendung eines Gesetzes nach Einschätzung des Richters zu einem unbilligen, d.h. ungerechten Ergebnis führt. Das Entscheidungsdilemma lautet, ob in diesem Fall dem Gebot der Gesetzesbefolgung oder dem der Gerechtigkeit zu folgen ist. Diese sehr grundsätzliche Frage wurde schon während der Weimarer Republik gestellt. Eine Entschließung des Richtervereins beim Reichsgericht vom 8. Januar 1924 erklärte solche Gesetze für unverbindlich, die das allgemeine sittliche Empfinden verletzten oder in Widerspruch mit der Rechtsidee stehen.

Im strikten Gegensatz hierzu verlangt das Bundesverfassungsgericht vom Richter Gehorsam gegenüber dem Gesetz. Es bezieht sich dabei auf Gustav Radbruch: „Der Konflikt zwischen der Gerechtigkeit und der Rechtssicherheit dürfte dahin zu lösen sein, dass das positive, durch Satzung und Macht gesicherte Recht auch dann den Vorrang hat, wenn es inhaltlich ungerecht und unzweckmäßig ist, es sei denn, dass der Widerspruch des positiven Gesetzes zur Gerechtigkeit ein so unerträgliches Maß erreicht, dass das Gesetz als ‚unrichtiges Recht' der Gerechtigkeit zu weichen hat." Nur für besonders krasse Fälle gesteht das Verfassungsgericht also ein Abweichen vom Gesetz zu. Es ist aber zweifelhaft, ob es hierzu überhaupt kommen kann. Denn die Gesetze stammen von einem Gesetzgeber, der an die Verfassung gebunden ist. Und diese enthält eine Vielzahl von Werten, die der Entstehung krass ungerechter Gesetze vorbeugen (BVerfGE 3, 225 (233 f.)).

Wenn sich das Gerechtigkeitsempfinden des Richters gegen die Anwendung eines bestimmten Gesetzes sträubt, muss er prüfen, ob das Gesetz nach seiner Überzeugung mit dem Grundgesetz vereinbar ist. Hält der Richter das Gesetz für verfassungswidrig, muss er das konkrete Gerichtsverfahren aussetzen und das Gesetz dem Bundesverfassungsgericht zur Entscheidung vorlegen. Dieses *„konkrete Normenkontrolle"* genannte Verfahren ist in Artikel 100 GG geregelt.

Artikel 100 GG:
(1) Hält ein **Gericht** ein **Gesetz**, auf dessen Gültigkeit es bei der Entscheidung ankommt, für **verfassungswidrig**, so ist das Verfahren auszusetzen und, wenn es sich um die Verletzung der Verfassung eines Landes handelt, die Entscheidung des für Verfassungsstreitigkeiten zuständigen Gerichtes des Landes, wenn es sich um die

Verletzung dieses Grundgesetzes handelt, die **Entscheidung des Bundesverfassungsgerichtes einzuholen**. Dies gilt auch, wenn es sich um die Verletzung dieses Grundgesetzes durch Landesrecht oder um die Unvereinbarkeit eines Landesgesetzes mit einem Bundesgesetze handelt.
(2) Ist in einem Rechtsstreite zweifelhaft, ob eine **Regel des Völkerrechtes** Bestandteil des Bundesrechtes ist und ob sie unmittelbar Rechte und Pflichten für den Einzelnen erzeugt (Artikel 25), so hat das Gericht die **Entscheidung des Bundesverfassungsgerichtes einzuholen**.
(3) [...]

Die in Artikel 100 GG vorgenommene Bestimmung setzt voraus, dass jedes Gericht zunächst selbst prüft, ob die jeweils einschlägigen Rechtsnormen gültig sind. Die endgültige Entscheidung ist aber dem Bundesverfassungsgericht vorbehalten. Damit soll verhütet werden, dass die Gerichte sich über Gesetze hinwegsetzen, indem sie behaupten, die betreffenden Gesetze seien ungültig, weil sie gegen das Grundgesetz verstießen. Artikel 100 Absatz 1 GG dient somit dem Schutz des Gesetzgebers vor dem Richter. Die Verfassungsbestimmung dient darüber hinaus der Rechtsprechungseinheit auf dem Gebiet des Verfassungsrechts.

Schutz und Sicherung der Grundrechte

Den Grundrechten kommt eine herausgehobene Stellung in der Verfassung zu. Ihre Wirksamkeit und ihr Schutz verdienen große Aufmerksamkeit. Aufgrund der Erfahrungen mit der nationalsozialistischen Gewaltherrschaft geht das Grundgesetz in der Sicherung der Grundrechte über das in den Verfassungsstaaten übliche Maß hinaus. Es gewährleistet die Grundrechte mittels dreier Vorgaben: Es verbietet erstens die Beseitigung von Grundrechten. Es schützt zweitens die Grundrechte vor innerer Aushöhlung. Es erlaubt drittens auf dem Wege der Verfassungsbeschwerde die Anrufung des Bundesverfassungsgerichts.

Das *Verbot der Beseitigung* der Grundrechte ist in Artikel 79 Absatz 3 GG festgeschrieben. Hiernach sind Änderungen des Grundgesetzes untersagt, welche die in Artikel 1 und 20 GG niedergelegten Grundsätze berühren. Zu den geschützten Grundsätzen gehören die Würde des Menschen in Artikel 1 GG und das Rechtsstaatsprinzip als eine von mehreren Staatsfundamentalnormen in Artikel 20 GG. Auch wenn die Grundrechte selbst keine Grundsätze sind, bilden sie doch essentielle Bestandteile der Schutzbereiche der Artikel 1 und 20 GG. Ihre Beseitigung würde die Grundsätze im Kern treffen und den Charakter der Verfassung substantiell verändern.

Relativierend muss aber hinzugefügt werden, dass Artikel 79 GG nur das Grundrechtssystem als solches schützt. Nicht geschützt sind die Grundrechte in ihren Einzelheiten. Der verfassungsändernde Gesetzgeber darf also durchaus in Grundrechtsartikel einschränkend, ergänzend und modifizierend eingreifen. Allerdings muss er dabei diverse Auflagen berücksichtigen. Denn sonst könnte es zu einer Aushöhlung der Grundrechte kommen.

Um die Grundrechte vor einer solchen *Aushöhlung* zu schützen, hat der Verfassunggeber in Artikel 19 GG besondere Sicherungsmechanismen eingebaut. Diese Mechanismen begrenzen die Freiheit des Gesetzgebers, die Grundrechte mit Schranken zu versehen. Dass Grundrechte eingeschränkt werden können, ergibt sich aus dem Verfassungstext. In vielen Grundrechtsartikeln findet sich sinngemäß die Formulierung, dass das betreffende Grundrecht durch Gesetz oder auf Grund eines Gesetzes eingeschränkt werden kann. Die Notwendigkeit solcher Schranken ergibt sich aus dem Sachverhalt, dass die Grundrechte nicht einfach in Harmonie zueinander stehen. Die Verabsolutierung des einen Grundrechts würde von anderen Grundrechten wenig oder gar nichts mehr übrig lassen.

Das Recht des Gesetzgebers, Grundrechte einzuschränken, wird durch Artikel 19 GG selbst eingeschränkt. Einschränkende Gesetze, also Schranken, unterliegen ihrerseits Schranken. Man spricht von *Schranken-Schranken*. Die in den Absätzen 1 und 2 niedergelegten Schranken-Schranken bestehen in drei Mechanismen: Erstens dürfen die einschränkenden Gesetze keine Individualgesetze sein. Zweitens muss das betroffene Grundrecht in dem einschränkenden Gesetz genannt werden. Dies ist das sogenannte Zitiergebot. Drittens darf der Wesensgehalt des betroffenen Grundrechts nicht angetastet werden.

Artikel 19 GG:
(1) Soweit nach diesem Grundgesetz ein **Grundrecht** durch Gesetz oder auf Grund eines Gesetzes **eingeschränkt** werden kann, muss das Gesetz **allgemein** und **nicht nur für den Einzelfall** gelten. Außerdem muss das Gesetz **das Grundrecht unter Angabe des Artikels nennen**.
(2) In keinem Falle darf ein Grundrecht in seinem **Wesensgehalt** angetastet werden.
(3) [...] (4) [...]

Das *Verbot von Individualgesetzen* bedeutet für den Gesetzgeber, grundrechtseinschränkende Gesetze so zu formulieren, dass sie „allgemein und nicht nur für den Einzelfall gelten". Der Sinn dieser Vorschrift liegt darin, bei Grundrechtseinschränkungen den Gleichheitsgrundsatz zu wahren: Niemand soll bevorzugt oder benachteiligt werden. Einschränkende Gesetze dürfen zwar aus konkretem Anlass, also einem Einzelfall, ergehen. Sie müssen aber für eine unbestimmte Vielzahl von gegenwärtigen und zukünftigen Fällen gelten. Und sie müssen einen nicht begrenzten Personenkreis betreffen. „Einzelpersonengesetze“ sind aufgrund ihrer diskriminierenden Wirkung strikt untersagt.

Das *Zitiergebot* bedeutet für den Gesetzgeber eine heilsame Nötigung: Er muss nämlich bei jedem Gesetzesvorhaben Rechenschaft darüber ablegen, ob dabei in Grundrechte eingegriffen wird. Ein gewissenhafter Gesetzgeber prüft daher sorgfältig, ob Vorschriften, die in Grundrechte eingreifen, wirklich notwendig sind. Der Zweck des Zitiergebotes ist damit klar: Es soll einer schleichenden Grundrechtsentwertung vorbeugen.

Die *Wesensgehaltsgarantie* ist eine inhaltliche Schutzvorschrift. Worin der Wesensgehalt eines Grundrechts genau besteht, ist jedoch nicht ganz einfach zu bestimmen. Zwei Auffassungen konkurrieren hier miteinander. So gibt es die Auffassung, dass jedes Grundrecht einen Mindestinhalt, einen Wesenskern, hat, der folglich keinesfalls preisgegeben werden darf. Da alle Grundrechte ihren normativen Bezugspunkt in Artikel 1 GG haben, gehört auf jeden Fall der Menschenwürdegehalt zum Wesenskern jedes Grundrechts. Die andere Auffassung geht davon aus, dass sich der unaufgebbare Kern eines Grundrechts nur durch Abwägung mit anderen Grundrechten sowie mit weiteren verfassungsrechtlich geschützten Rechtsgütern zeigt (Lerche 1992, 791 ff.; Zippelius/Würtenberger 2008, 215 ff.).

Das Bundesverfassungsgericht als Hüter der Verfassung

Wenn das Prinzip der Verfassungsstaatlichkeit kein leeres Versprechen sein soll, verlangt es einen Hüter der Verfassung. Dieser Hüter hat insbesondere dafür zu sorgen, dass die Gesetze mit der Verfassung übereinstimmen. Der Hüter der Verfassung kann ein speziell eingerichtetes Verfassungsgericht sein. Die Aufgabe des Hüters der Verfassung kann aber auch von anderen Verfassungsorganen, etwa vom Staatsoberhaupt, wahrgenommen werden. Der Parlamentarische Rat entschied sich für die Einrichtung eines Verfassungsgerichts. Damit betrat er in Deutschland Neuland. Eine große Tradition weist die Verfassungsgerichtsbarkeit dagegen in den Vereinigten Staaten von Amerika auf.

Aufgabe des Bundesverfassungsgerichts ist es, in Fällen verletzten oder bestrittenen Verfassungsrechts verbindliche Entscheidungen herbeizuführen. Es kann allerdings nur auf Anrufung tätig werden. Und es ist darauf angewiesen, dass die von einem Urteilsspruch Betroffenen die Entscheidungen auch ausführen. Das Bundesverfassungsgericht hat nämlich keinen Behördenunterbau, der die Ausführung seiner Urteile sicherstellt.

Die wichtigsten Kompetenzen des Bundesverfassungsgerichts sind in Artikel 93 Abs. 1 GG aufgeführt. Das Grundgesetz hat die Kompetenzen des Verfassungsgerichts jedoch nicht abschließend geregelt. Es lässt in Artikel 93 Absatz 3 GG Raum für eine Erweiterung der Aufgaben durch einfache Bundesgesetze. Aber die bereits schon im Grundgesetz aufgeführten Kompetenzen gehen weit über den herkömmlichen Rahmen verfassungsgerichtlicher Zuständigkeiten hinaus. Das Bundesverfassungsgericht gilt deshalb als ein besonders mächtiges Verfassungsgericht (Schlaich 1997, 3).

Die Zuständigkeiten des Bundesverfassungsgerichts, die vorrangig der Rechtssicherheit dienen, lassen sich in vier Gruppen einteilen: Es handelt sich erstens um Streitigkeiten zwischen Bundesorganen, zweitens um die Normenkontrolle, d.h. die Prüfung, ob ein Gesetz mit der Verfassung vereinbar ist, drittens um föderative Streitigkeiten und viertens um die Verfassungsbeschwerde.

Artikel 93 GG:
(1) Das **Bundesverfassungsgericht** entscheidet:
1. über die Auslegung dieses Grundgesetzes aus Anlass von **Streitigkeiten** über den **Umfang der Rechte und Pflichten eines obersten Bundesorgans** oder anderer Beteiligter, die durch dieses Grundgesetz oder in der Geschäftsordnung eines obersten Bundesorgans mit eigenen Rechten ausgestattet sind;
2. bei **Meinungsverschiedenheiten** oder **Zweifeln** über die förmliche und sachliche **Vereinbarkeit von Bundesrecht** oder Landesrecht **mit diesem Grundgesetze** oder die Vereinbarkeit von Landesrecht mit sonstigem Bundesrechte auf Antrag der Bundesregierung, einer Landesregierung oder eines Drittels der Mitglieder des Bundestages; [...]
3. bei **Meinungsverschiedenheiten** über **Rechte und Pflichten** des **Bundes** und der **Länder**, insbesondere bei der Ausführung von Bundesrecht durch die Länder und bei der Ausübung der Bundesaufsicht;
4. in anderen öffentlich-rechtlichen **Streitigkeiten** zwischen dem **Bunde** und den **Ländern, zwischen** verschiedenen **Ländern** oder **innerhalb** eines **Landes**, soweit nicht ein anderer Rechtsweg gegeben ist;
4a. über **Verfassungsbeschwerden**, die von **jedermann** mit der Behauptung erhoben werden können, durch die öffentliche Gewalt in einem seiner Grundrechte oder in einem seiner in Artikel 20 Abs. 4, 33, 38, 101, 103 und 104 enthaltenen Rechte verletzt zu sein;
4b. über **Verfassungsbeschwerden** von **Gemeinden** und Gemeindeverbänden wegen Verletzung des Rechts auf Selbstverwaltung nach Artikel 28 durch ein Gesetz, bei Landesgesetzen jedoch nur, soweit nicht Beschwerde beim Landesverfassungsgericht erhoben werden kann;
5. in den übrigen in diesem Grundgesetze vorgesehenen Fällen.
(2) [...]
(3) Das Bundesverfassungsgericht wird ferner in den ihm sonst durch Bundesgesetz zugewiesenen Fällen tätig.

Von *Organstreitigkeiten* spricht man, wenn oberste Bundesorgane oder andere Beteiligte über den Umfang ihrer Rechte und Pflichten streiten. Mit den *obersten Bundesorganen* sind zum einen die vier ständigen Verfassungsorgane Bundestag, Bundesregierung, Bundesrat und Bundespräsident gemeint. Dazu gehören aber auch noch zwei andere im Grundgesetz erwähnte Organe, nämlich die Bundesversammlung (Art. 54 GG) und der Gemeinsame Ausschuss (Art. 53a GG). Die *anderen Beteiligten* sind Akteure, die durch das Grundgesetz mit eigenen Rechten ausgestattet sind. Hierzu zählen etwa der Bundestagspräsident, die im Grundgesetz vorgesehenen Bundestagsausschüsse, Minderheiten des Bundestages, d.h. Fraktionen, einzelne Bundestagsabgeordnete, der Bundesratspräsident und die Europakammer des Bundesrates.

Hintergrund eines Organstreites ist, dass sich die Konfliktparteien nicht über die Auslegung des Grundgesetzes einig sind. Bedingung für die Anrufung des Verfassungsgerichts ist, dass der Antragsteller durch eine Maßnahme des Antragsgegners in seinen Rechten verletzt oder gefährdet ist. Das Verfassungsgericht stellt im Organstreitverfahren fest, ob die beanstandete Maßnahme gegen eine Verfassungsbestimmung verstößt oder nicht.

In der Normenkontrolle prüft das Verfassungsgericht, ob eine niedere Norm mit einer höheren Norm vereinbar ist. Artikel 93 GG regelt die *abstrakte Normenkontrolle.* Sie ist abstrakt, weil sie losgelöst von einem vor Gericht zu entscheidenden Einzelfall vorgenommen wird.

Die abstrakte Normenkontrolle trägt hochpolitischen Charakter. Dies ist an den Antragsberechtigten zu erkennen. Das abstrakte Kontrollverfahren kann nämlich nur auf Antrag der Bundesregierung, einer Landesregierung oder eines Drittels der Mitglieder des Bundestages, d.h. faktisch der Opposition, in Gang gesetzt werden.

Auslöser einer abstrakten Normenkontrolle sind Meinungsverschiedenheiten oder Zweifel über die Vereinbarkeit von Bundesrecht oder Landesrecht mit dem Grundgesetz oder aber über die Vereinbarkeit von Landesrecht mit Bundesrecht. Da der höherrangigen Norm die Geltung gebührt, bildet im ersten Fall das Grundgesetz, im zweiten Fall das Bundesrecht den Prüfungsmaßstab.

In beiden Fällen hat das Bundesverfassungsgericht die Befugnis, Gesetze als verfassungswidrig zu verwerfen und damit als nichtig zu erklären.

Föderative Streitigkeiten sind ganz ähnlich wie Organstreitigkeiten strukturiert. Ihr Gegenstand sind Meinungsverschiedenheiten über Rechte und Pflichten des Bundes und der Länder sowie ganz generell öffentlich-rechtliche Streitigkeiten zwischen ihnen. Klassische Meinungsverschiedenheiten sind die Ausführung des Bundesrechts durch die Länder auf der einen und die Ausübung der Bundesaufsicht durch den Bund auf der anderen Seite. Das Bundesverfassungsgericht schlichtet weiterhin den Streit zwischen verschiedenen Ländern und sogar den Streit innerhalb eines Landes, wenn kein anderer Rechtsweg gegeben ist. Antragsberechtigte Parteien bei föderativen Streitigkeiten sind der Bund und die jeweils beteiligten Länder, jeweils vertreten durch die Regierung.

Die *Verfassungsbeschwerde* ist die mit Abstand bedeutsamste Zuständigkeitsnorm des Bundesverfassungsgerichts. Artikel 93 GG unterscheidet zwei Arten von Verfassungsbeschwerden, nämlich die Individual- und die Kommunalverfassungsbeschwerde.

Die *Individualbeschwerde* ist ein außerordentlicher Rechtsbehelf für jedermann. Der Beschwerdeführer muss die Verletzung eines Grundrechts durch einen Akt der öffentlichen Gewalt behaupten. Dabei ist es unerheblich, ob dieser Akt auf Bundes-, Landes- oder kommunaler Ebene getätigt wurde. Wird einer Verfassungsbeschwerde gegen ein Gesetz stattgegeben, ist dieses für nichtig zu erklären. Die Verfassungsbeschwerde wirkt in diesem Fall wie ein Normenkontrollverfahren.

Die *Kommunalverfassungsbeschwerde* gibt den Gemeinden ein Instrument in die Hand, mit dem sie Eingriffe des Gesetzgebers in das Recht auf kommunale Selbstverwaltung abwehren können.

Es ist offenkundig, dass die Verfassungsgerichtsbarkeit im Spannungsfeld zwischen Recht und Politik angesiedelt ist. Der Intention nach ist sie dem Recht zugeordnet. So hat das Bundesverfassungsgericht keinen Auftrag zu unmittelbar schöpferischer Gestaltung des politischen Lebens. Seine Kompetenzen sind aufgezählt und können nur durch Gesetz, also nicht von ihm selbst, erweitert werden. Das Verfassungsgericht kann auch nicht von sich aus tätig werden. Die Aktivierung seiner Kompetenzen hängt ausnahmslos davon ab, dass andere initiativ werden (Schlaich 1997, 345).

Es ist allerdings unvermeidlich, dass die Verfassungsgerichtsbarkeit sich auf die politische Gestaltung auswirkt und damit in die Funktionsbereiche von Regierung und Parlament eingreift. Denn das Verfassungsgericht muss häufig Fragen mit politischem Einschlag und von politischer Tragweite entscheiden. Zwar ist es dabei an den Wortlaut der Verfassung gebunden, aber die Verfassungsnormen sind interpretationsbedürftig. Gerade im Streitfall zeigt sich nämlich die Weite und Unbestimmtheit der Verfassungsmaßstäbe. Das Verfassungsgericht kommt also gar nicht um eine schöpferische Auslegung der Normen herum. Dies ermöglicht es dem Gericht, politische Akzente zu setzen. Schließlich besteht die politische Wirkung seiner Entscheidungen darin, dass *alle* Verfassungsorgane des Bundes und der Länder und *alle* Gerichte und Behörden an die Beschlüsse gebunden sind. Zwar ist das Verfassungsgericht nicht imstande, diese Bindung selbst durchzusetzen. Aufgrund des Legalitätsprinzips kann jedoch von der Wirksamkeit seiner Beschlüsse ausgegangen werden.

Wegen der politischen Implikationen seiner Entscheidungen und weil es selbst keiner Kontrolle unterliegt, folgt das Bundesverfassungsgericht dem Grundsatz der *richterlichen Selbstbeschränkung.* Es übernimmt damit eine Tradition des US-amerikanischen Obersten Gerichtshofes. Dieser praktiziert seit Anbeginn das „judicial self-restraint". Der Oberste Gerichtshof wendet darüber hinaus noch die sogenannte „political-question-doctrine" an. Gemäß dieser Doktrin lehnt der Gerichtshof das Ansinnen ab, in Fragen hochpolitischer Natur Urteile zu fällen. Dem Bundesverfassungsgericht steht diese Möglichkeit allerdings nicht offen. Es muss die ihm zugewiesenen

Zuständigkeiten wahrnehmen. Anderenfalls machte es sich der Rechtsverweigerung schuldig (Schlaich 1997, 341 f.).

Die richterliche Selbstbeschränkung des Bundesverfassungsgerichts zeigt sich deutlich in zwei Praktiken: Es bemüht sich zum einen um eine möglichst verfassungskonforme Auslegung der in Frage stehender Gesetze. Es versucht zum anderen, die Entscheidungsfolgen in seinen Urteilen zu berücksichtigen.

Verfassungskonforme Auslegung heißt, dass ein Gesetz erst dann verworfen wird, wenn seine Verfassungswidrigkeit klar zutage tritt. Lässt eine Rechtsnorm mehrere Auslegungen zu, von denen eine verfassungswidrig, die andere aber verfassungskonform ist, dann folgt das Gericht der konformen Auslegung. Es braucht dann das Gesetz nicht zu verwerfen. Das Gericht prüft insbesondere nicht, ob die vom Gesetzgeber favorisierte Lösung die zweckmäßigste, vernünftigste oder gerechteste ist. Eine solche Prüfung wäre nämlich ein klarer Einbruch in die Gestaltungsfreiheit des Gesetzgebers.

Die *Berücksichtigung der Entscheidungsfolgen* zielt darauf ab, dass eine Entscheidung die Funktionsfähigkeit des Staates und seiner Organe nicht gefährden darf. Das Verfassungsgericht fragt sich also, welche unerwünschten Auswirkungen eine bestimmte Entscheidung haben könnte. Um diese Absicht umzusetzen, muss es prognostisch tätig werden. Bei dieser Bemühung kann es das Richtige treffen, aber natürlich auch verfehlen.

5.7 Funktionsfähige Herrschaft

Überzeugt von der Legitimität seines Verfassungsprogramms verfolgt jeder Verfassunggeber das Ziel, der von ihm konstituierten Ordnung des Gemeinwesens Beständigkeit zu verleihen. Er spricht damit der Verfassung aufgrund der ihr eingestifteten normativen Vernünftigkeit einen Eigenwert zu. Verfassungen sind daher auf Dauer angelegt. Wenn nicht explizit, so verfolgt die Verfassung doch implizit das Gesamtziel ihrer Lebensfähigkeit und Dauerhaftigkeit. Insofern begründet sie die Selbstbehauptung der verfassungsstaatlichen Ordnung als eine zentrale und originäre Aufgabe des Staates.

Gute Verfassungen tragen deshalb Sorge dafür, dass es innerhalb der staatlichen Herrschaftsorganisation nicht zu Störungen kommt. Solche Störungen können der Ausfall von Verfassungsorganen wie auch das mangelnde Zusammenwirken der Verfassungsorgane sein. Ebenso können in einer bundesstaatlichen Ordnung Konflikte zwischen dem Gesamtstaat und den Gliedstaaten auftreten.

Schließlich treffen gute Verfassungen auch Vorsorge für den Ausnahmezustand, also für eine Lage, in der so schwere Gefahren für den Bestand des Staates, seine Sicherheit und seine Ordnung bestehen, dass deren Bewältigung mit den im Normalfall ausreichenden Mitteln nicht mehr möglich erscheint.

Welche Regelungen enthält das Grundgesetz zur Gewährleistung der Funktionsfähigkeit der Verfassungsorgane? Wie sichert es das reibungslose Zusammenwirken von

Bund und Ländern? Welche Vorkehrungen trifft es für den Fall, dass die Regierung die Mehrheit im Parlament verloren hat und folglich ihre Gesetzesvorhaben nicht mehr durchsetzen kann? Welche Reaktionsmöglichkeiten erlaubt das Grundgesetz den Verfassungsorganen, um Katastrophen zu bewältigen sowie politischer Unruhen im Inneren Herr zu werden? Wie gewährleistet das Grundgesetz die Funktionsfähigkeit des Staates im Falle eines Krieges?

Die Gewährleistung funktionsfähiger Organe

Das Grundgesetz enthält eine ganze Reihe präventiv wirkender Regelungen, damit Verfassungsstörungen gar nicht erst eintreten. Ein Teil dieser Regelungen dient dem Zweck, die Konstituierung handlungsfähiger Verfassungsorgane zu erleichtern. Ein anderer Teil sorgt dafür, dass die Organe permanent handlungsfähig, d.h. andauernd personell besetzt und entscheidungsfähig sind. Das Grundgesetz stellt damit institutionell sicher, dass es weder parlamentslose noch regierungslose Zeiten gibt.

So ist das Grundgesetz flexibel hinsichtlich der für die Wahl von Verfassungsorganen vorgeschriebenen Mehrheitsquoren. Bestünde es auf bestimmten hohen Mehrheiten, so riskierte es, dass diese Mehrheiten nicht zustande kommen und damit die Wahl nicht erfolgt. Konkret besteht die Flexibilität darin, dass die zur Wahl des Bundespräsidenten sowie des Bundeskanzlers jeweils vorgesehene absolute Mehrheit abgesenkt wird, wenn diese Mehrheit nicht zustande kommt.

Artikel 54 GG schreibt bei der *Bundespräsidentenwahl* für die beiden ersten Wahlgänge im Interesse einer möglichst breiten Unterstützung des zukünftigen Staatsoberhauptes die Stimmen der absoluten Mehrheit der Mitglieder der Bundesversammlung vor. In einem etwaigen dritten Wahlgang genügt dann notgedrungen die relative Mehrheit.

Artikel 54 GG:
(1) Der **Bundespräsident** wird ohne Aussprache **von der Bundesversammlung gewählt**. Wählbar ist jeder Deutsche, der das Wahlrecht zum Bundestage besitzt und das vierzigste Lebensjahr vollendet hat.
(2) [...] (3) [...] (4) [...] (5) [...]
(6) Gewählt ist, wer die **Stimmen der Mehrheit der Mitglieder der Bundesversammlung** erhält. Wird diese Mehrheit in zwei Wahlgängen von keinem Bewerber erreicht, so ist gewählt, wer in einem weiteren Wahlgang die **meisten Stimmen** auf sich vereinigt.
(7) [...]

Artikel 63 GG enthält eine ähnliche Regelung für die *Wahl des Bundeskanzlers*. Gemäß Absatz 1 benötigt der vom Bundespräsidenten Vorgeschlagene die Stimmen der absoluten Mehrheit der Mitglieder des Bundestages. Diese sogenannte Kanzlermehrheit soll die Gewähr dafür bieten, dass die Bundesregierung ihre politischen Vorstellungen verwirklichen kann. Unter der Voraussetzung, dass es während der Legislaturperiode nicht zu Fraktionswechseln von Abgeordneten kommt, verfügt sie im Parlament nämlich über die Unterstützung von mehr als der Hälfte der Abgeordneten. Die Gegner der Regierungspolitik befinden sich dagegen in einer strukturellen Minderheitsposition. Bei jeder Abstimmung werden sie unterliegen.

Findet der Vorschlag des Bundespräsidenten keine Zustimmung, kommt es gemäß Absatz 2 innerhalb der folgenden vierzehn Tage so lange zu weiteren Wahlgängen, bis ein Kandidat wiederum die benötigte absolute Stimmenmehrheit erhält. Die Kandidaten werden in dieser Runde aus der Mitte des Bundestages vorgeschlagen. Sinn dieser Regelung ist es, erneut eine stabile Regierungsbildung zu ermöglichen.

Absatz 3 befasst sich mit dem als Notlösung gedachten dritten Wahlstadium. Kommt nämlich innerhalb der Vierzehntagefrist keine erfolgreiche Kanzlerwahl zustande, wird ein letztes Mal gewählt. In diesem Falle genügt die relative Mehrheit. Der Gewählte repräsentiert keine strukturelle Parlamentsmehrheit. Er ist faktisch ein Minderheitskanzler. Dennoch tritt unter seiner Führung dem Parlament eine vollwertige und nicht nur eine geschäftsmäßige Regierung gegenüber.

Gleichwohl stellt eine Regierung, die sich nicht auf die parlamentarische Mehrheit stützen kann, ein Krisensymptom dar. Deshalb räumt das Grundgesetz dem Bundespräsidenten ein auf sieben Tage befristetes Wahlrecht zwischen zwei Lösungen ein: Er kann entweder den Gewählten zum Bundeskanzler ernennen oder aber den Bundestag in der Hoffnung auflösen, dass eine Neuwahl für klare Mehrheitsverhältnisse sorgt.

Artikel 63 GG:

(1) Der **Bundeskanzler** wird auf Vorschlag des Bundespräsidenten **vom Bundestage** ohne Aussprache **gewählt**.

(2) **Gewählt** ist, wer die **Stimmen der Mehrheit der Mitglieder des Bundestages** auf sich vereinigt. Der Gewählte ist vom Bundespräsidenten zu ernennen.

(3) Wird der Vorgeschlagene nicht gewählt, so kann der **Bundestag** binnen vierzehn Tagen nach dem Wahlgange **mit mehr als der Hälfte seiner Mitglieder** einen Bundeskanzler **wählen**.

(4) Kommt eine Wahl innerhalb dieser Frist nicht zustande, so findet unverzüglich ein neuer Wahlgang statt, in dem **gewählt** ist, wer **die meisten Stimmen** erhält. Vereinigt der Gewählte die Stimmen der Mehrheit der Mitglieder des Bundestages auf sich, so muss der Bundespräsident ihn binnen sieben Tagen nach der Wahl ernennen. Erreicht der Gewählte diese Mehrheit nicht, so hat der Bundespräsident binnen sieben Tagen entweder ihn zu ernennen oder den Bundestag aufzulösen.

Die Funktionsfähigkeit des Bundestages ist stark davon bestimmt, ob er eine parlamentarische Mehrheitsbildung erlaubt. Der Hervorbringung einer solchen stabilitätsverbürgenden Mehrheit dient die Einfügung von Sperrklauseln in das Wahlrecht. Die diesen Zweck verfolgende *Fünf-Prozent-Klausel* schließt Splitterparteien bei der Zuteilung von Parlamentssitzen aus. Die Klausel benachteiligt zweifellos diese Parteien. Sie ist gemäß der Rechtsprechung des Bundesverfassungsgerichts aber aus Gründen stabiler Regierungsführung zulässig.

Wahlen erschöpfen sich nämlich nicht in dem Ziel, den politischen Willen der Wähler zur Geltung zu bringen, also eine Volksrepräsentation zu schaffen, die ein Spiegelbild der im Volk vorhandenen Meinungen darstellt. Wahlen sollen „auch ein Parlament als funktionsfähiges Staatsorgan hervorbringen. Würde der Grundsatz der getreuen verhältnismäßigen Abbildung der politischen Meinungsschichtung im Volk bis zur letzten Konsequenz durchgeführt, so könnte sich eine Aufspaltung der Volksvertretung in viele kleine Gruppen ergeben, die die Mehrheitsbildung erschweren oder verhindern würde. [...] Klare und ihrer Verantwortung für das Gesamtwohl bewusste Mehrheiten im Parlament sind aber für die Bildung einer nach innen und außen aktionsfähigen Regierung und zur Bewältigung der sachlichen gesetzgeberischen Arbeit erforderlich. Es ist also ein aus der Natur des Sachbereichs ‚Wahl der Volksvertretung' sich ergebendes und darum eine unterschiedliche Bewertung des Erfolgswertes der Stimmen rechtfertigendes Kriterium, nach der größeren Eignung der Parteien für die Erfüllung der Aufgaben der Volksvertretung zu differenzieren. Mit dieser Begründung dürfen daher sogenannte ‚Splitterparteien' bei der Zuteilung von Sitzen in der Verhältniswahl ausgeschaltet werden, um Störungen des Verfassungslebens vorzubeugen" (BVerfGE 6, 84 (92)).

Die Handlungsfähigkeit des Bundestages ist weiterhin dadurch gesichert, dass er in der Regel beschlussfähig ist. Zwar schreibt § 45 der Geschäftsordnung des Bundestages vor, dass der Bundestag beschlussfähig ist, wenn mehr als die Hälfte seiner Mitglieder im Sitzungssaal anwesend ist. Zugleich legt § 45 fest, dass die Unterschreitung der Mindestzahl von Abgeordneten auf Antrag einer Fraktion oder von fünf Prozent der Mitglieder des Bundestages förmlich festgestellt werden muss. Dieser Antrag wird jedoch sehr selten gestellt. Das aber bedeutet, dass der Bundestag weitgehend unabhängig von der tatsächlichen Präsenz der Mehrzahl der Abgeordneten handlungsfähig ist.

Umfassende Vorsorge trifft das Grundgesetz dafür, dass es kein Organvakuum gibt: Es gibt keinen Tag, an dem der Bundestag sowie die Bundesregierung nicht amtieren.

So bleibt gemäß Artikel 39 GG der bisherige Bundestag nach einer Wahl, die möglicherweise zu anderen politischen Mehrheiten geführt hat, in seiner bisherigen personellen Zusammensetzung bis zum Zusammentritt des neuen Bundestages erhalten. Er verfügt weiterhin über alle Kompetenzen. Seine Ausschüsse bleiben intakt. Der Status der Parlamentarier bleibt im vollen Umfang gewahrt. Damit ist ein nahtloser

Übergang der Wahlperiode gewährleistet. Dies gilt auch für den Fall einer durch Parlamentsauflösung herbeigeführten vorzeitigen Beendigung der Wahlperiode.

Artikel 39 GG sorgt auch dafür, dass der Bundestag das Zusammenwirken mit der Bundesregierung und dem Bundespräsidenten nicht verweigern kann. Der Bundespräsident und der Bundeskanzler können nämlich verlangen, dass der Bundestag einberufen wird. Auf diese Weise wird der Bundestag beispielsweise daran gehindert, durch Sitzungsverweigerung die Wahl eines vom Bundespräsidenten vorgeschlagenen Bundeskanzlers hinauszuzögern oder eine Vertrauensfrage des Bundeskanzlers zu blockieren.

Artikel 39 GG:
(1) Der Bundestag wird vorbehaltlich der nachfolgenden Bestimmungen auf vier Jahre gewählt. **Seine Wahlperiode endet mit dem Zusammentritt eines neuen Bundestages**. Die Neuwahl findet frühestens sechsundvierzig, spätestens achtundvierzig Monate nach Beginn der Wahlperiode statt. Im Falle einer Auflösung des Bundestages findet die Neuwahl innerhalb von sechzig Tagen statt.
(2) Der Bundestag tritt spätestens am dreißigsten Tage nach der Wahl zusammen.
(3) Der Bundestag bestimmt den Schluss und den Wiederbeginn seiner Sitzungen. Der **Präsident des Bundestages** kann ihn früher **einberufen**. Er ist hierzu **verpflichtet, wenn ein Drittel der Mitglieder,** der **Bundespräsident** oder der **Bundeskanzler** es **verlangen**.

Auch die Bundesregierung ist ein permanent amtierendes Organ. So ist in Gestalt des konstruktiven Misstrauensvotums gemäß Artikel 67 GG der Sturz eines Bundeskanzlers notwendig mit der Wahl eines neuen Bundeskanzlers verbunden. Es gibt mithin keine kanzlerlose Zeit.

Artikel 67 GG:
(1) Der **Bundestag** kann dem Bundeskanzler das Misstrauen nur dadurch aussprechen, dass er mit der Mehrheit seiner Mitglieder **einen Nachfolger wählt** und den **Bundespräsidenten ersucht, den Bundeskanzler zu entlassen**. Der Bundespräsident muss dem Ersuchen entsprechen und den Gewählten ernennen.
(2) Zwischen dem Antrage und der Wahl müssen achtundvierzig Stunden liegen.

Ein Bundeskanzler kann nicht daran gehindert werden zurückzutreten. Für diesen Fall ist der Bundespräsident gemäß Artikel 69 GG ermächtigt, den Bundeskanzler zu ersuchen, die Geschäfte bis zur Ernennung eines Nachfolgers weiterzuführen. Der Bundeskanzler muss diesem Ersuchen nachkommen.

Dasselbe gilt für die Bundesminister, wenn der Bundeskanzler das entsprechende Ersuchen an sie richtet. Damit ist gewährleistet, dass kein Ministerium führungslos wird.

Für den Fall, dass der Bundeskanzler an der Wahrnehmung seiner Geschäfte etwa durch Krankheit gehindert ist, gibt es einen als Stellvertreter fungierenden Bundesminister. Der Bundeskanzler ist gemäß Artikel 39 GG verpflichtet, einen solchen Stellvertreter zu ernennen. Die Weiterführung der Regierungsarbeit ist also gesichert.

Artikel 69 GG:
(1) Der **Bundeskanzler** ernennt einen **Bundesminister** zu seinem **Stellvertreter**.
(2) [...]
(3) Auf Ersuchen des Bundespräsidenten ist der **Bundeskanzler**, auf Ersuchen des Bundeskanzlers oder des Bundespräsidenten ein **Bundesminister verpflichtet**, die **Geschäfte bis zur Ernennung seines Nachfolgers weiterzuführen**.

Die Pflicht zur Verfassungsorgantreue

Das Bundesverfassungsgericht hat in langjähriger Rechtsprechung den Grundsatz der *Verfassungsorgantreue* entwickelt, um die Verfassungsorgane an die Pflicht zu erinnern, den vom Grundgesetz gewollten Prozess staatlicher Einheitsbildung zu ermöglichen. Eine solche Integrationsleistung ist ohne ein aktives Zusammenwirken der Verfassungsorgane nicht zu bewerkstelligen. Sie verträgt keine bewussten gegenseitigen Blockaden wie etwa die Nichtweitergabe oder Nichtbehandlung von Gesetzesvorlagen, die Nichtbefolgung verfassungsgerichtlicher Entscheidungen, das bewusste Ignorieren von Verfahren, die beim Bundesverfassungsgericht anhängig sind, oder den Missbrauch des Prüfungsrechts des Bundespräsidenten in der Schlussphase des Gesetzgebungsverfahrens, indem die Prüfung mutwillig verzögert wird oder sachfremde Kriterien angelegt werden.

Die Verfassungsorgantreue verlangt von den Verfassungsorganen, bei Inanspruchnahme ihrer verfassungsmäßigen Kompetenzen auf die Interessen der anderen Organe Rücksicht zu nehmen. Die gegenseitige Rücksichtnahme darf nicht durch politische Erwägungen überwunden werden (BVerfGE 35, 193 (199); BVerfGE 45, 1 (39)). Die Organtreue enthält damit ein Rücksichtnahme- und Verständigungsgebot. Sie fordert weiterhin die Bereitschaft zu Kooperation und Kompromiss. Sie ist letztlich die Pflicht zu maßvoller, am Funktionieren der Verfassung orientierter Kompetenzwahrnehmung (Klein 1992b, 365, 368 f.).

Die Verfassungsorgantreue als Appell zu einem verfassungsverantwortlichen Handeln stößt dort an ihre Grenzen, wo eine Funktionsstörung aufgrund von Selbstversagen eines Organs vorliegt. Dies kann der Fall sein, wenn beispielsweise das Staatsoberhaupt geisteskrank wird und sich weigert, von seinem Amt zurückzutreten. Eine besonders schwere Funktionsstörung ist dann gegeben, wenn das Parlament die Fähigkeit oder die Bereitschaft zur erforderlichen positiven Mehrheitsbildung verloren hat, so dass es ständig beschlussunfähig ist. Eine solche Lage kann eintreten, wenn die Fraktionen koalitionsunwillig oder koalitionsunfähig sind oder wenn eine Patt-Situation vorliegt.

Das bekannteste Beispiel eines Organversagens ist die Selbstausschaltung des parlamentarischen Gesetzgebers in den letzten Jahren der Weimarer Republik. Die extremen Flügelparteien der Nationalsozialisten und Kommunisten hatten bei den Reichstagswahlen 1932 mehr als die Hälfte der Mandate gewonnen. Sie waren zu einer positiven Mehrheitsbildung nicht imstande. Einig waren sie sich nur in der Ablehnung der Regierungspolitik.

Verfassungsstörungen liegen nur dann vor, wenn das Verhalten eines Verfassungsorgans nicht dem von der Verfassung vorausgesetzten Bild entspricht. Die Ablehnung einer von der Regierung eingebrachten Gesetzesvorlage ist keine Verfassungsstörung, denn die Entscheidung über Annahme oder Ablehnung solcher Vorlagen gehört zu den zentralen Kompetenzen des Parlaments.

Der Verfassunggeber steht vor der prinzipiellen Frage, ob er verfassungsrechtliche Vorkehrungen gegen Verfassungsstörungen treffen soll. Dagegen spricht, dass die Verfassung sich letztlich gegen ein Versagen der von ihr selbst geschaffenen Organe nicht durch Rechtsnormen sichern kann. Bietet sie jedoch solche Normen an, liefert sie einen Anreiz zur Flucht aus der Verantwortung und vermindert den Zwang zur Verständigung. Für Vorkehrungen spricht, dass Verfassungsstörungen die Erfüllung staatlicher Aufgaben lahmlegen können. Intakte Organe müssen deshalb vorübergehend Funktionen wahrnehmen, die das gestörte Organ nicht selbst ausüben kann oder will. Die Konstruktion solcher Aushilfen bietet sich für Konstellationen an, deren Eintreten aufgrund historischer Erfahrungen nicht unwahrscheinlich ist (Klein 1992b, 366 f.).

Die Gewährleistung der Einheit im Bundesstaat

Eine *bundesstaatliche Ordnung* ist ein fragiles Gebilde. In ihr ist die Spannung zwischen dem Gesamtstaat und den Gliedstaaten strukturell angelegt. Zwar sind die Länder als Glieder des Bundes Staaten mit eigener Hoheitsmacht, aber diese Hoheitsmacht ist gegenständlich beschränkt. Zwar stehen die Verfassungsräume des Bundes und der Länder grundsätzlich selbstständig nebeneinander, dennoch sind dem Bund Kompetenzen zugewiesen, welche die Überordnung des Gesamtstaates über die Gliedstaaten erkennen lassen. Hierzu zählt insbesondere die *Kompetenz-Kompetenz*. So hat der Bund die Befugnis, den Kompetenzbereich der Länder im Wege der Verfassungsänderung gemäß Artikel 79 GG zu beschneiden. Weiterhin sind bundesrechtliche Einwirkungen auf die Länder überall dort möglich, wo die Länder nicht in ihrem eigenen Kompetenzbereich tätig sind, sondern eine Überordnung des Bundes besteht. Generell bestimmt sich das Verhältnis zwischen Bund und Ländern nach dem Verfassungsrecht des Bundes (Rudolf 1976, 242).

Die *Einheit des Rechts* fordert, dass sich die Kompetenzen und Rechtsnormen von Bund und Ländern zu einem widerspruchsfreien Ordnungsganzen zusammenfügen. Jede bundesstaatliche Ordnung braucht daher eine Regel, die mögliche Kollisionen zwischen Bundes- und Landesrecht entscheidet. Hierfür sorgt Artikel 31 GG. Er legt fest, dass dem Bundesrecht der Vorrang gebührt. Das bedeutet, dass nicht nur das Grundgesetz, sondern auch die einfachen Bundesgesetze und selbst Rechtsverordnungen des Bundes jeder Art von Landesrecht, selbst dem Landesverfassungsrecht, vorgehen.

Artikel 31 GG:
Bundesrecht bricht **Landesrecht.**

Um die Einheit der bundesstaatlichen Ordnung zu gewährleisten, stehen dem Bund drei Möglichkeiten zur Verfügung, nämlich die Bundesaufsicht, der Bundeszwang und die Bundesintervention. Während die Bundesaufsicht eine Normallage ausdrückt, stellen der Bundeszwang und die Bundesintervention außerordentliche Eingriffsmittel dar, die nur in krisenhaften Situationen zum Einsatz kommen.

An der Ausübung und Begrenzung aller drei Instrumente ist in unterschiedlicher Gewichtung der Bundesrat als Medium der Einflussrechte der Länder auf den Bund beteiligt.

Die *Bundesaufsicht* gemäß Artikel 84 GG dient dem Zweck, einen einheitlichen Vollzug der Bundesgesetze durch die Länder sicherzustellen. Der Artikel bezieht sich auf den vom Grundgesetz vorgesehenen Normalfall, dass die Länder die Bundesgesetze ausführen. Diese Übertragung führt nur dann zu sinnvollen Ergebnissen, wenn trotz des Vollzuges in den Ländern eine im Wesentlichen einheitliche Verwaltungspraxis gewährleistet ist.

Die in Absatz 3 geregelte Aufsicht soll die Autorität der Bundesgesetze gewährleisten. Die Bundesregierung hat im Rahmen ihres Aufsichtsrechts die Möglichkeit, Beauftragte zu den obersten Landesbehörden zu entsenden. Diese können vor Ort beobachten und sich unterrichten. Sie haben aber keine Anordnungsbefugnisse.

Absatz 4 regelt das Verfahren für den Fall, dass die Bundesregierung Mängel bei der Ausführung der Bundesgesetze feststellt. Sie kann die Beseitigung der Mängel verlangen. Für den Fall, dass das Land diesem Verlangen nicht nachkommt, entscheidet der Bundesrat auf Antrag der Bundesregierung, ob das gerügte Land das Recht verletzt hat. Gegen die Entscheidung des Bundesrates kann notfalls das Bundesverfassungsgericht angerufen werden.

Absatz 5 eröffnet der Bundesregierung sogar die Möglichkeit, die Ausführung von Bundesgesetzen mittels Einzelweisungen zu steuern. Zur Verleihung dieser Ermächtigung bedarf es allerdings eines Gesetzes.

Artikel 84 GG:
(1) Führen die **Länder** die **Bundesgesetze** als eigene Angelegenheit aus, so regeln sie die Einrichtung der Behörden und das Verwaltungsverfahren. [...]
(2) Die **Bundesregierung** kann mit Zustimmung des Bundesrates **allgemeine Verwaltungsvorschriften** erlassen.
(3) Die **Bundesregierung** übt die **Aufsicht** darüber aus, dass die **Länder** die **Bundesgesetze dem geltenden Rechte gemäß ausführen**. Die **Bundesregierung** kann zu diesem Zwecke **Beauftragte** zu den obersten Landesbehörden **entsenden**, mit deren Zustimmung und, falls diese Zustimmung versagt wird, mit Zustimmung des Bundesrates auch zu den nachgeordneten Behörden.
(4) Werden **Mängel**, die die Bundesregierung bei der Ausführung der Bundesgesetze in den Ländern festgestellt hat, nicht beseitigt, so beschließt auf Antrag der Bundesregierung oder des Landes der Bundesrat, ob das Land das Recht verletzt hat. Gegen den Beschluss des Bundesrates kann das Bundesverfassungsgericht angerufen werden.
(5) Der **Bundesregierung** kann durch Bundesgesetz, das der Zustimmung des Bundesrates bedarf, zur Ausführung von Bundesgesetzen die **Befugnis** verliehen werden, für besondere Fälle **Einzelweisungen** zu erteilen. Sie sind, außer wenn die Bundesregierung den Fall für dringlich erachtet, an die obersten Landesbehörden zu richten.

Ähnliche Regelungen wie in Artikel 84 GG sind in Artikel 85 GG enthalten. Dieser Artikel bestimmt die Rechte, die es dem Bund ermöglichen sollen, Einfluss auf die sogenannte Bundesauftragsverwaltung zu nehmen.

Eine weitere Verfassungsbestimmung dient dem Zweck, die Rechtseinheit im gesamten Bundesgebiet zu gewährleisten. Artikel 37 GG trägt dafür Sorge, dass die Länder die ihnen vom Grundgesetz und den Bundesgesetzen zugewiesenen Pflichten auch erfüllen. Um dies durchzusetzen, kann als äußerstes Mittel der *Bundeszwang* eingesetzt werden.

Die Feststellung, dass die Voraussetzungen des Bundeszwanges vorliegen, und die Entscheidung, welche Maßnahmen zur Umsetzung des Bundeszwanges angewendet werden sollen, trifft die Bundesregierung. Sie ist dabei an die Zustimmung des Bundesrates gebunden.

Artikel 37 GG äußert sich nicht über die Maßnahmen des Bundeszwanges. In Betracht kommt vor allem politischer, finanzieller oder wirtschaftlicher Druck. Denkbar sind die Einstellung von Finanzzuweisungen des Bundes, die Nichterfüllung von Bundesaufgaben gegenüber dem Land sowie die Einsetzung eines Bundeskommissars mit allgemeiner oder spezieller Vollmacht. Gemäß Absatz 2 hat ein solcher Kommissar Weisungsrecht nicht gegenüber dem betroffenen Land, sondern gegenüber allen Ländern. Das betroffene Land kann die Auswirkungen des Bundeszwanges also nicht dadurch unterlaufen, dass es sich der solidarischen Hilfe anderer Länder versichert (Seifert/Hömig 1999, 308 f.).

Bislang ist vom Bundeszwang als dem letzten Mittel der Durchsetzung der sich aus der bundesstaatlichen Ordnung ergebenden Pflichten noch kein Gebrauch gemacht worden.

Artikel 37 GG:
(1) Wenn ein **Land** die ihm nach dem Grundgesetze oder einem anderen Bundesgesetze obliegenden **Bundespflichten nicht erfüllt**, kann die **Bundesregierung** mit Zustimmung des Bundesrates die notwendigen Maßnahmen treffen, um das Land im Wege des **Bundeszwanges** zur Erfüllung seiner Pflichten anzuhalten.
(2) Zur Durchführung des Bundeszwanges hat die Bundesregierung oder ihr Beauftragter das **Weisungsrecht** gegenüber allen Ländern und ihren Behörden.

Das stärkste Mittel des Bundes zur Aufrechterhaltung der staatlichen Einheit und Ordnung ist eine Einwirkung auf die Länder, die man als *Bundesintervention* bezeichnen kann (Hesse 1999, 115). Artikel 91 Abs. 2 GG erlaubt der Bundesregierung die direkte Intervention in den Kompetenzbereich eines Landes, das eine drohende Gefahr für den Bestand oder die freiheitliche demokratische Grundordnung des Bundes oder des betreffenden Landes nicht beseitigen will oder nicht beseitigen kann.

Die Bundesregierung kann in diesem Fall nämlich die Polizei des jeweiligen Landes sowie auch Polizeikräfte anderer Länder ihren Weisungen unterstellen. Die Bundesregierung kann darüber hinaus den Landesregierungen Weisungen erteilen, wenn sich die Gefahr auf mehrere Länder erstreckt.

Artikel 91 GG:
(1) [...]
(2) Ist das **Land**, in dem die Gefahr droht, **nicht** selbst zur **Bekämpfung der Gefahr** bereit oder in der Lage, so kann die **Bundesregierung** die **Polizei** in diesem Lande und die **Polizeikräfte** anderer Länder ihren **Weisungen unterstellen** sowie Einhei-

ten des **Bundesgrenzschutzes** einsetzen. Die Anordnung ist nach Beseitigung der Gefahr, im Übrigen jederzeit auf Verlangen des Bundesrates aufzuheben. Erstreckt sich die Gefahr auf das Gebiet mehr als eines Landes, so kann die **Bundesregierung**, soweit es zur wirksamen Bekämpfung erforderlich ist, den Landesregierungen **Weisungen** erteilen; Satz 1 und 2 bleiben unberührt.

Die Bundesintervention ist rückgängig zu machen, wenn die Gefahr beseitigt ist oder wenn der Bundesrat es verlangt.

Die Pflicht zum bundesfreundlichen Verhalten

Abgesehen von den verfassungsrechtlichen Vorkehrungen zur Unterordnung der Gliedstaaten unter den Gesamtstaat verlangt jede bundesstaatliche Ordnung zu ihrem Funktionieren einen kooperativen politischen Stil der Beteiligten. Erforderlich ist *bundesfreundliches Verhalten* des Gesamtstaates gegenüber den Gliedstaaten, der Gliedstaaten gegenüber dem Gesamtstaat und schließlich der Gliedstaaten untereinander.

Das Bundesverfassungsgericht spricht von der *Bundestreue* als einer dem Grundgesetz immanente Verfassungsnorm: „Die Länder haben ebenso wie der Bund die verfassungsrechtliche Pflicht, dem Wesen des sie verbindenden verfassungsrechtlichen ‚Bündnisses' entsprechend zusammenzuwirken und zu seiner Festigung und zur Wahrung der wohlverstandenen Belange des Bundes und der Glieder beizutragen. [...] Daraus ist herzuleiten, dass im Bundesstaat auch nichts geschehen darf, was das Ganze oder eines der Glieder schädigt" (BVerfGE 6, 309 (361)).

Gesamtstaat und Gliedstaaten müssen stets der Tatsache Rechnung tragen, dass sie nicht beliebig nebeneinander leben, sondern Glieder eines politischen Gemeinwesens sind. Deswegen sind die Ausdrücke Bundestreue und bundesfreundliches Verhalten in gewissem Sinne irreführend. Sie suggerieren, dass es nur um die Treue zum Bund gehen könnte. Zutreffender ist daher eigentlich der Ausdruck *gemeinschaftsfreundliches Verhalten*, weil so deutlich wird, dass beide staatlichen Ebenen einem umfassenden Gemeinwesen verpflichtet sind. Dieser Ausdruck hat sich jedoch nicht durchgesetzt (Grzeszick 2006, 55, Rdnr. 119).

Es liegt im Sinne bundesfreundlichen Verhaltens, wenn Bund und Länder sich gegenseitig informieren, abstimmen und koordinieren, wenn sie gegenseitig Rücksicht nehmen. In den Worten des Bundesverfassungsgerichts hält der Grundsatz des bundesfreundlichen Verhaltens „die Egoismen des Bundes und der Länder in Grenzen, soweit sie kraft der ihnen eingeräumten Kompetenzen die Freiheit und Möglichkeit hätten, ‚rücksichtslos' ihre eigenen Vorstellungen zu verwirklichen und nur ihren eigenen Interessen zu folgen" (BVerfGE 31, 314 (355)).

Der Grundsatz bundesfreundlichen Verhaltens ist zweifellos bedeutsam. Das Verhältnis zwischen Bund und Ländern ausschließlich hieran zu messen, unterschlägt jedoch zum einen die von Parteien bestimmte politische Wirklichkeit in Bund und Ländern und blendet zum anderen die Streitschlichtungsinstanz Bundesverfassungsgericht aus. Man darf nicht außer Acht lassen, dass der Grundsatz als Ergänzung der bundesstaatlichen Normierungen der Reichsverfassung von 1871 entstand. Er sollte das rechtlich aufgegebene Einvernehmen und Zusammenwirken einer bündischen Ordnung ausdrücken, in der es keine Instanz gab, die föderale Konflikte entscheiden konnte.

In der Gegenwart sind Streitigkeiten zwischen Gesamtstaat und Gliedstaaten aber oft keine echten föderalen Streitigkeiten, sondern Streitigkeiten zwischen politischen Richtungen. Echte bundesstaatliche Streitigkeiten können hingegen vor dem Bundesverfassungsgericht ausgetragen und dort entschieden werden. Wird also etwa von den Ländern Treue oder doch zumindest ein freundliches Verhalten gegenüber dem Bund verlangt, so läuft dies in gewisser Weise auf die Erwartung hinaus, dass bestimmte Landesregierungen der politisch anders zusammengesetzten Bundesregierung Loyalität erweisen sollen. Dies stünde dann in Spannung zum Demokratieprinzip, das den offenen Streit unterschiedlicher politischer Richtungen geradezu voraussetzt (Hesse 1999, 117).

Gesetzgebungsnotstand und Nothaushaltsrecht

Eine besondere Form der Verfassungsstörung ist der *Gesetzgebungsnotstand.* Dieser kann im Zusammenhang mit der Vertrauensfrage des Bundeskanzlers gemäß Artikel 68 GG entstehen. Findet der Antrag des Kanzlers, ihm das Vertrauen auszusprechen, nicht die Zustimmung der Mehrheit der Mitglieder des Bundestages, gilt die Vertrauensfrage als gescheitert. Der Bundeskanzler kann in dieser Situation dem Bundespräsidenten vorschlagen, den Bundestag aufzulösen, um Neuwahlen herbeizuführen. Der Bundespräsident muss dem Vorschlag jedoch nicht folgen. Wird der Bundestag nicht aufgelöst, sieht sich die Bundesregierung bis zur Neuwahl eines anderen Kanzlers oder bis zum Ende der Legislaturperiode einer oppositionellen Parlamentsmehrheit gegenüber. Diese negative Mehrheit kann die Politik der Bundesregierung lahmlegen, indem sie deren Gesetzesvorlagen scheitern lässt.

Artikel 81 GG dient der Abhilfe des Gesetzgebungsnotstandes. Die Politikblockade kann dadurch abgewendet werden, dass die Bundesregierung zunächst eine bestimmte Gesetzesvorlage als dringlich bezeichnet und sie in das Gesetzgebungsverfahren einbringt. Wenn, wie zu erwarten, der Bundestag diese Vorlage ablehnt, kann die Bundesregierung für dieses Gesetz beim Bundespräsidenten den Antrag auf den Gesetzgebungsnotstand stellen. Der Bundespräsident kann dem Antrag folgen. Er benötigt dafür aber die Zustimmung des Bundesrates.

Nach Erklärung des Gesetzgebungsnotstandes muss die Bundesregierung gemäß Absatz 2 die abgelehnte Gesetzesvorlage noch einmal in den Bundestag einbringen. Lehnt der Bundestag die Vorlage erneut ab oder nimmt er sie mit Änderungen an, die die Bundesregierung für unannehmbar erklärt, gilt das Gesetz dennoch als zustande gekommen, sofern der Bundesrat zustimmt. Die Bundesregierung und der Bundesrat fungieren also als Ersatzgesetzgebungsorgane, während der Bundestag als Legislativorgan ausgeschaltet ist.

Gemäß Absatz 3 gilt der Gesetzgebungsnotstand aber nicht nur für die eine Gesetzesvorlage. Innerhalb von sechs Monaten kann die Bundesregierung jedes weitere vom Bundestag abgelehnte Gesetz nach dem in Artikel 81 GG vorgesehenen Verfahren verabschieden. Dies gilt jedoch nur unter der Bedingung, dass in dieser Zeit derselbe Bundeskanzler amtiert. Weiterhin lässt sich der Einsatz des Gesetzgebungsnotstandes unter demselben Bundeskanzler nicht wiederholen.

Artikel 81 GG:
(1) Wird im Falle des Artikels 68 der Bundestag nicht aufgelöst, so kann der **Bundespräsident** auf Antrag der **Bundesregierung** mit Zustimmung des **Bundesrates** für eine Gesetzesvorlage den **Gesetzgebungsnotstand** erklären, wenn der Bundestag sie ablehnt, obwohl die Bundesregierung sie als dringlich bezeichnet hat. Das gleiche gilt, wenn eine Gesetzesvorlage abgelehnt worden ist, obwohl der Bundeskanzler mit ihr den Antrag des Artikels 68 verbunden hatte.
(2) Lehnt der Bundestag die Gesetzesvorlage nach Erklärung des Gesetzgebungsnotstandes erneut ab oder nimmt er sie in einer für die Bundesregierung als unannehmbar bezeichneten Fassung an, so gilt das **Gesetz** als **zustande gekommen**, soweit der **Bundesrat** ihm **zustimmt**. Das gleiche gilt, wenn die Vorlage vom Bundestage nicht innerhalb von vier Wochen nach der erneuten Einbringung verabschiedet wird.
(3) Während der Amtszeit eines Bundeskanzlers kann auch **jede andere vom Bundestage abgelehnte Gesetzesvorlage** innerhalb einer Frist von **sechs Monaten** nach der ersten Erklärung des Gesetzgebungsnotstandes gemäß Absatz 1 und 2 **verabschiedet** werden. Nach Ablauf der Frist ist während der Amtszeit des gleichen Bundeskanzlers eine weitere Erklärung des Gesetzgebungsnotstandes unzulässig.
(4) Das **Grundgesetz** darf durch ein Gesetz, das nach Absatz 2 zustande kommt, weder geändert noch ganz oder teilweise außer Kraft oder außer Anwendung gesetzt werden.

Artikel 81 GG sorgt dafür, dass alle politischen Verfassungsorgane außer dem Bundestag an der Aktivierung der Ersatzgesetzgebungsgewalt positiv mitwirken müssen. Die gemeinsame Einbindung dieser Organe in die Verantwortung für die Erklärung des Gesetzgebungsnotstandes hat einen gewollt hemmenden Effekt. Dieser Effekt ergibt sich einmal aus dem Verfahren selbst. Er ergibt sich aber auch aus der wohl erforderlichen politischen Homogenität der handelnden Akteure. Ein Bundesrat, dessen Mehrheit der Politik der Bundesregierung oppositionell gegenübersteht, wird kaum der Erklärung des Gesetzgebungsnotstandes zustimmen. Ein Vorgehen nach Art. 81 GG ist also nicht nur an enge rechtliche, sondern auch an bestimmte politische Voraussetzungen gebunden (Klein 1992b, 376 f.).

Das Gesetzgebungsprogramm der Bundesregierung lässt sich gemäß Artikel 81 GG längstens für sechs Monate umsetzen. Der Gesetzgebungsnotstand ist mithin nur ein zeitlich begrenzter Behelf. Die Ersetzung des Bundestages in seiner Gesetzgebungsfunktion soll also kein Dauerzustand werden. Hat sich während dieser Zeit am Verhältnis von Bundesregierung und Bundestag nichts geändert, reaktiviert sich danach die ursprüngliche Verfassungsstörung. Dem Bundeskanzler bleibt dann eigentlich nur noch der Rücktritt oder eine erneute Vertrauensfrage. Eine wirksame Abhilfe der Krise geht folglich von Artikel 81 GG nicht aus (Hesse 1999, 304).

Gesetze, die im Rahmen des Gesetzgebungsnotstandes zustande kommen, dürfen das Grundgesetz weder ändern noch außer Kraft setzen. Diese Bestimmung ist, genau wie die übrigen strengen Vorgaben in Artikel 81 GG, eine Reaktion auf das sehr allgemein und unbestimmt gelassene Notverordnungsrecht des Reichspräsidenten gemäß Artikel 48 WRV. Das Notverordnungsrecht ließ zum einen die Suspendierung bestimmter Grundrechte zu. Zum anderen wurde es in der Spätphase der Weimarer Republik als dauerhaftes Instrument der Ersatzgesetzgebung genutzt. Solche Missbrauchsmöglichkeiten wollte der Parlamentarische Rat ausdrücklich ausschalten.

Eine Verfassungsstörung liegt auch vor, wenn das Haushaltsgesetz vom Bundestag nicht rechtzeitig, d.h. vor Beginn des Rechnungsjahres, verabschiedet wird. Gemäß Artikel 110 Abs. 2 GG ist der Haushaltsplan des Bundes durch ein vom Bundestag zu verabschiedendes Haushaltsgesetz festzustellen. Der Haushaltsplan enthält das politische Programm der von der Parlamentsmehrheit getragenen Bundesregierung.

Wird nun das Haushaltsgesetz nicht rechtzeitig verabschiedet, ist die Bundesregierung dennoch gemäß Artikel 111 GG zu einer inhaltlich begrenzten Weiterführung des Staatshaushaltes so lange ermächtigt, bis das Haushaltsgesetz in Kraft tritt.

Vor dem historischen Hintergrund des preußischen Budgetkonfliktes von 1862 bis 1866 gewährleistet das *Nothaushaltsrecht* der Bundesregierung auch in der etatlosen Zeit die Aufrechterhaltung der haushaltswirtschaftlichen Funktionsfähigkeit des Staates. Sie ist ermächtigt, alle Ausgaben zu leisten, die nötig sind, um gesetzlich bestehende Einrichtungen zu erhalten und gesetzlich beschlossene Maßnahmen durchzuführen, um rechtlich begründete Verpflichtungen des Bundes zu erfüllen und um Bauten, Beschaffungen und sonstige Leistungen fortzusetzen, sofern dafür im Haushaltsplan eines Vorjahres Beträge bewilligt wurden (Klein 1992b, 377).

Artikel 111 GG:
(1) Ist bis zum Schluss eines Rechnungsjahres der **Haushaltsplan** für das folgende Jahr **nicht durch Gesetz festgestellt**, so ist bis zu seinem Inkrafttreten die **Bundesregierung** ermächtigt, **alle Ausgaben zu leisten**, die nötig sind,
a) um gesetzlich bestehende Einrichtungen zu erhalten und gesetzlich beschlossene Maßnahmen durchzuführen,
b) um die rechtlich begründeten Verpflichtungen des Bundes zu erfüllen,
c) um Bauten, Beschaffungen und sonstige Leistungen fortzusetzen oder Beihilfen für diese Zwecke weiter zu gewähren, sofern durch den Haushaltsplan eines Vorjahres bereits Beiträge bewilligt worden sind.
(2) [...]

Die Bewältigung innerer Notstandslagen

Während der Gesetzgebungsnotstand nicht mehr als eine Funktionsstörung zwischen Verfassungsorganen bezeichnet, ist von einem *Staatsnotstand* dann die Rede, wenn ernsthafte Gefahren für den Bestand des Staates oder die von ihm zu gewährleistende öffentliche Sicherheit und Ordnung bestehen. Man spricht auch vom *Ausnahmezustand*, um auszudrücken, dass die Lage nicht mehr mit den herkömmlichen Mitteln bewältigt werden kann.

Nun soll sich eine Verfassung nicht nur in normalen Zeiten, sondern auch in Not- und Krisenlagen bewähren. Wenn der Verfassunggeber für die Bewältigung solcher Ausnahmesituationen keine Vorsorge getroffen hat, haben die Verfassungsorgane zwei gleichermaßen unbefriedigende Möglichkeiten: Entweder bleiben sie passiv, weil die ihnen von der Verfassung eingeräumten Kompetenzen keine angemessenen Reaktionen erlauben. Dies kann gegebenenfalls zum Untergang des politischen Gemeinwesens führen. Oder sie handeln völlig eigenständig ohne Rücksicht auf die Verfassungsnormen. Dies kann zu einer völligen Missachtung der Verfassung und der ihr innewohnenden Werte führen.

Der Verfassunggeber muss daher einen Weg finden, den im Einzelnen nur schwer vorauszubestimmenden Ausnahmelagen mit rechtlichen Mitteln zu begegnen. Er muss Ausnahmelagen zu typisieren versuchen, darauf abgestimmte Ermächtigungen festlegen und bestimmte Organe mit diesen Ermächtigungen ausstatten. Vor allem muss er darauf bedacht sein, dass die Machtkonzentration, die für Ausnahmezustände in der Regel erforderlich ist, nicht über die Dauer des jeweiligen Ausnahmezustandes hinaus aufrechterhalten bleibt und möglicherweise dazu missbraucht wird, die verfassungsmäßige Ordnung zu beseitigen (Hesse 1999, 302).

Gerade Deutschland kann diesbezüglich auf schlimme Erfahrungen zurückblicken. Das in Artikel 48 der Weimarer Reichsverfassung verankerte Notverordnungsrecht des Reichspräsidenten lieferte den Nationalsozialisten den Rechtstitel zur Begründung ihrer Gewaltherrschaft. Die auf Artikel 48 WRV gestützte Verordnung des Reichspräsidenten zum Schutz von Volk und Staat vom 28. Februar 1933, auch als Reichstagsbrandverordnung bezeichnet, setzte die Grundrechte der Weimarer Reichsverfassung weitgehend außer Kraft. Sie bildete anstelle der faktisch suspendierten Verfassung die rechtliche Grundlage des nationalsozialistischen Regimes. Sie begründete gemeinsam mit dem am 23. März 1933 veröffentlichten Gesetz zur Behebung der Not von Volk und Reich, dem sogenannten Ermächtigungsgesetz, den dauerhaften Ausnahmezustand und damit jene unkontrollierte Machtfülle, mit der alle späteren staatlichen Maßnahmen eine scheinbare Legitimation erhielten.

Der Begriff *Notstand* weist eine lange Tradition auf. Er war bereits dem römischen Recht vertraut. Er ist also keine Erfindung des letzten Jahrhunderts.

Man unterscheidet den äußeren vom inneren Notstand. Der *äußere Notstand* wird durch Kriegshandlungen ausgelöst. Der *innere Notstand* weist zwei Varianten auf. Es gibt zum einen den Katastrophennotstand. Es gibt zum anderen den inneren Notstand im engeren Sinne, den man auch als innenpolitischen Notstand bezeichnen könnte. In diesem Falle drohen Gefahren für den Bestand oder die freiheitliche demokratische Grundordnung des Bundes oder eines Landes.

Mit den Reaktionsmöglichkeiten des Staates in einem *Katastrophennotstand* befasst sich Artikel 35 GG. Dieser Notstand wird entweder durch Naturkatastrophen oder besonders schwere Unglücksfälle ausgelöst. Naturkatastrophen sind Schadensereignisse größeren Ausmaßes, die durch Naturgewalten verursacht werden, etwa Überschwemmungen, ungewöhnlicher Schneefall, anhaltende Dürre, Waldbrände und Erdbeben. Unglücksfälle sind Schadensereignisse größeren Ausmaßes, die durch menschliches Fehlverhalten oder technische Unzulänglichkeiten verursacht werden, etwa Explosionen. Beide Katastrophen verlangen zu ihrer Bewältigung einen erhöhten Bedarf an Koordinierung und Konzentration der staatlichen Kräfte.

Artikel 35 Abs. 1 GG drückt den generellen Grundsatz aus, dass alle Behörden ungeachtet ihrer Zuordnung zum Bund oder einem Land zur gegenseitigen Hilfe verpflichtet sind.

Absatz 2 betrifft Beistandspflichten zur Bekämpfung von Gefahren für die öffentliche Sicherheit und Ordnung in einem Land. Das Land kann in einem solchen Fall den Bundesgrenzschutz (Bundespolizei) zur Unterstützung anfordern. Im Katastrophenfall kann das betroffene Land auf weitere Unterstützung zurückgreifen: Es kann nicht nur den Bundesgrenzschutz, sondern darüber hinaus auch die Hilfe der Polizeikräfte anderer Länder sowie der Streitkräfte anfordern. Dem Anforderungsrecht auf der einen Seite entspricht die Unterstützungspflicht auf der anderen Seite.

Absatz 3 regelt die Bewältigung überregionaler Katastrophen. Er sieht ein Interventionsrecht der Bundesregierung vor, wenn anders der Notstand nicht wirksam bekämpft werden kann. Die Bundesregierung kann dann Landesregierungen nicht nur Weisungen erteilen, sie kann auch die Polizeikräfte des einen Landes anderen Ländern zur Verfügung stellen. Schließlich kann sie auch den Bundesgrenzschutz (Bundespolizei) und die Streitkräfte einsetzen. Da solche Interventionen die staatliche Hoheit der Länder tangieren, sind sie einzustellen, wenn der Bundesrat es verlangt.

Artikel 35 GG:
(1) Alle **Behörden** des **Bundes** und der **Länder** leisten sich gegenseitig **Rechts- und Amtshilfe**.
(2) Zur Aufrechterhaltung oder Wiederherstellung der **öffentlichen Sicherheit oder Ordnung** kann ein **Land** in Fällen von besonderer Bedeutung Kräfte und Einrichtungen des Bundesgrenzschutzes zur **Unterstützung** seiner Polizei anfordern, wenn die Polizei ohne diese Unterstützung eine Aufgabe nicht oder nur unter erheblichen Schwierigkeiten erfüllen könnte. Zur Hilfe bei einer **Naturkatastrophe** oder bei einem besonders **schweren Unglücksfall** kann ein Land **Polizeikräfte anderer Länder**, Kräfte und Einrichtungen anderer Verwaltungen sowie des **Bundesgrenzschutzes** und der **Streitkräfte** anfordern.
(3) Gefährdet die **Naturkatastrophe** oder der **Unglücksfall** das Gebiet mehr als eines Landes, so kann die **Bundesregierung**, soweit es zur wirksamen Bekämpfung erforderlich ist, den **Landesregierungen** die **Weisung erteilen**, **Polizeikräfte anderen Ländern** zur Verfügung zu stellen, sowie Einheiten des **Bundesgrenzschutzes** und der **Streitkräfte** zur Unterstützung der Polizeikräfte einsetzen. Maßnahmen der Bundesregierung nach Satz 1 sind jederzeit auf Verlangen des Bundesrates, im Übrigen unverzüglich nach Beseitigung der Gefahr aufzuheben.

Die Bekämpfung des inneren Notstandes im engeren Sinne regelt im Wesentlichen Artikel 91 GG. Dieser *innenpolitische Notstand* ist durch Aufruhr, Unruhen, terroristische Angriffe, Guerillakrieg oder bürgerkriegsähnliche Zustände gekennzeichnet. Er stellt die staatliche Existenz, die territoriale Integrität, die politische Handlungsfähigkeit sowie die freiheitliche demokratische Grundordnung des Bundes oder der Länder in Frage. Er gefährdet auch die durch den Staat zu gewährleistende Sicherheit der Bevölkerung.

Der innenpolitische Notstand verschiebt die föderale Kompetenzordnung grundsätzlich nicht. Das heißt, dass die Länder aufgrund ihrer Polizeigewalt mit ihren Kräften für die Gefahrenabwehr zuständig sind. Artikel 91 Abs. 1 GG ermächtigt sie jedoch, Instrumente wie den Bundesgrenzschutz (Bundespolizei) sowie die Polizeikräfte anderer Länder in Anspruch zu nehmen, die ihnen üblicherweise nicht zur Verfügung stehen. Darin zeigt sich, welche Bedeutung das Grundgesetz der Abwehr der vom innenpolitischen Notstand ausgehenden Gefahren beimisst.

Absatz 2 erweitert die staatlichen Reaktionsmöglichkeiten um spezifische Anordnungsrechte der Bundesregierung. Im Falle der Unfähigkeit oder Unwilligkeit des Landes, in dem die Gefahr droht, kann nämlich die Bundesregierung die Polizei des betreffenden Landes sowie die Polizeikräfte anderer Länder ihren Weisungen unterstellen und außerdem den Bundesgrenzschutz einsetzen. Beschränken sich die Gefahren nicht auf ein Land, kann die Bundesregierung den Landesregierungen sogar Weisungen erteilen. Die der Bundesregierung eingeräumten Kompetenzen weisen damit einen deutlichen Interventionscharakter auf. Artikel 91 GG stellt klar, dass der Bund der eigentliche Garant der Gesamtverfassung ist (Klein 1992a, 395 f.).

Artikel 91 GG:
(1) Zur **Abwehr** einer drohenden **Gefahr** für den **Bestand** oder die **freiheitliche demokratische Grundordnung** des Bundes oder eines Landes kann ein Land **Polizeikräfte anderer Länder** sowie Kräfte und Einrichtungen anderer Verwaltungen und des **Bundesgrenzschutzes** anfordern.
(2) Ist das Land, in dem die Gefahr droht, nicht selbst zur Bekämpfung der Gefahr bereit oder in der Lage, so kann die **Bundesregierung** die **Polizei** in diesem Lande und die **Polizeikräfte** anderer Länder **ihren Weisungen unterstellen** sowie Einheiten des **Bundesgrenzschutzes** einsetzen. Die Anordnung ist nach Beseitigung der Gefahr, im Übrigen jederzeit auf Verlangen des Bundesrates aufzuheben. Erstreckt sich die Gefahr auf das Gebiet mehr als eines Landes, so kann die **Bundesregierung**, soweit es zur wirksamen Bekämpfung erforderlich ist, den Landesregierungen **Weisungen** erteilen; Satz 1 und 2 bleiben unberührt.

Das Grundgesetz begnügt sich nicht mit den in Artikel 91 GG aufgeführten Möglichkeiten der Bekämpfung des innenpolitischen Notstandes. Es lässt auch den *Einsatz der Streitkräfte* zu. Artikel 87a Abs. 4 GG regelt die Voraussetzungen dieses Einsatzes, die zulässigen Einsatzziele und die Beendigung dieses Einsatzes.

Hiernach kann die Bundesregierung Streitkräfte erst dann einsetzen, wenn es bereits zu der in Artikel 91 Abs. 2 GG angesprochenen Kompetenzverschiebung auf den Bund gekommen ist. Weiterhin muss sich herausgestellt haben, dass die Polizeikräfte und der Bundesgrenzschutz (Bundespolizei) nicht ausreichen, die Gefahr abzuwenden. Die Streitkräfte können also nur subsidiär eingesetzt werden. Der Zweck ihres Einsatzes beschränkt sich auf den Schutz ziviler Objekte sowie auf die Bekämpfung organisierter und militärisch bewaffneter Aufständischer. In dieser Bekämpfung liegt der eigentliche Sinn eines militärischen Einsatzes. Um zu verhindern, dass sich der Einsatz des Militärs im Inneren verselbstständigt, muss er eingestellt werden, wenn der Bundestag oder der Bundesrat es verlangen.

Artikel 87a GG:
(1) Der Bund stellt **Streitkräfte** zur **Verteidigung** auf. Ihre zahlenmäßige Stärke und die Grundzüge ihrer Organisation müssen sich aus dem Haushaltsplan ergeben.
(2) Außer zur Verteidigung dürfen die Streitkräfte nur eingesetzt werden, soweit dieses Grundgesetz es ausdrücklich zulässt.
(3) [...]
(4) Zur **Abwehr einer drohenden Gefahr** für den **Bestand** oder die **freiheitliche demokratische Grundordnung** des Bundes oder eines Landes kann die Bundesregierung, wenn die Voraussetzungen des Artikels 91 Abs. 2 vorliegen und die Polizeikräfte sowie der Bundesgrenzschutz nicht ausreichen, **Streitkräfte** zur Unterstützung der Polizei und des Bundesgrenzschutzes beim **Schutze von zivilen Objekten** und bei der **Bekämpfung organisierter und militärisch bewaffneter Aufständischer** einsetzen. Der Einsatz von Streitkräften ist einzustellen, wenn der Bundestag oder der Bundesrat es verlangen.

Die Besonderheit des inneren Notstandes liegt darin, dass er im Unterschied zum äußeren Notstand keine formelle Feststellung verlangt, die offiziell zu veröffentlichen wäre. Die Feststellung, dass die Voraussetzungen des inneren Notstandes vorliegen, treffen auch nicht die Parlamente, also weder der Landtag des betreffenden Landes noch der Bundestag. Vielmehr ist es Sache der jeweiligen Landesregierung sowie der Bundesregierung, die Notwendigkeit der Gefahrenabwehr für gegeben zu halten und von den eingeräumten Befugnissen Gebrauch zu machen.

Dass die Parlamente nicht an der Auslösung von Notstandsmaßnahmen beteiligt werden, hat aber gute Gründe. Denn der innere Notstand berührt nicht die Aufgabenteilung zwischen Regierung und Parlament. Seine Bekämpfung führt auch nicht zu Grundrechtseinschränkungen. Die Notwendigkeit eines Parlamentsbeschlusses könnte zudem zu einer Dramatisierung der Lage führen, die eine weitere Eskalation nach sich zöge (Klein 1992a, 395).

Verfassungsregelungen für den äußeren Notstand

Dem Grundgesetz fehlten in seiner ursprünglichen Gestalt Normierungen für den Notstand. Sie konnten damals entbehrt werden, da Befugnisse für die Bewältigung von Ausnahmesituationen zu den Vorbehaltsrechten der Besatzungsmächte gehörten. Dem Verfassunggeber fehlte 1949 also die Kompetenz, Regelungen für den Notstandsfall, insbesondere den äußeren, zu treffen. Ein umfassendes *Notstandsverfassungsrecht* wurde nach heftigen politischen Auseinandersetzungen erst 1968 in das Grundgesetz inkorporiert. Weit über 20 Verfassungsartikel wurden eingefügt, geändert oder gestrichen.

Auf der Basis des Notstandsverfassungsrechts wurde eine beträchtliche Anzahl einfacher Notstandsgesetze in Kraft gesetzt. Diese Gesetze werden in der Regel aktiviert, wenn der *Verteidigungsfall* festgestellt ist. Es gibt aber auch Notstandsgesetze, die schon im *Spannungsfall*, einer Vorstufe des Verteidigungsfalles, wirksam werden. Andere Gesetze können angewendet werden, wenn im Rahmen militärischer Bündnisverträge der *Bündnisfall* eintritt. Der Spannungsfall wie auch der Bündnisfall sind in Artikel 80a GG geregelt.

Der Verfassunggeber ließ sich von dem Bestreben nach umfassender Verfasstheit des Notstandes leiten. Der Notstand ist daher kein Zustand der Verfassungslosigkeit. Er ist vielmehr ein besonderer Verfassungszustand. Die meisten Regelungen für die Bewältigung des äußeren Notstandes sind in einem eigens dem Verteidigungsfall gewidmeten Abschnitt des Grundgesetzes aufgeführt. An vielen anderen Stellen des Grundgesetzes finden sich jedoch noch weitere Bestimmungen, die im Zusammenhang mit dem Notstand stehen. Die Notstandsregelungen sind kompliziert, da sie Ermächtigungen zu außerordentlichen Befugnissen und zugleich Sicherungen gegen Missbrauch enthalten (Stern 1980, 1327).

Da der Notstandsfall einschneidende Veränderungen gegenüber der verfassungsrechtlichen Normallage mit sich bringt, bedarf er der *formellen Feststellung*. Diese schwerwiegende Feststellung zu treffen, obliegt gemäß Artikel 115a GG dem Bundestag und dem Bundesrat. Im Bundestag ist eine Mehrheit von zwei Dritteln der abgegebenen Stimmen erforderlich. Auf diese Weise soll eine leichtfertige Feststellung des Verteidigungsfalles ausgeschlossen werden.

Für den Fall, dass der Bundestag nicht rechtzeitig zusammentreten kann, sieht das Grundgesetz als Notlösung eine Entscheidung des Gemeinsamen Ausschusses vor.

Kann selbst der Gemeinsame Ausschuss im Falle eines überraschenden Angriffes nicht zusammentreten, so gilt die Feststellung des Verteidigungsfalles als getroffen und als zu dem Zeitpunkt verkündet, in dem der Angriff begonnen hat. Ab diesem Moment dürfen die für den Verteidigungsfall vorgesehenen Bestimmungen des Notstandsrechts angewendet werden.

Artikel 115a GG:
(1) Die Feststellung, dass das Bundesgebiet mit Waffengewalt angegriffen wird oder ein solcher Angriff unmittelbar droht (**Verteidigungsfall**) trifft der **Bundestag** mit Zustimmung des **Bundesrates**. Die Feststellung erfolgt auf Antrag der Bundesregierung und bedarf einer Mehrheit von **zwei Dritteln** der abgegebenen Stimmen, mindestens der Mehrheit der Mitglieder des Bundestages.
(2) Erfordert die Lage unabweisbar ein sofortiges Handeln und stehen einem rechtzeitigen Zusammentritt des Bundestages unüberwindliche Hindernisse entgegen

oder ist er nicht beschlussfähig, so trifft der **Gemeinsame Ausschuss** diese Feststellung mit einer Mehrheit von **zwei Dritteln** der abgegebenen Stimmen, mindestens der Mehrheit seiner Mitglieder.
(3) [...]
(4) Wird das Bundesgebiet mit Waffengewalt angegriffen und sind die zuständigen Bundesorgane außerstande, sofort die Feststellung nach Absatz 1 Satz 1 zu treffen, so gilt diese Feststellung als getroffen und als zu dem Zeitpunkt verkündet, in dem der Angriff begonnen hat. Der Bundespräsident gibt diesen Zeitpunkt bekannt, sobald die Umstände es zulassen.
(5) [...]

Der *Gemeinsame Ausschuss* ist ein für den Verteidigungsfall vorgesehenes Notparlament. Er setzt sich gemäß Artikel 53a GG zu zwei Dritteln aus Abgeordneten des Bundestages und zu einem Drittel aus Mitgliedern des Bundesrates zusammen. Der Gemeinsame Ausschuss soll gewährleisten, dass der äußere Notstand nicht zur Stunde der Exekutive, d.h. der Regierung und der Behörden, wird.

Der Gemeinsame Ausschuss nimmt gemäß Artikel 115e GG die Rechte von Bundestag und Bundesrat wahr, wenn der Bundestag nicht handlungsfähig ist. Die Gesetzgebungsgewalt ist dann weitgehend auf ihn konzentriert. Allerdings darf er das Grundgesetz nicht berühren. Er darf auch keine Gesetze erlassen, die staatliche Hoheitsrechte auf zwischenstaatliche Einrichtungen wie die Europäische Union oder die NATO übertragen. Ebenso ist es ihm verwehrt, eine Länderneugliederung vorzunehmen.

Artikel 115e GG:
(1) Stellt der **Gemeinsame Ausschuss** im Verteidigungsfalle mit einer Mehrheit von zwei Dritteln der abgegebenen Stimmen, mindestens mit der Mehrheit seiner Mitglieder fest, dass dem rechtzeitigen Zusammentritt des Bundestages unüberwindliche Hindernisse entgegenstehen oder dass dieser nicht beschlussfähig ist, so hat der Gemeinsame Ausschuss die **Stellung von Bundestag und Bundesrat** und **nimmt deren Rechte einheitlich wahr**.
(2) Durch ein Gesetz des Gemeinsamen Ausschusses darf das Grundgesetz weder geändert noch ganz oder teilweise außer Kraft oder außer Anwendung gesetzt werden. Zum Erlass von Gesetzen nach Artikel 23 Abs. 1 Satz 2, Artikel 24 Abs. 1 oder Artikel 29 ist der Gemeinsame Ausschuss nicht befugt.

Im Notstandsfall wachsen die Kompetenzen des Bundes. Es kommt also zu einer Konzentration der Macht beim Bund: Seine Gesetzgebungskompetenzen erweitern sich (Art. 115c GG). Auch nimmt sein Weisungsrecht gegenüber den Ländern zu (Art. 115f

GG). Falls allerdings die Bundesorgane nicht handlungsfähig sind, können die Landesregierungen an ihrer Stelle Einrichtungen des Bundes einsetzen (Art. 115i GG).

Auf der Bundesebene nimmt die Macht des Bundeskanzlers zu. Mit der Verkündung des Verteidigungsfalles geht nämlich die Befehls- und Kommandogewalt über die Streitkräfte automatisch auf ihn über (Art. 115b GG). Alle militärischen Befugnisse sollen auf die Person konzentriert werden, die auch die Richtlinien der Politik verantwortet. Weiterhin wird das Gesetzgebungsverfahren vereinfacht und beschleunigt (Art. 115d GG). Damit soll ein Ausgleich dafür geschaffen werden, dass die Bundesregierung im Unterschied zu den Regelungen in vielen ausländischen Verfassungen über kein Notverordnungsrecht verfügt.

Das Grundgesetz stellt sicher, dass die im Verteidigungsfall erlassenen Rechtsvorschriften nicht länger als notwendig angewendet werden können. Denn sie verdanken sich einer Ausnahmesituation, und ihr Zustandekommen entspricht nicht den demokratischen Standards der Normalverfassung. Sie treten deshalb spätestens sechs Monate nach Beendigung des Verteidigungsfalles außer Kraft. Eine etwas längere Lebensdauer haben Finanzgesetze und Gesetze, die Gemeinschaftsaufgaben betreffen (Art. 115k GG).

Soweit sie funktionsfähig sind, haben der Bundestag und der Bundesrat gemäß Artikel 115l GG jederzeit die Möglichkeit, Gesetze und Maßnahmen des Gemeinsamen Ausschusses aufzuheben. Diese Möglichkeit unterstreicht deutlich den lediglich subsidiären Charakter des Gemeinsamen Ausschusses.

Ebenso hat der Bundestag die Möglichkeit, mit Zustimmung des Bundesrates jederzeit den Verteidigungsfall für beendet zu erklären. Gegenüber der Feststellung des Verteidigungsfalles ist die Feststellung seiner Beendigung erheblich leichter. Es bedarf nur eines einfachen Beschlusses. Mit der Feststellung der Beendigung endet der äußere Notstand und tritt die Normalverfassung wieder in Funktion.
Der Friedenschluss selbst verlangt die Form eines Gesetzes.

Artikel 115l GG:
(1) Der **Bundestag** kann jederzeit mit Zustimmung des Bundesrates **Gesetze des Gemeinsamen Ausschusses aufheben**. Der Bundesrat kann verlangen, dass der Bundestag hierüber beschließt. Sonstige zur Abwehr der Gefahr getroffene **Maßnahmen** des Gemeinsamen Ausschusses oder der Bundesregierung sind **aufzuheben**, wenn der Bundestag und der Bundesrat es beschließen.
(2) Der **Bundestag** kann mit Zustimmung des Bundesrates jederzeit durch einen vom Bundespräsidenten zu verkündenden **Beschluss** den **Verteidigungsfall** für **beendet** erklären. Der Bundesrat kann verlangen, dass der Bundestag hierüber beschließt. Der Verteidigungsfall ist unverzüglich für beendet zu erklären, wenn die Voraussetzungen für seine Feststellung nicht mehr gegeben sind.
(3) Über den **Friedensschluss** wird durch **Bundesgesetz** entschieden.

Der Verteidigungsfall wie auch der Spannungsfall als seine Vorstufe haben Auswirkungen auf die *Grundrechte*. Insbesondere wird das Grundrecht, Beruf, Arbeitsplatz und Ausbildungsstätte frei zu wählen, eingeschränkt.

So erlaubt Artikel 12a GG die Verpflichtung verschiedener Personengruppen zu Dienstleistungen, die der zivilen und militärischen Verteidigung dienen. Wehrpflichtige, die weder Wehr- noch Ersatzdienst leisten, können im Verteidigungsfall zu Dienstleistungen für Zwecke der Verteidigung einschließlich des Schutzes der Zivilbevölkerung verpflichtet werden. Frauen können im zivilen Sanitäts- und Heilwesen sowie in der militärischen Lazarettorganisation zu Dienstleistungen herangezogen werden.

Gemäß Artikel 115c GG kann die Frist, innerhalb derer ein Festgenommener dem Richter vorzuführen ist, bis zu vier Tagen verlängert werden. Und bei Enteignungen ist eine vorläufige Regelung der Entschädigung zulässig. Schließlich können gemäß Artikel 17a GG Gesetze, die der Verteidigung einschließlich des Schutzes der Zivilbevölkerung dienen, das Grundrecht der Freizügigkeit und das der Unverletzlichkeit der Wohnung weiter eingeschränkt werden als in der Normallage. Darüber hinausgehende Grundrechtseinschränkungen sind allerdings nicht zulässig. Auch im Notstandsfall bleiben also die meisten Grundrechte in Kraft.

5.8 Wehrhafte Ordnung

Der freiheitliche Verfassungsstaat räumt seinen Bürgern viele Freiheiten ein. Dieser hohe Grad an Freiheitlichkeit macht den Verfassungsstaat zugleich aber zur gefährdetsten aller politischen Ordnungsformen. Denn die gewährleisteten politischen Freiheiten können zum Kampf gegen die Verfassungsordnung missbraucht werden.

Generell kann von keiner Verfassung verlangt werden, Voraussetzungen für ihre eigene Beseitigung zu schaffen und damit ihren Selbstmord zu legalisieren. Aufgrund ihrer demokratischen Legitimität gilt dies umso mehr für eine freiheitliche Verfassung. Es ist also gerechtfertigt, dass sich die Verfassung um der Bewahrung von Freiheitlichkeit willen gegen ihre Vernichtung schützt. Sie darf sich dagegen wehren, dass unter Berufung auf ihre Freiheiten die Freiheit selbst beseitigt wird. Ihr Freiheitsversprechen endet, wo der Freiheitsgebrauch sich sichtbar feindselig gegen die freiheitliche Ordnung richtet.

Andererseits ist eine Verfassung ein umfangreiches Dokument. In einem freiheitlichen Gemeinwesen muss ein politischer Meinungskampf auch über Änderungen vieler Verfassungsnormen erlaubt sein. Es muss folglich festgelegt werden, welche Werte den unantastbaren Kern der Verfassung ausmachen. Die wehrhafte Ordnung bezieht sich dann auf den Schutz dieser identitätsprägenden Werte.

Wie hält es das Grundgesetz mit der Idee der Wehrhaftigkeit? Welche spezifisch deutschen Erfahrungen liegen dem Grundgesetz diesbezüglich zugrunde? Welche Regelungen trifft es, um sich vorbeugend zu schützen? Welche Maßnahmen sieht es vor, wenn die Verfassung bereits akut bedroht ist? Welche Mittel erlaubt es, wenn die Institutionen des Verfassungsstaates ihrer Handlungsfähigkeit beraubt sind?

Die Konzeption der wehrhaften oder streitbaren Demokratie

Will eine Verfassung sich nicht der Selbstpreisgabe hingeben, darf sie sich nicht als werteneutral verstehen. Die Verfassung verfügte dann nämlich über keine inhaltliche Substanz, die ihre Aufrechterhaltung gegen feindliche Angriffe legitimieren könnte. Revolutionen lassen sich zwar nicht verbieten, doch Verfassungen, die sich nur als formale Verfahrensordnungen verstehen und daher keinen unbedingt zu schützenden Werten verpflichtet sind, ermöglichen sogar „legale" Revolutionen. Denn ihre Feinde können sich durch die grundsätzliche Neutralität zur Verfassungsbeseitigung sogar noch berechtigt fühlen.

Als eine werteneutrale Verfassung verstand sich die Weimarer Reichsverfassung. Die Verfassung sollte lediglich ein System von Spielregeln für ein friedliches politisches Zusammenleben sein. Im bewussten Gegensatz zum Kaiserreich durfte sie keine über dem politischen Meinungsstreit stehenden Werte beanspruchen. Sie konnte sich deshalb ihren Feinden gegenüber nur indifferent verhalten. Ihre Indifferenz, die ihre Verteidiger als Toleranz deuteten, gründete in einem *Werterelativismus*. Dieser Relativismus galt als die einer Demokratie angemessene Geisteshaltung.

Die Weimarer Reichsverfassung war aus diesen Gründen gegen zerstörerische Kräfte im Inneren nahezu wehrlos. Ihr war auch ein in die Verfassung integriertes, präventives Verfassungsschutzsystem fremd. Was nach den Erfahrungen des Scheiterns der Weimarer Republik als verhängnisvoller Mangel bezeichnet werden muss, wurde von den Staatsrechtslehrern der Weimarer Republik dagegen als demokratische Tugend gepriesen.

So schrieb Hans Kelsen 1932, die Demokratie sei diejenige Staatsform, „die sich am wenigsten gegen ihre Gegner wehrt. Es scheint ihr tragisches Schicksal zu sein, dass sie auch ihren ärgsten Feind an ihrer eigenen Brust nähren muss. Bleibt sie sich selbst treu, muss sie auch eine auf Vernichtung der Demokratie gerichtete Bewegung dulden, muss sie ihr wie jeder anderen politischen Überzeugung die gleiche Entwicklungsmöglichkeit gewähren."

Auf die Frage, ob die Demokratie sich nicht verteidigen solle, selbst gegen das Volk, das sie nicht wolle, oder gegen eine Majorität, die nur in dem Willen einig sei, die Demokratie zu zerstören, antwortete Kelsen: „Diese Frage stellen, heißt schon, sie verneinen. Eine Demokratie, die sich gegen den Willen der Mehrheit zu behaupten, gar mit Gewalt sich zu behaupten versucht, hat aufgehört, Demokratie zu sein. Eine Volksherrschaft kann nicht gegen das Volk bestehen bleiben. Und soll es auch gar nicht versuchen, das heißt, wer für die Demokratie ist, darf sich nicht in den verhängnisvollen Widerspruch verstricken lassen und zur Diktatur greifen, um die Demokratie zu retten. Man muss seiner Fahne treu bleiben, auch wenn das Schiff sinkt" (Kelsen 1967, 68).

Angesichts der von den Nationalsozialisten und Kommunisten ausgehenden Gefahren für den Verfassungsstaat gab es in den letzten Jahren der Weimarer Republik aber auch Widerspruch zum Relativismus. Karl Loewenstein, einer der geistigen Väter der wehrhaften Demokratie, trug 1931 auf einer Tagung vor: „Der Staat hat die Pflicht der Selbsterhaltung, sich dagegen zu wehren, dass gerade den Parteien der parlamentarische Apparat zu Verfügung gestellt wird, die sich zum Programm gemacht haben, diesen Apparat zu zerschlagen. Der Staat, der [...] bedroht wird, muss sich entschlossen dagegen zur Wehr setzen." Der Soziologe Karl Mannheim zog im Exil die Folgerung: „Um zu überleben, muss unsere Demokratie eine streitbare Demokratie werden." Mannheim nannte die Gesellschaft der Weimarer Republik eine „relativistische Laisser-faire-Gesellschaft". Ihr stellte er eine Demokratie gegenüber, die den Mut hat, über gewisse grundlegende Werte Einigung zu erzielen (Becker 1992, 314 f.).

Als Konsequenz der Erfahrungen mit dem Untergang der Weimarer Republik begründet das Grundgesetz eine *wehrhafte* oder *streitbare Demokratie*. Die Beratungen im Parlamentarischen Rat legen ein Zeugnis von dem Trauma ab, welches das Scheitern der ersten deutschen Demokratie hinterließ. Hinzu kam die Konfrontation mit einer sich in der Sowjetischen Besatzungszone neu bildenden Diktatur, die ebenfalls auf Mittel sinnen ließ, Gefährdungen solcher Art vorzubeugen. Es bestand Einigkeit, dem Staat wirksame Verteidigungsmittel gegen seine Feinde zu verschaffen und in der Verfassung Schranken gegen eine Wiederkehr der Diktatur aufzurichten (Becker 1992, 315 f.).

Das Selbstverständnis als wehrhafte Demokratie drückt die Entschlossenheit des Grundgesetzes aus, die Grundwerte der Staatsordnung beharrlich gegen alle Angriffe zu verteidigen. Das Bundesverfassungsgericht sieht in der wehrhaften Demokratie daher auch eine Grundentscheidung der Verfassung von hohem Rang. Die wehrhafte Demokratie mache es den staatlichen Organen nämlich zur Aufgabe, die Verfassungsgrundwerte zu sichern und zu gewährleisten: „Der freiheitliche demokratische Rechtsstaat kann und darf sich nicht in die Hand seiner Zerstörer geben" (BVerfGE 39, 334 (349)). Soweit zum Zwecke dieser Verteidigung Einschränkungen der politischen Betätigungsfreiheit der Feinde der Verfassung erforderlich sind, werden sie in Kauf genommen. Gegenüber seinen Feinden will das Grundgesetz also nicht neutral sein.

Als Schutzgut der wehrhaften Demokratie führt das Grundgesetz zum einen den *Bestand* von Bund und Ländern auf. Damit sind die territoriale Integrität, die Handlungsfähigkeit sowie die Aufgabenwahrnehmung der beiden staatlichen Ebenen gemeint. Eine abzuwehrende Gefährdung kann beispielsweise in Bombenterror, separatistischen Gewaltaktionen oder der Bedrohung ganzer Bevölkerungsgruppen durch Trinkwasserverseuchung bestehen (Becker 1992, 340).

Zum anderen nennt das Grundgesetz als Schutzgut die *verfassungsmäßige Ordnung* sowie die *freiheitliche demokratische Grundordnung*. Die beiden Begriffe sind weitgehend identisch. Die in ihnen enthaltenen Werte dürfen im politischen Willensbildungsprozess nicht angetastet werden. Ihre Bekämpfung berechtigt dazu, den Angreifer zu „entpolitisieren“ (Dürig/Klein 1997, 12, Rdnr. 10). Das Bundesverfassungsgericht hat die zu schützenden Werte in zwei richtungweisenden Entscheidungen anlässlich von Parteiverbotsverfahren konkretisiert. Es handelt sich bei diesen Werten insbesondere um die vom Freiheits- und Gleichheitsprinzip geprägten Grundrechte, die soziale Gerechtigkeit, die Volkssouveränität, die Gewaltenteilung, das Mehrheitsprinzip, die Verantwortlichkeit der Regierung, die Gesetzmäßigkeit der Verwaltung, die Unabhängigkeit der Gerichte, das Mehrparteienprinzip, die Chancengleichheit der Parteien und das Recht auf Opposition (BVerfGE 2, 1 (12 f.); BVerfGE 5, 85 (198 f.)). Unschwer lassen sich in diesen Werten die Staatsfundamentalnormen Demokratie, Rechtsstaat und Sozialstaat erkennen.

Die wehrhafte Demokratie verteidigt die Verfassung *präventiv*, d.h. vorbeugend durch Verbote, wie auch *repressiv*, d.h. durch aktive Bekämpfung bereits erfolgter Angriffe. Die Abwehr richtet sich gegen Angriffe aus dem Bereich der Gesellschaft. So wird das Grundgesetz gegen verfassungsfeindliche Bestrebungen von Parteien, Vereinigungen und selbst von Einzelpersonen geschützt. Die Abwehr richtet sich aber auch gegen eine Beseitigung der zentralen Verfassungsprinzipien durch staatliche Organe. So unterliegt der verfassungsändernde Gesetzgeber bestimmten Beschränkungen hinsichtlich dessen, was er am Grundgesetz ändern darf. Und Richter dürfen trotz ihrer Unabhängigkeit nicht gegen Grundsätze des Grundgesetzes verstoßen.

Die vorbeugende Ausschaltung von Gefährdungen des Verfassungsstaates

Der präventive Verfassungsschutz sanktioniert nicht Vergangenes, sondern will vor zukünftigen Gefahren sichern. Eines seiner Mittel sind *Verbote*. Das Grundgesetz enthält zwei Artikel, die ein Verbot ermöglichen. Hiernach können Parteien und Vereinigungen verboten werden. Ein weiterer Artikel ermöglicht, dass Einzelpersonen bestimmte Grundrechte verwirken.

Artikel 21 Abs. 2 GG ist diejenige Verfassungsbestimmung, die ein *Parteienverbot* wegen Verfassungswidrigkeit erlaubt. Voraussetzung eines Verbotes ist, dass die betreffende Partei nach ihren Zielen oder nach dem Verhalten ihrer Anhänger darauf ausgeht, die Schutzgüter der wehrhaften Demokratie zu beseitigen. Die Partei muss hiernach eine aktive und kämpferische Haltung einnehmen. Es genügt nicht, dass sie die Grundwerte der Verfassung nicht anerkennt, sie ablehnt oder ihnen andere entgegensetzt. Erst wenn die Partei die Grundwerte bekämpft, wird die kritische Grenze überschritten. Dies ist etwa der Fall, wenn eine systematische Schulungs- und Propagandaarbeit den politischen Umsturz als unvermeidlich darstellt oder wenn programmatische Reden führender Parteifunktionäre zum Umsturz aufrufen.

Eine Partei zu verbieten, ist eine heikle Angelegenheit. Denn Parteien sind von der Verfassung gewollte Zusammenschlüsse von Bürgern zum Zwecke der Einflussnahme auf die Politik. Parteien sollen die Demokratie mit Leben füllen. Ohne sie kann die

Demokratie nicht funktionieren. Gleichwohl entschloss sich der Parlamentarische Rat, aufgrund der Geschehnisse in der Weimarer Republik ein Parteienverbot zuzulassen.

> Artikel 21 GG:
> (1) [...]
> (2) **Parteien**, die nach ihren Zielen oder nach dem Verhalten ihrer Anhänger darauf ausgehen, die **freiheitliche demokratische Grundordnung** zu beeinträchtigen oder zu beseitigen oder den **Bestand der Bundesrepublik Deutschland** zu gefährden, sind **verfassungswidrig.** Über die Frage der Verfassungswidrigkeit entscheidet das Bundesverfassungsgericht.
> (3) Das Nähere regeln Bundesgesetze.

Die mit dem Verbot einer Partei erkaufte Sicherung der Verfassungsordnung hat einen hohen Preis. Dieser Preis besteht in der Beschneidung der politischen Freiheit und der Verengung des Parteiensystems. Nicht mehr alle politischen Strömungen finden im Falle eines Verbotes eine organisatorische Heimstatt. Damit wird aber eine Grundvoraussetzung der Demokratie berührt, nämlich ihre Offenheit und die freie Konkurrenz der Ideen und Programme. Hinzu kommt eine prinzipielle Aporie: Unbedeutende verfassungsfeindliche Parteien zu verbieten, ist unter dem Aspekt des Schutzgedankens nicht erforderlich. Verfassungsfeindliche Parteien mit einer Massenbasis zu verbieten, kommt möglicherweise zu spät und ist zudem wenig erfolgversprechend.

Dennoch ist das Verbot einer Partei nicht Gedanken-, sondern Organisationsverbot. Denn der vorrangige Zweck des Verbotes besteht darin, den Anhängern der betreffenden Partei die Einflussnahme auf die gesellschaftliche Willensbildung und die staatliche Entscheidungsfindung zu nehmen (Klein 2001/2004/2005, 206 ff., Rdnr. 487 ff.).

Das Verbot einer politischen Partei ist gleichwohl ein außerordentlich schwerer Eingriff in die Offenheit des politischen Prozesses. Deshalb spricht alles für eine restriktive Anwendung dieses Instrumentes. Das Grundgesetz trägt der Schwere des Eingriffes dadurch Rechnung, dass ausschließlich das Bundesverfassungsgericht das Verbot aussprechen darf. Dabei kann es nur auf Antrag tätig werden.

Die Parteien sind jedenfalls dem unmittelbaren Zugriff der Regierung wie auch des Parlaments entzogen. Beide Verfassungsorgane sind parteipolitisch geprägt. Sie könnten deswegen der Versuchung erliegen, unliebsame politische Konkurrenten durch ein Verbot aus dem Weg zu schaffen. Bundesregierung, Bundestag und zusätzlich der Bundesrat können gemäß § 43 des Bundesverfassungsgerichtsgesetzes jedoch einen Verbotsantrag stellen. Ob sie allein oder zusammen diesen Antrag stellen, steht in ihrem Ermessen. Taktische oder opportunistische Motive können bei der Frage, ob ein Verbotsantrag gestellt werden soll, folglich eine Rolle spielen.

Die Folge ist, dass es Parteien geben kann, die zwar die Voraussetzungen eines Verbotes erfüllen, aber nicht verboten sind. Solange jedoch eine Partei nicht verboten ist, darf sie ihrer politischen Tätigkeit ungehindert nachgehen. Dies ist Ausdruck des *Parteienprivilegs*, das die zentrale Bedeutung der Parteien für die Demokratie widerspiegelt.

Was die Feststellung der Verfassungswidrigkeit konkret bedeutet, lässt das Grundgesetz offen. Antwort gibt dafür § 46 des Bundesverfassungsgerichtsgesetzes: „Mit der Feststellung ist die Auflösung der Partei [...] und das Verbot, eine Ersatzorganisation zu schaffen, zu verbinden. Das Bundesverfassungsgericht kann in diesem Fall außerdem die Einziehung des Vermögens der Partei [...] zugunsten des Bundes oder des Landes zu gemeinnützigen Zwecken aussprechen."

Die Folgen für eine als verfassungswidrig festgestellte Partei reichen aber über das eigentliche Verbot und den Vermögensverlust noch hinaus. Denn § 46 des Bundeswahlgesetzes schreibt vor: „Ein Abgeordneter verliert die Mitgliedschaft im Deutschen Bundestag bei [...] Feststellung der Verfassungswidrigkeit der Partei [...], der er angehört, durch das Bundesverfassungsgericht nach Artikel 21 Abs. 2 Satz 2 des Grundgesetzes."

In der Geschichte der Bundesrepublik Deutschland wurden erst zwei Parteien verboten, nämlich 1952 die rechtsextremistische Sozialistische Reichspartei (SRP) und 1956 die linksextremistische Kommunistische Partei Deutschlands (KPD). Die rechtsextremistische Freiheitliche Deutsche Arbeiterpartei (FAP) wurde 1995 verboten, allerdings nicht als Partei, sondern als Vereinigung. Ihr fehlte die Parteieigenschaft, so dass nicht das Bundesverfassungsgericht, sondern die zuständige Verwaltungsbehörde das Verbot aussprach. Ein Anfang 2001 angestrengtes Verfahren gegen die rechtsextremistische Nationaldemokratische Partei Deutschlands (NPD) scheiterte 2003, da diese Partei stark vom Verfassungsschutz durchsetzt war und somit ihre Verlautbarungen nicht als wirklich authentisch angesehen werden konnten (Papier/Durner 2003, 352).

Artikel 9 Abs. 2 GG ermöglicht das *Verbot von Vereinigungen*. Der Artikel nennt drei Verbotsgründe: Erstens strafbare Handlungen oder ein Vereinszweck, der den Strafgesetzen zuwiderläuft; zweitens eine gegen die verfassungsmäßige Ordnung gerichtete aggressiv-kämpferische Haltung, drittens eine Haltung, die sich gegen den Gedanken der Völkerverständigung richtet, die also auf die Störung des Friedens unter den Völkern und Staaten abzielt. Entgegen dem Wortlaut tritt das Verbot aber nicht automatisch ein. Es bedarf eines förmlichen Verbotes, das im Vereinsgesetz geregelt ist.

Im Verhältnis zum Parteienverbot ist das Verbot einer Vereinigung erheblich einfacher zu bewerkstelligen. Denn ein Vereinigungsverbot verlangt kein Verfahren vor dem Bundesverfassungsgericht. Für ein Verbot sind je nach Verbreitung der betreffenden Vereinigung Verwaltungsbehörden auf Bundes- oder Länderebene zuständig. Vereinigungen genießen eben nicht das Parteienprivileg.

Artikel 9 GG:
(1) [...]
(2) **Vereinigungen**, deren Zwecke oder deren Tätigkeit den **Strafgesetzen** zuwiderlaufen oder die sich gegen die **verfassungsmäßige Ordnung** oder gegen den Gedanken der **Völkerverständigung** richten, sind **verboten**.
(3) [...]

Wenn eine Vereinigung einen der Tatbestände erfüllt, der ein Verbot begründet, ist die zuständige Behörde aufgrund des klaren Verfassungsbefehls eigentlich zum Einschreiten verpflichtet. Es stellt sich aber die Frage, ob gegen unbedeutende und an sich ungefährliche Vereinigungen vorgegangen werden sollte. Denn der Verfassungsartikel setzt unausgesprochen einen nicht unerheblichen Angriff und eine nicht unerhebliche Gefahr für die Schutzgüter als Anlass eines Verbotes voraus. Ein solcher Anlass kann nicht schon angenommen werden, wenn eine Vereinigung etwa bloße Kritik an der Verfassungsordnung übt. Es gibt also einen Ermessensspielraum: Die Behörde muss die Gefährlichkeit prüfen dürfen, um zu verhindern, dass im Einzelfall ein Verbot ins Leere geht oder sogar unnötiges Unheil anrichtet. Weiterhin muss die Behörde auch mildere Mittel als das Verbot anwenden dürfen, also Warnungen oder Einschränkungen der Betätigung (Scholz 1999, 119 f., Rdnr. 132 ff.).

Artikel 9 Abs. 2 GG ist eine besonders deutliche Reaktion auf die Weimarer Republik. Zu jener Zeit waren Vereinigungen zu allen denkbaren Zwecken erlaubt. Sie durften nur nicht den Strafgesetzen zuwiderlaufen. Unter dem Schutz dieser weitgehend unbeschränkten Vereinigungsfreiheit war damals eine große Anzahl von Verbänden und Vereinigungen an der Demontage der Demokratie aktiv beteiligt.

In der Geschichte der Bundesrepublik Deutschland kam es bislang zu einer erheblichen Zahl von Vereinigungsverboten. Vielbeachtete Beispiele bildeten das Verbot der rechtsextremistischen „Wiking-Jugend“ und das Verbot des islamistischen Vereins „Kalifatstaat“.

Gegen individuelle Verfassungsfeindschaft richtet sich Artikel 18 GG. Hiernach riskieren Personen die *Verwirkung bestimmter Grundrechte*, wenn sie diese Grundrechte zum Kampf gegen die freiheitliche demokratische Grundordnung missbraucht haben. Die meisten der aufgezählten Grundrechte tragen politisch-kommunikative Züge, weisen damit also eine besondere Eignung zum politischen Missbrauch auf.

Artikel 18 GG ist in zweifacher Hinsicht bemerkenswert: Erstens ist wie beim Parteienverbot *ausschließlich* das Bundesverfassungsgericht berechtigt, eine betreffende Entscheidung zu fällen. Das erklärt sich aus dem hohen Wert der Grundrechte für die Grundrechtsträger. Zweitens darf das Gericht dem Betreffenden die genannten Grundrechte nicht einfach aberkennen. Denn das wäre mit dem Bekenntnis zu unverletzlichen und unveräußerlichen Menschenrechten in Artikel 1 Abs. 2 GG nicht vereinbar. Das Grundgesetz erlaubt lediglich die Verwirkung eines oder mehrerer Grundrechte.

> Artikel 18 GG:
> Wer die Freiheit der Meinungsäußerung, insbesondere die Pressefreiheit (Artikel 5 Abs. 1), die Lehrfreiheit (Artikel 5 Abs. 3), die Versammlungsfreiheit (Artikel 8), die Vereinigungsfreiheit (Artikel 9), das Brief-, Post- und Fernmeldegeheimnis (Artikel 10), das Eigentum (Artikel 14) oder das Asylrecht (Artikel 16a) zum Kampfe gegen die **freiheitliche demokratische Grundordnung** missbraucht, **verwirkt** diese Grundrechte. Die Verwirkung und ihr Ausmaß werden durch das Bundesverfassungsgericht ausgesprochen.

Dem Bundesverfassungsgericht obliegt es, nicht nur die Verwirkung festzustellen, sondern auch ihr Ausmaß festzulegen. Gemäß § 39 des Bundesverfassungsgerichtsgesetzes heißt das, die Dauer der Verwirkung ebenso wie bestimmte Beschränkungen hinsichtlich des Grundrechtsgebrauchs anzuordnen. Schließlich kann das Gericht für die Dauer der Verwirkung das Wahlrecht, die Wählbarkeit sowie die Fähigkeit zur Bekleidung öffentlicher Ämter aberkennen.

Die Verwirkung zielt nicht auf die Entrechtung, sondern nur auf die Entpolitisierung des Grundrechtsinhabers. Er soll aus dem politischen Kommunikationsprozess entfernt werden. Die Verwirkung strebt politische Enthaltsamkeit, nicht jedoch politisches Wohlverhalten an. Konkret heißt Verwirkung Verlust des Rechts, sich auf das verwirkte Grundrecht zu berufen. Der Betroffene kann gegebenenfalls vor Gericht nicht gegen die Verletzung des verwirkten Grundrechts klagen, da ihm der Rechtstitel entzogen ist (Dürig/Klein 1997, 14 f., 30 f., Rdnr. 16 ff., 69 ff.).

Die praktische Bedeutung von Artikel 18 GG ist gering. Das Bundesverfassungsgericht musste sich bisher nur mit vier Anträgen auf Verwirkung befassen. Die Anträge waren ausnahmslos von der Bundesregierung gestellt worden. Immer ging es um Angehörige der rechtsextremistischen Szene. Keiner der Anträge hatte Erfolg. Sie scheiterten bereits im Vorverfahren, weil die Anträge die Gefährlichkeit der Aktivitäten der betreffenden Person nicht hinreichend nachweisen konnten.

Die geringe Zahl der Anträge lässt sich auch damit erklären, dass das Strafrecht die Zwecke, die Artikel 18 GG verfolgt, bereits wirksam genug erreicht. Gleichwohl nimmt Artikel 18 GG einen sinnvollen Platz im Rahmen des grundgesetzlichen Verfassungsschutzes ein. Denn ihm wohnt der Appell inne, die Grundrechte nur ihrem Geist gemäß, nicht ihrem Geist zuwider zu gebrauchen.

Wie ernst das Grundgesetz die Schutzgüter der wehrhaften Demokratie nimmt, lässt sich auch Artikel 10 Abs. 2 und Artikel 11 Abs. 2 entnehmen. Zwei wichtige Grundrechte, nämlich das Brief-, Post- und Fernmeldegeheimnis sowie die Freizügigkeit, dürfen zum Schutze der freiheitlichen demokratischen Grundordnung sowie des Bestandes des Bundes oder eines Landes gesetzlich eingeschränkt werden.

Artikel 10 GG:
(1) Das Briefgeheimnis sowie das Post- und Fernmeldegeheimnis sind unverletzlich.
(2) **Beschränkungen** dürfen nur auf Grund eines Gesetzes angeordnet werden. Dient die Beschränkung dem **Schutze der freiheitlichen demokratischen Grundordnung** oder des **Bestandes oder der Sicherung des Bundes oder eines Landes,** so kann das Gesetz bestimmen, dass sie dem Betroffenen nicht mitgeteilt wird und dass an die Stelle des Rechtsweges die Nachprüfung durch von der Volksvertretung bestellte Organe und Hilfsorgane tritt.

Artikel 11 GG:
(1) Alle Deutschen genießen Freizügigkeit im ganzen Bundesgebiet.
(2) Dieses Recht darf nur durch Gesetz oder auf Grund eines Gesetzes und nur für die Fälle eingeschränkt werden, in denen eine ausreichende Lebensgrundlage nicht vorhanden ist und der Allgemeinheit daraus besondere Lasten entstehen würden oder in denen es zur **Abwehr einer drohenden Gefahr für den Bestand oder die freiheitliche demokratische Grundordnung des Bundes oder eines Landes**, zur Bekämpfung von Seuchengefahr, Naturkatastrophen oder besonders schweren Unglücksfällen, zum Schutze der Jugend vor Verwahrlosung oder um strafbaren Handlungen vorzubeugen, erforderlich ist.

In Artikel 79 Abs. 3 GG manifestiert sich der *Selbstschutz* der Verfassung besonders deutlich. Die Verfassungsbestimmung entzieht dem verfassungsändernden Gesetzgeber die Kompetenz, die Grundsätze der Verfassung zu beseitigen. Die Bestimmung soll verhindern, „dass die geltende Verfassungsordnung in ihrer Substanz, in ihren Grundlagen auf dem formal-legalistischen Weg eines verfassungsändernden Gesetzes beseitigt und zur nachträglichen Legalisierung eines totalitären Regimes missbraucht werden kann. Die Vorschrift verbietet also eine prinzipielle Preisgabe der dort genannten Grundsätze“ (BVerfGE 30, 1 (24)).

Artikel 79 GG formuliert damit einen unbedingten Geltungsanspruch der Verfassung auch gegenüber demokratischen Mehrheiten.

Artikel 79 GG markiert eine bewusste Abkehr vom Selbstverständnis der Weimarer Republik. Der Weimarer Reichsverfassung war nämlich die Vorstellung verfassungswidriger Zielsetzungen zumindest ihrem Wortlaut nach fremd. Denn gemäß Artikel 76 WRV konnte die Reichsverfassung durch eine Mehrheit von zwei Dritteln im Wege der Gesetzgebung geändert werden, ohne dass dabei inhaltliche Grenzen zu berücksichtigen waren. Die Verfassung stand damit nicht oberhalb der Legislative, sondern vielmehr zu ihrer Disposition. Einer Vernichtung der Verfassung durch verfassungsfeindliche Mehrheiten setzte die Weimarer Verfassung keine Schutzmechanismen entgegen.

> Artikel 79 GG:
> (1) [...] (2) [...]
> (3) Eine **Änderung** dieses Grundgesetzes, durch welche die Gliederung des Bundes in Länder, die grundsätzliche Mitwirkung der Länder bei der Gesetzgebung oder die in den **Artikeln 1** und **20** niedergelegten **Grundsätze** berührt werden, ist **unzulässig**.

Dies war aus der Sicht des damals vorherrschenden staatsrechtlichen Positivismus durchaus konsequent. Der Positivismus anerkennt keine absoluten oder allgemeingültigen materialen Werte. Er akzeptiert jeden Inhalt, wenn er nur auf den vorgeschriebenen Verfahrenswegen zustande gekommen ist (Papier/Durner 2003, 343).

Schließlich ist auch noch Artikel 98 Abs. 2 GG Ausdruck der wehrhaften Ordnung. Der Artikel soll die Verfassungstreue von Bundesrichtern gewährleisten. Richter sind gehalten, dienstlich und außerdienstlich die Grundsätze des Grundgesetzes sowie die verfassungsmäßige Ordnung der Länder zu achten.

Die für Verstöße hiergegen vorgesehenen Sanktionen darf nur das Bundesverfassungsgericht verhängen. Bisher musste das Verfassungsgericht allerdings noch in keinem Fall über eine Bundesrichteranklage entscheiden.

> Artikel 98 GG:
> (1) [...]
> (2) Wenn ein **Bundesrichter** im Amte oder außerhalb des Amtes gegen die **Grundsätze** des **Grundgesetzes** oder gegen die **verfassungsmäßige Ordnung** eines Landes verstößt, so kann das Bundesverfassungsgericht mit Zweidrittelmehrheit auf Antrag des Bundestages anordnen, dass der Richter **in ein anderes Amt** oder **in den Ruhestand** zu versetzen ist. Im Falle eines vorsätzlichen Verstoßes kann auf **Entlassung** erkannt werden.
> (3) [...] (4) [...] (5) [...]

Die Bekämpfung akuter Gefahren für den Verfassungsstaat

Der Charakter der Bundesrepublik Deutschland, eine wehrhafte Demokratie zu sein, kommt nirgendwo stärker zum Ausdruck als in den Artikeln 91 und 87a GG. Die beiden Artikel räumen dem Staat wirksame Möglichkeiten ein, sich gegen bewusste, seinen Bestand sowie seinen Charakter als freiheitliche Demokratie gefährdende Aktionen zur Wehr zu setzen. Denn sie erlauben den Einsatz konzentrierter staatlicher Machtmittel.

Politisch motivierte Gewaltangriffe auf staatliche Einrichtungen, die öffentliche Infrastruktur sowie auch private Rechtsgüter nimmt der wehrhafte Verfassungsstaat genauso wenig hin wie Versuche, mit gewaltsamen Mitteln die verfassungsmäßige Ordnung zu ändern.

Die Bekämpfung von Gewalttaten und Unruhen obliegt zuvörderst den Polizeikräften der Länder. Sofern sich die Gefahrenlage auf das Gebiet eines Landes beschränkt, ist es zunächst Aufgabe des Landes, die Gefahr mit der eigenen Polizei zu bekämpfen. Reichen die Kräfte eines Landes jedoch nicht aus, ermöglicht Artikel 91 Abs. 1 GG dem betreffenden Land die Anforderung von Polizeikräften anderer Länder wie auch des Bundes. Diese Polizeikräfte wie auch der Bundesgrenzschutz (Bundespolizei) unterliegen dann den Weisungen des anfordernden Landes.

Artikel 91 Abs. 2 GG regelt auch den Fall, dass ein Land zur Bekämpfung der Gefahr nicht willens oder nicht in der Lage ist. Diese Extremsituation begründet ein Weisungsrecht der Bundesregierung gegenüber der Polizei des betreffenden Landes wie auch gegenüber den Polizeikräften anderer Länder. Zudem kann die Bundesregierung den Bundesgrenzschutz jetzt nach eigenen Vorstellungen einsetzen.

> Artikel 91 GG:
> (1) Zur **Abwehr** einer drohenden **Gefahr** für den **Bestand** oder die **freiheitliche demokratische Grundordnung** des Bundes oder eines Landes kann ein Land **Polizeikräfte anderer Länder** sowie Kräfte und Einrichtungen anderer Verwaltungen und des **Bundesgrenzschutzes** anfordern.
> (2) Ist das Land, in dem die Gefahr droht, nicht selbst zur Bekämpfung der Gefahr bereit oder in der Lage, so kann die **Bundesregierung** die **Polizei** in diesem Lande und die **Polizeikräfte** anderer Länder **ihren Weisungen unterstellen** sowie Einheiten des **Bundesgrenzschutzes** einsetzen. Die Anordnung ist nach Beseitigung der Gefahr, im Übrigen jederzeit auf Verlangen des Bundesrates aufzuheben. Erstreckt sich die Gefahr auf das Gebiet mehr als eines Landes, so kann die **Bundesregierung**, soweit es zur wirksamen Bekämpfung erforderlich ist, den Landesregierungen **Weisungen** erteilen; Satz 1 und 2 bleiben unberührt.

In einer zugespitzten Lage, etwa in einer bürgerkriegsähnlichen Situation oder in der Situation eines Militärputsches, kann die Bundesregierung gemäß Artikel 87a Abs. 4 GG als außerordentliches Mittel sogar die Streitkräfte einsetzen. Diese Lagen zeichnen sich dadurch aus, dass ein zu militärischen Aktionen fähiger Gegner bekämpft werden muss.

Wenn auch die Bundesregierung den Einsatz der Streitkräfte anordnet und diesen die Einsatzbefehle erteilt, darf sich der Einsatz nicht verselbstständigen. Er dient der Unterstützung der Polizei und des Bundesgrenzschutzes. Er ist damit an den Polizeizweck gebunden, d.h. an die Abwehr von Gefahren, die die öffentliche Sicherheit und Ordnung bedrohen.

Artikel 87a GG:
(1) [...] (2) [...] (3) [...]
(4) Zur **Abwehr einer drohenden Gefahr** für den **Bestand** oder die **freiheitliche demokratische Grundordnung** des Bundes oder eines Landes kann die **Bundesregierung**, wenn die Voraussetzungen des Artikels 91 Abs. 2 vorliegen und die Polizeikräfte sowie der Bundesgrenzschutz nicht ausreichen, **Streitkräfte** zur Unterstützung der Polizei und des Bundesgrenzschutzes beim **Schutze von zivilen Objekten** und bei der **Bekämpfung organisierter und militärisch bewaffneter Aufständischer** einsetzen. Der Einsatz von Streitkräften ist einzustellen, wenn der Bundestag oder der Bundesrat es verlangen.

Das Widerstandsrecht als letztes Mittel zur Bewahrung des Verfassungsstaates

Für den äußersten Notfall hält das Grundgesetz das *Widerstandsrecht* als Mittel zur Rettung des Verfassungsstaates bereit. Das Widerstandsrecht greift gemäß Artikel 20 Abs. 4 GG als Instrument zur Verteidigung der verfassungsmäßigen Ordnung dann ein, wenn auf anderem Wege keine Abhilfe möglich ist.

Der Schutz der Verfassung hat mit dem Widerstandsrecht seine Perfektionierung erhalten: Nicht nur die Staatsorgane sind zum Schutz der Verfassung verpflichtet, auch der Einzelne ist berechtigt, im Extremfall für die Aufrechterhaltung der Verfassung aktiv zu werden.

Das Widerstandsrecht begründet keine Pflicht zum Widerstand. Angesichts der mit hohem Risiko behafteten Ausübung von Widerstand wäre eine Pflicht hierzu kaum nachvollziehbar. Das Widerstandsrecht steht nur den Deutschen zu. Ausgeübt werden darf es nur zur Bewahrung oder Wiederherstellung der in den Absätzen 1 bis 3 näher bezeichneten Ordnung.

Das Widerstandsrecht der Bürger ist ein *Notrecht*, die Verfassung mit privater Gewalt zu schützen, wenn die Mittel der Normalverfassung versagen. Es gilt also nur für Zeiten, in denen die Normalverfassung suspendiert ist. Es ist das letzte Mittel zur Verteidigung der Verfassungsordnung.

Artikel 20 GG:
(1) Die Bundesrepublik Deutschland ist ein demokratischer und sozialer Bundesstaat.
(2) Alle Staatsgewalt geht vom Volke aus. Sie wird vom Volke in Wahlen und Abstimmungen und durch besondere Organe der Gesetzgebung, der vollziehenden Gewalt und der Rechtsprechung ausgeübt.
(3) Die Gesetzgebung ist an die verfassungsmäßige Ordnung, die vollziehende Gewalt und die Rechtsprechung sind an Gesetz und Recht gebunden.
(4) Gegen jeden, der es unternimmt, diese **Ordnung** zu beseitigen, haben alle **Deutschen** das Recht zum **Widerstand**, wenn andere **Abhilfe** nicht möglich ist.

Das Widerstandsrecht legitimiert folglich nicht dazu, sich politisch unerwünschten Entscheidungen zu widersetzen. Es rechtfertigt also nicht den *zivilen Ungehorsam*. Dieser besteht darin, einzelnen Rechtsnormen den Gehorsam zu verweigern und dafür moralische Rechtfertigungen anzuführen. Abgesehen davon, dass der zivile Ungehorsam nichts anderes als einen Rechtsbruch darstellt und schon deshalb von der Rechtsordnung nicht gedeckt ist, hat er auch nichts mit dem Widerstandsrecht gemeinsam. Die mittels des zivilen Ungehorsams angestrebte punktuelle Korrektur des Rechts ist etwas völlig anderes als die vom Widerstandsrecht erhoffte Rettung oder Wiederherstellung des Verfassungsstaates durch mutige Handlungen von Angehörigen des Volkes (Dolzer 1992, 469 f.).

Hinsichtlich seines legitimierenden Grundes ist das Widerstandsrecht Ausdruck der *Souveränität des Staatsvolkes*: Das Volk nimmt in einer Situation, in der die von ihm installierten Staatsorgane ausfallen, die souveräne Gewalt wieder in seine Hände. In dem Moment, wo die verfassungsmäßigen Organe, sei es in der Form eines Machtmissbrauchs oder einer Machthinderung, ihre vorgesehenen Funktionen nicht mehr erfüllen, tritt das Volk wieder in seine souveränen Urrechte ein.

Dass nur die Deutschen Träger des Widerstandsrechts sind, ergibt sich aus dem engen Zusammenhang zwischen dem Staat, seiner Verfassungsordnung und den Staatsangehörigen: Ausländer dürften dem deutschen Staat und seiner Verfassung nicht in derselben engen Weise wie deutsche Staatsangehörige verbunden sein. Es ist aber auch in prinzipieller Hinsicht konsequent, dass das Widerstandsrecht allein den Deutschen zusteht. Denn auch die zu rettende oder wieder einzurichtende Staatsgewalt ist von den Deutschen und nicht von allen in Deutschland lebenden Menschen ausgegangen (Isensee 1969, 33 f.).

Das Widerstandsrecht befindet sich erst seit 1968 im Grundgesetz. In den Beratungen des Parlamentarischen Rates 1948 und 1949 wurden nämlich Vorschläge, ein Widerstandsrecht einzuführen, mit deutlicher Mehrheit abgelehnt. Die wesentlichen Einwände bezogen sich auf das Problem der Eingrenzung des Widerstandsrechts. Man befürchtete die Gefahr eines demagogischen Missbrauchs und einer Missdeutung als Aufforderung zum Landfriedensbruch. Es wurde auch darauf hingewiesen, dass eine verfassungsrechtliche Verankerung des Widerstandsrechts den Eindruck erwecken könnte, dass die Ausübung dieses Rechts kein persönliches Risiko berge.

Aufgenommen wurde das Widerstandsrecht im Zusammenhang mit der Einführung der Notstandsverfassung 1968. Gegenüber der Einschränkung bestimmter Grundrechte in Verbindung mit der Ausdehnung der staatlichen Macht im Notstandsfall sollte das als Individualgrundrecht verstandene Widerstandsrecht ein Äquivalent sein. Gegen einen im Notstandsfall nicht völlig auszuschließenden Putsch der Machtinhaber sollte das Widerstandsrecht des Volkes in Stellung gebracht werden können. Weiterhin wurde dem Widerstandsrecht eine erzieherische Funktion im Sinne einer erhöhten Wachsamkeit gegenüber verfassungsbedrohenden Entwicklungen zugesprochen (Dolzer 1992, 460 f.).

Die Idee eines Rechts auf Widerstand gegen den tyrannischen Herrscher oder den rechtswidrig handelnden Staat kann im europäischen Kulturkreis auf eine große Tradition zurückblicken. Die Idee geht zurück bis zum griechisch-römischen Rechtsdenken. Das Widerstandsrecht findet sich aber auch in der germanischen Auffassung, dass zwischen dem Herrscher und den Untertanen ein gegenseitiges Treue- und Abhängigkcitsverhältnis besteht, beide dem hergebrachten Recht unterworfen sind und im Falle eines Rechtsbruches durch den Herrscher jeder das Recht hat, ihn abzusetzen.

Im Mittelalter bildete das *Naturrechtsdenken* die geistige und ethisch-rechtliche Grundlage des Widerstandsrechts. Hiernach binden die ewigen und universal geltenden Naturrechtsprinzipien alle irdischen Gewalten. Verstöße gegen diese Prinzipien sind nichtig und binden niemanden. Die im Mittelalter entwickelten Herrschaftsvertragslehren und Erwägungen zur Volkssouveränität waren naturrechtlich inspiriert und hielten folglich am Widerstandsrecht fest.

Über die vom traditionellen Naturrechtsdenken inspirierte politische Theorie John Lockes strahlte das Widerstandsrecht auf die Kolonien in Amerika aus. Sie begründeten ihre Trennung von Großbritannien 1776 mit dem Widerstandsrecht. Verschiedene amerikanische Einzelstaaten führten das Widerstandsrecht ausdrücklich in ihre Verfassungen ein. Das Widerstandsrecht findet sich ebenso in Artikel 2 der französischen Erklärung der Menschen- und Bürgerrechte von 1789.

Im Deutschland des 19. und beginnenden 20. Jahrhunderts löste das Widerstandsrecht dagegen eher Widerspruch aus: Die Staatsgewalt sei durch die Verfassung dem

Recht unterworfen und damit gebunden. Ein in die Verfassung aufgenommenes Widerstandsrecht würde nur zur Rechtsunsicherheit führen (Stern 1980, 1488 ff.).

Das Widerstandsrecht richtet sich sowohl gegen einen Staatsstreich von oben als auch gegen einen Staatsstreich von unten. Ein *Staatsstreich von oben* liegt vor, wenn Staatsorgane Verfassungsbruch begehen. Typische Fälle sind der Militärputsch sowie die Machtusurpation. Ein *Staatsstreich von unten* ist der Versuch revolutionärer Kräfte, durch Aufruhr die Verfassungsordnung zu beseitigen und eine andere politische Ordnung zu errichten.

Widerstandshandlungen dürfen nur begangen werden, wenn andere Abhilfe nicht möglich ist. Der Widerstand hat demzufolge zu unterbleiben, wenn noch irgendeine andere Maßnahme Aussicht auf Erfolg verspricht. Das Widerstandsrecht darf mithin nur *subsidiär* angewendet werden. Es ist gedacht als das letzte verbleibende Mittel zur Erhaltung oder Wiederherstellung der Verfassungsordnung.

Die Abwehr ordnungsgefährdender Angriffe ist in erster Linie den staatlichen Organen anvertraut. Erst wenn diese Organe ihre ordnungssichernde Funktion nicht mehr wahrnehmen können oder wollen, fällt die Aufgabe des Schutzes der Verfassung wieder dem Volk zu.

Es ist für den Bürger schwierig, in einer Krisensituation die Verfassungslage richtig zu diagnostizieren. Eine falsche Diagnose kann ihn dazu bringen, Widerstandshandlungen zu begehen, obwohl er dazu objektiv nicht berechtigt ist. So kann es sein, dass die staatlichen Organe zur Verteidigung der Verfassung bereit sind und sich dennoch dafür entschieden haben, zum gegenwärtigen Zeitpunkt noch nicht gewaltsam gegen die Gegner der Verfassung vorzugehen. Eine solche abwartende Haltung kann die Chancen für eine erfolgreiche Abwehr des Angriffes auf die Verfassung möglicherweise sogar mindern. Gleichwohl muss der Bürger im Zweifel davon ausgehen, dass die staatlichen Organe ihre Aufgaben ordnungsgemäß wahrnehmen (Dolzer 1992, 472 f.).

Generell sind die Fälle zulässigen Widerstands kaum klar zu bestimmen. Die Lagen, die den Widerstandsfall auslösen, treten nämlich schwerlich in voller Reinheit ein. Dasselbe gilt für die Klausel, dass andere Abhilfe unmöglich sein muss. Der Einzelne dürfte kaum in der Lage sein, eine solche Feststellung mit Sicherheit treffen zu können.

Der Widerstand kann individuell und kollektiv, aktiv und passiv geübt werden. Die Widerstandshandlungen selbst können jede nur denkbare Form annehmen. Hinsichtlich der Wahl der anzuwendenden Mittel gibt es nämlich keine gesetzlichen Schranken. Es kann solche Schranken auch nicht geben, da im Widerstandsfall die gesetzliche Ordnung nicht mehr in Funktion ist. Im Widerstandsfall sind also Handlungen erlaubt, die bei Geltung des Strafrechts mit harten Strafen belegt würden. Klassische Widerstandsformen sind der politische Streik, der Ungehorsam gegen Befehle, der Einsatz von Waffengewalt und im Extremfall die Tötung von Menschen. Die anzuwendenden Mittel müssen aber immer geeignet sein, den Widerstand zum Erfolg zu führen, d.h. den Verfassungszustand wiederherzustellen. Die im Widerstandsfall erlaubte gewaltsame Selbsthilfe trägt deutlich anarchische Züge. Das Widerstandsrecht ist daher der Gedankenfigur des unfriedlichen Naturzustandes zuzuordnen.

Das Widerstandsrecht ist für denjenigen, der sich in seinen Handlungen darauf beruft, mit erheblichen persönlichen Risiken verbunden. Hat er nämlich fälschlich oder voreilig angenommen, dass der Widerstandsfall vorliegt, drohen ihm für seine Taten empfindliche Strafen. Haben umgekehrt die Putschisten oder Revolutionäre gesiegt, werden seine Widerstandshandlungen als Hochverrat oder Konterrevolution bewertet und mit schlimmsten Strafen belegt.

Da es kein Verfahren gibt, das formell den Widerstandsfall feststellt, ist diese Feststellung jedem Einzelnen überlassen. Das kann zu einer chaotischen Widersprüchlichkeit führen, wenn Teile des Volkes schon den Widerstandskampf führen, während andere Teile sich noch an das Recht halten.

Bei einem Staatsstreich von unten erscheint das Widerstandsrecht auch fast wie ein Rechtstitel zum Bürgerkrieg: Beide Seiten, Verteidiger wie Revolutionäre, werden sich auf das dem Volk zustehende Widerstandsrecht berufen. Es gibt in einer solchen Situation keine neutrale Instanz, die das angemaßte Widerstandsrecht vom legitimen unterscheidet. Besonders risikoreich ist der legitime Widerstand, wenn die revolutionäre Bewegung von der Mehrheit der Bevölkerung getragen wird.

Insgesamt wirkt die Positivierung des Widerstandsrechts wie der vermessene Versuch, auch das Chaos eines Putsches oder einer Revolution verfassungsrechtlich noch organisieren zu wollen. Das Schicksal der Verfassung hängt in einer solchen existenziellen Situation aber nicht mehr von verfassungsrechtlich organisierbaren Kräften ab.

Unberührt von diesen Bedenken bleibt das naturrechtlich begründete überpositive Widerstandsrecht. Dieses Widerstandsrecht gilt immer und überall. Es bedarf nicht der Positivierung (Isensee 1969, 31, 61 ff., 80 f., 99 ff.).

6 Politische Zielwerte

6.1 Gemeinwohl

Menschliche Gemeinschaften bedürfen gemeinsamer Ziele, um die Solidarität ihrer Mitglieder zu aktivieren und einen inneren Zusammenhalt herzustellen. Dieses gemeinsame Ziel heißt seit jeher Gemeinwohl. Deshalb gilt die Förderung des Gemeinwohls als der nicht hintergehbare Legitimationsgrund des Staates und zugleich als die umfassendste aller Zielvorgaben der Politik.

Die in einem Staat vereinigten Menschen müssen den Gesetzen dieses Staates gehorchen. Diesen Gehorsam erbringen sie freiwillig, wenn die Gesetze Gemeinwohlcharakter tragen. Dasselbe trifft auf die Verfassung zu: Nur wenn die in ihr enthaltenen Werte und Verfahrensweisen das Wohl aller ermöglichen, findet sie Anerkennung.

Worin besteht die spezifische Leistung des Gemeinwohlbegriffes? Welche Werte und welche Verfahren des Grundgesetzes sind Ausdruck des Gemeinwohlgedankens? Welche Gemeinwohlverpflichtungen spricht das Grundgesetz aus?

Das Gemeinwohl als legitimierender Grund von Staat und Politik

Das Gemeinwohl hat verschiedene Namen. Geläufige Bezeichnungen sind „Wohl des Ganzen“, „Allgemeininteresse“, „öffentliches Interesse“, „Wohl der Allgemeinheit“ und als Übernahme aus dem Lateinischen „bonum commune“. Welcher Name auch immer verwendet wird, es handelt sich beim Gemeinwohl um einen hochgradig normativen Begriff. Denn das Gemeinwohl ist als Sinngrund aller politischen Bemühungen etwas *Gesolltes*. Es verkörpert die Idee vom guten Zustand des Gemeinwesens und vom Gedeihen aller seiner Glieder. Im Gemeinwohl ist deshalb auch der Gedanke der Gerechtigkeit enthalten.

Als ethischer Maßstab kann das Gemeinwohl keine empirische Größe sein. Es lässt sich daher nicht einfach definieren als die Resultante im Parallelogramm der gesellschaftlichen und politischen Kräfte. Ebenso wenig deckt es sich mit dem realen Konsens einer Gesellschaft über die von ihr verfolgten Ziele. Das Gemeinwohl ist vielmehr das normative Leitbild für einen gesellschaftlichen Konsens. Seine eigentliche Funktion ist die einer regulativen Idee für alles politische Handeln in einem Gemeinwesen (Isensee 2004a, 104 f.).

Die Idee des Gemeinwohls ist so alt wie die Fragen nach dem Sinn der staatlichen Gemeinschaft und nach dem Zweck des politischen Handelns. Die Idee geht daher jeglicher möglichen Verfassung und jeder konkreten Politik voraus. Das Gemeinwohl ist damit die allgemeinste Norm, welche die Staatsethik dem Staat und dem politischen Handeln vorgibt.

Als Inbegriff aller legitimen Staatszwecke steht das Gemeinwohl sowohl hinter den allgemeinen Staatszielen, wie etwa Wohlfahrt, Gerechtigkeit, Umweltschutz und Sicherheit, als auch hinter den konkreten Staatsaufgaben, wie etwa Landesverteidigung, Schutz der Zivilbevölkerung, öffentliche Sicherheit und Ordnung sowie Bekämpfung von Naturkatastrophen (Isensee 1988, 4).

Es überrascht daher nicht, dass jedes politische Handlungsprogramm den Anspruch erhebt, das Gemeinwohl zu verwirklichen. Die politischen Amtsträger in den staatlichen Organen sind sogar explizit dem Gemeinwohl verpflichtet. Sie müssen einen Eid schwören, in dem sie sich verpflichten, ihre Kraft dem Wohl des Gemeinwesens zu widmen. Der Eid lässt allerdings offen, worin genau das Wohl des Gemeinwesens besteht. Die Amtsträger dürfen also ihrer jeweiligen Vorstellung vom Gemeinwohl folgen. Ausgeschlossen ist aber, dass sie die Amtsgewalt zu ihrem persönlichen Vorteil nutzen.

Der Amtseid deutet bereits an, dass das Gemeinwohl vorrangig Ausdruck des *Republikprinzips*, nicht des Demokratieprinzips ist. Denn es bezeichnet entsprechend dem klassischen Verständnis der Republik die ausschließliche Ausrichtung der staatlichen Herrschaft auf das Wohl des Volkes: „Res publica res populi". Demokratische Willensbildungsmechanismen können das Gemeinwohl fördern, sie sind hierzu jedoch nicht zwingend erforderlich (Isensee 2004a, 101).

Aufgrund seiner Allgemeinheit ist das Gemeinwohl kein übliches Regelungsthema in Verfassungsgesetzen. Denn eine Verfassung zielt nicht auf die kluge Belehrung über das von der politischen Vernunft Aufgegebene, sondern auf die wirkmächtige Gestaltung der staatlichen Ordnung. Nun würde eine allgemeine Proklamation des Gemeinwohls als Staatsziel kaum unmittelbare Rechtswirkung zeitigen. Daher verwendet auch das Grundgesetz die Gemeinwohlvokabel nur sehr sparsam (Isensee 1988, 48).

Die hohe Abstraktheit des Gemeinwohlbegriffs bewirkt, dass sich sein Inhalt der abschließenden Definition entzieht. Das Gemeinwohl ist nicht zuletzt aus diesem Grunde ein gern gebrauchtes, aber auch missbrauchsanfälliges Versatzstück in der politischen Rhetorik. Sein Gebrauch nährt daher mitunter Ideologieverdacht.

Für die Offenheit des Gemeinwohls gibt es jedoch gute Gründe. Im Gemeinwohl sind nämlich viele rivalisierende Werte und Interessen enthalten, die sich nicht einfach zu einem geschlossenen System denken lassen. Eine geschlossene Gemeinwohldefinition ließe sich angesichts dieses Sachverhaltes nur mit Gewalt durchsetzen und aufrechterhalten. Das wäre mit dem Selbstverständnis eines freiheitlichen Gemeinwesens jedoch nicht zu vereinbaren. Eine offene Gemeinwohldefinition, die sich zur weitgehenden Relativität der in ihr eingeflossenen Interessen und Wertepräferenzen bekennt, wirkt dagegen wie eine Art natürlicher Impfung gegen Intoleranz. Ein als weitgehend offen betrachtetes Gemeinwohl ist in gewisser Weise sogar die Voraussetzung für die

Politik. Denn ein inhaltlich geschlossenes Gemeinwohlprogramm bräuchte nur noch exekutiert zu werden (Schuppert, 2002, S. 21 ff.).

Auch wenn sich angesichts der weitgehenden Offenheit des Gemeinwohls häufig nicht positiv sagen lässt, was gemeinwohlrichtig ist, so lässt sich doch bisweilen negativ darlegen, was gemeinwohlwidrig ist.

Das Gemeinwohl darf nicht mit *Staatsraison* verwechselt werden. Die Staatsraison entbehrt eines ethischen Gehaltes. Sie ist ein politisches Kalkül, welches die Sicherheit und Selbstbehauptung des Staates über alle anderen Werte stellt. Notfalls negiert sie moralische Prinzipien und Rechtsvorschriften. Das Gemeinwohl umschließt demgegenüber die Idee des Guten und Gerechten.

Als republikanisches Prinzip beschränkt das Gemeinwohl den Zuständigkeitsbereich des Staates auf irdische Friedens- und Wohlfahrtszwecke. Die Sorge für das Seelenheil gehört nicht zu den Staatsaufgaben. Das Gemeinwohl wirkt somit herrschaftsbegrenzend und damit freiheitsfördernd (Link 1990, 19 f.).

Auf die Frage, welche Inhalte das Gemeinwohl bestimmen, werden unterschiedliche Antworten gegeben. Hinter den Antworten verbergen sich drei Gemeinwohlauffassungen.

Das *prozedurale Gemeinwohlverständnis* verzichtet völlig auf inhaltliche Vorgaben. Es normiert nur das Verfahren der Gemeinwohlerstellung. Was in einem solchen Verfahren herauskommt, ist dann definitionsgemäß das Gemeinwohl. Die Schwäche dieses Verständnisses besteht in seiner Maßstabslosigkeit. Es erlaubt nicht, das Gemeinwohl an einem inhaltlichen Kriterium zu messen.

Das entgegengesetzte *substantialistische Gemeinwohlverständnis* behauptet, über objektive und überzeitliche inhaltliche Kriterien zu verfügen, die der Politik die einzuschlagende Richtung genau zu weisen imstande sind. In diesem Gewissheitsmodell steht vorab fest, was gemeinwohlrichtig ist. Ein solches geschlossenes Gemeinwohlverständnis ist aber unvereinbar mit einem offenen politischen Prozess. Es widerspricht den Grundsätzen des freiheitlichen Gemeinwesens.

Das *materiale Gemeinwohlverständnis* versucht, den Aporien der beiden anderen Gemeinwohlkonzeptionen zu entgehen. Es benennt auf der einen Seite durchaus materiale Gemeinwohlinhalte, wie Grundrechte, allgemeine Interessen der Staatsbürger Wohlstandsindikatoren und Werte der Verfassung. Auf der anderen Seite hält es diese Inhalte jedoch so abstrakt, dass sie politisch erst noch konkretisiert und zum Ausgleich gebracht werden müssen. Die für die Freiheitlichkeit des Gemeinwesens so bedeutsamen offenen Prozeduren des politischen Prozesses bleiben auf diese Weise gewahrt (Schuppert 2002, 27 ff.).

Von besonderer Wichtigkeit ist die Frage, wie das konkrete Gemeinwohl ermittelt werden soll. Die Antwort auf diese Frage ist abhängig vom Charakter der jeweiligen politischen Ordnung. Freiheitliche Verfassungsstaaten praktizieren eine autonome politische Willensbildung, an der alle Kräfte der Gesellschaft beteiligt sind. Autoritäre Diktaturen legen das Gemeinwohl autokratisch fest. Das bedeutet, dass sie die in der

Gesellschaft vorhandenen Auffassungen über das Gemeinwohl schlicht ignorieren. Totalitäre Diktaturen setzen das Gemeinwohl mit ihrer politischen Ideologie gleich, die sie mit einem Gewissheits- und Verbindlichkeitsanspruch versehen haben. Sie pflegen damit ein ausgeprägtes substantialistisches Gemeinwohlverständnis.

Das Grundgesetz folgt einem materialen Gemeinwohlverständnis. Die Prozeduren, die es für die Konkretisierung des Gemeinwohls vorsieht, ermöglichen einen offenen politischen Willensbildungsprozess.

Materiale und prozedurale Elemente des Gemeinwohls

Das Gemeinwohl liegt als ethisches Prinzip dem Grundgesetz voraus. Gleichwohl ist es auch ein im Grundgesetz wie in vielen Gesetzen positiviertes Rechtsprinzip. Es ist weiterhin ein wichtiger Begriff in der Verwaltung wie in der Rechtsprechung (Häberle 2004, 618).

Mit einer gewissen Berechtigung lässt sich das *Grundgesetz* selbst als materialer Bestandteil des Gemeinwohls bezeichnen. Es konkretisiert nämlich das Gemeinwohl, indem es bestimmte Optionen ausschließt und andere verbindlich macht. Damit reduziert es die Offenheit des Gemeinwohls. So bezieht das Grundgesetz die Pressefreiheit in das Gemeinwohl ein, während es die Zensur ausschließt. So ist die Gleichberechtigung von Männern und Frauen gemeinwohlkonform, während Diskriminierungen aus ethnischen und religiösen Gründen rechts- und damit gemeinwohlwidrig sind. Ohne dass das Wort „Gemeinwohl" erwähnt wird, werden doch positive oder negative Gemeinwohlfestlegungen getroffen (Grimm 2002a, 127 f.).

Ohne Zweifel tragen die im Grundgesetz aufgeführten *Staatsziele* Gemeinwohlcharakter. Beispielhaft zu erwähnen sind die Herstellung und Bewahrung des gesellschaftlichen Friedens, die Selbstbehauptung des Gemeinwesens nach innen und außen, der soziale Schutz und die soziale Ausgewogenheit sowie der Schutz der natürlichen Lebensgrundlagen.

Ein weiterer wichtiger materialer Gemeinwohlbestandteil sind die *Grundrechte*. Dies gilt insbesondere für diejenigen Grundrechte, die Schutzpflichten des Staates darstellen. So sind nach dem Grundgesetz die Achtung und der Schutz der Würde des Menschen aller staatlichen Gewalt ausdrücklich aufgegeben. Ehe und Familie stehen ebenfalls unter dem Schutz der staatlichen Ordnung. Vergleichbares gilt für das Recht auf Leben und körperliche Unversehrtheit eines jeden Gesellschaftsmitglieds. Die jeweiligen Schutzgüter kann man mit guten Gründen als Gemeinwohlgüter ansehen (Uerpmann 2002, 181).

Die Grundrechte sind aber auch noch in anderer Hinsicht Bestandteile des Gemeinwohls. Als Freiheitsrechte ermöglichen sie den Individuen nämlich, ihr Leben so zu führen, wie sie es nach ihrem Dafürhalten führen wollen. Sie ermöglichen den Individuen weiterhin, diejenigen Dinge anzustreben, die nach ihrer Einschätzung ihr Wohlergehen am meisten fördern. Über die Grundrechte nimmt das Gemeinwohl also bei den Individuen seinen Ausgangspunkt. Das Grundgesetz sieht die Ausübung dieser häufig völlig eigennützigen Möglichkeiten offensichtlich als gemeinwohlförderlich an. Denn anders ließe sich nicht verstehen, dass die grundrechtlichen Freiheiten vor staatlichen Eingriffen geschützt sein sollen.

Die sogenannten kollektiven Güter sowie die öffentlichen Interessen sind ebenfalls materiale Bestandteile des Gemeinwohls. Sie ergeben sich aus den Staatsaufgaben, die Bund und Ländern in den jeweiligen Verfassungsdokumenten aufgetragen sind.

Bei den *kollektiven Gütern* handelt es sich um Güter, die vom Markt gar nicht oder nicht ausreichend zur Verfügung gestellt werden, deren Bereitstellung aber im Interesse aller Gesellschaftsglieder liegt. Der Staat muss also für diese Güter sorgen oder wenigstens ihre Regulierung übernehmen. Kollektive Güter sind eine gesunde Umwelt auf der Basis von Waldbeständen und guter Luftqualität, die Mobilität der Bevölkerung auf der Basis von Straßen und Schienen, die innere und äußere Sicherheit auf der Basis von Polizeikräften und Streitkräften und eine funktionierende Infrastruktur auf der Basis von Wasser- und Elektrizitätsversorgung (Anderheiden 2006, 59 ff., 69).

Die *öffentlichen Interessen* sind genau definierbare und je für sich begründungsfähige Gegenstände des allgemeinen Nutzens. Konkret handelt es sich um Einrichtungen des Gemeinbedarfs wie Schulen, Krankenhäuser, Sportstätten, Parkanlagen, Friedhöfe sowie Anlagen zur Abfall- und Abwasserentsorgung (Hofmann 2002, 25 f.).

Eine wichtige Verankerung materialer Gemeinwohlbelange findet sich im *Verwaltungsrecht*. So sollen gemäß § 1 des Baugesetzbuches die Bauleitpläne eine nachhaltige städtebauliche Entwicklung und eine dem Wohl der Allgemeinheit entsprechende sozialgerechte Bodennutzung gewährleisten sowie dazu beitragen, eine menschenwürdige Umwelt zu sichern und die natürlichen Lebensgrundlagen zu schützen und zu entwickeln. Dabei sind verschiedenartige Belange zu berücksichtigen, so die Wohnbedürfnisse der Bevölkerung, die Belange des Denkmalschutzes, die Belange des Umweltschutzes, die Belange der Wirtschaft, die Belange der Verteidigung und anderes mehr.

Das Bundesverfassungsgericht rekurriert in seiner *Rechtsprechung* häufig auf den Gemeinwohlbegriff. So darf das Gericht gemäß § 32 des Bundesverfassungsgerichtsgesetzes einstweilige Anordnungen erlassen, „wenn dies zur Abwehr schwerer Nachteile, zur Verhinderung drohender Gewalt oder aus einem anderen wichtigen Grund zum gemeinen Wohl dringend geboten ist.“ Abgesehen hiervon greift das Bundesverfassungsgericht immer dann auf den Gemeinwohlbegriff zurück, wenn es öffentliche Belange aufdeckt, um derentwillen Grundrechte der Einzelnen eingeschränkt werden dürfen.

Das Grundgesetz enthält neben den materialen auch *prozedurale* Elemente einer Gemeinwohlordnung. Das prozedurale Gemeinwohlverfahren besteht im Kern aus dem vorgeschriebenen Weg der Gesetzgebung, aus den verfassungsmäßigen Kompetenzen der Staatsorgane sowie aus der Herrschaftsmäßigung bewirkenden Gewaltenteilung. In formaler Hinsicht gilt daher als Gemeinwohl, was im verfassungsrechtlich organisierten und kanalisierten Willensbildungsprozess als solches beschlossen wird.

Von großer Bedeutung für die Qualität des Gemeinwohlprozesses ist schließlich das Selbstverständnis der in den Staatsorganen Tätigen. Diese Personen müssen sich von einem *Amtsverständnis* leiten lassen. In der Rechtsfigur des Amtes verkörpert sich das Republikprinzip: Hiernach ist die Ausübung von Staatsgewalt nur legitim, wenn sie ausschließlich dem Wohle der Allgemeinheit zu dienen bestimmt ist. Sie verliert ihre Rechtfertigung, wenn sie im Sonderinteresse des jeweiligen Amtsinhabers, seiner Partei oder seiner Klientel eingesetzt wird. Das Amt erfordert in allen seinen Erscheinungen Unbefangenheit, Distanz und Uneigennützigkeit (Isensee 2002, 249 f.).

Gemeinwohlformeln im Grundgesetz

Das Grundgesetz enthält keinen vollständigen, abgeschlossenen Plan des Gemeinwohls. Im Verfassungstext sind es nämlich lediglich drei Vorschriften, in denen das Gemeinwohl explizit genannt wird. An einer weiteren Stelle wird das Gemeinwohl nicht wörtlich, aber der Sache nach erwähnt.

Der klassische Hinweis auf das Gemeinwohl findet sich in Artikel 56 GG. Dieser Artikel regelt den vom Bundespräsidenten zu leistenden *Amtseid*. Denselben Eid müssen gemäß Artikel 64 GG auch der Bundeskanzler und die Bundesminister ablegen.

Der Amtseid enthält ein umfassendes Gemeinwohlprogramm: Der Amtsinhaber hat seine Kraft dem Wohle des deutschen Volkes zu widmen. Er hat dessen Nutzen zu mehren und Schaden von ihm zu wenden. Er hat schließlich Gerechtigkeit gegen jedermann zu üben.

Die im Eid ausgesprochenen Verpflichtungen weisen in ihrer Allgemeinheit über die begrenzten Kompetenzen des jeweiligen Amtes hinaus. Sie tragen deutlich ethische Züge. Sie bekräftigen im Grunde selbstverständliche Pflichten, die mit einem staatlichen Führungsamt verbunden sind. Eine Verpflichtung auf bestimmte konkrete Gemeinwohlinhalte geht mit dem Amtseid nicht einher. Insofern fehlt dem in der politischen Öffentlichkeit gern erhobenen Vorwurf, ein Amtsträger habe seinen Eid gebrochen, da seine Politik dem Gemeinwohl abträglich sei, die verfassungsrechtliche Grundlage. Denn über das konkrete Gemeinwohl bestehen in der Regel divergierende Auffassungen.

Artikel 56 GG:
Der Bundespräsident leistet bei seinem Amtsantritt vor den versammelten Mitgliedern des Bundestages und des Bundesrates folgenden **Eid**:
"Ich schwöre, dass ich meine Kraft dem **Wohle** des deutschen Volkes widmen, seinen **Nutzen** mehren, **Schaden** von ihm wenden, das Grundgesetz und die Ge-

setze des Bundes wahren und verteidigen, meine Pflichten gewissenhaft erfüllen und **Gerechtigkeit gegen jedermann** üben werde. So wahr mir Gott helfe."
Der Eid kann auch ohne religiöse Beteuerung geleistet werden.

Artikel 64 GG:
(1) [...]
(2) Der Bundeskanzler und die Bundesminister leisten bei der Amtsübernahme vor dem Bundestage den in Artikel 56 vorgesehenen **Eid**.

Der zweite Hinweis auf das Gemeinwohl ist in Artikel 14 GG enthalten. Das in diesem Artikel gewährleistete *Eigentum* darf privatnützig eingesetzt werden. Es soll zugleich aber auch dem Wohl der Allgemeinheit dienen. Die hiermit ausgesprochene Sozialbindung des Eigentums umfasst das Gebot der Rücksichtnahme auf die Belange der Allgemeinheit und der Mitmenschen.

Die Bestimmung in Absatz 2 enthält jedoch weniger eine rechtliche Verpflichtung für den Eigentümer als vielmehr eine Richtlinie für den Gesetzgeber. Er darf die ihm in Absatz 1 erteilte Ermächtigung zur Bestimmung der Inhalte und Schranken des Eigentums so umsetzen, dass in den gesetzlichen Regelungen das Wohl der Allgemeinheit angemessen Berücksichtigung findet.

Artikel 14 GG:
(1) Das Eigentum und das Erbrecht werden gewährleistet. Inhalt und Schranken werden durch die Gesetze bestimmt.
(2) **Eigentum** verpflichtet. Sein Gebrauch soll zugleich dem **Wohle der Allgemeinheit** dienen.
(3) [...]

Der dritte Bezug zum Gemeinwohl findet sich in Artikel 87e GG. Dieser Artikel steht im Zusammenhang mit der Privatisierung der Eisenbahn. Privatisierung bedeutet, dass die Eisenbahn ihr Verhalten nach wirtschaftlichen Kriterien ausrichten darf. Da diese Freiheit sich nachträglich für die Nutzer auswirken kann, hat der Bund zu gewährleisten, dass dem Wohl der Allgemeinheit Rechnung getragen wird. Konkret heißt das, dass die Verkehrsbedürfnisse des Publikums beim Ausbau und beim Erhalt des Schienennetzes und bei den Verkehrsangeboten berücksichtigt werden müssen.

Eine vergleichbare Regelung enthält Artikel 87f GG. Er stellt eine Reaktion auf die Privatisierung der Deutschen Bundespost dar. Der Bund wird hier verpflichtet, qualitativ angemessene und quantitativ ausreichende Dienstleistungen im Bereich des

Postwesens und der Telekommunikation, d.h. ein hierauf bezogenes spezifisches Gemeinwohl, zu gewährleisten.

Artikel 87e GG:
(1) [...] (2) [...]
(3) **Eisenbahnen** des Bundes werden als Wirtschaftsunternehmen in **privatrechtlicher Form** geführt. Diese stehen im Eigentum des Bundes, soweit die Tätigkeit des Wirtschaftsunternehmens den Bau, die Unterhaltung und das Betreiben von Schienenwegen umfasst. Die Veräußerung von Anteilen des Bundes an den Unternehmen nach Satz 2 erfolgt auf Grund eines Gesetzes; die Mehrheit der Anteile an diesen Unternehmen verbleibt beim Bund. Das Nähere wird durch Bundesgesetz geregelt.
(4) Der Bund gewährleistet, dass dem **Wohl der Allgemeinheit**, insbesondere den **Verkehrsbedürfnissen**, beim Ausbau und Erhalt des **Schienennetzes** der Eisenbahnen des Bundes sowie bei deren **Verkehrsangeboten** auf diesem Schienennetz, soweit diese nicht den Schienenpersonennahverkehr betreffen, Rechnung getragen wird. Das Nähere wird durch Bundesgesetz geregelt.
(5) [...]

Artikel 87f GG:
(1) Nach Maßgabe eines Bundesgesetzes, das der Zustimmung des Bundesrates bedarf, gewährleistet der Bund im Bereich des **Postwesens** und der **Telekommunikation** flächendeckend **angemessene** und **ausreichende Dienstleistungen**.
(2) Dienstleistungen im Sinne des Absatzes 1 werden als **privatwirtschaftliche** Tätigkeiten durch die aus dem Sondervermögen Deutsche Bundespost hervorgegangenen Unternehmen und durch andere **private** Anbieter erbracht. Hoheitsaufgaben im Bereich des Postwesens und der Telekommunikation werden in bundeseigener Verwaltung ausgeführt.
(3) [...]

Weitere Gemeinwohlbelange tauchen im Grundrechtsteil des Grundgesetzes dort auf, wo Zwecke für *Grundrechtseinschränkungen* genannt werden.

Wenn es etwa in Artikel 11 GG heißt, dass die Freizügigkeit eingeschränkt werden kann, um eine Seuchengefahr, Naturkatastrophen oder besonders schwere Unglücksfälle zu bekämpfen sowie die Jugend vor Verwahrlosung zu schützen, dann sind die Gesundheit, die Katastrophenbewältigung sowie eine behütet aufwachsende Jugend Gemeinwohlgüter. Wenn Artikel 13 GG die Überwachung von Wohnungen erlaubt, um Gefahren für die öffentliche Sicherheit abzuwehren, dann ist die öffentliche Sicherheit augenfällig ein Gemeinwohlgut. Wenn Artikel 10 GG Beschränkungen des Brief-,

Post- und Fernmeldegeheimnisses zum Schutze der freiheitlichen demokratischen Grundordnung zulässt, dann ist diese Grundordnung zweifelsohne ein Gemeinwohlgut.

Das Gedeihen des Gemeinwesens hängt schließlich nicht unwesentlich davon ab, welchen Gebrauch die Grundrechtsadressaten von den Grundrechten machen. Insofern haben die Grundrechte eine Gemeinwohldimension, die über die private Interessensphäre ihres jeweiligen Trägers hinausweist. Die vielen Grundrechten eigentümliche negative Freiheit vom staatlichen Eingriff umschließt nämlich die positive Freiheit, eigene Leistungen für das Gemeinwohl zu erbringen, und das auf Feldern, die dem Staat verschlossen oder ihm nur eingeschränkt zugänglich sind.

So bietet die in Artikel 4 GG gewährleistete Glaubens-, Gewissens- und Bekenntnisfreiheit die Chance, die gesellschaftliche Sittlichkeit zu verbessern. Die Freiheit von Kunst und Wissenschaft gemäß Artikel 5 GG dient insofern als Vehikel des Gemeinwohls, als sie die Kultur fördern und zum wissenschaftlichen Fortschritt beitragen kann. Das Elternrecht in Artikel 6 GG ist eine treuhänderische Freiheit zum Schutz und Gedeihen der Kinder. Das Kindeswohl ist also das Ziel des Grundrechtsgebrauchs. Die Freiheit der Berufswahl gemäß Artikel 12 GG ermöglicht nicht nur dem Einzelnen die Teilnahme am Erwerbsleben und die Sicherung des eigenen Lebensbedarfs, sondern trägt auch über die Nachfrage nach Gütern auf dem Markt zur Wertschöpfung der Volkswirtschaft bei (Isensee 1992b, 437 ff.; Isensee 2004a, 107 ff.).

Das Gemeinwohl in der Rechtsprechung des Bundesverfassungsgerichts

Es gibt weit über 500 Entscheidungen des Bundesverfassungsgerichts, in denen die Begriffe „Gemeinwohl", „allgemeines Wohl", „öffentliches Interesse", „Allgemeininteresse" und „Wohl des gesamten Volkes" auftauchen (Anderheiden 2006, 49).

Das Bundesverfassungsgericht stellt auf das Gemeinwohl ab, wenn es Eingriffe in Grundrechte zu beurteilen hat. Denn zu den Kennzeichen des Grundgesetzes gehören auch „die Grenzen, die den Grundrechten durch Rücksichten auf das Gemeinwohl und zum Schutze überragender Rechtsgüter gezogen sind" (BVerfGE 30, 1 (20)).

Es gibt vor allem zwei Situationen, in denen das Bundesverfassungsgericht gar nicht umhin kommt, nach Gemeinwohlbelangen Ausschau zu halten. Zum einen handelt es sich um Eingriffe in Grundrechte, die vorbehaltlos gewährleistet sind, also eigentlich überhaupt nicht eingeschränkt werden dürfen. Zum anderen handelt es sich um Grundrechte, die zwar durch Gesetz eingeschränkt werden dürfen, das Grundgesetz das einschränkende Gesetz jedoch an keinen bestimmten Zweck bindet.

Bei vorbehaltlos gewährleisteten Grundrechten sind gesetzgeberische Eingriffe lediglich unter zwei Bedingungen zulässig: „Nur kollidierende Grundrechte Dritter und andere mit Verfassungsrang ausgestattete Rechtswerte sind mit Rücksicht auf die Einheit der Verfassung und die von ihr geschützte gesamte Wertordnung ausnahmsweise imstande, auch uneinschränkbare Grundrechte in einzelnen Beziehungen zu begrenzen" (BVerfGE 28, 243 (261)).

Wenn keine Kollisionen mit Grundrechten Dritter gegeben sind, muss das Gesetz Rechtswerte mit Verfassungsrang anführen, die die Grundrechtseinschränkung rechtfertigen. Im Streitfall muss das Verfassungsgericht dann prüfen, ob dem betreffenden Rechtswert wirklich Verfassungsrang zukommt. Der Begriff „Rechtswert" drückt dabei nichts anderes aus als einen Gemeinwohlbelang. Das Bundesverfassungsgericht hat im Laufe der Zeit eine ganze Reihe solcher Gemeinwohlbelange mit Verfassungsrang identifiziert, so etwa eine wirksame Landesverteidigung und staatliche Sicherheitsinteressen (Schuppert 2002, 37 f.).

Wenn der Gesetzgeber aufgrund einer an keinen bestimmten Zweck gebundenen Ermächtigung des Grundgesetzes ein Grundrecht einschränkt, ist er dennoch gehalten, zur Legitimierung des Eingriffs auf das „ungeschriebene Gemeinwohl" zurückzugreifen (Häberle 2004, 623). Bei der Intensität des Eingriffs hat er darüber hinaus den Grundsatz der Verhältnismäßigkeit zu beachten. Dieser Grundsatz verlangt, „dass eine Grundrechtsbeschränkung von hinreichenden Gründen des Gemeinwohls gerechtfertigt wird, das gewählte Mittel zur Erreichung des Zwecks geeignet und erforderlich ist und bei einer Gesamtabwägung zwischen der Schwere des Eingriffs und dem Gewicht der ihn rechtfertigenden Gründe die Grenze des Zumutbaren noch gewahrt ist" (BVerfGE 78, 77 (85)). Das bedeutet: Je empfindlicher eine Freiheit beeinträchtigt wird, desto stärker müssen die Belange des Gemeinwohls sein.

Das Bundesverfassungsgericht legt „vernünftige Gründe des Gemeinwohls" als Maßstab bei der Prüfung von Grundrechtseinschränkungen an. Dabei hat das Gemeinwohl zunächst die Funktion des allgemeinen Einschränkungsgrundes. Sodann kommt es zur Bestimmung des konkreten Gemeinwohlaspekts, also eines bestimmten öffentlichen Interesses, das den Grundrechtseingriff rechtfertigt.

Im Laufe seiner Rechtsprechung hat das Bundesverfassungsgericht eine Vielzahl von Gemeinwohlbelangen als Gründe für die Einschränkung von Grundrechten anerkannt, so etwa den Schutz der Volksgesundheit, die Sicherung der Ernährung, die Abwehr gesamtwirtschaftlicher Gefahren, die Sicherung der Wasserversorgung, das Interesse an rascher Bestrafung, die Vermeidung von Arbeitslosigkeit und die Erhaltung der Funktions- und Leistungsfähigkeit der gesetzlichen Rentenversicherung (Schuppert 2002, 36 f.).

6.2 Frieden

Der Frieden zwischen den Staaten stellt ein hohes politisches Gut dar. Aufgrund der von seinem Boden ausgehenden Angriffshandlungen im Zweiten Weltkrieg hat gerade Deutschland allen Grund, den Krieg als Mittel der Politik zu ächten. Die immensen Zerstörungen, die es während des Krieges anderen Ländern zufügte, aber auch selbst erlitt, legen es nahe, in der Verfassung den Staat auf eine friedensfreundliche Politik zu verpflichten.

Eine Möglichkeit, friedliche Außenbeziehungen zu entwickeln, ist die zwischenstaatliche Zusammenarbeit sowie das Zusammenwachsen mit anderen Staaten zu überstaatlichen Organisationen. Für Deutschland kommen hierfür in erster Linie Zusammenschlüsse in Europa in Betracht.

In welchen Bestimmungen kommt die Friedensfreundlichkeit des Grundgesetzes zum Ausdruck? Welche Handlungen im Verhältnis zu anderen Staaten sind unter der friedenspolitischen Vorgabe der Verfassung erlaubt, welche verboten? Welche Rolle misst das Grundgesetz der Europäischen Union bei?

Die Friedensfreundlichkeit des Grundgesetzes

Die Weimarer Reichsverfassung hatte aus den Materialschlachten des Ersten Weltkrieges die Konsequenz gezogen, die junge Republik auf den Frieden zu verpflichten. Demgemäß lautete die Präambel: „Das deutsche Volk, [...] von dem Willen beseelt, dem inneren und dem äußeren Frieden zu dienen [...], hat sich diese Verfassung gegeben." Dieser Vorspruch konnte jedoch eine unfriedliche Entwicklung nicht verhindern. Am Ende des Zweiten Weltkrieges befanden sich 63 Staaten im Kriegszustand mit dem Deutschen Reich. An der Weimarer Reichsverfassung zeigt sich, dass das geschriebene Recht nichts nützt, wenn das entsprechende Rechtsbewusstsein nicht vorhanden ist oder verloren geht.

Die Juristen konnten während der Weimarer Zeit mit der Friedenserklärung in der Verfassung wenig anfangen. Dafür sind zwei Gründe denkbar: Zum einen war die Erklärung in der Präambel ohne Vorbild in der deutschen Verfassungsgeschichte, so dass es keine Präzedenzfälle für ihre Anwendung gab. Zum anderen wurde möglicherweise dem Vorspruch zu einer Verfassung generell nur eine geringe Bedeutung beigelegt (Münch 1985, 39 f.).

Der Parlamentarische Rat war gewillt, dem Grundgesetz deutliche friedenspolitische Akzente zu verleihen. Er konnte dabei auf die Verfassungen mehrerer Länder zurückgreifen. Am emphatischsten hatte die Verfassung des Freistaates Bayern vom Dezember 1946 den Friedenswillen zum Ausdruck gebracht: „Angesichts des Trümmerfeldes, zu dem eine Staats- und Gesellschaftsordnung ohne Gott, ohne Gewissen und ohne Achtung vor der Würde des Menschen die Überlebenden des Zweiten Weltkrieges geführt hat, in dem festen Entschlusse, den kommenden deutschen Geschlechtern die Segnungen des Friedens, der Menschlichkeit und des Rechtes dauernd zu sichern, gibt sich das Bayerische Volk, eingedenk seiner mehr als tausendjährigen Geschichte, nachstehende demokratische Verfassung."

Das Grundgesetz enthält eine Mehrzahl von Bestimmungen, in denen der *Friedenswille* Deutschlands dokumentiert wird. Gleich zu Beginn der Verfassung, nämlich in der Präambel und in Artikel 1 GG, bekennt sich das Grundgesetz nachdrücklich zum Frieden. Artikel 9 GG schützt den Gedanken der Völkerverständigung.

So spricht die Präambel vom Willen des deutschen Volkes, „dem Frieden in der Welt zu dienen.“ Damit wird eine Art Grundakkord für die Gestaltung der auswärtigen Beziehungen angeschlagen: Diese sind auf die Bewahrung des Friedens zu richten. Der Wille, dem Frieden in der Welt zu dienen, beinhaltet weiterhin die Absage an jegliche Gewaltpolitik. Diese Absage bringt das Grundgesetz in Übereinstimmung mit dem Gewaltverbot des Völkerrechts.

Dem erklärten Willen, dem Frieden in der Welt zu dienen, kann ferner entnommen werden, dass Deutschland nicht nur dem Frieden der Welt nicht entgegenstehen oder ihn gar stören darf, sondern dass es eine aktive Friedenspolitik betreiben soll. Eine solche Politik kann etwa im Anbieten guter Dienste, in der Vermittlung in internationalen Konflikten sowie im Abschluss von Gewaltverzichtserklärungen bestehen (Münch 1985, 44).

Auch wenn aus dem Friedensgebot für die Staatsorgane die Pflicht folgt, den Frieden der Welt mit allen Kräften anzustreben, bedeutet dies keine Festlegung auf eine bestimmte Politik, beispielsweise eine Abrüstungspolitik. Eine aktive Friedenspolitik kann auch in einer Politik der Abschreckung bestehen. Was die Staatsorgane konkret zur Erfüllung der Friedenspolitik zu tun haben, hängt nämlich von vielen Umständen ab und kann daher nicht abstrakt bestimmt werden. Die Organe müssen folglich in eigener Verantwortung entscheiden, mit welchen politischen Mitteln und auf welchen politischen Wegen sie das Friedensziel zu erreichen oder ihm wenigstens näher zu kommen suchen (Storost 2000, 31).

Präambel:
Im Bewusstsein seiner Verantwortung vor Gott und den Menschen, von dem Willen beseelt, als gleichberechtigtes Glied in einem **vereinten Europa** dem **Frieden der Welt** zu dienen, hat sich das Deutsche Volk kraft seiner verfassungsgebenden Gewalt dieses Grundgesetz gegeben.
Die Deutschen in den Ländern Baden-Württemberg, Bayern, Berlin, Brandenburg, Bremen, Hamburg, Hessen, Mecklenburg-Vorpommern, Niedersachsen, Nordrhein-Westfalen, Rheinland-Pfalz, Saarland, Sachsen, Sachsen-Anhalt, Schleswig-Holstein und Thüringen haben in freier Selbstbestimmung die Einheit und Freiheit Deutschlands vollendet. Damit gilt dieses Grundgesetz für das gesamte Deutsche Volk.

Die Präambel bekundet neben dem Willen zum Frieden auch noch den Willen des deutschen Volkes, nach einem *vereinten Europa* zu streben und in diesem Europa die Stellung eines gleichberechtigten Mitglieds einzunehmen.

Die Gleichberechtigung verstand sich zur Zeit der Verfassungsschöpfung nicht von selbst. Sie drückte vielmehr eine Erwartung oder Hoffnung aus. Ebenso war zur damaligen Zeit völlig offen, wie das vereinte Europa aussehen könnte. Denn es gab 1949 noch keine europäischen Zusammenschlüsse.

Der Wunsch, ein gleichberechtigtes Mitglied der Staatengemeinschaft zu sein, ist zugleich Ausdruck der Anerkennung des Prinzips der souveränen Gleichheit der Staaten. Das Grundgesetz schließt damit für Deutschland die Errichtung eines Hegemonialreiches aus, wie es der nationalsozialistische Staat versucht hatte (Storost 2000, 41, 44).

Artikel 1 Abs. 2 GG enthält das explizite Bekenntnis des deutschen Volkes zu unverletzlichen und unveräußerlichen Menschenrechten, die als „Grundlage jeder menschlichen Gemeinschaft des Friedens und der Gerechtigkeit in der Welt" bezeichnet werden.

Der Parlamentarische Rat ließ sich an dieser Stelle von der Präambel der im Dezember 1948 angenommenen Allgemeinen Erklärung der Menschenrechte inspirieren, die in der „Anerkennung der angeborenen Würde und der gleichen und unveräußerlichen Rechte aller Mitglieder der Gemeinschaft der Menschen die Grundlage von Freiheit, Gerechtigkeit und Frieden in der Welt" sieht.

Das Grundgesetz nimmt mit dem Bekenntnis zu den überstaatlichen Menschenrechten ein zentrales Anliegen des Völkerrechts auf. Aus völkerrechtlicher Sicht beweist das Grundgesetz mit der Verknüpfung von innerer Ordnung, Frieden und Gerechtigkeit zudem seine Modernität: Denn es bekundet damit einen positiven Friedensbegriff, mithin ein Friedensverständnis, das über die Abwesenheit gewaltsamer Konflikte hinausgeht (Herdegen 2004, 2 f., Rdnr. 1 ff.).

Artikel 1 GG:
(1) [...]
(2) Das Deutsche Volk bekennt sich darum zu unverletzlichen und unveräußerlichen Menschenrechten als Grundlage jeder menschlichen Gemeinschaft, des **Friedens** und der Gerechtigkeit **in der Welt**.
(3) [...]

Artikel 9 Abs. 2 GG verbietet Vereinigungen, deren Ziele oder Aktivitäten „gegen den Gedanken der Völkerverständigung" gerichtet sind. Das Grundgesetz misst der Idee der *Völkerverständigung* offenkundig einen sehr hohen Wert bei, sonst würde es Verstöße dagegen nicht mit einem Verbot belegen.

Gegen den Gedanken der Völkerverständigung handelt, wer die elementaren Regeln der internationalen Ordnung mit Wort und Tat bekämpft. Ausdruck findet diese Ordnung in den sogenannten Grundrechten der Staaten, so im Recht auf politische Unabhängigkeit, auf Selbsterhaltung, auf Gleichheit und auf Ehre. Ein Verhalten gegen die Völkerverständigung ist weiterhin anzunehmen, wenn eine Vereinigung die friedliche Verständigung der Völker ablehnt oder bekämpft (Scholz 1999, 119, Rdnr. 131).

Artikel 9 GG:
(1) [...]
(2) Vereinigungen, deren Zwecke oder deren Tätigkeit den Strafgesetzen zuwiderlaufen oder die sich gegen die verfassungsmäßige Ordnung oder gegen den Gedanken der **Völkerverständigung** richten, sind verboten.
(3) [...]

Die Bereitschaft Deutschlands zu internationaler Kooperation

Artikel 23 GG öffnet Deutschland für die europäische, Artikel 24 GG für die internationale Kooperation. Beide Vorschriften entsprechen in besonderer Weise dem auf internationale Zusammenarbeit und Verflechtung setzenden modernen Völkerrecht. Die Bereitschaft zur Kooperation zeigt sich in beiden Fällen in der Möglichkeit, staatliche Hoheitsrechte auf zwischenstaatliche Einrichtungen zu übertragen.

Diese Übertragung ist ein Novum im deutschen Verfassungsrecht. Die Weimarer Reichsverfassung enthielt keine auch nur im Ansatz vergleichbare Bestimmung. Die ermöglichte Übertragung von Souveränitätsrechten bezeugt die Abkehr vom unverbundenen Nationalstaat und enthält eine umfassende Entscheidung für eine offene Staatlichkeit.

Artikel 24 GG ist eine Reaktion auf die europäische Geschichte der ersten Hälfte des 20. Jahrhunderts. Diese Geschichte lehrt, dass ein konkurrierendes Nebeneinander der Staaten allen schadet, vor allem, wenn es zur äußersten Zuspitzung, dem Krieg, kommt. Die vielfältige Abhängigkeit der Staaten sowie die grenzüberschreitenden Probleme verlangen eine intensive internationale Zusammenarbeit. Diese Zusammenarbeit kann es erfordern, sich einem System der kollektiven Sicherheit einzuordnen. Sie kann es auch als sinnvoll erscheinen lassen, Vereinbarungen zu einer internationalen Schiedsgerichtsbarkeit beizutreten.

Artikel 24 GG:
(1) Der **Bund** kann durch Gesetz **Hoheitsrechte auf zwischenstaatliche Einrichtungen übertragen**.
(1a) Soweit die **Länder** für die Ausübung der staatlichen Befugnisse und die Erfüllung der staatlichen Aufgaben zuständig sind, können sie mit Zustimmung der Bundesregierung **Hoheitsrechte auf grenznachbarschaftliche Einrichtungen übertragen**.
(2) Der Bund kann sich zur **Wahrung des Friedens** einem System gegenseitiger kollektiver Sicherheit einordnen; er wird hierbei in die **Beschränkungen seiner**

Hoheitsrechte einwilligen, die eine **friedliche und dauerhafte Ordnung in Europa und zwischen den Völkern der Welt** herbeiführen und sichern.
(3) Zur Regelung zwischenstaatlicher Streitigkeiten wird der Bund Vereinbarungen über eine allgemeine, umfassende, obligatorische, **internationale Schiedsgerichtsbarkeit** beitreten.

Absatz 1 drückt die grundsätzliche Öffnung Deutschlands für supranationale Ordnungen und Einrichtungen aus. Die *Übertragung* staatlicher Hoheitsrechte ist jedoch nur auf zwischenstaatliche Einrichtungen, nicht jedoch auf andere Staaten möglich. Übertragung bedeutet zum einen, dass Deutschland darauf verzichtet, die betreffenden Kompetenzen selbst auszuüben. Übertragung bedeutet zum anderen, dass Deutschland die jeweiligen Hoheitsakte der zwischenstaatlichen Einrichtung als unmittelbar geltende Regelungen anerkennt (Randelzhofer 1992a, 46, Rdnr. 57 ff.).

Deutschland hat von der in Absatz 1 eröffneten Möglichkeit Gebrauch gemacht: Es hat der Europäischen Union Hoheitsrechte übertragen. Die Europäische Union verfügt über Rechtsetzungsbefugnisse mit Durchgriffscharakter auf die Mitgliedstaaten ebenso wie über die Befugnis, Verwaltungsakte zu erlassen, die unmittelbar in den Mitgliedstaaten wirksam sind.

Das Bundesverfassungsgericht sieht auch in der NATO eine zwischenstaatliche Einrichtung, der Deutschland im Rahmen seiner Mitgliedschaft das Recht eingeräumt hat, die auf seinem Boden stationierten Raketen im Verteidigungsfall zum Einsatz zu bringen, ohne dass Deutschland dabei ein Mitentscheidungsrecht für die Einsatzfreigabe besitzt (BVerfGE 68, 1 (93 ff.)).

Die Länder haben gemäß Absatz 1a die Befugnis zur Übertragung von Hoheitsrechten, allerdings begrenzt auf grenznachbarschaftliche Einrichtungen. Damit soll die grenzüberschreitende Zusammenarbeit auf Feldern ermöglicht werden, die im Zuständigkeitsbereich der Länder liegen. Denkbar sind die Zusammenarbeit im Bereich der Abwasser- und Müllbeseitigung, die Einrichtung gemeinsamer Schulen wie auch eine Kooperation im Bereich der Polizei.

Absatz 2 enthält eine Verfassungsentscheidung für die internationale Zusammenarbeit auf dem Felde der Sicherheitspolitik. Er ermächtigt den Bund, sich zur Wahrung des Friedens einem System gegenseitiger kollektiver Sicherheit einzuordnen. Er erlaubt darüber hinaus Beschränkungen von Hoheitsrechten, wenn diese „eine friedliche und dauerhafte Ordnung in Europa und zwischen den Völkern der Welt herbeiführen und sichern."

Ein System *kollektiver Sicherheit* ist ein universales oder regionales Sicherheitssystem, in dem die Mitgliedstaaten sich vertraglich verpflichtet haben, gemeinsam gegen dasjenige Mitglied vorzugehen, das gegen ein anderes Mitglied einen aggressiven Akt begeht. Das Konzept der kollektiven Sicherheit richtet sich folglich primär gegen Aggressionen aus dem Kreis der Mitgliedstaaten, nicht gegen Aggressionen von außerhalb durch dritte Staaten. Das System der kollektiven Sicherheit soll einen potentiellen Aggressor durch die Erwartung abschrecken, dass alle anderen Staaten dem Angegriffenen beistehen. Die Vereinten Nationen verstehen sich als ein System kollektiver Sicherheit.

Im Konzept der *kollektiven Selbstverteidigung* schließen sich Staaten zu Bündnissen zusammen. Im Bündnisvertrag verpflichten sie sich, jeden Angriff von außen auf ein Mitglied des Bündnisses als einen Angriff auf sich selbst anzusehen und dem Angegriffenen militärisch beizustehen. Die kollektive Selbstverteidigung soll den Aggressor durch die Erwartung abschrecken, dass der Angegriffene durch die Bündnispartner unterstützt wird. Die NATO ist ein Bündnis, das der kollektiven Selbstverteidigung dient.

Die Charta der Vereinten Nationen gesteht in Artikel 51 jedem Mitgliedstaat im Falle eines bewaffneten Angriffs das „naturgegebene Recht zur individuellen oder kollektiven Selbstverteidigung“ zu. Kollektive Sicherheit und kollektive Selbstverteidigung weisen in der Zielsetzung der Friedensbewahrung sowie Friedensherstellung also Gemeinsamkeiten auf. Der Begriff der kollektiven Sicherheit in Artikel 24 GG kann deshalb auch weit ausgelegt werden und Bündnisse zur kollektiven Selbstverteidigung mit einschließen.

Verteidigungsbündnisse erfordern in der Regel *Beschränkungen* der mitgliedstaatlichen Hoheitsrechte, weil anders eine gemeinsame Verteidigung erschwert wird oder nicht möglich ist. Eine Beschränkung engt die Handlungsfreiheit der Mitgliedstaaten ein. Sie kann auch darin bestehen, die Ausübung fremder Hoheitsgewalt auf dem eigenen Territorium zu dulden.

Deutschland hat sich beispielsweise durch seinen Beitritt zur Westeuropäischen Union (WEU) einer Einengung seiner Handlungsfreiheit unterworfen. Es hat sich nämlich verpflichtet, keine atomaren, biologischen und chemischen Waffen herzustellen. Im Rahmen der NATO-Mitgliedschaft duldet Deutschland die Stationierung von Truppen der Bündnispartner auf seinem Hoheitsgebiet. In ihren Stationierungsorten haben diese Truppen besondere Rechte unter Beschränkung der deutschen Staatsgewalt (Randelzhofer 1992b, 6 ff., Rdnr. 10 ff.).

Absatz 3 erklärt schließlich die Bereitschaft Deutschlands, zur Regelung zwischenstaatlicher Streitigkeiten Vereinbarungen über eine *internationale Schiedsgerichtsbarkeit* beizutreten, sofern diese allgemein, umfassend und obligatorisch ist. Der Beitritt zu einer Schiedsgerichtsbarkeit verlangt, sich den Entscheidungen einer solchen Gerichtsbarkeit auch zu unterwerfen.

Die Schiedsgerichtsbarkeit ist ein Bestandteil der friedlichen Streiterledigung im Rahmen der völkerrechtlichen Kriegsverhütung. Die Streiterledigung geschieht entweder auf diplomatischem Wege durch Verhandlungen, gute Dienste, Vermittlungen und Vergleichsverfahren oder durch Entscheidungen internationaler Spruchorgane wie internationale Gerichte oder internationale Schiedsgerichte.

Die internationale Schiedsgerichtsbarkeit unterscheidet sich deutlich von der internationalen Gerichtsbarkeit. Erstens bestimmen die beteiligten Parteien die Zusammensetzung des Schiedsgerichts. Zweitens sind Schiedsgerichte keine ständigen, justizförmig organisierten Gerichte, sondern treten nur zur Behandlung eines Einzelfalles zusammen. Drittens können die Parteien dem Schiedsgericht vorschreiben, welches Recht sie zur Grundlage der Entscheidung angewendet wissen wollen.

Gegenwärtig ist die praktische Bedeutung von Absatz 3 gering, da keine Vereinbarungen über eine allgemeine, d.h. die überwiegende Mehrheit der Staaten einbindende, umfassende, also keine mögliche Streitmaterie ausschließende, und obligatorische, d.h. die Staaten rechtlich verpflichtende Schiedsgerichtsbarkeit existieren (Randelzhofer 1992c, 5 ff., Rdnr. 7 ff.).

Die Völkerrechtsfreundlichkeit des Grundgesetzes

Artikel 25 GG erhebt die „allgemeinen Regeln des Völkerrechts" zum Bestandteil des Bundesrechts. Diese Einbeziehung des Völkerrechts in das Bundesrecht hat dem Grundgesetz mit Recht den Ruf einer besonders völkerrechtsfreundlichen Verfassung eingetragen. Artikel 25 GG ist auch insofern von besonderer Bedeutung, als das heutige Völkerrecht das Verbot des Angriffskrieges als zwingenden Rechtssatz enthält.

> Artikel 25 GG:
> Die **allgemeinen Regeln des Völkerrechts** sind Bestandteil des Bundesrechtes. Sie gehen den Gesetzen vor und erzeugen Rechte und Pflichten unmittelbar für die Bewohner des Bundesgebietes.

Die Problematik von Artikel 25 GG besteht darin, dass allgemeine Regeln des Völkerrechts schwer nachzuweisen und zu bestimmen sind. Allgemein sind nämlich lediglich die Regeln, die von der weit überwiegenden Mehrheit der Staaten als verpflichtend anerkannt sind. Nur regional oder nur in bestimmten Staatengruppen anerkannten Völkerrechtsregeln fehlt das Merkmal der Allgemeinheit.

Zu den allgemeinen Regeln des Völkerrechts werden das Völkergewohnheitsrecht sowie die allgemeinen Rechtsgrundsätze des Völkerrechts gezählt.

Bestandteile des *Völkergewohnheitsrechts* sind insbesondere die Regeln über die Staatenimmunität: Vor deutschen Gerichten genießen fremde Staaten grundsätzlich Immunität für das ihnen zurechenbare hoheitliche Handeln. Weiterhin unterliegt ausländisches Staatsvermögen nicht der Zwangsvollstreckung, soweit es hoheitlichen Zwecken gewidmet ist. Ebenso ist die Immunität ausländischer Staatsoberhäupter abgesichert. Schließlich genießen auch die diplomatischen und konsularischen Missionen sowie das diplomatische und konsularische Personal Immunität kraft Völkergewohnheitsrechts. Dem Völkergewohnheitsrecht rechnet man auch das Fremdenrecht zu. Hiernach genießen auch Fremde Eigentumsschutz. Hingegen verstößt die Wehrpflicht für Ausländer gegen das Gewohnheitsrecht.

Die *allgemeinen Rechtsgrundsätze des Völkerrechts* ergeben sich aus einer Gesamtschau der in den großen Rechtsordnungen angewandten Rechtsprinzipien, welche sich auf die Rechtsbeziehungen in der Völkergemeinschaft und auf die internationalen Organisationen übertragen lassen. Beispiele sind das Prinzip von Treu und Glauben, der Vertrauensschutz und das Verbot des Rechtsmissbrauchs. Ihre Funktion ist in erster Linie, Lücken zu schließen zwischen dem Völkergewohnheitsrecht und dem Völkervertragsrecht (Herdegen 2000, 14 ff., Rdnr. 25 ff.).

Das Verbot friedensstörender Handlungen

Den deutlichsten Ausdruck findet die Friedensbereitschaft Deutschlands in Artikel 26 GG. Der Artikel zielt auf die Verhinderung militärischer Gewaltanwendung zwischen den Völkern ab. Er stellt Handlungen unter Strafe, die in der Absicht vorgenommen werden, „das friedliche Zusammenleben der Völker zu stören, insbesondere die Führung eines Angriffskrieges vorzubereiten."

Eine Störung des friedlichen Zusammenlebens liegt vor, wenn eine schwerwiegende Beeinträchtigung zwischenstaatlicher Beziehungen die Folge ist. Ein Angriffskrieg besteht in der Anwendung bewaffneter Gewalt gegen die Souveränität, territoriale Integrität oder Unabhängigkeit eines anderen Staates.

Artikel 26 GG:
(1) **Handlungen**, die geeignet sind und in der Absicht vorgenommen werden, das **friedliche Zusammenleben der Völker zu stören**, insbesondere die **Führung eines Angriffskrieges** vorzubereiten, sind **verfassungswidrig**. Sie sind unter Strafe zu stellen.
(2) Zur Kriegführung bestimmte **Waffen** dürfen nur mit Genehmigung der Bundesregierung hergestellt, befördert und in Verkehr gebracht werden. Das Nähere regelt ein Bundesgesetz.

Adressaten von Artikel 26 GG sind in erster Linie die Amtsträger in den Staatsorganen. Aber auch Privatpersonen unterliegen dem Verbot, das friedliche Zusammenleben der Völker zu stören. Sie können zwar keinen Angriffskrieg führen oder vorbereiten, aber sie können zu völkerrechtswidrigen Gewaltakten aufstacheln und den internationalen Terrorismus unterstützen.

Der grundgesetzlichen Vorgabe folgend stellt das Strafgesetzbuch die Vorbereitung eines Angriffskrieges (§ 80 StGB) und das Aufstacheln zum Angriffskrieg (§ 80a

StGB) unter Strafe. Vorbereitet werden kann ein Angriffskrieg nur von den Staatsorganen. In Versammlungen oder durch Verbreitung von Schriften zum Angriffskrieg aufstacheln kann hingegen jedermann.

Dass das Strafgesetzbuch den Friedensverrat unter Strafe stellt, ist insofern eine Besonderheit, als das Völkerrecht dies gar nicht verlangt. Der Verfassunggeber wollte, verständlich nach der nationalsozialistischen Aggressionspolitik und dem Zweiten Weltkrieg, offenkundig besonders völkerrechtsfreundlich sein (Doehring 1992, 695).

Artikel 26 GG spiegelt das moderne Völkerrecht mit seinem umfassenden Gewaltverbot wider. Bis zum Beginn des 20. Jahrhunderts gab das Völkerrecht den Krieg als Mittel der Interessendurchsetzung souveräner Staaten weitgehend frei. Die Staaten hatten das Recht zum Krieg („ius ad bellum"). Dieses klassische Völkerrecht begnügte sich damit, den Krieg rechtlich einzugrenzen und ihn damit für die Beteiligten berechenbar zu machen („ius in bello").

Erst der Pakt zur Ächtung des Krieges von 1928 führte zu einem generellen Verbot von Angriffskriegen. In ihm erklärten die vertragschließenden Staaten, „dass sie den Krieg als Mittel zur Lösung internationaler Streitfälle verurteilen und auf ihn als Werkzeug nationaler Politik in ihren gegenseitigen Beziehungen verzichten." Diesem Pakt traten die meisten Mitglieder des Völkerbundes bei. Auf ihm beruht das Gewaltverbot, wie es Artikel 2 Abs. 4 der Charta der Vereinten Nationen formuliert: „Alle Mitglieder unterlassen in ihren internationalen Beziehungen jede gegen die territoriale Integrität oder die politische Unabhängigkeit eines Staates gerichtete oder sonst mit den Zielen der Vereinten Nationen unvereinbare Androhung oder Anwendung von Gewalt."

Absatz 1 verbietet nicht nur den Angriffskrieg, sondern bereits die Vorbereitung eines solchen Krieges. Vorbereitenden Charakter tragen etwa eine Aufrüstung, die weit über die Bedürfnisse einer denkbaren Verteidigung hinausreicht, aggressive Kriegspropaganda, die Androhung von Gewaltmaßnahmen gegen einen anderen Staat, die Aufstachelung zum Rassen- oder Völkerhass sowie der Aufruf zur Existenzvernichtung eines anderen Staates (Herdegen 2006, 19 ff., Rdnr. 27 ff.).

In positiver Wendung kann das in Absatz 1 geschützte friedliche Zusammenleben der Völker von Deutschland die konstruktive Zusammenarbeit mit anderen Staaten verlangen. Das friedliche Zusammenleben der Völker fordert dann von Deutschland, in allen Bereichen des internationalen Verkehrs zu kooperieren. Es dürfte allerdings schwierig sein, die hieraus fließenden Handlungspflichten näher zu konkretisieren. Man könnte aber von einer Verhandlungspflicht ausgehen, d.h. von einer Pflicht zur Teilnahme an internationalen Konferenzen, die auf den Abschluss von Verträgen gerichtet sind. Denkbar ist auch eine eher moralische Pflicht, die Verhandlungen auf internationaler Ebene so zu führen, dass Kompromisse gefunden werden können (Bleckmann 1996, 144).

Absatz 2 regelt als Spezialfall der Friedenssicherung die Kontrolle von Kriegswaffen im Sinne einer von der Bundesregierung zu erteilenden Genehmigung zur Herstellung, zur Vermarktung sowie zur Ein- und Ausfuhr von Kriegsgerät.

Mit Artikel 26 GG will Deutschland seinen Friedenswillen und seine prinzipielle Absage an den Einsatz militärischer Mittel zur Durchsetzung außenpolitischer Ziele unter Beweis stellen. Es will auch seine besondere Treue zu völkerrechtlichen Grundsätzen demonstrieren. Das Völkerrecht kennt neben klaren Verboten jedoch auch Grauzonen. In diesen Grauzonen wird eine einseitige Gewaltanwendung dann als gerechtfertigt angesehen, wenn diese einen defensiven Grundcharakter trägt.

Klar untersagt ist der Einsatz militärischer Waffengewalt gegen das Hoheitsgebiet eines anderen Staates. Ebenso klar untersagt ist die Entsendung bewaffneter Freischärler, Söldner und Banden in einen anderen Staat. Dasselbe gilt für die Unterstützung bewaffneter Banden und Rebellengruppen in einem anderen Staat sowie für Waffenlieferungen dorthin zur Unterstützung dieser Gruppen. Verboten ist auch die Androhung von Gewalt in Form einer Mobilmachung, in Gestalt von Truppenkonzentrationen oder in der Ankündigung eines Raketenbeschusses. Verboten ist schließlich der Einsatz militärischer Gewalt mit dem Ziel eines Umsturzes der inneren Ordnung eines anderen Staates (Hobe/Kimminich 2004, 308).

Zu den völkerrechtlichen Grauzonen gehören im Wesentlichen vier Fälle: Bestimmte Staaten sehen es als gerechtfertigt an, wenn ein Staat sein Recht auf Selbstverteidigung bereits im Vorfeld eines bevorstehenden Angriffs durch einen anderen Staat wahrnimmt (Präventivkrieg) oder sogar auf die Ausschaltung des militärischen Potentials eines als feindlich betrachteten Staates bei ungewisser Bedrohung erstreckt (präemptiver Krieg). Verbreitete Anerkennung findet die gewaltsame Rettung eigener Staatsangehöriger in einem anderen Staat (humanitäre Intervention im engeren Sinne). Gegenstand lebhafter Kontroversen ist dagegen die Gewaltanwendung in einem anderen Staat, um dort bestimmte Bevölkerungsgruppen vor schwerwiegenden Menschenrechtsverletzungen (Genozid) durch die Regierung dieses Staates zu schützen (humanitäre Intervention im weiteren Sinne). Umstritten ist schließlich, ob ein Staat der Regierung eines anderen Staates auf deren Ersuchen Hilfe leisten darf, die sich im Bürgerkrieg befindet (Doehring 1992, 690, 698; Herdegen 2006, 9, Rdnr. 12).

Das Grundgesetz verbietet den Angriffskrieg, nicht jedoch den *Verteidigungskrieg*. Nicht jeder Krieg ist deshalb eine friedensstörende Handlung. Die Ausrichtung des Grundgesetzes auf friedliche Außenbeziehungen bedeutet mithin nicht den kategorischen Verzicht auf den Einsatz militärischer Gewalt. Denn das Völkerrecht erlaubt die Selbstverteidigung. Das Grundgesetz gibt folglich dem Einsatz militärischer Gewalt durchaus Raum. So ermächtigt Artikel 87a GG den Bund, Streitkräfte zur Verteidigung aufzustellen. Artikel 12a GG erlaubt die Einführung einer damit korrespondierenden Wehrpflicht. Artikel 65a und Art. 115b GG regeln die Befehls- und Kommandogewalt über die Streitkräfte. Die von Artikel 24 GG gedeckte Einbettung Deutschlands in ein System kollektiver Selbstverteidigung wie die NATO schließt den Einsatz militärischer Gewalt ein. Defensive Maßnahmen unterhalb des Verteidigungskrieges sind natürlich ebenfalls zulässig (Epping 1992, 39 f.).

Die Mitwirkung Deutschlands an einem vereinten Europa

Nach dem Zweiten Weltkrieg entstand in Europa eine Bewegung, die nach neuen Formen internationaler Zusammenarbeit suchte. Sie drängte insbesondere auf eine Integration Europas, d.h. nach einem Zusammenschluss der europäischen Staaten zu einer übernationalen Einheit. Auf diese Weise sollten kriegerische Auseinandersetzungen auf dem europäischen Kontinent für alle Zukunft unmöglich gemacht werden.

Die politischen Willensträger der jungen Bundesrepublik wollten diesem Gedanken entsprechen. Am 26. Juli 1950 nahm der Deutsche Bundestag unter Hinweis auf die Präambel und Artikel 24 GG fast einstimmig eine Entschließung zugunsten eines „Europäischen Bundespaktes" an, der „eine übernationale Bundesgewalt schaffen" sollte, „die sich auf allgemeine, unmittelbare und freie Wahlen gründet und über gesetzgebende, ausübende und richterliche Kompetenzen verfügt" und befugt sein sollte, die wirtschaftliche Einheit herbeizuführen, eine gemeinsame europäische Außenpolitik zu ermöglichen, die Rechtsgleichheit der Völker Europas zu sichern und die Grundrechte der europäischen Bürger zu garantieren. Die tragenden politischen Kräfte der Bundesrepublik gingen also davon aus, dass das Grundgesetz den Weg einer Eingliederung Deutschlands in eine föderale europäische Ordnung eröffnete (Schneider 1995, 690).

Deutschland wurde im Laufe der Zeit Mitglied einer ganzen Reihe europäischer Vertragswerke. Das zweifellos bedeutsamste Vertragswerk ist der Vertrag über die Gründung der *Europäischen Union* vom 7. Februar 1992 (Vertrag von Maastricht). Dieser Vertrag fasst die bereits existierenden Europäischen Gemeinschaften mit ihren eher wirtschaftlich ausgerichteten Aufgaben zusammen und begründet darüber hinaus neue Kompetenzen für die Union, nämlich eine gemeinsame Außen- und Sicherheitspolitik sowie eine enge polizeiliche und justizielle Zusammenarbeit.

Einige weitere Verträge (Vertrag von Amsterdam 1997, Vertrag von Nizza 2001) unternahmen es, die Europäische Union institutionell zu stärken. Der als grundlegende Reform des Institutionengefüges konzipierte Vertrag über eine Verfassung für Europa vom 16. Dezember 2004 scheiterte jedoch im Ratifizierungsverfahren. Auf der Konferenz von Lissabon wurde Ende 2007 deshalb ein modifizierter Vertrag beschlossen.

Der Vertrag von Lissabon führt die im gescheiterten Verfassungsvertrag enthaltenen Bekenntnisse zu den Werten Europas unverändert weiter. Diese Werte stimmen mit den Werten des Grundgesetzes überein. So erwähnt die Präambel des Lissabon-Vertrages die legitimierenden Grundwerte Freiheit, Gleichheit, Demokratie, Frieden und Sicherheit. In Artikel 2 des Vertrages werden weitere legitimierende Werte erwähnt, so die Menschenwürde und die Gerechtigkeit. Die Gerechtigkeit wird in Artikel 3 zur sozialen Gerechtigkeit erweitert.

Eine Bestätigung und Konkretisierung erfahren die genannten Werte in der *Charta der Grundrechte der Union*, die der Vertrag von Lissabon für rechtsverbindlich erklärt. In der Charta ist darüber hinaus noch die Rede von weiteren Werten, so vom Leben und von körperlicher sowie geistiger Unversehrtheit, von der Achtung des Privat- und Familienlebens, von der Gedanken- und der Religionsfreiheit, von der unternehmerischen Freiheit und dem Eigentumsrecht, von sozialer Sicherheit und sozialer Unterstützung sowie vom Umweltschutz.

Die Werte der Europäischen Union passen bruchlos zu den Werten des Grundgesetzes, so dass es in dieser Hinsicht keine Hindernisse für die Integration Deutschlands in Europa gibt.

Das Grundgesetz spricht die europäische Integration an drei Stellen an, nämlich in der Präambel, in Artikel 23 sowie in Artikel 88 GG. Die Präambel drückt den Willen Deutschlands aus, ein gleichberechtigtes Glied in einem vereinten Europa zu sein. Artikel 23 GG greift die Formulierung von der Verwirklichung eines vereinten Europas in der Präambel auf und bezieht dieses Ziel auf die Entwicklung der Europäischen Union. Artikel 88 GG erlaubt es, die Aufgaben und Befugnisse der Bundesbank auf die im Rahmen der Europäischen Union errichtete Europäische Zentralbank zu übertragen.

Artikel 23 GG in der jetzigen Form wurde 1992 im Zusammenhang mit der Gründung der Europäischen Union in das Grundgesetz eingefügt. Der Artikel regelt in insgesamt sieben Absätzen sehr detailliert, welche Staatsorgane mit welchen Kompetenzen an europäischen Rechtsetzungsakten zu beteiligen sind.

Absatz 1 enthält die grundlegenden Aussagen: Zunächst wird die Verwirklichung eines vereinten Europas ausdrücklich als Staatziel genannt. Das vereinte Europa wird dann mit der Entwicklung der Europäischen Union gleichgesetzt. Obwohl nicht absehbar ist, wohin sich die Europäische Union entwickeln wird und wie intensiv die Integration in Zukunft aussehen wird, identifiziert Artikel 23 GG das langfristige Ziel eines vereinten Europas mit der Entwicklung der Europäischen Union.

Artikel 23 GG:

(1) Zur **Verwirklichung eines vereinten Europas** wirkt die Bundesrepublik Deutschland bei der **Entwicklung der Europäischen Union** mit, die demokratischen, rechtsstaatlichen, sozialen und föderativen Grundsätzen und dem Grundsatz der Subsidiarität verpflichtet ist und einen diesem Grundgesetz im Wesentlichen vergleichbaren Grundrechtsschutz gewährleistet. Der Bund kann hierzu durch Gesetz mit Zustimmung des Bundesrates **Hoheitsrechte übertragen**. Für die **Begründung der Europäischen Union** sowie für **Änderungen ihrer vertraglichen Grundlagen** und vergleichbare Regelungen, durch die dieses Grundgesetz seinem

Inhalt nach geändert oder ergänzt wird oder solche Änderungen oder Ergänzungen ermöglicht werden, gilt Artikel 79 Abs. 2 und 3.
(2) [...] (3) [...] (4) [...] (5) [...] (6) [...] (7) [...]

Auch wenn Deutschland einen starken Integrationswillen bekundet, verknüpft Artikel 23 Abs. 1 GG diese Absicht doch mit einem wichtigen Vorbehalt. Eine an die Staatsorgane gerichtete *Struktursicherungsklausel* soll dafür sorgen, dass Deutschland sich nur in ein Europa integriert, das „demokratischen, rechtsstaatlichen, sozialen und föderativen Grundsätzen und dem Grundsatz der Subsidiarität verpflichtet ist“ und einen dem Grundgesetz vergleichbaren Grundrechtsschutz gewährleistet.

Unter der Voraussetzung, dass der Vorbehalt nicht verletzt wird, erlaubt Artikel 23 GG dem Bund, der Europäischen Union durch Gesetz staatliche Hoheitsrechte zu übertragen.

Schließlich enthält Artikel 23 GG eine *Bestandssicherungsklausel*: Das erforderliche innerstaatliche Ratifizierungsverfahren für Änderungen der vertraglichen Grundlagen der Europäischen Union und für andere Regelungen, die sich auf das Grundgesetz auswirken, muss sich nämlich nach Artikel 79 Abs. 2 und 3 GG richten. Das heißt, dass eine solche Ratifizierung der Zustimmung einer Zweidrittelmehrheit der Mitglieder des Bundestages und derselben Mehrheit der Stimmen des Bundesrates bedarf. Und es heißt, dass eine Ratifizierung unterbleiben muss, wenn dadurch die zentralen Grundsätze des Grundgesetzes berührt würden.

Artikel 88 GG enthält seit 1992 die Ergänzung, dass der Bund die Aufgaben der Bundesbank auf die Europäische Zentralbank übertragen darf. Der Artikel bindet die Hoheitsübertragung im Bereich der Geld- und Währungspolitik allerdings an eine *Stabilitätssicherungsklausel*: Hiernach muss die Europäische Zentralbank wie die Bundesbank unabhängig und dem vorrangigen Ziel der Sicherung der Preisstabilität verpflichtet sein.

Deutschland hat die in Artikel 88 GG ausgesprochene Ermächtigung längst umgesetzt. Die im Zusammenhang mit der Europäischen Währungsunion gegründete Europäische Zentralbank arbeitet seit 1999.

Artikel 88 GG:
Der Bund errichtet eine Währungs- und Notenbank als Bundesbank. Ihre Aufgaben und Befugnisse können im Rahmen der **Europäischen Union** der **Europäischen Zentralbank** übertragen werden, die unabhängig ist und dem vorrangigen Ziel der Sicherung der Preisstabilität verpflichtet.

Von Beginn an gab es über das Ziel und die Ausgestaltung der europäischen Integration unterschiedliche Vorstellungen. Es standen sich die Ideen eines europäischen Bundesstaates und eines Staatenbundes gegenüber. Die Dynamik des europäischen Integrationsprozesses hat aber dazu geführt, dass die Begriffe „Bundesstaat" und „Staatenbund" die Lage nicht adäquat erfassen können, da sie dem Denken in der Kategorie staatlicher Souveränität verhaftet sind. Diese Kategorie erschwert jedoch ein adäquates Verständnis der Europäischen Union. Der europäische Integrationsprozess ist eher ein evolutionärer Prozess einer nichtstaatlichen Staatenverbindung, der einer ganz eigenen Entwicklungslogik folgt (Schuppert 1994, 56).

Es ist schwer, endgültige Klarheit über den Charakter der Europäischen Union zu gewinnen. Der Vertrag über die Gründung der Europäischen Union spricht von Mitglied*staaten* als den Vertragsparteien und erwähnt, dass es um eine immer engere Union der *Völker* Europas gehen soll. Das Grundgesetz vermeidet in Artikel 23 jeden definitorischen Versuch und übernimmt schlicht den Begriff „Europäische Union". Die in der Struktursicherungsklausel angeführten sechs Verfassungsgrundsätze, welche der Europäischen Union zur Beachtung aufgegeben sind, deuten aber an, dass der deutsche Verfassungsgesetzgeber von einer Art *Staatsqualität* der Europäischen Union ausgeht. Das Bundesverfassungsgericht schließlich spricht von einem *Staatenverbund*, dessen Hoheitsgewalt sich von den Mitgliedstaaten ableitet und im deutschen Hoheitsbereich nur kraft deutscher Einwilligung verbindlich wirken kann. Die Mitgliedstaaten als Herren der europäischen Verträge können zudem ihre Zugehörigkeit zur Europäischen Union aufgrund eigener Entscheidung jederzeit beenden (Hilf 1994, 75 f.).

Gleichwohl wird in der Europäischen Union ein von den partikularen Willen der Mitgliedstaaten unterschiedener Gemeinschaftswille gebildet und gibt es eine existentielle Gemeinsamkeit der Unionsbürger, die in der Unionsbürgerschaft einen rechtlich verbindlichen Ausdruck findet. Die Europäische Union ist also weit mehr als ein bloßer Zweckverband. Sie ist zu einem Organisationskomplex angewachsen, der weite Lebensbereiche unter seine Fittiche genommen hat. Sie hat durchaus die Qualität eines Gemeinwesens (Tomuschat 1996, 1081).

Es spricht dennoch viel dafür, dass die Europäische Union ein Verbund selbstständiger Staaten bleiben wird. Der Zusammenschluss dieser Staaten zu einem einheitlichen europäischen Großstaat ist nicht in Aussicht genommen. Die Integrationsbemühungen laufen schon deshalb nicht auf einen Staat hinaus, weil ein solcher Staat sich kaum mit der je eigenen historisch gewachsenen Identität der Mitgliedstaaten in Einklang bringen ließe. Die Gründung eines europäischen Staates würde eine kulturelle Einheit voraussetzen. Aber die Entstehung einer solchen Einheit ist aufgrund der Sprachverschiedenheit und der nationalen Identitäten sehr unwahrscheinlich. Ein europäischer Staat setzt ein europäisches Volk voraus. Ein solches existiert jedoch nicht.

Die Europäische Union ist auch keine Demokratie. Sie kann keine Demokratie sein, weil eine Demokratie ein Staatsvolk voraussetzt, das sich seiner Zusammengehörigkeit bewusst ist, einen gemeinsamen Willen zur Hervorbringung und Durchsetzung von Recht hat, sich auf kulturelle und sprachliche Gemeinsamkeiten stützen kann und die eigenen Angelegenheiten gemeinsam bewältigen will. Hieran fehlt es in Europa (P. Kirchhof 1994, 949).

6.3 Umwelt

Die Umwelt ist ein gefährdetes Gut. Seit langer Zeit bemühen sich die Menschen daher, die Umwelt, von der sie abhängen, zu schützen. Die Staaten unternehmen vielfältige Anstrengungen, um schweren Umweltschäden und Umweltgefahren zu begegnen. Auch haben internationale Abkommen zum Schutz bestimmter Umweltbereiche eine lange Tradition. So gibt es Verträge über die Nutzung grenzüberschreitender Gewässer oder über die Beschränkung der Fischerei auf den Meeren.

Eine neue Dimension gewann der Umweltschutzgedanke mit der Erkenntnis, dass die natürlichen Ressourcen der Erde zur Befriedigung der wachsenden Bedürfnisse der Weltbevölkerung auf Dauer nicht ausreichen könnten. Ebenso wuchs in den letzten Jahrzehnten die Einsicht darin, dass die Weltmeere, das Klima, die Ozonschicht und der Reichtum an pflanzlichen und tierischen Arten anfällig gegenüber anthropogenen Einflüssen sind.

Welchen Niederschlag hat der Umweltschutz im Grundgesetz gefunden? Lassen sich dem Grundgesetz konkrete politische Folgerungen für die Umweltschutzpolitik entnehmen?

Umweltschutz als Staatsziel

Die Weimarer Reichsverfassung kannte eine umweltspezifische Verfassungsnorm: Artikel 150 WRV schrieb für Naturdenkmäler und für die Landschaft den Schutz und die Pflege durch den Staat vor. Für das Grundgesetz in seiner ursprünglichen Fassung war die ökologische Herausforderung jedoch kein Thema. Die Diskussion um eine Verankerung des Umweltschutzes in der Verfassung begann erst, als der moderne Umweltschutzgedanke in Deutschland aufkam, also etwa seit 1970. Aber erst 1994 wurde mit Artikel 20a GG der Umweltschutz als Staatsziel in das Grundgesetz aufgenommen. Im Jahre 2002 kam der Tierschutz als zusätzliches Schutzgut hinzu. Der Umweltschutz genießt daneben in allen Landesverfassungen den Rang eines Verfassungsziels.

Unabhängig von jeder verfassungsrechtlichen Normierung bildet der Schutz der Umwelt eine fundamentale staatliche Aufgabe. Man kann sogar behaupten, dass die Legitimität eines Staates stark davon abhängt, dass er diese Aufgabe in ausreichendem Maße erfüllt. Denn beim Umweltschutz geht es um ein existentielles, langfristiges Interesse der Menschen.

Der Umweltschutz ist zum einen Bestandteil des staatlichen Sicherheitszwecks. Denn die vom Staat zu gewährleistende Sicherheit schließt den Schutz des Lebens und der körperlichen Unversehrtheit ein. Nun können Leben und Gesundheit durch schädliche Umwelteinflüsse, wie etwa Luftschadstoffe, Lärm und Strahlen, in Mitleidenschaft gezogen werden. Beeinträchtigt werden kann ebenso auch das Sacheigentum des Einzelnen. Zu denken ist hierbei an immissionsbedingte Waldschäden, an Gebäudeschäden, die auf Luftschadstoffen beruhen, sowie an die Kontaminierung landwirtschaftlicher Böden mit Schadstoffen. Die Umwelt muss also geschützt werden, um Schädigungen Einzelner zu verhüten.

Es gibt darüber hinaus Umweltprobleme, deren Bewältigung nicht dem Schutz individueller Rechtsgüter zugeordnet werden kann. Diese Umweltprobleme betreffen die Grundlagen des Lebens, und zwar nicht nur des menschlichen. Zum Schutze dieser Grundlagen muss der Staat ebenfalls aktiv werden.

So stellt das Aussterben von Tier- und Pflanzenarten ein schwerwiegendes Problem dar. Denn ein solches Aussterben ist irreversibel. Da man häufig nicht weiß, welche Auswirkungen dies einmal für die Menschen haben wird, ist Artenschutz notwendig. Über den Artenschutz hinaus ist der Naturschutz im Ganzen wichtig. Denn der Naturschutz dient dem Schutz des Naturhaushalts und der Erhaltung bestimmter Ökosysteme oder Biotope. Er dient schließlich auch der Bewahrung der Eigenart und Schönheit von Natur und Landschaft. Der Schutz der Binnengewässer kommt der Grundwasserqualität und damit der Qualität des Trinkwassers zugute. Der Schutz der Meere bewahrt die Fische vor Schadstoffen. Der Bodenschutz erhält die Fruchtbarkeit der Böden und sichert damit die Ernährung der Bevölkerung. Der Schutz der Wälder bewahrt nicht nur das Klima, sondern gewährleistet auch eine Filterung von Schadstoffen aus der Luft (Murswiek 1995, 32, 39 ff.).

Artikel 20a GG stellt nun die natürlichen Lebensgrundlagen ausdrücklich unter den Schutz des Staates. Der Artikel verpflichtet alle Staatsorgane, im Rahmen ihrer jeweiligen Kompetenzen zu diesem Schutz beizutragen. Die *natürlichen Lebensgrundlagen* sind gleichbedeutend mit den Umweltgütern, ohne die menschliches, tierisches und pflanzliches Leben nicht über längere Zeiträume fortbestehen könnte. Zu diesen Gütern zählen Luft, Wasser und Boden, weiterhin Pflanzen, Tiere und Mikroorganismen in ihren Lebensräumen, ferner auch Bodenschätze, klimatische Bedingungen sowie die Ozonschicht. Schließlich kann man auch die Schönheit der Landschaft den Schutzgütern hinzurechnen.

Artikel 20a GG:
Der **Staat schützt** auch in **Verantwortung für die künftigen Generationen** die **natürlichen Lebensgrundlagen** und die Tiere im Rahmen der verfassungsmäßigen Ordnung durch die Gesetzgebung und nach Maßgabe von Gesetz und Recht durch die vollziehende Gewalt und die Rechtsprechung.

Der Staat soll die Umwelt nicht nur für die Gegenwart, sondern auch in *Verantwortung für die zukünftigen Generationen* schützen. Die Umwelt soll also so geschützt werden, dass sie auch künftigen Generationen erhalten bleibt. Diese Zukunftsverantwortung enthält eine ganze Reihe von Verhaltenskonsequenzen.

So gilt bezüglich der Belastung von Umweltgütern mit Schadstoffen, dass nicht nur auf die aktuellen Auswirkungen abgestellt werden darf. Vielmehr ist die Akkumulation der Schadstoffbelastung über Jahre hinweg in Betracht zu ziehen. Weiterhin ist mit nichterneuerbaren Ressourcen sparsam umzugehen. Dies gilt für alle Bodenschätze. Ferner ist bei der Nutzung erneuerbarer Ressourcen das Prinzip der Nachhaltigkeit zu beachten. Nachhaltigkeit verlangt, dass die geernteten Rohstoffe im Prinzip in gleicher Menge wieder nachwachsen müssen. Die Meere dürfen folglich nicht überfischt, abgeholzte Wälder müssen wiederaufgeforstet, die Fruchtbarkeit der Böden muss erhalten werden. Schließlich muss bei der Bewertung von Risiken berücksichtigt werden, dass schädliche Wirkungen von Umwelteingriffen möglicherweise erst nach Jahren erkennbar werden. Die Grenzen menschlicher Erkenntnisse über ökologische Zusammenhänge und über die Auswirkungen menschlichen Tuns legen es nahe, möglichst wenig in die Natur einzugreifen und vor allem dauerhafte, irreversible Schäden an der Natur zu vermeiden (Murswiek 1996, 224 f.).

Auch wenn der Umweltschutz erst durch Artikel 20a GG explizit als Staatsziel eingeführt wurde, heißt das nicht, dass das Grundgesetz zuvor dem Umweltschutz indifferent gegenübergestanden hätte. So enthält Artikel 74 GG eine Reihe von Kompetenzen, die umweltpolitischen Charakter tragen.

Artikel 74 GG:
(1) Die konkurrierende Gesetzgebung erstreckt sich auf folgende Gebiete:
[...]
20. das Recht der Lebensmittel einschließlich der ihrer Gewinnung dienenden Tiere, das Recht der Genussmittel, Bedarfsgegenstände und Futtermittel sowie den Schutz beim Verkehr mit land- und forstwirtschaftlichem Saat- und Pflanzgut, den **Schutz der Pflanzen** gegen Krankheiten und Schädlinge sowie den **Tierschutz**; [...]
24. die **Abfallwirtschaft**, die **Luftreinhaltung** und die **Lärmbekämpfung** (ohne Schutz vor verhaltensbezogenem Lärm); [...]
29. den **Naturschutz** und die **Landschaftspflege**; [...]
32. den **Wasserhaushalt**; [...]
(2) [...]

Anwendungsprobleme verfassungsrechtlicher Umweltschutzvorgaben

Der Umweltschutz als Staatsziel bedeutet für den Staat eine generelle Verpflichtung zu umweltschützenden Aktivitäten. Das Problem ist jedoch, welcher Grad an rechtlicher Verbindlichkeit mit dieser Verpflichtung verbunden ist. Artikel 20a GG sagt nämlich über das aufgegebene Schutzniveau nichts aus. Es gibt daher Stimmen, die in Artikel 20a GG eine bloße Deklamation, eine symbolische Huldigung gegenüber dem Umweltschutz sehen. Andere erwarten dagegen von Artikel 20a GG, dass von ihm langfristig wichtige Impulse für die Rechtsentwicklung ausgehen und er den Umweltschutz verfassungspolitisch entscheidend aufwertet.

Artikel 20a GG ist auf jeden Fall mehr als ein bloßer Programmsatz. Denn er eröffnet nicht lediglich eine unverbindliche Gestaltungsmöglichkeit und Zielperspektive, sondern verpflichtet die Staatsgewalt auf der höchsten Rechtsstufe, die Belange des Umweltschutzes zu berücksichtigen. Andererseits ist es allein aufgrund von Artikel 20a GG nicht möglich, bestimmte Umweltentscheidungen einzuklagen oder aus ihm konkrete Ansprüche abzuleiten. Auch die Wahl der Mittel zur Verwirklichung des Umweltschutzes steht den Staatsorganen frei. Ebenso ist ihnen die Konkretisierung des allgemein formulierten Ziels überlassen (Kloepfer 1996, 74).

Die wichtigste Funktion von Artikel 20a GG dürfte darin bestehen, die Staatstätigkeit wie auch die allgemeine Bewusstseinsbildung auf die Erhaltung der natürlichen Lebensgrundlagen programmatisch auszurichten. Dem Artikel lässt sich unschwer entnehmen, dass er die Absicht verfolgt, Gesetzgebung, Verwaltung und Rechtsprechung daran zu erinnern, den Umweltschutz als Daueraufgabe zu begreifen und Umwelterfordernissen ständig Rechnung zu tragen. Entscheidungshilfen für die Lösung konkreter Umweltprobleme lassen sich der Verfassungsbestimmung demgegenüber kaum entnehmen (Schink 1997, 222).

Grundsätzlich lassen sich bestimmte Umweltschutzprogramme nicht einer Verfassung inkorporieren, obwohl dies von der ökologischen Herausforderung her gesehen vielleicht sinnvoll wäre. Denn zum einen zeichnen sich Umweltrisiken durch hohe Dynamik und Vielgestaltigkeit, Komplexität und Ungewissheit aus. Zum anderen verlangt gerade die Bewältigung technologisch bedingter Risiken ein hohes Maß an Informationen und an Flexibilität staatlicher Maßnahmen. Neuartige Technologien sind in ihren Risiken nur schwer abzuschätzen (Steinberg 1998, 423).

Ein effektiver Umweltschutz ist darüber hinaus noch aus einigen weiteren Gründen nur schwer durchsetzbar. So weisen viele Umweltprobleme grenzüberschreitenden, ja globalen Charakter auf. Ein durch die Verfassung zum Umweltschutz verpflichteter Staat hat hier nur eingeschränkte Handlungsmöglichkeiten.

Dann gibt es eine aus der Logik der Demokratie folgende strukturelle Benachteiligung der Umweltschutzpolitik. In der Demokratie werden die verantwortlichen Politiker gewählt. Aus wahltaktischen Gründen neigen Politiker dazu, aktuelle Wählerwünsche zu befriedigen und die Interessen künftiger Generationen hintanzustellen. Denn die meisten Wähler machen ihre Entscheidung hauptsächlich von der Befriedigung kurzfristiger Bedürfnisse abhängig. Es ist also schwer, in der Demokratie langfristige Interessen durchzusetzen (Murswiek 1995, 62).

Aus diesem Grunde wäre zu überlegen, die Langzeitverantwortung durch geregelte Verfahren und Organisationsformen zu institutionalisieren. Man könnte eine Ombudsperson installieren, die beratend an der Gesetzgebung zu beteiligen wäre. Denkbar wäre auch ein Rat von Sachverständigen für Zukunftsfragen oder gar ein Ministerium für Nachweltschutz (Kloepfer 1996, 78).

Der Umweltschutz ist zweifellos eine bedeutsame Aufgabe. Dennoch kommt ihm kein Vorrang vor der Erfüllung anderer Staatsaufgaben zu. Denn das Staatsziel Umweltschutz hat den gleichen Rang wie andere Staatsziele. Die aus den anderen Staatszielen abgeleiteten Staatsaufgaben stehen daher der Umweltschutzaufgabe nicht nach. Es gibt nicht einmal einen relativen Vorrang des Umweltschutzes (Murswiek 1996, 228).

Der Umweltschutz muss sich also in das Gesamtsystem der Staatsziele einfügen. Er darf nicht verabsolutiert werden. Umweltschutz ist mithin kein einseitig-prioritäres Schutzgut. So muss er mit dem Wirtschaftswachstum, der Energieversorgung und der Verkehrsinfrastruktur abgestimmt werden. Und er ist auch mit den Erfordernissen des gesamtwirtschaftlichen Gleichgewichts abzugleichen. Es ist also nicht ausgeschlossen, dass Umweltschutzbelange in Bezug auf konkrete Problemlagen hinter der Verwirklichung anderer Staatsziele zurückgestellt werden (Scholz 2002, 14, Rdnr.13 ff.).

Eine wichtige Frage ist, ob sich das Grundgesetz eher für einen ökozentrischen oder eher für einen anthropozentrischen Umweltschutz entschieden hat. Ein ökozentrischer Umweltschutz schützt die Umwelt um ihrer selbst willen, ein anthropozentrischer bezieht ihn auf das Wohl der Menschen.

Für einen *ökozentrischen Umweltschutz* spricht, dass sich in den Beratungen zur Einführung von Artikel 20a GG der Vorschlag nicht durchsetzen konnte, den Schutzauftrag auf die natürlichen Lebensgrundlagen des Menschen zu beschränken. Geschützt werden demnach die natürlichen Lebensgrundlagen schlechthin, also auch die Grundlagen tierischen und pflanzlichen Lebens. Die natürliche Umwelt soll also nicht nur insoweit geschützt werden, als sie Lebensgrundlage des Menschen ist. Sie ist vielmehr eigenständiges Schutzobjekt und wird vom Grundgesetz in ihrem Eigenwert respektiert.

Die Entscheidung für einen ökozentrischen Umweltschutz hat vor allem edukatorische Funktion. Sie soll die Staatsorgane, aber auch die Bevölkerung anhalten, die natürliche Umwelt in ihrem Eigenwert zu respektieren. Sie soll die Einsicht wecken, dass die Natur nicht allein unter dem Aspekt ökonomischer Nutzungsinteressen des Menschen zu sehen ist. Insofern soll der Mensch nicht das Maß aller Dinge sein.

Allerdings wäre ein ausschließlich ökozentrischer Umweltschutz logisch unsinnig. Denn es obläge dennoch menschlicher Interpretationsmacht, die Interessen der Natur zu definieren. Letztlich würde auch ein ökozentrischer Umweltschutz anthropozentrisch geprägt sein (Murswiek 1996, 224; Kloepfer 1996, 77).

Für einen *anthropozentrischen Umweltschutz* spricht, dass der Mensch im Zentrum des grundgesetzlichen Wertesystems steht und das ganze Grundgesetz auf den Schutz des menschlichen Individuums ausgerichtet ist. Expliziter Ausdruck der Anthropozentrik ist die Erwähnung der künftigen Generationen, um derentwegen die natürlichen Lebensgrundlagen auch geschützt werden sollen. Es leuchtet daher ein, dass der Schutz der Umwelt gegen Beeinträchtigungen umso wichtiger ist, je stärker fundamentale Lebensbedingungen des Menschen betroffen sind (Scholz 2002, 29, Rdnr. 39).

Die Umwelt muss jedoch selbst dann geschützt werden, wenn sich ein konkreter menschlicher Nutzen nicht erkennen lässt. Denn der auf den Menschen bezogene Umweltschutz kommt nicht ohne Einsicht in die Komplexität des Naturhaushaltes und die ihn bestimmenden Gesetze aus. Also muss ein anthropozentrischer Umweltschutz so etwas wie ein ökologisches Vorsichtsprinzip walten lassen und etwa für die Erhaltung der Artenvielfalt als Genreserve eintreten. Außerdem ist eine intakte Natur als solche bereits dem Menschen dienlich, und sei es lediglich als Erlebniswelt. Im Konfliktfall muss sich allerdings jeder Umweltschutz am Wohl des Menschen ausrichten (Schink 1997, 224)

7 Geltung und Bewahrung der Verfassungswerte

7.1 Das Verhältnis der Verfassungswerte zueinander

Das Grundgesetz enthält in Gestalt von Grundrechten, Staatszielen, Staatsaufgaben sowie gesellschaftlichen Institutionen eine Fülle von Verfassungswerten. Vor allem die Grundrechte sind Ausdruck wichtiger Werte. Sofern die Verfassungswerte miteinander harmonieren, ergeben sich keine Probleme. Probleme entstehen dann, wenn es zu Kollisionen zwischen den Werten kommt.

Welche typischen Wertekollisionen sind der grundgesetzlichen Ordnung immanent? Wie geht das Grundgesetz mit Wertekollisionen um? Welchen Schutz genießen die in den Grundrechten verankerten Werte? Welchen Verfassungswerten kommt möglicherweise ein Vorrang zu?

Die Verfassung als Einheit

Die im Grundgesetz verankerten Verfassungswerte sind nicht nach einem rationalen Schema geordnet. Sie schließen sich daher nicht ohne weiteres zu einem widerspruchsfreien System zusammen. Vielmehr bestehen Spannungen und auch Gegensätze zwischen den diversen Werten. Das Grundgesetz ist also keine fugenlose Einheit. Dies hängt nicht zuletzt damit zusammen, dass in das Grundgesetz politische Kompromisse eingegangen sind.

Hinsichtlich der Grundrechte kann man dem Grundgesetz jedoch bescheinigen, dass es keine untereinander unvereinbaren Grundrechte aufgenommen hat. Mehr als andere Verfassungen ist es juristisch durchdacht. Konflikte zwischen Grundrechten treten wohl auf, allerdings nicht in den zentralen Schutzbereichen, sondern nur in den Randzonen des jeweiligen Grundrechtsgebrauchs. Da diese Konflikte nicht typisch sind, konnte der Parlamentarische Rat sie auch nicht vorhersehen (Rüfner 1976, 465).

Einige Beispiele können die Konkurrenzsituation zwischen den Verfassungswerten illustrieren. So steht das Staatsziel Umweltschutz in Spannung zur Freiheit der unternehmerischen Entscheidung. Ausgleichsmaßnahmen im Sinne der sozialen Gerechtigkeit können ab einem bestimmten Grad die wirtschaftliche Effektivität und damit die Wohlfahrt des Gemeinwesens untergraben. Strafdrohung, Strafprozess und Strafvollzug als Ableitungen der inneren Sicherheit greifen auf die denkbar schärfste Weise in den individuellen Freiheitsbereich ein.

Die Werte innere Sicherheit und individuelle Freiheit markieren die vielleicht prominenteste Spannung im Gefüge der grundgesetzlichen Werte. Diese Spannung ist zugleich kennzeichnend für freiheitliche politische Ordnungen, denn Diktaturen sind einseitig auf Sicherheit fixiert. Demgegenüber sehen freiheitliche Gemeinwesen das Verhältnis von Freiheit und Sicherheit eher als eine Relation von Zweck und Mittel. Das bedeutet, dass die Argumentationslast bei denjenigen liegt, die aus Gründen der inneren Sicherheit die Freiheit einschränken wollen. Insofern gibt es keine echte Balance von Freiheit und Sicherheit. Ihr Verhältnis ist mithin nicht das gleichwertiger und potentiell letzter politischer Zielsetzungen. Vielmehr nimmt die Politik der inneren Sicherheit eine Dienstfunktion zugunsten der Freiheit wahr. Es gibt also keine Antinomie zwischen beiden Verfassungswerten. Es gibt aber Spannungen im konkreten Fall, die der Gesetzgeber oder der Gesetzesanwender auszugleichen hat. Bei der Abwägung zwischen Sicherheit und Freiheit kommt dann das Verhältnismäßigkeitsprinzip zum Tragen. Das heißt, dass Eingriffe in die Freiheitssphäre der Individuen geeignet, erforderlich und angemessen sein müssen. Die Anwendung des Verhältnismäßigkeitsprinzips bewirkt, dass Eingriffe in die Freiheit so schonend wie möglich vorgenommen werden (Bielefeldt 2004, 8 f., 14 ff.).

Die Auflösung von Wertekollisionen ist am Prinzip der *Einheit der Verfassung* auszurichten. Weil die Verfassung nun einmal keine prästabilisierte Harmonie darstellt, bildet dieses Prinzip eine wichtige Auslegungsrichtlinie, um eine Harmonisierung von Werten zu ermöglichen. Das Prinzip verlangt, eventuelle Widersprüche so aufzulösen, dass alle am jeweiligen Konflikt beteiligten Werte optimal verwirklicht werden. Es verbietet umgekehrt, Verfassungsbestimmungen isoliert auszulegen, weil dies zu einer ungerechtfertigten Verabsolutierung der betreffenden Bestimmung führen kann. An einer Abwägung von Werten führt im Kollisionsfall kein Weg vorbei.

Das Bundesverfassungsgericht hat sich mehrfach zur Idee der Einheit der Verfassung geäußert. In einer frühen Entscheidung heißt es: „Eine einzelne Verfassungsbestimmung kann nicht isoliert betrachtet und allein aus sich heraus ausgelegt werden. Sie steht in einem Sinnzusammenhang mit den übrigen Vorschriften der Verfassung, die eine innere Einheit darstellt. Aus dem Gesamtinhalt der Verfassung ergeben sich gewisse verfassungsrechtliche Grundsätze und Grundentscheidungen, denen die einzelnen Verfassungsbestimmungen untergeordnet sind. [...] Jede Verfassungsbestimmung muss so ausgelegt werden, dass sie mit jenen elementaren Verfassungsgrundsätzen und Grundentscheidungen des Verfassungsgesetzgebers vereinbar ist“ (BVerfGE 1, 14 (32 f.)).

In einer anderen Entscheidung wird der Gedanke der Einheit der Verfassung noch stärker hervorgehoben: „Vornehmstes Interpretationsprinzip ist die Einheit der Verfassung als eines logisch-teleologischen Sinngebildes, weil das Wesen der Verfassung darin besteht, eine einheitliche Ordnung des politischen und gesellschaftlichen Lebens der staatlichen Gemeinschaft zu sein“ (BVerfGE 19, 206 (220)).

In einer weiteren Entscheidung betont das Bundesverfassungsgericht, „dass die verfassungsmäßige Ordnung ein Sinnganzes bildet, ein Widerstreit zwischen verfassungsrechtlich geschützten Belangen mithin nach Maßgabe der grundgesetzlichen

Wertordnung und unter Berücksichtigung der Einheit dieses grundlegenden Wertsystems zu lösen ist“ (BVerfGE 49, 24 (56)).

Die Notwendigkeit praktischer Konkordanz zwischen konkurrierenden Werten

In engem Zusammenhang mit dem Prinzip der Einheit der Verfassung steht die Idee der *praktischen Konkordanz*. Ihr gemäß müssen verfassungsrechtlich geschützte Werte einander so zugeordnet werden, dass jeder von ihnen Wirklichkeit gewinnt. Es darf nicht geschehen, dass aus abstrakter Überlegung heraus der eine Wert auf Kosten des anderen realisiert wird. Vielmehr verlangt das Prinzip der Einheit der Verfassung eine Optimierung: Den beteiligten Werten müssen Grenzen gezogen werden, damit jeder Wert zu optimaler Wirksamkeit gelangen kann. Dabei müssen die Grenzziehungen verhältnismäßig sein. Sie dürfen nicht weiter gehen, als es notwendig ist, um die Vereinbarkeit der betroffenen Werte herzustellen. Insofern sucht die praktische Konkordanz nach einem möglichst schonenden Ausgleich. Sie sagt zwar nichts darüber, was im einzelnen Fall verhältnismäßig ist, weist aber dennoch die Richtung der Ausgleichssuche. Die Idee der praktischen Konkordanz nimmt alle in der Verfassung enthaltenen Werte ernst. Sie ist deshalb einer Verfassungsinterpretation überlegen, welche das Verhältnis von Freiheitsgewährungen und Freiheitsbeschränkungen einseitig im Sinne einer Ausgangsvermutung zugunsten der Freiheit bestimmt (Hesse 1999, 28).

In vielen Urteilen musste sich das Bundesverfassungsgericht mit Wertekollisionen befassen. Häufig ging es dabei um die Verhältnisbestimmung der von den Grundrechten geschützten Werte zu anderen Werten von Verfassungsrang. Das Verfassungsgericht entwickelte hierbei den Topos der *Funktionsfähigkeit* des Staates und seiner Organe als einen die Einschränkung von Grundrechten legitimierenden Wert.

So rechtfertigte das Gericht die Einschränkung der Gleichheit der Wahl durch die Klausel, dass nur diejenigen Parteien bei der Verteilung von Parlamentssitzen berücksichtigt werden, die mindestens fünf Prozent der abgegebenen Stimmen erhalten haben, mit der Funktionsfähigkeit des Parlaments und der Regierung. Es rechtfertigte die in dem Öffnen der Briefe durch Justizvollzugsbeamte liegende Einschränkung des Briefgeheimnisses von Strafgefangenen mit der Funktionsfähigkeit des Strafvollzuges. Es gestand einem Soldaten, der nachträglich den Antrag auf Kriegsdienstverweigerung gestellt hatte, nicht das Recht zu, schon vor der endgültigen Entscheidung über den Antrag von der Ableistung des Wehrdienstes befreit zu werden, weil dies der Funktionsfähigkeit der Bundeswehr entgegenstehe. Es verweigerte Sozialarbeitern das Zeugnisverweigerungsrecht vor Gericht aus Gründen einer funktionsfähigen Strafrechtspflege. Es begrenzte die Zulassung zum Hochschulstudium mit dem Argument, dass die Funktionsfähigkeit der Universitäten ohne eine solche Begrenzung gefährdet sei.

Der Grundrechtsschutz findet seine Grenze also dort, wo es die Funktionsfähigkeit der konkreten staatlichen Institution erfordert. Im Rahmen einer sorgfältigen Prüfung bestimmt das Bundesverfassungsgericht dabei jeweils, was zur Funktionsfähigkeit konkret erforderlich ist (Jestaedt 2007, 264 f.).

Der Grund für die Bedeutsamkeit des Wertes Funktionsfähigkeit liegt darin, dass er die Voraussetzung für die Wahrnehmung von Grundrechten bildet. Bei der Auslegung der Grundrechte ist daher die Funktionsfähigkeit des Staates stets mitzubedenken. Ein zentraler Bestandteil der Funktionsfähigkeit ist dabei die souveräne Entscheidungsfähigkeit und damit die Handlungsfähigkeit des Staates. Man kann insgesamt sagen, dass der Freiheitsbetätigung des Einzelnen mit der Funktionsfähigkeit des Staates eine verfassungsimmanente Grenze gesetzt ist (Kriele 1992, 134 ff.).

Das Bundesverfassungsgericht entwickelte mit der *Sicherheit des Staates* und der von ihm zu gewährleistenden *inneren Sicherheit* einen weiteren, den Rang eines unverzichtbaren Verfassungswertes einnehmenden Topos. Es rechtfertigte mit diesem Topos die Kontaktsperre inhaftierter Terroristen untereinander und mit ihren Verteidigern. Die Gefangenen hatten geltend gemacht, dass die Kontaktsperre tiefer als die regulären Beschränkungen, die der Vollzugszweck erfordere, in ihre Grundrechte eingreife.

Das Gericht führte gegen diese Vorhaltungen die Bedeutung überragender Gemeinschaftswerte an, die die Grundrechtsausübung beschränken könnten: „Das Grundgesetz verwehrt dem Staat nicht schlechthin, verfassungsrechtlich geschützte Rechtsgüter auf Kosten anderer Güter, deren Bestand ebenfalls verfassungsrechtlich verbürgt ist, zu bewahren, mag es sich bei solchen Rechtsgütern um Grundrechte oder andere, verfassungsrechtlichen Schutz genießende Belange handeln. Diese Abwägung ist verfassungsrechtlich unausweichlich, wenn sonst die staatlichen Organe die ihnen nach dem Grundgesetz und der verfassungsmäßigen Ordnung obliegenden Aufgaben nicht mehr sachgerecht wahrnehmen können. [...] Die Sicherheit des Staates als verfasster Friedens- und Ordnungsmacht und die von ihm zu gewährleistende Sicherheit seiner Bevölkerung sind Verfassungswerte, die mit anderen im gleichen Rang stehen und unverzichtbar sind, weil die Institution Staat von ihnen die eigentliche und letzte Rechtfertigung herleitet“ (BVerfGE 49, 24 (55 ff.)).

Das Bundesverfassungsgericht ist nicht ganz davor gefeit, bei der Entscheidung von Wertekollisionen gelegentlich nur durch einfache Gesetze geschützte Werte zu Verfassungswerten zu stilisieren und diese dann den Grundrechten als Werte mit Verfassungsrang entgegenzustellen (Kriele 1992, 138; Hase 2007, 550 f.).

Die Begrenzung von Grundrechten als Ausdruck praktischer Konkordanz

Die Grundrechte gewähren Freiheitsräume. Diese müssen einander zugeordnet, d.h. aber begrenzt werden, wenn sie jeweils die Lebenswirklichkeit bestimmen sollen. Darüber hinaus müssen die grundrechtlichen Freiheitsräume mit den Werten abgeglichen werden, die für den Bestand des Gemeinwesens wesentlich sind und darum den Schutz der Verfassung genießen.

Nun nimmt das Grundgesetz diese Begrenzungen nur zu einem geringen Teil selbst vor. Es sieht die Notwendigkeit der Begrenzungen aber durchaus und formuliert viele Grundrechte so, dass sie eingeschränkt werden können.

Eine erste Form der Begrenzung ist der im jeweiligen Artikel ausgesprochene Auftrag zur *Ausgestaltung* des betreffenden Grundrechts. Der Gesetzgeber soll in diesen Fällen „das Nähere" regeln. So heißt es in Artikel 4 GG, dass ein Bundesgesetz das Nähere zur Kriegsdienstverweigerung regeln soll. Artikel 12 GG erlaubt, die Berufsausübung durch Gesetz oder auf Grund eines Gesetzes zu regeln. Artikel 14 GG normiert, dass der Inhalt von Eigentum und Erbrecht durch Gesetze bestimmt werden soll. Artikel 38 GG überlässt die nähere Bestimmung des Wahlrechts einem Bundesgesetz. Gemäß Artikel 104 Absatz 2 GG soll ein Gesetz die Details der vorläufigen Festnahme festlegen. Der Gesetzgeber ist bei der Ausgestaltung oder Konkretisierung eines Grundrechts aber nicht frei, sondern an den vom jeweiligen Grundrecht vorgegebenen Rahmen gebunden. Dennoch macht die Regelung eines Grundrechts Grenzen des betreffenden Grundrechts sichtbar.

Die Ausgestaltung eines Grundrechts kann sich auch unabhängig von einem explizit formulierten Auftrag als notwendig erweisen. Insbesondere dort, wo Grundrechte den Bestand rechtlicher Institutionen gewährleisten, ist dies ersichtlich. So verlangt etwa der Schutz von Ehe und Familie gemäß Artikel 6 GG Gesetze, in denen genau bestimmt wird, in welchen Aspekten und in welchem Ausmaße beide Institutionen geschützt sind. Dasselbe gilt für die Freiheit der Presse, des Rundfunks und der Wissenschaft gemäß Artikel 5 GG. Die Medien und die Wissenschaft bedürfen rechtlicher Regelungen, weil nur so die Freiheiten des Einzelnen in diesen Institutionen überhaupt operabel sind.

Von der Ausgestaltung zu unterscheiden ist die *Begrenzung* oder *Beschränkung* der Grundrechte. Begrenzt oder beschränkt werden können nur die Freiheitsrechte. Eine Begrenzung oder Beschränkung der Gleichheitsrechte würde diese im Kern zerstören.

Die Notwendigkeit von Grenzen oder Schranken für die Freiheitsrechte ist evident: Denn die unbeschränkte Freiheit des einen Menschen kann dazu führen, dass die Freiheit anderer Menschen oder wesentliche Belange der Allgemeinheit beeinträchtigt werden. Außerdem würde die Verabsolutierung des einen Grundrechts von konkurrierenden anderen Grundrechten wenig oder gar nichts mehr übrig lassen. So kann die Freiheit des Glaubens nicht das Opfern von Menschen einschließen. Dem potentiellen Opfer bliebe nämlich nichts von seinem Grundrecht auf Leben und körperliche Unversehrtheit.

Die Zerstörung grundrechtlicher Freiheiten kann jedoch nicht die Absicht des Verfassunggebers gewesen sein. Deshalb gilt kein Freiheitsrecht unbegrenzt, selbst dann nicht, wenn der entsprechende Artikel kein Wort über eine Begrenzung verliert.

In manchen Fällen nimmt das Grundgesetz die Begrenzung des Grundrechts selbst vor. In dem entsprechenden Grundrecht ist dann genau angegeben, welche staatlichen

Organe in welcher Weise und mit welchen Auflagen in das Schutzgut des betreffenden Grundrechts eingreifen dürfen. Ein Beispiel hierfür ist Artikel 13 GG, in dem in mehreren Absätzen die Voraussetzungen für Durchsuchungen und Überwachungen von Wohnungen geregelt sind.

Einer Mehrzahl von Grundrechten zieht das Grundgesetz Grenzen aber dadurch, dass es den betreffenden Grundrechten einen *Gesetzesvorbehalt* anfügt. Hierdurch wird der Gesetzgeber ermächtigt, die Grenzen des jeweiligen Grundrechts durch Gesetz zu bestimmen. Das entsprechende Grundrecht gilt dann nach Maßgabe ebendieses Gesetzes. Da die Grundrechte jedoch zu den Kernbestandteilen der Verfassungsordnung gehören, darf die Begrenzung nicht so vorgenommen werden, dass das jeweilige Grundrecht völlig ausgehöhlt, mithin zu einem bloßen Programmsatz herabgestuft wird. Die Grundrechtsbegrenzung muss daher geeignet sein, den Schutz der Rechtswerte zu bewirken, um derentwillen sie vorgenommen wird. Sie muss auch erforderlich sein. Das verlangt, dass die mildeste Form der Grundrechtsbegrenzung gewählt wird. Grundsätzlich ist jede Beschränkung eines Grundrechts im Lichte der Bedeutung des Grundrechts zu sehen.

In den Grundrechtsartikeln findet man zwei Formulierungen für den Gesetzesvorbehalt. So gibt es Grundrechtsbeschränkungen „durch Gesetz“ und „auf Grund eines Gesetzes“. Im ersten Fall hat der Gesetzgeber die Begrenzung selbst so detailliert vorgenommen, dass es keiner weiteren Vorschriften bedarf. Das Gesetz normiert die Beschränkung dann bis ins Detail. Im zweiten Fall normiert der Gesetzgeber im Gesetz nur die Voraussetzungen und die Verfahrensweisen der Beschränkung und nennt die Organe, die konkret die Beschränkung vornehmen dürfen.

Es gibt den einfachen und den qualifizierten Gesetzesvorbehalt. Ein *einfacher Gesetzesvorbehalt* liegt vor, wenn die Ermächtigung zum Erlass eines grundrechtsbeschränkenden Gesetzes mit keinen weiteren Bedingungen verknüpft ist. Der Gesetzgeber ist hier also ziemlich frei in seiner Gestaltungsabsicht. So heißt es in Artikel 2 Abs. 2 GG, dass in das Recht auf Leben und körperliche Unversehrtheit sowie in die Freiheit der Person „nur auf Grund eines Gesetzes eingegriffen werden“ darf. Und gemäß Artikel 8 Abs. 2 GG kann das Recht auf Versammlungen unter freiem Himmel „durch Gesetz oder auf Grund eines Gesetzes beschränkt werden.“

Ein *qualifizierter Gesetzesvorbehalt* liegt vor, wenn besondere Anforderungen an das einschränkende Gesetz gestellt sind. Im entsprechenden Grundrechtsartikel heißt es dann häufig, dass die Beschränkung des Grundrechts an bestimmte Voraussetzungen gebunden ist oder bestimmte Zwecke zu erfüllen hat. Der Gesetzgeber ist hier also deutlich weniger frei in seiner Arbeit. Beispiele hierfür sind Artikel 11 Abs. 2 GG sowie Artikel 13 Abs. 7 GG (Hesse 1999, 137 ff.).

Es gibt auch *vorbehaltlose Grundrechte*. In diesen Fällen sieht das Grundgesetz keine gesetzlichen Einschränkungen vor. Beispiele sind die Glaubens-, Gewissens- und weltanschauliche Bekenntnisfreiheit (Art. 4 Abs. 1 GG), die Kunst- und Wissenschaftsfreiheit (Art. 5 Abs. 3 GG) und die Versammlungsfreiheit (Art. 8 Abs. 1 GG).

Es ist jedoch keineswegs so, dass Eingriffe in diese Grundrechte schlechterdings unzulässig sind. Denn der Gebrauch dieser Grundrechte kann mit der Wahrnehmung anderer Grundrechte kollidieren, was eine praktische Konkordanz zwischen ihnen notwendig macht. So steht die Kunstfreiheit des Graffiti-Sprayers in Spannung zum Eigentumsrecht des Hausbesitzers. Und das religiöse Selbstbestimmungsrecht des Kindes steht in Spannung zum Erziehungsrecht der Eltern. Die vorbehaltlosen Grundrechte können ebenfalls mit verfassungsrechtlich geschützten Werten wie der Funktionsfähigkeit des Staates oder der vom Staat zu gewährleistenden inneren Sicherheit kollidieren. In solchen Fällen ist dann gleichfalls praktische Konkordanz herzustellen.

Das Bundesverfassungsgericht stellte hierzu fest: „Auch ohne Vorbehalt gewährte Freiheitsrechte müssen im Rahmen gemeinschaftsgebundener Verantwortung gesehen werden. […] Die durch die Rücksichtnahme auf kollidierende Verfassungswerte notwendig werdende Grenzziehung oder Inhaltsbestimmung kann nicht generell, sondern nur im Einzelfall durch Güterabwägung vorgenommen werden" (BVerfGE 47, 327 (369)).

Auch vorbehaltlose Grundrechte müssen sich also in das Sinnganze der Verfassung einpassen. Sie unterliegen den sogenannten *verfassungsimmanenten Grundrechtsschranken*, welche sich auf das Prinzip der Einheit der Verfassung und der von ihr geschützten Werteordnung stützen. Es ist sogar möglich, dass sich in der Abwägung mit anderen Werten vorbehaltlos gewährleistete Grundrechte als die schwächeren Normen erweisen (Hase 2007, 549 f.).

Weiterhin muss bei der Ausübung vorbehaltloser Grundrechte auf die bürgerlichen Rechte anderer Rücksicht genommen werden und sind die Strafgesetze zu beachten sowie die Vorschriften der öffentlichen Sicherheit und Ordnung einzuhalten. Es ist folglich nicht erlaubt, unter Berufung auf ein vorbehaltloses Grundrecht die gesetzliche Ordnung einfach zu ignorieren (Kriele 1992, 139 f.).

7.2 Die Verankerung der Verfassungswerte in der Gesellschaft

Wie jede Verfassung kann auch das Grundgesetz nur so lange funktionieren, wie die Menschen das Verfassungsrecht und die dahinter stehenden Werte akzeptieren und befolgen. Das Grundgesetz setzt also geradezu eine wertebewusste Gesellschaft voraus. Dabei ist zu berücksichtigen, dass die Verfassungswerte von ganz unterschiedlicher Beschaffenheit sind. So gibt es Werte, die in erster Linie ein Verstehen erfordern. Andere Werte verlangen eher ein bestimmtes Verhalten. Weiterhin gibt es Werte, die eine starke kulturell-weltanschauliche Prägung aufweisen. Andere Werte wiederum drücken eher einen sachlichen Ordnungswillen aus.

Aus welchen Elementen setzt sich das zu fördernde Wertebewusstsein zusammen? Wem obliegt die Förderung des Wertebewusstseins? Handelt es sich um eine originäre Aufgabe des Staates, oder muss sich das Wertebewusstsein zuvörderst autonom in der

Gesellschaft bilden? Welche Beiträge können Schule und politische Bildung leisten, um die Verfassungswerte in den geistigen Horizont der jungen Menschen zu bringen?

Elemente des zu fördernden Wertebewusstseins

Die Verfassungswerte unterscheiden sich hinsichtlich des Grades ihrer kulturell-weltanschaulichen Prägung, ihres kognitiven Gehaltes, ihres Bezuges zum Alltagsleben sowie des von ihnen ausgehenden normativen Anspruches an das Verhalten des Einzelnen.

Die Besonderheit vieler Verfassungswerte besteht darin, dass sie einen kulturell-weltanschaulichen Hintergrund aufweisen, zu dem Christentum, Humanismus und Aufklärungsphilosophie spezifische Beiträge geliefert haben. Letztlich durchzieht diese Prägung die gesamte Werteordnung. Mit einer gewissen Berechtigung lässt sich aber behaupten, dass in den staatlichen Ordnungswerten sachlich-strukturelle Gesichtspunkte überwiegen, hinter denen bestimmte politische Erfahrungen stehen.

Kognitiv hoch komplex sind die meisten verfassungslegitimierenden Werte sowie das gesamte Ensemble der staatlichen Ordnungswerte. Leichter zu verstehen sind die lebenswelt-, gesellschafts- und politikprägenden Werte sowie die politischen Zielwerte.

Der Bezug zum individuellen Leben liegt bei einigen verfassungslegitimierenden Werten wie Leben, innere Sicherheit und soziale Gerechtigkeit auf der Hand. Dasselbe gilt für alle lebenswelt-, gesellschafts- und politikprägenden Werte. Die staatlichen Ordnungswerte, ausgenommen Rechtsschutz und Rechtssicherheit, zeichnen sich demgegenüber durch eine ausgesprochen große Distanz zur Lebenswelt aus.

Nur ein Teil der Verfassungswerte enthält Anforderungen an das Verhalten der Menschen. Klar ersichtlich ist dies nur bei den Bürgerpflichten und der Bürgerverantwortung. Eine ganze Reihe weiterer Werte trägt aber zumindest indirekt appellative Züge. So enthält der Wert der politischen Partizipation unterschwellig den Appell, sich politisch zu beteiligen. Die religiöse und weltanschauliche Überzeugungsfreiheit fordert Toleranzbereitschaft. Von der wirtschaftlichen Handlungsfreiheit geht die Erwartung aus, sich wirtschaftlich zu betätigen und auf diese Weise zum Gemeinwohl beizutragen. Die Werte Leben und innere Sicherheit verlangen den Verzicht auf die gewaltsame Durchsetzung eigener Interessen.

Das Grundgesetz verlangt ein *gesellschaftliches Ethos*, das den Verfassungswerten gerecht wird. Dieses Ethos setzt sich aus kognitiven und habituellen Elementen, also aus Wissen sowie Einstellungen oder Verhaltensweisen, zusammen.

In *kognitiver* Hinsicht benötigen die Menschen auf jeden Fall Einsicht darin, dass die verfassungslegitimierenden Werte wesentlich den Charakter des staatlichen Gemeinwesens formen, in dem sie leben. Sie müssen sich folglich auf irgendeine Weise mit diesen Werten auseinandersetzen oder wenigstens mit diesen Werten in Berührung kommen. Weiterhin müssen sie wenigstens umrisshafte Kenntnisse der übrigen Verfassungswerte besitzen. An Bedeutung kaum zu überschätzen ist schließlich das Verständnis, dass Werte miteinander kollidieren können und deshalb zum verhältnismäßigen Ausgleich gebracht werden müssen.

In *habitueller* Hinsicht verlangt das Ethos die Förderung von Verhaltensweisen, die explizit oder implizit in den Verfassungswerten enthalten sind. Das bedeutet zum einen, dass der eigennützige Gebrauch der grundrechtlichen Freiheiten zu den legitimen Verhaltensweisen zählt. Das Grundgesetz verbietet jedoch nicht, dass die Menschen sich über das Niveau des Egoismus hinausheben und aus freiem Antrieb ein Mehr an gemeinwohlförderlicher Leistung erbringen (Isensee 1986, 198). Zu den notwendigen habituellen Dispositionen gehört ferner die Akzeptanz der Bürgerpflichten und der Bürgerverantwortung.

Das dem Grundgesetz entsprechende gesellschaftliche Ethos verlangt in seinen kognitiven Aspekten nicht nur ein bestimmtes Maß an wissensmäßiger Aneignung, sondern auch von innerer Bejahung. Bei den Verfassungswerten nun, deren Herkunft und Bezug zum westlichen Kulturkreis besonders stark ausgeprägt ist, kann von Menschen aus anderen kulturellen Kontexten kaum erwartet werden, dass sie sich hier zu einer Wertebejahung oder gar zu einem Wertebekenntnis bewegen lassen. Es kann von ihnen aber auf jeden Fall die Befolgung der aus den Werten hervorgegangenen Verfassungsnormen verlangt werden.

Die Zuständigkeit für die Werteverankerung im Streit der Auffassungen

Die Frage nach der Zuständigkeit für die Heranbildung eines verfassungsentsprechenden gesellschaftlichen Ethos hat neben diversen pragmatischen Aspekten auch eine prinzipielle Seite: Das Grundgesetz ist die Verfassung eines säkularen Staates. Ein solcher Staat darf sich mit keiner bestimmten Religion und Weltanschauung identifizieren. Ihm ist der Zugang zu letzten Wahrheiten und daraus entspringenden Werteüberzeugungen versperrt. Daher stellt sich das Problem, ob dem Staat zugebilligt werden darf, letztlich kulturell-weltanschaulich geprägte Werte aus eigener Entscheidung für verbindlich zu erklären und ein entsprechendes Ethos zu fördern.

Es gibt die Auffassung, dass der Staat aus den angeführten Gründen tatsächlich gehindert ist, Werte zu verfechten, die ihm nicht aktuell aus der Gesellschaft zufließen. Hiernach ist er ausschließlich von den Werteorientierungen bestimmt, die in der Gesellschaft lebendig und wirksam sind. Er muss sich grundsätzlich an dem tatsächlich in den Menschen vorhandenen Ethos orientieren. Um der Freiheitlichkeit willen ist es ihm untersagt, den Menschen ein eigenes Ethos entgegenzusetzen. Alle Hoffnung ruht folglich darauf, dass das gesellschaftliche Ethos an den Wertehaushalt der Verfassung heranreicht.

Das Dilemma ist damit offenkundig: „Der freiheitliche, säkularisierte Staat lebt von Voraussetzungen, die er selbst nicht garantieren kann. Das ist das große Wagnis, das er um der Freiheitlichkeit willen eingegangen ist. Als freiheitlicher Staat kann er einerseits nur bestehen, wenn sich die Freiheit, die er seinen Bürgern gewährt, von innen her, aus der moralischen Substanz des Einzelnen und der Homogenität der Gesellschaft, reguliert. Anderseits kann er diese inneren Regulierungskräfte nicht von sich aus, das heißt mit den Mitteln des Rechtszwanges und autoritativen Gebots, zu garantieren suchen, ohne seine Freiheitlichkeit aufzugeben und – auf säkularisierter Ebene – in jenen Totalitätsanspruch zurückzufallen, aus dem er in den konfessionellen Bürgerkriegen herausgeführt hat" (Böckenförde 1976, 60).

Hieraus folgt dann eine grundsätzliche Skepsis gegenüber jeglichem Versuch, die Werteordnung des Grundgesetzes in den Rang einer Art Zivilreligion zum Zwecke der Stabilisierung der Verfassung zu erheben. Mache nämlich der Staat das Bekenntnis zur Werteordnung des Grundgesetzes verbindlich, baue er seine Freiheitlichkeit ein Stück ab. Der Hinweis auf die Werteordnung des Grundgesetzes und das Insistieren darauf, dass alle, die hier leben, sich zu ihr bekennen müssten, sei das Einlasstor für eine solche freiheitsmindernde Zivilreligion (Böckenförde 2007, 28 f.).

Die Gegenposition bestreitet nicht, dass der moderne säkulare Staat, eben weil er kein moralischer Zwingherr ist, auf das sich frei bildende Wertebewusstsein seiner Bürger angewiesen ist. Sie gesteht auch zu, dass Gesetze dieses Bewusstsein kaum neu erschaffen können, wenn es erst einmal zerstört ist. Nicht akzeptiert wird allerdings, dass der Staat auf die passive Rolle eines Notars der Werteimpulse aus der Gesellschaft beschränkt ist. Denn in der Verfassung, insbesondere in den Grundrechten und in den Staatszielen, seien Werte eingelagert, deren Erhaltung den Verantwortlichen nicht gleichgültig sein dürfe. Der Staat sei nämlich Werten verpflichtet, die Geltung beanspruchten, lange bevor die Bürger diese Werte subjektiv für sich realisierten (Maier 1977, 175, 181 ff.).

Der Staat des Grundgesetzes darf sich daher legitimerweise für die gesellschaftliche Akzeptanz der ihn konstituierenden Werte einsetzen. Die im Einzelnen wie auch immer vorzunehmende Verinnerlichung der Verfassungswerte darf also Ziel der Sozialisation der jungen Generation sein. Dieses Unternehmen trägt zwar unvermeidlich kulturell-weltanschauliche Züge, dennoch gibt es keinen Zwang, diese Seite der Verfassungswerte in den Vordergrund zu stellen (Würtenberger 1998, 281 ff.).

Der Beitrag von Schule und politischer Bildung zur Werteverankerung

Das Grundgesetz ist ein Rechtsdokument, kein Erziehungsprogramm. Man sollte also nicht versuchen, aus ihm einen Katalog von Erziehungszielen zu deduzieren, auch wenn dies möglicherweise gelänge. Gleichwohl ist das Grundgesetz institutioneller Ausdruck von Werteüberzeugungen der Verfassungsschöpfer, die die Gesellschaft bis heute teilt. Seine Fortexistenz setzt voraus, dass die nachwachsende Generation im Geiste dieser Überzeugungen erzogen wird.

Zum Erziehungsauftrag der *Schule* gehört es, die moralische Kultur des Gemeinwesens zu fördern. Die Schule ist also nicht zu sittlicher Indifferenz genötigt. Folglich ist es ihr nicht verwehrt, die Staatsbürgerethik wie auch die hinter der Verfassung stehenden Werte zu thematisieren. Zwar darf die Schule keinen Gesinnungszwang ausüben, aber die Tradierung der Verfassungswerte ist alles andere als eine parteiliche Gesinnungsschulung (Isensee 1986, 207).

Speziell der *politischen Bildung* kommt die Aufgabe zu, die Verfassungswerte weiterzugeben. Vorausgesetzt ist dabei, dass sie nicht in einem indifferenten oder gar prinzipiell-kritischen Verhältnis zum freiheitlichen Verfassungsstaat steht, sondern sich mit dessen Prinzipien identifiziert. Ist dies der Fall, vermittelt die Orientierung an den Verfassungswerten der politischen Bildung nebenbei eine überzeugende normative Legitimierung ihrer Existenz. Schließlich geben die Verfassungswerte auch eine Antwort auf die Frage nach dem Minimalkonsens in einer pluralistischen Gesellschaft. Die Frage nach einem geeigneten Minimalkonsens taucht in der politischen Bildung ständig auf (Sutor 1995, 79).

Es gibt nur wenig Literatur zum Thema „Grundgesetz und politische Bildung". Die vorliegenden Darstellungen geben jedoch die richtige Richtung an. So liest man, es müsse die Einsicht vermittelt werden, dass das Grundgesetz kein wertfreies Organisationsstatut sei, sondern ein Sinnkonzept des Zusammenlebens der Menschen in einer offenen Gesellschaft. Es müsse weiter darauf geachtet werden, dass keine einzelnen Verfassungswerte verabsolutiert würden. Es müsse schließlich die Notwendigkeit von Grundrechtsschranken aus Gründen der Koexistenz von Freiheitsräumen einsichtig gemacht werden (Sutor 1976, 106; Sutor 1980, 74 ff.).

Auch die methodischen Vorschläge verdienen durchweg Zustimmung. So wird zum einen ein institutionenkundlicher Weg zur Anbahnung eines angemessenen Werteverständnisses vorgeschlagen. Dabei soll der Zusammenhang zwischen dem Wertefundament der Verfassung und der Stellung der Bürger aufgezeigt werden (Breit 2000, 234).

Ein anderer Weg zur Vermittlung von Verfassungswerten ist die Analyse von Entscheidungen des Bundesverfassungsgerichts. In solchen Analysen lässt sich verdeutlichen, dass es zwischen den Verfassungswerten Spannungen und damit ein Konfliktpotential gibt. Die Entscheidungen des Gerichts bieten jeweils die Darstellung einer konkreten Konfliktlage, der Interessen und Positionen der streitenden Parteien, der Lösungsversuche anderer Organe und schließlich des auf einer Werteabwägung beruhenden Urteils.

Schließlich sollte die Thematisierung von Verfassungswerten in Form des freien Gesprächs und der argumentativen Auseinandersetzung erfolgen. Eine axiomatische Weitergabe der Werte widerspricht der Subjektstellung der Lernenden. Sie ist darüber hinaus lernpsychologisch unfruchtbar (Sutor 1995, 78 ff.).

Literaturverzeichnis

Alexy, Robert (1985): Theorie der Grundrechte. Baden-Baden.

Anderheiden, Michael (2006): Gemeinwohl in Republik und Union. Tübingen.

Arnim, Hans Herbert von (1984): Staatslehre der Bundesrepublik Deutschland. München.

Badura, Peter (1982): Grundpflichten als verfassungsrechtliche Dimension, in: Deutsches Verwaltungsblatt 97, S. 861-872.

Badura, Peter (1992): Arten der Verfassungsrechtssätze, in: Josef Isensee/Paul Kirchhof (Hrsg.): Handbuch des Staatsrechts der Bundesrepublik Deutschland. Band VII: Normativität und Schutz der Verfassung. Heidelberg, S. 33-55.

Badura, Peter (1995): Eigentum, in: Ernst Benda/Werner Maihofer/Hans-Jochen Vogel (Hrsg.): Handbuch des Verfassungsrechts der Bundesrepublik Deutschland. Studienausgabe. Teil 1. Berlin, New York (2. Aufl.), S. 327-390.

Badura, Peter (2000/2002/2005): Artikel 6 GG, in: Theodor Maunz/Günter Dürig (Hrsg.): Grundgesetz. Kommentar. München.

Becker, Jürgen (1992): Die wehrhafte Demokratie des Grundgesetzes, in: Josef Isensee/Paul Kirchhof (Hrsg.): Handbuch des Staatsrechts der Bundesrepublik Deutschland. Band VII: Normativität und Schutz der Verfassung – Internationale Beziehungen. Heidelberg, S. 309-359.

Benda, Ernst (1995a): Der soziale Rechtsstaat, in: Derselbe/Werner Maihofer/Hans-Jochen Vogel (Hrsg.): Handbuch des Verfassungsrechts der Bundesrepublik Deutschland. Studienausgabe. Teil 1. Berlin, New York (2. Aufl.), S. 719-797.

Benda, Ernst (1995b): Menschenwürde und Persönlichkeitsrecht, in: Derselbe/Werner Maihofer/Hans-Jochen Vogel (Hrsg.): Handbuch des Verfassungsrechts der Bundesrepublik Deutschland. Studienausgabe. Teil 1. Berlin, New York (2. Aufl.), S. 161-190.

Bethge, Herbert (1985): Die verfassungsrechtliche Problematik der Grundpflichten, in: Juristische Arbeitsblätter 17, S. 249-259.

Bielefeldt, Heiner (2004): Freiheit und Sicherheit im demokratischen Rechtsstaat. Berlin.

Bleckmann, Albert (1996): Der Grundsatz der Völkerrechtsfreundlichkeit der deutschen Rechtsordnung, in: Die Öffentliche Verwaltung 49, S. 137-145.

Böckenförde, Ernst-Wolfgang (1973): Die verfassungstheoretische Unterscheidung von Staat und Gesellschaft als Bedingung individueller Freiheit. Opladen.

Böckenförde, Ernst-Wolfgang (1976): Staat, Gesellschaft, Freiheit. Studien zur Staatstheorie und zum Verfassungsrecht. Frankfurt am Main.

Böckenförde, Ernst-Wolfgang (1978): Der Staat als sittlicher Staat. Berlin.

Böckenförde, Ernst-Wolfgang (1987a): Demokratie als Verfassungsprinzip, in: Josef Isensee/Paul Kirchhof (Hrsg.): Handbuch des Staatsrechts der Bundesrepublik Deutschland. Band I: Grundlagen von Staat und Verfassung. Heidelberg, S. 887-952.

Böckenförde, Ernst-Wolfgang (1987b): Demokratische Willensbildung und Repräsentation, in: Josef Isensee/Paul Kirchhof (Hrsg.): Handbuch des Staatsrechts der Bundesrepublik Deutschland. Band II: Demokratische Willensbildung – Die Staatsorgane des Bundes. Heidelberg, S. 29-48.

Böckenförde, Ernst-Wolfgang (1991): Recht, Staat, Freiheit. Studien zur Rechtsphilosophie, Staatstheorie und Verfassungsgeschichte. Frankfurt am Main.

Böckenförde, Ernst-Wolfgang (1992): Staat, Verfassung, Demokratie. Studien zur Verfassungstheorie und zum Verfassungsrecht. Frankfurt am Main (2. Aufl.).

Böckenförde, Ernst-Wolfgang (2001): „Kopftuchstreit" auf dem richtigen Weg? In: Neue Juristische Wochenschrift 54, S. 723-728.

Böckenförde, Ernst-Wolfgang (2003): Menschenwürde als normatives Prinzip. Die Grundrechte in der bioethischen Debatte, in: Juristenzeitung 58, S. 809-815.

Böckenförde, Ernst-Wolfgang (2004): Bleibt die Menschenwürde unantastbar? In: Blätter für deutsche und internationale Politik 49, S. 1216-1227.

Böckenförde, Ernst-Wolfgang (2007): Der säkularisierte Staat. Sein Charakter, seine Rechtfertigung und seine Probleme im 21. Jahrhundert. München.

Breit, Gotthard (2000): Grundwerte im Politikunterricht, in: Derselbe/Siegfried Schiele (Hrsg.): Werte in der politischen Bildung. Schwalbach/Ts., S. 218-248.

Brenner, Michael (2000): Staat und Religion, in: Veröffentlichungen der Vereinigung der Deutschen Staatsrechtslehrer. Band 59. Berlin, New York, S. 264-300.

Brugger, Winfried (1989): Staatszwecke im Verfassungsstaat, in: Neue Juristische Wochenschrift 42, S. 2425-2434.

Brugger, Winfried (2000): Gemeinwohl als Ziel von Staat und Recht, in: Dietrich Murswiek/Ulrich Storost/Heinrich A. Wolff (Hrsg.): Staat – Souveränität – Verfassung. Festschrift für Helmut Quaritsch zum 70. Geburtstag. Berlin, S. 45-71.

Brugger, Winfried (2004a): Freiheit und Sicherheit. Eine staatstheoretische Skizze mit praktischen Beispielen. Baden-Baden.

Brugger, Winfried (2004b): Gewährleistung von Freiheit und Sicherheit im Lichte unterschiedlicher Staats- und Verfassungsverständnisse, in: Veröffentlichungen der Vereinigung der Deutschen Staatsrechtslehrer. Band 63. Berlin, S. 101-150.

Burmeister, Joachim (1987): Das Petitionsrecht, in: Josef Isensee/Paul Kirchhof (Hrsg.): Handbuch des Staatsrechts der Bundesrepublik Deutschland. Band II: Demokratische Willensbildung – Die Staatsorgane des Bundes. Heidelberg, S. 73-101.

Calliess, Christian (2003): Gewährleistung von Freiheit und Sicherheit im Lichte unterschiedlicher Staats- und Verfassungsverständnisse, in: Deutsches Verwaltungsblatt 118, S. 1096-1105.

Campenhausen, Axel Freiherr von (1989): Religionsfreiheit, in: Josef Isensee/Paul Kirchhof (Hrsg.): Handbuch des Staatsrechts der Bundesrepublik Deutschland. Band VI: Freiheitsrechte. Heidelberg, S. 369-434.

Campenhausen, Axel Freiherr von (1994): Der heutige Verfassungsstaat und die Religion, in: Joseph Listl/Dietrich Pirson (Hrsg.): Handbuch des Staatskirchenrechts der Bundesrepublik Deutschland. Erster Band. Berlin, S. 47-84.

Denninger, Erhard (1994): Menschenrechte und Grundgesetz. Weinheim.

Denninger, Erhard (1995): „Streitbare Demokratie" und Schutz der Verfassung, in: Ernst Benda/Werner Maihofer/Hans-Jochen Vogel (Hrsg.): Handbuch des Verfassungsrechts der Bundesrepublik Deutschland. Studienausgabe. Teil 1. Berlin, New York (2. Aufl.), S. 675-716.

Depenheuer, Otto (1999): Wahrheit oder Friede? Die fundamentalistische Herausforderung des modernen Staates, in: Essener Gespräche zum Thema Staat und Kirche. Band 33. Münster, S. 5-35.

Depenheuer, Otto (2007): Das Bürgeropfer im Rechtsstaat. Staatsphilosophische Überlegungen zu einem staatsrechtlichen Tabu, in: Derselbe/Markus Heintzen/Matthias Jestaedt/Peter Axer (Hrsg.): Staat im Wort. Festschrift für Josef Isensee. Heidelberg, S. 43-60.

Detjen, Joachim (1998): Pluralismus, in: Otfried Jarren/Ulrich Sarcinelli/Ulrich Saxer (Hrsg.): Politische Kommunikation in der demokratischen Gesellschaft. Ein Handbuch mit Lexikonteil. Opladen, Wiesbaden, S. 275-284.

Dietlein, Johannes (1992): Die Lehre von den grundrechtlichen Schutzpflichten. Berlin.

Dietwalt, Rohlf (1980): Der grundrechtliche Schutz der Privatsphäre. Zugleich ein Beitrag zur Dogmatik des Art. 2 Abs. 1 GG. Berlin.

Di Fabio, Udo (2001): Artikel 2 Absatz 1 GG, in: Theodor Maunz/Günter Dürig (Hrsg.): Grundgesetz. Kommentar. München.

Di Fabio, Udo (2003): Der Schutz von Ehe und Familie: Verfassungsentscheidung für die vitale Gesellschaft, in: Neue Juristische Wochenschrift 56, S. 993-998.

Di Fabio, Udo (2004a): Artikel 2, Abs. 2 GG, in: Theodor Maunz/Günter Dürig (Hrsg.): Grundgesetz. Kommentar. München.

Di Fabio, Udo (2004b): Grundrechte als Werteordnung, in: Juristenzeitung 59, S. 1-8.
Doehring, Karl (1992): Das Friedensgebot des Grundgesetzes, in: Josef Isensee/Paul Kirchhof (Hrsg.): Handbuch des Staatsrechts der Bundesrepublik Deutschland. Band VII: Normativität und Schutz der Verfassung – Internationale Beziehungen. Heidelberg, S. 687-709.
Dolzer, Rudolf (1992): Der Widerstandsfall, in: Josef Isensee/Paul Kirchhof (Hrsg.): Handbuch des Staatsrechts der Bundesrepublik Deutschland. Band VII: Normativität und Schutz der Verfassung – Internationale Beziehungen. Heidelberg, S. 455-479.
Dürig, Günter (1956): Der Grundrechtssatz der Menschenwürde. Entwurf eines praktikablen Wertsystems der Grundrechte aus Art. 1 Abs. I in Verbindung mit Art. 19 Abs. II des Grundgesetzes, in: Archiv des öffentlichen Rechts 81, S. 117-157.
Dürig, Günter (1973): Artikel 3 Absatz 1 GG, in: Theodor Maunz/Günter Dürig (Hrsg.): Grundgesetz. Kommentar. München.
Dürig, Günter (1976): Artikel 1 GG, in: Theodor Maunz/Günter Dürig (Hrsg.): Grundgesetz. Kommentar. München.
Dürig, Günter/Klein, Hans H. (1997): Artikel 18 GG, in: Theodor Maunz/Günter Dürig (Hrsg.): Grundgesetz. Kommentar. München.
Dürig, Günter/Scholz, Rupert (1973/1996): Artikel 3 Absatz 3 GG, in: Theodor Maunz/Günter Dürig (Hrsg.): Grundgesetz. Kommentar. München.
Durner, Wolfgang (2007): Artikel 11 GG, in: Theodor Maunz/Günter Dürig (Hrsg.): Grundgesetz. Kommentar. München.
Durner, Wolfgang (2008): Artikel 15 GG, in: Theodor Maunz/Günter Dürig (Hrsg.): Grundgesetz. Kommentar. München.
Eichenberger, Kurt (1980): Die Sorge für den inneren Frieden als primäre Staatsaufgabe, in: Derselbe: Der Staat der Gegenwart. Ausgewählte Schriften. Basel, Frankfurt am Main, S. 73-94.
Enders, Christoph (1997): Die Menschenwürde in der Verfassungsordnung. Zur Dogmatik des Art. 1 GG. Tübingen.
Epping, Volker (1992): Der Kriegsbegriff des Grundgesetzes, in: Der Staat 31, S. 39-58.
Erichsen, Hans-Uwe (1989): Allgemeine Handlungsfreiheit, in: Josef Isensee/Paul Kirchhof (Hrsg.): Handbuch des Staatsrechts der Bundesrepublik Deutschland. Band VI: Freiheitsrechte. Heidelberg, S. 1185-1220.
Fraenkel, Ernst (1976): Das amerikanische Regierungssystem. Eine politologische Analyse. Opladen (3. Aufl.).
Fraenkel, Ernst (1991): Deutschland und die westlichen Demokratien. Erweiterte Ausgabe (1991). Frankfurt am Main.
Gartner, Barbara (2006): Der Islam im religionsneutralen Staat. Die Problematik des muslimischen Kopftuchs in der Schule, des koedukativen Sport- und Schwimmunterrichts, des Gebetsrufs des Muezzins, des Schächtens nach islamischem Ritus, des islamischen Religionsunterrichts und des muslimischen Bestattungswesens in Österreich und Deutschland. Frankfurt am Main.
Giersch, Herbert (1961): Allgemeine Wirtschaftspolitik. Erster Band: Grundlagen. Wiesbaden.
Goerlich, Helmut (1973): Wertordnung und Grundgesetz. Kritik einer Argumentationsfigur des Bundesverfassungsgerichts. Baden-Baden.
Götz, Volkmar (1983): Grundpflichten als verfassungsrechtliche Dimension, in: Veröffentlichungen der Vereinigung der Deutschen Staatsrechtslehrer. Band 41. Berlin, New York, S. 7-41.
Götz, Volkmar (1988): Innere Sicherheit, in: Josef Isensee/Paul Kirchhof (Hrsg.): Handbuch des Staatsrechts der Bundesrepublik Deutschland. Band III: Das Handeln des Staates. Heidelberg, S. 1007-1035.
Grabitz, Eberhard (1989): Freiheit der Person, in: Josef Isensee/Paul Kirchhof (Hrsg.): Handbuch des Staatsrechts der Bundesrepublik Deutschland. Band VI: Freiheitsrechte. Heidelberg, S. 109-135.
Grimm, Dieter (2001): Die Verfassung und die Politik. Einsprüche in Störfällen. München.
Grimm, Dieter (2002a): Gemeinwohl in der Rechtsprechung des Bundesverfassungsgerichts, in: Herfried Münkler/Karsten Fischer (Hrsg.): Gemeinwohl und Gemeinsinn im Recht. Konkretisierung und Realisierung öffentlicher Interessen. Berlin, S. 125-139.

Grimm, Dieter (2002b): Multikulturalität und Grundrechte, in: Rainer Wahl/Joachim Wieland (Hrsg.): Das Recht des Menschen in der Welt. Kolloquium aus Anlass des 70. Geburtstags von Ernst-Wolfgang Böckenförde. Berlin, S. 135-149.

Grzeszick, Bernd (2006): Art. 20 GG (IV. Die Verfassungsentscheidung für den Bundesstaat), in: Theodor Maunz/Günter Dürig (Hrsg.): Grundgesetz. Kommentar. München.

Hablitzel, Hans (1981): Wirtschaftsverfassung und Grundgesetz, in: Bayerische Verwaltungsblätter 27, S. 65-74.

Häberle, Peter (1981): Erziehungsziele und Orientierungswerte im Verfassungsstaat. Freiburg im Breisgau, München.

Häberle, Peter (1987): Die Menschenwürde als Grundlage der staatlichen Gemeinschaft, in: Josef Isensee/Paul Kirchhof (Hrsg.): Handbuch des Staatsrechts der Bundesrepublik Deutschland. Band I: Grundlagen von Staat und Verfassung. Heidelberg, S. 815-861.

Häberle, Peter (1988): Das Menschenbild im Verfassungsstaat. Berlin.

Häberle, Peter (2004): „Gemeinwohl"/„Gemeinsinn" im national-verfassungsstaatlichen und europarechtlichen Kontext, in: Essays in Honour of Georgios I. Kassimatis. Athen, Berlin, Brüssel, S. 615-645.

Hailbronner, Kay (1989): Freizügigkeit, in: Josef Isensee/Paul Kirchhof (Hrsg.): Handbuch des Staatsrechts der Bundesrepublik Deutschland. Band VI: Freiheitsrechte. Heidelberg, S. 137-184.

Hain, Karl-E. (1999): Die Grundsätze des Grundgesetzes. Eine Untersuchung zu Art. 79 Abs. 3 GG. Baden-Baden.

Hase, Friedhelm (2007): Freiheit ohne Grenzen? Überlegungen zu den Grundlagen der Dogmatik vorbehaltlos gewährleisteter Grundrechte, in: Otto Depenheuer/Markus Heintzen/Matthias Jestaedt/Peter Axer (Hrsg.): Staat im Wort. Festschrift für Josef Isensee. Heidelberg, S. 549-560.

Heinig, Hans Michael/Morlok, Martin (2003): Von Schafen und Kopftüchern. Das Grundrecht auf Religionsfreiheit in Deutschland vor den Herausforderungen religiöser Pluralisierung, in: Juristenzeitung 58, S. 777-785.

Hensel, Albert (1931): Grundrechte und politische Weltanschauung. Tübingen.

Herdegen, Matthias (2000): Artikel 25 GG, in: Theodor Maunz/Günter Dürig (Hrsg.): Grundgesetz. Kommentar. München.

Herdegen, Matthias (2004): Artikel 1, Abs. 2 GG, in: Theodor Maunz/Günter Dürig (Hrsg.): Grundgesetz. Kommentar. München.

Herdegen, Matthias (2005/2006): Artikel 1, Abs. 1 GG, in: Theodor Maunz/Günter Dürig (Hrsg.): Grundgesetz. Kommentar. München.

Herdegen, Matthias (2006): Artikel 26 GG, Theodor Maunz/Günter Dürig (Hrsg.): Grundgesetz. Kommentar. München.

Hermes, Georg (1987): Das Grundrecht auf Schutz von Leben und Gesundheit. Schutzpflicht und Schutzanspruch aus Art. 2 Abs. 2 Satz 1 GG. Heidelberg.

Herzog, Roman (1978/1980): Artikel 20 GG (II. Die Verfassungsentscheidung für die Demokratie; V. Die Verfassungsentscheidung für die Gewaltenteilung; VIII. Die Verfassungsentscheidung für die Sozialstaatlichkeit), in: Theodor Maunz/Günter Dürig (Hrsg.): Grundgesetz. Kommentar. München.

Herzog, Roman (1982/1989/1992): Artikel 5 Abs. I, II GG, in: Theodor Maunz/Günter Dürig (Hrsg.): Grundgesetz. Kommentar. München.

Herzog, Roman (1988a): Artikel 4 GG, in: Theodor Maunz/Günter Dürig (Hrsg.): Grundgesetz. Kommentar. München.

Herzog, Roman (1988b): Ziele, Vorbehalte und Grenzen der Staatstätigkeit, in: Josef Isensee/Paul Kirchhof (Hrsg.): Handbuch des Staatsrechts der Bundesrepublik Deutschland. Band III: Das Handeln des Staates. Heidelberg, S. 83-120.

Herzog, Roman (1996): Artikel 3 GG Anhang, in: Theodor Maunz/Günter Dürig (Hrsg.): Grundgesetz. Kommentar. München.

Hesse, Konrad (1999): Grundzüge des Verfassungsrechts der Bundesrepublik Deutschland. Heidelberg (20. Aufl.).

Hilf, Meinhard (1994): Die Europäische Union und die Eigenstaatlichkeit ihrer Mitgliedstaaten, in: Peter Hommelhoff/Paul Kirchhof (Hrsg.): Der Staatenverbund der Europäischen Union. Beiträge und Diskussionen des Symposions am 21./22. Januar 1994 in Heidelberg. Heidelberg, S. 75-85.

Hillgruber, Christian (1999): Der deutsche Kulturstaat und der muslimische Kulturimport. Die Antwort des Grundgesetzes auf eine religiöse Herausforderung, in: Juristenzeitung 54, S. 538-547.

Hillgruber, Christian (2007): Staat und Religion. Überlegungen zur Säkularität, zur Neutralität und zum religiös-weltanschaulichen Fundament des modernen Staates. Paderborn.

Hillgruber, Christian (2008): Artikel 97 GG, in: Theodor Maunz/Günter Dürig (Hrsg.): Grundgesetz. Kommentar. München.

Hobe, Stephan/Kimminich, Otto (2004): Einführung in das Völkerrecht. Tübingen, Basel (8. Aufl.).

Hoffmann-Riem, Wolfgang (1995): Kommunikations- und Medienfreiheit, in: Ernst Benda/Werner Maihofer/Hans-Jochen Vogel (Hrsg.): Handbuch des Verfassungsrechts der Bundesrepublik Deutschland. Studienausgabe. Teil 1. Berlin, New York (2. Aufl.), S. 191-262.

Hoffmann-Riem, Wolfgang/Schulz, Wolfgang (1998): Politische Kommunikation – Rechtswissenschaftliche Perspektiven, in: Otfried Jarren/Ulrich Sarcinelli/Ulrich Saxer (Hrsg.): Politische Kommunikation in der demokratischen Gesellschaft. Ein Handbuch mit Lexikonteil. Opladen, Wiesbaden, S. 154-172.

Hofmann, Hasso (1983a): Grundpflichten als verfassungsrechtliche Dimension, in: Veröffentlichungen der Vereinigung der Deutschen Staatsrechtslehrer. Band 41. Berlin, New York, S. 42-86.

Hofmann, Hasso (1983b): Grundpflichten. Oder: Die vergessene Kehrseite der Medaille, in: Mitteilungen der deutschen Patentanwälte 74, Heft 1, S. 1-4.

Hofmann, Hasso (1990): Die Pflicht des Staates zum Schutz des menschlichen Lebens, in: Ellen Schlücher/Klaus Laubenthal (Hrsg.): Recht und Kriminalität. Festschrift für Friedrich-Wilhelm Krause zum 70. Geburtstag. Köln, Berlin, Bonn, München, S. 115-122.

Hofmann, Hasso (1992): Grundpflichten und Grundrechte, in: Josef Isensee/Paul Kirchhof (Hrsg.): Handbuch des Staatsrechts der Bundesrepublik Deutschland. Band V: Allgemeine Grundrechtslehren. Heidelberg, S. 321-351.

Hofmann, Hasso (2002): Verfassungsrechtliche Annäherungen an den Begriff des Gemeinwohls, in: Herfried Münkler/Karsten Fischer (Hrsg.): Gemeinwohl und Gemeinsinn im Recht. Konkretisierung und Realisierung öffentlicher Interessen. Berlin, S. 25-41.

Hofmann, Hasso (2003): Recht, Politik, Religion, in: Juristenzeitung 58, S. 377-385.

Hollerbach, Alexander (1989): Grundlagen des Staatskirchenrechts, in: Josef Isensee/Paul Kirchhof (Hrsg.): Handbuch des Staatsrechts der Bundesrepublik Deutschland. Band VI: Freiheitsrechte. Heidelberg, S. 471-555.

Holzke, Frank (2002): Die „Neutralität" des Staates in Fragen der Religion und Weltanschauung, in: Neue Zeitschrift für Verwaltungsrecht 21, S. 903-913.

Horn, Hans-Detlef (2002): Gewaltenteilige Demokratie, demokratische Gewaltenteilung. Überlegungen zu einer Organisationsmaxime des Verfassungsstaates, in: Archiv des öffentlichen Rechts 127, S. 427-459.

Hufen, Friedhelm (2004): Erosion der Menschenwürde, in: Juristenzeitung 59, S. 313-318.

Huster, Stefan (2002): Die ethische Neutralität des Staates. Eine liberale Interpretation der Verfassung. Tübingen.

Isensee, Josef (1968): Subsidiaritätsprinzip und Verfassungsrecht. Eine Studie über das Regulativ des Verhältnisses von Staat und Gesellschaft. Berlin.

Isensee, Josef (1969): Das legalisierte Widerstandsrecht. Eine staatsrechtliche Analyse des Art. 20 Abs. 4 Grundgesetz. Bad Homburg v.d.H., Berlin, Zürich.

Isensee, Josef (1977a): Demokratischer Rechtsstaat und staatsfreie Ethik, in: Essener Gespräche zum Thema Staat und Kirche. Band 11. Münster, S. 92-120.

Isensee, Josef (1977b): Verfassungsgarantie ethischer Grundwerte und gesellschaftlicher Konsens. Verfassungsrechtliche Überlegungen zu einer sozialethischen Kontroverse, in: Neue Juristische Wochenschrift 30, S. 545-551.

Isensee, Josef (1981): Grundrechte und Demokratie, in: Der Staat 20, S. 161-176.
Isensee, Josef (1982a): Die Friedenspflicht der Bürger und das Gewaltmonopol des Staates. Zur Legitimationskrise des modernen Staates, in: Georg Müller (Hrsg.): Staatsorganisation und Staatsfunktionen im Wandel. Festschrift für Kurt Eichenberger zum 60. Geburtstag. Basel, S. 23-40.
Isensee, Josef (1982b): Die verdrängten Grundpflichten des Bürgers. Ein grundgesetzliches Interpretationsvakuum, in: Die Öffentliche Verwaltung 35, S. 609-618.
Isensee, Josef (1983): Das Grundrecht auf Sicherheit. Zu den Schutzpflichten des freiheitlichen Verfassungsstaates. Berlin, New York.
Isensee, Josef (1986): Verfassung als Erziehungsprogramm? In: Aloysius Regenbrecht (Hrsg.): Bildungstheorie und Schulstruktur. Historische und systematische Untersuchungen zum Verhältnis von Pädagogik und Politik. Münster, S. 190-207.
Isensee, Josef (1987): Staat und Verfassung, in: Derselbe/Paul Kirchhof (Hrsg.): Handbuch des Staatsrechts der Bundesrepublik Deutschland. Band I: Grundlagen von Staat und Verfassung. Heidelberg, S. 591-661.
Isensee, Josef (1988): Gemeinwohl und Staatsaufgaben im Verfassungsstaat, in: Derselbe/Paul Kirchhof (Hrsg.): Handbuch des Staatsrechts der Bundesrepublik Deutschland. Band III: Das Handeln des Staates. Heidelberg, S. 3-82.
Isensee, Josef (1992a): Das Grundrecht als Abwehrrecht und als staatliche Schutzpflicht, in: Derselbe/Paul Kirchhof (Hrsg.): Handbuch des Staatsrechts der Bundesrepublik Deutschland. Band V: Allgemeine Grundrechtslehren. Heidelberg, S. 143-241.
Isensee, Josef (1992b): Grundrechtsvoraussetzungen und Verfassungserwartungen an die Grundrechtsausübung, in: Derselbe/Paul Kirchhof (Hrsg.): Handbuch des Staatsrechts der Bundesrepublik Deutschland. Band V: Allgemeine Grundrechtslehren. Heidelberg, S. 353-484.
Isensee, Josef (1995): Das Volk als Grund der Verfassung. Mythos und Relevanz der Lehre von der verfassunggebenden Gewalt. Opladen.
Isensee, Josef (2002): Das Amt als Medium des Gemeinwohls in der freiheitlichen Demokratie, in: Gunnar Folke Schuppert/Friedhelm Neidhardt (Hrsg.): Gemeinwohl – Auf der Suche nach Substanz. Berlin, S. 241-270.
Isensee, Josef (2003): Tabu im freiheitlichen Staat. Jenseits und diesseits der Rationalität des Rechts. Paderborn.
Isensee, Josef (2004a): Konkretisierung des Gemeinwohls in der freiheitlichen Demokratie, in: Hans Herbert von Arnim/Karl Peter Sommermann (Hrsg.): Gemeinwohlgefährdung und Gemeinwohlsicherung. Vorträge und Diskussionsbeiträge auf der 71. Staatswissenschaftlichen Fortbildungstagung vom 12. bis 14. März 2003 an der Deutschen Hochschule für Verwaltungswissenschaften Speyer. Berlin, S. 95-117.
Isensee, Josef (2004b): Wann beginnt, wann endet der grundrechtliche Schutz des Lebens? Juristische Definitionsprobleme, in: Essays in Honour of Georgios I. Kassimatis. Athen, Berlin, Brüssel, S. 459-475.
Isensee, Josef (2005): Die bedrohte Menschenwürde. Betrachtungen zur höchsten Norm des Grundgesetzes. Köln.
Isensee, Josef (2006): Menschenwürde: die säkulare Gesellschaft auf der Suche nach dem Absoluten, in: Archiv des öffentlichen Rechts 131, S. 173-218.
Jarass, Hans D. (1985): Grundrechte als Wertentscheidungen bzw. objektivrechtliche Prinzipien in der Rechtsprechung des Bundesverfassungsgerichts, in: Archiv des öffentlichen Rechts 110, S. 363-397.
Jellinek, Georg (1919/1964): System der subjektiven öffentlichen Rechte. Aalen (2. Aufl.).
Jellinek, Georg (1928/1976): Allgemeine Staatslehre. Kronberg/Ts. (3. Aufl.).
Jestaedt, Matthias (2001): Das Geheimnis im Staat der Öffentlichkeit. Was darf der Verfassungsstaat verbergen? In: Archiv des öffentlichen Rechts 126, S. 204-243.
Jestaedt, Matthias (2007): Die Abwägungslehre – ihre Stärken und ihre Schwächen, in: Otto Depenheuer/Markus Heintzen/Matthias Jestaedt/Peter Axer (Hrsg.): Staat im Wort. Festschrift für Josef Isensee. Heidelberg, S. 253-275.

Joas, Hans (2005): Die kulturellen Werte Europas. Eine Einführung, in: Derselbe/Klaus Wiegandt (Hrsg.): Die kulturellen Werte Europas. Frankfurt am Main, S. 11-39.

Kägi, Werner (1969): Von der klassischen Dreiteilung zur umfassenden Gewaltenteilung, in: Heinz Rausch (Hrsg.): Zur heutigen Problematik der Gewaltentrennung. Darmstadt, S. 286-312.

Kaiser, Joseph H. (1987): Verbände, in: Josef Isensee/Paul Kirchhof (Hrsg.): Handbuch des Staatsrechts der Bundesrepublik Deutschland. Band II: Demokratische Willensbildung – Die Staatsorgane des Bundes. Heidelberg, S. 149-170.

Karpen, Ulrich (1985): Wirtschaftsordnung und Grundgesetz, in: Jura 7, S. 188-196.

Kästner, Karl-Hermann (1998a): Das Grundrecht der Religions- und Weltanschauungsfreiheit in der neueren höchstrichterlichen Rechtsprechung, in: Archiv des öffentlichen Rechts 123, S. 408-443.

Kästner, Karl-Hermann (1998b): Hypertrophie des Grundrechts auf Religionsfreiheit? Über das Verhältnis der Religions- und Weltanschauungsfreiheit zum Geltungsanspruch des allgemeinen Rechts, in: Juristenzeitung 53, S. 974-982.

Kelsen, Hans (1967): Demokratie und Sozialismus. Ausgewählte Aufsätze. Wien.

Kersting, Wolfgang (2000): Theorien der sozialen Gerechtigkeit. Stuttgart, Weimar.

Kielmansegg, Peter Graf (1977): Volkssouveränität. Eine Untersuchung der Bedingungen demokratischer Legitimität. Stuttgart.

Kielmansegg, Peter Graf (1988): Das Experiment der Freiheit. Zur gegenwärtigen Lage des demokratischen Verfassungsstaates. Stuttgart.

Kimminich, Otto (1977): Die Grundwerte im System des demokratischen Rechtsstaats, in: Derselbe (Hrsg.): Was sind Grundwerte? Zum Problem ihrer Inhalte und ihrer Begründung. Düsseldorf, S. 23-44.

Kirchhof, Gregor (2004): Der besondere Schutz der Familie in Art. 6 Abs. 1 des Grundgesetzes. Abwehrrecht, Einrichtungsgarantie, Benachteiligungsverbot, staatliche Schutz- und Förderpflicht, in: Archiv des öffentlichen Rechts 129, S. 542-583.

Kirchhof, Paul (1992): Der allgemeine Gleichheitssatz, in: Josef Isensee/Paul Kirchhof (Hrsg.): Handbuch des Staatsrechts der Bundesrepublik Deutschland. Band V: Allgemeine Grundrechtslehren. Heidelberg, S. 837-972.

Kirchhof, Paul (1994): Die Staatenvielfalt – Ein Wesensgehalt Europas, in: Johannes Hengstschläger/Heribert Franz Köck/Karl Korinek/Klaus Stern/Antonio Truyol y Serra (Hrsg.): Für Staat und Recht. Festschrift für Herbert Schambeck. Berlin, S. 947-958.

Kirchhof, Paul (1996): Die Gewissheit verlässlicher Werte als Grundlage eines demokratischen Rechtsstaates. Mülheim/Ruhr.

Kirchhof, Paul (2005): Eigentum als Ordnungsidee – Wert und Preis des Eigentums, in: Otto Depenheuer (Hrsg.): Eigentum. Ordnungsidee, Zustand, Entwicklungen. Heidelberg, S. 19-42.

Kirchhof, Paul (2007): Das Staatsrecht als Gemeinschaftswerk, in: Otto Depenheuer/Markus Heintzen/Matthias Jestaedt/Peter Axer (Hrsg.): Staat im Wort. Festschrift für Josef Isensee. Heidelberg, S. 3-28.

Klein, Eckart (1992a): Der innere Notstand, in: Josef Isensee/Paul Kirchhof (Hrsg.): Handbuch des Staatsrechts der Bundesrepublik Deutschland. Band VII: Normativität und Schutz der Verfassung – Internationale Beziehungen. Heidelberg, S. 387-414.

Klein, Eckart (1992b): Funktionsstörungen in der Staatsorganisation, in: Josef Isensee/Paul Kirchhof (Hrsg.): Handbuch des Staatsrechts der Bundesrepublik Deutschland. Band VII: Normativität und Schutz der Verfassung – Internationale Beziehungen. Heidelberg, S. 361-386.

Klein, Hans H. (2001): Artikel 42 GG, in: Theodor Maunz/Günter Dürig (Hrsg.): Grundgesetz. Kommentar. München.

Klein, Hans H. (2001/2004/2005): Artikel 21 GG, in: Theodor Maunz/Günter Dürig (Hrsg.): Grundgesetz. Kommentar. München.

Klein, Hans H. (2005): Artikel 17 GG, in: Theodor Maunz/Günter Dürig (Hrsg.): Grundgesetz. Kommentar. München.

Kloepfer, Michael (1987): Öffentliche Meinung, Massenmedien, in: Josef Isensee/Paul Kirchhof (Hrsg.): Handbuch des Staatsrechts der Bundesrepublik Deutschland. Band II: Demokratische Willensbildung – Die Staatsorgane des Bundes. Heidelberg, S. 171-205.

Kloepfer, Michael (1989): Versammlungsfreiheit, in: Josef Isensee/Paul Kirchhof (Hrsg.): Handbuch des Staatsrechts der Bundesrepublik Deutschland. Band VI: Freiheitsrechte. Heidelberg, S. 739-774.

Kloepfer, Michael (1996): Umweltschutz als Verfassungsrecht: Zum neuen Art. 20a GG, in: Deutsches Verwaltungsblatt 111, S. 73-80.

Kriele, Martin (1971): Das demokratische Prinzip des Grundgesetzes, in: Veröffentlichungen der Vereinigung der Deutschen Staatsrechtslehrer. Band 29. Berlin, New York, S. 46-84.

Kriele, Martin (1980): Befreiung und politische Aufklärung. Plädoyer für die Würde des Menschen. Freiburg im Breisgau.

Kriele, Martin (1992): Grundrechte und demokratischer Gestaltungsspielraum, in: Josef Isensee/Paul Kirchhof (Hrsg.): Handbuch des Staatsrechts der Bundesrepublik Deutschland. Band V: Allgemeine Grundrechtslehren. Heidelberg, S. 101-141.

Kriele, Martin (1994): Einführung in die Staatslehre. Die geschichtlichen Legitimitätsgrundlagen des demokratischen Verfassungsstaates. Opladen (5. Aufl.).

Kunig, Philip (1987): Parteien, in: Josef Isensee/Paul Kirchhof (Hrsg.): Handbuch des Staatsrechts der Bundesrepublik Deutschland. Band II: Demokratische Willensbildung – Die Staatsorgane des Bundes. Heidelberg, S. 103-147.

Ladwig, Bernd (2004): Gerechtigkeit, in: Gerhard Göhler/Mattias Iser/Ina Kerner (Hrsg.): Politische Theorie. 22 umkämpfte Begriffe zur Einführung. Wiesbaden, S. 119-136.

Lammert, Norbert (Hrsg.) (2006): Verfassung – Patriotismus – Leitkultur. Was unsere Gesellschaft zusammenhält. Hamburg.

Lampert, Heinz/Bossert, Albrecht (1992): Sozialstaat Deutschland. Entwicklung – Gestalt – Probleme. München.

Lampert, Heinz/Althammer, Jörg (2004): Lehrbuch der Sozialpolitik. Berlin, Heidelberg, New York (7. Aufl.).

Lautmann, Rüdiger (1969): Wert und Norm. Begriffsanalysen für die Soziologie. Opladen.

Lecheler, Helmut (1992): Schutz von Ehe und Familie, in: Josef Isensee/Paul Kirchhof (Hrsg.): Handbuch des Staatsrechts der Bundesrepublik Deutschland. Band V: Allgemeine Grundrechtslehren. Heidelberg, S. 211-264.

Leisner, Walter (1992): Eigentum, in: Josef Isensee/Paul Kirchhof (Hrsg.): Handbuch des Staatsrechts der Bundesrepublik Deutschland. Band V: Allgemeine Grundrechtslehren. Heidelberg, S. 1023-1099.

Lerche, Peter (1992): Grundrechtsschranken, in: Josef Isensee/Paul Kirchhof (Hrsg.): Handbuch des Staatsrechts der Bundesrepublik Deutschland. Band V: Allgemeine Grundrechtslehren. Heidelberg, S. 775-804.

Lerche, Peter (2000): Gewaltenteilung – deutsche Sicht, in: Josef Isensee (Hrsg.): Gewaltenteilung heute. Symposium aus Anlass der Vollendung des 65. Lebensjahres von Fritz Ossenbühl. Heidelberg, S. 75-98.

Limbach, Jutta (2005): Multikultur und Minderheit. Das Toleranzgebot des Grundgesetzes, in: Blätter für deutsche und internationale Politik 50, S. 1221-1229.

Link, Christoph (1990): Staatszwecke im Verfassungsstaat – nach 40 Jahren Grundgesetz, in: Veröffentlichungen der Vereinigung der Deutschen Staatsrechtslehrer. Band 48. Berlin, New York, S. 7-49.

Loewenstein, Karl (1969): Verfassungslehre. Tübingen (2. Aufl.).

Lorenz, Dieter (1989): Recht auf Leben und körperliche Unversehrtheit, in: Josef Isensee/Paul Kirchhof (Hrsg.): Handbuch des Staatsrechts der Bundesrepublik Deutschland. Band VI: Freiheitsrechte. Heidelberg, S. 3-39.

Loschelder, Wolfgang (1986): Der Islam und die religionsrechtliche Ordnung des Grundgesetzes, in: Essener Gespräche zum Thema Staat und Kirche. Band 20. Münster, S. 149-173.

Loschelder, Wolfgang (2007): Konflikt und Konsens im Verfassungsstaat. Voraussetzungen und Grenzen eines „interkulturellen" Dialogs unter dem Grundgesetz, in: Otto Depenheuer/Markus Heintzen/Matthias Jestaedt/Peter Axer (Hrsg.): Staat im Wort. Festschrift für Josef Isensee. Heidelberg, S. 149-167.

Mager, Ute (2004): Der Kopftuchstreit vor dem Bundesverfassungsgericht, in: Religion, Staat, Gesellschaft 5, S. 275-304.

Maier, Hans (1977): Zur Diskussion über die Grundwerte, in: Günter Gorschenek (Hrsg.): Grundwerte in Staat und Gesellschaft. München, S. 172-190.

Maier, Hans (1997): Wie universal sind die Menschenrechte? Freiburg im Breisgau.

Matz, Ulrich (1978): Zur Legitimität der westlichen Demokratie, in: Peter Graf Kielmansegg/Ulrich Matz (Hrsg.): Die Rechtfertigung politischer Herrschaft. Doktrinen und Verfahren in Ost und West. Freiburg im Breisgau, München, S. 27-58.

Matz, Ulrich (1986): Zur Legitimation staatlicher Gewaltanwendung in der Bundesrepublik Deutschland, in: Albrecht Randelzhofer/Werner Süß (Hrsg.): Konsens und Konflikt. 35 Jahre Grundgesetz. Vorträge und Diskussionen einer Veranstaltung der Freien Universität Berlin vom 6. bis 8. Dezember 1984. Berlin, New York, S. 336-347.

Matz, Ulrich (1987): Zum Einfluss des Christentums auf das politische Denken der Neuzeit, in: Günther Rüther (Hrsg.): Geschichte der Christlich-Demokratischen und Christlich-Sozialen Bewegungen in Deutschland. Grundlagen, Unterrichtsmodelle, Quellen und Arbeitshilfen für die politische Bildung. Bonn (2. Aufl.), S. 27-56.

Maurer, Hartmut (1988): Kontinuitätsgewähr und Vertrauensschutz, in: Josef Isensee/Paul Kirchhof (Hrsg.): Handbuch des Staatsrechts der Bundesrepublik Deutschland. Band III: Das Handeln des Staates. Heidelberg, S. 211-279.

Meinel, Florian (2004): Öffentlichkeit als Verfassungsprinzip und die Möglichkeit von Onlinewahlen, in: Kritische Justiz 37, S. 413-431.

Möllers, Christoph (2005): Gewaltengliederung. Legitimation und Dogmatik im nationalen und internationalen Rechtsvergleich. Tübingen.

Möstl, Markus (2002) Die staatliche Garantie für die öffentliche Sicherheit und Ordnung. Sicherheitsgewährleistung im Verfassungsstaat, im Bundesstaat und in der Europäischen Union. Tübingen.

Münch, Ingo von (1985): Äußerer und innerer Friede im Grundgesetz, in: Dieter S. Lutz (Hrsg.): Im Dienst für Frieden und Sicherheit. Festschrift für Wolfgang W. Baudissin. Baden-Baden, S. 39-50.

Murswiek, Dietrich (1992): Grundrechte als Teilhaberechte, soziale Grundrechte, in: Josef Isensee/Paul Kirchhof (Hrsg.): Handbuch des Staatsrechts der Bundesrepublik Deutschland. Band V: Allgemeine Grundrechtslehren. Heidelberg, S. 243-289.

Murswiek, Dietrich (1995): Umweltschutz als Staatszweck. Die ökologischen Legitimitätsgrundlagen des Staates. Bonn.

Murswiek, Dietrich (1996): Staatsziel Umweltschutz (Art. 20a GG), in: Neue Zeitschrift für Verwaltungsrecht 15, S. 222-230.

Nettesheim, Martin (2005): Die Garantie der Menschenwürde zwischen metaphysischer Überhöhung und bloßem Abwägungstopos, in: Archiv des öffentlichen Rechts 130, S. 71-113.

Oebbecke, Janbernd (2008): Der Islam und die Reform des Religionsverfassungsrechts, in: Zeitschrift für Politik 55, S. 49-63.

Ossenbühl, Fritz (1988): Vorrang und Vorbehalt des Gesetzes, in: Josef Isensee/Paul Kirchhof (Hrsg.): Handbuch des Staatsrechts der Bundesrepublik Deutschland. Band III: Das Handeln des Staates. Heidelberg, S. 315-349.

Papier, Hans-Jürgen (1989a): Justizgewährungsanspruch, in: Josef Isensee/Paul Kirchhof (Hrsg.): Handbuch des Staatsrechts der Bundesrepublik Deutschland. Band VI: Freiheitsrechte. Heidelberg, S. 1221-1232.

Papier, Hans-Jürgen (1989b): Rechtsschutzgarantie gegen die öffentliche Gewalt, in: Josef Isensee/Paul Kirchhof (Hrsg.): Handbuch des Staatsrechts der Bundesrepublik Deutschland. Band VI: Freiheitsrechte. Heidelberg, S. 1233-1270.

Papier, Hans-Jürgen (1989c): Staatshaftung, in: Josef Isensee/Paul Kirchhof (Hrsg.): Handbuch des Staatsrechts der Bundesrepublik Deutschland. Band VI: Freiheitsrechte. Heidelberg, S. 1353-1391.

Papier, Hans-Jürgen (1995): Grundgesetz und Wirtschaftsordnung, in: Ernst Benda/Werner Maihofer/Hans-Jochen Vogel (Hrsg.): Handbuch des Verfassungsrechts der Bundesrepublik Deutschland. Studienausgabe. Teil 1. Berlin, New York (2. Aufl.), S. 799-850.

Papier, Hans-Jürgen (1998): Artikel 34 GG, in: Theodor Maunz/Günter Dürig (Hrsg.): Grundgesetz. Kommentar. München.

Papier, Hans-Jürgen (2002): Artikel 14 GG, in: Theodor Maunz/Günter Dürig (Hrsg.): Grundgesetz. Kommentar. München.

Papier, Hans-Jürgen (2007): Wirtschaftsordnung und Grundgesetz, in: Aus Politik und Zeitgeschichte, Heft 13, S. 3-9.

Papier, Hans-Jürgen/Durner, Wolfgang (2003): Streitbare Demokratie, in: Archiv des öffentlichen Rechts 128, S. 340-371.

Petersohn, Alexandra (2002): Der Islam „ante portas“ – Sprengstoff für den Staat des Grundgesetzes? In: Zeitschrift für Rechtspolitik 35, S. 521-524.

Pilz, Frank (2004): Der Sozialstaat. Ausbau – Kontroversen – Umbau. Bonn.

Püttner, Günter (1977): Toleranz als Verfassungsprinzip. Prolegomena zu einer rechtlichen Theorie des pluralistischen Staates. Berlin.

Radbruch, Gustav (1950): Rechtsphilosophie. Stuttgart (4. Aufl.).

Randelzhofer, Albrecht (1992a): Artikel 24 Abs. I GG, in: Theodor Maunz/Günter Dürig (Hrsg.): Grundgesetz. Kommentar. München.

Randelzhofer, Albrecht (1992b): Artikel 24 Abs. II GG, in: Theodor Maunz/Günter Dürig (Hrsg.): Grundgesetz. Kommentar. München.

Randelzhofer, Albrecht (1992c): Artikel 24 Abs. III GG, in: Theodor Maunz/Günter Dürig (Hrsg.): Grundgesetz. Kommentar. München.

Rauschning, Dietrich (1976): Das parlamentarische Regierungssystem des Grundgesetzes in der Rechtsprechung des Bundesverfassungsgerichts, in: Christian Starck (Hrsg.): Bundesverfassungsgericht und Grundgesetz. Festgabe aus Anlass des 25jährigen Bestehens des Bundesverfassungsgerichts. Zweiter Band: Verfassungsauslegung. Tübingen, S. 214-232.

Reibstein, Ernst (1972): Volkssouveränität und Freiheitsrechte. Texte und Studien zur politischen Theorie des 14. bis 18. Jahrhunderts. Band II. Freiburg im Breisgau, München.

Reimer, Franz (2001): Verfassungsprinzipien. Ein Normtyp im Grundgesetz. Berlin.

Reiter, Johannes (2004): Menschenwürde als Maßstab, in: Aus Politik und Zeitgeschichte, Heft 23-24, S. 6-13.

Robbers, Gerhard (1980): Gerechtigkeit als Rechtsprinzip. Über den Begriff der Gerechtigkeit in der Rechtsprechung des Bundesverfassungsgerichts. Baden-Baden.

Robbers, Gerhard (2000): Staat und Religion, in: Veröffentlichungen der Vereinigung der Deutschen Staatsrechtslehrer. Band 59. Berlin, New York, S. 231-263.

Rudolf, Walter (1976): Die Bundesstaatlichkeit in der Rechtsprechung des Bundesverfassungsgerichts, in: Christian Starck (Hrsg.): Bundesverfassungsgericht und Grundgesetz. Festgabe aus Anlass des 25jährigen Bestehens des Bundesverfassungsgerichts. Zweiter Band: Verfassungsauslegung. Tübingen, S. 233-251.

Rudzio, Wolfgang (2006): Das politische System der Bundesrepublik Deutschland. Wiesbaden (7. Aufl.).

Rüfner, Wolfgang (1976): Grundrechtskonflikte, in: Christian Starck (Hrsg.): Bundesverfassungsgericht und Grundgesetz. Festgabe aus Anlass des 25jährigen Bestehens des Bundesverfassungsgerichts. Zweiter Band: Verfassungsauslegung. Tübingen, S. 453-479.

Rüfner, Wolfgang (1988): Daseinsvorsorge und soziale Sicherheit, in: Josef Isensee/Paul Kirchhof (Hrsg.): Handbuch des Staatsrechts der Bundesrepublik Deutschland. Band III: Das Handeln des Staates. Heidelberg, S. 1037-1085.

Rumpf, Helmut (1958): Der ideologische Gehalt des Bonner Grundgesetzes. Vortrag vor der Juristischen Studiengesellschaft in Karlsruhe am 17. Januar 1958. Karlsruhe.

Rupp, Hans Heinrich (1987): Die Unterscheidung von Staat und Gesellschaft, in: Josef Isensee/Paul Kirchhof (Hrsg.): Handbuch des Staatsrechts der Bundesrepublik Deutschland. Band I: Grundlagen von Staat und Verfassung. Heidelberg, S. 1187-1223.

Rüthers, Bernd (1986): Rechtsordnung und Wertordnung. Zur Ethik und Ideologie im Recht. Konstanz.

Saladin, Peter (1984): Verantwortung als Staatsprinzip. Ein neuer Schlüssel zur Lehre vom modernen Rechtsstaat. Bern, Stuttgart.

Scheuner, Ulrich (1978): Staatszielbestimmungen, in: Manfred Friedrich (Hrsg.): Verfassung. Beiträge zur Verfassungstheorie. Darmstadt, S. 329-354.

Schink, Alexander (1997): Umweltschutz als Staatsziel, in: Die Öffentliche Verwaltung 50, S. 221-229.

Schlaich, Klaus (1970): Zur weltanschaulichen und konfessionellen Neutralität des Staates, in: Essener Gespräche zum Thema Staat und Kirche. Band 4. Münster, S. 9-44.

Schlaich, Klaus (1972): Neutralität als verfassungsrechtliches Prinzip, vornehmlich im Kulturverfassungs- und Staatskirchenrecht. Tübingen.

Schlaich, Klaus (1997): Das Bundesverfassungsgericht. Stellung, Verfahren, Entscheidungen. Ein Studienbuch. München (4. Aufl.).

Schmidt, Manfred G. (2006): Demokratietheorien. Eine Einführung. Wiesbaden (3. Aufl.).

Schmidt-Aßmann, Eberhard (1987): Der Rechtsstaat, in: Josef Isensee/Paul Kirchhof (Hrsg.): Handbuch des Staatsrechts der Bundesrepublik Deutschland. Band: I: Grundlagen von Staat und Verfassung. Heidelberg, S. 987-1043.

Schmidt-Aßmann, Eberhard (2003/2006): Artikel 19, Absatz 4, in: Theodor Maunz/Günter Dürig (Hrsg.): Grundgesetz. Kommentar. München.

Schmidt-Aßmann, Eberhard (2004): Gerichtsschutz gegen die Exekutive: Erfahrungen mit der Verfassungsgarantie des Art. 19 Abs. 4 des deutschen Grundgesetzes, in: Essays in Honour of Georgios I. Kassimatis. Athen, Berlin, Brüssel, S. 289-305.

Schmidt-Jortzig, Edzard (1989): Meinungs- und Informationsfreiheit, in: Josef Isensee/Paul Kirchhof (Hrsg.): Handbuch des Staatsrechts der Bundesrepublik Deutschland. Band VI: Freiheitsrechte. Heidelberg, S. 635-666.

Schmidt-Jortzig, Edzard (2007): Zum Streit um die korrekte dogmatische Einordnung und Anwendung von Art. 1 Abs. 1 GG, in: Otto Depenheuer/Markus Heintzen/Matthias Jestaedt/Peter Axer (Hrsg.): Staat im Wort. Festschrift für Josef Isensee. Heidelberg, S. 491-506.

Schmitt Glaeser, Walter (1987): Die grundrechtliche Freiheit des Bürgers zur Mitwirkung an der Willensbildung, in: Josef Isensee/Paul Kirchhof (Hrsg.): Handbuch des Staatsrechts der Bundesrepublik Deutschland. Band II: Demokratische Willensbildung – Die Staatsorgane des Bundes. Heidelberg, S. 49-71.

Schmitt Glaeser, Walter (1989): Schutz der Privatsphäre, in: Josef Isensee/Paul Kirchhof (Hrsg.): Handbuch des Staatsrechts der Bundesrepublik Deutschland. Band VI: Freiheitsrechte. Heidelberg, S. 41-107.

Schneider, Heinrich (1995): Die Europäische Union als Staatenverbund oder als multinationale „Civitas Europea“, in: Albrecht Randelzhofer/Rupert Scholz/Dieter Wilke (Hrsg.): Gedächtnisschrift für Eberhard Grabitz. München, S. 677-723.

Scholtissek, Herbert (1969): Die Religionsfreiheit in der Verfassungsrechtsprechung, in: Essener Gespräche zum Thema Staat und Kirche. Band 3. Münster, S. 96-133.

Scholz, Rupert (1983): Rechtsfrieden im Rechtsstaat. Verfassungsrechtliche Grundlagen, aktuelle Gefahren und rechtspolitische Folgerungen, in: Neue Juristische Wochenschrift 36, S. 705-712.

Scholz, Rupert (1995): Verfassungswerte und Wertewandel. Keine Einladung zur individuellen Willkür, in: Ansgar Klein (Hrsg.): Grundwerte in der Demokratie. Bonn, S. 40-43.

Scholz, Rupert (1999): Artikel 9 GG, in: Theodor Maunz/Günter Dürig (Hrsg.): Grundgesetz. Kommentar. München.

Scholz, Rupert (2001): Artikel 12a GG, in: Theodor Maunz/Günter Dürig (Hrsg.): Grundgesetz. Kommentar. München.

Scholz, Rupert (2002): Artikel 20a GG, in: Theodor Maunz/Günter Dürig (Hrsg.): Grundgesetz. Kommentar. München.

Scholz, Rupert (2006): Artikel 12 GG, in: Theodor Maunz/Günter Dürig (Hrsg.): Grundgesetz. Kommentar. München.

Schulte zu Sodingen, Beate (2000): BVerfGE 93, 1 – Kruzifix. Anbringen von Kruzifixen in staatlichen Pflichtschulen in Bayern als Verstoß gegen Art. 4 I, in: Jörg Menzel (Hrsg.): Verfassungsrechtsprechung. Hundert Entscheidungen des Bundesverfassungsgerichts in Retrospektive. Tübingen, S. 575-580.

Schuppert, Gunnar Folke (1994): Zur Staatswerdung Europas. Überlegungen zu Bedingungsfaktoren und Perspektiven der europäischen Verfassungsentwicklung, in: Staatswissenschaften und Staatspraxis 5, S. 35-76.

Schuppert, Gunnar Folke (2002): Gemeinwohl, das. Oder: Über die Schwierigkeiten, dem Gemeinwohlbegriff Konturen zu verleihen, in: Derselbe/Friedhelm Neidhardt (Hrsg.): Gemeinwohl – Auf der Suche nach Substanz. Berlin, S. 19-64.

Schwan, Alexander (1978): Grundwerte der Demokratie. Orientierungsversuche im Pluralismus. München.

Seeber, David A. (1976): Was sind Grundwerte? In: Herder-Korrespondenz 30, S. 381-384.

Seifert, Karl-Heinz/Hömig, Dieter (1999): Grundgesetz des Bundesrepublik Deutschland. Taschenkommentar. Baden-Baden (6. Aufl.).

Seiler, Hansjörg (1994): Gewaltenteilung. Allgemeine Grundlagen und schweizerische Ausgestaltung. Bern.

Smend, Rudolf (1928): Verfassung und Verfassungsrecht. München, Leipzig.

Sommermann, Karl-Peter (1997): Staatsziele und Staatszielbestimmungen. Tübingen.

Spaemann, Robert (1987): Über den Begriff der Menschenwürde, in: Ernst-Wolfgang Böckenförde/Robert Spaemann (Hrsg.): Menschenrechte und Menschenwürde. Historische Voraussetzungen – säkulare Gestalt – christliches Verständnis. Stuttgart, S. 295-313.

Spranger, Tade Matthias (2000): BVerfGE 93, 266 ff. – Soldaten sind Mörder. Zur Bedeutung der Meinungsfreiheit für die strafgerichtliche Verurteilung wegen der Aussage „Soldaten sind Mörder", in: Jörg Menzel (Hrsg.): Verfassungsrechtsprechung. Hundert Entscheidungen des Bundesverfassungsgerichts in Retrospektive. Tübingen, S. 592-598.

Starck, Christian (1979): Vom Grund des Grundgesetzes. Zürich.

Starck, Christian (1984): Frieden als Staatsziel, in: Bodo Börner/Hermann Jahrreiß/Klaus Stern (Hrsg.): Einigkeit und Recht und Freiheit. Festschrift für Carl Carstens zum 70. Geburtstag. Band 2: Staatsrecht. Köln, Berlin, Bonn, München, S. 867-887.

Starck, Christian (1987): Grundrechtliche und demokratische Freiheitsidee, in: Josef Isensee/Paul Kirchhof (Hrsg.): Handbuch des Staatsrechts der Bundesrepublik Deutschland. Band II: Demokratische Willensbildung – Die Staatsorgane des Bundes. Heidelberg, S. 3-27.

Starck, Christian (1989): Zur Notwendigkeit einer Wertbegründung des Rechts, in: Hans Joachim Faller/Paul Kirchhof/Ernst Träger (Hrsg.): Verantwortlichkeit und Freiheit. Die Verfassung als wertbestimmte Ordnung. Festschrift für Willi Geiger zum 80. Geburtstag. Tübingen, S. 40-60.

Steffani, Winfried (1980): Pluralistische Demokratie. Opladen.

Stein, Erwin (1966): Werte und Wertewandel in der Gesetzesanwendung des öffentlichen Rechts, in: Josef Esser/Erwin Stein: Werte und Wertewandel in der Gesetzesanwendung. Frankfurt am Main, S. 40-74.

Steinbach, Udo (1996): Vom islamisch-westlichen Kompromiss zum Islamismus, in: Werner Ende/Udo Steinbach (Hrsg.): Der Islam in der Gegenwart. München (4. Aufl.), S. 213-232.

Steinberg, Rudolf (1998): Der ökologische Verfassungsstaat. Frankfurt am Main.

Steiner, Udo (1992): Der Schutz des Lebens durch das Grundgesetz. Berlin, New York.

Stern, Klaus (1980): Das Staatsrecht der Bundesrepublik Deutschland. Band II: Staatsorgane, Staatsfunktionen, Finanz- und Haushaltsverfassung, Notstandsverfassung. München.

Stern, Klaus (1984a): Das Staatsrecht der Bundesrepublik Deutschland. Band I: Grundbegriffe und Grundlagen des Staatsrechts, Strukturprinzipien der Verfassung. München (2. Aufl.).

Stern, Klaus (1984b): Staatsziele und Staatsaufgaben in verfassungsrechtlicher Sicht, in: Bitburger Gespräche. Jahrbuch 1984. München, S. 5-24.

Stern, Klaus (1992): Idee der Menschenrechte und Positivität der Grundrechte, in: Josef Isensee/Paul Kirchhof (Hrsg.): Handbuch des Staatsrechts der Bundesrepublik Deutschland. Band V: Allgemeine Grundrechtslehren. Heidelberg, S. 3-44.

Stern, Klaus (1999): Kulturelle Werte im deutschen Verfassungsrecht, in: Karl-Hermann Kästner/Knut Wolfgang Nörr/Klaus Schlaich (Hrsg.): Festschrift für Martin Heckel zum siebzigsten Geburtstag. Tübingen, S. 857-874.

Stern, Klaus (2005): Der allgemeine Privatsphärenschutz durch das Grundgesetz und seine Parallelen im internationalen und europäischen Recht, in: Jürgen Böhmer/Roland Bieber/Christian Calliess/Christine Langenfeld/Stefan Weber/Joachim Wolf (Hrsg.): Internationale Gemeinschaft und Menschenrechte. Festschrift für Georg Ress zum 70. Geburtstag am 21. Januar 2005. Köln, Berlin, München, S. 1259-1276.

Stettner, Rupert (1986): Not und Chance der grundgesetzlichen Gewaltenteilung, in: Jahrbuch des öffentlichen Rechts N.F. 35, S. 57-81.

Stober, Rolf (1979): Grundpflichten und Grundgesetz. Berlin.

Stoll, Peter-Tobias (2003): Sicherheit als Aufgabe von Staat und Gesellschaft. Verfassungsordnung, Umwelt- und Technikrecht im Umgang mit Unsicherheit und Risiko. Tübingen.

Stolleis, Michael (2004): Das staatliche Monopol legitimer physischer Gewalt, in: Essays in Honour of Georgios I. Kassimatis. Athen, Berlin, Brüssel, S. 571-587.

Storost, Ulrich (2000): „... dem Frieden der Welt zu dienen“. Gedanken zur Zukunft der Staatlichkeit, in: Dietrich Murswiek/Ulrich Storost/Heinrich A. Wolff (Hrsg.): Staat – Souveränität – Verfassung. Festschrift für Helmut Quaritsch zum 70. Geburtstag. Berlin, S. 31-44.

Streinz, Rudolf (2004): Rechtssicherheit als Bewährungsprobe des Verfassungsstaates, in: Alexander Blankenagel/Ingolf Pernice/Helmuth Schulze-Fielitz (Hrsg.): Verfassung im Diskurs der Welt. Liber Amicorum für Peter Häberle zum siebzigsten Geburtstag. Tübingen, S. 745-775.

Sutor, Bernhard (1976): Grundgesetz und politische Bildung. Ein Beitrag zur Wiedergewinnung eines Minimalkonsenses im Streit um den Politikunterricht. Hannover.

Sutor, Bernhard (1980): Das Grundgesetz als Herausforderung. Didaktische Vorüberlegungen zur Funktion der Verfassung im Politikunterricht der Sekundarstufe II, in: Verfassung und Geschichte der Bundesrepublik Deutschland im Unterricht. Bonn, S. 69-77.

Sutor, Bernhard (1995): Erziehungsprogramm oder Rechtsrahmen? Zur Bedeutung des Grundgesetzes für die politische Bildung, in: Politische Bildung 28, Heft 2, S. 71-81.

Sutor, Bernhard (1997): Kleine politische Ethik. Opladen.

Tettinger, Peter (1984): Fairness und Waffengleichheit. Rechtsstaatliche Direktiven für Prozess und Verwaltungsverfahren. München.

Tettinger, Peter J. (2001): Der grundgesetzlich gewährleistete besondere Schutz von Ehe und Familie, in: Essener Gespräche zum Thema Staat und Kirche. Band 35. Münster, S. 117-153.

Tettinger, Peter J. (2002): Freiheit in Sicherheit, in: Landesvereinigung der Arbeitgeberverbände Nordrhein-Westfalen e.V. und Verband der Metall- und Elektro-Industrie Nordrhein-Westfalen e.V. (Hrsg.): Festschrift für Jochen F. Kirchhoff. Köln, S. 281-296.

Thome, Helmut (2005): Wertewandel in Europa aus der Sicht der empirischen Sozialforschung, in: Hans Joas/Klaus Wiegandt (Hrsg.): Die kulturellen Werte Europas. Frankfurt am Main, S. 386-443.

Tomuschat, Christian (1996): Das Endziel der europäischen Union – Maastricht ad infinitum? In: Deutsches Verwaltungsblatt 111, S. 1073-1082.

Uhle, Arnd (2004): Freiheitlicher Verfassungsstaat und kulturelle Identität. Tübingen.

Uerpmann, Robert (2002): Verfassungsrechtliche Gemeinwohlkriterien, in: Gunnar Folke Schuppert/Friedhelm Neidhardt (Hrsg.): Gemeinwohl – Auf der Suche nach Substanz. Berlin, S. 179-195.

Vorländer, Hans (1981): Verfassung und Konsens. Der Streit um die Verfassung in der Grundlagen- und Grundgesetz-Diskussion der Bundesrepublik Deutschland. Untersuchungen zu Konsensfunktion und Konsenschance der Verfassung in der pluralistischen und sozialstaatlichen Demokratie. Berlin.

Vorländer, Hans (1995): Volkssouveränität, in: Dieter Nohlen (Hrsg.): Lexikon der Politik. Band 1: Politische Theorien. Herausgegeben von Dieter Nohlen und Rainer-Olaf Schultze. München, S. 686-691.

Walter, Christian (2004): Religiöse Toleranz im Verfassungsstaat – Islam und Grundgesetz, in: Hartmut Lehmann (Hrsg.): Koexistenz und Konflikt von Religion im vereinten Europa. Göttingen, S. 77-99.

Weber-Fas, Rudolf (1993): Wörterbuch zum Grundgesetz. Stuttgart.

Winkler, Markus (1998): Toleranz als Verfassungsprinzip? In: Ingo Erberich/Ansgar Hörster/Michael Hoffmann/Thorsten Kingreen/Hermann Pünder/Rainer Störmer (Hrsg.): Frieden und Recht. 38. Tagung der Wissenschaftlichen Mitarbeiterinnen und Mitarbeiter der Fachrichtung „Öffentliches Recht". Stuttgart, München, Hannover, Berlin, Dresden, S. 53-83.

Würtenberger, Thomas (1998): Zu den Voraussetzungen des freiheitlichen, säkularen Staates, in: Winfried Brugger/Stefan Huster (Hrsg.): Der Streit um das Kreuz in der Schule. Zur religiös-weltanschaulichen Neutralität des Staates. Baden-Baden, S. 277-295.

Zacher, Hans F. (1981): Soziale Marktwirtschaft – ihr Verhältnis zur Rechtsordnung und zum politischen System, in: Otmar Issing (Hrsg.): Zukunftsprobleme der Sozialen Marktwirtschaft. Verhandlungen auf der Jahrestagung der Gesellschaft für Wirtschafts- und Sozialwissenschaften – Verein für Socialpolitik – in Nürnberg vom 15.-17. September 1980. Berlin, S. 817-842.

Zacher, Hans F. (1987): Das soziale Staatsziel, in: Josef Isensee/Paul Kirchhof (Hrsg.): Handbuch des Staatsrechts der Bundesrepublik Deutschland. Band: I: Grundlagen von Staat und Verfassung. Heidelberg, S. 1045-1111.

Zippelius, Reinhold (1987): Die Bedeutung kulturspezifischer Leitideen für die Staats- und Rechtsgestaltung. Mainz.

Zippelius, Reinhold (2003): Allgemeine Staatslehre. Politikwissenschaft. Ein Studienbuch. München (14. Aufl.).

Zippelius, Reinhold/Würtenberger, Thomas (2008): Deutsches Staatsrecht. Ein Studienbuch. München (32. Aufl.).

Verzeichnis der Grundgesetzartikel

Verzeichnis der Bundesverfassungsgerichtsentscheidungen

Personenregister

Sachregister